LE JARDIN
comme on l'aime

Je dédie ce livre
à Joelle Bouana et Michel Courboulex,
sans qui la Gazette des jardins
n'existerait pas, et grâce à qui
elle est devenue ce qu'elle est.

Un grand merci
à Marie-Blanche Baschet,
Françoise Lenoble-Prédine, Christian Brulé,
Gérard François, Monique et Thierry Dronet,
Lise Gaignard, Noëmie Vialard
et tous ceux à qui j'ai posé
des questions saugrenues auxquelles
ils ont bien voulu répondre.

DU MÊME AUTEUR
CHEZ ÉDISUD

Avec Éric Prédine
L'art du potager en carrés
1999

Avec Éric Ossart et Arnaud Maurières
L'art du tapis de fleurs
2000

SARL ÉDISUD, LA CALADE, RN 7, 3120 ROUTE D'AVIGNON
13090 AIX-EN-PROVENCE – FRANCE
Tél. 04 42 21 61 44 / Fax 04 42 21 56 20
www.edisud.com – e.mail : commercial@edisud.com

ISBN 2-7449-0252-7

JEAN-PAUL COLLAERT

LE JARDIN
comme on l'aime

ÉDISUD

SOMMAIRE

AVANT PROPOS

Pourquoi écrire un tel livre, si ce n'est pour occuper les journées grises d'un automne parmi les plus arrosés du siècle. Accessoirement, on y glissera le plaisir, tout relatif, de classer quelques mètres cubes de documentation accumulée au cas où, au risque de traverser le plancher sous le poids. Et surtout l'intention d'entamer un dialogue avec des lecteurs, et lectrices bien entendu. Comme si nous échangions pardessus la haie. Car je vous épie depuis des années, vous côtoyant dans les fêtes des plantes, dans les jardineries et sur les marchés aux fleurs. J'y commande les mêmes fantaisies que vous, déchiffre les mêmes étiquettes et craque devant les mêmes bizarreries. Cela crée des liens…

Ce livre, je l'ai voulu dans la droite ligne de la première édition, co-écrite avec Patricia Beucher, c'est-à-dire touffu, foisonnant, et, du moins je l'espère, distrayant. Car le jardinage reste un loisir, même si certains y voient également une thérapie ou un acte de création majeure.

Les parti-pris n'y manquent pas, mais je pense les avoir étayés avec assez d'exemples concrets pour qu'ils ne choquent pas. Vous êtes tout à fait libre d'adorer les piéris ou le lis de Saint-Bruno, et il n'est d'ailleurs pas impossible que je pense comme vous dans un an ! Se faire une opinion sur une plante ou une pratique est un jeu d'esprit passionnant. Je vous y convie avec allégresse.

Comme d'habitude, les jardiniers du grand Midi régleront les dates de semis et de plantation sur leur calendrier local, de même que les montagnards. Les premiers jetteront aussi un coup d'œil sur la *Gazette des jardins*, audacieuse feuille de chou qui m'a fait le grand bonheur de m'accueillir. Si vous ne la connaissez pas, découvrez-la en la réclamant à votre marchand de journaux car elle en vaut vraiment la peine : vous y trouverez une belle densité de (mauvais) esprit comme on l'aime. Bonne lecture.

Jean-Paul Collaert

LE JARDIN DES IDÉES

PETITES RÉFLEXIONS JARDINIÈRES

Voici quelques pensées glanées de-ci, de-là, au fil des lectures ou des réflexions. Elles vous paraîtront parfois obscures ou inadaptées à votre cas. Rien de grave. À déguster tranquillement, le plantoir d'une main et l'arrosoir de l'autre. Sans façon.

Abandon Un terrain laissé volontairement à l'abandon est une respiration de la nature. Mes jardins sont dans ma tête, plus au bout de mes pieds. Les pépiniéristes sont parfois dangereux car ils cultivent la redondance. Mon conseil aux jardiniers : soyez sobres !
Jacques Simon, paysagiste (communication personnelle)

Adulte Le jardinier devrait garder en tête l'objectif de laisser le jardin devenir adulte un jour ou l'autre. Ainsi, il en deviendrait d'autant plus facilement le maître, au bon sens du terme, plutôt qu'en se complaisant dans la phase juvénile de l'installation, le moment de tous les bouleversements et des remises en cause.

Allée C'est le pied qui fait le chemin, bien plus que la binette et le cordeau. Une allée que l'on ne fréquente guère a toutes les raisons de disparaître. Sans regrets. Un jardin réussi se lit avec les pieds, et l'on n'a rien inventé de mieux que la ligne droite pour conduire d'un point à un autre. Dans les années soixante, de nombreux jardins ont cédé au charme des allées courbes et des massifs en haricot à la suite de Floralies à grand succès. Mais une scène faite pour la contemplation des foules n'est en rien comparable à un coin de jardin. Vous n'êtes pas en train de composer un tableau au point de croix mais d'aménager un lieu à vivre au quotidien.
Des allées logiques rassurent et donnent envie d'être parcourues. D'ailleurs, regardez comment les vaches cheminent dans les prés, c'est toujours en suivant des lignes de moindre effort. Elles n'en sont pas folles pour autant…

QUEL JARDINIER ÊTES-VOUS ?

Un jardinier peut en cacher un autre. Je vous propose d'explorer un peu votre pratique, la façon dont vous abordez le jardinage. Histoire de voir si nous sommes d'accord sur la diversité humaine, qui n'a d'égale que celle des plantes. À chaque affirmation mentionnée est associé un symbole :

■ ▲ ◆ ●

Additionnez ceux qui semblent vous correspondre, voyez ceux qui dominent et reportez-vous en pages 32-33, pour voir à quelle catégorie de jardiniers vous semblez appartenir. Rien à gagner. Rien à perdre.

1 *Avant d'héberger une plante, vous aimez tout savoir sur elle. Son curriculum vitae complet.*

■ Vous en êtes convaincus, bien des générations de jardiniers vous ont précédés, et le comportement des plantes est bien connu, leurs petits secrets ont été décryptés. Du coup, on peut prévoir leur rusticité, leur hauteur et leur encombrement à l'âge adulte, leur adaptation au terrain.
Cela suppose de comparer les catalogues, curieusement pas toujours d'accord entre eux, ce qui a d'ailleurs le don de vous énerver.
Votre objectif : planter de façon à ce que les plantes se développent harmonieusement. Que les grandes ne fassent pas trop d'ombre aux petites, et surtout que la densité soit parfaite. Au doigt et à l'œil…
Mais n'en faites-vous pas trop ?

Ambiance

Un jardin comme tel doit être une ambiance souriante, et rien qu'une ambiance, ne s'imposant pas par une valeur intrinsèque et ne détachant pas l'homme de l'humain, ne le distrayant pas de son intériorité. *Friedrich Hegel, philosophe (1770-1831)*

Apothéose

Avant de créer ou de rénover un massif, réfléchissez à l'époque que vous souhaitez ainsi mettre en valeur. Les rendez-vous de floraison sont souvent hasardeux au printemps, car les fleurs bulbeuses sont fluctuantes, mais vous aurez plus de chances de réussite avec des plantes à floraison prolongée, comme le myosotis ou les pensées à petites fleurs. Ces dernières demanderont une toilette régulière pour enlever les fleurs fanées, et c'est autant de travail en plus, à un moment de l'année, la fin du printemps, où l'on ne sait plus où donner de la binette.

En incorporant aux scènes des plantes à feuillage décoratif (euphorbe, hellébore, heuchéra, *Coreopsis verticillata*, sauge officinale panachée ou pourpre, phlomis...), vous donnez une assise à vos compositions. Un simple tapis de lamiums fera beaucoup d'effet entre les tulipes.

Rien ne vous interdit de tout miser sur un moment précis de l'année, mais à condition d'être sûr d'en profiter : les fleurs de l'absence n'ont guère de parfum.

Arbre fruitier

Que ceux qui ne jurent que par les magnolias et les cornouillers chinois ou américains se calment, et aillent contempler des pommiers Reinette en pleine floraison, des poiriers vibrants d'abeilles, des cognassiers aux grandes corolles émouvantes, posées sur une collerette de feuilles si tendres à caresser. Quel prunus japonais peut égaler un bigarreau en fleur, qui vous offrira de surcroît des cerises exquises, et même un feuillage doré à l'automne, pour quitter la belle saison en beauté ?

Mariez donc gourmandise et goût du spectacle en accueillant des arbres fruitiers, en formes hautes si votre jardin est grand ou encore si vous souhaitez créer des zones ombragées. Et surtout en formes basses, fuseaux ou quenouilles à la diable, voire en buissons quand il s'agit de cerisiers greffés sur Maxma, un porte-greffe qui les rend enfin raisonnables.

Plantez un sac de narcisses à leur pied pour obtenir une scène étourdissante de beauté. Des tulipes blanches comme Mount Tacoma ou White Triumphator constitueront également un tapis magnifique, à condition de les planter à l'écart du tronc, à l'aplomb des dernières branches.

2 *Vous détestez jouer à la roulette russe avec la rusticité des plantes : ça coûte trop cher.*

◆ Même si on parle du réchauffement de la planète, on peut être sûr que, chaque année, l'hiver viendra, avec son cortège de journées grises, pluvieuses, venteuses. Il gèlera, parfois presque pas, ou au contraire pendant un bon mois d'affilée. Votre station météo vous permet de le constater et vous notez tout sur votre carnet de jardin. À chaque fois, il y a des plantes qui trinquent, et pas seulement parmi celles qui sont réputées les plus fragiles : les lauriers du Caucase ont payé un sacré tribu aux grands froids de 1985. Vous demandez systématiquement aux pépiniéristes la rusticité de leurs plantes, mais n'exigez pas au degré près !

3 *Vous plantez à la bonne franquette, il sera toujours temps de réagir...*

● Pour vous, prévoir le futur développement d'une plante est aussi hasardeux que de miser sur un cheval. D'un jardin à un autre, et même seulement à quelques mètres de distance, le même arbuste sera plantureux ou minable. Alors à quoi bon prédire et planter avec un double décimètre. vous préférez mettre en place de façon approximative, en vous tenant à cette règle : écarter les plantes de la moitié de leur future hauteur. Pour la plupart des arbustes, cela donne 1,5 m environ, et pour les plantes vivaces les plus courantes : 30 à 40 cm.
Si c'est trop serré, vous pourrez toujours en enlever pour replanter ailleurs, et si c'est trop clairsemé, vous remplirez les vides avec des plantes mises de côté. Avec vous, la solution est vite trouvée.

4 Vous aimez les bonnes surprises : qui ne tente rien n'a rien.

▲ Parfois, il s'écoule dix ans avant de rencontrer la neige ou une grande tempête.
Et le froid n'est jamais uniforme dans un jardin : il y a des zones protégées, en particulier près de la maison, où des microclimats favorables permettent d'héberger des plants plus fragiles.
Pourquoi se priver des céanothes bleus alors qu'ils poussent vite, ou encore du trachelospermum, ce faux jasmin si parfumé, alors qu'il résistera honorablement pendant cinq ans au moins, si ce n'est plus ?
Ce n'est vraiment pas votre genre !

5 Composer son jardin, pour vous, c'est prévoir quelles couleurs se marieront le mieux.

■ Associer les fleurs pour obtenir certains effets est votre passe-temps préféré.
Vous y consacrez vos temps de repos, à griffonner des massifs qui changent tout le temps, où vous plantez virtuellement avant de vous escrimer de la bêche.
La hauteur, les masses, les contrastes de feuillages interviennent en premier, puis les couleurs, selon qu'elles vont exploser ensemble ou au contraire par vagues successives.
Vous pouvez même prédire comment sera telle partie du jardin en mai et ensuite en octobre.
Du coup, vous ajustez, rajoutez des fleurs bulbeuses ou imaginez de poser une belle potée en plein été pour réveiller la scène. Tout est combiné : chapeau, l'artiste !

Arbuste Je préfère voir dans les arbustes le matériau idéal pour des associations de textures et de formes, la couleur des feuillages n'intervenant qu'en second lieu, et celle des fleurs n'apportant qu'un bonus éphémère, par ailleurs tout à fait bienvenu. *Russel Page, l'Education d'un jardinier, éditions La Maison Rustique*

Aromatique C'est ainsi, on n'a jamais assez de plantes aromatiques pour donner du goût à la cuisine. Ces petits brins coûtent cher quand on se fournit au marché, pas toujours dans un état de fraîcheur convenable : ça fane bigrement vite un brin d'estragon. Moralité, rien ne remplacera un carré de plantes aromatiques, pas trop loin de la maison. La priorité des priorités. Là, sur un à deux mètres carrés, on installera la ciboulette, et pas un mais dix pieds, le persil, le cerfeuil, l'estragon et le basilic (celui à large feuille et l'autre plus fin, pour changer), sans oublier l'origan, la marjolaine et l'hysope. Un pied de romarin, quelques thyms et une menthe sagement maîtrisée compléteront le choix. Incontournable.

Art On peut distinguer quatre maximes fondamentales pour bien disposer un jardin : faire céder l'art à la nature ; ne point trop offusquer un jardin ; ne le point trop découvrir ; le faire paraître toujours plus grand qu'il ne l'est effectivement. *Dezallier d'Argenville (1680-1765)*

Artificiel Plus vous bousculez le jardin, plus vous devrez intervenir par la suite. L'artificiel appelle l'artificiel, sans fin. Avec la meilleure intention du monde, on arrive rapidement à des effets d'espaces verts, à des vraies pièces montées. Certaines plantes agissent de même, par simple entraînement : canna, bananier, laurier-rose appellent à transformer la terrasse en un coin de jungle. Autant le savoir, sinon elles feront « posées là ».

Association Associer les plantes est un amusement, pas une nécessité. Certaines plantes sont belles en elles-mêmes, et se suffisent, comme les hellébores d'Orient. Pourquoi en rajouter forcément ?
Outre les couleurs et les formes, pensez aussi à associer les textures, légères, compactes aériennes, férocement épineuses ou plumeuses… c'est tout un monde à défricher de l'œil et du doigt. Les graminées en sont les reines.
En matière de fleurs comme de vin, les mélanges sont parfois dangereux. Même si on apprécie chaque couleur, on n'est pas obligé de les installer toutes ensemble ou simultané-

ment. Les fleurs et les saisons ont des attirances affectives. Il y a des couleurs agréables au printemps comme le jaune tendre et le blanc, d'autres plus connotées avec l'automne, comme les bruns et les orangés. Le bleu se déguste en début d'été, le jaune pur triomphe à la fin.
Selon sa sensibilité aux couleurs, et le but qu'il recherche, le jardinier prendra plaisir à composer des tableaux en veillant à conserver une dominante, associée à quelques touches de couleur complémentaires, pour faire vibrer l'ensemble. Valable aussi pour les pots.

Bio Si vous n'avez pas envie d'être respectueux de la nature, faites-le au moins pour vos enfants, vos voisins, et les êtres que vous aimez. Sans sectarisme ni excès de pureté. Tout naturellement !

Bractée Sans astuces de taille ni sélection de variétés spécialisées, il reste une voie toute naturelle pour les plantes afin de nous charmer plus longtemps, je veux parler des fausses fleurs. Notre œil distingue parfois mal en effet ce qui est enveloppe et vraie fleur. Des formations comparables anatomiquement aux feuilles, les bractées, prennent quelquefois des allures de vrais pétales, la solidité en plus. Ne cherchez pas plus loin pourquoi les sauges sclarées doivent figurer dans tous les jardins : elles attirent le regard pendant deux mois. Même remarque pour les astrances, les phlomis ou les échinops.

Bulbeuse Beaucoup de fleurs bisannuelles et bulbeuses à floraison printanière adorent se mélanger aux fleurs vivaces, retrouvant ainsi un peu de naturel. Le mariage des tulipes et des fougères naissantes, avec leurs crosses d'un vert indestructible, celui des myosotis et des euphorbes polychromes, au vert anisette subtil, vous mettront sur la voie de bien d'autres associations mêlant fleur et feuillage. Faut-il laisser les bulbes en place ? Si les narcisses, les muscaris, les ornithogales et les ails ne paraissent pas en souffrir, les tulipes et les jacinthes semblent avoir perdu de leur robustesse originelle. On dit méchamment qu'elles dégénèrent : la floraison pâlit, et les bulbes disparaissent mystérieusement. Pas tant que cela, car les limaces et les mulots, qui s'en régalent, sont des acteurs bien connus. Alors, si vous passez par une phase tulipomane, pas de secret : cultivez-les au potager, en carrés assez denses, nourrissez-les, et arrosez-les jusqu'à ce que le feuillage n'en puisse plus, et arrachez en juin, pour stocker au garage. Cette culture est un excellent précédent pour des haricots

6 *Introduire des pestes au jardin, on ne vous y prendra pas !*

■ Pour vous, il y a des plantes franchement indésirables au jardin, ce sont celles qui envahissent tout, l'air de rien. Bien sûr, dans un premier temps, on est content de les voir croître et se multiplier, mais au bout d'un moment tout bascule dans la lutte pour l'espace vital. Les plantes les plus frêles disparaissent vite. À vos yeux, cela banalise le jardin, le rend moins distrayant et surtout oblige régulièrement à se saisir de la cisaille ou de la bêche pour arracher, sans fin. La grande pervenche, le lierre d'Irlande, beaucoup de bambous sont dans ce cas, mais le sympathique pavot de Californie ou la phacélie peuvent décider de devenir des redoutables envahisseurs s'ils se plaisent. Vous les tenez à l'œil.

7 *C'est ainsi, vous trouvez que le hasard fait toujours bien les choses.*

● Les associations de couleur, pour vous, c'est du pipeau : dans la nature, vous voyez toutes les fleurs s'épanouir dans une prairie, sans qu'il soit question d'agencement particulier, et c'est extra. Et puis comment juger des couleurs quand on voit l'imprécision des descriptions dans les catalogues, sans parler des photos sans nuances, voire carrément trafiquées. Vous plantez des tulipes saumon… et elles fleurissent en rose bonbon. Du coup, vous avez décidé de vous en tenir à quelques règles simples : adopter une couleur dominante, laisser beaucoup de place aux feuillages, et puis ensuite vous plantez comme ça vient.

8 *Vous êtes ravis quand une plante se sent bien chez vous, et tant mieux si elle prolifère.*

▲ Votre théorie : une plante qui devient expansive a rencontré les conditions de vie qu'elle préfère. Logique, non ? Du coup, elle sera heureuse de vivre et attirera moins de parasites. C'est autant de soucis en moins. D'ailleurs, dans la nature, il existe des dominances du même ordre : les fougères en sous-bois par exemple, et c'est non seulement beau mais efficace. Une plante qui se répand allégrement donne son ton au jardin : c'est le cas souvent de la valériane ou du fenouil bronze, ou encore de l'alchémille et de la coquelourde.
Vous en avez planté une année et depuis, chaque printemps, un nouvel arrivage débarque sans prévenir. C'est un envahissement en douceur qui vous régale.

9 *Vous savez que la préparation est cruciale et vous en prenez grand soin.*

■ Ce qui vous frappe le plus quand vous examinez la façon dont les bons professionnels s'y prennent, c'est le soin avec lequel ils préparent le terrain avant de planter. Comme des paysans, ils remuent le sol, l'amendent copieusement, l'affinent avant de le dresser. Le terrain travaillé devient comme une partition neuve, où va s'inscrire le paysage rêvé. C'est pour cela que vous mettez toutes les chances de votre côté en les imitant : le soin et les dépenses sont largement compensés par la beauté du résultat. S'il le faut, vous recourez donc à un tracteur, loué ou prêté, et vous ne lésinez pas sur les amendements, sable, vieux fumier, compost ou tourbe.

demi-secs ou verts. L'automne suivant, vous ferez le tri entre les gros bulbes, de taille à fleurir, et les petits, que vous disposerez en ligne dans un autre coin du potager. Au fil des ans, votre cheptel grossira… jusqu'au jour où vous déciderez de tout donner, en passant aux narcisses ou aux jacinthes. Inconstant, va…

Camaïeu

Un camaïeu est un mélange de tons approchants. Joli le plus souvent, mais aussi parfois à la limite de l'ennui. Réveillez-le avec une touche de blanc ou encore de la couleur complémentaire : un soupçon de bleu violet dans un océan d'orange ; une larme de violet dans le jaune ; de rose parmi les bleus. Il en faut peu mais le résultat est fantastique.

Catastrophe

Gel, tempête, sécheresse, étourneaux, pucerons, lapins… vivez positivement votre impuissance face aux événements, aux petites calamités contre lesquelles on ne peut rien. Cultivez l'acceptation, et étonnez vos proches par votre calme.

Chimie

Je n'ai certes pas l'intention de perdre mon temps et mon argent à asperger mon jardin de produits chimiques, d'autant que ces derniers ont tôt fait de détruire les équilibres naturels, et que bien souvent ils n'anéantissent un ennemi du jardin que pour mieux laisser place à un autre. *Russel Page*

Cohérence

La nature possède sa cohérence. Ce que nous lui enlevons en jardinant, nul ne peut le remettre sinon elle. C'est pourquoi le temps est un allié de la nature et non celui du jardinier compulsif. Le temps cicatrise les dégâts. Il gomme les détails qui cassent parfois la cohérence du tout.

Collectif

Le droit au jardin devrait être inscrit dans la Constitution. Il faudrait augmenter considérablement le nombre de jardins collectifs dans nos cités, pour satisfaire tous les besoins. Mais surtout pas pour faire des HLM horizontaux : chaque jardinier doit pouvoir exprimer sa singularité. Pas de modèle préconçu mais une écoute des envies. Faire enfin du cousu main tout en veillant à ce que le résultat soit beau à voir. Un vrai challenge.
Pour en savoir plus, adressez-vous aux associations suivantes : Chantier nature, 16 place Cormontaigne, 59000 Lille ; et Les Jardins d'Aujourd'hui, 24 rue Louis Pasteur, 33220 Sainte-Foy-la-Grande. http ://www.jardinons.com

Collection Certains jardiniers dégustent les plantes comme on savourerait un vin. Au fur et à mesure de leurs investigations et découvertes, leur jardin devient une cave aux trésors. Heureusement pour eux, un jardin botanique évoque toujours plus ou moins un paradis, à condition que les étiquettes ne soient pas trop visibles. Mais comme on est loin de la décontraction naturelle... Plus que les vins capiteux, préférez parfois l'eau pure. La fleur simple à la double qui s'effondre. Goûtez l'instant plus que la lancinante mélancolie des plantes immuables. Seul est authentique le charme du presque parfait.
Savourez le jardin comme un verre de bon vin. Contemplez-le au petit matin, respirez-le après la pluie, admirez-le en transparence au soleil couchant, puis rapprochez-vous, juste pour vous imprégner des détails : le velouté d'un feuillage, son graphisme, la netteté d'une silhouette, la façon délicate dont s'exfolie une vieille écorce, les bourgeons dodus ou effilés. De près, les fleurs révèlent bien des subtilités : une nuance dans la couleur des pétales, au revers souvent différent de l'endroit, des rayures ou des ondulations. Impossible de se lasser. Du coup, on comprend mieux les collectionneurs, qui passent des heures à contempler ce qui paraît tout semblable de prime abord.

Contradiction Le jardinier peut tout faire, sauf vaincre des contradictions réelles refoulées. Elles surgiront un jour ou l'autre, sans lien apparent entre elles, avec une diversité qui cache leur commune origine, la misère de celui qui croit légitime d'imposer, à bon compte, sans respecter. Qui veut tout faire en même temps, ne fait finalement rien.

Corvée Qu'est-ce qu'une corvée au jardin si ce n'est une tâche répétitive que personne ne va endosser à votre place. Respirer est-il une corvée ? Si vous apprenez à prendre du plaisir en désherbant, vous serez le plus heureux des jardiniers. Impossible ? Tant pis pour vous !

Couleurs Chacun de nous a ses lubies colorées. À écouter les pépiniéristes, les femmes préfèrent les tons atténués, le rose et le bleu. Les hommes apprécient plus les couleurs fortes. Parfois, une couleur subit une traversée du désert, comme le jaune ces derniers temps, avant que l'on redécouvre qu'il est lumière et gaieté. Il revient maintenant en grâce, de même que le pourpre.
Le vert est omniprésent dans la nature. Son complémentaire, le rouge, en est automatiquement renforcé. C'est l'effet

10 *Vous faites confiance aux plantes pour s'adapter à votre terrain.*

● Pour vous, pas question de déverser du sable ou de la terre de bruyère à tombereaux complets. Non seulement c'est ruineux mais anti-écologique quand on songe au déplacement nécessaire pour accomplir ce genre de transformation. Même si l'on améliore ponctuellement la terre, les racines iront tôt ou tard goûter au sol originel, et là, attention aux chloroses. Parfois, la croissance s'arrête au point que l'on a l'impression d'être devant un bonsaï ou une plante en pot.
Moralité : vous plantez des jeunes sujets, pour qu'ils s'adaptent le plus vite possible. La terre est simplement nourrie en surface par des apports de compost réguliers, qui servent également de paillage.

11 *Si vous pressentez qu'une plante ne sera pas heureuse, vous préférez vous en passer.*

◆ Une plante n'a pas la capacité d'aller chercher ailleurs les éléments nutritifs dont elle a besoin. Ses racines explorent forcément la terre alentour, qui ne peut leur donner que ce qu'elle contient. Or, les besoins des plantes varient beaucoup, et certaines affichent des préférences si marquées qu'en ne les respectant pas on court à la catastrophe : les arbustes de terre de bruyère sont un bon exemple. Installer un rhodo dans une terre calcaire équivaut à un suicide à terme, et cela même si l'on pratique une fosse remplie de terre acide. Pour vous, mieux vaut savoir se passer de ces caprices et choisir d'emblée un arbuste solide : seringat, lilas, weigela... le choix ne manque pas.

12 *Vous aimez planifier les opérations et rénover le jardin par chantiers successifs.*

En procédant par étapes, pour occuper le jardin progressivement, vous évitez cette impression très désagréable : ne jamais profiter pleinement du jardin car il reste un coin à chambouler de fond en comble, par simple oubli ou débordement régulier. Comment apprécier le temps nécessaire à l'entretien de telle partie du jardin est souvent ce qui requiert le plus d'expérience. En vous y coltinant peu à peu, vous vous jaugez au passage, et vous découvrez que l'envie de topiaire est peut-être plus un caprice qu'une nécessité pour la beauté du jardin. À la limite, quelques belles poteries font autant d'effet, et demandent moins d'entretien. C'est votre côté folie raisonnable.

13 *Vous vous sentez l'âme d'un infirmier des plantes, prêt à tout sauver à coup de compost.*

Même si vous connaissez bien la nature de votre sol, vous prétendez que rien n'interdit d'outrepasser un peu les limites de l'adaptation naturelle et supposée des plantes. Tout simplement pour que le jardin ne ressemble pas trait pour trait à celui du voisin. Vous êtes d'ailleurs surpris de constater combien les plantes peuvent tirer parti de conditions peu favorables a priori. C'est au jardinier de faire un petit effort et d'apporter de l'humus, qui métamorphose n'importe quelle terre en un substrat de compétition. Et souvent pas la peine de tout changer car les racines de beaucoup d'arbustes restent cantonnées dans les 30 premiers centimètres. Autant d'économisé !

géranium. En revanche, le bleu, qui participe déjà au vert, est enterré dedans, d'autant qu'il a tendance à s'enfoncer dans le lointain, alors que le jaune saute en devant de la scène. Moralité : si vous aimez le bleu, employez-le en masses et plutôt en premier plan.

Créatif Le désherbage est un acte hautement créatif. Un vrai art de la fugue : vous décidez des instruments qui méritent de rester, et de ceux qui vont quitter la scène. En nettoyant un massif, vous le faites naître à nouveau : les plantes soupirent de bonheur.

Démocratie L'enfant qui aura dégusté une seule fois une vraie fraise, cultivée avec amour, deviendra un adulte plus vigilant vis-à-vis de la qualité intrinsèque des choses et des idées. Le légume et le fruit nourrissent le corps et l'imaginaire. Les cultiver soi-même vous relie à tous les autres jardiniers, à travers tous les âges.

Dictature Quand le jardin a envahi tout l'espace disponible, il est comme une dictature dont le jardinier lui-même est l'esclave. Œuvre impérieuse, intransigeante, quoique éphémère par définition.

Diversité La diversité biologique est vertigineuse. Elle peut engloutir le jardinier sans le moindre profit pour qui que ce soit. Elle mérite d'être explorée comme un monde en soi, en tirant un fil d'Ariane et en restant fidèle à une intention, ou encore à des thèmes qui sont autant de boussoles.

Domination Le rapport de domination de l'homme sur les plantes ne doit pas devenir dominant dans la vision même du jardin. On ne verra plus que cela, cette contrainte humiliante. L'homme qui attache se lie lui-même à sa contrainte. Il s'enferme. Le jardinier a aussi vocation à laisser faire, et faire confiance.

Dresser Il y a des choses qu'on fait généralement au printemps, par routine, comme dresser les bordures de la pelouse par exemple. Mais on peut très bien l'entreprendre à l'automne, et même en hiver quand il ne gèle pas. Pourquoi s'y atteler alors que l'herbe ne pousse plus ? Parce qu'il n'y a rien de tel pour donner un aspect soigné au jardin ! Et voilà une chose dont on a souvent bien besoin en plein hiver, justement. Même chose avec l'entretien des massifs : pourquoi attendre le printemps pour les bêcher et leur distribuer de l'engrais, quand on pourrait le faire à l'automne, avant que les plantes qui perdent leurs feuilles aient disparu de la surface ? Un bon sarclage, suivi d'une distribution d'engrais organique qui ne se dissoudra qu'au printemps, un léger paillage, et vous voilà parti pour un hiver tout propre, tout beau. Une variante consiste à laisser sécher sur place feuilles et fleurs fanées : magique quand le givre s'empare d'eux. Ne les enlevez qu'au printemps car la terre reste propre en dessous. Mais ce sera une tâche à accomplir en vitesse en mars ou avril, quand les semis et plantations vous appelleront de tous côtés.

Durer

La critique éternelle portée à l'encontre des fleurs : leur durée, qu'on trouve souvent trop brève. Mais une fleur n'est qu'un organe de reproduction plus ou moins voyant, histoire d'attirer l'attention de pollinisateurs. Son aboutissement est le fruit, où se forment les graines, qui assureront la propagation de l'espèce. La magie de la germination n'est possible que par un intense effort de concentration de moyens.

Le meilleur d'une plante va dans ses graines, objectif prioritaire au point qu'il draine l'énergie vitale des plantes annuelles, qui meurent généralement une fois les graines formées. Même le dessèchement de ces dernières est un processus actif, menant à une phase de repos, où la graine est rendue capable de résister aux mauvais traitements. On ne s'étonnera pas de constater un changement d'aspect dans les plantes soumises à un tel effort. Qu'une plante soit capable d'assumer deux ou trois semaines de floraison est déjà un maximum, et ce n'est que par une sélection acharnée que l'homme a prolongé cette apothéose.

Une première voie s'offrait à l'horticulteur avisé : rechercher des fleurs stériles, donc incapables de produire des graines. C'est le cas de nombreuses fleurs doubles, où les étamines ont été progressivement changées en pétales. Ne cherchez pas plus loin le goût immodéré des grands-mères pour les roses trémières doubles comme des pompons, ou encore pour les giroflées bien pleines. Les abeilles ont bien du mal à se frayer un chemin dans ce froufrou. Hélas, les fleurs pleines résistent mal à la pluie, les roses opulentes comme 'Mme Isaac Péreire' en sont une triste illustration quand on les compare aux églantines de 'Rush'. Il n'en reste pas moins qu'une giroflée à fleurs simples est un déjeuner de soleil, et qu'une fois que vous aurez goûté aux pompons des variétés doubles, vous ne pourrez plus vous en passer.

La deuxième astuce pour augmenter le plaisir de la floraison consiste à trouver des variétés capables de refleurir, les

14 *Pour vous, ce qui compte, c'est d'entreprendre sans trop se donner de limites.*

▲ Si tous les jardiniers avaient été sages, on s'ennuierait ferme dans les jardins. À vos yeux, le délire et l'excès produisent souvent des effets spectaculaires, et au fond pas si difficiles que cela à obtenir. D'ailleurs, il n'est pas plus compliqué d'entretenir une haie longue de 30 m qu'une bien plus petite, car le plus dur c'est de s'y mettre, de sortir le taille-haie et d'organiser son chantier.

Et quand vous voyez le résultat ensuite, vous êtes récompensé, et bien au-delà. Comment avoir du cœur à l'ouvrage si le jardin est mesquin, raplapla et banal à pleurer ?

Au pire, vous demandez aux copains de venir donner un coup de main, quitte à venir les dépanner une autre fois.

15 *Vous trouvez qu'il faut toujours proportionner la riposte à l'attaque.*

● Quand vous voyez des colonies de pucerons, vous vous dites : tiens, ce sont les coccinelles qui vont être contentes. Pas la peine de sortir le pulvérisateur tout de suite, au risque de priver les larves de leur petit-déjeuner. La vie du jardin est un savant équilibre entre les parasites et leurs prédateurs. Or les ennemis de nos ennemis sont nos amis. Est-ce une preuve d'amitié que de supprimer leur nourriture ?

Si une pullulation semble menaçante, vous examinez en premier si des larves de prédateur ne sont pas déjà en action. Sinon vous intervenez à la main : en écrasant les pucerons entre deux doigts, vous réglez le problème, et vous n'en parlez plus.

16 *Vous aimez jouer les arbitres, laisser pousser pour intervenir quand bon vous semble.*

Vous prêtez attention à ne pas passer à côté de ce qui vous paraît l'essentiel : le jardin n'est pas uniquement fait pour le jardinier, c'est un morceau de nature, et comme tel il doit retrouver une certaine autonomie. Ceux qui interviennent tout le temps dedans l'empêchent d'évoluer spontanément, et cela vous choque. Ils contrarient les semis spontanés, en supprimant toutes les capsules de graines en formation. Une fleur fanée de temps à autre ne gâche pas un paysage. Et puis, de temps en temps, vous organisez un grand chantier qui permet de renouveler le paysage de fond en comble, d'y voir plus clair, de reprendre pied dans le jardin.

17 *Vous adorez tirer parti d'objets ou de matériaux insolites pour composer le décor.*

Récupérer des objets pour les intégrer au jardin est pour vous un sport vieux comme votre premier arrosoir, qui fut certainement une coloquinte percée. Les traverses de chemin de fer ont ainsi connu leur heure de gloire dans votre jardin, avant que vous vous aperceviez que leur tronçonnage mettait en péril la chaîne à cause des graviers incrustés dans le bois. Par ailleurs, celui-ci est rendu imputrescible par la créosote, hautement cancérigène. Vous vous en passez, désormais. Plus inoffensif, le recours au treillis à béton, pas cher du tout, et qui permet de remplacer les rames et les filets habituels. Il rouille peu et offre une faible prise au vent. Extra pour les haricots à rames.

fameuses remontantes qui perturbent tant les débutants qui se demandent ce que peut bien être un rosier grimpant non remontant, une sorte d'escaladeur velléitaire porté sur la chaise longue, peut-être... Les lilas, les iris, les clématites, les viornes, les glycines offrent matière à une remontée, parfois discrète, la palme étant détenue par les rosiers modernes, dont la deuxième floraison en fin d'été égale parfois la première, ce qui justifie l'engouement qui les entoure, les coloris pétulants mis à part.
On favorise cette remontée, et on la crée carrément chez de nombreuses plantes vivaces, en pratiquant une taille sévère après la première floraison, taille qui consiste justement à supprimer les fruits en formation pour épargner les réserves et les conduire vers de nouvelles tiges ou bourgeons. Quelques bons arrosages par là-dessus, et voilà vos géraniums vivaces repartis pour un second tour de piste, en accompagnement des roses auxquelles ils servent d'écrin.

Eau

Une simple pièce d'eau même immobile introduit l'incomparable musique de la nature. Elle plonge le ciel au cœur du jardin.

Echange

De quoi discute-t-on entre jardiniers sinon de ce que l'on ressent face aux plantes, du sentiment de l'aléatoire et de la complexité du vivant. C'est alors que s'établit la vraie connivence qui permet au cheminot d'échanger avec la duchesse, sur le même pied. Toute plante, et tout jardin, recèle une séduction naturelle.

Echo

Si une plante présente un feuillage panaché, employez-la pour répondre en écho à des fleurs non loin de là : un cornouiller 'Gouchaultii' rappellera en mineur le pétillement des soleils vivaces ou des rudbeckias. Une heuchéra 'Ruby Veil' pourpre et rose répondra à l'éclat d'une rose ancienne ou d'une pivoine du même rose que les veines de ses feuilles.

Ecorce

Attention avant de porter votre dévolu sur des arbres ou arbustes à écorce décorative. Difficile d'y résister tant les photos sont flatteuses, gros plans qui évoquent des marqueteries précieuses. Mais demandez-vous un instant pourquoi on ne montre pas l'arbre tout entier. Parfois, c'est à cause du gabarit de la bête : un seul *Arbutus andrachnoides* suffit à meubler un jardin de bonne taille... quand il atteint l'âge vénérable de cinquante ans, ce qui pose un autre problème, l'âge du jardinier, qui n'est plus en mesure d'apprécier son écorce évoquant la caresse d'un bas de soie. Renoncez à la collection dont vous rêvez, comme si on pouvait juxtaposer dans le jardin l'un de ces arbousiers, des *Prunus serrula*, cerisiers du Japon à l'écorce brillante et vernissée, des bouleaux plus blancs que blancs, et un quatuor d'érables à peau de serpent. Chacun de ces sujets est un arbre à lui tout seul, donc à espacer de trois à cinq mètres en tous sens, faute de quoi vous obtiendrez un bosquet hostile, qu'il vous faudra éclaircir, c'est-à-dire tronçonner, juste au moment où les écorces commencent à prendre tournure. Les écorces sont comme les fleurs d'hiver, des épices à manier avec prudence car elles engagent le reste de l'année, voire de la vie. On court certes moins de risques avec les arbustes à écorce décorative, comme les cornouillers et certaines ronces (*Rubus thibetanus*), mais achetez-les en conteneur pendant la belle saison, quand elles sont en feuilles, pour savoir ce qu'il en est. Vous serez ainsi moins déçu par la suite, car trop de jardiniers se sont morfondus face à un feuillage plus que banal ou une dégaine de plante sauvage.

Éloge Les plus grands êtres vivants, et ceux qui vivent le plus longtemps, sont des plantes ; ces dernières sont aussi à l'origine de la plupart des chaînes alimentaires, elles structurent nos paysages, abritent les animaux, participent à la formation des sols et au contrôle local des climats, rafraîchissent l'air et sont capables, dans une certaine mesure, de le nettoyer de ses polluants. Grâce à la photosynthèse, la plante fournit à l'animal son énergie, sa nourriture et l'air qu'il respire.
Son succès biologique n'apparaît nulle part mieux que dans le domaine alimentaire : la plante ne dépend pas de l'animal alors que ce dernier dépend d'elle pour sa survie quotidienne. L'homme, lui aussi, dépend totalement des plantes pour son alimentation : qu'il soit végétarien ou non, peu importe ; sans les plantes, je crois qu'il devrait se nourrir d'eau et de sel ! L'homme, un sommet évolutif autoproclamé…
Francis Hallé, Éloge de la plante, éditions du Seuil

Ensemble Tout ce qui pousse au jardin constitue un tout. Vous ne considérez que chaque plante individuellement, alors que c'est un tout. Voilà pourquoi il faut intervenir avec tact, en prenant du recul, par petites touches, pour ne pas gâcher l'effet d'ensemble. Ou alors agir franchement, comme pour redonner du sens : trancher les bordures, ce qui revient à retracer une frontière ; tailler la haie pour la rendre plus compacte, encore plus haie… Renforcer l'essentiel à vos yeux.

18 *Vous êtes persuadé que la vraie économie d'arrosage consiste à employer des plantes sobres.*

■ Récupérer l'eau de pluie ne remplace pas les inévitables arrosages, car à partir de juin, on tire bien plus d'eau qu'il n'en tombe. Alors, à quoi bon avoir récupéré l'eau durant tout l'hiver, parfois au point de faire déborder les citernes… La meilleure parade consiste pour vous à choisir des plantes capables de résister à la sécheresse. C'est une des grandes tendances actuellement en Angleterre, pays dont on n'imagine pas qu'il devienne un désert un jour. Pourtant, conscients des changements climatiques en cours, nos voisins envisagent sérieusement de s'adapter en optant pour des plantes chameaux, autrement dits beaucoup de plantes de nos garrigues : origans, thyms, lavandes ont la cote actuellement.

19 *Vous avez toujours le souci de respecter la logique du terrain.*

● Inutile de chercher bien longtemps : pour vous, une rocaille sera toujours plus à son aise sur une pente, dans un coin déjà caillouteux ; et un bassin dans un creux, où l'eau a déjà tendance à stagner. En agissant ainsi, vous vous épargnez bien des heures d'aménagement, avec les frais annexes (location d'engin et canettes de bière pour les copains qui viennent donner le coup de main… et vous regardent vous escrimer comme un beau diable). Il y va de la logique de votre jardin et du bien-être futur des plantes. Au final, cette impression que tout existe depuis la nuit des temps est pour vous une satisfaction à nulle autre pareille.

20 *Vous êtes champion quand il s'agit de récupérer l'eau du ciel.*

En posant une dérivation sur la gouttière, vous récupérez une bonne partie de l'eau qui dégringole du toit. Même si la pollution généralisée interdit de boire cette eau directement, vous pouvez l'utiliser pour arroser. L'économie réalisée est conséquente, mais le plus important, c'est la satisfaction de contribuer du mieux possible au respect de ce bien précieux. Plutôt que les tonneaux du commerce qui vous paraissent petits, vous employez des grands bidons d'huile de vidange récupérés, disposés en série. Vous plongez les arrosoirs dedans. Les systèmes avec robinets posent le problème de l'étanchéité. À noter qu'il existe des citernes de grande capacité dans les coopératives agricoles, ou encore des abreuvoirs.

21 *Pour vous, une mauvaise herbe est une plante qui est chez elle.*

À votre avis, c'est le jardinier qui force la vraie nature de son jardin. Le tout consiste à donner des limites : dans un premier temps, vous consacrez vos efforts à aider les plantes nouvellement introduites à survivre, en réduisant la compétition avec la végétation spontanée. Puis, vous laissez tout le monde s'exprimer. Si le match se termine à l'avantage des mauvaises herbes, pourquoi leur en vouloir : c'est le signe que l'intrus n'avait pas sa place. Et dans ce cas pourquoi l'imposer ? Par ailleurs, à y regarder de plus près, bon nombre de ces mauvaises herbes sont assez jolies : une potentille rampante ou un liseron blanc ne sont pas sans intérêt…

Erreurs Le jardinier aguerri ne voit plus que ses erreurs. Il se projette dans une autre saison qui permettra de tout corriger. Il en vient à oublier de savourer l'instant présent. Gare à lui s'il finit par cultiver de préférence l'inassouvi, au goût amer. Mieux vaut se garder des erreurs à venir que de regretter les fautes déjà commises.

Esprit Les jardins ne sont pas innocents : ils disent leur auteur, l'esprit de son temps, ses relations avec la nature, avec l'autre, ses envies d'autorité ou d'empathie. Faire ou laisser se faire. Le lierre n'est pas un ornement, mais une philosophie. *Lucien Kroll, urbaniste*

Excès Nos racines paysannes s'estompent, nous sommes de moins en moins patients vis-à-vis de la nature : que la végétation marque un arrêt en hiver ou au cœur de l'été est vécu comme une trahison. Alors que le spectacle d'un massif bêché en attente de fleurs ne choquait nullement nos aïeux, il nous paraît le comble de l'impudeur, quand il faudrait y voir simplement des promesses en germe. Le syndrome du « *je veux qu'il se passe toujours quelque chose dans mon jardin* » a conduit trop souvent à un éparpillement, ce que j'appelle l'effet minestrone.
Avoir un jardin beau en juin est relativement facile, car ce mois correspond au pic des floraisons de beaucoup d'arbustes et de plantes vivaces. Une visite intempestive en avril ou en août ne déclencherait sûrement pas autant de cris d'admiration, car il faut bien reconnaître que la phase d'installation des plantes, le moment de leur croissance ou encore l'après-floraison sont parfois agaçants, même si on se dit qu'ils font partie du cycle normal de la végétation. Faut-il donc tout miser sur une saison aussi favorable ; ou se garder des réserves pour d'autres périodes, en dehors des vacances, souvent passées loin du jardin ?
La seconde option paraît la plus astucieuse, alimentée facilement par les coups de cœur que vous éprouverez au moment des premières et des dernières fêtes aux plantes de l'année, où les pépiniéristes apportent des sujets en pleine floraison à des époques inattendues (mais à condition qu'ils ne les sortent pas de la serre…). Vous aurez plaisir à composer des petites scènes autour d'un arbuste amusant comme le leycestéria, en fleurs à la fin août, au moment des asters et des cératostigmas. Du coup ce coin de jardin sera digne d'intérêt jusque tard en saison. Mais ce peut-être aussi une azalée caduque au parfum sublime que vous entourerez de tiarellas et de tulipes 'Mount Tacoma', pour vous payer une tranche de beauté dès Pâques sans attendre la Trinité.

Exotique Pourquoi se priver des beautés venues d'autres continents : une plante qui résiste aux conditions de vie des grandes plaines sibériennes doit pouvoir se plaire chez nous. Nos jardins seraient bien vides si l'on devait les expurger des plantes exotiques : plus d'hortensia, de lupin, de glycine, de rose trémière, de cosmos ou de zinnia, sans parler des glaïeuls d'Afrique du Sud et des pivoines de Chine.
Le jardin est un laboratoire du métissage. Acclimater des plantes venues d'ailleurs est un sport, une passion, la source de joies rares. C'est aussi une chance car ces plantes sont parfois indemnes de maladies alors que les plantes indigènes possèdent tout leur cortège de parasites.
Que le potager serait triste sans ces belles américaines : la tomate, la pomme de terre ou la courgette, mais aussi le haricot et le poivron. De même que Brillat-Savarin proclamait qu'un festin bien ordonné est un abrégé du monde, un potager généreux est une planète en appétit.

Fainéant On attrape souvent plus d'ampoules à travailler vite plutôt que lorsque l'on fignole. Bâcler fait mal au dos. Apprendre la lenteur demande parfois une existence. Si l'on s'épuise à la peine, on ne trouve plus de joie à la vie. Rien n'est pire que de laisser un travail inachevé sous prétexte de lassitude.
Modérez vos élans enthousiastes pour en garder sous le pied. Un paresseux est un jardinier qui ne fait pas semblant de travailler. Tout ce qu'on s'épargne dans la vie est autant de gagné pour sa liberté. Celui qui cherche à faire davantage chaque jour se met lui-même au carcan.

Feng-chouei Au risque d'en étonner beaucoup, je trouve que les préceptes du Feng-chouei ne manquent pas d'intérêt. Ancestral art chinois, il part du principe que l'homme doit vivre en bonne intelligence avec la nature, et que tout ce qui existe est animé par une énergie invisible, le Tch'i.
Dans les faits, cela donne des allées courbes, qui ne vont pas directement vers la porte de la maison ; une disposition la plus naturelle possible des plantes, où l'on ne doit pas sentir l'intervention humaine. Elles ne sont pas étouffées les unes contre les autres. Les feuillages ont la priorité, les couleurs venant par petites touches. Peu de plantes extraordinaires, pas de foisonnement.
Ne trouvez-vous pas cela très moderne ? Un ouvrage récent reprend ces préceptes, les explicite et commente une liste des plantes les plus couramment employées dans les

22 *Vous ressentez du plaisir à donner une structure nette à votre jardin.*

■ Un jardin, ce n'est pas seulement un assemblage de plantes, c'est aussi (et surtout) une intention. La vôtre est de modeler l'espace, de lui donner une forme stricte. Cela correspond à votre état mental du moment, à l'apaisement que vous recherchez, à la maîtrise exprimée de votre environnement. Alors, pourquoi rester en chemin : une haie strictement taillée sera la plus belle expression de cette emprise, qui n'est pas forcément synonyme de dictature. Beaucoup de jardins souffrent à vos yeux de ce manque de colonne vertébrale, ils vivotent dans un flou qui n'est même pas artistique. C'est d'autant plus dommage que le contraste avec la végétation libre n'en est que plus spectaculaire. Bien vu.

23 *Pour vous, une bonne mauvaise herbe est une mauvaise herbe morte.*

◆ Vous en êtes convaincus depuis que vous avez examiné le nombre de graines contenues dans une seule tête de chardon : impressionnant ! Surtout quand on s'aperçoit que chacune est munie d'un petit parachute pour aller encore plus loin. Il y a aussi les stolons sournois du bouton d'or, qui vous envahissent un massif en un rien de temps, souvent en plein hiver. Ou encore les semis de frênes qui donnent naissance à des plants coriaces. Si on les néglige, ils doublent de volume l'année suivante, et sont encore plus pénibles à arracher. Moralité, vous intervenez tôt, et surtout de façon impitoyable. Mieux vaut désherber moins souvent mais à fond, vous répétez-vous, les dents serrées.

24 *Vous adorez suivre le mouvement spontané de la végétation.*

▲ Un arbre qui penche, une haie un peu brindezingue où le taille-haie crée des vagues, cela a aussi son charme à vos yeux. La ligne droite n'est pas forcément le plus court chemin entre un rêve et sa réalisation au jardin. Vous laissez une part à l'improvisation, qui s'appuie sur une bizarrerie non désirée. Comme cela, votre jardin a sa propre personnalité, ce qui n'interdit nullement le dialogue avec le jardinier, qui respecte et encourage cette originalité. Plutôt que d'exiger un menu qui ressemble à une ordonnance, vous repérez et vous développez une tendance, en accompagnant un mouvement, et vous vous laissez porter par un signal.
Au bout du compte, vous faites du judo avec les plantes.

25 *Quand ça coince, vous avez volontiers recours à l'avis d'un spécialiste.*

■ Vous en êtes convaincu, il vaut mieux reconnaître son incompétence plutôt que de s'acharner. Et recourir alors à l'homme de l'art. Un paysagiste saura résoudre des problèmes qui vous paraissent insurmontables, tout bonnement parce qu'il les aura déjà rencontrés à maintes reprises. La crainte de vous ruiner ? Demandez des devis et examinez avec lui la possibilité de réaliser les travaux par étapes, dont vous pourrez prendre certaines à votre charge.

Ne dénaturez pas le plan d'origine car il a sa cohérence, une qualité dont votre jardin risque de manquer à vouloir jouer avec les lignes et les masses. Une idée bien menée vaut mieux que bien des digressions.

jardins de Chine. Surprise, on les retrouve aux places d'honneur dans nos propres jardins : les bons effets du forsythia, de l'hortensia, du lilas, du magnolia, du rhododendron, de la glycine et de la rose trémière seraient-ils ressentis de façon universelle ? À méditer…
Le Feng-chouei des jardins, par Philippa Waring, éditions Librairie de Médicis

Feuillage Même si le jardin est relativement petit, il peut et il doit accueillir des arbustes qui sont l'équivalent des meubles d'une pièce. Ils vont créer l'ambiance, isoler des voisins et instaurer une certaine intimité. Avant de songer à la nuance exacte de la floraison, intéressez-vous en priorité à la qualité du feuillage : dense ou léger, persistant ou caduc, plus ou moins nuancé de blanc ou doré selon les variétés.
Ne vous fiez pas trop à la présentation du conteneur car beaucoup d'arbustes offrent un aspect dégingandé dans leur jeunesse, puis s'étoffent ensuite… un peu comme nous.

Frénésie Qualifie l'humeur de tout jardinier (et surtout jardinière) normalement constitué à l'entrée d'une fête des plantes. Le genre d'endroits que l'on ne doit visiter qu'avec des amis sûrs ou des conjoints parfaitement consentants. Supplier d'arrêter ne sert à rien : ce type de surdité ne se soigne qu'à coup de godets.

Haie On ne gagne strictement rien à planter des haies à croissance rapide. Plus vite une haie pousse, plus vite elle périclite. *Russel Page*

Hiver Avant que la manie d'aller regarder de l'autre côté du Channel fasse loucher les jardiniers chic, il ne serait venu à l'esprit de personne de se lamenter sur l'hiver, saison apparemment vide et désespérante. Mais vous savez ce que c'est, il faut bien remplir les revues pendant les mois creux. Passe encore de faire un article sur les hellébores ou les camélias, mais sur les *Lonicera fragrantissima* ou les perce-neige…
Vous complexez sur le thème : mon jardin n'est pas assez fleuri en hiver. Et alors, vous y promenez-vous souvent en cette saison ? Les plus courageux prétendent que oui. Mais une promenade de cinq minutes, bottillons fourrés aux pieds et parka serrée par une écharpe assortie au bonnet, peut-elle être comparée avec ces longues balades de l'été, quand on savoure chaque bribe du serein, ce moment d'apaisement si particulier, entre coucher de soleil et nuit noire ?

L'hiver, qu'on le veuille ou non, est la saison de la boue tenace, de la pluie glacée, des branches dégarnies et de la pelouse glissante. Même les feuillages persistants sont ternes, jusqu'en février où commencent à pointer les futures pousses, dans un attendrissant concert en verts mineurs.
Bien sûr, on peut réserver une place à des fleurs assez coriaces pour embellir ces journées plombées, où même le plus fanatique des jardiniers préfère regarder le tournoi des six nations plutôt que de ranger sa cabane à outils.
Quelques corolles suffisent à s'assurer qu'un irrésistible élan vital aura toujours le dessus : ainsi bat le cœur de l'univers. Mais attention, un abus de floraison ou d'effets hivernaux se paie parfois lourdement le reste de l'année : passe encore pour les perce-neige qui font un peu de verdure et se cachent timidement, ou les hellébores au feuillage suffisamment décoratif pour meubler dignement les massifs, mais que dire des viornes précoces, au feuillage banal à pleurer et qui sent le caoutchouc brûlé ; du chimonanthe, qui encombre le jardin plus qu'il ne l'orne, une fois sa floraison parfumée mais pâlotte tombée à terre. Quant au *Lonicera fragrantissima*, s'il mérite ce nom pour sa senteur délicieuse, il ressemble à un fouillis de branchages tout le reste de l'année. On pourrait croire qu'il serait plus astucieux de consacrer une partie du jardin seulement à ces arbustes. Mais alors, près de la maison, pour profiter de leur parfum ? Imaginez la tristesse le reste de l'année… Menu plaisir, longue attente. La dispersion dans le jardin est plus payante, car on éprouve toujours suffisamment de curiosité pour se propulser jusqu'à un hamamélis en fleurs et le humer à narines déployées.

Intégration

Si vous achetez une plante déjà travaillée, aboutie, vous accueillez dans votre jardin une œuvre achevée, porteuse de savoir-faire, avec une personnalité affichée. Tandis que si vous semez ou bouturez, vous dupliquez un morceau de nature, vous l'aidez à se déployer. Votre jardin conserve son harmonie, voit son unité renforcée. Chaque introduction s'inscrit dans l'existant, comme si de rien n'était. Soyez courtois : conviez les plantes nouvelles à s'asseoir et prendre leurs aises.

Jalousie

Être comme le chien du jardinier est une vieille expression populaire qui se moque de ceux qui sont jaloux d'un bien qu'ils ne désirent pas eux-mêmes, ou dont ils n'auraient pas le profit. Ne soyez donc pas jaloux des rhododendrons bretons, et n'aboyez pas en lisant les descriptions des mimosas ou des camélias.

26 *Vous encaissez très bien les petites misères de l'existence.*

● Les plantes sont des êtres vivants, donc sujets à la mort. Ce qui perturbe le jardinier c'est une disparition prématurée, qui semble l'accuser. Or les raisons d'un trépas avancé sont multiples : cela va de la plante achetée déjà subclaquante, parce qu'elle est restée à l'écart de l'arrosage en jardinerie, ou de la pochette de bulbes déjà secs, aux divers aléas des plantations. Le premier été ou le premier hiver sont redoutables car ils confrontent la jeune plante à la sécheresse et au froid.
Accepter l'échec éventuel requiert une bonne dose de philosophie mais c'est la même qui vous soutient face aux tracas de l'existence. Moralité : le jardinage est pour vous une des grandes écoles de la vie.

27 *Pour vous, divaguer est un plaisir, qui nourrit la promenade.*

▲ Qu'importe que l'allée soit droite ou courbe, ce qui compte c'est qu'on ait envie de s'y promener, en s'imaginant découvrir quelque chose d'intéressant au bout. Les allées bien nettes qui ne mènent nulle part sont inutiles, et l'on éprouve à les parcourir une envie irrépressible de couper à travers le gazon. On ferait bien mieux de laisser chacun parcourir le jardin à sa guise, enfants, chiens et chats compris, puis de créer les allées là où les pieds ont chassé l'herbe, on serait sûr que les cheminements seraient logiques.
Vous profitez de la présence d'un arbuste pour amorcer un virage, prétexte à une surprise. On se coule dans votre jardin plutôt que de le traverser en TGV.

28 *Votre jardin, c'est une affaire personnelle, qui suit vos mouvements de pensée.*

▲ Votre philosophie de l'existence : à suivre un seul plan, on court un risque, celui de se planter ! Alors que si l'on procède par petites touches, on limite les dégâts et l'on est plus réactif. Imaginez que sur le plan, il faille créer un massif et qu'en bêchant, vous vous aperceviez que le sol est vraiment trop mauvais ou superficiel : que de travaux en perspective ! En installant quelques arbres et arbustes, puis quelques plantes vivaces non loin de là, en modelant le gazon de façon qu'il épouse les courbes douces des plantations nouvelles, vous obtenez une sorte de dessin fluide qui a sa propre logique. Après quelques années, vous serez amené à rectifier certains détails, à prolonger des zones ou au contraire à les réduire. Vive le changement !

29 *Il ne vous viendrait jamais à l'idée de maudire la nature.*

● Planter, se planter… les termes sont bien proches, cela vous a toujours frappé. Quand l'ordinateur se plante, à part de le relancer en serrant les dents, on ne le maudit pas, ni son concepteur, sans parler du revendeur.
Pourquoi réagir de façon différente quand il s'agit de plantes ?
Le jardinier cultive souvent une discrète paranoïa vis-à-vis des plantes et de ses fournisseurs. Une sorte de « je t'aime, je te déteste » qui complique les relations. Savoir dédramatiser est essentiel dans les relations humaines comme entre le jardinier et son environnement. L'agressivité reste en dehors de votre registre, de même que le culte de la performance à tout prix.

Jardinage Le jardin n'est pas seulement un décor, un morceau de nature apprivoisée, il est le lieu d'une pratique, le jardinage. D'un art, diront certains. Le tout atteint la dimension du spectacle. Quelle finalité lui donnons-nous ? Quelle distance prendre avec le monde habituel et ses contraintes économiques. Par rapport au temps et à l'argent. Le jardinage est un art de l'accomplissement : laisser et profiter sont ses deux piliers.

Labour Mieux vaut, et de loin, bêcher les terres lourdes à l'automne et leur apporter par la même occasion le fumier ou l'engrais nécessaires. Attention, il ne faut jamais bêcher ce genre de terre quand elle est très mouillée : non seulement c'est un travail de forçat, mais vous vous préparez un jardin en ciment, que vous mettrez peut-être un an à « rattraper ». En revanche, les terres sablonneuses gagnent à être travaillées au printemps, et de préférence fumées au compost en surface, car elles laissent fuir plus vite les substances nutritives.
Labourer à l'automne présente cependant un avantage dans toutes les terres envahies de mauvaises herbes, car le gel en détruit une bonne partie, et l'on observe souvent que le jardin est devenu plus propre après un tel labour.
Reste que ce n'est pas toujours facile à organiser, en particulier quand on travaille beaucoup. Selon le régime des pluies d'automne dans votre région, vous repérerez rapidement qu'il y a un moment clé à ne pas rater ; et cela, les jardiniers du coin vous le diront. Parfois, ce fuseau se réduit à une semaine, entre deux dépressions, et si vous le ratez, vous voilà parti jusqu'en janvier, où c'est encore bien, mais pas autant qu'entre octobre et novembre…

Limites Qui a peur des feuilles ne doit pas aller au bois, dit un proverbe. Sous entendu, celui qui connaît ses limites ne doit pas chercher à les dépasser.

Local C'est logique : des plantes du terroir présentent forcément une bonne adaptation aux conditions de vie locales. Le sol, le climat, elles connaissent. Solidement installées dans le contexte, elles donnent satisfaction, comme ces variétés de pommes ou de prunes dont on se passe le nom (et les greffons) par-dessus la haie. Ce ne sont pas forcément les meilleures, mais elles produisent régulièrement.
Avec bon sens, l'autarcie paysanne privilégiait autrefois l'aptitude à la conservation par rapport aux qualités gustatives pures. Jardiner local, c'est aussi faire confiance aux pro-

ducteurs du coin, qui savent conseiller la plante-solution adaptée au cas particulier. En plus, si l'on doit râler, il n'y a pas loin à parcourir.

Loin De l'utilité des sentiers. Loin des pieds, loin des yeux, loin de la main, mais aussi loin du nez, du toucher et de l'ouïe attentive. Le jardin de curé tire une bonne partie de son charme de la faculté offerte par son dessin de pouvoir tout contempler de près.
La mixed-border n'est souvent qu'un étalage théâtral qui éloigne le spectateur et abolit l'humanité. Et le massif en tombe de chien, une forteresse franchement hostile.
Plus un jardin est petit, plus on a le nez sur les plantes. Tout doit être parfait et l'on a envie de multiplier les détails. Gare à l'effet lotissement : n'oubliez pas de ménager des vides qui permettent la respiration.

Matière Les formes simples, la ligne droite et la clarté dans le dessin sont les bases d'un jardin réussi. Ajoutons les belles matières : des dalles de calcaire ou des pavés de granit auront toujours plus bel aspect que du ciment coloré. Un treillage en bois aura une meilleure tenue dans le temps que le même en plastique, sans compter que la dimension des petits bois sera plus harmonieuse. Et ce n'est pas forcément ruineux si l'on considère que ce treillage est installé pour deux décennies et non pour trois ans. À noter qu'il existe également des matériaux peu coûteux qui finissent par se patiner : les briques et même les dalles en béton en sont la preuve. Mais évitez les formes tarabiscotées et les coloris outrés.

Moment Au jardin, on ne s'occupe pas toute l'année autant. Il y a des moments forts où l'on peut se sentir légitimement un peu débordé, comme au printemps, et dans une moindre mesure à l'automne ; et d'autres de grand calme, en plein hiver et en plein été. Toutefois, en s'équipant intelligemment et en s'organisant un brin, on peut même se ménager des moments de calme au printemps, la saison de loin la plus prenante.
Apprendre à connaître sa terre est la première des priorités. Quand on a la chance d'avoir un voisin jardinier ou agriculteur, c'est une aide précieuse, car il y a des chances pour qu'il connaisse son coin dans le détail, et vous dise franchement que vous êtes un veinard parce que, chez vous, c'est excellent alors qu'à deux cents mètres, la terre ne vaut rien… Sans l'espionner, guettez quand il laboure, pour empoigner votre bêche et attaquer le potager.

30 *Vous n'êtes vraiment pas du genre à baisser les bras au premier incident.*

◆ Un précepte anglais indique qu'il faut avoir raté trois fois avant d'abandonner. Chiffre mythique ou simple encouragement à persister sans tomber dans la manie, nul ne sait, mais en jardinier bien avisé vous l'appliquez : le premier essai sert à tâter le terrain. Le deuxième, à mieux comprendre la plante. Le troisième, à cerner les limites du jardinier. Après cela, vous tirez l'échelle : à s'acharner, vous trouvez que l'on court surtout le risque de perdre de l'argent, et vous hébergez une foule de plantes déjà acclimatées pour boucher les vides. Quel pragmatique vous faites !

31 *L'essentiel pour vous : comprendre et cerner les raisons de chaque échec.*

■ Abandonner sans comprendre, cela vous fait enrager. Une plante qui ne réussit pas est souvent une plante mal choisie, qui rencontre des difficultés. Vous n'aurez pas remarqué les signaux, jaunissement ou manque de tonus. C'est donc autant le jardinier qu'il faut amender que la plante. Face à l'échec, vous récapitulez humblement les conditions qui président au bien-être de toute plante : qualité du sol, nature de l'exposition, adaptation au climat. Puis les soins de premier âge indispensables : dégagement des mauvaises herbes compétitives, arrosages surtout. Jardiner, c'est pour vous presque une affaire de morale : apprendre l'effort utile, le geste qui sauve et l'attention portée aux détails. Planter et déplanter est votre dada préféré.

32 *Depuis toujours, votre devise reste : small est beautiful.*

● À l'instar de beaucoup de jardiniers un peu myopes, vous adorez regarder de près, contempler les fleurs dans le détail, et toucher les feuilles.
Dans ces conditions, vous pouvez parfaitement imaginer qu'un tout petit terrain procure un maximum de plaisir. Une terrasse ou un balcon avec quelques bacs vous suffisent à éprouver ces sensations exaltantes, qui sont diluées dans un grand espace. Faire petit a un autre avantage, non négligeable : l'entretien ne vient pas gâcher le plaisir. Mieux vaut un potager mouchoir de poche mais parfait qu'un vaste carré de culture envahi par les mauvaises herbes, ce qui arrive très rapidement dans un sol fertile.

33 *Au jardin comme ailleurs, vous détestez avant tout l'ennui et l'uniformité.*

▲ On vous a trop bassiné dans les années quatre-vingt avec des espaces verts uniformes, remplis de bosquets d'arbustes parfaitement indigestes, des masses compactes carrément hostiles. À les visiter, une impression tenace d'ennui vous taraude. Pas question de gâcher le jardin avec ces morceaux de bravoure bourratifs.
Toute cette place est perdue pour tester des plantes originales qui apporteront des satisfactions différentes tout au long de l'année. De plus, installer des petites plantes au pied des grandes, sur plusieurs étages, conduit à mieux occuper l'espace, exactement comme dans la nature, dans une clairière, par exemple. C'est votre côté poète rustique qui revient.

Muscle Ne jardinez pas pour vous muscler, mais musclez-vous pour mieux jardiner. Au printemps, il faut se chauffer peu à peu les muscles et les articulations, au même rythme que la terre elle-même.
Pour beaucoup, le jardinage est une source de jouvence : il maintient allègre aussi bien le corps que l'esprit.
En se projetant dans l'avenir, on se fixe des objectifs, et cela donne le moral. Par ailleurs, une séance de tonte vaut bien un parcours de golf, avec moins de risques pour la colonne vertébrale. Et puis, on peut déléguer une partie de l'entretien du jardin à des gens plus costauds, en se réservant les travaux minutieux. Même le potager conserve son attrait car on sait bien que les légumes sont plus appréciés à partir d'un certain âge. Il y va du bon transit intestinal.

Nature L'appropriation par l'homme de sa propre nature est aussi bien sa saisie du déploiement de l'univers. *Guy Debord, La société du spectacle*

Nouveauté On est tout le temps sollicité par des nouveautés. Comment a-t-on fait pour s'en passer jusque-là ? Le pourra-t-on encore demain si l'on ne peut les accueillir toutes ?
Mais qu'apportent-elles d'essentiel ? Oublions la publicité, et sachons apprivoiser cet instinct du neuf, voire le mettre en quarantaine dans un coin du jardin. Sinon gare au copier-coller. Ne soyez pas consommateurs d'illusions : beaucoup de nouveautés retombent comme des soufflés.

Observer Être un bon jardinier, c'est prendre le temps de regarder, d'observer. Il faut apprendre à lire la nature, de loin comme de près, le chêne comme la mousse. Déguster le détail qui fait toute la différence.

Ombrage Le drame des jardins neufs, c'est avant tout l'absence d'ombrage l'été. Si les légumes sont heureux, les rosiers aux anges et les fleurs annuelles toutes contentes, beaucoup de plantes vivaces tirent la langue de soif et les arbustes prennent un teint plombé. Sans compter que les parasols sont toujours trop petits pour installer deux chaises longues dessous. Seuls des arbres sont capables d'apporter l'apaisement. On évitera de les installer à moins de 7 m de la maison, et on donnera la préférence à des arbres à croissance rapide : robinier, tilleul, sorbier… le temps que d'autres prennent leur développement. À l'ombre, les couleurs sont plus fraîches, et les fleurs durent plus longtemps. Ce précepte est surtout vrai pour les floraisons estivales et les coloris pastel, car les tons purs sont relativement insensibles au soleil : simplement, ils en deviennent criards tandis que l'ombre discrète les apaise. On cherchera donc les expositions soleil levant ou couchant pour y installer en priorité les fleurs délicates. Même souci pour les feuillages dorés ou panachés qui n'apprécient pas du tout le plein soleil, celui qui s'acharne en été à partir de 13 heures et jusqu'à 17 heures. Vous aurez beau arroser, rien n'y fera.

Parler En France, on ne peut pas s'empêcher de parler de gastronomie en mangeant. On jardine pour manger. En Angleterre, on disserte sur les plantes tout en jardinant. On jardine pour jardiner.

Partage Même s'il semble avant tout prétexte à l'isolement, créant une sorte de tanière psychologique, le jardinage rapproche les jardiniers, et les autres, autour de l'amour des plantes, du bien-être et du bien vivre, de la beauté tranquille du « comme il faut que ce soit ». Le jardin est spectacle de partage, quand il est réussi, sinon c'est un simple étalage de marchandises.
Pour qui jardine-t-on ? Est-ce grave d'avouer que c'est pour soi, pour le plaisir éprouvé en touchant la terre, tel le géant Atlas ; ou à manier le sécateur, comme Scaramouche. Jardiner est un plaisir intime, une façon de se réapproprier l'espace, un peu comme le ménage ou la vaisselle quand ce n'est plus une corvée, mais simplement une attention portée aux autres, une manière d'améliorer son intérieur pour les êtres que l'on aime. Il y faut de la concentration, un peu de repliement. On peut paraître fermé aux autres alors que c'est tout le contraire : jamais on ne sera plus en communion. Cela commence avec le ver de terre et le rouge-gorge pour s'étendre à tout le genre humain.

Permaculture Un arbre fruitier n'est pas seulement pourvoyeur de fruits, il participe pleinement à la vie du jardin : ses fleurs sont activement visitées par les abeilles qui y trouvent nectar et pollen ; les parasites sont contrôlés par des prédateurs que l'on retrouvera ensuite à pied d'œuvre sur les autres plantes, coccinelles entre autres. Et les fruits permettent aux oiseaux de prélever leur dîme, pour notre plus grand plaisir.
Les plantes aromatiques permettent de confectionner de précieux purins et des décoctions bien utiles aux autres plantes. Les légumes associés aux fleurs donnent une touche d'originalité aux massifs. Très tendance.

34 *Quand vous aimez, vous ne pouvez pas vous empêcher de le montrer avec générosité.*

■ Beaucoup de jardins sont trop pointillistes à votre goût : il y a une foule de plantes juxtaposées mais pas d'unité ni de parti pris. Moralité, dès que l'on prend du recul, cela fait brouillon. Alors que si l'on avait installé des plantations plus amples, l'effet de masse donnerait tout de suite une cohérence. D'autant que beaucoup de plantes sont ridicules prises isolément alors qu'elles prennent une tout autre allure en groupes. Les hostas, par exemple, ou encore les fougères et les graminées.
En fait, la plupart des plantes vivaces sont plus belles en populations homogènes et compactes, ce qui correspond à ce que vous appréciez dans la nature.

35 *Vous aimez avant tout l'impression de luxe que donne la profusion.*

◆ Planter des groupes homogènes présente pour vous un avantage décisif : vous pouvez négocier des remises par quantité auprès de votre fournisseur. Une plante vivace qui, achetée à l'unité, revient à 20 F pièce, ne coûte plus que 17 F par cinq ; 14 F par dix ; et 12 F par trente. D'un extrême à l'autre : 40 % de remise, qui dit mieux ? De même, comme vous réalisez vos propres semis, il ne vous est pas plus coûteux ni plus compliqué de produire 200 plants de cosmos qu'une douzaine. Et franchement, un massif géant de cosmos est une vision magique, bien plus qu'un échantillonnage noyé dans un groupuscule de fleurettes éperdues. Au fond, installer moins de diversité oblige à choisir, et c'est bien calculé.

36 *Pour vous, le plaisir n'est pas forcément lié à la possession.*

● C'est une certitude pour vous, il n'y a aucune honte à décider de choisir un jardin plus petit pour entourer la maison où vous comptez passer votre retraite. C'est faire simplement preuve de lucidité, face à une autonomie qui se réduit. Le renoncement n'est pas l'abstinence, et vous souhaitez continuer à jardiner par pur plaisir, sans l'obligation de résultat. Simplement, vous dissociez de votre quotidien de jardinier la possession, la jouissance purement notariale des choses : pour déguster le parfum de 'Nuage parfumé', on peut très bien programmer une visite à la roseraie de l'Haÿ-les-Roses, en juin. Histoire de profiter au passage de centaines d'autres roses, qu'aucun jardin ne peut accueillir. Le plaisir à l'état pur.

37 *Vous appréciez l'idée d'un jardin qui déborderait ses limites.*

▲ Un jardin un peu trop grand, ce n'est pas si gênant que cela à vos yeux : on peut très bien imaginer qu'au fur et à mesure que son entretien deviendra trop contraignant, vous étendrez les parties faciles à contrôler, couvre-sol ou gazon, par exemple. Le vide est aussi important que le plein, l'un valorisant l'autre. Sans qu'ils le réalisent consciemment, beaucoup de jardiniers prennent un grand plaisir à imaginer ce qu'ils feront un jour, le plus souvent jamais, de ces parties de leur royaume encore en gestation. Et pour cela, un peu d'espace n'est pas de trop. C'est aussi une ouverture vers le paysage alentour, vers le ciel, bref une part de rêve. Indispensable, quasiment vital pour vous !

La Permaculture est une méthode de jardinage qui insiste sur l'importance de ces mélanges. Le jardin idéal devrait comporter un petit poulailler, un carré de céréales qui fournissent la paille pour gonfler le compost, une ruche pour que les abeilles butinent les fleurs. Bref, un vrai petit domaine...

Plastique Aujourd'hui, tout est emballé dans le plastique, omniprésent et jamais biodégradable. Poterie de terre cuite, treillage et meuble en bois de pays (chêne, acacia ou hêtre et non teck), il est parfaitement possible de bannir le plastique. Quand il est irremplaçable, comme pour les voiles de forçage, on le respectera pour le faire durer le plus longtemps possible.

Potée Une façon astucieuse de prolonger les floraisons consiste à intercaler dans votre composition des endroits vides, en calant une dalle de 40 cm de côté, où vous poserez des grosses potées préparées dans un coin du jardin à cette intention. Des jardiniers d'élite comme Mme d'Andlau procèdent ainsi avec les lis. Ces fleurs prestigieuses ont une jeunesse maigrelette et une phase d'éblouissement relativement courte. En les cultivant en pots de 25 cm de diamètre et un peu plus profonds, à trois ou cinq bulbes par pot, on peut les mettre en place juste au moment de la première fleur, en profiter pleinement, puis les replacer en nursery, sous ombrière, où ils seront bichonnés. On peut imaginer la même astuce avec des potées d'amarante queue-de-renard, des tabacs blancs, des pélargoniums à feuillage panaché, des fuchsias à végétation érigée...

Près Plus vous êtes éloigné d'une plante, plus elle poursuit son existence sans vous, et vous sans elle. Plus elle est proche, plus vous en profitez, mais ne confondez pas proximité et propriété : une rose humée à Bagatelle ne sent pas moins délicieusement que la même dans votre jardin. Propriété ne vaut pas forcément jouissance. À voir le nombre de traitements que requiert 'Louise Odier' pour survivre, on peut même penser le contraire.

Prévoir C'est ainsi, on a l'impression de faire naître le problème en l'évoquant. Rassurez-vous, la tempête ou le mildiou ne vous attendent pas.

Printemps Une fringale de couleur nous étreint chaque printemps, et les doigts les plus malhabiles se teintent subitement de vert. Si l'on en croit les étals des jardineries, nous passons en deux mois, de février

à avril, du printemps acide des primevères, à l'été fracassant des pélargoniums et des surfinias.
Garder la tête froide est alors bien difficile. Pour moi, le printemps est surtout l'occasion de redire bonjour à des fleurs bien de chez nous, narcisses, myosotis, pensées, surtout celles qui sont à petites fleurs, pâquerettes et giroflées ravenelles, qui répondent toujours présent. Faut-il y consacrer beaucoup de place ? Le risque concerne la phase de déclin, qui s'amorce dès la mi-mai, quand les emplacements fastueux en avril deviennent subitement des paillassons. Si ces fleurs ne remplissent que des vides dans la structure du jardin, constituée par des arbustes et des plantes à feuillage, il n'y a plus de raisons d'avoir peur : ce sera un jeu d'enfant de les faire suivre par des dahlias ou des fleurs annuelles cultivées à cet effet en caissette, ou en attente dans un coin de châssis, et que vous disposerez même tard, au mois de juin, pour une floraison d'août-septembre.

Qualité Le jardinage doit être qualitatif avant d'être quantitatif. On cultive le mieux avant le plus, qui est sans fin, désolant et anti-écologique.

Racines En jardinant, nous revenons toujours à nos sources. Nous cueillons au plus profond du cœur les bouquets du passé. C'est à partir de nos racines que nous nous réinventons chaque jour.

Rapidité Ne cultivez pas la précipitation car vous ne récolterez que des désagréments. Prenez votre temps pour installer un nouveau massif ou rénover un coin du jardin. C'est un peu comme de monter l'escalier qui conduit à sa belle : est-on plus heureux d'arriver essoufflé ? Laissez donc mûrir les idées.

Rare À quoi bon installer une plante rare si elle est privée de son contexte. Rien ne renverra à son lieu d'origine. Pauvre orpheline. Comment nourrir l'émotion dans ces conditions ? Parfois, une plante trop recherchée ajoute tout simplement une note de vulgarité. Tout dépend de l'ambiance. Dans un jardin chargé, une plante simple sera toujours bienvenue : elle apportera une touche de pureté.

Rater Introduire une plante que l'on ne connaît pas conduit parfois à des échecs. Essayez trois fois, à des endroits et des moments différents, puis abandonnez. Plusieurs années après, vous aurez le déclic et pourrez à nouveau planter, avec une réussite éblouissante à la clé.

38 *Vous aimez parcourir du regard, saisir la beauté dans son ensemble.*

Un jardin, c'est pour vous avant tout une structure, un cheminement de la lumière et de l'air, quelque chose qui vous prend et vous transporte. Ce sont des masses de verts qui s'équilibrent ou se relancent. Vous privilégiez les volumes, les textures, sans attacher trop d'importance aux couleurs des floraisons, forcément fugaces.
Qui songera à se propulser vers des rosiers s'ils sont enfouis dans un magma indéfinissable ?
Le pied n'avance que si l'œil le lui commande. Même votre terrasse est conçue dans ses volumes avant de songer aux détails. Vous êtes attentif au choix des pots, plutôt vastes et le moins disparates possible, pour ne pas voler la vedette aux plantes.

39 *Vous testez volontiers les plantes en pot pour mieux les juger.*

Le jardinage en pot n'est pas seulement une obligation quand la terre manque totalement (balcon ou terrasse) c'est aussi un très grand plaisir : vous admirez beaucoup mieux une fleur ou le détail d'un feuillage quand la plante est en pot, surélevée et mise en valeur. Vous testez des associations de plantes qu'il ne restera plus qu'à dupliquer ensuite dans le jardin.
Pendant les premières années d'un jeune jardin, forcément ingrates, des grands pots représentent une ressource irremplaçable.
Même si la contrainte d'arroser se fait plus pressante, car un petit volume de terre implique une faible réserve en eau, vous avez l'assurance que l'eau est mieux utilisée par rapport aux mêmes plantes employées au jardin.

40 *Vous êtes sensible au regard des autres sur votre jardin.*

Le garnissage de vos massifs obéit à une règle de bon sens : ce qui sera vu de près mérite de recevoir des fleurs de plus petite taille, à examiner en détail. C'est en particulier le cas des massifs qui bordent la maison ou la terrasse, ou encore les bordures des allées principales, surtout entre la maison et la rue. D'instinct, vous ressentez le besoin d'intensifier le fleurissement dans ces endroits stratégiques. C'est presque une question d'amour-propre. Mais les visiteurs sont-ils si attentifs que cela à ces marques de bienvenue ? Rien n'est moins sûr. Souvent, cette portion d'accueil est un simple sas. Les choses sérieuses se passent derrière. À vous de juger où il faudra porter le maximum de vos efforts.

41 *Vous n'avez pas besoin de prétexte pour apprécier le jardin tel qu'il est.*

L'expérience vous l'a démontré : l'avantage de penser en priorité aux effets de masses et aux volumes considérés de loin se mesure surtout en hiver. Dès que les feuilles sont tombées, ne restent plus que le tapis vert du gazon, les bruns plus ou moins rougeâtres des ramures et le vert foncé des arbustes persistants, conifères entre autres. Votre œil trouve plaisir à contempler ces volumes, découvrant des percées masquées pendant la belle saison, et plongeant dans le ciel à travers la ramure dépouillée des grands arbres. Cette harmonie est bien plus palpable qu'une floraison égarée, hamamélis ou camélia, et surtout elle se déguste depuis la fenêtre sans avoir besoin de sortir.

Récupérer Si une plante ne va pas bien, essayez de tout couper au ras du sol, de rempoter. Et patientez. Souvent, tout va mieux ensuite. Mais si c'est une plante banale, ne vaut-il pas mieux jeter directement au tas de compost…
Monique Chevry (Jardin d'Adoué) sauve beaucoup de plantes cultivées en pot en changeant le dessus des mottes. Elle appelle cela retoper, d'où l'expression « faire du retoping ». À pratiquer avec les copines, juste avant de déguster le thé et les petits gâteaux.

Renoncement Même avec la meilleure volonté du monde, on ne peut pas accueillir toutes les plantes de la Création dans son jardin. Ni même simplement celles qu'on aime au premier coup d'œil. Il faut faire des choix.
Donc renoncer. Il y a un monde entre ce renoncement et l'abstinence. Renoncer est un acte positif, qui donne une cohérence au jardin. Si vous en êtes persuadés, vous en arriverez à éprouver toujours plus de plaisir au jardin sans céder à la boulimie. Plus vite votre jardin se calera, mieux vous en profiterez.

Rentrée Quand la pluie revient, parfois dès la mi-août, et qu'il fait moins chaud, la pelouse reverdit, les massifs les plus paillassons se ressaisissent, et commence la grande saison des asters, des chrysanthèmes, des amarantes, des tabacs sylvestres, des rudbeckias et des soleils vivaces, sans oublier les anémones du Japon. C'est aussi la saison radieuse de l'alkékenge ou amour en cage dont les petits lampions orange flamboient, des hortensias qui déploient leurs camaïeux, des cosmos et des dahlias en pleine expansion. Qui tous ne s'éteindront qu'avec les gelées, en novembre.
C'est encore la belle saison des lourds bouquets de baies : celles de l'ampélopsis aux baies bleues, de la viorne-obier aux bouquets rouges translucides, du clérodendron bleu et grenat, du leycestéria noir cassis.
On peut s'offrir un très beau spectacle en cette embellie, aussi facilement qu'en mai-juin, et sans se priver de vacances ni diminuer la beauté d'un massif durant d'autres saisons, comme cela peut être le cas si on souhaite une avalanche de fleurs au printemps par exemple. On peut en effet ne pas arroser de tout l'été, à condition de bien pailler. L'autre clef du succès consiste à disséminer ces plantes vivaces tardives, naturellement imposantes, par groupes d'une douzaine dans les massifs, pour créer une scène radieuse. Moyennant

quoi, elles ne compromettent pas le coup d'œil à d'autres périodes de l'année, car elles offrent leur feuillage à leurs voisines en guise de fond durant la première partie de la belle saison.
Pour créer des scènes en parfaite harmonie avec la blonde lumière brumeuse de cette époque de l'année, optez pour la séquence suivant : un superbe début d'été avec des rosiers muscats, des géraniums vivaces, des népétas, des gaillardes, de la rhubarbe, des phlomis de Russel, et ensuite un automne de qualité avec rudbeckias, sédums 'Autumn Joy' et anémones du Japon. Des arbustes persistants structurent le massif à l'année (buis boules, leycestéria, laurier-tin...), avec seulement l'appoint d'une bande de narcisses, de jacinthes et de tulipes rustiques pour le printemps, sans oublier une bordure persistante : des oreilles d'ours, du phlomis de Russel et des santolines moutonnantes.
Ce qui donne au total des massifs... massifs, car toutes ces plantes sont exubérantes. D'autant plus, si on a cinq minutes en juillet puis en août pour pincer les tiges des asters et des chrysanthèmes, qui deviennent alors trapus et surchargés de fleurs, au lieu de s'affaler en grandes tiges dégingandées à la première grosse pluie. Il ne faut pas hésiter dans ce cas à donner au verbe pincer un sens radical : réduction de moitié de la tige en juillet, et d'un tiers des nouvelles pousses en août. Ne craignez rien, cela marche toujours bien, et même au-delà de vos espoirs.

Reportage Les magazines de jardin sont pleins de belles photos. Dégustez-les avec les yeux mais ne cherchez pas à les recopier. Avez-vous envie de ressembler à un top model ou un animateur de télé ?

Ressentir Respirer, se mouvoir, contempler, ressentir comme une parcelle consciente de l'univers, en même temps que lui, quel délice. *Joseph de Pesquidoux*

Risque Cultiver le risque, c'est accepter l'échec. Mais cet échec peut tourner au succès, aussi ne faut-il jamais renoncer dans un coup de tête, mais seulement après avoir mûrement réfléchi. Les coups de folie montent à la tête mais ne font pas forcément les jardins heureux. Une plante à son apogée n'est qu'un peu de chlorophylle et de cellulose en sursis.

Salir Le jardinage est la seule activité où l'on peut se mettre de la terre partout sans encourir de reproches. Tous les grands gamins se reconnaîtront.

42 *Votre tempérament vous pousse à bâtir peu mais pour longtemps.*

◆ Vous l'avez maintes fois constaté, il y a une sorte d'antinomie entre le jardinage et le bricolage : rares sont ceux qui conjuguent une égale capacité à se débrouiller dans ces deux arts au quotidien. D'où une propension certaine du jardinier moyen à bâtir des extravagances à la durée de vie incertaine, ou encore à négliger les fondations avant de créer une allée, ce qui vous horripile au plus haut degré. Ces structures approximatives abîment la qualité générale du jardin. Plutôt que de vieillir en prenant une patine, elles sombrent dans un magma, et n'arriveront jamais au stade de la belle ruine. En construisant solide, vous donnez ses bases à votre jardin, en lui permettant de s'exprimer avec le temps.

43 *Pour vous, c'est décidé : on n'a pas le droit de s'ennuyer au jardin !*

▲ On est au jardin pour s'amuser, laisser libre cours à sa fantaisie, et tant pis pour le qu'en-dira-t-on. Chaque année, au festival des jardins de Chaumont-sur-Loire, vous prenez grand plaisir devant les matériaux et les formes rigolotes déployées par des graphistes, des architectes ou des paysagistes. Un paillage à base de noyaux d'olive vous paraît original et de bon goût. L'ardoise pilée, les sables colorés sont autant d'idées à tester. C'est à Chaumont que vous avez copié les palissades en saule tressé. Les tomates élevées en bidons géants peints vous ont laissé de bons souvenirs. Depuis, les tuteurs bleu canard ne se cachent plus dans votre jardin, et participent aussi au décor.

44 *Vous aimez improviser à partir de rien et garnir l'espace au plus vite.*

▲ Fleurir le plus vite possible votre royaume est l'un de vos grands plaisirs. Vous choisissez des plantes pleines de tonus, et vous transformez cela en jeu. Bon, d'accord, parfois cela peut tourner au jardin pour exposition mais vous n'êtes pas obligé d'en faire trop.
Remplir le plus vite possible le jardin offre à vos yeux un mérite : c'est autant de place en moins pour les mauvaises herbes.
À la limite, il vaut mieux un champ d'orge plutôt qu'une jachère approximative, à la sortie d'un chantier. Vous ajoutez des coquelicots et tout le monde s'extasiera sur votre performance. Pendant ce temps, vous peaufinez déjà l'acte II. Astucieux.

45 *Vous en êtes convaincu : dans toute jeune pousse, il y a une start up qui sommeille !*

◆ La durée est pour vous souvent indissolublement liée à une base solide : planter dans les règles de l'art revient à offrir aux plantes les conditions optimales de leur futur développement, et vous leur donnez toutes les chances pour exprimer leur potentiel.
Vous envisagez chaque plantation comme un chantier global, qui commence avec le bon choix de l'emplacement, tenant compte des préférences de la plante, la préparation du sol, voire son enrichissement, puis une mise en place soigneuse, à la bonne hauteur, à un moment de l'année qui lui convient.
Peu importe si vous mettez en place des jeunes sujets ou des arbres déjà formés, les soins seront les mêmes : vous plantez pour l'éternité.

Se nourrir Acceptez les choses telles qu'elles sont, sinon vous serez toujours à la recherche du meilleur, et cela est sans fin. Avant tout, nourrissez-vous du réel. Il n'est que lorsque vous rêvez que vous serez sans limites. Ce jardin virtuel, nourri du spectacle des autres jardins, ne nécessite qu'une binette… virtuelle. Il est inaltérable. En le parcourant par la pensée, vous serez comme un cuisinier qui rêve du plat avant de le faire. Il anticipe ce plaisir même quand il fait son marché.

Spectateur Ne soyez pas uniquement spectateur de votre jardin, sinon vous resterez extérieur à la fête. Vivez le jardin, soyez acteur mais pas forcément activiste : votre sensibilité ne doit pas se réduire au sécateur. Agissez avec les moyens mêmes de la nature. Ne râlez plus en désherbant, mais profitez-en pour vous réapproprier le naturel et vous fondre au jardin.

Spontané Le familier n'est pas forcément connu. Comment vit le bouton d'or ou l'ortie ? Seriez-vous capable de réussir leur semis ? Alors, respectez cette démonstration d'élan vital.

Stable Le repos et l'assurance de l'esprit se renforcent par la vision de formes stables, impliquant le travail du jardinier. Mais point trop n'en faut, gare au topiaire à tous crins. Mieux vaut préserver ce qui est déjà accompli au jardin plutôt que de projeter des changements intempestifs. On ne court pas après le temps.

Stress Cultiver ses plants en les dopant, en les calfeutrant dans l'ambiance douillette d'une serre est le meilleur moyen de leur causer un stress de tout premier ordre lors du repiquage dans un sol nettement plus quelconque, et sans protection particulière. Élevez le plant un peu plus à la dure. Une plante qui boude par dépit attire les parasites, et a moins de force pour se défendre.

Supprimer Pour la très grande majorité des jardiniers, arracher une plante est comparable à un meurtre, surtout si on l'a plantée soi-même. Vanité.

Symptômes Les parasites sont des symptômes, pas des problèmes. Ils sont des indices que les plantes ne sont pas dans de bonnes conditions de culture. Ces « pestes » ne sont pas des ennemies, mais des messagères. Dans ces conditions, pourquoi les tuer ?

Il vaut mieux renforcer la plante, et corriger la vraie cause du problème. Dans la plupart des cas, un problème sanitaire se résout après un apport de matière organique, qui nourrit le sol et donc les plantes de la façon la plus naturelle qui soit. Ne cherchez pas à éliminer tous les ennemis potentiels. Faites confiance aux régulations naturelles, et encouragez-les : les oiseaux et insectes prédateurs des pucerons ont besoin que ces derniers existent. Un peu.

Temps Au jardin, le temps apporte une tout autre patine aux meubles. Même les imperfections qu'il souligne deviennent des preuves d'authenticité.

Tempête Même si cela peut paraître scandaleux, beaucoup de jardiniers se sont sentis soulagés après la grande tempête de Noël 99. Des millions d'arbres sont tombés, ouvrant des perspectives nouvelles, libérant la lumière, et offrant un espace à partager.
Une fois le choc émotionnel apaisé, est venu le temps délicieux de la reconstruction, et l'on a bien vu dès les fêtes des plantes de l'automne suivant, un formidable regain de plantation. Pour autant, une leçon a été comprise : les arbres sont parfois des tyrans qui plongent le jardin dans leur ombre. L'élagage raisonné permet de conserver leur silhouette tout en gérant la lumière, dont toutes les plantes ont également besoin.

Transmission Et si le jardinage était un des meilleurs outils de transmission des valeurs entre les générations qui soit à notre portée ? Surtout quand il se prolonge à table. Toute l'enfance du monde est passée dans les jardins. Au jardin, on apprend l'autonomie, le respect des cycles vivants, une certaine civilité qui se remarque par le respect du travail d'autrui. Le sens de la règle devient concret. Le jardin des enfants mérite une place d'honneur à la vue de tous. Car il se nourrit du regard des autres.

Tuer Apprendre et comprendre comment vivent les plantes, les insectes et tout ce qui existe au jardin est bien plus passionnant que de tuer. *Eliot Coleman*

Univers Parfois, mon jardin me semble un mirage qui reculerait sans fin, mais si un jour le rêve fuyant se réalise, où que ce soit dans ce jardin, quelles qu'en soient la forme ou la taille, je sais qu'il me comblera car, à l'image de tous les jardins, il sera un univers en lui-même et tout un univers pour moi. *Russel Page*

46 *Le côté compétition sportive du jardinage ne vous déplaît pas.*

▲ Pour que les plantes à développement rapide donnent le meilleur d'elles-mêmes, il ne faut pas que des ratés se produisent. Pressé de voir le résultat, vous êtes parfois enclin à brûler des étapes. Faites-le en toute connaissance de cause : un léger dopage sera requis pour des performances un peu hors du commun. Cela va commencer par un enrichissement massif du sol. Déversez terreau e compost sur 5 à 10 cm d'épaisseur avant de bêcher ou de passer le motoculteur. Sitôt planté, n'oubliez pas d'arroser, et ensuite assez régulièrement. Paillez au bout d'un mois pour nourrir les racines superficielles et éviter tout stress hydrique. Tuteurez préventivement les plantes moyennes et hautes. Comme dans les starting blocks.

47 *Pour vous, une plante représente un certain capital qui doit prospérer.*

◆ Les plantes couvre-sol sont pour vous de vrais investissements : tenaces et généralement ras du sol, ces plantes occupent l'espace à leur rythme, plus ou moins rapide, pour former des colonies exclusives. À condition de leur accorder un peu de soin au début, une plantation dans les règles de l'art et quelques désherbages, vous obtenez un effet raisonnable, une sorte d'assurance contre les débordements de la végétation spontanée. La menace potentielle s'estompe et vous gagnez un espace supplémentaire de tranquillité. Rien ne vous interdit ensuite de l'accroître ou de consacrer le temps épargné à du jardinage plus intensif, ailleurs.

48 *Vous aimez les effets simples et de bon goût : petite robe noire ou chemise blanche.*

Parfois, vous êtes en panne d'imagination, un peu blasé ou tout simplement pas créatif pour deux sous. Dans ce cas, vous copiez la mode qui revient cycliquement à des basiques, le noir et le gris. Au jardin, cela donne le gris, encore, et le blanc. des feuillages argentés associés à des fleurs blanches, et vous obtiendrez des scènes élégantes, jamais déplacées. Si une touche de couleur intervient, elle sera valorisée comme jamais.

Le gris et le blanc, c'est un peu comme une page blanche, qui permet d'imaginer n'importe quelle partition. On ne s'ennuie jamais dans un jardin blanc et gris, à condition d'oser quelques transgressions : pas d'apartheid au jardin...

49 *Vous n'avez pas peur de la couleur, et ressentez les effets de la mode.*

C'est drôle : chaque année, ou plutôt tous les quatre ou cinq ans, des couleurs jusque-là méprisées vous titillent la rétine. Actuellement, l'orange a effectué un retour en grâce, tout d'abord sous le nom déguisé de saumon et d'abricot, et maintenant ouvertement.

On peut prédire dans la foulée que le rouge va suivre, décliné depuis l'écarlate jusqu'au pourpre presque noir. En revanche, le jaune reste dans le purgatoire, tout comme le rose et le bleu. Belle percée du violet et du mauve : julienne, glycine et lavande ont encore de beaux jours devant elles. Pourquoi avoir peur de la couleur ?

Ce n'est vraiment pas votre genre !

Vacances

Les vacances d'été posent un problème virulent, au point que la paix des ménages passe parfois par des accommodements du style : « *On partira seulement après les roses* », ou encore « *Ça ne sert à rien de semer des haricots verts puisque l'on ne rentre qu'en septembre* ». Même genre de scènes horticoles si un jardin entoure la maison de vacances, sans voisin obligeant et doté de doigts verts pour assurer l'entretien pendant le reste de l'année. La joie de l'arrivée à la campagne est vite gâchée par la vue des mauvaises herbes plantureuses à souhait. Quant aux essais de plantation du printemps, ils sont souvent squelettiques en juillet, faute d'avoir été arrosés entre-temps.

Obtenir un jardin de vacances acceptable, sans trop de contrainte, est-ce possible ? Oui, à condition de programmer le choix de plantes, d'y consacrer quelques week-ends en mai et en juin, et de piloter les plantations en conséquence. Vous ne serez jamais déçus si vous optez pour des scènes de feuillages, qui répondent toujours présents. Rappelez-vous que la grande famille des graminées ne contient pas seulement le chiendent et le blé, mais aussi quantité de plantes ultra-solides et d'un effet magique quand le vent joue avec le soleil. La musique de leurs feuilles meublera les soirées.

Pour peu que vous les associiez à des marguerites jaunes, vous savez bien, ces gaillardes, rudbeckias et autres soleils qui peuplent les catalogues, votre jardin sera une fête, et cela sans vous ruiner ni causer des tours de reins à force de biner. Jouez des effets de masse, surtout pour les graminées, qui ne devraient pas être vendues par moins de dix. On se dit toujours que leur exubérance comble vite l'espace, mais rien ne vaut une plantation massive, qui enchante dès la première année et ne fait qu'embellir. Vous pouvez même créer de vraies haies temporaires avec des grands miscanthus panachés.

Tant mieux si des fleurs sauvages viennent se perdre dans cette brousse volontaire. Vous apprendrez à les distinguer au fil des ans, épargnant les plus belles, bâton de Jacob ou bouillon blanc, pour obtenir des scènes mi-sauvages mi-domestiquées qui sont l'essence même des jardins de vacances réussis. Plus encore qu'un jardin de résidence permanente, celui qui entoure une maison de vacances doit posséder une structure stable, faite de feuillages avant toute chose. En choisissant des arbustes à la jolie silhouette naturelle, vous vous épargnerez des heures passées à manier la cisaille à haie, une occupation qui muscle le torse, mais ne supporte pas la concurrence avec la chaise longue.

Valeur Ce n'est pas parce qu'une plante a coûté cher qu'il faut l'exposer comme une sculpture de prix. Une viorne boule-de-neige sublime mérite d'être isolée, tandis qu'un camélia casse-tirelire sera souvent plus à son aise noyé dans un bosquet de bambous.

Vert Si l'on est persuadé que la beauté d'un jardin est avant tout la résultante des masses et de leur équilibre, on ne peut nier l'importance du vert, aux nuances si variables. Il existe de subtiles mais indéniables différences entre le vert des arbres de nos forêts et celui des arbres chinois ou nord-américains, sans parler des couleurs qu'ils prennent à l'automne. Certes, la flamboyance est plutôt canadienne ou japonaise, mais justement, ne détonne-t-elle pas dans notre petit paysage ? La recherche d'un certain naturel, de plus de simplicité conduit immanquablement à privilégier la flore naturelle, spontanée, ou celle de la région. L'églantine plutôt que la rose chou.

Vivace Une plante vivace devrait toujours bénéficier d'un vaste espace vital : nombre d'entre elles sont filles des prairies et ne l'ont pas oublié. *Russel Page*

Voir Celui qui a appris à voir, voit la beauté partout. Ceux qui ne savent point voir cherchent des spectacles rares et bientôt s'y ennuient. *Alain, philosophe.*

50 *Vous aimez les effets de surprises, et créer des recoins secrets.*

■ Dans tout jardin, il y a l'idée de clos qui vous attire tout particulièrement. Depuis le Moyen Âge, on brode autour de cette idée de paradis protégé, de lieu d'intimité préservée. D'où votre goût singulier pour les haies, qui font pourtant perdre une place précieuse dans les petits jardins. À remplacer peut-être par des treillages garnis de plantes grimpantes.
Les jardins cloisonnés, où l'on passe d'une pièce à une autre, possèdent à vos yeux un charme particulier, prétexte à choisir un emplacement plutôt qu'un autre pour y installer votre fauteuil préféré. Les plantes y trouvent également des niches propices à leur bon développement.
De vrais nids pour tout votre monde.

51 *Vous jardinez dans l'enthousiasme : autant que cela se voie !*

▲ Pour vous, jardiner, c'est envoyer un message d'optimisme aux autres : « Voyez, je sème ou je plante, et vous verrez le résultat dans quelques mois ». Et l'aboutissement est un moment de beauté, que tout le monde peut partager. Alors pas question de vous cacher : si tous les balcons de nos villes resplendissaient de fleurs, vous êtes persuadé que la vie serait plus belle.
Il est de notoriété publique que le vandalisme atteint moins les massifs et les espaces verts de qualité que ceux qui sont improvisés avec de piètres moyens. Tout simplement parce que le message des plantes est pacifiant, généreux et convivial.

Votre jardin vit dans l'ordre

Pour vous, le jardin est un domaine sérieux, comme d'ailleurs tout le reste de vos activités. Vous aimez les outils bien rangés, affûtés de frais, et ne les prêtez plus depuis qu'on vous a rendu votre bêche avec le manche cassé. Les excuses n'y ont rien fait... Vous appréciez les scènes bien nettes, issues de longues réflexions. Vous pesez le pour et le contre, parfois longtemps : vous aimeriez tant que tout soit organisé de la façon la plus rationnelle possible. Cela vous pousse à tenir un carnet de jardin qui se gonfle avec les documentations diverses accumulées. D'ailleurs, c'est bien simple, vous avez consacré au jardin une étagère complète de votre bureau. Vous avez tout engrangé sous forme de fiches dans l'ordinateur, avec des commentaires. Votre budget étiquette est sérieux, et des mauvaises langues comparent même votre jardin à un ouvrage de botanique à ciel ouvert. Est-ce de votre faute si les noms latins sont ce qu'on a fait de mieux pour s'y reconnaître ? Quand vous passez vos commandes, le scénario est immuable : des listes gigantesques, raturées puis mises au propre, avant de répartir selon les fournisseurs. Vous avez même prévu une variété de tomate à farcir et une autre pour les coulis ; trois haricots différents. Jamais de sachets en mélange, on ne sait pas ce qui peut en sortir ! Vous consultez régulièrement la liste des travaux à faire, et les inscrivez dans votre agenda. L'ennui, c'est que si la météo du jour n'est pas favorable, vous paniquez un peu car cela bouscule votre programme. Et ce n'est pourtant pas faute d'avoir consulté votre station météo personnelle, dernier cri.

Votre jardin est beau, et surtout bien pensé, mais au fond, vous accumulez surtout les soucis, même si vous ne le laissez pas paraître. La taupe est votre ennemie jurée, et vous avez déjà tout testé pour en venir à bout. Quant aux mauvaises herbes, on se demande encore comment elles peuvent vous résister.

Il est vrai que le voisin laisse ses pissenlits monter à graines, ce qui vous énerve au dernier degré. Dites, vous n'avez pas envie de poser les armes un moment : le jardinage, c'est avant tout un loisir...

Votre outil fétiche : le râteau et le grand panier pour ramasser tout ce qui traîne. Votre tas de compost est bien caché mais largement alimenté.

Vos plantes préférées : les plantes vivaces, parce que c'est du solide, du fiable, et que l'on peut (normalement) maîtriser leur expansion.

Le jardinage vous met dans tous vos états

Vous ne pouvez pas vous empêcher de trouver une petite place pour une plante nouvelle. Quitte à bousculer tout ce qui se vivait déjà bien. Votre royaume est dédié à la fête des yeux, les couleurs partout et tout le temps. Quant au parfum, c'est bien simple, vous en raffolez. Certains trouvent que le résultat fait un peu désordre, ce dont vous vous moquez éperdument. Vous aimez les défis, les plantes pas gagnées d'avance, acclimater les reines du désert californien ou les assoiffées permanentes. Même le rhodo en terrain calcaire ne vous fait pas peur : quelques sacs de terre de bruyère, et le tour est joué. Heureusement que vous oubliez aussi vite quand il périclite. Le coup de tête confine chez vous avec les folies, et les fêtes des plantes vous mettent en transe. Vous avez beau dresser des listes, vous rentrez toujours avec autre chose. Les jardineries ont pour vous l'attrait d'un casino : vous y craquez des fortunes. Il suffit qu'une plante vous fasse de l'œil, et elle rejoint ses copines dans le chariot. Une affichette un peu accrocheuse vous scotche au rayon. Vous êtes sensible à la mode, et tant mieux si elle change tout le temps : votre jardin est une partition neuve chaque année. Vous y vivez tout le temps, et vous adorez recevoir les amis qui partagent votre passion pour les plantes sortant de l'ordinaire. Des doux fous verts comme vous. On papote en latin, histoire de réviser ses classiques, parce qu'au moment de désigner une plante, c'est toujours un autre nom qui vous vient à l'esprit.

On déguste des tomates aux couleurs bizarres, on s'échange les boutures et l'on combine des voyages en Angleterre qui n'en finissent pas, mais vous réchauffent le cœur pour le reste de l'année. La boulimie n'est pas forcément agréable à vivre pour vos proches, qui apprécieraient sûrement que le décor se stabilise un peu. Et comme personne ne peut vous aider pour désherber, vous voilà bien seul pour en venir à bout. Et ça, c'est de l'angoisse dont vous vous passeriez bien... D'autant que, chaque été, vous êtes abonné à la chaise longue. Ré-cu-pé-ra-tion !

Votre outil fétiche : le plantoir pour installer en vitesse votre dernière protégée.

Vos plantes préférées : les fleurs annuelles pour balcon, qui permettent de changer le décor de la terrasse à volonté. Chaque printemps, surgissent des dizaines de nouveautés. Impossible de se lasser ! Mais uniquement en plants, parce que le semis donne trop de plants et pas assez de diversité.

Votre jardin est calculé pour durer

C'est plus fort que vous, le gaspillage vous horripile. Récupérer est une obsession qui vous fait récolter la moindre cerise, et congeler les haricots pour nourrir un régiment. Vous avez confectionné des châssis avec des pare-brise récupérés, et vos tuteurs sont d'anciens câbles électriques. Vous avez adhéré à une association pour profiter des trocs de plants, et vous récoltez vos propres graines d'une année sur l'autre, quand l'occasion s'en présente. À la fin des marchés, vous rapportez des bacs à poisson qui parfument le coffre de votre voiture. La plage est pour vous un lieu magique où le goémon est gratuit. Vous confectionnez des mixtures inavouables avec les crottes de poule de tante Louisette. Les cendres de votre cheminée finissent au tas de compost. Rien ne se perd !

Votre jardin est soigneusement calfeutré vis-à-vis des chats et des oiseaux, vos ennemis jurés. Et votre pire souvenir est quand la vache du voisin est venue croquer vos salades. Et ces taupes qui ont débarqué un beau matin chez vous, est-ce que par hasard le même voisin ne s'en serait pas débarrassé subrepticement ? Il ferait mieux de couper les ronces et les mauvaises herbes qui vont évidemment grainer chez vous. C'est comme cela, on ne peut pas dire que vous soyez un voisin vraiment facile…

Faire tous vos semis, bouturer vos plants, apprendre à greffer comme un pro est votre rêve. Votre gazon est régulièrement tondu parce que vous aimez le voir bien net, et surtout parce que cela vous permet de récupérer les tontes qui servent à pailler les plantes exigeantes. Là où le passage intensif a dégarni l'herbe, vous avez installé des dalles de caillebotis. Il n'y a pas trop de place pour le hasard dans votre jardin, car les aléas coûtent cher et dérangent votre volonté de perfection.

Vous avez l'impression d'avoir passé un contrat moral avec les plantes : pas question de les laisser tomber. Vous ne traitez pas systématiquement, mais le pulvérisateur est prêt à servir. D'ailleurs, vous guettez les parasites et les maladies, et passez pour un spécialiste dans le quartier. Au fond, vous êtes persuadé que la plante était déjà malade chez le marchand… Dites, vous n'avez pas l'impression que votre entourage aimerait moins d'application et plus de laisser-aller ?

VOTRE OUTIL FÉTICHE : la tondeuse, qu'il vous arrive de passer par pur plaisir, pour que le jardin soit bien net.

VOS PLANTES PRÉFÉRÉES : celles qui se multiplient facilement… et que l'on peut s'échanger.

Vous êtes adepte du jardinage version cool

On n'est pas en ce monde pour se compliquer l'existence, au jardin comme ailleurs. Les vacances sont essentielles, pas question de les gâcher avec les récoltes de haricots verts, il fallait y penser avant. Quant aux week-ends, ils sont sacrés, et vous rigolez en voyant vos voisins les consacrer à la tonte ou à l'arrosage : votre gazon est minuscule, et vous avez installé un arrosage automatique depuis belle lurette. Ce n'est pas que vous détestiez empoigner la bêche pour planter, mais il y a un temps pour tout : la vie n'est pas une succession d'épreuves. Vous aimez que la réussite soit au rendez-vous, parce que les tracas vous empêchent de siroter tranquillement votre anisette.

Question équipement, vous ne vous êtes pas ruiné, et vous employez toujours le même engrais, que vous avez acheté un jour un peu au hasard. Si une plante rate, vous n'en faites pas une maladie, et n'en voulez pas à la terre entière. Votre jardin est astucieusement composé, et un certain négligé lui va bien au teint. Vos amis en parlent comme du jardin d'Éden, mais vous sentez bien que parfois ils seraient tentés d'ajouter jungle. On vous a toujours dit que les tontes de gazon pouvaient rester sur place pour se décomposer, alors à quoi bon les ramasser. Quelques mauvaises herbes par-ci par-là ne vous ont jamais gêné. Notez que c'est encore pire chez le voisin, qui traite pourtant régulièrement ses allées, le pauvre… D'ailleurs, entre le coin barbecue, les chaises longues installées à demeure, la table à déjeuner sortie dès les premiers beaux jours et la balançoire des enfants, il ne reste plus beaucoup de place. Et surtout pas pour un vrai potager, le lieu de toutes les contraintes. À la rigueur, vous avez installé un carré grand comme un mouchoir de poche, avec un pied de tomate-cerise, parce qu'on n'a pas à les préparer. Vous sentez bien qu'avec un peu plus d'application les résultats seraient tout autres, mais comme votre entourage ne vous aidera guère, pourquoi s'emballer ? C'est comme pour l'arrosage, personne ne viendra vous remplacer, ou même simplement replier les tuyaux, alors ils restent en place tout l'été. Un jardinage plus appliqué ne vous fait pas peur, mais il sera toujours temps de s'y mettre quand les enfants seront casés. Tiens, les taupes ont encore fait des dégâts : ça tombe bien, vous manquiez de terre fine pour les rempotages…

VOTRE OUTIL FÉTICHE : la chaise longue.

VOS PLANTES PRÉFÉRÉES : les arbustes faciles à vivre et les rosiers qui n'attrapent pas de maladies.

À vous l'honneur, mesdames : voici quelques observations glanées au fil des rencontres, des confidences… et des médisances. Vous n'êtes pas toujours tendres entre vous.

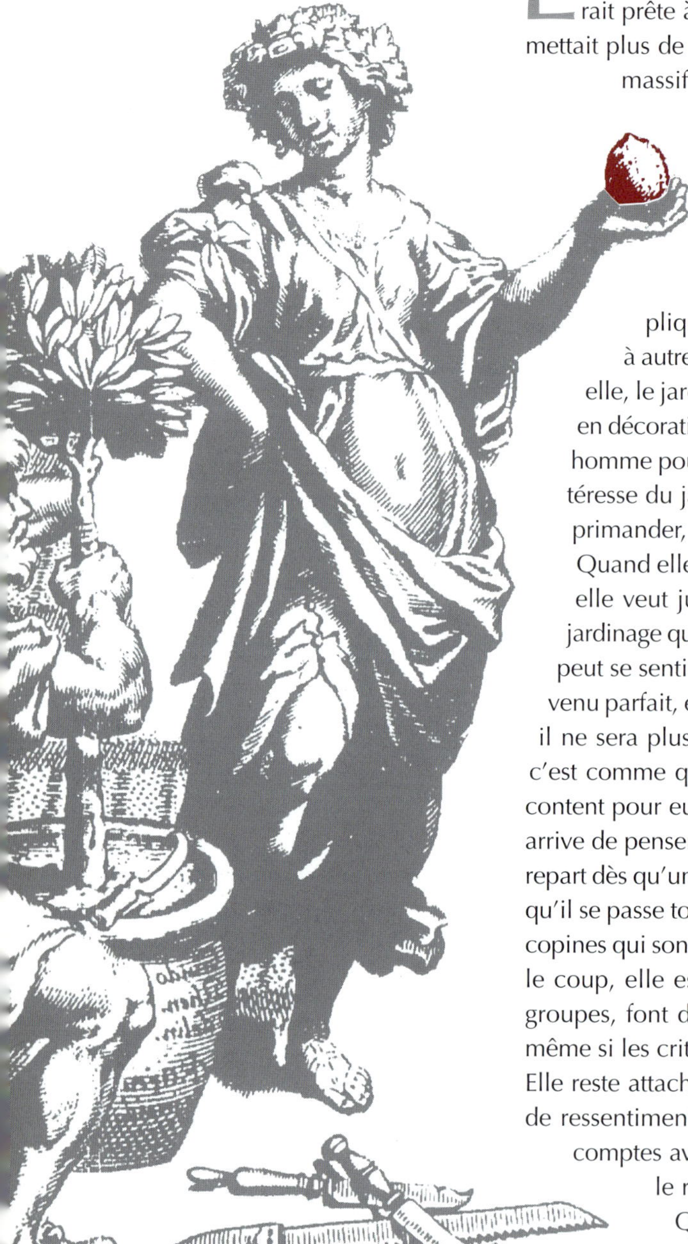

La femme s'est appropriée le jardin comme un prolongement logique de la maison, son *home sweet garden* à elle. Elle serait prête à reconnaître que son mari a parfois raison, s'il y mettait plus de formes (on croit rêver !). Quand il lui parle d'un massif de 3 m sur 4, elle ouvre des yeux ronds, mais quand elle est devant le terrain bêché (par lui) elle prend les choses en main, comme si cela allait de soi. Elle a subitement une envie de massif tout en orange. Lui, il l'aménage et le dessine. Si le résultat ne va pas, elle fait la tête, ne remercie pas de l'effort et ne s'explique pas. Il n'y a plus qu'à laisser décanter et passer à autre chose. Au fond, ce n'est pas grave d'ailleurs. Pour elle, le jardinage c'est de la créativité, comme en cuisine ou en décoration. Parfois, elle ne sait pas laisser de la place à son homme pour qu'il s'exprime, alors il se renferme et se désintéresse du jardin. Pire, elle ne peut pas s'empêcher de le réprimander, en public de préférence.

Quand elle parle de ses échecs au jardin, ce n'est pas grave, elle veut juste qu'on l'écoute. Une femme se consacre au jardinage quand elle en a envie, à n'importe quel moment. Elle peut se sentir un peu déprimée par la vision de son jardin devenu parfait, en juin, car elle pressent déjà le déclin inévitable : il ne sera plus jamais aussi beau. Pas une vraie tristesse, mais c'est comme quand les grands enfants quittent le foyer. On est content pour eux au fond, mais c'est la fin d'une aventure. Il lui arrive de penser qu'elle a tout raté, mais c'est temporaire, et elle repart dès qu'une fleur lui fait signe. C'est pourquoi elle aime tant qu'il se passe toujours quelque chose au jardin. Elle en parle aux copines qui sont comme elle, et peuvent la consoler, même si, sur le coup, elle est encore plus déprimée. Elles se retrouvent en groupes, font des visites croisées qui leur remontent le moral, même si les critiques acerbes ont fusé.

Elle reste attachée à ses souvenirs d'enfance, parfois un magma de ressentiments accumulés en profondeur. Elle règle alors ses comptes avec une mère ou une grand-mère, à moins qu'elle rende hommage à une institutrice fine jardinière.

Quand elle est parvenue au jardin de ses rêves, il lui faut tout refaire, ou en recommencer un nouveau.

Elle est persuadée que c'est dans l'action qu'elle se réalise.

Elle adore donner des plantes, même quand on ne les lui demande pas. À force, si la réciproque ne se fait pas, elle finit par s'en vouloir de sa générosité à sens unique. Mais c'est son truc :

elle cultive l'oubli de soi, appris dans les gestes maternels, et le souci de l'efficacité pour le bien de tous, qu'elle a conforté dans le travail ménager. Quand elle se trouve devant un problème, elle déteste que l'on en minimise l'importance : c'est forcément un vrai problème, et elle aimerait bien qu'on comprenne ce qu'elle ressent. Elle ne supporte pas qu'on lui dise : « *Ne t'inquiète pas pour si peu* ». Elle sait bien qu'elle devra se débrouiller de toute façon. Elle est sensible aux petites attentions, alors que les plus ostensibles la lassent vite : halte aux paniers débordants de carottes terreuses. Un brin d'estragon aurait donné plus de plaisir.

Elle ne peut pas s'empêcher de vouloir changer son mari de jardinier, peine perdue. Il suffirait qu'elle lui dise combien ce qu'il vient de faire va changer son existence pour qu'il roucoule. Lui confirmer qu'il est un champion. S'il semble en panne, elle ne peut pas s'empêcher de chercher les solutions à sa place. Du coup, elle lui enlève tous ses moyens : il ne sera plus satisfait ensuite d'avoir résolu le problème tout seul.

Elle jardine avec beaucoup de gadgets, et change de gants régulièrement. Elle râle parce que les outils ne sont pas à sa taille. Elle a l'impression de se déguiser en cosmonaute.

Elle jardine avec amour. Elle serait tellement sensible à ce qu'on lui prête attention, et qu'on la mette en avant, ce qu'elle ne fait pas spontanément. Ses réflexions méritent d'être écoutées patiemment. Pas la peine de comprendre. Inutile d'ajouter des conseils techniques qu'elle n'attend pas. Elle déteste que l'on contrarie ses habitudes dans son domaine familier. Une femme taille pour améliorer la forme d'un arbuste, le rendre plus joli, pas pour avoir des pommes plus grosses. Quand elle dit que tout va bien dans son jardin, c'est pour s'en persuader. Elle veut préserver une belle image de calme, même en plein grabuge.

Elle donne toute son énergie quand elle jardine, sans économie. Elle plante tout, d'un coup. Elle encourage le foisonnement, aime bien quand ça pousse généreusement, même dans un apparent désordre. Il n'y a qu'elle qui peut s'y retrouver. Elle peaufine. Pour elle, désherber va de soi.

Une jardinière passe par des hauts et des bas incompréhensibles ; elle change souvent d'avis sur les plantes et les couleurs ; elle ne peut pas s'empêcher de parler de ce qu'elle ressent ; elle prend des chemins de traverse au lieu d'aller directement au but (ses allées sont d'ailleurs courbes) ; elle perd un temps fou à des détails. Bref, c'est une femme.

Quand une femme jardine, elle ne sait pas très bien où elle va, doute à chaque instant, mais n'en fait pas publicité. Même si elle ne cache pas sa satisfaction devant le résultat, elle minimisera son effort : une femme ne transpire pas, elle donne sans compter.

LE JARDINAGE VERSION HOMME

Eh les gars, pourquoi m'accuser de traîtrise ? On est comme ça, c'est tout : pas la peine d'en faire un drame. La vie continue. Et l'on nous aime quand même…

L'homme a besoin d'espace pour s'exprimer. Il ne s'embarrasse pas trop de souvenirs et de vieilles lubies, et va volontiers de l'avant. Quand il est arrivé au but qu'il s'est assigné, il est content de lui. Il ne s'étend pas sur ses échecs passés, mais parle volontiers de ses chantiers à venir. Il va s'isoler au jardin mais, au bout d'un moment, souhaite qu'on vienne l'y retrouver, pour admirer son travail. Il aime le montrer aux amis, quitte à parader et s'approprier le travail des petites mains, mais ne supporte pas la moindre critique. Il apprécie les jardins bien dessinés : à ses yeux, c'est presque une preuve de rigueur morale. Pourtant, le jardin peut être aussi le lieu de toutes les audaces : son esprit y bat alors la campagne. Parfois, des envies le prennent de tout changer, et il perd la mesure : en avant la jungle ! Dans ce cas, il ne comprend pas qu'on soit inquiet. Im-pré-vi-si-ble ! Au bout du compte, cependant, il préfère dupliquer ce qu'il sait déjà faire : plus facile à contrôler. Il déteste le risque, et ne tente que ce qui est à sa portée. Ainsi, pas de déshonneur en vue. Il reste souvent fidèle toute sa vie à des plantes et des couleurs. Il aime classer, devient rapidement scientifique, collectionneur, bref casse-pieds. Il donne volontiers des plantes, mais uniquement si on les lui demande.

Il lui faut une raison pour jardiner : le résultat doit se voir. S'il se retrouve face à une catastrophe, et qu'il se sent les moyens d'en venir à bout, il se régale, et cela devient un excellent souvenir.

Il a souvent du mal à s'éloigner de son jardin. Il écourte ainsi les vacances. Et pourtant il savoure le retour, tandis que sa femme le redoute car elle anticipe le travail à faire pour remettre en ordre. Quand le jardin est à son apogée, il se régale et cela lui redonne envie d'en faire plus. Les moments creux ne l'inquiètent pas : la mer calme de juillet et le repos hivernal ne sont que des haltes reposantes qu'il met à profit pour recharger les accus.

Il délire parfois à la pelleteuse, comme s'il avait quelque chose à prouver. Thérapie ou exutoire ? Au premier coup d'œil de madame, il comprend qu'il a mal fait. Et devient malheureux. Il déteste qu'elle lui fasse des réflexions devant les autres, amis et surtout pépiniéristes. Pour lui, un conflit est essentiellement une perte d'énergie, la preuve d'un manque de confiance. Il attend une récompense de ses efforts, une reconnaissance qui corresponde à ses objectifs initiaux, forcément atteints voire dépassés. Il ne comprend pas qu'elle cherche avant tout s'il a fait cela pour elle, et qu'elle y détecte une preuve d'amour.

Il ne peut pas s'empêcher de dire à madame qu'elle prend son jardin trop à cœur, et ne s'aperçoit pas qu'il remue le couteau dans la plaie. Il ferait mieux de comprendre pourquoi elle y est tellement attachée, partager ses besoins, et la rassurer sur la méthode employée, même si ce n'est pas la sienne (évidemment !). Il serait encore mieux avisé de multiplier les menues attentions : enlever les débris de taille, pousser la brouette pleine, clouer les planches du potager en carrés, affûter la lame du sécateur sans qu'on ait à le lui demander dix (voire cent) fois, terminer l'arrosage le soir, ranger les catalogues toujours au même endroit...

En tout jardinier, il y a un champion qui sommeille : la tondeuse est un 4 x 4, et le gazon un vrai Paris-Dakar. Il jardine de façon souvent fruste, ne s'encombre pas d'élégance et de détails inutiles (à ses yeux). Il aime la technologie, de préférence bruyante, mais finira ses vieux gants jusqu'à la corde. Il s'occupe en priorité de ce qui est malade : c'est son côté grand chirurgien. Il adore couper, tailler, arracher... sans rien ramasser. Si on lui demande comment va son jardin et qu'il répond « *tout va bien* », cela ne correspond pas forcément à la réalité, mais à : « *Je m'en occupe* », ou « *Je sais quoi faire. Pas de panique* ». On est prié de retenir son sentiment en entrant.

Il aime volontiers exposer d'emblée ses idées sur un nouvel aménagement, ce qui laisse à penser qu'il a tout combiné, et qu'il n'y a plus place pour la moindre modification. Erreur, c'est juste pour voir. Il sera tout aussi content d'employer une autre méthode si c'est dit avec tact (attention danger, chère madame).

Il déteste qu'on lui dise : « *Tiens, tu as finalement tondu. Tu aurais pu le faire avant, non ?* » Ou encore : « *Pourquoi tu as planté le rosier là, tu aurais pu me demander mon avis.* » Il vaut infiniment mieux remercier, et attendre une autre occasion pour qu'il comprenne qu'ailleurs, ç'aurait été mieux.

Il calcule, il analyse, il procède par étapes, histoire de recueillir des approbations à chaque petite victoire. Il croit encore que quand sa femme exprime son accord sur ce qu'il a accompli, c'est parce qu'elle est de son avis à 100 %. En fait, elle est heureuse qu'il ait fait quelque chose de ses dix doigts. Peut-être même pour elle. Il jardine avec son ego. À flatter. Hélas, il ne peut pas s'empêcher de décerner des petites punitions mesquines quand il trouve que madame n'a pas bien fait.

Un jardinier oublie toujours une foule de choses ; il met toujours plus de temps qu'il ne faudrait ; il est toujours pressé (de sortir de la jardinerie) ; il est insortable dans une fête des plantes ou à un thé entre copines. Forcément, ce n'est qu'un homme...

Quand un homme jardine, il sait ce qu'il doit faire, comment cela doit être fait, et ne ménage pas sa peine. Fier de lui comme du résultat, il récolte la juste reconnaissance de ses actes. Il n'y a pas à dire : un homme, ça vous change le paysage !

LE JARDIN RÉCONCILIÉ

Une suggestion : et si l'on abandonnait définitivement les pièges à taupes, les boîtes à tête de mort et les allusions blessantes ? Digne descendant de celui du Paradis, votre jardin a tout lieu d'être un endroit de paix.

J'imagine que le premier jardin fut le domaine de madame Cro-Magnon. Il précéda la caverne, et plus tard, il entoura la case de branchages, quand elle déménagea pour les beaux quartiers. Elle y testa tout ce qui lui tombait sous la main, et acclimata les légumes, qui n'étaient que des mauvaises herbes, les fleurs, pour les guirlandes des parades, et les aromatiques pour améliorer la saveur du ragoût d'ours du dimanche. Non loin de là, elle créa un enclos pour sa biquette apprivoisée. Dans la foulée, elle imita la coloquinte pour créer des poteries du dernier chic. Il ne restait pas grand-chose à inventer pour que la civilisation soit complète. Le paradis est né dans un jardin.

Ce fut seulement bien après que les hommes se mêlèrent d'entrer dans ce domaine réservé, apportant la manie de la ligne droite et le goût du légume toujours plus gros. Pas sans-gêne pour deux sous, ils allèrent jusqu'à se réserver cet espace quand, de paysans ils devinrent ouvriers. Madame à la cuisine, monsieur au jardin, et interdiction de franchir la frontière. Cet état de fait dura jusque dans les années 1980 après J.-C. Là, subitement, les femmes décidèrent, de façon unilatérale, que le bout de terrain qui entourait la maison était aussi le leur. Et nous assistons depuis à un bouleversement total du paysage.

Ouf, il était temps ! Car ce putsch tranquille s'accompagne à l'évidence d'un plus grand respect de la nature, comme si cela allait de soi. Elle n'a pas eu besoin d'adhérer à une secte pour revendiquer des tomates sans produits. Son minuscule potager perd tout aspect militaire pour accueillir des fleurs à foison. Elle passe allégrement de l'autosuffisance au plaisir de jouer avec les légumes. Nos papilles, nos tours de taille et la nappe phréatique en sont tout égayés. Même les mauvaises herbes et la taupe ne sont plus vouées aux gémonies. Les notions de propre et d'utile, si inhérentes au jardin masculin d'antan, et tellement réductrices à un ordre minéral voire carcéral, se transforment en volupté, et personne ne songe à s'en plaindre, même pas les ronchons. D'ailleurs, les nouveaux jardiniers mâles ont saisi la portée du changement, et s'associent au mouvement. Voilà qui tombe bien : ces dames adorent qu'on creuse les trous pour elles !

Notre pays, si viscéralement attaché à la gastronomie, retrouve toutes ses chances pour devenir le creuset d'un nouvel art de jardiner, moins destructeur et consommateur de marchandises, et plus volontiers épanouissant. Comme une parenthèse de bonheur dans une vie compliquée.

LES BONS GESTES

SEMER

TANT QU'ON SÈMERA, IL Y AURA DE L'ESPOIR. JEU DE MOT UN PEU FACILE MAIS RÉVÉLATEUR DE LA PUISSANTE SYMBOLIQUE DE CE GESTE SIMPLE.

Pourquoi se compliquer la vie à semer ?

Parce que c'est un geste essentiel, aventureux, riche en émotions. En semant, vous apprivoisez la nature, vous renouez avec vos ancêtres paysans, vous propagez l'espoir. Embrassez la part de risque sans appréhension : un semis n'est pas une loterie, mais un investissement de père (ou mère) de famille.

Comment se préparer

Semer est un geste prémédité. Mieux vaut semer peu mais bien que beaucoup à la va-vite. Préparer le matériel met en bonne condition : les terrines ou plaques alvéolées, le terreau, les graines, bien entendu, mais aussi les étiquettes. Autant commencer par ces dernières : identifiez la variété précise, la marque, la date du semis. Des étiquettes en plastique assez longues (15 cm) sont idéales car on peut écrire sur les deux faces puis les recouper pour écrire encore deux fois. Écrivez au feutre indélébile ou au crayon gras BB, qui peut se gommer. Les étiquettes en bois sont plus jolies mais pourrissent vite. Classez ces étiquettes par terrine car il est bien rare que l'on consacre un seul semis à un récipient. Rangez ensuite les graines dans le même ordre. Posez le tout dans le panier, et dirigez-vous vers le coin semis.
Les terrines, bacs à poisson récupérés ou plaques alvéolées sont prêts, nettoyés et lavés de frais. Remplissez-les avec du terreau neuf, sur 3 à 5 cm d'épaisseur, pas plus.

L'essentiel du geste

Semer consiste à installer les graines de la meilleure façon possible. Ce n'est pas une course de vitesse. Disposez la terrine de façon confortable, sur vos genoux par exemple. Il s'agit d'éparpiller les graines, en laissant 2 à 3 cm entre elles. Le mieux consiste à prendre une pincée entre le pouce et l'index, puis à tourner ces doigts l'un contre l'autre pour que les graines tombent presque une à une, tout en déplaçant la main au-dessus de lignes fictives ou dessinées sur le terreau, et à peine profondes de quelques millimètres.

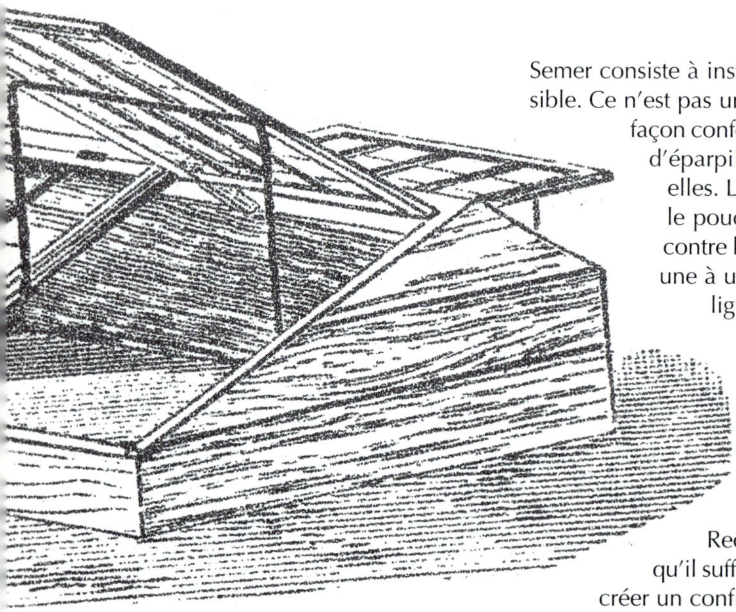

Recouvrir ou non ?

Retenez que, dans la nature, les graines sont souvent éparpillées à même le sol, ce qui ne les empêche nullement de germer. Recouvrez donc très peu vos graines, d'autant qu'il suffit de poser un voile de forçage très léger pour créer un confinement parfait. Si le semis a lieu en pleine terre, comme c'est souvent le cas pour les légumes, recouvrez les graines d'un demi-centimètre de sable, au grand maximum.

En quoi consiste l'après-semis ?

On sème la patience pour récolter l'abondance. Selon les espèces et le temps qu'il fait, un semis lève en 24 heures ou en quinze jours. Dans la plupart des cas, si rien ne surgit au bout d'une semaine, posez-vous des questions. Parfois, les limaces sont passées avant vous, tout bonnement. Autres ennemis des semis, les chats et les oiseaux, qui adorent gratter la terre meuble : des branchages ou un filet à grandes mailles les dissuadent efficacement.

Comment se passer de tout semis ?

Si semer vous fait peur, vous devrez recourir à l'achat de plants déjà développés. Le principal inconvénient : la gamme de variétés et de coloris est nettement moins importante, surtout parmi les fleurs annuelles. Par ailleurs, les plants sont parfois nanifiés artificiellement et ne donnent pas le même effet dans les massifs : c'est le cas des roses d'Inde et des mufliers, en particulier.

Et les semis spontanés ?

Même si vous n'effectuez aucun semis, vous pourrez certainement en récupérer dans votre jardin car certaines fleurs sont promptes à monter à graines et se disséminer ainsi : les alchémilles, les valérianes ou les coqueloudes, par exemple. Ailleurs, ce sera le cerfeuil et la mâche, ou encore les frênes et les érables. Le gravier fin est une vraie pépinière, preuve que les graines n'ont pas vraiment besoin d'être bichonnées. Vous pouvez profiter du bon naturel de ces plantes pour les disperser : secouez les tiges mûres de vos ancolies, partout où vous souhaitez en voire naître.

Les accessoires qui changent tout

Si vous envisagez de créer un potager important, un semoir peut être précieux : avec lui, semer en ligne est un jeu d'enfant. Mais la main reste essentielle. Le voile de forçage est une belle invention : très léger (à peine 20 g par mètre carré), il laisse passer l'air et l'eau, en maintenant le semis dans une ambiance douillette. Le semis est à l'abri des prédateurs, et la terre ou le terreau ne courent plus le risque d'être tassés par une pluie violente.

Comment s'initier ?

Pour un premier semis, choisissez des graines assez grosses et qui germent facilement : souci, balsamine, cosmos, lavatère, lupin, ricin, soleil, capucine, haricot, radis. Puis passez aux graines allongées, encore manipulables sans difficulté : œillet et rose d'Inde, zinnia, bleuet, coréopsis, gaura, immortelle, rudbeckia, cerfeuil… Continuez avec les graines rondes plus fines mais germant bien (tabac, sauge, impatiens, basilic, amarante…) avant de vous lancer dans les très fines. Ces dernières ne doivent absolument pas être recouvertes. Contentez-vous de tapoter le terreau du plat de la main, et arrosez avec une pomme fine.

GESTES ESSENTIELS

❑ Un semis raté ce n'est rien, on recommence tout de suite. Nouvel échec : votre paquet ne date-t-il pas d'un autre siècle ? Achetez les graines juste avant de semer.

❑ Pour réussir le semis des plantes frileuses, la chaleur de la nuit est plus importante que celle du jour.

❑ On n'est jamais perdant en semant large plutôt que serré (au moins 2 cm entre chaque graine).

❑ Les grosses graines ont souvent une écorce épaisse et coriace, que l'on incisera pour faciliter l'humectation (pois de senteur, belle-de-nuit, ipomée…).

❑ Sable, perlite ou vermiculite sont d'excellentes couvertures pour un semis en terrine.

❑ Si une pourriture grise s'empare d'une terrine de semis, on repique tout de suite ce qui peut être sauvegardé, et on jette le reste.

❑ Un semis non étiqueté devient vite un crève-mémoire.

❑ Un simple coin de châssis suffit à réussir bien des semis. À défaut, une tablette de radiateur devant une fenêtre plein sud.

❑ Un semis s'arrose toujours en douceur, à la limite avec un vaporisateur si les graines sont très fines.

❑ Le semis à la volée est plus expéditif qu'en ligne, mais on perd ensuite plus de temps à l'éclaircir et désherber.

❑ Parmi les erreurs à éviter : semer une trop grande quantité de graines, qui prédispose ensuite au gâchis. Il vaut mieux semer 20 laitues chaque semaine que la moitié d'un paquet en une fois. Deux pincées de graines de radis donneront une botte au bout de cinq semaines. Semer trop serré et oublier d'éclaircir ensuite : les plants sont vite étiolés et manquent ensuite de vigueur.

MULTIPLIER

MULTIPLIER SES PLANTES PERMET DE RÉALISER DES ÉCONOMIES, MAIS BIEN AU-DELÀ, CELA PERMET DE MIEUX COMPRENDRE LES GOÛTS D'UNE PLANTE, DE SUIVRE SON ÉVOLUTION EN FINESSE. C'EST AUSSI LA PORTE OUVERTE POUR UN EMPLOI GÉNÉREUX, QUI CHANGE DU TOUT AU TOUT L'ALLURE DU JARDIN.

Qu'est-ce qui vaut la peine d'être multiplié ?

En premier, des plantes faciles, qui permettent de se faire la main. Puis, celles qui sont réellement valorisées par un emploi en masse, plante couvre-sol ou à bordure, ou encore arbuste de haie. Ensuite, toute plante qui vous plaît déjà et dont vous pressentez qu'elle constituera l'un de vos fétiches. Enfin, des plantes qui feront plaisir autour de vous et vous permettront d'échanger, ce qui est un des grands plaisirs du jardinier.

Quelle est la technique la plus simple ?

Sans conteste possible la division de touffe des plantes vivaces. On a vraiment l'impression qu'elles n'attendent que cela. Non seulement la division vous donnera plein de rejets vigoureux, mais vous rendrez sa joie de vivre à une plante devenue engoncée dans son propre feuillage. La division consiste à extraire la souche, avec une solide bêche ou fourche-bêche. C'est l'opération la plus pénible : cernez d'abord la motte en enfonçant la bêche tout autour, puis soulevez-la… en veillant à ne pas casser le manche. Ensuite, tout dépend de la compacité de la souche : parfois elle est si dure qu'il faut à nouveau employer la bêche pour la fractionner ; le plus souvent, on peut y arriver avec un solide couteau de cuisine. De toute manière, ne cherchez pas à extraire le plus minuscule rejet, ni ceux du centre, mal conformés. Contentez-vous de récupérer ceux de la périphérie, jeunes et vigoureux, munis de quelques racines saines. Replantez-les immédiatement dans un coin de jardin travaillé. À défaut, stockez-les dans des grands bacs à poisson remplis de terreau.

Quand diviser les plantes vivaces ?

Procédez à cette division en juin ou juillet pour toutes celles qui fleurissent au printemps, et en mars pour celles qui s'épanouissent l'été et l'automne, comme les nombreuses marguerites d'été ou les asters. L'important, c'est d'être présent pendant les deux semaines suivant la division pour assurer les arrosages.

Peut-on diviser les arbustes ?

La même technique peut effectivement s'appliquer aux arbustes, à condition qu'ils soient d'un naturel très foisonnant : c'est le cas du seringat, des spirées, du corète du Japon ou encore des rubus. On peut assez facilement diviser leur souche, en plein hiver. On pratique de même avec le framboisier ou le buis à bordure, ce dernier en septembre ou en mars.

L'avantage de bouturer ?

Le bouturage permet d'obtenir, sans grand effort, des quantités de sujets nouveaux. La bouture est un simple morceau de tige, long de 10 à 15 cm, muni de quelques feuilles, que l'on tranche à sa base sous une feuille, que l'on va couper à sa naissance. On enterre la bouture de la moitié de sa longueur, dans un mélange de sable et de tourbe, dans un bac à poisson. Puis on couvre avec un voile de forçage pour confiner légèrement. Des arrosages suivis mais légers, un peu de surveillance pour éliminer les rameaux qui pourrissent, et de la patience car les nouvelles racines surgissent parfois seulement au bout de quelques mois.

Quelle est la meilleure période ?

Le milieu de l'été, à partir de la fin juillet, quand le bois des rameaux s'est un peu durci, convient à beaucoup d'arbustes. Mais certains préfèrent le cœur de l'hiver : groseillier, vigne, saule... Le rosier peut être bouturé en été, mais aussi à partir d'octobre. Comme les boutures ne coûtent rien, multipliez les expériences. Le moment critique du bouturage est l'endurcissement, quand il s'agit d'extraire les boutures avec quelques frêles racines pour les transplanter, en godet généralement, pour les aider à prendre du volume. Il faut des soins attentifs et souvent prolonger la protection avec le voile de forçage. Pensez à ombrer également si vous procédez à cette opération en septembre, moment de l'année où il peut faire encore bien chaud.

Comment multiplier les plantes bulbeuses ?

Facile : le bulbe est déjà une sorte de bouture enracinée qui cache son affaire. Dans un bulbe, il y a l'ensemble d'un végétal condensé : les amorces de racines dans le plateau basal, la future tige et même la fleur, au cœur du bulbe, et des feuilles qui constituent l'enveloppe charnue. Quand vous séparez un bulbillon de son bulbe-père, vous pratiquez un clonage. Mais comme il n'est pas de taille à fleurir, il faudra le faire grossir pendant un an ou deux à part. Et c'est là que les difficultés commencent, car vous risquez d'oublier cette progéniture, et les limaces noires ou les mulots se chargeront de les dévorer. Le mieux consiste à pratiquer cet engraissement dans le coin pépinière que vous réservez au potager.

Et pourquoi pas le greffage ?

Le greffage est le seul moyen de multiplier fidèlement des variétés de rosiers ou d'arbres fruitiers qui ne se bouturent pas facilement. Pour des professionnels, cela ne présente guère de difficulté mais pour le jardinier amateur, que de galères : il faut tout d'abord trouver les porte-greffe, les élever, puis prélever les greffons, les faire attendre sans qu'ils meurent, greffer, surveiller et tailler. Enfin, arracher pour mettre en place. Ceux qui en parlent avec détachement n'ont pas dû souvent greffer ! Mes propres essais ont donné lieu à des pommiers médiocres, et sur dix rosiers greffés, seul l'un d'eux a repris, les autres devenant d'immenses églantiers... En revanche, le surgreffage est amusant : il permet d'installer sur le même arbre fruitier plusieurs variétés. C'est drôle à voir, et la pollinisation croisée se fait sans problème.

GESTES ESSENTIELS

- Quand vous éclatez une touffe de plantes vivaces, ne cherchez pas à obtenir le maximum d'éclats : s'ils restent par petits paquets, ce n'est pas plus mal. Enterrez-les ensuite un peu, sous 5 cm de terre fine, en étalant les racines.
- Étiquetez vos bacs à multiplication ou, mieux encore, tenez un carnet spécial, où vous indiquerez les dates précises et les conditions climatiques (voire la lune pour ceux qui y croient). Ce carnet sera très précieux quand vous entreprendrez, plusieurs années après, de bouturer à nouveau une plante que vous avez déjà testée.
- Si vous prélevez des boutures chez des amis, faites-le en fin de visite, et entourez-les de papier absorbant humecté, le tout emballé dans un sac en plastique. Il faut avant tout éviter le dessèchement des feuilles. Enfoncer la base dans une pomme de terre n'est pas suffisant. Il faut surtout éviter la transpiration excessive.
- Le meilleur mélange pour bouturer est composé pour moitié de sable de rivière et pour moitié de tourbe blonde. Ni terreau ni terre de jardin. À la rigueur, ajoutez un peu de vermiculite, pour alléger. Ce mélange n'est absolument pas nutritif, c'est pourquoi il faut impérativement rempoter les boutures dès qu'elles ont produit quelques racines, ce qui se remarque au démarrage de nouveaux rameaux.
- Jetez un coup d'œil sur vos bacs à boutures tous les deux jours. Il s'agit d'arroser un tout petit peu, et surtout d'éliminer sans pitié les boutures porteuses de moisissures grises, qui vont contaminer toute la série en un rien de temps.

COMPOSER

Se confier uniquement à l'inspiration a ses limites. Sans vous transformer en Le Nôtre tyrannique, il est bon d'avoir une petite idée derrière la tête avant de planter... pour ne pas se planter !

Vaut-il mieux planter au hasard ou suivre un plan ?

Dans l'absolu, on pourrait se dire qu'un plan prémédité est préférable. On sait exactement ce que l'on va mettre en place, quelles quantités et dans quel ordre. En fait, bien peu de jardiniers opèrent ainsi, car ils adorent l'improvisation. Cependant, il est fort dommage de se priver du plaisir de concevoir à l'avance la scène. On peut passer des heures à crayonner sur un méchant bout de papier calque, ou encore y réfléchir dans le train ou le métro. Ce genre de jardinage présente sur le vrai l'avantage de ne pas faire mal au dos et de ne pas occasionner d'ampoules aux mains. Par ailleurs, on peut quantifier le nombre de plantes, ce qui permet de programmer les semis ou de commander à l'avance les plants aux meilleures conditions. L'improvisation totale devrait être limitée aux plantations occasionnelles, du type coup de cœur rapporté d'une fête des Plantes. Vous serez alors atteint de la danse dite du conteneur : une bêche d'une main, le conteneur de l'autre, vous parcourez le jardin en grommelant « non, pas ici, il y a des bulbes déjà installés ; non pas là, c'est trop à l'ombre »... Cela peut durer une heure jusqu'à ce qu'immanquablement, vous finissiez par enterrer l'objet du délit au pire endroit.

Comment installer les plantes les unes par rapport aux autres ?

Imaginons que vous allez planter ensemble des arbustes et des plantes vivaces. Classique et de bon ton. Les premiers seront certainement plus grands que les secondes, probable mais pas sûr. Vérifiez les hauteurs adultes. Profitez-en pour examiner le développement en largeur. Généralement, qui dit plante haute dit aussi plante encombrante, mais cela n'est pas toujours vrai : il y a des arbustes ou des plantes vivaces tout en hauteur et d'autres qui s'étalent à plaisir, et cela à l'intérieur du même genre. On ne se trompe pas de beaucoup en considérant qu'un arbuste est rondouillard et occupe autant d'espace en largeur qu'en hauteur. Idem pour les plantes vivaces habituelles. Sur votre plan, indiquez le sud pour connaître d'où vient la lumière, et depuis quelle direction vous admirerez le plus ce coin de jardin. Placez en premier les arbustes les plus grands, en faisant en sorte qu'ils fassent le moins d'ombre au reste et qu'ils ne cachent pas tout depuis l'axe visuel majeur. Puis installez les arbustes plus petits et les plantes vivaces. Chaque pied est symbolisé par un rond qui occupe le diamètre adulte. Ces cercles se touchent, se fondent parfois, mais pas trop. Une fois que vous êtes content de votre composition, oubliez-la quelques jours et reprenez à tête reposée. Commandez ou sélectionnez les plantes dont vous aurez besoin. Le

moment est venu de tout installer. Reprenez votre plan, éventuellement modifié, et indiquez sur la terre les emplacements des arbustes. Posez-les. Puis, continuez par les plantes vivaces. Prenez alors du recul, et voyez s'il y a des alignements qui vous déplaisent, ou si certaines zones paraissent plus denses que les autres. Enfin, terminez en prenant quelques godets pour les rajouter un peu au hasard. Ensuite, plantez. Généralement, cela n'est pas sitôt fini que vous verrez des fautes. Corrigez-les tout de suite.

Et si l'on plantait en plusieurs étapes ?

C'est évidemment possible, mais l'expérience démontre que le résultat est moins lié que lors d'une plantation simultanée. Comme si les plantes prenaient leurs repères dès le départ, se calaient les unes par rapport aux autres. Tandis que si l'on installe une petite nouvelle, elle est forcée de se frayer un chemin. On observe cela même dans une jardinière : il vaut mieux tout chambouler plutôt que de remplacer telle ou telle fleur, au bout de quelques mois.

A quel moment procéder à un tel bouleversement ?

L'automne semble le meilleur moment, mais certains jardiniers y procèdent au printemps ou même en été, à partir de la mi-août, quand les arbustes semblent engourdis par la chaleur. Peu importe au fond, à condition de préparer les arbustes en les cernant de quelques coups de bêches un peu à l'avance. Vous amorcez ainsi la future motte. Essayez de la prélever la plus grande possible, mais tenez compte de son futur poids qui peut être considérable. Choisissez un moment où la météo annonce de la pluie, ce qui ne peut que vous faciliter la tâche. Commencez par préparer le futur trou de destination, puis procédez à l'arrachage, et au transport sur une bâche plastique pour ne pas perdre de terre. Puis replantez tout de suite. La rapidité de ce déplacement est essentielle : l'arbuste ne doit pas souffrir. Arrosez tout de suite, en versant lentement le contenu de deux arrosoirs de 10 litres. Si le temps se met au chaud et que l'arbuste fane durant l'après-midi, édifiez une petite ombrière juste au-dessus, et surtout coupez les tiges de la moitié de leur longueur. Vous diminuerez d'autant la transpiration. Un jardinier expert du XIXe siècle conseillait même de transplanter la nuit, avec une lampe de mineur.

Peut-on transplanter plusieurs fois une plante ?

Autant qu'on veut si c'est pratiqué en respectant les règles. Curieusement, une transplantation peut même produire un coup de fouet salutaire. Ainsi, un rosier liane qui végète peut démarrer d'un seul coup si on le transplante en lavant les racines, voire en les frottant gentiment à la brosse à chiendent. Ce truc m'a été donné par un rosiériste belge fameux, M. Louis Lens. N'hésitez pas à transplanter toute plante qui ne se développe pas correctement. Vous dénicherez sûrement la raison en examinant la motte de racines, sous la forme de pucerons cendrés agglutinés sur le départ des racines, ou encore d'une larve blanche dodue. Ou bien, vous vous apercevrez que pas une racine nouvelle n'est sortie de la motte. Dans ce cas, pratiquez des incisions profondes dans la motte, et coupez le feutrage de racines. Replantez immédiatement. En général, l'effet est magique.

GESTES ESSENTIELS

- Si vous êtes embarrassé, installez ensemble des plantes qui proviennent de la même zone géographique, vous ne commettrez pas de grande gaffe : des japonaises ou des mexicaines s'entendent bien entre elles. En revanche, le grand brassage produit souvent une certaine cacophonie.
- Vous devez également tenir compte des besoins écologiques des diverses plantes qui composent la scène : apprécient-elles toutes la mi-ombre, ou le sol lourd, ou encore la pollution ?
- Pour vous aider, j'ai systématiquement indiqué des idées de mariages de plantes à la fin de chaque article les concernant. Ce sont autant de pistes à explorer, mais vous pouvez aussi composer vos mélanges, les tester. Le jardinage est l'expression de la personnalité du jardinier.
- Vous avez probablement lu que certaines plantes s'entendaient bien entre elles, et que d'autres se détestaient. Sachez qu'il existe très peu de vraies expérimentations sur ce sujet, où traînent beaucoup de compilations et de on-dit. Retenez que c'est vous qui posez des problèmes de cohabitation dès que vous oubliez l'arrosage : les plantes les plus robustes prennent alors le dessus. La plupart des problèmes proviennent de la trop grande densité de plantation.
- Autant que possible, ne replantez jamais une plante derrière la même qui vient de mourir. C'est mauvais signe…

PRÉPARER

ON NE LE RÉPÉTERA JAMAIS ASSEZ : POUR UNE PLANTE, LE PLUS IMPORTANT SE JOUE SOUVENT EN TERRE, À L'ABRI DU REGARD. ET C'EST LORS DE LA PRÉPARATION DU SOL QUE L'ON PEUT JOUER AU MAGICIEN.

Quel est le risque si on plante sans préparer ?

Parfois rien parce que le terrain est déjà parfait, ameubli et enrichi. C'est souvent le cas dans le potager où, à force de bons soins, on a créé les conditions du bonheur. La préparation est cruciale dans le cas de la création d'une plate-bande après du gazon, ou lors de l'installation d'arbustes ou d'arbres, bref de plantes faites pour durer.

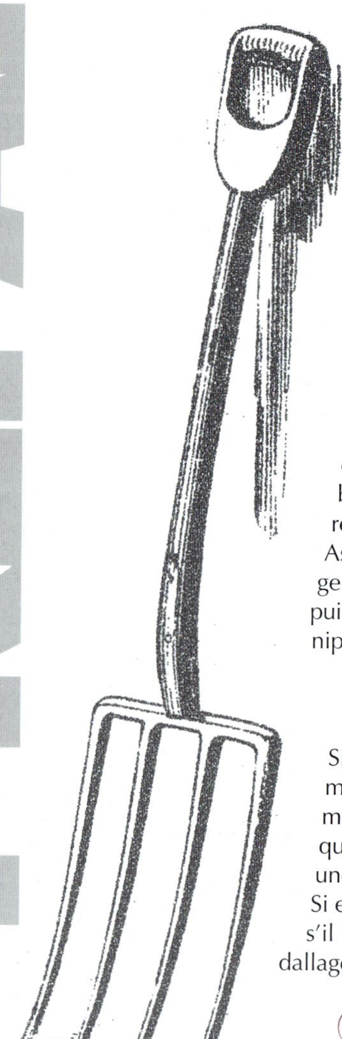

Pourquoi ameublir ?

Les racines n'ont pas besoin de nous pour plonger dans le sol à la recherche de l'eau. Mais en ameublissant, on facilite leur progression, et surtout l'on s'assure que beaucoup pourront descendre en profondeur. Sinon, elles restent en majorité superficielles. Mais attention quand vous préparez le terrain : ne mélangez pas la terre maigre du sous-sol avec la riche couche du dessus. Pour cela, disposez une bâche à côté du trou, et jetez-y la terre du dessus avant d'éventuellement vous attaquer à celle du dessous, que vous ameublirez à la fourche-bêche, sur place. Remettez en place ensuite la terre du dessus, ameublie. Toute cette manipulation est pénible mais on s'y retrouve ensuite.

Astuce : au lieu de tout piétiner, posez une planche large (50 cm sur 1 m), en bois léger, qui vous servira d'appui. Vous pouvez même y creuser une poignée pour la manipuler facilement.

Faut-il enlever les pierres ?

Si elles sont nombreuses et petites ou moyennes (diamètre inférieur à 2 doigts), laissez-les car elles font vraiment partie du sol et seront contournées par les racines qui apprécient même leur contact. Les enlever une à une serait vraiment un trop gros travail.

Si elles sont grosses, extirpez-les, avec une barre à mine s'il le faut. Direction, un futur muret à construire ou un dallage en prévision, où elles serviront d'assise drainante.

Enrichir à la préparation ou après ?

Profitez de la préparation des trous de plantation pour apporter de l'humus. Pas forcément du terreau mais du fumier bien décomposé, noir et friable, ou encore votre compost-maison bien mûr. N'abusez pas des engrais, qui pourront toujours être apportés ensuite, pour accompagner la croissance. Privilégiez les engrais à action lente, Or brun, scorie ou superphosphate.

La cendre de la cheminée peut être incorporée à la dose de trois poignées par trou moyen ou par mètre carré. Si une analyse de sol a révélé une carence de votre sol, profitez de la plantation pour apporter un engrais correctif. Mais souvent la matière organique est le meilleur des palliatifs.

Quelle surface ameublir pour chaque plante ?

Comme la préparation du sol est ingrate, on a toujours tendance à limiter la surface mise en cause. C'est la principale erreur des débutants : retenez que les racines sont cantonnées pour la plupart dans les 20 premiers centimètres. Misez donc sur leur propagation latérale, et donnez à un arbuste moyen ou un rosier un diamètre d'action d'un mètre ; à une plante vivace, au moins 50 cm. Pour un arbre, prévoyez de préparer un cercle de 1,50 m de diamètre, même si le sujet acheté est tout petit.

Pourquoi est-il si pénible de creuser un trou dans un massif existant ?

Nous en avons tous fait l'expérience : le simple fait de planter la bêche dans un massif de plantes vivaces installées est pénible. On a l'impression qu'il n'y a que des racines, ce qui est d'ailleurs tout à fait vrai. Voilà pourquoi il est souvent préférable de rénover complètement un tel massif tous les trois ans, plutôt que de procéder par petits bouts.

Comment ne pas s'abîmer le dos ?

Tout commence par une préparation psychologique : si vous devez préparer le terrain parce que vos plantes attendent déjà depuis un bon moment, vous n'êtes pas dans une bonne disposition d'esprit. Peut-être vaut-il mieux alors créer une jauge d'attente, où les plants s'enracineront en attendant de meilleurs jours. Cette pépinière de quarantaine n'est pas de la place perdue, loin de là, et les meilleurs jardiniers y ont toujours recours.

Avant de préparer le terrain, chauffez-vous en jardinant un petit moment. Apportez les outils et brouettez les amendements de façon à avoir tout sous la main. Puis procédez calmement, en soulevant de petites bêchetées de sol. Si la terre est très humide, arrêtez, et couvrez avec un film plastique pour protéger de la pluie. Quinze jours plus tard, tout ira mieux...

Les accessoires qui changent tout

Une bonne bêche est indispensable, mais on peut la remplacer par un croc à bêcher, plus pratique dans les terrains caillouteux. La houe permet de décaper le gazon avant de procéder au bêchage proprement dit. Une brouette à deux roues est la meilleure alliée du jardinier. Une bâche de chantier recueillera la terre extraite. Elle fait environ 1,5 m de côté. Pour couper les racines des arbres vagabondes, prévoyez un sécateur, mais pas forcément votre plus beau car le contact de la terre n'est pas excellent pour lui. Une paire de gants évitera d'abîmer vos jolies mains.

Pour égaliser en surface, le croc à bêcher, à 5 dents solides, est impeccable. En terre lourde, une griffe est plus pratique. Une fois que le sol a été bien préparé, il doit ressembler à un crumble, avec des mottes moyennes et de la terre fine.

GESTES ESSENTIELS

- ❑ Ne vous lancez pas dans des grands chantiers qui vous dépassent : il vaut mieux préparer une surface moindre mais impeccablement.
- ❑ La pioche demande un certain tour de main pour être efficace sans casser le dos. La barre à mine semble plus pénible mais s'avère souvent moins dangereuse pour le dos : profitez bien de son inertie.
- ❑ Extirpez le maximum de racines de mauvaises herbes lors de la préparation. Ce n'est pas du temps perdu, loin de là, et votre dos vous remercie au passage.
- ❑ Le gazon que vous décapez avant de préparer le terrain peut être entassé pour se décomposer. Il fournira un excellent terreau en un an. La houe est le meilleur des outils pour procéder à ce décapage, qui concerne uniquement les 5 premiers centimètres de sol.
- ❑ Si vous préparez le terrain au motoculteur, ne repassez pas constamment pour émietter trop finement. Il doit rester des mottes moyennes. On ne passe jamais le motoculteur dans un terrain infesté de chiendent, de liseron ou de chardon, car c'est le meilleur moyen de les multiplier.
- ❑ Si votre terre a tendance à se gorger d'eau, vous risquez de créer un puisard en creusant un trou profond à l'automne pour planter un arbre à la Sainte-Catherine, fin novembre : toute l'eau va migrer dedans. Attendez le début du printemps pour creuser et mettre en place tout de suite.
- ❑ Les pires erreurs : préparer et ne pas planter ou semer dans la semaine qui suit n'est pas bien malin. Les pluies peuvent gâcher tout votre travail. Recouvrez avec quelques cartons d'emballage récupérés. Ainsi, les mauvaises herbes n'en profiteront pas pour tout envahir derrière votre dos.

NOURRIR

DU SOLEIL ET UN PEU D'EAU, CELA SUFFIT-IL À FAIRE LE BONHEUR DES PLANTES ? PRESQUE, MAIS LEUR SANTÉ TIENT À CE PRESQUE. NE DOPEZ PAS OUTRE MESURE CAR LES CONSÉQUENCES SONT LOIN D'ÊTRE MINEURES.

Et si on ne mettait pas d'engrais ?

Ce n'est pas toujours une catastrophe, comme on s'y attendrait volontiers. La plante a ceci de différent avec l'animal, qu'elle puise son énergie en premier de la lumière, puis du gaz carbonique contenu dans l'air, et ensuite de l'azote qui se trouve dans le sol. Suivent les nombreux minéraux dont elle a besoin, mais ils manquent rarement au point que la plante se trouve mal. Simplement, elle poussera un peu moins vite, produira moins de feuilles, bref végétera, ce qui pour une plante semble tout naturel... mais énerve parfois le jardinier qui en attend toujours plus.
En tout état de cause, le premier facteur limitant de la croissance d'une plante reste la disponibilité en eau et l'ensoleillement. Vous pouvez rajouter toutes les poudres de perlimpinpin que vous voulez, s'il n'y a pas assez de lumière sur les feuilles ou d'eau autour des racines, rien ne poussera. Dans une plante heureuse de vivre, il y a 90 % d'eau ! Le reste, soit 10 % de matière sèche, comme disent les scientifiques, provient à plus de 95 % de l'atmosphère, carbone, oxygène, hydrogène et azote. Seul 0,005 % est extrait du sol, soit pas grand-chose. Moralité : un sol moyen est capable d'alimenter la plupart des plantes sans problème.

Pourquoi apporter de l'engrais ?

Certaines plantes sont plus voraces que d'autres, en particulier parmi les légumes : l'artichaut, le chou-fleur, la tomate... Cela ne veut pas dire qu'ils sont plus riches au bout du compte, mais leur fonctionnement au quotidien mobilise plus d'éléments. Ce sont en fait des gros gâcheurs, et l'on récupère beaucoup de ces éléments dans leurs souches ou leurs tiges. D'où l'intérêt du compost.
Parfois, le sol peut révéler un manque en un élément. On parle alors de carence. C'est rarement une carence absolue, simplement il n'y en a pas assez par rapport aux autres éléments, et les plantes ne donnent pas le meilleur d'elles-mêmes, comme si elles étaient bridées. Seule une analyse de sol vous le dira.
On distingue 12 éléments vitaux (potassium, chlore, phosphore, bore, calcium, magnésium, soufre, fer, manganèse, molybdène, cuivre et zinc) ; et 18 oligo-éléments au rôle mal connu et utiles en très petites quantités. Souvent, les plantes sont incapables d'extraire directement de la terre ces éléments : ce sont des microbes qui s'en chargent ou encore des champignons, dont les filaments entourent les racines. Il y a ensuite échange entre ces minéraux et des substances complexes produites par les plantes. D'où l'importance de la mycorhization pour beaucoup d'arbres. Un sol bouleversé par des engins de chantiers est souvent stérile pendant quelques années, le temps que s'installe cette microflore. Dans tous les cas, l'eau du sol joue un rôle crucial pour le bon fonctionnement des racines car ces éléments sont solubilisés. Sans eau, la plante meurt de soif ET de faim, comme une grenouille devant des croquettes pour chat.

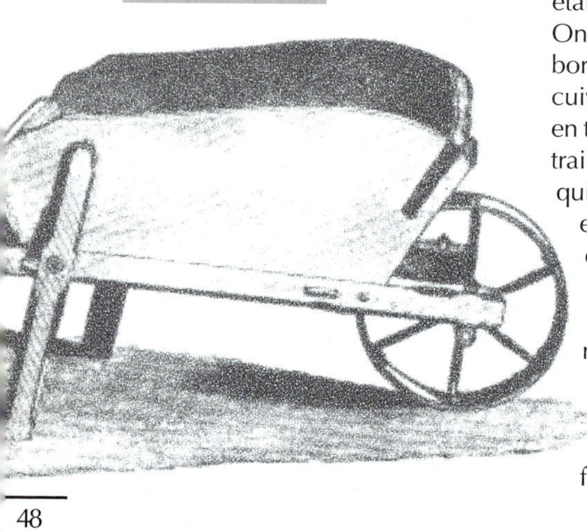

Comment bien nourrir les plantes ?

C'est très simple, on va avant tout nourrir le sol, c'est-à-dire lui apporter la matière organique légèrement enrichie qui permettra aux microbes de jouer leur rôle d'échangeurs. On comprend que la phase critique sera la préparation du terrain précédant la plantation, mais on peut également intervenir en cours de culture par des paillages nutritifs, et même des apports d'engrais solubles comme les fameux purins d'ortie. Dans tous les cas, on va privilégier la qualité sur la quantité.

En apportant beaucoup d'engrais, vous rendez en effet les microbes paresseux, et les plantes sont gavées. Or la boulimie ne leur vaut rien de bon, comme à nous : leur sève change de composition, et elle devient très attractive pour les insectes suceurs et les champignons parasites. Ils pullulent et obligent alors à des traitements à répétition qui finissent par déséquilibrer la vie de tout le jardin en détruisant les ennemis potentiels de ces pestes. Moralité : le jardinier qui dope prend un abonnement à vie chez le pharmacien des plantes. Et cela, que vous utilisiez des engrais bio ou 100 % chimiques, peu importe !

Premier précepte : employez peu d'engrais, une cuillère à soupe suffit largement pour un mètre carré. Choisissez des engrais contenant des oligo-éléments. Chaque fois que cela est possible, incorporez ces engrais à votre compost en formation. Sinon, apportez les engrais en début de culture et fractionnez les apports : un peu à la plantation, et le reste en plusieurs fois, comme le remboursement d'un crédit.

Si une plante a l'air de bien se porter, oubliez-la pendant un moment. Si elle semble peu vigoureuse, recherchez les raisons possibles avant d'apporter de l'engrais : l'ensoleillement est-il suffisant ? Reçoit-elle assez d'eau ? Est-elle en concurrence avec les racines de grands arbres ou arbustes qui pompent tout à leur profit ? Des nouvelles racines sont-elles sorties de la motte du conteneur pour explorer la terre ? Un ver gris n'est-il pas en train de se repaître des racines ?

Et les arrosages nutritifs ?

Associez l'apport d'engrais à un arrosage, pour être sûr de faire plaisir aux microbes du sol. C'est pour cette raison que les purins d'ortie sont si bénéfiques : il y a le boire et le manger.

Au risque de choquer, l'urine diluée est un excellent engrais (à raison d'une miction pour un arrosoir de 10 litres, puisque vous aimez la précision !). Rappelons que, sauf maladie, et encore, elle est rigoureusement stérile. Par simple bon sens, vous réserverez son emploi aux plantes dont vous ne mangez pas les feuilles ou les racines.

Quels engrais sont meilleurs que les autres ?

Quelle que soit son origine, un engrais sera inutile s'il apporte quelque chose que le sol contient déjà. J'insiste sur l'importance d'une analyse de sol. Pour moins de 200 F, vous saurez exactement où porter vos efforts.

J'aurai tendance à privilégier les engrais à action lente : cendres de bois, scories potassiques, amendement à base d'algues, vieux fumier, poudre de roche volcanique.

GESTES ESSENTIELS

❑ Sur chaque boîte ou sac d'engrais figurent sa composition et sa richesse en azote (N), phosphore (P) et potasse (K), en trois chiffres, toujours dans cet ordre. Plus le NPK est élevé, plus l'engrais est riche. Cela peut aller jusqu'à… 45 pour des engrais solubles à diluer impérativement dans l'eau.

❑ Donnez toujours la préférence aux engrais contenant des oligo-éléments même s'ils sont plus chers.

❑ Pour fabriquer du purin d'ortie, il suffit de couper une brassée d'ortie fraîche, qu'elle soit ou non en graine, peu importe. Plongez-la dans un seau en plastique de 10 ou 12 litres. Remplissez d'eau. Couvrez et placez à l'ombre. La fermentation démarre au bout de quelques jours. Quand la senteur est forte, le purin est bon à utiliser. Filtrez grossièrement pour ne conserver que le jus, et diluez-le à raison d'un volume de purin pour trois volumes d'eau. Arrosez au pied des plantes, de préférence. Vous pouvez aussi employer en engrais foliaire, mais en diluant plus (un volume pour 5 ou 6 d'eau) et surtout en filtrant pour ne pas boucher les buses du pulvérisateur.

❑ Si le purin d'ortie est l'un des plus riches, à concurrence avec celui de consoude, vous pouvez très bien confectionner du purin d'absinthe, de capucine, de feuilles de tomates, de tanaisie, bref d'un peu tout. Vous obtiendrez un engrais coup de fouet riche en oligo-éléments… et gratuit.

PLANTER

ACTE FONDATEUR, PREMIER ENGAGEMENT SÉRIEUX ENTRE LES PLANTES, LE JARDIN ET LE JARDINIER, LA PLANTATION IMPRESSIONNE TOUJOURS AU DÉBUT. N'EN FAITES PAS UNE MONTAGNE, MAIS SACHEZ RESPECTER LES FORMES.

Quand vaut-il mieux planter ?

On plante quand les plantes le réclament, et non quand on a le temps. Les meilleurs moments sont en septembre-octobre et en mars-avril, quand la terre est réchauffée et les pluies souvent abondantes. Mais on peut tout aussi bien planter en plein été ou au cœur de l'hiver, à condition d'éviter la période de grande canicule ou d'extrême froidure.

Planter le matin ou le soir ? Peu importe, mais j'ai souvent observé que l'on était dans un meilleur état d'esprit en plantant le soir, à la fraîche. Planter après la pluie ou juste avant ? Tâtez la terre avant de planter, si elle est compacte et grasse, attendez quelques jours. Si elle est dure, une pluie ne peut qu'améliorer les choses, surtout en été.

Planter avant ou après le gel ? Mais alors comment le prévoir ? Les arbustes et arbres à feuillage caduc craignent moins le froid que ceux à feuillage persistant, jamais vraiment en repos. C'est pourquoi on installera ces derniers en mars-avril de préférence. Les conifères apprécient une plantation de septembre.

Quel trou creuser ?

Creusez large plutôt que profond, hormis pour les arbres pour lesquels le trou sera large et profond, au moins là où vous disposez l'arbre. Les jardiniers aux petits soins ne se contenteront pas de creuser un trou façon tombe pour Médor. Ils ameubliront le fond avec quelques coups de barre à mine. Les maniaques du détail emploieront une tarière pour extraire des carottes de 5 cm de diamètre, profondes de 30 cm. Ces trous seront ensuite emplis de terreau pur. Les racines fileront en profondeur dans ces galeries gourmandes, d'où un meilleur ancrage des arbres constaté.

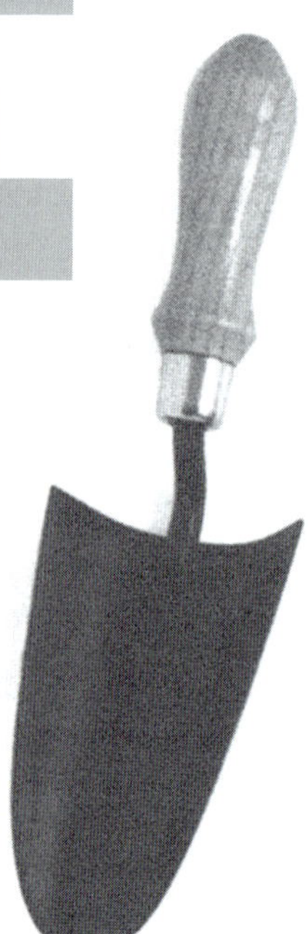

Vaut-il mieux planter petit ou gros ?

Autrement dit, planter des sujets jeunes ou presque adultes. Qui dit beau sujet, dit effet immédiat, mais aussi trou imposant et soins suivis pendant les premières années. Qui dit jeune plant, dit économie de moyens et d'énergie pour installer les mottes. L'adaptation est moins problématique, et la reprise souvent spectaculaire. Mais il faut savoir patienter. Les jardiniers débutants plantent des gros sujets, et les jardiniers aguerris des tout petits.

Quelles sont les différences entre une plantation de conteneurs et de sujets à racines nues ?

Le conteneur est une présentation moderne, qui permet de planter à pratiquement n'importe quel moment, tandis que la traditionnelle présentation à racine nue est spécifique des plantations hivernales. Moins chère à taille comparable, la racine nue se conçoit si le fournisseur est proche ou le revendeur conscien-

cieux. On pratique souvent de la racine nue sans le savoir en déplaçant des arbustes d'un coin du jardin à un autre, car peu de jardiniers prennent le soin de préparer la future motte en cernant le sujet avec quelques coups de bêche, plusieurs mois à l'avance. Et ça marche cependant très bien.
S'il est pratique, le conteneur confine les racines dans un volume forcément restreint. Elles courent le long du pot, formant un méli-mélo feutré qui constitue ensuite un obstacle au véritable enracinement : plusieurs années après, votre arbuste aura à peine émis quelques radicelles, et souffrira de la moindre sécheresse. Un tel feutrage ou chignon n'est pas l'indication que le pépiniériste n'y connaît rien, mais la réaction tout à fait naturelle des plantes. La parade consiste en quelques coups de couteau ou de sécateur pour éventrer cette paroi. Déchiquetez et émiettez sans trop de ménagement, juste avant de planter. Faites de même avec les godets de plantes vivaces. Les plantes annuelles et celles cultivées pour la décoration des jardinières n'ont en général pas eu le temps de constituer un chignon. On les plante intactes.

A quelle profondeur planter ?

Pour ne pas vous tromper, plantez le plus exactement possible à la même profondeur que la plante a été élevée. Mais retenez que, dans l'incertitude millimétrique, il vaut toujours mieux planter un peu plus profondément plutôt qu'en surface, car les racines seront sensibles à la sécheresse dans ce dernier cas, même si vous paillez abondamment. La terre fraîchement travaillée a tendance à foisonner, puis se tasse au bout de quelques semaines. Une plantation légèrement bombée deviendra donc plane voire un peu creuse, ce qui est tout à fait naturel, et facilite l'arrosage ensuite, dans la cuvette ainsi apparue.

Comment respecter les bonnes distances quand on repique un massif entier ?

Adoptez une mesure simple : des plantes qui ne dépassent pas 50 cm de haut seront plantées tous les 20 cm ; entre 50 cm et 1 mètre, tous les 25 cm ; et, au-delà, tous les 30 cm. Vous avez les mesures sur vous : 20 cm, c'est la distance entre l'extrémité du pouce et du petit doigt, quand vous ouvrez largement la main ; 25 cm correspondent à trois largeurs de paume ; 30 cm à un pied botté. Vérifiez avec vos propres instruments pour ajuster.
Plantez en quinconce approximatif, c'est-à-dire en décalant les rangs successifs de façon à ce que les plantes occupent mieux l'espace sans créer d'alignements qui paraissent artificiels.

Et dans le cas des jardinières ?

Quand on plante en pot ou en jardinière, il convient de serrer un peu et de disposer les plants plus près des parois en laissant plus d'espace au centre des grands pots et au milieu des jardinières. Les plantes situées en bout et sur les bords en profiteront pour déborder largement.
Une fois la plantation finie, vérifiez que le dessus de la terre est à 2 cm en deçà du bord du pot, toujours pour vous faciliter l'arrosage. Il sera toujours temps de rajouter un peu de nouveau terreau au bout de quelques semaines.

GESTES ESSENTIELS

- ❑ Toutes les racines sont utiles lors de la plantation à racine nue. On ne coupera que celles qui sont vraiment abîmées.
- ❑ Avant de planter, disposez au fond du trou un petit dôme de bonne terre fine sur lequel vous poserez la motte ou les racines des arbustes et des arbres.
- ❑ Étalez les racines au maximum, en les dirigeant dans toutes les directions pour une meilleure exploration du sol.
- ❑ Faites tremper la motte du conteneur dans un seau pendant un quart d'heure avant de planter. Cela facilitera l'éventuel démêlage des racines.
- ❑ Quand vous avez comblé le trou de plantation à mi-hauteur, secouez gentiment la plante en la prenant par le collet, pour faire dégringoler la terre fine entre les racines.
- ❑ Ne tassez JAMAIS avec le pied après la plantation, mais contentez-vous d'arroser en abondance, dix litres par arbuste, rosier ou arbre, la moitié pour une plante vivace.
- ❑ Enlevez toujours le récipient, pot ou conteneur, tout grillage ou emballage de la motte, et cela même si l'on vous assure que c'est du prêt à planter.
- ❑ Si vous êtes obligé de planter des sujets à racines nues en fin de printemps, procédez par temps gris et pralinez les racines en les plongeant dans un seau d'eau boueuse.

ARROSER

JE N'AI JAMAIS COMPRIS COMMENT L'ARROSAGE POUVAIT FIGURER PARMI LES CONTRAINTES DU JARDINAGE : C'EST UN PUR MOMENT DE PLAISIR, DE COMPLICITÉ AVEC LES PLANTES. S'IL N'Y AVAIT PAS LA NOTE D'EAU…

A quoi repère-t-on qu'une plante a soif ?

Les feuilles sont moins brillantes, plus molles, surtout celles des extrémités tendres. Si la plante est en état de soif chronique, sa croissance se ralentit, sa floraison cesse brutalement. Certaines se manifestent vite, comme les impatiens. Elles vous serviront de repère pour attirer votre attention sur l'état général de vos plantations.

A quelle heure faut-il arroser ?

L'idéal serait d'arroser par temps couvert, quand la pluie menace… Trêve de plaisanterie : le petit matin et le soir à la fraîche sont des périodes idéales, surtout si vous utilisez des techniques d'aspersion, qui humectent autant l'air que le sol. Arroser en plein midi est possible avec le goutte à goutte. Vous pouvez tout à fait arroser vos jardinières en pleine canicule : cela vaut mieux que de laisser les plantes tirer la langue (pardon, la feuille) pendant des heures. Contrairement à une idée reçue, les gouttes d'eau ne font pas loupe, et l'on n'a jamais brûlé une plante en l'arrosant au soleil. Simplement, on gaspille un élément précieux qui s'évapore alors en grande quantité. Attention cependant aux fleurs fragiles, surtout blanches ou jaunes, car elles se tachent facilement : c'est le cas en particulier des pétunias.

Par ailleurs, mouiller les feuilles encourage la venue de champignons, chez les rosiers, les bégonias, les asters, les tomates, les delphiniums ou les phlox. Toutes les plantes à feuillage velu (oreille d'ours, verbascum, sauge laineuse…) seront également arrosées au pied de préférence, ainsi que de nombreuses plantes de rocaille.

Eau froide ou eau chaude ?

N'exagérons pas l'importance du fameux choc thermique de l'eau du robinet ou du puits sur la végétation. À l'échelle du jardin, c'est peu de chose, et les plantes le supportent très bien. On peut même recommander de répandre un peu d'eau sur le sol du balcon pour le rafraîchir quand le thermomètre flirte avec les trente degrés. Cependant, parce que c'est joli à contempler et agréable à empoigner au dernier moment, ayez quelques arrosoirs pleins d'eau mis à tiédir au soleil. Vous aurez ainsi de quoi abreuver vos plantes préférées et vous laver les mains (et les pieds) quand bon vous semblera.

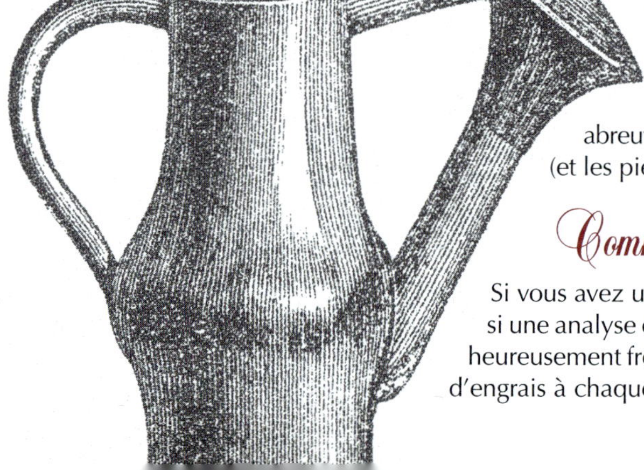

Comment diminuer sa facture d'eau ?

Si vous avez un puits, n'hésitez pas à vous en servir, même si une analyse détecte la présence de nitrates, ce qui est malheureusement fréquent : vos plantes profiteront ainsi d'un peu d'engrais à chaque arrosage. Une pompe électrique immergée

coûte environ 1 000 F, et ne fait aucun bruit. Prévoyez une trentaine de mètres de tuyau et quelques bouches d'arrosage. Ainsi équipé, vous pouvez facilement pomper de l'eau à 8 ou 10 m de profondeur, et amortir l'investissement sur deux ou trois ans.
Récupérer l'eau de pluie économise substantiellement l'eau de ville. Installez un grand tonneau au pied d'une gouttière. Il sera relié éventuellement à un autre tonneau qui servira de réservoir de réserve. Ce système a ses limites : il dépend évidement de la générosité du ciel. S'il fait chaud et sec, pas de pluie, donc pas d'eau dans le tonneau. En fait, vous prolongerez d'un mois les effets bénéfiques des pluies de printemps, et vous vous passerez totalement d'eau à partir de septembre. Ce qui n'est déjà pas négligeable. Par ailleurs, cette eau douce est très appréciée des semis.

Comment arroser la terre sans la tasser ?

Donnez un petit coup de binette juste avant d'arroser. N'arrosez pas avec un jet puissant, qui bouleverse la terre : une pomme d'arrosoir mise en bout de tuyau est parfaite. Paillez avec du compost et des tontes de gazon pour protéger la surface du sol.
L'arrosage au goutte à goutte est moins agressif que l'aspersion. C'est un investissement non négligeable mais dont les avantages sont multiples : économie de temps et d'eau. À réfléchir pour la terrasse ou le potager, par exemple, où la vue des tuyaux courants sur le sol ne gêne guère.

Quand une pluie dispense-t-elle d'arroser ?

Il vous est sûrement déjà arrivé de voir les paysans arroser sous la pluie. Ce n'est pas toujours sans raison : si le sol était au sec, une pluie d'une demi-heure, même abondante, ne suffit pas à reconstituer les réserves du sol.
Il faut au moins une demi-journée de pluie régulière pour mouiller la terre en profondeur (30 mm au pluviomètre, un instrument bien précieux). Pour vous en rendre compte, donnez un coup de bêche et vous vous apercevrez que seuls les premiers centimètres sont humectés.
Comment arroser en profondeur, les arbres, par exemple ? Inspirez-vous de la technique des jardiniers municipaux : un drain en plastique jaune, percé d'une multitude de petits trous, est enterré à 25 cm de profondeur non loin de la motte, lors de la plantation. Seule une extrémité est à l'air libre, dissimulée sous un pot retourné. Il vous suffit de brancher le tuyau dans l'orifice du drain pour arroser en profondeur. Pensez aussi à façonner, autour de vos arbustes nouvellement plantés, une petite cuvette afin que l'eau pénètre directement autour des racines et ne ruisselle pas en pure perte.

Quelles sont les plantes les plus sobres ?

Pas de secret, ce sont celles du Midi, issues de la garrigue : ciste, genêt, tamaris, lavande, romarin, origan, thym, agave, mais aussi dorycnium, gaura, sédum nain, armoises argentées... pensez à toutes ces plantes pour vos talus écrasés de soleil.

GESTES ESSENTIELS

- ❑ Donnez-vous un programme : commencez par les arbustes et plantes vivaces nouvellement installées, tout ce qui a été repiqué depuis moins d'une semaine, fleur ou légume, et les plantes en pot. Après ces priorités, arrosez des secteurs entiers du jardin.
- ❑ Pour être sûr d'arroser en profondeur, placez une pomme d'arrosoir au bout de votre tuyau et comptez lentement jusqu'à 20 avant de changer d'emplacement.
- ❑ Placez des piquets aux angles de vos massifs pour éviter de ravager les fleurs en tirant brutalement sur le tuyau. Posez un pot retourné sur ces piquets pour faire joli et intriguer les visiteurs.
- ❑ Profitez de l'arrosage pour désherber, les mauvaises herbes s'en vont facilement et vous arrosez en prenant votre temps. De même, bassinez au passage les feuilles et lavez les colonies de pucerons.
- ❑ Si vos jardinières sont vraiment sèches, arrosez en deux fois : une première, tout d'abord, pour humecter la terre en surface. Puis, vous laissez gonfler quelques minutes avant de revenir arroser en profondeur, quitte à creuser des trous avec le doigt pour diriger l'eau vers le centre des mottes.
- ❑ Posez un couvercle sur votre tonneau de récupération sous la gouttière pour éviter que des feuilles ne tombent dedans. Vos pommes d'arrosoir seraient vite bouchées.

NETTOYER

UN BEAU JARDIN EST TOUT SIMPLEMENT UN JARDIN APAISÉ, ET NON MANUCURÉ. LE NETTOYAGE REVIENT EN FAIT À SE RÉAPPROPRIER CE DOMAINE, À Y IMPOSER SA MARQUE, MAIS DANS LE RESPECT DE LA NATURE.

Qu'est-ce que l'ordre au jardin ?

Une notion tout à fait personnelle, déjà floue dans la vie quotidienne et qui se complique ici avec le fait que la nature ne connaît pas d'ordre sinon un ordonnancement écologique des plantes qui vivent bien entre elles. Si on laissait la nature prendre le dessus, on obtiendrait forcément un ordre.

C'est donc bien le jardinier qui est le principal perturbateur. Mais la vue des fleurs fanées ou d'un feuillage atteint par une maladie nous fait immanquablement penser à notre propre déchéance et à la mort. Et c'est cela qui perturbe tant de jardiniers. Au lieu d'accepter le cycle naturel des êtres vivants, nous recherchons une nature parfaite, paradigme d'éternelle jeunesse et de santé.

Si cela se comprend près de la maison, dans une zone fortement imprégnée par notre présence, pourquoi se l'imposer partout ? Si vous ressentez une impression d'harmonie retrouvée après avoir nettoyé une plante de ses fleurs fanées et de son feuillage abîmé, ne vous en privez pas, mais sachez limiter vos interventions pour laisser aussi libre cours au hasard.

Un jardin peut-il être sale ?

Autrement dit, les feuilles mortes sont-elles une pollution et les mauvaises herbes une indignité ? À vous d'en juger, mais il est probable que le premier travail à faire consiste à réfléchir au bien-fondé de certaines pratiques : ramasser les feuilles mortes pour les brûler revient à gaspiller une matière organique précieuse que les vers de terre auraient incorporée au sol.

À force de balayer les feuilles mortes dans les parcs publics, on a fragilisé les arbres qui attrapent des maladies jusque-là inconnues. Une bonne leçon ! En revanche, on sera sans pitié pour les déchets de produits manufacturés, pots de plastique, conteneur, emballages et étiquettes étrangleuses, qui gâchent vraiment le paysage.

Qu'est-ce qui change tout sans demander trop de travail ?

Attelez-vous en priorité à ce qui se voit depuis la maison et les allées principales. Si vous ne pouvez pas débroussailler tout un coin du jardin, contentez-vous d'y tracer un sentier, que vous tondrez ensuite régulièrement. Rassurant, beau et pratique à la fois. Partout où le gazon entre en contact avec des massifs, axez vos efforts sur les bordures : quelques coups de bêche plate feront beaucoup pour donner un aspect méticuleux, même si les massifs sont un peu fouillassoux.

Si l'herbe vous a pris de vitesse au pied de jeunes arbres, posez des cartons d'emballage et recouvrez d'écorce de pin. Net, efficace et récupérable ensuite.

Qu'est-ce qui peut se faire à la main ?

Avec un peu de pratique, vous vous apercevrez que beaucoup peut être fait à main nue (ou gantée), en profitant par exemple d'une séance d'arrosage : pincer les fruits de rosiers en formation, éliminer une feuille couverte de pucerons, extirper des mauvaises herbes jeunes. Pour cela, il est bon de se laisser pousser les ongles un peu. Mais surtout, détectez sur les plantes leurs zones de faiblesse, où la cassure se fait facilement. Ainsi pour les gourmands de tomates, c'est à leur base même. Le petit geste pour les casser doit être prestement exécuté.

Les accessoires qui changent tout

Une paire de ciseaux de ménage à tout faire rend bien des services et ne pèse pas lourd dans le tablier. Ajoutez un peu de raphia pour les ligatures et tuteurages éventuels. À défaut, des feuilles de kniphofia ou d'hémérocalle peuvent dépanner.
Une bonne paire de gants permet de prendre à pleines mains sans se soucier de se salir ou de se blesser. S'ils sont en croûte de cuir, ne vous étonnez pas s'ils deviennent durs comme du carton une fois qu'ils ont pris l'eau et se sont séchés. Après quelques gestes, ils redeviennent souples. Pour ce genre de tâche, le mieux consiste à employer des gants où la paume est tapissée de caoutchouc strié.
Un grand sac en toile de bâche, muni de poignées cousues, permet de réunir les mauvaises herbes pour les transporter sans brouette jusqu'au tas de compost. Une hotte en osier peut rendre les mêmes services : vous en récupérerez auprès des marchands de légumes asiatiques. Mais vous n'êtes pas obligé de la remplir totalement à chaque voyage, sinon gare au tour de reins. Au fait, personne ne vous a engagé comme figurant dans un remake du Pont de la rivière Kwaï…

Et sur une terrasse ?

Proche de la maison ou accolée à elle, la terrasse est un lieu de vie qui se doit d'être relativement impeccable. Une fois par semaine, profitez d'une tournée d'arrosage pour toiletter les plantes, enlever les fleurs fanées et laver les pots parfois tachés de terre. Balayez le sol. Jetez les feuilles malades et les fleurs fanées dans un grand pot vide, situé dans un angle. Quand il est plein, videz-le dans un coin du jardin ou épandez-le en guise de paillage au pied d'un arbuste de la copropriété.
Au printemps, passez le balai brosse pour éliminer la mousse sur les dalles, qui les rend glissantes. Si vous trouvez que le tuyau d'arrosage est trop visible, enroulez-le après emploi dans un autre grand pot rond, surmonté par une soucoupe.

Que faire des déchets ?

Tout d'abord, supprimez ce terme de votre vocabulaire : les tontes de gazon, les feuilles mortes, les mauvaises herbes et les brindilles issues de la taille sont de la matière organique donc du compost en puissance. Autant dire le meilleur des amendements, et gratuit ! Ne les jetez pas directement, mais sur un tas en attente, juste à côté. Et précipitez-vous sur l'article Recycler !

GESTES ESSENTIELS

- ❑ Donnez-vous une tâche précise et un périmètre d'action pour ne pas vous noyer et vous disperser. Il est important pour le moral que ce que vous avez fait se voie.
- ❑ Vous pouvez rassembler les déchets au fur et à mesure ou constituer des grands tas. Dans tous les cas, procédez à leur évacuation tout de suite, sinon ce sera encore plus pénible ultérieurement.
- ❑ Faites des pauses tous les quarts d'heure, et changez d'activité toutes les heures. L'ennui prédispose à bâcler au plus vite.
- ❑ Occupez-vous en priorité des plantes nouvellement installées et des massifs créés depuis peu.
- ❑ Rapportez tous les emballages d'engrais et de produits de traitements à la jardinerie où vous les avez achetés, qui se doit de les récupérer.
- ❑ Profitez de la promenade matinale pour déterminer votre programme d'action. Si vous voyez quelque chose traîner, ramassez-le tout de suite : ce qui est fait n'est plus à faire…
- ❑ Accrochez mentalement une récompense à chaque petit chantier de nettoyage pour vous donner du cœur à l'ouvrage. Si c'est une tâche à répétition, vous y reviendrez avec plus de plaisir.

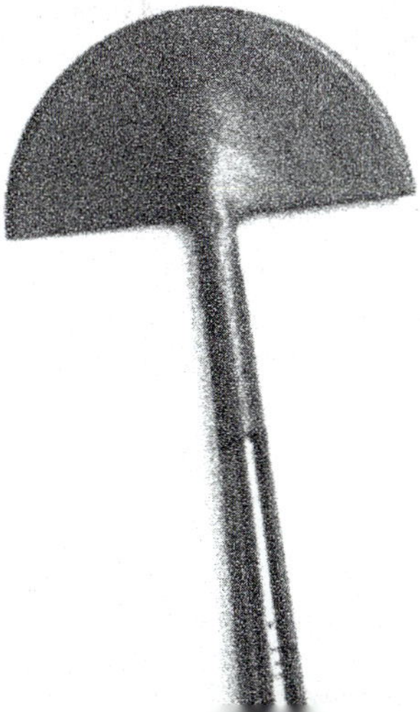

TAILLER

Il y a deux grandes tribus de jardiniers : les appliqués du sécateur, définitivement castrateurs, et les nonchalants, qui ont toujours autre chose à faire. Et vous, dans tout ça….

A quoi sert la taille ?

Question clé, rarement évoquée dans les manuels parce que gênante : les écureuils sont-ils munis de sécateurs pour s'occuper des arbres et arbustes sauvages ? Le jardinier taille essentiellement pour obtenir plus. Plus de fleurs, de fruits ou de légumes, des plus gros aussi, des mieux conformés. Il taille également pour limiter la dimension d'arbustes plantés trop près d'une allée ou faisant de l'ombre à sa chaise longue. Il taille pour éliminer les rameaux morts ou malades. Cerise sur le gâteau, il taille enfin pour donner une forme originale à sa haie ou ses buis. Tailler, c'est forcer et régulariser les flux de sève, rien de plus. Les plantes peuvent toutes s'en passer, mais le jardin y perd un peu de son humanité. Est-ce grave, docteur ?

Quand faut-il tailler ?

On taille en général après la floraison des arbustes, car c'est le moment où surgissent les nouveaux rameaux. On commence donc à tailler en avril, avec les forsythias ou les cognassiers du Japon, pour finir en août avec les lavandes. Comme beaucoup des arbustes fleurissant tard le font sur le bois né dans l'année, on peut les rabattre en avril et obtenir un résultat tout à fait satisfaisant dès l'été suivant : céanothe d'été, althéa, perovskia ou fuchsia rustique sont dans ce cas. Les rosiers se taillent en juillet, pour tous ceux qui ne fleurissent qu'une fois, et le plus grand nombre en mars. La taille d'automne ou de début d'hiver est un simple nettoyage. On peut parfaitement s'en passer. D'ailleurs, on évitera de tailler quoi que ce soit d'octobre à décembre. Dans le cas des haies, retenez que l'on taille en juin celles à feuillage caduc, et en août les persistantes (conifères, buis et if). Parfois, il faut effectuer une petite rectification en septembre, mais pas trop tard. La charmille se taille en mars puis en juillet.

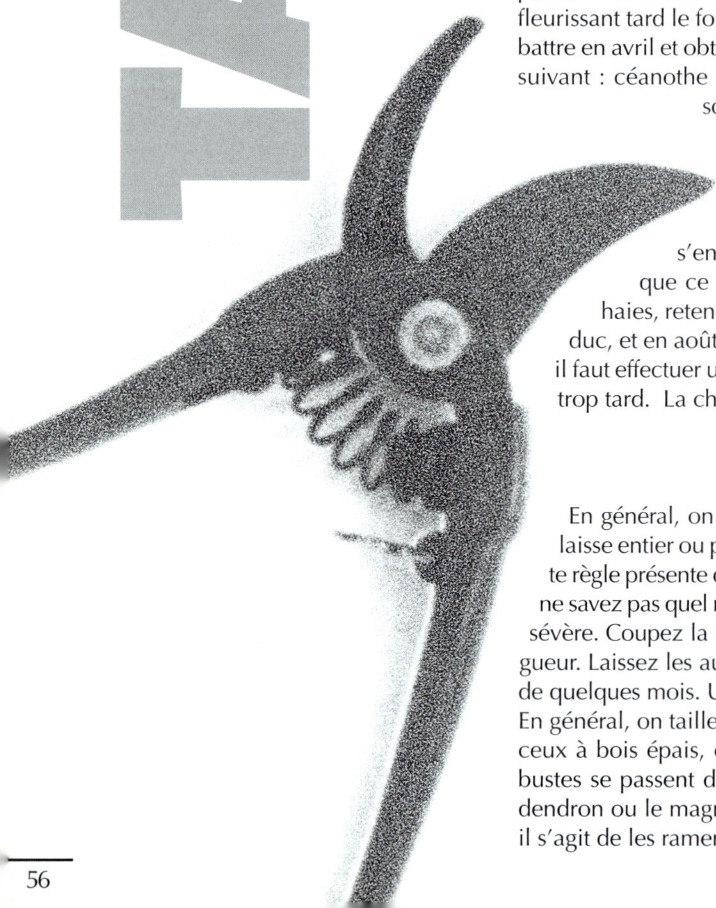

Tailler court ou long ?

En général, on taille court ce qui manque de vigueur et on laisse entier ou presque ce qui pète la forme. Néanmoins, cette règle présente de nombreux accommodements. Quand vous ne savez pas quel registre employer, abstenez-vous de toute taille sévère. Coupez la moitié des rameaux de la moitié de leur longueur. Laissez les autres intacts, et revenez voir l'impact au bout de quelques mois. Un peu jésuitique, mais formateur…

En général, on taille court les arbustes à bois mince, et plus long ceux à bois épais, comme le cognassier du Japon. Certains arbustes se passent de toute taille, comme le camélia, le rhododendron ou le magnolia, mais ils la supportent très bien, quand il s'agit de les ramener à une dimension raisonnable.

Pour les arbres fruitiers, reportez-vous à nos conseils, et surtout prenez des cours auprès d'un arboriculteur ou dans une société d'horticulture. N'hésitez pas à poser des questions idiotes ou naïves, ce sont les plus redoutables. Si votre technique ne progresse pas, vous aurez au moins gagné une réputation…

Avec quoi tailler ?

L'outil classique est le sécateur, toujours bien affûté. Selon les modèles, on le place dans un sens ou dans l'autre, car il n'est absolument pas certain que la contre-lame mâche plus que la lame. Faites l'essai, et constatez.
La serpette est une sorte de couteau à lame courbe, très affûtée et pratique une fois qu'on a trouvé le coup de main. Elle permet de trancher très nettement les rameaux tendres, où le sécateur vasouille un peu. La cisaille à haie sera choisie la plus légère possible. Pensez à nettoyer les lames régulièrement car la sève y produit un dépôt collant qui rend la coupe plus pénible.

Quel est le meilleur moment pour tailler ?

Taillez quand vous avez suffisamment de temps devant vous, et de préférence sans être dérangé. Le matin est toujours préférable, et si la journée s'annonce très ensoleillée, vous souffrirez moins de la chaleur. Un bon conseil : ramassez tout de suite vos déchets de taille, de préférence dans une grande brouette, pour que le chantier soit impeccable. Récoltez ensuite les compliments.

Faut-il cicatriser les plaies

Si vous coupez franchement, juste au-dessus d'un bourgeon ou d'une feuille, la cicatrisation interviendra rapidement. Évitez simplement de couper trop près du bourgeon qui risque de sécher : 1 cm est une bonne distance. Les mastics cicatrisants conviennent surtout dans le cas de plaies dont le diamètre dépasse 10 cm.

Comment tailler droit une haie très haute ?

Plantez des piquets tous les deux mètres le long de la haie, en les enfonçant un peu dans l'épaisseur pour rafraîchir les nouvelles pousses. Tendez une corde entre les piquets, à la hauteur désirée. Si la haie est accessible des deux côtés, faites de même, et reliez également les deux rangées de piquets au-dessus de la haie. Taillez alors par moitié, c'est plus facile. Toujours avec un escabeau de sécurité ! Commencez par le dessus de la haie, puis rabattez sur le côté en respectant une certaine inclinaison qui rend la base plus large que le haut.

Que faire des déchets de taille ?

Évacuez les déchets au fur et à mesure des coupes. Le mieux est d'en faire du compost, mais ils ne se décomposent pas assez vite par rapport aux mauvaises herbes et fanes de légumes habituels. Pour accélérer leur décomposition, passez-les au broyeur, ou faites-leur subir un premier compostage en tas, à part. Au bout de six mois, ils ont déjà commencé à se décomposer et peuvent rejoindre les autres éléments.

GESTES ESSENTIELS

❑ Affûtez vos outils avant de commencer. Cela vous met dans l'ambiance et les coupes seront nettes.

❑ Commencez par supprimer les rameaux morts ou mal placés, au centre des touffes : vous y verrez plus clair.

❑ Coupez toujours juste à 1 cm au-dessus d'un bourgeon ou d'une feuille. La cicatrisation sera plus rapide et vous ne laisserez pas de chicots, ces bouts de rameaux qui se dessèchent vilainement.

❑ Rabattez les rameaux principaux juste au-dessus d'une ramification latérale qui jouera le rôle de tire-sève. Votre but n'est pas de créer des masses compactes mais d'obtenir une silhouette aérée.

❑ Si vous supprimez totalement une branche principale, coupez le plus près possible de sa naissance sur le tronc ou la souche, toujours pour faciliter la cicatrisation.

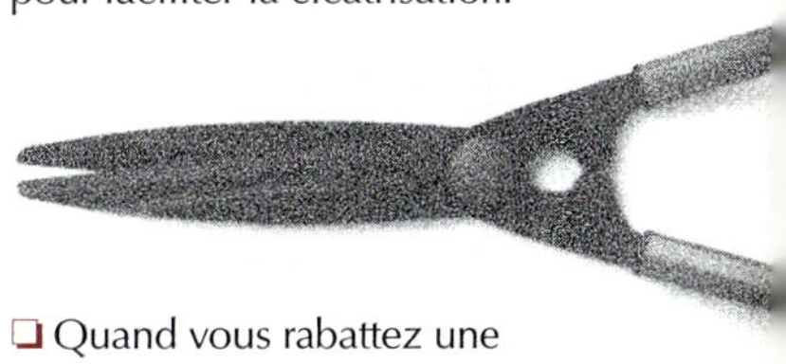

❑ Quand vous rabattez une branche au ras du sol, inclinez le trait de coupe pour que l'eau de pluie ne s'accumule pas sur la plaie. C'est important en particulier pour les rosiers modernes dont le bois mou est sujet à la pourriture.

❑ De temps en temps, prenez du recul pour juger de votre travail. Avant tout, respectez la forme naturelle des arbustes.

DÉSHERBER

LE DÉSHERBAGE APPARAÎT À BEAUCOUP DE JARDINIERS COMME UNE LUTTE ACHARNÉE, LE TYPE MÊME DE LA TÂCHE. ET SI CELA SE TRANSFORMAIT EN PLAISIR...

Pourquoi les mauvaises herbes naissent-elles ?

Elles sont chez elles dans votre jardin, y étaient déjà avant que vous ne décidiez d'y planter, et sont parfaitement adaptées. Dans le lot, il y a également des opportunistes qui prolifèrent si l'on bouscule le sol, puis se calment : la ravenelle, une sorte de moutarde jaune, est presque toujours présente sur les grands tas de terre extraits des fouilles. Elle cède ensuite la place à l'absinthe, le chiendent ou les verges d'or. Puis, ceux-ci abandonnent le terrain à la ronce et aux robiniers, avant que tout finisse en bois de chêne, un siècle plus tard. Le seul ennui, c'est qu'entre-temps, vous aimeriez bien faire votre jardin en cet endroit !

D'où viennent les graines ?

Sans que vous vous en doutiez, votre terre est un formidable réservoir de graines diverses, qui sont en repos tant qu'elles sont enfouies à l'abri de la lumière. En bêchant ou en grattant, vous les ramenez en surface, et elles germent massivement.

On peut aussi infester un terrain en apportant du fumier ou du compost pas assez fermenté. Les oiseaux se chargent de semer les ifs, lauriers du Caucase et aubépines, tandis que les érables et les frênes descendent en parachute tous seuls. Moralité, courbez le dos, et acceptez cette manne, preuve du dynamisme de la nature.

La meilleure période pour désherber ?

N'importe quand pourvu que vous soyez en bonne disposition d'esprit. Désherber, c'est reprendre possession de son territoire, et non engager une partie de bras de fer. Ne le faites que si vous êtes en forme. Donnez-vous un programme réaliste, et commencez par un endroit visible pour vous donner du baume au cœur (et récolter les compliments).

Si la terre est sèche, les mauvaises herbes seront difficiles à extirper. Arrosez la veille. En été, je profite souvent d'une grande tournée d'arrosage pour désherber : je prends mon temps pour bien arracher les indésirables, et je suis sûr que l'eau pénètre en profondeur. Ensuite, il suffit de pailler et de se dire qu'on a bien travaillé ! Dans l'année, le moment-clé se situe souvent à la fin du printemps, à la mi-mai : le plus gros des mauvaises herbes a démarré. Si votre jardin est impeccable à ce moment, il a de fortes chances de le rester pour tout l'été. Plus vite dit que fait...

Le programme commence par le pied des arbustes, nettoyé et paillé dès le mois de février, puis par les plates-bandes de vivaces, à superviser en mars, avant qu'elles ne se réveillent. Ensuite, on passe au potager, où il est bon d'activer la binette chaque semaine, par précaution, comme on passerait le balai. Pensez aux joints des dallages, à racler au printemps pour être tranquille ensuite.

Que penser des désherbants chimiques ?

Un jour ou l'autre, ils finiront dans la nappe phréatique. Stériliser la terre me semble une insulte au jardinage bien compris. Même dans des allées, on peut éviter les désherbants totaux pour employer un systémique à pulvériser, à base de glyphosate. Les doses sont nettement moins importantes pour une efficacité comparable. Beaucoup de bordures de buis sont mortes d'avoir reçu une rasade de désherbant. Pensez aussi aux chiens et aux chats qui attrapent du produit en se promenant et se lèchent consciencieusement les ripatons...

Comment reconnaître les mauvaises herbes ?

La question n'est pas si bête qu'il y paraît, surtout si l'on se retrouve à désherber un semis d'une fleur que l'on n'a jamais testée auparavant. Les jardiniers débutants adorent faire pousser du mouron ou toute autre peste avant de s'apercevoir que cela n'a aucun rapport avec le basilic ou la capucine. Ça m'est arrivé aussi...
Quand vous faites un semis, exagérez la densité sur un bout de rang pour être sûr d'y repérer les plantules utiles au premier coup d'œil. Constituez-vous une sorte d'herbier personnel en collectionnant les jeunes mauvaises herbes, histoire de les discerner plus facilement ensuite. Les racines sont aussi utiles que les parties aériennes pour s'y retrouver. Avec un peu d'habitude, vous les repérerez tout de suite.

Que faire des mauvaises herbes ?

Si vous avez désherbé manuellement et que les mauvaises herbes n'ont pas encore donné de graines, jetez-les sur le tas qui servira ensuite à nourrir le compost. Si les graines sont mûres, brûlez-les pour qu'elles ne germent pas. J'adore ainsi cramer les plumets de chardon avec un petit chalumeau. Mais cela ne dispense pas de les extirper ensuite, racines comprises.
Le choix de l'outil et de l'équipement n'est pas innocent : rien de tel qu'une bonne gouge solide et légère, comme celle que propose Laurenty. Affûtez-la régulièrement. La binette est pratique au potager mais d'un emploi délicat dans les massifs. Si vous devez travailler longtemps à genoux, procurez-vous des genouillères ou un coussin pour protéger vos genoux.

Comment faire pour que les mauvaises herbes ne reviennent pas immédiatement ?

Paillez tout de suite avec des tontes de gazon ou encore avec du Mulcao, un matériau parfaitement naturel puisque à base de coques de cacao. Après le premier arrosage, il se compactera et constituera une protection pour la terre, tout en inhibant la germination des mauvaises herbes. À défaut, récupérez de la sciure que vous épandrez en surface. Mais attention, car les plantes installées risquent de souffrir d'une faim d'azote, cet élément étant accaparé par les micro-organismes pendant le laps de temps nécessaire pour décomposer la sciure.

GESTES ESSENTIELS

❏ N'attendez pas que les mauvaises herbes aient pris le dessus : passez la binette quand les plantules sont tout juste naissantes, mais sans chahuter la terre en dessous.

❏ Si vous désherbez avec un produit à base de glyphosate (Round up et autres), faites-le uniquement par temps calme, et installez un cache en forme d'entonnoir au bout de la lance de votre pulvérisateur.

❏ Si vous êtes complètement débordé, faites appel aux amis et organisez une désherbage-party.
À plusieurs, le temps passe vite et le boulot effectué est impressionnant.
À charge de revanche...

❏ Si vous venez de désherber un carré, et que vous ne le semez ou ne le plantez pas tout de suite, posez quelques cartons d'emballage alourdis par des briques ou des branches. À l'obscurité, les graines ne lèvent pas.

❏ Le paillage à base de tonte de gazon a un excellent effet désherbant si vous l'appliquez sur au moins 10 cm d'épaisseur, mais uniquement au pied des arbustes ou arbres déjà installés. Ça chauffe !

❏ Pour vous débarrasser du chiendent, travaillez le sol en été, de façon à extraire les racines.
Contre le liseron, touchez les feuilles avec une petite éponge imbibée de désherbant sélectif à base de glyphosate.
Portez des gants et travaillez calmement : il suffit de toucher quelques feuilles pour détruire le pied.

PROTÉGER

VOUS FAITES PARTIE DES JARDINIERS QUI CONSIDÈRENT QU'ILS ONT SIGNÉ UN CONTRAT MORAL AVEC LEURS PLANTES. VOICI COMMENT LES PROTÉGER DES COUPS DURS. LES AUTRES COMPTENT LES POINTS ET FONT LA SIESTE.

Quelles sont les grandes menaces au jardin ?

La plus importante est le jardinier lui-même : que de fois, il mène directement une plante à sa perte en la taillant mal à propos, en la piétinant ou la binant par inadvertance, en lui donnant trop d'eau ou d'engrais, et surtout en ne respectant pas les conditions de vie qu'elle apprécie. Une plante ne peut pas se rapprocher du radiateur si elle a froid, et elle ne peut pas mettre un chapeau de paille s'il fait trop chaud pour elle. Évidences...

Comment protéger du froid ?

S'il s'agit simplement de faire passer un cap difficile à une plante, on peut l'entourer avec un matériau isolant : les feuilles mortes bien sèches sont idéales car elles emprisonnent l'air, le meilleur isolant qui soit. Entassez-les autour du point le plus fragile, qui est généralement le collet, c'est-à-dire la jonction entre les racines et les rameaux aériens. En effet, les racines sont protégées par la terre, et si les rameaux gèlent, ils se reconstitueront. En revanche, si le collet gèle, la situation sera nettement plus critique. Pour éviter que ces feuilles partent au premier vent, posez dessus quelques rameaux un peu lourds, comme les branches de thuyas issues de vos tailles.

Pour protéger un semis, pas question de poser un matériau aussi opaque. Le mieux consiste à recourir à un voile de forçage, un non tissé extrêmement léger (moins de 20 g par mètre carré). Posez-le directement sur le semis, sans le tendre. L'ambiance ainsi créée est douillette, mais un peu moins qu'un vrai tunnel plastique posé sur des arceaux, qui donnera quelques degrés de plus. Des cloches de verre sont plus esthétiques et bigrement efficaces, au point qu'il faut impérativement aérer si le soleil tape dans la journée. Un inconvénient que l'on ne rencontre pas avec le voile de forçage car il laisse passer l'air et l'eau.

Comment protéger du chaud ?

Une plante qui a de l'eau à disposition ne souffrira guère de la chaleur proprement dite, à moins qu'à l'origine elle ne vive à l'ombre et que vous l'ayez placée au soleil, et tout dépend encore de quel type de soleil. Ainsi, les hortensias peuvent tirer la langue s'ils sont en plein soleil en Île de France alors qu'ils le supporteront allègrement en Bretagne. On leur évitera simplement le soleil de l'après-midi.

Les semis et les plants fraîchement repiqués craignent tout particulièrement la chaleur, qui peut survenir dès le mois de mai. On les protégera grâce à une ombrière improvisée. Cela va commencer avec des cageots retournés mis en place à partir de 12 heures. De façon plus durable, n'hésitez pas à poser une ombrière sur des arceaux si vous envisagez de semer en juin ou juillet. Il existe dans le commerce des toiles spéciales, vertes ou noires, assez ajourées. Il ne faut pas créer une ombre totale, mais tamiser les rayons du soleil. Si vous venez de repiquer des plants et que le soleil tape, il existe une parade simple : posez sur chacun d'eux un pot de terre cuite retourné. Le soir, vous l'enlevez et vous arrosez un peu. Le lendemain, reposez-le vers 11 heures, pour qu'il protège le plant durant l'après-midi. Au bout de trois jours de ce manège, le plant a produit assez de racines pour être tiré d'affaire.

Comment protéger des insectes et acariens ?

Ils sont petits, voire pratiquement invisibles, mais causent parfois des dégâts redoutables. Mais avant de sortir le pulvérisateur et les boîtes à tête de mort, faisons le point sur ces pullulations : dans la nature, il existe un équilibre global qui évite que les pullulations soient catastrophiques. Au jardin, nous entassons les plantes, au point de faire des cultures uniformes, comme c'est souvent le cas au potager. Le moyen le plus sûr pour favoriser une épidémie. D'autant plus qu'en forçant les plantes, en leur donnant une terre spécialement riche, des apports d'engrais et d'eau, bref en étant aux petits soins, on rend la plante hypertrophiée : ses cellules augmentent de volume, superbes poches d'eau enrichie en acides aminés et en sucre, juste ce qu'aiment les insectes piqueurs. De surcroît, la paroi de ces cellules gonflées devient plus mince, donc plus facile à percer. Étonnez-vous que les pucerons s'en donnent à cœur joie ! Mais il y a pire : il semble que le contenu de ces cellules joue le rôle d'aphrodisiaque pour les insectes piqueurs. La pullulation est quasiment programmée.
Et si vous traitez, vous avez toutes les chances de tuer non seulement les pucerons mais leurs ennemis, les coccinelles, par exemple, qui vous en auraient débarrassé au bout d'un moment. Moralité, on ne dopera pas, on ne s'affolera pas à la vue des premiers parasites. Intervenez à vue en écrasant les colonies de pucerons, et il y a de fortes chances pour que tout se calme. Coupez les rameaux tendres, souvent envahis, cela fera le plus grand bien à la plante.

Comment protéger des maladies ?

Les maladies des plantes sont très souvent dues à des champignons qui pénètrent dans les cellules, y envoient leur mycélium qui suce la sève. Les plantes ne sont pas sans arme : elles jouent souvent la tactique de la terre brûlée. Des bouchons obstruent les vaisseaux par où passe la sève, des barrières de cellules mortes empêchent la progression du mycélium. Mais tout est une question de rapidité : si le champignon se développe plus vite que la plante ne réagit, cette dernière accuse le coup.
Ce n'est pas une surprise si les maladies sont surtout impressionnantes pendant la deuxième partie de l'été, quand les champignons trouvent le mélange de chaleur et d'humidité qui leur convient. Les manuels recommandent de traiter préventivement, de façon à détruire les spores ou mycéliums naissants des champignons. Quel gâchis ! Je vous propose le programme suivant : en novembre ou en mars, traitez une fois vos arbres fruitiers à la bouillie bordelaise, cela nettoie et abaisse le niveau d'infestation potentiel. Si certains rosiers ou arbres fruitiers sont trop souvent malades, arrachez-les, ils ne donneront rien de bon de toute façon, et représentent une menace pour les autres.

GESTES ESSENTIELS

❏ Cherchez toujours à connaître le nom de l'insecte ou de la maladie en cause. Si vous cueillez un échantillon, enveloppez-le dans du papier absorbant et portez-le très vite chez un spécialiste.

❏ Devant une attaque, quelle qu'elle soit, commencez par toiletter la plante : supprimez les parasites visibles, coupez les feuilles trop atteintes, recroquevillées ou porteuses de vilaines taches. Coupez les rameaux déformés, c'est trop tard pour eux. Cela limitera la virulence ultérieure des parasites.

❏ Notez l'arrivée de la première gelée de l'année, dans votre carnet de jardin. Elle vous servira de repère pour protéger les plantes fragiles au bon moment.

❏ Si une plante a eu chaud, et fane lamentablement, douchez-la tout de suite, il y a de fortes chances pour qu'elle se récupère ensuite. Mais évitez-lui le plein soleil de l'après-midi si elle est en pot. Si elle est installée au jardin, notez de la changer d'emplacement dès l'automne pour l'installer plus à l'ombre.

❏ Si vous employez du purin d'ortie comme répulsif vis-à-vis des insectes, faites-le quand il est juste à point, au bout d'une semaine en été. Une infusion forte d'absinthe est excellente également.

❏ La bouillie bordelaise est trop caustique pour être employée quand le feuillage est présent. Changez alors pour un produit à base d'oxyde cuivreux (Anticloque de Vilmorin).

❏ Respectez les doses de produit, et ne touchez jamais ce dernier à main nue : il existe désormais des doses préparées en sachets solubles.

❏ Si vous achetez un pulvérisateur, choisissez un modèle pas trop imposant : au-delà de 5 litres à pulvériser, on se lasse vite. Rincez-le deux fois après usage.

RECYCLER

En avançant dans le jardinage, vous réussirez la performance remarquée qui consiste à produire toujours plus en consommant moins. À une condition : recycler tout ce qui peut l'être...

Qu'est-ce qu'un déchet au jardin ?

La nature ne produit rien qui ne soit recyclable, à plus ou moins long terme. De même, la nature ne crée pas de ruines : un arbre mort finit par disparaître sous le lierre puis par se décomposer totalement. Ce processus demande une décennie, mais n'attriste en rien le jardin.
En revanche, le moindre bac à poisson qui traîne, ou les tunnels plastiques oubliés font tout de suite tache dans le paysage. Ils suggèrent non seulement l'activité humaine débridée mais aussi sa négligence. Objectif prioritaire : les éliminer, et même si possible s'en passer.

Que faire des tontes de gazon ?

De plus en plus, les déchets verts sont refusés par les autorités, au motif qu'ils posent des problèmes dans les décharges. Mais entre nous, les jardiniers qui expulsent ainsi leurs tontes de gazon ou leurs branchages ne sont pas bien malins : ils se privent de matériaux précieux.
Prenons le cas des tontes de gazon : vous pouvez les employer, telles quelles, en paillage au pied des arbustes, des rosiers, des légumes gourmands et des grandes plantes vivaces. Faites-le le jour même, et ne dépassez pas une épaisseur de 5 cm. Si vous attendez ne serait-ce que le lendemain, vous serez surpris de constater que le tas d'herbe a chauffé, c'est simplement le signal qu'un processus de fermentation s'est enclenché. Fermentation, mais pas compostage : la preuve, quelques jours plus tard, si vous risquez la main, vous tomberez sur une masse gluante et nauséabonde. En fait de fermentation, c'est une putréfaction, liée au manque d'aération dans le tas.
Dans ce cas, il n'y a plus qu'à tout jeter au compost pour diluer avec d'autres matériaux. C'est probablement pour avoir vécu cela que beaucoup de jardiniers ont une si piètre opinion des tontes de gazon. Ce matériau est riche en azote et a tendance à se tasser, expulsant l'air.
Moralité, employez-le surtout en surface, d'où le paillage ; ou diluez-le avec des matériaux plus grossiers, comme les mauvaises herbes et les menus branchages, pour créer les conditions d'un vrai compostage.

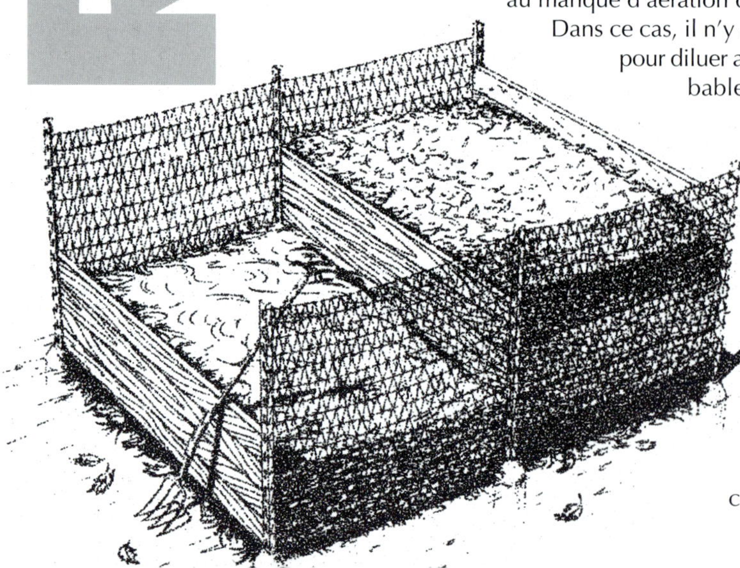

Comment réussir le compostage ?

Souvenez-vous que le compostage est une fermentation contrôlée, comme la pâte à pain. Il faut une grande quantité de matériaux organiques (environ 1 m^3), de l'eau, un peu de chaux, qui favorise les bons microbes, une ambiance feutrée et du temps. Vous cherchez le levain ? Pas la peine, les microbes se trouvent déjà à pied d'œuvre, et vous en apporterez avec la terre. Voici comment je vous conseille de composter :

• **Commencez par entasser** juste à côté du futur tas de compost tout ce que vous pouvez ramasser, en vrac : feuilles mortes, mauvaises herbes, déchets de taille s'il s'agit de rameaux tendres, épluchures de légumes, algues et fougères si vous en trouvez, tontes de gazon, foin pourri, balle de paille qui a pris l'eau, restes de légumes après la récolte…

• **Quand ce tas dépasse 1,5 m de haut** sur autant de large, envisagez de monter le tas de compost. Disposez trois palettes sur champ, pour créer trois côtés. Pour qu'elles tiennent droit, attachez-les à des piquets. Puis, à la fourche, vous allez épandre une couche de matériaux divers, haute de 25 cm. Arrosez, la valeur d'un arrosoir de 10 litres, ou avec le tuyau et une pomme en pluie douce le temps de compter jusqu'à 20, lentement. Éparpillez une poignée de chaux horticole, ou mieux encore, de chaux magnésienne (dolomie).

• **Ajoutez une nouvelle couche** de matériaux. Arrosez. Cette fois-ci, éparpillez une poignée, pas plus, d'engrais complet, du type engrais gazon. Son azote va booster la fermentation.

• **Continuez d'ajouter** les couches successives, en alternant les apports de chaux et ceux d'engrais, et sans oublier d'arroser. Égalisez pour ne pas faire de montagnes russes, et remplissez bien les angles. Arrêtez quand le gâteau atteint 1,5 m de haut.

• **Couvrez avec un vieil édredon**, une couverture usagée ou un tapis élimé. Rappelez-vous la pâte à pain : le boulanger la couvre toujours d'une toile pendant la fermentation sinon elle se dessèche. Il en est de même pour le compost.

• **Trois jours plus tard, le tas se sera tassé sur lui-même**. C'est normal ! Il chauffe au point que vous ne pouvez pas enfoncer la main. Arrosez sur le dessus, pendant cinq minutes.

• **S'il vous reste des matériaux à composter**, vous pouvez les ajouter au-dessus du tas en fermentation, toujours par couches alternées, arrosées et enrichies de chaux ou d'engrais. Arrêtez quand vous avez à nouveau atteint 1,5 m de haut. Replacez l'édredon.

• **La maintenance du tas de compost est simple** : jetez-y un coup d'œil de temps à autre, et arrosez souvent. Un tas qui chauffe beaucoup évapore une partie de son eau au passage. Les conditions de fermentation changent et l'on se retrouve avec de curieux filaments gris, des champignons thermophiles. Sous leur action, le tas va se momifier. Arrosez, et le compostage reprendra.

• **Le compost commence à être utilisable** quand les matériaux ont perdu leur aspect initial, et sentent le sous-bois. Le compost jeune, grossier, sert en paillage. Plus vieux, devenu comme du terreau, il enrichit la terre des plantations et peut s'employer en paillage nutritif au pied des plantes exigeantes. C'est un amendement comparable au fumier… mais gratuit et inodore.

GESTES ESSENTIELS

❑ Les feux sont de plus en plus souvent interdits. Que faire alors des branchages et du bois mort ? Tout ce qui peut alimenter la cheminée sera mis de côté. Si vous n'avez pas de cheminée, l'un de vos voisins sera sûrement ravi de récupérer le bois gratuit.
C'est aussi cela les bonnes relations de voisinage.

❑ Restent les petits bois. Si vous en produisez beaucoup, à force de tailler, l'investissement dans un broyeur sera le bienvenu.
Cet engin permet de réduire le volume des petits bois en les réduisant à l'état de copeaux.
Qu'il soit électrique ou à moteur thermique, un broyeur fait beaucoup de bruit : protégez vos oreilles.

❑ Le bois ainsi déchiqueté peut être employé comme paillage au pied des arbres et des arbustes, ou mélangé au compost qu'il va alléger. Il mettra un peu plus de temps pour se décomposer que les autres matériaux, mais ne restera pas intact comme cela arrive si l'on veut composter directement les tailles de rosiers par exemple.

❑ Vous ne souhaitez pas investir ni dépenser de l'essence ou du courant ? Qu'à cela ne tienne : créez un coin dépotoir, où vous entasserez ces branchages, bien serrés, et découpés en longueurs de 2 m pour éviter de créer un monticule. De temps à autre, jetez également de la terre et des mauvaises herbes. Puis attendez, trois ans s'il le faut. Ce petit bois se décomposera sur place, et vous fournira un humus de toute première qualité. L'ennui : cela prend de la place et, esthétiquement, il y a mieux. Aussi, cachez-le avec quelques treillages garnis de chèvrefeuille.

SÉQUENCE DÉCOUVERTE

BALADE DANS MON JARDIN

Le moment est venu de passer à l'action. Le jardin est comme une partition sur laquelle les plantes inscrivent des moments forts. Il y a le temps de la réflexion, de la plantation, et des récoltes. Chacun se savoure à son rythme.

Une belle petite houe Ughetti

De gauche à droite, et de haut en bas : les plaques alvéolées permettent de réussir des plants de qualité professionnelle. Le purin d'ortie est une bénédiction pour les plantes voraces. Je récupère tous les godets et conteneurs vides. Un cercle de cendres fraîches permet de limiter les dégâts des limaces sur les jeunes plantes attirantes.

L'AIR DU TEMPS

Avant de saisir l'outil, le jardinier prend son temps, histoire de tâter la terre et le terrain, de guetter si le bon moment est venu. Il cherche avant tout à profiter d'un mouvement général de la végétation. Il se prépare et il ajuste sa pratique.

Chou frisé du Nord et Ammi visnaga

Chou Redbor, admiré aux espaces verts de Limoges

LES CHOUX POUR L'OPULENCE

Délectables ou tout simplement décoratifs, les choux méritent le coup d'œil et de fourchette. Ils signent les jardins heureux de vivre, et satisfont chez le jardinier cet instinct de nourrisseur de la planète qui sommeille en lui.

Chou rouge Tête noire

Vous n'avez vraiment pas envie de vous compliquer l'existence avec un potager ? Alors, imaginez des carrés pas trop grands, que vous pouvez entourer comme ici d'un joli plessis de châtaignier ou encore de quatre braves planches. Remplissez de très bonne terre et jardinez à la chinoise. Beau et efficace.

FRUITS
DU PARADIS

Framboises

Sans conteste, il n'existe pas de plus grand plaisir que de tendre la main pour cueillir un fruit gorgé de suc, de soleil et d'harmonie. Bien sûr, les insectes et les oiseaux les ont repérés aussi, mais qu'importe : le jardinier sait partager...

Pêches plates et vrais brugnons

Abricots

Mirabelles

Les arbres fruitiers ajoutent une note romantique quand ils fleurissent au printemps. Ils marquent le tempo des saisons, et redonnent envie de faire des confitures. Avec eux, les abeilles sont heureuses, et le jardin vibre de plaisir.

VIVE LES POTAGERS

Je n'ai pas un mais trois potagers, pour multiplier les points de vue, les occasions de tester des mélanges différents. Chacun d'eux est un théâtre vivant, plein de fantaisie et de dynamisme, avec sa personnalité affichée.

Potager en carrés

Œillets, alstromère et glaïeuls adorent le potager

Tulipes et ancolies ont aussi leur place au potager

Potager au printemps

Le potager autorise toutes les expérimentations.
Il est accueillant et généreux, c'est dans
sa nature. On peut serrer les plantes,
la terre est si riche qu'elle nourrira
tout son monde. La lumière
tombe à flots, et le
jardinier est aux
petits soins.

Rosier César et digitales

Rosier Colette dans les herbes folles

ÉMOTION EN ROSES

J'aime chez les rosiers cette ambivalence : ce sont des arbustes, avant tout, parfois raides et décevants, qu'il convient d'habiller. Mais la rose reste la fleur reine, un concentré de beauté et de souvenirs.

Laitues de toutes couleurs

Potée de chou rouge, à Limoges

Ipomée et fuchsia

UN JARDIN DE POTS

Rien de tel que quelques gros pots de terre cuite pour meubler un jardin, de façon bien plus naturelle que ne le feraient des sculptures. Ils offrent l'occasion d'héberger des plantes plus fragiles ou encore en expérimentation. Grâce à eux, on se fait la main.

Phlox of the sheep

Les foins en juillet

PLEIN ET VIDE

Les allées engazonnées et les coins d'herbe sont prétextes à faire respirer le jardin. L'espace libre accueille l'azur du ciel et permet au regard de se reposer. C'est une invitation à la promenade.

Une trouée derrière le potager

Des massifs éclatés, largement aérés

Une simple allée tondue

Grâce aux tontes, le gazon représente une source de matière organique précieuse. Il permet de pailler le reste du jardin, de tenir propre le sol au pied des arbustes, et d'éviter que les plantes vivaces souffrent de la soif en été. Une vraie bénédiction.

LES BONS MOMENTS

UNE ANNÉE AU JARDIN

Chaque saison apporte son lot de petits gestes.
Entre légumes, fleurs, arbustes ou fruits,
le jardinier est parfois écartelé.
Mais point trop n'en faut.
Il y a un temps pour tout,
l'arrosage, la taille…
ou la sieste.

JANVIER

BEAUX JOURS DE JANVIER
TROMPENT L'HOMME
EN FÉVRIER

À LA SAINT-SÉBASTIEN
(20 JANVIER)
DE TES ARBRES VÉRIFIE
LES SOUTIENS

SÉCHERESSE DE JANVIER
RICHESSE DE FÉVRIER

FÉVRIER

FÉVRIER SANS NEIGE
SAISON D'ÉTÉ SÈCHE

FLEUR DE FÉVRIER
NE VA PAS AU GRENIER

MARS

POUSSIÈRE DE MARS
VAUT DE L'OR

PISSENLIT DE MARS
VAUT BIEN L'ÉPINARD

DES FLEURS QUI S'OUVRENT
EN MARS
ON N'A QUE LE REGARD

À LA SAINTE-COLETTE (6 MARS)
SÈME LA BLETTE ET
LA COURGETTE

AVRIL

IL N'EST GENTIL MOIS D'AVRIL
QUI N'AIT SON CHAPEAU
DE GRÉSIL

À LA SAINT-ISIDORE (4 AVRIL)
LE PRINTEMPS DÉMARRE
OU S'ENDORT

SI PERSIL SEMÉ EN AVRIL
TABOULÉ D'ÉTÉ GARANTI

FLEURS D'AVRIL
NE TIENNENT QU'À UN FIL

Météo Même si cela ne saute pas aux yeux de qui contemple ses thuyas immuables, le jardinier cultive avant toute chose le temps. Celui qu'il fait, et celui qui passe. Le premier est carrément obsessionnel, avec ses contingences faites de pluie, d'orages soudains, de sécheresse larvée… un cocktail nébuleux qui ne correspond que vaguement avec la météo ronflante et sûre d'elle sortant du poste de radio ou de la télé. Pourquoi, entre nous, parler de dépression et de front nuageux, alors qu'il serait tellement plus utile de couvrir ses semis de laitues ou d'ombrager le coin à boutures de toute urgence.
Et pourquoi une carte de la France alors que seule vous intéresse l'état du ciel qui surplombe vos hortensias et vos tomates ? À quoi peut bien servir la rituelle indication des températures conformes ou non aux moyennes habituelles, alors que vous donneriez cher pour savoir si demain est le jour bénit pour planter enfin les géraniums ou les poivrons qui mijotent dans un coin de la salle à manger.

Saints Certes, il y a les dictons. Parlons-en de ceux-là : ils se contredisent allégrement, et quand ils ne se réfèrent pas à des saints disparus du calendrier, ils semblent concerner uniquement les céréaliers ou les forestiers. On y parle rarement du pois de senteur ou de la tomate, dans ces dictons d'un autre âge. D'ailleurs, à force d'y voir constamment évoquer la glace, on se demande s'ils n'ont pas été concoctés pendant une de ces mini-glaciations qui ont parsemé les deux derniers millénaires ? Je vous propose de créer vos propres dictons, et je me suis permis d'en glisser quelques-uns parmi les vrais pour agrémenter ce chapitre. À vous de les détecter…

Démarrage Le réchauffement de la planète fait couler beaucoup d'encre. Les experts ne sont pas d'accord sur ses effets. Qu'ils poussent donc la barrière du jardin pour se rendre compte : la première gelée de l'année, qui survenait souvent début novembre, programmée pour rétamer les chrysanthèmes de la Toussaint, intervient désormais un mois plus tard, c'est le père Noël qui trinque ! En revanche, dès le mois d'avril, on se croit tiré d'affaire. Impression trompeuse car l'accumulation des pluies et du temps grincheux marquant la fin du printemps a de quoi désespérer. Tout du moins, c'est ce que nous avons vécu ces dernières années. Ce scénario va-t-il se reproduire, à la suite du dérèglement à répétition du Gulf-Stream ? Nul ne le sait, aucun jardinier ne l'espère, tant il est rageant de voir la végétation lambiner au moment le plus exaltant de l'année. Cela n'empêche pas de guetter les premiers signes du dégourdissement de la nature, et de se précipiter pour semer ou repiquer en dehors de toute prudence. Les plus optimistes se disent que ce qui est fait n'est plus à faire, une opinion largement contredite par la deuxième levée de mauvaises herbes qui explose en juin, avant celle d'août et de septembre. Et ils enrageront en découvrant leur lambin de voisin qui se met enfin à bêcher son potager en mai, quand la terre est du velours, et réussit tous ses semis, narguant les vôtres qui végètent depuis deux bons mois. Cherchez l'erreur…

Catalogue La seule touche de couleur qui devrait être autorisée au printemps, ce sont les nouveaux catalogues. Entendons-nous sur le terme couleur : une simple liste apparemment austère sera émaillée des plus vives nuances aux yeux du jardinier. Une description enflammée suffit en effet à enclencher la vidéo interne et ses effets spéciaux : les capitules blanc rosé du *Polygonum elatum* surmontent déjà le feuillage vert foncé, marqué de pourpre, et la succession de petites fleurs tubulaires jaune d'or du *Corydalis lutea* n'a plus de secrets pour lui. Les dessins ont beau être approximatifs, un peu comme ceux qui ornaient les vides des cartes du Moyen Âge, les photos d'un flou plus que poétique, peu importe : le jardin virtuel est déjà tout fleuri, baigné de parfums suaves, et le panier se gonfle d'imaginaires courgettes bien plus exquises que les vraies, qui auront bien du mal à redonner dans l'assiette la saveur excellente d'amande et de noisette promise à la lecture. Un peu comme les tracts des agences de voyages, dont les évocations aident à boucler les valises dans la joie, et c'est déjà beaucoup.

Mémoire Tout jardinier bien organisé (c'est-à-dire ni vous ni moi) devrait tenir son carnet de jardin pour y noter le moindre fait divers météorologique. En quelques années, il y glanerait une foule de renseignements, et pourrait surtout se réconforter en constatant que déjà, il y a sept ans, les asters s'étaient écroulés sous un orage fin septembre, ou encore que les choux (au choix : les tomates, les cerises, les melons…) avaient éclaté juste avant la récolte. Cette litanie horticole a ceci de paradoxalement réjouissant qu'elle ne préjuge en rien de la survenue de ces mêmes catastrophes, tant le jardinier met de prévenance à ne pas anticiper. Il n'y a que dans les manuels (et celui-ci ne déroge pas à la règle) que l'on tuteure dès la plantation, et que l'on pose un voile de forçage sans attendre la gelée. Le jardinier a la couenne épaisse, et il faut quelques décennies pour qu'il intègre dans sa pratique ce qui paraît l'évidence : que la prévention est son instrument le plus précieux.

Absence L'homme est un animal. Jusque-là, et malgré la crudité du propos, je ne vous apprends rien. Il a déjà bien du mal à comprendre les autres membres de son règne. Avec les plantes, le dialogue est carrément impossible. Au mieux (?), on tombe souvent dans un anthropomorphisme béat, en s'escrimant à chercher des termes de comparaison, à imaginer que du sang coule à la place de la sève, que les feuilles ont des oreilles pour écouter les commentaires du jardinier (pauvres filles !) et apprécient un air de musique comme dans ces expériences débiles où l'on veut nous persuader que le concombre préfère Bach au reggae. On aimerait bien sentir quand une plante va bien, ou à défaut détecter le plus vite possible quand quelque chose cloche. Oui mais voilà, il n'y a guère que l'air que nous respirons et la lumière du soleil qui nous sont communs, et encore n'en faisons-nous pas le même usage : la plante bosse quand nous bronzons. Le côté faussement statique des plantes ne nous aide guère. Il faut prendre du recul pour voir bouger les plantes. Curieusement, l'absence n'est pas forcément une calamité.

MAI

FLEURS DE MAI
ON PEUT S'Y FIER

PLANTÉ À L'ASCENSION
HEUREUX SERA LE POIVRON

QUAND L'AUBÉPINE
ENTRE EN FLEURS
CRAINS TOUJOURS
QUELQUE FRAÎCHEUR

JUIN

LE TEMPS QU'IL FAIT EN JUIN,
LE TROIS
SERA LE TEMPS DU MOIS

SARRASIN DE JUIN
PHACÉLIE JOLIE
FONT LE POTAGER HEUREUX

HARICOTS SEMÉS
À LA SAINT-CLAUDE (6 JUIN)
RATTRAPERONT LES AUTRES

JUILLET

CIEL DE JUILLET ROUGE
AU MATIN
VEUT UN PLUVIEUX VOISIN

NARCISSE PLANTÉ EN JUILLET
FAIT SES RACINES SANS TARDER

À LA SAINTE-MARGUERITE
(20 JUILLET)
LES DAHLIAS PALPITENT

AOÛT

PLUIE D'AOÛT
FAIT TRUFFES ET MARRONS

À LA SAINT-CHRISTOPHE
(21 AOÛT)
LES FRUITS S'ÉTOFFENT

AOÛT MÛRIT LES FRUITS
SEPTEMBRE LES CUEILLE

SEPTEMBRE

Si juin fait la quantité
septembre fait la qualité

À la Saint-Bertrand
(6 septembre)
sème tes laitues de printemps
sinon de verdure manqueras
quand Pâques sonnera

Automne en fleurs
hiver plein de rigueur

OCTOBRE

Octobre en bruine
hiver en ruine

Compost en octobre
potager plus sobre

À la Saint-Denis (9 octobre)
ramasse tes fruits

NOVEMBRE

En novembre, s'il tonne
l'année sera bonne

Pour avoir une bonne aillée
faut que Toussaint
la trouve levée

À la Saint-Théodore
(9 novembre)
le jardin s'endort

DÉCEMBRE

En décembre fait du bois
et endors-toi

À la Sainte-Lucie
(le 13 décembre)
gare à la pluie
À la Sainte-Odile (le 14)
gare au grésil
À la Sainte-Adèle (le 24)
gare à la grêle

Année de givre
année de fruits.

Sol La terre fait peur. Pas notre brave planète, mais la terre qui nous porte et accueille les racines, autrement dit le sol. Peu d'entre nous l'expriment directement, mais bien des détails l'attestent : on évite de marcher pied nu, on voue à la boue une haine féroce, on ne toucherait pour rien au monde à un ver de terre, on met des gants pour rempoter. Et pourquoi pas au fond ? La terre abîme la peau, se colle sous les ongles, et fait crier la porte quand un gravier s'y coince. Et puis, on sait bien que la terre va nous accueillir pour le dernier repos. Drôle d'amie ! Alors, on la cache par tous les moyens : on dalle, on caillebotise, on gravillonne, on couvre-sole (du verbe couvre-soler, synonyme lierriser, bugliser, pervencher…), on entasse les plantes pour obtenir des mixed-borders façon plum-pudding. C'est oublier un peu vite que tout vient de la terre : la toucher, c'est comprendre l'essentiel. Une terre froide et collante sera aussi peu plaisante à une plantule qu'à notre épiderme. Si le doigt ne peut pas s'y enfoncer, tant elle est sèche, pourquoi diantre voudriez-vous que les racines de vos arbustes s'y promènent comme par enchantement. Malaxez, humez, prenez le pouls de la terre avant toute plantation, et même pour le simple plaisir : on n'est pas terrien pour rien.

Dépression Au fil des mois, comme tout jardinier, vous traversez probablement des périodes cruelles où les « Il faudrait bien que je m'y colle » n'arrivent pas contrebalancer les « Pas envie pour deux sous ». À ces moments-là, rien ne semble aller dans le bon sens. Diagnostic évident : l'À-quoi-bonite vous frappe de plein fouet et menace le fragile équilibre du jardin. Les symptômes tiennent à la multiplication des Pourquoi. Pourquoi tondre aujourd'hui puisqu'il faudra à nouveau le faire dans quinze jours ? Pourquoi désherber au pied des framboisiers alors qu'on sort à peine de cuire les confitures, et que la chaise longue vous tend les bras ? Deux millénaires d'éducation judéo-chrétienne ont beau vous distiller la menace que la note à payer sera plus lourde, c'est ainsi : tout ce qui est labeur est rayé mentalement du programme. Au risque de vous étonner, je prétends que c'est très bien ainsi, car à trop en faire on se dégoûte et on propage la nausée du jardinage à toute la famille, parfois sur deux générations.
Le meilleur remède à la saturation horticole est un certain relâchement. Tout est dans le compromis. On lève le pied sur l'essentiel, on ne veut plus saisir le moindre manche d'outil et le tuyau d'arrosage fait horreur. Fort bien. Mais rien n'interdit de se réserver une minuscule besogne digne d'une abeille à la retraite. De préférence bien visible, comme l'arrosage de la jardinière devant la fenêtre du salon ou encore le désherbage du devant de la rocaille. La valeur d'un mouchoir de poche.
On va s'y prendre l'air de rien, à la fraîche, en attendant que les enfants rentrent du tennis. Et voilà que, comme par miracle, la terre sent bon, vous tirez deux ou trois plantulettes qui se rendent sans résistance, vous gratouillez dans la jubilation, bref vous retrouvez le goût de la belle ouvrage. Attention, n'en faites pas plus. Ne gâchez pas cet instant de plaisir. La rééducation sera progressive, largement entrecoupée de pauses. Votre jardin en a autant besoin que vous.

PREMIÈRE PÉRIODE

GRAND FROID
FAUX SOMMEIL

DÉCEMBRE JANVIER

Voici peut-être le seul moment de l'année où le jardinier peut croire qu'il va prendre de l'avance sur la végétation. Qu'il en profite, cela ne durera guère. Au chaud dans le salon, il feuillette les catalogues tous nouveaux, tous beaux. Il griffonne des croquis et lance ses commandes. Une tasse de chocolat chaud, et hop là, la mésange fait toc toc à la fenêtre, et les jolis perce-neige montrent leur bout de nez congelé.

CHOUX Mettez en place dès la deuxième quinzaine de janvier le plant de chou provenant de semis effectués au mois de septembre dernier, et la laitue romaine issue de semis d'octobre. Si la température est trop sibérienne, différez ces repiquages jusqu'en février, ce n'est vraiment pas grave.

SILO Aérez vos châssis et la véranda dès que le soleil pointe. Rien n'est plus mauvais pour les plantes que de rester confinées. Même conseil pour le silo à légumes, que vous visiterez régulièrement pour enlever les carottes, radis ou navets qui commencent à pourrir.

COMPOST Jetez un coup d'œil au compost : remuez-le et recouvrez-le d'un film plastique ou mieux d'un vieux tapis dont vous ne voulez plus. Cette couverture facilitera la décomposition. Ajoutez quelques poignées de sulfate d'ammoniaque sur les feuilles mortes entassées les derniers mois : au printemps, vous aurez du terreau.

CERFEUIL, PERSIL OU LAITUE
Semez dès décembre, sous châssis ou tunnel, du cerfeuil, du persil ou même des laitues rustiques. La levée prendra peut-être trois semaines, mais vous avez du temps devant vous.

FUMIER Partez à la recherche de fumier : même près d'une ville, on en trouve chez les propriétaires de chevaux, ou encore les haras et les centres hippiques. Chargez-le en sac, en cherchant toujours celui du fond qui est le plus décomposé. Et souvenez-vous que le tétanos est un danger réel, pensez donc à refaire votre vaccin, et portez des gants solides !

ÉCHALOTE, AIL Plantez l'échalote et l'ail violet, en terre légère et pas enrichie récemment en humus. Vous avez le temps jusqu'en mars.

POMME DE TERRE Jetez un coup d'œil sur les pommes de terre stockées à la cave ou au garage. Il faudra certainement égermer.

INSTALLEZ L'ANGÉLIQUE

Si vous souhaitez cacher le potager au regard, ou mieux encore créer une surprise, car avec toutes ses fleurs et ses légumes plantureux, c'est bien la partie la plus jolie du jardin, les angéliques sont faites pour vous. Ces plantes bien connues pour leurs tiges confites forment en effet une végétation haute de près de deux mètres. Cela au moment de la floraison, qui a lieu au bout de deux ou trois ans. Pour l'instant, contentez-vous de planter les godets, à 50 cm les uns des autres, après avoir apporté une dose copieuse de fumier ou de compost. Plantez de préférence en janvier, pendant une période de redoux.

GOÛTEZ LE PANAIS

Légume un peu oublié, alors que nos aïeux n'auraient pas toléré un pot-au-feu sans sa présence pleine d'arôme, le panais est une sorte de grosse carotte blanche. Après le semis effectué en avril-mai, il suffit de l'éclaircir et d'arroser de temps à autre pour le récolter en cette saison. Découvrez-le râpé, avec une sauce rémoulade, et surtout en chips, qui vous étonneront par leur saveur délicieuse en compagnie du gibier. Les panais peuvent rester au jardin tout l'hiver sans craindre les gelées, et deviennent énormes.

Si vous bricolez un peu, confectionnez-vous ce dévidoir de cordeau, qui vous aidera ensuite à tracer des lignes bien droites, ce qui met le mieux en valeur les légumes.

SEMEZ DES LAITUES

Si les laitues d'hiver semées en septembre ont été ravagées par les limaçons (cela arrive souvent), n'hésitez pas à refaire un semis à la maison dès ce mois de janvier. On trouve déjà des plants au marché ou en jardinerie. Choisissez la batavia 'Laura', au croquant subtil ; la 'Marsala', qui forme des pommes énormes, avec un feuillage assez épais et finement découpé. Elle résiste à de nombreuses maladies. Ceux qui aiment les laitues à couper opteront pour la 'Red Salad Bowl', que l'on coupe au fur et à mesure des envies.

PLANTEZ LA MÉLISSE

Si vous n'avez pas la patience d'attendre que des buis forment un liseré de qualité autour du potager, adoptez à leur place les mélisses. Cette plante officinale bien connue peut former en effet une bordure haute de 30 cm, et facile à maintenir bien nette. Le feuillage sent bon la citronnelle et les fleurs attirent les abeilles. Pour qu'elle reste nette, il suffit de passer un coup de cisailles en juillet, pour rabattre la bordure à 20 cm, et forcer la formation d'un nouveau feuillage qui tiendra jusqu'aux gelées. Là, les souches seules resteront en place. L'intérêt : la mélisse sert moins d'abri aux escargots et limaces, qui adorent se cacher dans le buis. Un seul pied de mélisse peut donner une dizaine de rejets tous les ans, qu'il suffit ensuite de replanter tous les 20 cm, sur une ligne.

CUEILLEZ LE CHOU DE BRUXELLES

Attendez que les premières gelées attendrissent les pommes des choux de Bruxelles. Ce légume particulièrement rustique peut produire durant une bonne partie de l'hiver. Commencez par cueillir les pommes du bas des tiges, en veillant à ne pas laisser les feuilles déverser leur réserve d'eau froide dans vos bottes. Si vous avez de la place, laissez les derniers bourgeons fleurir en avril, c'est vraiment très spectaculaire, et votre potager sera magnifique au printemps.

FÈVE Bien plus rustiques que les petits pois — et les haricots, n'en parlons même pas ! —, les fèves supportent très bien d'être semées fin janvier, en rayons profonds de 10 cm, les grosses graines étant espacées de 15 cm. Recouvrez-les de 5 cm de terre fine. La levée prend trois semaines et sera hâtée par la pose d'un voile de forçage.

OIGNON Ce légume rustique se moque du froid. Semez des graines dans un coin de châssis directement en ligne mais seulement si votre terre est légère.

CLOCHE Si vous possédez des belles cloches en verre, le moment est venu de vous en servir pour couvrir des laitues. Posez la cloche sur le sol meuble, puis retirez-la et repiquez les plants dans le cercle ainsi dessiné. Trois pieds tiennent à l'aise dessous.

CARDON Vous n'avez pas cueilli tous vos cardons l'automne dernier ? Très bien, laissez-les tranquilles et attendez une année de plus. Vous serez récompensés dès le printemps en voyant le nouveau feuillage se déployer avec noblesse, puis les hampes florales surgir pour s'épanouir à près de 2 m de hauteur : comme des bleuets géants d'un violet électrique, superbes dans les bouquets. Sitôt fanées, coupez-les, et le cardon sera fin prêt pour une nouvelle année. Le tout sans grande protection car il est beaucoup plus rustique que l'artichaut.

VIVE LES ADOS

Ce cri de ralliement n'est pas destiné à faire du charme à une génération qui en général se moque pas mal du jardinage. Mais les ados mentionnés ici sont tout simplement des bandes de terre relevées sur un côté, et en général adossées à un mur ou un muret, d'où leur nom. L'intérêt ? On gagne ainsi plusieurs semaines de précocité, sans qu'il soit besoin d'une protection supplémentaire. Bien entendu, si vous souhaitez poser un tunnel plastique par-dessus, c'est l'idéal.

En général, un ados présente une pente de 20 cm pour un mètre de large. Il peut être adossé à une simple planche de bois maintenue par des piquets enfoncés dans le sol. Son orientation est essentielle pour capter le maximum de radiations solaires : plein sud ou à la rigueur sud-ouest. L'ados abritera les premières laitues de printemps, les radis primeurs et des fraisiers.

Attention si vous semez, car les graines sont facilement entraînées en bas au premier arrosage, à moins de creuser des sillons parallèles à la pente.

Vous augmenterez encore l'effet-précocité en recouvrant le sol avec cinq centimètres de terreau bien noir. Ce faisant, vous confectionnerez une sorte de capteur solaire au profit de vos légumes. En été, installez des melons sur ces ados, ils mûriront ainsi dès le début août.

ASTUCES DU MOMENT

Puisque le rythme des récoltes a fortement diminué, que les semis et repiquages sont vite expédiés, il vous reste du temps à consacrer au reste, même si les jours sont courts. Commencez par faire une grande toilette en ramassant les pots, étiquettes, petits outils abandonnés, tuteurs orphelins de leur tomate...

• Passez la houe pour éliminer les plaques de chiendent et les plus grosses mauvaises herbes.

• Épandez du compost, sur 5 cm d'épaisseur, et des amendements divers, cendres de cheminée ou chaux horticole.

• Puis entamez un bêchage soigneux. Il ne s'agit pas de battre des records de vitesse mais de faire du bon travail. S'il y a dans le potager des portions de terre plus compacte qu'ailleurs, laissez de grosses mottes exposées aux intempéries de l'hiver qui les mûrit, comme on disait autrefois, en les faisant tomber en miettes. Dans ce cas, on n'enfouit la fumure qu'au printemps, en passant la griffe ou la motobineuse.

PROTÉGEZ VOS POIRÉES

Les poirées (ou blettes, bettes, cardes, selon les régions) ont bien prospéré cet automne. Vous pouvez les laisser en place mais pour ne courir aucun risque, posez dessus un voile de forçage. De la sorte, vous pourrez continuer à récolter les côtes pour vos gratins. Voici une recette provençale économique et goûteuse. Coupez des côtes de blettes en morceau de 1 cm, enlevez les fibres, lavez et séchez. Faites blanchir à l'eau légèrement salée, retirez après cuisson. Huilez un plat à gratin, étendez une couche de blettes, arrosez avec un peu de bouillon, salez, poivrez et saupoudrez de muscade, puis de fromage râpé. Constituez deux autres couches semblables. Nappez avec de la crème épaisse battue à feu doux avec un ou deux jaunes d'œufs, un peu de chapelure et faites gratiner à four chaud.

STOCKEZ LES BETTERAVES

Les belles betteraves 'Crapaudine' que vous avez semées en avril ou mai dernier sont bonnes à récolter juste avant les grandes gelées. Déterrez-les sans casser leurs racines très longues et entreposez-les dans un silo, que vous confectionnerez très simplement en creusant un trou près d'un mur tourné au nord. Au fond, disposez des branches pour le drainage, sur une épaisseur de 5 cm. Par-dessus, étalez les racines de betteraves, en coupant les feuilles juste audessus du gros bourgeon qui pointe à leur base. Jetez du sable ou de la tourbe entre les racines et continuez ainsi de suite. Les betteraves sont souvent meilleures après un mois passé en silo, car leur chair devient plus sucrée.

SEMEZ LES PREMIERS POIREAUX

Si vous aimez les poireaux à la folie, si vous ne pouvez vous passer de leur saveur même en été, cuits à la vapeur et servis avec une vinaigrette au basilic par exemple, n'oubliez pas de semer les

GOURMANDISES

Si votre semis de carotte a bien levé et que vous avez éclairci en temps et en heure, la récolte sera à la hauteur de vos soins. Autant essayer de nouvelles recettes, comme celle du flan de carottes : il suffit de faire cuire à la vapeur une dizaine de carottes coupées en trois, puis de les jeter dans une casserole avec un peu de bouillon, et de réduire en purée. Assaisonnez avec sel et poivre, ajoutez une cuillerée à café de farine et deux cuillerées de crème. À part, vous aurez battu quatre œufs en omelette, mélangez avec les carottes et versez dans un plat à gratin beurré, et faites cuire une demi-heure à four modéré.

Les poireaux sont un des meilleurs légumes de l'hiver. Réservez les plus beaux blancs pour en faire un pain à la charentaise : faites-les cuire à la vapeur, égouttez et hachez-les. Mélangez ensuite avec du beurre fondu et un œuf entier. Il ne reste plus qu'à les disposer dans un plat à gratin, à napper de sauce béchamel et à saupoudrer de gruyère râpé. Passez au four pour obtenir une coûte.

La meilleure variété de pommes de terre pour le gratin dauphinois est la 'BF 15', car elle cuit vite sans s'écraser. Une fois vos pommes de terre découpées en lamelles, faites-les cuire dans du lait, jusqu'à ce que ce dernier soit en ébullition. Sortez-les de la casserole pour les disposer en couches dans un plat à gratin beurré et frotté d'ail. Parsemez de muscade, salez et poivrez. Versez dessus de la crème fraîche, puis placez au four pour gratiner.

Une simple fosse dans un coin du potager permet de stocker les carottes, navets, céleri-raves... entourés de sable.

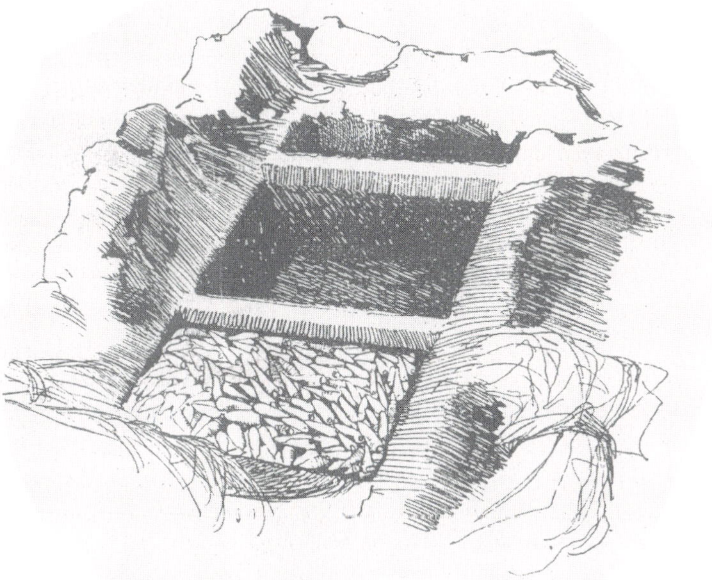

premiers poireaux de l'année, en janvier, sous l'abri de votre grand tunnel ou d'une serre. Ce sera le moment d'essayer les poireaux 'Jaune du Poitou', qui n'ont pas grand-chose à voir avec les poireaux bleus de l'hiver. Repiqués en avril, ils donnent à partir de juillet des fûts assez courts surmontés d'un feuillage incroyable : certaines feuilles ont plus d'un mètre de long !

PROTÉGEZ L'ARTICHAUT

L'hiver est une saison noire pour les artichauts, si l'on excepte les veinards du Midi et de Bretagne. Partout ailleurs, il faut abriter les souches. Leur vrai ennemi, c'est la conjonction de l'eau et du froid. Plutôt que de les butter, entourez-les avec des feuilles mortes, des frondes de fougères sèches ou de la paille, sur une hauteur de 25 cm. Posez dessus un film de forçage en voile non tissé, ou un morceau de plastique, indispensable avec les feuilles, si facilement dispersées par le vent. Auparavant, vous aurez disposé une cuillerée d'appâts anti-limaces tout près du cœur de l'artichaut, là où les limaces noires viennent se servir comme dans un supermarché. Le bout des feuilles doit émerger de cette protection. Si la météo annonce des froids intenses, complétez la protection en remontant le voile. Mais retirez-le dès qu'il fait plus doux. L'hivernage des artichauts est vraiment affaire de doigté. Dans les régions à climat doux, on peut même se contenter de dresser une barrière anti-vent, du côté nord-est, avec deux piquets et une toile de sac bien tendue.

ANALYSE DE SOL Pourquoi vous dispenser d'une analyse de sol, sous prétexte que vous n'êtes pas agriculteur. Cette analyse peu coûteuse (environ 200 F) permet de fertiliser à bon escient. Mais attention, choisissez une formule complète, qui vous renseigne aussi sur la nature physique (sableuse ou argileuse). On a parfois des surprises...

NEIGE Bêcher un sol sous la neige est non seulement pénible mais, en enfouissant la neige, vous refroidissez pour longtemps la terre, alors qu'elle pouvait rester au chaud sous cette couverture bien isolante. Ne marchez pas sur l'herbe enneigée ou gelée, cela la fait jaunir.

SEMER Commencer trop tôt et sans préparation les semis de légumes en pleine terre, c'est souvent de la graine perdue. Étalez au préalable un film de forçage pendant deux ou trois semaines à l'emplacement voulu, et semez seulement si la météo annonce au moins une semaine de temps doux.

TUYAUX Abandonner les tuyaux d'arrosage dehors n'est pas recommandé. Certes, ils ne vont pas geler mais cela n'est guère joli. Enroulez-les en huit (on appelle cela lover en langage de marin) et stockez-les au sec. À noter : les arroseurs n'aiment pas du tout les grands froids car l'eau qui stagne dans certaines parties peut faire éclater les mécanismes.

OUTILS Ne laissez pas passer l'hiver sans procéder au nettoyage à fond de tous vos outils. Brossez la terre accumulée, à l'aide d'une brosse métallique. Huilez les manches à l'huile de lin, et affûtez la lame des sécateurs.

COMMANDE N'oubliez pas de commander des plantes aromatiques amusantes, pour constituer un coin d'herbes digne de ce nom. Les catalogues de spécialistes de plantes vivaces (Lepage, Bureau, Lumen, Le Jardin du Morvan en particulier) en contiennent de plus en plus mais les quantités sont rarement très importantes, et vous risqueriez fort de ne pas recevoir la totalité de votre commande.

BULBES PRÉCOCES Admirez la robustesse des fleurs bulbeuses : si les perce-neige méritent bien leur nom dès les premiers beaux jours, les éranthis et les narcisses botaniques ne sont pas en reste, pointant le bout de leur nez sous la neige. Nul besoin de protection au demeurant. À planter en foule parmi les bergénias, dont souvent les premières fleurs pointent, et au pied des forsythias et des cognassiers du Japon.

PENSÉES Mettez en place en janvier les pensées provenant des semis du mois d'août, et que vous aurez abritées jusque-là dans un coin de châssis. Pour remplir les vides, en attendant mieux, on dispose des touffes de giroflées qui bravent aisément les petites gelées de la fin d'hiver.

TRAVAUX Préparez les gros travaux qui demandent du temps : réfection d'un muret, drainage et traçage des allées. Si le sol est durci par le gel, c'est excellent pour brouetter jusqu'au bout du jardin le sable et le gravier dont vous aurez besoin... à condition qu'ils ne soient pas gelés !

CHEMIN Adoptez l'écorce de pin pour créer des chemins naturels, et partout où vous ne savez trop quel dallage installer. En attendant, l'herbe n'envahira pas tout. En vrac, elle coûte moins cher qu'en sac : 1 m^3 = 1 000 litres = 500 F, alors qu'un sac de 80 litres vaut 50 F !

FEUILLES MORTES Ramassez les feuilles mortes, non pour les jeter ou les brûler, mais pour les ajouter au compost et protéger les arbustes fragiles et les plantes vivaces à grosse souche : gynérium, kniphofia, gunnéra...

TULIPE Dès le mois de janvier, vous verrez poindre les pousses de tulipes. N'allez pas croire que l'année est en avance, ce phénomène est tout à fait normal. Profitez-en pour enlever les mauvaises herbes qui se sont développées depuis la plantation. De la sorte, votre massif sera magnifique en avril.

SEMEZ LE BÉGONIA

Les semis difficiles ne vous font pas peur ? Alors, tentez celui de bégonias tubéreux, en janvier, au chaud bien entendu. Cette poussière de graines sera éparpillée, le plus régulièrement possible, dans une terrine plate remplie de terreau tamisé. Pas d'arrosage mais des pulvérisations d'eau tous les matins. La levée prend une à deux semaines, après lesquelles on voit poindre comme une moisissure : les plantules. Laissez- les pousser tranquillement, en leur donnant le plus de lumière possible. Un premier repiquage aura lieu en février, puis à nouveau en avril. Il vous faudra beaucoup de patience à ce stade, les plantules devant être tenues avec des allumettes pour les mettre en place à 3 cm les unes des autres. Mais la récompense sera au rendez-vous, après une mise en place en fin mai : des massifs à l'ombre croulant de fleurs. Une seule variété pour cela, au nom prometteur : 'Non Stop'.

ADOPTEZ LE SILYBUM

Derrière ce nom biblique se cache le chardon Marie, un des plus jolis parmi tous les chardons. Le feuillage, nervuré et ponctué de blanc, ne demande qu'à être gravé pour devenir œuvre d'art. Mais n'oubliez pas qu'il s'agit d'un chardon, donc d'une petite plante piquante. Aussi le planterez-vous dans la rocaille, loin des chemins d'accès. Et méfiez-vous des semis spontanés qui surgissent à des endroits inattendus. Un chardon reste un chardon...

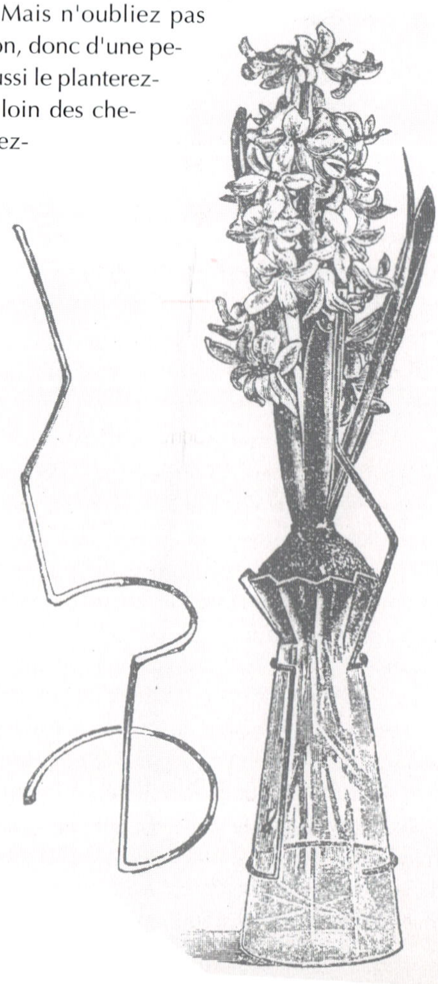

Dès novembre, préparez quelques jacinthes à la maison, dans ce genre de flacon spécial, où le bulbe ne doit jamais baigner dans l'eau. Un fil de fer tordu assure la stabilité de l'ensemble.

DÉCOUVREZ LE PERCE-NEIGE

Les perce-neige méritent leur nom même si la neige n'est pas toujours au rendez-vous qu'ils lui donnent, dès janvier. Des clochettes que vous aurez toujours beaucoup de plaisir à cueillir pour former des bouquets charmants avec les hellébores et les premières violettes. Mais savez-vous que la meilleure époque pour les déplacer est justement après la floraison, quand le feuillage est encore vert ? Avec une bêche, soulevez les mottes avec leurs racines, séparez les bulbes soigneusement et replantez tout de suite en laissant 10 cm au maximum entre eux. Arrosez et c'est tout. Bien plus pratique à réussir que lorsque les feuilles sont sèches et que l'on ne sait même plus où sont les bulbes.

ADMIREZ LA ROSE DE NOËL

Si vous n'avez jamais réussi à avoir des belles roses de Noël dans votre jardin, c'est le moment d'en acheter un beau pot prêt à fleurir. Après un séjour sur votre fenêtre préférée, installez-le une fois défleuri dans un massif bien exposé, à la faveur d'une journée de redoux. Les hellébores d'Orient, qui fleurissent à partir de janvier, ne sont pas plus fragiles, ils se comportent presque aussi bien en grands pots qu'en pleine terre, durant deux ou trois ans. Si vous laissez vos roses de Noël former quelques capsules, et si vous n'êtes pas un maniaque de la binette, vous aurez toutes les chances d'observer au printemps prochain la naissance de quantité de nouveaux hellébores au pied de votre touffe d'origine. Si les abeilles sont passées par là, vous risquez de voir apparaître des coloris inédits. Un beau début pour une collection…

SOIGNEZ LES BERGÉNIAS

Beau feuillage et floraison d'une rare fraîcheur, les bergénias ont tout pour plaire. Cependant, on en voit trop souvent encombrés de vieilles feuilles abîmées qui dénaturent leur vraie beauté. Un nettoyage s'impose donc. Si vous le faites en hiver, n'oubliez pas de recouvrir le tout avec un paillage substantiel, à base de compost. La nouvelle végétation vous surprendra par sa vigueur.

GRAINES Mettez de l'ordre dans votre réserve de graines. Il ne sert à rien de conserver des paquets vides, ni des graines largement périmées. C'est le moment de passer vos commandes, surtout pour les variétés rares ou nouvelles.

CRÉATION Avant d'agrandir une plate-bande, posez-vous la question de savoir si vous aurez le temps de l'entretenir. Assurez-vous que les compositions que vous avez mises en place précédemment sont arrivées à complète maturité, et si elles répondent à vos attentes.

MÉTHODE Pour ne pas vous éreinter dès le début de l'année, commencez progressivement. Consacrez plus de temps au jardin à chaque séance, plutôt que de vous lancer dans un gros chantier. La première fois, portez des gants pour éviter d'attraper tout de suite des ampoules.
Pour soulever un sac, pliez vos genoux en gardant le dos droit. Saisissez le sac en l'embrassant puis soulevez en dépliant les genoux. Évitez de faire les mêmes gestes répétitifs trop longtemps.
Alternez les tâches. Le signal pour changer : quand vous vous ennuyez et que vous commencez à faire moins bien.

OISEAUX Il vaut mieux disposer la nourriture pour les oiseaux en l'air plutôt qu'au sol où se développent très vite des bactéries pathogènes. Par ailleurs, le risque de voir les graines souillées par les déjections diminue. De même, il est conseillé de renouveler l'eau des bains d'oiseau chaque matin.

LES FLEURS DU FROID

Comme on est content de les voir s'épanouir, ces premières intrépides qui bravent frimas et plafond bas pour nous offrir les rares sourires de l'hiver. Un ban d'honneur aux crocus, éranthis, perce-neige, iris histrions et danfordiae, à leurs cousins d'Alger (*Iris unguicularis*) que l'on voit dans tant de vieux jardins d'Aquitaine, touffes ébouriffées au coin d'un parterre bordé de buis.
Les premiers narcisses font un brin de causette aux pulmonaires et aux bergénias. Mais les vedettes sont sans conteste les hellébores, qu'il s'agisse des pourpres orientalis ou des blancs, parfois timidement penchés vers le sol. Ils tiendront compagnie aux primevères, qui s'épanouiront par vagues successives, souvent picorées au passage par les oiseaux, en particulier les corolles bleues et jaunes.

SEMEZ LE POIS DE SENTEUR

Le secret pour obtenir des pois de senteur de compétition tient en premier à leur époque de semis. Sachant que cette plante originaire du pourtour méditerranéen (certains disent la Sicile) pousse dès qu'il fait quelques degrés, apprécie les printemps humides mais se dessèche dès les premières chaleurs, un semis précoce est hautement conseillé. Dans leur cas, cela signifie la mi-décembre, sous châssis. Disposez les graines à 5 cm les unes des autres, dans des caissettes à poisson remplies de terreau ou encore à 2 graines par pot de 8 cm de côté. La levée prend souvent trois semaines, puis la croissance est lente. Mais dès le mois de mars vous pourrez mettre en place dehors des plants solidement enracinés qui ne demandent plus qu'à pousser.

DÉGUSTEZ LE TUSSILAGE

Héliotrope d'hiver est l'autre surnom du *Petasites fragrans*, et c'est assez dire que le parfum est son apanage. Cette plante vivace indigène apprécie les terres fortes, voire argileuses, et la mi-ombre. Elle croît honorablement parmi les buissons et le long des haies, grâce à ses rhizomes envahissants. Si le feuillage n'est guère impressionnant, la floraison hivernale étonne par la suavité de son parfum, encore plus perceptible si vous cueillez quelques tiges pour les mettre en vase. Mais attention, c'est une plante envahissante, contre laquelle il n'est pas de remède connu.

CHOISISSEZ LES AS DES ASTERS

Beaucoup d'asters sont capricieux et sensibles à des maladies, au premier rang desquelles l'oïdium qui tache de blanc le feuillage. Voici un choix resserré de variétés vraiment solides : 'Alma Potschke', rose vif ; 'Wonder of Staffa' et 'Mönch', bleu lavande ; 'September Ruby', rouge cerise ; 'Professeur Kippenberg', bleu violet. Donnez-leur la préférence pour un jardin de paresseux.

ASTUCES DU MOMENT

Que disposer au pied des rhododendrons : aux yeux de certains spécialistes, l'un des meilleurs couvre-sol au pied des rhododendrons, azalées et piéris serait le *Lithodora diffusa*. Il est vraiment rampant, persistant et apprécie les sols acides, même s'il est capable de pousser en sol neutre. On connaît surtout la forme bleue 'Heavenly Blue', mais une forme blanche existe ainsi qu'une ravissante variété aux corolles bleues bordées de blanc, appelée 'The Star'.

Qui s'attaque à vos primevères ? Encore une fois, vos primevères sont déchiquetées mystérieusement ? Ne cherchez pas la limace ou l'escargot. Si ce sont des primevères jaunes ou bleu foncé, il y a de fortes chances pour que les coupables soient les oiseaux qui s'attaquent uniquement à certains coloris. Autant le savoir…

Parfois, on ne sait pas très bien si l'allée que l'on imagine est à la bonne place, ou encore si elle est assez large. Plutôt que de vous lancer dans des travaux durables, décapez le sol avant de jeter de l'écorce de pin sur 5 cm d'épaisseur. Vous pourrez tout de suite parcourir la future allée. En peu de temps, vous découvrirez si son tracé est le bon. Ensuite, changez de revêtement.

À RENTRER À L'ABRI MAINTENANT

Dans la plupart des régions, les premiers vrais coups de froid surviennent début novembre. On peut en profiter pour laisser geler les encombrantes feuilles de dahlias, mais attendre plus serait faire courir un risque aux souches. Coupez les tiges fanées au sécateur, puis soulevez-les avec une solide bêche pour les laisser sécher une semaine dans un coin de garage, avant de les stocker sans la terre mais avec des étiquettes lisibles.

Même schéma pour les glaïeuls, les acidanthéras et les bégonias tubéreux. Dans certaines régions, les jacinthes du Cap peuvent rester en terre mais c'est un peu risqué. Les cannas ne le supporteraient pas du tout, hormis certaines variétés anciennes hélas peu courantes.

L'un des meilleurs isolants contre le froid reste le matelas de feuilles mortes. Pour éviter qu'elles ne s'envolent au premier vent, tendez dessus un morceau de voile de forçage assujetti avec quelques briques.

Cette protection suffira pour les fuchsias rustiques, les bletillas, les plus belles parmi les orchidées semi-rustiques, les bases des céanothes et des jasmins, les souches de mélianthus, les montbrétias et les kniphofias, certaines verveines, les phygelius, les penstemons, la plupart des sauges.

Votre brave arrosoir mérite certainement un coup d'anti-rouille.

ADMIREZ LES IRIS NAINS

On trouve des petites potées d'iris nains bleus ou jaunes chez les fleuristes, à partir de décembre, pour 10 ou 15 F. Profitez-en pour les aligner sur une fenêtre et égayer l'hiver. Une fois qu'ils sont défleuris, rempotez-les dans du bon terreau, et laissez-les tranquilles. Le feuillage jaunit et se dessèche en mai.

INSTALLEZ LA CONSOUDE

Portée aux nues par les jardiniers bio, qui voient en elle une alliée pour enrichir le sol en phosphates naturels qu'elle va chercher profondément, la consoude, ou *Symphytum*, est également une plante assez décorative, en particulier pour les fonds de jardins, où l'on ne souhaite pas perdre trop de temps. Capable de s'installer en une année seulement, elle forme ensuite des touffes d'une rare vigueur, surmontées de fleurs mauve tendre à violet changeant, en mai-juin. La sélection des pépinières Cotelle est particulièrement décorative. Évitez comme la peste les variétés panachées qui font penser aux costumes croisés des mafiosi mal repentis.

GAZON Ne roulez pas trop avec la brouette sur votre beau gazon : des traces jaunes marqueront l'herbe pendant toute la belle saison. Évitez également de piétiner l'herbe sans raison. C'est la saison où elle est le plus fragile.

DÉSHERBAGE Ne laissez pas les mauvaises herbes pousser sous prétexte qu'il sera toujours temps de les extirper : les boutons d'or et la véronique poussent même quand il fait froid, et il est ensuite beaucoup plus pénible de les enlever.

JARDINIÈRES N'oubliez pas de remplir vos jardinières avec des pensées, des violas et des primevères. Ces fleurs parfaitement rustiques continuent de pousser pendant les froids et seront ainsi plus belles en mars-avril prochain.

TULIPE, JACINTHE N'achetez pas de tulipes et autres bulbes en promotion après les fêtes sans bien les regarder. Vérifiez si les bulbes sont bien remplis. Attention, les crocus et narcisses ne valent plus rien dès la mi-décembre.

CHRYSANTHÈME Pourquoi laisser au rebut les beaux chrysanthèmes que vous avez achetés à la Toussaint ? En les récupérant, coupez les branches dures comme du bois et couchez-les à plat, sur du sable, dans la serre ou sous châssis. Recouvrez avec 5 cm de sable, et attendez le printemps : les bourgeons, en démarrant, donneront naissance à autant de boutures déjà enracinées.

DAHLIA, BÉGONIA Ne négligez pas de jeter un coup d'œil de temps à autre aux dahlias, bégonias et glaïeuls entreposés en cave. Parfois, un tubercule peut pourrir et contaminer tous les autres.

MUGUET Ne passez pas à côté du plaisir de forcer quelques potées de violettes et de muguet, en les rentrant dans un coin de la véranda, pour profiter de leur parfum dès les premiers beaux jours. C'est vraiment à la portée de tous.

LAPIN Protégez vos arbres nouvellement plantés contre la dent des lapins, si vous jardinez à la campagne. Il arrive parfois qu'ils dévorent tout le pourtour de la base. Un grillage les en dissuadera, à condition d'être un peu écarté du tronc et de monter jusqu'à 50 cm.

PRÉPARATION Bêchez à double profondeur les zones destinées aux rosiers, aux arbustes et aux arbres. De la sorte, vous faciliterez un enracinement profond, gage de résistance à la sécheresse. Retirez les grosses pierres et les racines d'arbres éventuelles. Et ne mélangez pas la terre du fond et celle de la surface.

ROSIER Plantez sans attendre les rosiers, si le temps n'est pas aux grosses gelées. Vous pouvez également les stocker en jauge, pour les installer définitivement en mars.

HAIE Établissez une haie champêtre, à base de charme, fusain d'Europe, prunellier, érable de Montpellier... si le cadre et l'envie vous inclinent vers ce choix. La nature rustique de ces arbres et arbustes ne vous dispense pas de bien travailler le sol et d'arroser pendant le premier été. Ajoutez des rosiers paysages et des pyracanthas pour le coup d'œil.

VIDES Remplacez les arbres et arbustes morts. Élaguez les malades. Regarnissez les vides par des plantations bien choisies. Ne vous désespérez pas si votre haie de thuyas présente ainsi des vides. Plantez en avant des arbustes sympathiques comme les symphorines, qui constituent vite un écran.

CAMÉLIAS Protégez leur base car les racines sont plus fragiles que leur tête. C'est surtout nécessaire pour les camélias plantés en bac. Les emballages à bulles sont parfaits pour cet emploi.

ÉLAGAGE Ne coupez pas les branches tout à fait au ras du tronc quand vous élaguez. À leur base, se trouve une ride ou un bourrelet qu'il faut respecter : la cicatrisation sera plus rapide.

ADOPTEZ LE HOUX

On voit trop peu de houx dans les jardins, or ces grands arbustes ou petits arbres poussent à l'ombre, même sous des arbres denses, avec pour seuls rivaux dans cet emploi, les buis. Leur feuillage est élégant car rarement malade et d'un vert lustré en toutes saisons. Leur fructification rouge, mais également parfois jaune, est bien agréable en hiver. Alors que peut-on leur reprocher : leurs piquants, en premier lieu, mais il suffit de disposer les houx un peu loin des allées pour ne pas se meurtrir à chaque passage. Ceci n'enlève hélas pas l'inconvénient que représentent les feuilles une fois tombées à terre dans les massifs. Portez des gants quand vous devez gratouiller à cet endroit. Et si les fruits manquent à l'appel, c'est signe que vos houx manquent de conjoints. Réclamez à votre pépiniériste le sexe complémentaire.

DÉCOUVREZ LE FRÊNE-ORNE

Appelé également frêne-fleur ou manne, le *Fraxinus ornus* constitue un choix de qualité pour des jardins restreints car il est loin d'avoir l'ampleur du frêne noir, même s'il finit par former un arbre de 10 à 15 m de haut. Natif du sud de l'Europe et des confins d'Asie Mineure, il est cultivé depuis longtemps, mais n'a jamais connu beaucoup de succès en dépit de ses nombreuses qualités : un feuillage léger, vert glauque, un port dégagé, quoique un peu raide dans les premiers temps. La floraison est spectaculaire pour un frêne puisqu'elle produit des panicules blanches, à odeur mielleuse perceptible à plusieurs mètres de là. En revanche, une fois défleuri, il fane assez mal, et les bractées roussissent sur place.

Même si la terre paraît fraîche, un arrosage est toujours le bienvenu après une plantation : il tasse la terre autour des racines en évitant les poches d'air.

ADOPTEZ LE LAURIER-TIN

En bac, en petite haie ou isolé, le laurier-tin fait toujours merveille. Feuillage persistant, floraison hivernale et fructification bleu nuit constituent ses atouts. Il sera à son mieux au soleil, dans une terre maigre ou riche, peu importe. Il est généralement proposé en conteneur, ce qui permet de le mettre en place quand on veut.

RECUEILLEZ L'AUBÉPINE

Ne cherchez plus les aubépines ou crataegus dans les catalogues, le feu bactérien, qu'elles contribuent à propager, a signé leur interdiction de vente. Cependant les oiseaux s'en moquent bien et des semis spontanés ne manqueront pas d'apparaître dans les endroits les plus inattendus, comme au pied d'une touffe de noisetier ou sous un rosier grimpant. Normal, les graines sont directement mises en place par les oiseaux au terme de leur digestion. Vous reconnaîtrez ces jeunes plants à leur feuillage fin, à leur bois noir et contourné. Laissez-les pousser quelques années, puis repiquez-les dans une haie rustique, en compagnie d'érables champêtres et de cornouillers, pour le plus grand bonheur… des oiseaux.

DÉGUSTEZ LES VIORNES

Si le *Viburnum grandiflorum* n'a guère de succès par lui-même, les hybrides obtenus entre lui et *V. farreri* ont attiré très tôt l'intérêt des amateurs. Appelés *V. bodnantense* en hommage au jardin de Bodnant, au pays de Galles, où ils furent obtenus dans les années trente, ces arbustes vigoureux, au port dressé, même un peu raide, produisent dès la fin de l'automne, et souvent jusqu'en avril, des petites corolles un peu chiffonnées, roses en bouton puis couleur joue d'enfant. Mais avouons que l'œil ne s'attarderait guère tandis que le nez est irrésistiblement attiré par leur parfum de jacinthe ou de narcisse des poètes. Quelques branches coupées dans des bouquets de style japonais suffisent à parfumer une pièce. À noter que le feuillage, plutôt banal, répand quant à lui une odeur de caoutchouc brûlé peu ragoûtante. À placer plutôt à l'écart des allées.

LAURIER-ROSE Testez la rusticité des lauriers-roses, en dehors du littoral atlantique ou méditerranéen.

Il est plus prudent de rentrer les bacs à l'abri d'un garage ou d'une resserre. Arrosages réduits au minimum. Attention aux mouches blanches et aux pucerons gris en janvier. Une pulvérisation de savon noir vous en débarrassera.

SEMIS Ne croyez pas que le semis de graines d'arbres est hors de votre portée. C'est au contraire un passe-temps agréable. On procède souvent au semis avant l'hiver, en recouvrant les terrines avec du sable, puis en les plaçant dehors pour que le froid effectue son action bienfaisante. La levée a lieu au printemps. Les enfants seront ravis de repiquer leur marronnier ou leur chêne…

vous peut-être moins car ces arbres ne demandent ensuite qu'à pousser. Et si vous les incitiez à en faire des bonsaï ?

TUTEURAGE N'oubliez pas de vérifier le tuteurage d'arbres plantés récemment. Même si vous les avez correctement tuteurés à la plantation, le sol a bougé depuis. Regardez si les attaches ne sont pas en train de meurtrir l'écorce ou même d'étrangler l'arbre. Les chambres à air de vélo usagées constituent des attaches idéales, une fois découpées en lanières de 30 cm de long sur 3 de large.

COULEURS POUR L'HIVER

Des ronces à écorce décorative, comme les *Rubus cockburnianus* et *thibetanus* seront plantées en groupes, à l'arrière-plan des massifs de plantes vivaces, mais devant un écran de feuillage persistant. À leur pied, un tapis de géraniums *macrorrhizum*.

Les hamamélis nécessitent un arrière-plan dense pour être mis en valeur. Pourquoi pas des ifs, mais surtout pas taillés trop strictement pour conserver une touche de naturel à l'ensemble. Plantez des groupes de sarcococcas au pied pour obtenir un tapis vert foncé et affirmer les parfums de ce coin de jardin. Les mahonias japonais et l'hybride 'Charity' seront moins raides si on les mélange avec des bambous nains et des nandinas, avec quelques houx du Japon (*Ilex crenata*) que vous pouvez tailler en forme de toit de pagode.

Les osiers et saules décoratifs (*Salix helvetica, lanata, daphnoides…*) forment des grandes haies libres charmantes pour séparer le jardin de la campagne avoisinante. On taillera en fin d'hiver, plus pour faire des fagots que pour limiter la haie.

PLANTATION Plantez des arbres fruitiers, même bien après la Sainte-Catherine. Prenez le temps d'évaluer leur future croissance, et donnez-leur de l'air. Choisissez des porte-greffe nanifiants si la place risque de manquer (cognassier pour poirier, M9 pour pommier).

GREFFE Coupez des greffons pour les futures greffes en fente de printemps. La greffe reprend en général d'autant mieux qu'il y a un décalage de végétation entre le porte-greffe, déjà démarré, et le greffon, encore au repos. Choisissez des rameaux de l'année, plutôt moyens que trop gros, détachés sur des arbres fertiles et sains. Étiquetez soigneusement et enterrez dans du sable, le long d'un mur au nord. Échangez des variétés avec vos amis et voisins, pour élargir votre gamme.

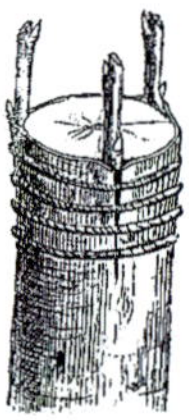

FRAISE Plantez des fraisiers remontants. Si la plantation est soignée et la terre de bonne qualité, vous récolterez des fraises dès le mois de juillet.

RAISIN Plantez une treille sur une pergola, c'est la plante grimpante la mieux adaptée à ce cadre : elle perd ses feuilles tardivement, vous laissant profiter du pâle soleil de printemps ; elle produit un ombrage de grande qualité sous lequel il fait bon faire la sieste, et vous donne une récolte agréable en automne… à moins que les merles et les frelons ne soient passés avant vous.

SEMEZ L'ABRICOTIER

Si vous avez goûté des abricots délicieux l'été dernier, et mis de côté des noyaux dans du sable, tout simplement dans un pot de terre cuite enterré au pied d'un mur, il est temps de les répandre dans un coin du potager. La levée surviendra en mars-avril. Contrairement à beaucoup d'arbres peu fidèles de semis, l'abricotier donne souvent des résultats excellents : plus le fruit est petit, meilleur il est.

ADOPTEZ LE NÉFLIER

Ce petit arbre tourmenté, qui ne dépasse que lentement les deux mètres de haut, offre un spectacle étonnant quand les nèfles mûrissent en novembre, tandis que le feuillage prend des couleurs mordorées. Attendez que les gelées attendrissent ces fruits à la chair moelleuse si particulière. À planter dans une haie champêtre.

PLANTEZ UN POMMIER

Les pommiers étant vendus à racines nues, il faut impérativement les mettre en place pendant la période de repos, de novembre à février. Veillez à ce que les racines ne soient pas sèches. Les arbres expédiés par correspondance sont généralement arrachés au dernier moment et expédiés avec soin. Après avoir bêché soigneusement, à 30 cm de profondeur, et sur un rayon de plus d'un mètre, creusez un trou assez vaste pour contenir les racines, à leur aise. Posez l'arbre sur un petit monticule de bonne terre. Puis disposez les racines en parapluie. Enfin comblez avec de la terre fine, en veillant à ne pas enterrer le bourrelet de greffe, qui doit rester à 10 cm au-dessus du niveau final du sol. Arrosez copieusement. Tuteurez si besoin est.

TRAITEZ LA TAVELURE

Commencez votre programme de lutte contre la tavelure en traitant avec une bouillie bordelaise en novembre puis fin janvier. Des variétés exquises comme 'Duchesse d'Angoulême' ou 'Doyenné du Comice' sont hélas particulièrement sensibles à cette maladie.

PLANTER DERRIÈRE UN ARBRE MORT

Une fois que vous aurez coupé le vieil arbre fruitier mort, que faire ? Commencez par arracher la souche, avec le maximum de racines, car elles risquent de nourrir pendant longtemps des champignons parasites comme le pourridié, qui s'attaquent à beaucoup d'arbres et arbustes. Faites un vide sanitaire et laissez l'herbe regagner le terrain. Éventuellement, cultivez dans cet emplacement bien foui des dahlias ou des haricots grimpants mis à pousser sur des tuteurs en tipis. L'année suivante, vous pouvez envisager une nouvelle plantation. Évitez de rester dans le registre des arbres fruitiers. Si la place manque, optez pour un arbre à pépin là où il y avait un fruitier à noyau, et inversement.
Changez une partie de la terre du trou de plantation, et ajoutez beaucoup de compost. Avec toutes ces précautions, des arrosages suivis le premier été et des apports d'engrais, tout devrait bien se passer.

DEUXIÈME PÉRIODE

LE TEMPS DU RÉVEIL

FÉVRIER MARS

Un frémissement,
quelque chose qui tient
du dégourdissement,
de l'étirement,
avec parfois des raideurs,
car il ne s'agirait pas
de prendre froid.
Ces deux mois
sont critiques,
pleins de promesses
mais aussi quelque peu
laborieux à s'installer.
On sourit cependant
entre deux giboulées,
et le moral remonte.

RADIS, FÈVE, CAROTTE, POIS

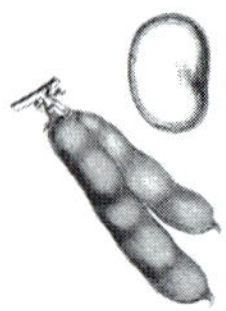

Semez sur une terre bêchée et émiettée tous ces légumes rustiques. Placez un voile de forçage dessus pour favoriser la germination et éviter les dégâts des oiseaux.

HERBE AROMATIQUE Semez des herbes aromatiques dès maintenant. Non seulement les classiques persil et cerfeuil, en privilégiant toujours les variétés à feuilles simples qui sont les plus parfumées, mais aussi la coriandre et le basilic, au chaud, l'aneth, la ciboulette et la pimprenelle.

LAITUE Plantez des laitues rustiques en février, à bonne exposition. Et n'oubliez pas les granulés anti-limaces.

CHOU Semez des choux, en changeant peut-être de variétés. Testez les hybrides F1, comme 'Hidena', souvent impressionnants (mais leur période de récolte est groupée sur quinze jours), et les brocolis ou les choux-raves.

CRESSON Semez du cresson dès qu'un espace se libère au potager. Vous obtiendrez ainsi la première salade du printemps, si vous avez oublié de planter des laitues d'hiver.

CHÂSSIS Nettoyez le verre de vos châssis et cloches. La lumière manque…

NAVET Semez des navets de Croissy dans la première quinzaine de mars, car ce sont les meilleurs à déguster en primeur, dans deux mois tout juste. Essentiel : l'éclaircissage du semis pour laisser au moins 10 cm entre chaque navet.

AIL, ÉCHALOTE Plantez de l'ail rose et de l'échalote Cuisse de poulet.

POMME DE TERRE Achetez d'urgence votre plant de pomme de terre. Si vous attendez trop, il y aura moins de choix. Groupez-vous à plusieurs pour acheter quelques clayettes de variétés différentes et les partager. Essayez de nouvelles pommes de terre pour varier vos futurs menus. Plantez vers le 15 mars.

SEMEZ L'AUBERGINE À CHAUD

Si vous êtes très patient, et grand amateur d'aubergines, faites vos semis dès le 15 février, dans une jardinière posée sur un radiateur. Arrosez les graines au vaporisateur, et recouvrez d'un film en plastique alimentaire. Si vous jardinez au nord de la Loire, choisissez impérativement une variété hâtive comme 'Baluroy' ou 'Prélane'. Le semis met souvent quinze jours à lever.

SEMEZ LA CAROTTE

Mélangez les graines avec beaucoup de sable fin pour mieux les répartir. Une petite casserole de sable convient pour une pincée de graines. Recouvrez ensuite avec encore 1 cm de sable. Puis tassez avec une bouteille pour obtenir un profil creux en gouttière. Posez un voile de forçage et soyez patient : la levée prend souvent trois semaines. Mais vous avez du temps…

ESSAYEZ LE CHOU-RAVE

Ce chou à la tige renflée est subtil si on le récolte quand il ne dépasse pas la taille d'une orange. À déguster râpé ou cuit à la vapeur. Semis sous châssis en godet, suivi d'un repiquage. Il y a peu de variétés mais les blanches sont plus tendres que les violettes.

Bêchez à grosses mottes pour laisser le gel agir. En commençant par le milieu des planches, vous constituerez des petites buttes qui s'égoutteront mieux si le printemps est pluvieux.

DÉMARREZ LES TOMATES

Semez vos tomates au chaud, en mars. Aménagez un emplacement de rêve, au-dessus d'un radiateur et près d'une fenêtre, exposée plein sud de préférence. Quelques caissettes en plastique, du terreau léger, un sac transparent pour envelopper l'ensemble, et le tour est joué. À la limite, des emballages pour pâtisserie sont parfaits pour le premier stade car on peut surveiller la levée et entrouvrir le couvercle. Inutile de percer le fond, on arrosera simplement avec modération. Tant que vous y êtes, semez également des poivrons. Levée en dix jours.

CHANGEZ DE PETIT POIS

Aucun doute n'est permis, aucune hésitation n'est de mise : c'est le 'Merveille de Kelvedon' que vous devez semer. Bien sûr, on vous proposera une kyrielle d'autres variétés, aux noms généralement impossibles à retenir, et c'est tant pis car seul le Kelvedon vous donnera des grains tendres comme tout. Certes, ils seront parfois gros, mais jamais farineux, tandis que les nouvelles variétés, sélectionnées pour les fabricants de surgelés, sont petites mais dures comme du plomb à cartouches. Le Kelvedon peut être semé en mars, à deux reprises séparées de 15 jours pour étaler la production. Attendez une période de temps doux mais pas trop pluvieux. Protégez ensuite le semis avec des branchages épineux. Vous lui donnerez ensuite des rames de 50 cm ou une bordure grillagée de la même hauteur à escalader allégrement.

MISEZ SUR LE BON RADIS

S'il est un domaine où la sélection a fait des merveilles, c'est bien chez les radis. Les hybrides F1 supportent de rester quelque temps sans se creuser ni devenir trop piquant. Le demi-long 'Fluo' et le rond rouge 'Tinto' (Vilmorin) tiennent la tête. Ils sont plus chers ? Une raison de plus pour disposer les graines au bon écartement, tous les 5 cm, sur des rayons écartés de 15 cm. Vous vous éviterez un éclaircissage ultérieur. Avec une pincée de graines, vous obtiendrez une belle botte au bout de cinq à six semaines.

ARTICHAUT Plantez des œilletons d'artichaut en mars. On en trouve au marché vendus en bottes... ou chez le voisin qui entretient sa plantation. Les verts, comme le Camus breton, ou le gros vert de Laon, ont un fond plus charnu que les violets.

COMPOST Épandez une couche de compost épaisse de 5 cm environ sur les futurs emplacements de vos tomates, melons et potirons. Posez un film plastique dessus pour éviter que les pluies ne détrempent le sol.

POIREAU Semez vos premiers poireaux pour en déguster cet été, à la vinaigrette. Les poireaux jaunes du Poitou ou d'été sont les meilleurs pour cet usage. Les graines mettent deux à trois semaines pour germer. Les plants seront repiqués en mai, à 20 cm de distance sur des rangs espacés entre eux de 30 cm au moins car ces poireaux ont un feuillage très développé.

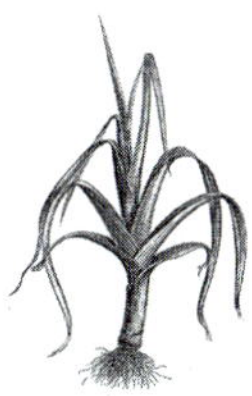

PERSIL En mars, semez du persil d'Italie dans un coin du jardin, au pied d'un mur. Il mettra trois semaines à germer, et les touffes se développeront surtout à partir du mois de juin. Vous aurez de quoi parfumer tous vos taboulés de l'été, qui doivent être verts et non blancs de semoule.

MAUVAISES HERBES Si votre terre s'est enherbée, posez une bâche plastique noire quelques semaines avant de bêcher. Le travail ultérieur sera plus facile.

UN PEU DE CHALEUR FACILE

Les matériaux modernes ont parfois du bon, même si leur esthétique laisse souvent à désirer. Là où nos aïeux n'avaient que de lourds châssis vitrés et des cloches, superbes mais d'une telle fragilité que le simple fait de les évoquer rappelle à la mémoire tel fracas involontaire, nous avons à notre disposition tous les plastiques. Généralement proposés en petits tunnels, voire en l'équivalent d'une niche à chien munie de vasistas, ils sont affreux.
À la place, adoptez les voiles de forçage. Extrêmement légers, ils se posent directement sur la planche de légumes, après le semis ou le repiquage. Laissez du mou car les plantes doivent pouvoir prendre de l'expansion, en soulevant le voile. La germination des graines est excellente, et la récolte gagne au moins une semaine d'avance.
Posez des briques sur les côtés, ou simplement des lattes de bois pour empêcher que le voile ne s'envole à la première bourrasque. À la fin du printemps, vous pourrez récupérer le voile, le ployer pour le réutiliser à l'automne.

VIVE LES OIGNONS DE PAYS

Si vous avez suivi nos conseils et semé en janvier des oignons du Midi ou d'Italie comme le 'Gros de Rebouillon' ou le 'Blanc géant d'Ingegnoli', il est temps de mettre en place le jeune plant, courant mars. Repiquez sans enfoncer de plus de 3 cm.

À l'occasion d'un périple dans le Midi, le Languedoc en particulier, vous tomberez peut-être sur les énormes oignons de pays. On les trouve souvent sous le nom de cèbe et chaque village possède sa race. Essayez de trouver des plants à repiquer immédiatement, dans un coin de terre légère et en plein soleil. Ils ne seront peut-être pas si gigantesques ni si doux que dans leur contrée d'origine.

Il n'est pas trop tard pour continuer les semis d'oignons jaunes classiques, mais sans tarder : les graines lèvent même s'il fait seulement 5 °C, et comme elles mettent trois semaines à germer, et que les débuts sont lents, autant se dépêcher. Si vous ne disposez pas de terre libre ou préparée, semez dans une caissette remplie d'un mélange moitié sable moitié terreau.

BORDEZ EN CIBOULETTE

Constituez la plus mignonne des bordures de potager en divisant vos touffes de ciboulette alors que les feuilles pointent à peine du sol. Récupérez les petits bulbes et repiquez-les tout de suite en ligne, à 3 cm les uns des autres, le long d'un cordeau bien tendu. Un arrosage suffit à plaquer le sol autour des racines. Paillez avec du terreau en juin, et coupez le feuillage tous les mois pour assurer sa fraîcheur. La floraison sera spectaculaire dès le printemps prochain, et la bordure peut rester en place près de cinq ans.

TESTEZ L'ÉPINARD

Pas toujours évident de réussir les épinards au printemps. Certes les graines lèvent même s'il fait froid, mais les limaces interviennent encore plus vite pour faire table rase. Comme on recouvre les semis avec un voile de forçage, les dégâts sont cachés aux yeux, et ce n'est qu'en soulevant le voile que l'on s'aperçoit des manques. Des appâts épandus au moment du semis y mettront bonne garde. Par la suite, les épinards lambinent un peu, car les pointes de froid d'avril bloquent l'azote dans le sol. Dopez en douceur au purin d'ortie dilué. À la cueillette, vous pouvez ajouter quelques feuilles d'oseille-épinard pour faire plus de volume, mais attention, certains gourmets n'aiment pas son acidité, pourtant légère.

RENOUVELEZ LE CERFEUIL

Si le cerfeuil semé avant l'hiver est en pleine production, il ne va pas tarder à monter à graine, vous lâchant au moment où l'on a le plus besoin de sa saveur unique pour améliorer les potages aux poireaux ou parfumer les premières salades de l'année. Engagez une nouvelle production en semant serré sur un mètre, à trois reprises tous les quinze jours. La levée est parfois capricieuse, mais ce serait bien le diable si vous ne réussissiez pas au moins l'un de ces semis. Un apport de purin d'ortie ou un paillis de vieux compost bien noir fera le plus grand bien.

GOURMANDISES

Les pissenlits sont bons à couper dans la pelouse, en n'oubliant pas de secouer la terre qui se niche au cœur, cela facilitera la tâche de la cuisinière. N'oubliez pas de déglacer les lardons avec une giclée de vinaigre, avant de verser sur la salade. Servir aussitôt.

Les épinards rescapés de l'hiver doublent de volume au printemps en quelques semaines. Coupez-les entiers, et nettoyez-les à plusieurs eaux. Puis faites-les cuire à la vapeur, sans oublier de les saler. Égouttez et pressez dans un linge soigneusement. À part, délayez trois cuillerées de farine dans un verre de lait, ajoutez trois œufs et battez le tout. Salez et poivrez, sans oublier une pointe de muscade. Versez sur les épinards étalés dans un plat à gratin. Passez au four chaud pendant un bon quart d'heure.

Les salsifis ne sont plus guère cultivés, on leur préfère les scorsonères à la peau noire, plus productives. Cependant la finesse des vrais salsifis reste sans égale. Cuisez-les à la cocotte-minute, sans oublier de jeter une cuillerée à café de farine dans l'eau de cuisson. Servez avec une sauce normande préparée en faisant blondir un oignon émincé dans du beurre. Ajoutez encore un peu de beurre et une cuillerée de farine pour épaissir, puis mouillez avec du cidre, salez, poivrez et incorporez de la crème fraîche pour finir par un jus de citron. Nappez, goûtez.

Le coin des châssis est hautement stratégique. Vous pouvez entourer ces derniers avec des feuilles mortes pour y confiner la maigre chaleur solaire.

RETROUVEZ LA ROMAINE

Nos aïeux ne juraient que par elle, la préférant aux autres salades, à moins qu'ils n'aient pas connu tout simplement la diversité des laitues. Les maraîchers parisiens s'en faisaient une spécialité, les repiquant par cinq pieds sous leurs fameuses cloches en verre. Mais ils n'oubliaient pas deux gestes essentiels : aérer dès qu'il fait beau en soulevant du côté du sud. Et attacher la pomme quand elle commence à tourner, avec un simple lien de raphia. De la sorte, au lieu de s'écarter, les feuilles restent serrées et l'intérieur est plus tendre. Semez dès le 15 février de la romaine 'Ballon', tendre et sucrée, directement en place, dans une plate-bande bien exposée. Mélangez les graines avec celles de radis ronds hâtifs ('Savour', par exemple), et comptez 5 m de semis. Semez au creux d'un sillon à fond plat. Recouvrez de terreau, et passez avec une planche pour tasser.

FORCEZ LA POMME DE TERRE

Dès la fin du mois de février, vous pouvez mettre en place vos premières pommes de terre, des précoces comme la 'Belle de Fontenay' ou la 'Sirtema'. Creusez des trous de 15 cm de profondeur, en rabattant la terre du côté du nord pour former un ados. Recouvrez le plant avec un peu de terre fine, puis posez un voile de forçage. Dès que les premières pousses apparaissent, grattez le sol, et buttez à deux ou trois reprises. Épandez des cendres de bois à l'occasion d'un de ces buttages. La récolte peut commencer en fin avril, début mai, quand les premières fleurs apparaissent.
En mars, continuez vos plantations avec des variétés de saison, dont la fameuse 'Ratte', la 'Bintje' et toutes les apparentées ('Mona Lisa'...).

ARTICHAUTS Ne laissez pas trop longtemps la protection autour des artichauts. Leur végétation redémarre début mars. Si le temps est au beau, écartez les feuilles mortes, et surtout enlevez les plastiques pour que l'air circule librement.

TUNNEL Poser un petit tunnel ou un film de forçage sur une planche fraîchement semée est parfois risqué. Les mauvaises herbes vont démarrer plus vite que les légumes, et vous aurez du mal à désherber. Disposez votre protection quinze jours plus tôt, laissez lever les mauvaises herbes, binez, semez et replacez le plastique. Ça marche beaucoup mieux dans cet ordre, et vous économisez temps et fatigue.

ARROSER Il est dangereux d'oublier d'arroser sous les châssis. Profitez de matinées clémentes pour aérer et arroser les légumes sous châssis et tunnels. Jamais d'arrosage le soir, cela retarde beaucoup la végétation, et peut même la faire geler.

POIS Semer des petits pois sans penser aux oiseaux est risqué. À cette saison, ils sont affamés. Donnez-leur des graines et de la graisse, et disposez des branches de berbéris ou de houx sur vos semis pour les dissuader.

SALADES Prudence si vous repiquez directement dehors des plants de salade achetés en jardinerie ou sur le marché. Ils ont été forcés en serre et doivent être abrités, au moins pendant les quinze premiers jours. Sous tunnel donc, pendant une bonne semaine.

ASPERGES Le moment est venu de songer à butter vos asperges. Si vous oubliez de le faire, adieu les belles asperges blanches. Certains préfèrent les déguster vertes, mais il vaut mieux adopter alors une variété sélectionnée pour cela, qui ne s'ouvre pas dès qu'elle pointe hors du sol.

ÉCHALOTE Si la terre est vraiment trempée, attendez un peu avant de planter vos échalotes.

FLEURS ANNUELLES Semez des fleurs annuelles dans des caissettes, sous une vitre : alysse odorant, bleuet, coquelicot, cynoglosse, eschscholzia, gypsophile, némophile, œillet de Chine, silène à bouquet.

BULBEUSES D'ÉTÉ Plantez des lis, des anémones, des montbrétias, des renoncules et des tigridias, en ligne dans le potager. Vous aurez ainsi des fleurs originales pour vos bouquets.

DAHLIA Jetez un coup d'œil à vos souches de dahlias, rangés à la cave. Remuez-les délicatement pour voir si certaines ne pourrissent pas insidieusement et, si c'est le cas, coupez les « patates » abîmées. Envoyez votre commande à votre fournisseur habituel.

PLANTES VIVACES Nettoyez vos massifs de plantes vivaces. Les restes de la végétation de l'année précédente sont tout secs. Ils se séparent facilement des souches, ce qui n'est pas le cas à l'automne. Entassez ces déchets sur le tas de compost, ou utilisez-les pour allumer le feu. Épandez une bonne couche de compost maison ou de fumier bien mûr autour des plantes gourmandes, lupins et delphiniums en particulier, avant de bêcher.

BOUTONS D'OR Extirpez les boutons d'or avec une petite griffe à dents plates ou un sarcloir allongé, en cherchant à récupérer la base avec le départ des racines. Ne tirez pas brutalement sinon les feuilles cassent net, et il faut tout refaire un mois plus tard. Tirez sur les ronces avec des gants de cuir, elles viennent entières.

BERGÉNIA Répandez de la terre fine ou du compost bien mûr sur les souches de bergénias qui se sont dégagées du sol sous l'effet des gel et dégel successifs. Juste après la floraison, arrachez les plus âgées pour les diviser : lors de cette opération, récupérez en priorité les rejets périphériques, mieux conformés que ceux du centre. Replantez immédiatement dans un coin du potager ou directement en place. Même conseil pour les heuchéras.

SEMEZ LA COBÉE

À voir les volumes de graines de cobée vendus chaque année, on pourrait croire que la France entière en est couverte. Et pourtant, il n'en est rien, car c'est une fleur capricieuse, à la vitesse de croissance proprement surprenante dans le Midi et le Sud-Ouest. Avec comme point d'orgue les cloches bleues qui prennent leur couleur avec une apparente lenteur. Semez-la dès maintenant, au chaud, en plaçant la graine plate sur la tranche, sans trop l'enterrer, en disposant deux graines par godet. Tuteurez dès le départ, même si la tige paraît solide car elle démarre ensuite très vite. Mettez en place fin avril ou début mai, sans bousculer la motte de racines, et arrosez généreusement tout l'été.

PLANTEZ L'EUPHORBE

Le festival en vert acide des euphorbes va bientôt démarrer, avec l'euphorbe *polychroma*. Des plantes très précieuses que vous mettrez en valeur en les groupant car elles n'aiment guère la solitude, hormis peut-être les grandes euphorbes *characias* à la silhouette si surprenante qu'elle se savoure à l'unité. Les euphorbes vivaces que vous allez mettre en place ce printemps vont se développer et fleurir seulement l'année prochaine.

Qu'il est agréable de semer, quand le terreau est tout frais, et qu'il suffit de tracer les sillons pour déposer les précieuses graines.

PERSÉVÉREZ SUR LE KOCHIA

Cette plante annuelle lève parfois mal si la graine a plus d'un an. Achetez cette dernière au dernier moment, dans un magasin à débit important. Semez à froid, dans un coin de châssis. Souvent il arrive de gros problèmes lors de la transplantation : n'hésitez pas à prendre une motte importante autour des racines.

GOÛTEZ À L'ASARINA

Essayez au moins une fois cette plante grimpante et vous ne pourrez plus vous en passer. Le plus dur sera de trouver des graines (Thompson & Morgan), puis de les semer au chaud. La levée n'est guère capricieuse mais la croissance un peu lente au début vous fera douter du résultat. Un premier repiquage sous abri, puis une mise en place fin mai permettront de donner le coup de pouce. Ensuite, l'asarina envahira tout l'espace disponible et ne manquera pas de fleurir en plein été avec des dizaines de corolles bleu nuit. Parfait pour un balcon ensoleillé, mais ne lésinez pas sur les arrosages.

PAILLEZ LA PULMONAIRE

Poussant à l'origine dans des clairières, les pulmonaires ont conservé de cet atavisme la particularité de démarrer très tôt en saison : le feuillage pointe en plein hiver et se déploie aux premiers beaux jours, assurant un écrin de qualité pour des bulbeuses aussi intrépides qu'elles. Mais l'été est souvent ingrat : le feuillage se couvre d'oïdium ou se dessèche carrément. Pour contrecarrer cette évolution, paillez copieusement et arrosez à deux ou trois reprises, en juin-juillet. Vous procéderez à la division des touffes en début d'automne, de préférence.

IMPROVISEZ UN MASSIF

Juste devant la maison, créez un massif de plantes vivaces qui sera décoratif dès cet été. Au menu : achillées 'Summer Pastel', armoises 'Powis Castle', valérianes blanches, népétas et santolines. Un joli mélange d'argent et de coloris pastel.

TULIPE, NARCISSE Stimulez la floraison des tulipes et narcisses. Vous pouvez épandre, en début février, du terreau entre les jeunes pousses. Mélangez avec quelques poignées d'Or brun pour nourrir les futures fleurs.

PENSÉE, GIROFLÉE Repiquez des plants de pensées, de violas ou de giroflées jusque-là conservées sous châssis. Prélevez-les avec une belle motte de racines. La reprise est immédiate et la floraison assurée un mois plus tard.

SEMIS Mettez de l'ordre dans vos terrines à semis : lavez-les soigneusement, regroupez vos étiquettes et commencez un cahier de semis nouveau.

ŒILLET Semez des œillets Chabaud dans une caissette de terreau. On les trouve par sélections de couleur ou en mélange. Vous les transplanterez en pots ou en pleine terre, en avril. Ils méritent une terre riche et des arrosages jusqu'à la floraison, sans oublier quelques apports d'engrais soluble (Algoflash).

ALLÉES Grattez dans les allées. C'est quand les mauvaises herbes sont au stade de plantules qu'il faut s'en débarrasser. Pour cela, utilisez une binette régulièrement affûtée, pour votre confort.

MOUSSE Celle que vous récupérez dans la pelouse après avoir passé le scarificateur peut être épandue au pied des arbres et des arbustes, où elle finira de se décomposer lentement.

LES FLEURS DU RENOUVEAU

Si les narcisses sont souvent les premiers à entonner la chanson des fleurs nouvelles, ils peuvent être accompagnés dignement à condition d'héberger au jardin les crocus, les hépatiques, les épimédiums et les doronics. Ajoutez des choux panachés pour donner du volume, ils fleuriront en avril et seront magnifiques.

Les jacinthes exploseront de parfum dans peu de temps, accompagnées par les muscaris, qui font des petits bouquets si ravissants. Dans la serre ou le grand tunnel, vous aurez paré des potées de tulipes précoces accompagnées d'arabis blancs. Les pâquerettes feront honneur à leur nom, tandis que les premières pensées dignes de ce nom surgissent dès le mois de mars.

Le feuillage panaché des pervenches (*Vinca minor* 'Argentovariegata') apportera une tache de couleur dans les sous-bois, où les violettes du Labrador forment de grands tapis ravissants. Euphorbes et hellébores se répondent à travers le jardin en nuances acidulées.

ENTRETENEZ LES TULIPES

On a trop souvent tendance à considérer les tulipes comme des fleurs sauvages parce qu'elles fleurissent fidèlement, au point de les abandonner. En les arrosant quand le temps est au sec, en leur apportant un peu d'engrais liquide, en supprimant les mauvaises herbes à leur pied, non seulement les fleurs dureront une semaine de plus, mais elles seront plus belles et les bulbes grossiront mieux ensuite. Idem pour les jacinthes, encore plus exigeantes.

DÉPLACEZ LA JULIENNE

En vous y prenant au mois de février, vous pouvez encore déplacer les juliennes des jardins qui se sont ressemées l'été dernier n'importe où. Non seulement les touffes reprennent bien, mais leur floraison en paraît même stimulée. Paillez et arrosez copieusement pour faciliter la reprise. Plantez serré, à 25 cm d'écartement pour obtenir un effet de masse pendant la floraison mauve, en mai, si délicieusement parfumée.

RABATTEZ L'ÉPIMÉDIUM

Pour profiter de la floraison printanière de ce couvre-sol increvable et si beau, un seul geste : coupez à 10 cm des feuilles de l'année précédente. Les fleurs surgiront un mois plus tard et montreront leurs éperons, certes plus courts que ceux des ancolies mais charmants tout de même. Ensuite le nouveau feuillage se déploiera, dans des nuances cuivrées étonnantes, qui vous feront contempler avec fierté cette plante encore trop peu connue.

ADOPTEZ DES SPRINTEUSES

Dans un coin du potager, repiquez quelques pieds de ces fleurs vivaces au développement ultra-rapide, que vous pourrez prélever ensuite pour combler des vides : chrysanthème 'Clara Curtiss', aster 'Monte Cassino' ou 'Lady In Black'.

CUEILLEZ LE BROUILLARD

Les fleuristes des halles d'autrefois appelaient ainsi la gypsophile sauvage. Souffle de bébé, tel est le surnom bien trouvé que donnent les jardiniers anglais à cette fleur sans laquelle nos bouquets ordinaires seraient bien lourds.

Il en existe des variétés vivaces, comme le fameux 'Bristol Fairy' ou encore le rose 'Flamengo', qui peuvent ourler les massifs de plantes vivaces, se glisser entre des touffes plus denses, et les alléger comme par miracle. À planter en terre caillouteuse.

Mais n'oubliez pas pour autant les espèces annuelles qui fleurissent dès le premier été. Avec un paquet de graines vous avez de quoi réaliser un rang entier au potager.

Un seul secret, leur donner une terre légère et calcaire de préférence. Un simple apport de chaux horticole les comblera, à raison d'une poignée pour 5 m linéaires. Semez ensuite tout simplement, dans la deuxième quinzaine de mars, en lignes, comme des carottes. Éclaircissez les plants pour n'en laisser qu'un tous les dix centimètres, et le tour est joué.

VIVACES À SEMER PRÉCOCEMENT

On oublie trop souvent que les plantes vivaces peuvent se multiplier de semis. Cela permet d'obtenir de grandes quantités à faible coût. La plupart se sèment en fin de printemps, quand les fleurs annuelles ont libéré la place.

Mais quelques-unes requièrent plus de temps, et s'accommodent de températures relativement fraîches au début : c'est le cas des alysses, des ancolies, des astrantias, des campanules, des centaurées, des valérianes, des œillets, des digitales, des chardons décoratifs, des gaillardes, des gypsophiles, des pois de senteur vivaces, des statices, des lins bleus, des lychnis, des œnothères, des pavots d'Orient, des potentilles, des primevères, des saponaires, des sauges, des sarriettes, des thalictrums et des violettes.

Le semis proprement dit ne requiert pas de matériel complexe : les fameuses caisses à poisson en polystyrène récupérées après le marché et un bon terreau suffisent. Recouvrez avec une plaque de verre pour confiner un peu l'atmosphère. Arrosez deux fois par semaine et épandez quelques granulés contre les limaces. N'oubliez pas d'étiqueter.

Il faudra consacrer du temps au repiquage, en mai, puis à la mise en place cet automne. À vous de voir si cela correspond avec votre calendrier de vacances...

Beaucoup de plantes vivaces germent mieux si on laisse agir le froid sur les graines.
Il suffit de semer en pot ou en caissette, puis de disposer dans un coin de châssis à l'air libre... Des branchages éviteront que les oiseaux et les chats ne viennent gratter.

SURVEILLEZ LE MUFLIER

Parfois les mufliers semblent vouloir durer un an de plus. Mais attention, ils finissent par être porteurs d'une maladie redoutable, la rouille, et sont alors capables de la transmettre aux jeunes semis. Éliminez-les donc sans pitié. En revanche, les jeunes plants semés avant l'hiver, et qui ont traversé ce dernier à l'abri, sont prêts à être mis en place, à 30 cm d'intervalle. Vous pouvez également semer des mufliers sous châssis froid en mars. Attention aux mufliers vendus en clayettes, qui sont souvent des variétés naines traitées pour rester encore plus compactes. Leur développement ultérieur risque de vous décevoir.

APPRÉCIEZ LES NARCISSES NAINS

Les petits narcisses botaniques mettent parfois deux ou trois ans avant de former des touffes compactes et florifères. On leur pardonne tant le spectacle qu'ils offrent est charmant, juste après celui des crocus. Une idée de charme : plantez-en des lignes sous des pommiers en cordons, avec quelques primevères. Si les touffes fleurissent moins, c'est le signe qu'elles sont trop denses. Arrachez-les quand le feuillage est encore vert et divisez les touffes avant de les replanter. On peut le pratiquer aussi en fin d'été, mais comme il ne reste rien pour indiquer l'emplacement, on les oublie généralement.

MOUSSE ET GAZON Attention au sulfate de fer : ne le dispersez pas à tort et à travers. Épandez seulement sur des endroits préalablement grattés et jamais près des dallages, ce produit étant extrêmement tachant. Si la mousse envahit régulièrement certaines parties de votre pelouse, c'est certainement parce que les conditions ne sont pas favorables à la croissance de l'herbe : sol compacté, humide, exposition par trop ombragée. Est-il raisonnable de maintenir à tout prix du gazon dans de telles conditions ?

PÉLARGONIUM Vous serez peut-être tenté de planter des pélargoniums (géraniums des fleuristes) dès la mi-mars, sous prétexte que les clayettes sont bien tentantes. Gare : les nuits fraîches ne sont pas rares, jusqu'en fin avril et cela même dans le Midi. Patientez encore un bon mois et, en attendant, profitez pleinement des pensées et des primevères, des fleurs de saison.

SEMIS PRÉCOCES Il est risqué de semer dès février des fleurs fragiles comme les pétunias, les impatiens ou encore les sauges, à moins que vous ne disposiez d'une serre, et encore : vous obtiendrez de meilleurs résultats en avril. Seule exception, les pélargoniums qui demandent vraiment un semis précoce pour être en fleurs en été. Pensez à leur offrir un éclairage d'appoint avec un tube fluorescent pour éviter l'étiolement du jeune plant.

PRIMEVÈRES Ne jetez pas les primevères que l'on vous a offertes, alors qu'elles peuvent entamer une nouvelle vie au jardin. Repiquez-les dans un coin un peu ombragé du jardin. Elles s'enracineront tranquillement d'ici l'été et refleuriront fidèlement dès le printemps prochain.

LIMACES Ne négligez surtout pas leur menace sur les semis. Prenez toujours des granulés contenant un répulsif pour chien et chat. Éparpillez au lieu de faire des tas.

CONIFÈRES Plantez des conifères, ils reprennent toujours mieux quand la végétation redémarre à peine. Achetez-les en motte ou en conteneur, jamais à racines nues. Préparez un trou vaste, plus large que profond. Améliorez la terre avec de la corne torréfiée, pas d'engrais chimique les premières années. Installez la motte, reculez pour juger de l'effet et comblez avec de la terre fine, sans oublier d'arroser. Il n'est pas mauvais de tuteurer les premières années, tant que les racines de soutien ne sont pas assurées. Vous enlèverez le tuteur au bout de trois ans.

BUDDLÉIA, SPIRÉE, CÉANOTHE D'ÉTÉ... Taillez en fin mars les arbustes à floraison estivale : buddléia, caryoptéris, céanothe d'été, fuchsia rustique, lespedeza, spirée d'été... Cette taille consiste à rabattre la végétation existante sur les premiers bourgeons valides apparaissant sur la souche, tout en bas.

On taillera proprement, avec un sécateur bien affûté, et en veillant à donner de l'inclinaison à la coupe pour que l'eau ne stagne pas sur la blessure. N'ayez aucune crainte si la végétation est déjà démarrée.

HORTENSIA Attendez la fin mars pour nettoyer vos hortensias, car les fleurs fanées protègent les bourgeons du froid. Attention, conservez bien les bourgeons terminaux, qui contiennent les futures fleurs. Il faut simplement éliminer les rameaux anciens, au bois crevassé et noir, à l'écorce partant en lambeaux, et faisant du fouillis dans le centre des touffes. On laissera intacts, jusqu'au dernier bourgeon, les rameaux jeunes, à écorce jaune ou marron clair, bien garnis en bourgeons.

Seules exceptions, l'*Hydrangea paniculata*, aux grandes inflorescences blanches en été : on peut le rabattre à 15 cm de hauteur car il fleurit sur le bois de l'année ; et l'hydrangéa à feuille de chêne qui se ramifie dès la base si on supprime les derniers bourgeons de chaque tige. Cela peut même se réaliser à la main car ces extrémités sont tendres.

TAILLEZ LES CLÉMATITES

Beaucoup de rumeurs courent autour de la taille des clématites. Sachez que jamais cette opération ne fera mourir un pied de clématite déjà bien installé. Si celui-ci disparaît, c'est plus souvent parce qu'une seule tige s'est développée depuis sa naissance en pépinière, et qu'une fois atteinte par la maladie, c'est tout le pied qui meurt. La meilleure parade est donc la taille, effectuée le plus tôt possible, sur des plantes les plus jeunes possible. La seule exception concerne les clématites à floraison printanière, comme les superbes *C. montana*, qui resteront intactes en attendant le mois de juin. Toutes les autres clématites peuvent être taillées en ce moment : très court pour les *C. jackmanii* et affiliées, comme 'Ville de Lyon' ; un peu moins court pour celles qui refleurissent en été ('Nelly Moser', 'The President') que l'on peut se contenter de nettoyer en cette saison pour les rafraîchir à nouveau juste après la première floraison. Incorporez au sol une cuillère à soupe d'engrais-rosiers par pied, sitôt la taille terminée. Et replacez dare-dare la tuile de protection, il peut encore geler.

SÉLECTIONNEZ UN FORSYTHIA

Le moment est venu de repérer les meilleures variétés en allant arpenter les jardins publics, et en posant des questions aux jardiniers. Sur les forsythias déjà plantés, coupez des branches pour vos bouquets, c'est le meilleur moyen de les maintenir bien trapus.

Taillez les arbustes fleurissant en été en bout de branche (céanothe, caryoptéris, sorbarias, lespedeza, althéas, hypericum, pérovskias...). Laissez tranquilles hortensias et clerodendrons.

TAILLEZ LES ROSIERS

Quand vous taillez vos rosiers, pensez avant tout à leur silhouette. Les maîtres-mots sont ampleur, équilibre et lumière. Avant de couper le moindre rameau avec votre sécateur, demandez-vous toujours si ce geste va apporter un plus pour la silhouette, et si la lumière va pénétrer plus abondamment au cœur du rosier. N'oubliez pas que chaque rosier est avant tout un arbuste qui gagne à rester souple.

• Commencez par éliminer, au ras de leur naissance, tous les rameaux morts ou délabrés, dont l'écorce commence à partir en lambeaux. C'est une taille hygiénique.

• Reculez un peu et examinez la longueur des branches restantes : si certaines sont trop longues, rabattez-les. Plutôt que de faire une taille en rond, style haie de troène, laissez intacts certains rameaux secondaires qui ne dépassent pas, au lieu de tout niveler brutalement. Privilégiez les rameaux tournés vers l'extérieur.

• Terminez en recoupant certaines branches. Le rosier doit donner l'impression qu'il a largement assez d'espace autour de lui pour se développer. Tout en souplesse.

BOUTUREZ LES BUIS

Si la meilleure époque pour bouturer le buis reste la fin de l'été, ce qui permet aux boutures de s'enraciner pendant l'hiver, il est tout à fait possible de pratiquer ce bouturage à la fin de la mauvaise saison. Prélevez des extrémités de tiges, de 10 cm de long environ. Enlevez les feuilles sur la moitié de la hauteur et plantez profondément (seuls les deux derniers centimètres doivent dépasser), dans un mélange de sable et de tourbe, à même des grands bacs à poisson. Couvrez avec un voile de forçage et rangez dans la serre froide ou sous châssis. Avec l'appui d'arrosages réguliers, l'enracinement se fera en quelques mois. Mise en place en pépinière possible dès cet automne. À vous les bordures de grande classe autour du potager, et les sujets taillés de façon originale. La croissance des premières années vous mettra la patience à rude épreuve.

ARBRES MORTS Remplacez les arbres et arbustes morts. Élaguez les malades, et traitez-les avec une huile blanche d'hiver. Ne vous désespérez pas si votre haie de thuyas présente ainsi des vides. Plantez en avant des arbustes sympathiques comme les symphorines, qui constituent vite un écran.

SPIRÉE ET TULIPE Vous adorez les tulipes mais trouvez désolant que le jardin soit vide au moment de leur apothéose. C'est que vous n'avez pas pensé aux spirées de Thunberg pour encadrer votre carré de tulipes. Excellent effet brise-vent et fond immaculé, donc apte à magnifier les nuances les plus subtiles de votre fleur préférée. Un coup de cisaille ou de sécateur après la floraison, et voici votre haie prête à servir d'écrin pour des dahlias ou des fleurs à bouquets, avec une neutralité bienvenue. Leur présence donnera du corps également à bien des arbustes printaniers comme les cassis-fleurs ou les daphnés.

LAVANDE N'oubliez pas de fignoler la silhouette des lavandes en passant un léger coup de cisailles en fin mars. Ne rabattez pas sur le vieux bois, mais effectuez un simple rafraîchissement. Donnez du moelleux à la forme.

PRALINAGE Laissez tremper pendant deux heures les racines des arbustes et arbres à planter dans une boue argileuse à base de pralin. On trouve le pralin tout prêt dans le commerce, ce qui évite d'avoir à rechercher l'argile.

SOIGNEZ VOS CAMÉLIAS

L'arbuste d'hiver le plus prestigieux est sans conteste le camélia. Si les vôtres sont âgés et informes, n'hésitez pas à les rabattre. Cette opération drastique consiste à couper les branches principales à moins d'un mètre de haut. Paillez le pied avec un compost riche, voire du fumier bien mûr. Arrosez abondamment. Les nouvelles pousses surgiront en fin de printemps puis se développeront avec une insolente vigueur. En deux ans, votre camélia sera régénéré.

Souvent les problèmes survenant chez les camélias se produisent par non respect de leurs besoins élémentaires. Les camélias n'aiment guère le plein soleil, surtout s'ils sont adossés à un mur. L'exposition nord s'avère préférable, ainsi que l'est ou l'ouest, et toutes les intermédiaires. Une clairière, un sous-bois lumineux et aéré seront parfaits également, rappelant aux camélias leur ambiance d'origine.

L'abri de grands arbres est intéressant, à condition que les racines ne viennent pas causer trop de concurrence. Si vous n'arrivez pas à enfoncer votre bêche, allez voir ailleurs. Comme beaucoup d'arbustes à feuillage persistant, les camélias n'aiment guère les courants d'air.

PÊCHER Pulvérisez préventivement contre la cloque du pêcher, avec de la bouillie bordelaise, à deux reprises, espacées de quinze jours d'écart, et vos arbres seront préservés.

TERRE Terminez de bêcher au pied de vos arbres fruitiers. L'idéal consiste à passer la houe ou le croc à pommes de terre, qui vont moins profondément et ne risquent pas d'abîmer les racines superficielles des arbres. Une terre nue réfléchit plus de chaleur que celle envahie par l'herbe, et cela suffit parfois à limiter les effets des gelées sur les fleurs.

FROID Si le froid menace vos abricotiers ou vos pêchers fleuris, jetez sur eux un voile de forçage. Il ne pèsera guère, ne risquera pas d'être entraîné par le vent et protégera les fleurs efficacement. Ce conseil est surtout valable quand les arbres sont petits, mais les risques de gelées sont moindres dès que l'on dépasse 1,5 m.

ENGRAIS Donnez à vos arbres fruitiers leur dose d'engrais. Si vous voulez que les engrais potassiques et phosphatés soient accessibles, il leur faut un peu de temps pour se dissoudre. Comptez trois à quatre poignées d'engrais du type 10/10/10 par arbre. Griffez la terre ensuite. Vérifiez au passage si vos arbres ne sont pas en train de s'affranchir, c'est-à-dire si des racines ne surgissent pas au niveau du point de greffe. Tranchez-les sinon votre arbre va s'emballer.

PLANTEZ LE RAISIN SOUS SERRE

C'est une affaire de climat : les meilleurs raisins sont les plus tardifs, ceux qui ont besoin de la moindre parcelle de soleil automnal pour sécréter tout leur sucre. Ainsi le 'Dattier de Beyrouth', médaille d'or des raisins blancs, qui mûrit tout juste en novembre. Autant dire jamais pour bon nombre d'entre nous. Sauf si l'on dispose d'un tunnel plastique, d'une serre ou même d'une véranda. Plantez cette treille en pleine terre ou dans un grand pot de 40 cm de diamètre, et dirigez les tiges le long des montants. Première fructification dès l'année prochaine. L'ampleur des grappes et des raisins vous étonnera. Attendez la pleine maturité pour cueillir et déguster. Un régal inoubliable.

TESTEZ L'AMANDIER

Le premier des arbres fruitiers, si émouvant par sa floraison intrépide, évoquant déjà des jours meilleurs, est beaucoup plus rustique qu'on ne l'imagine souvent. C'est un arbre assez vigoureux, au beau feuillage sain. Plantez-le à la place d'un arbre d'ornement, en fond de jardin, dans un emplacement abrité des vents froids venus du nord ou de l'est. Et n'oubliez pas qu'il est préférable d'installer deux variétés différentes pour une meilleure pollinisation. Il existe désormais une variété naine que vous pouvez accueillir dans un grand pot classique. Très décoratif sur la terrasse.

FORCEZ LES FRAISIERS

Couvrez vos fraisiers pour déguster des fraises en mai, au moment où elles sont si chères. Il suffit de disposer des arceaux puis de recouvrir le tout avec du plastique perforé ou un voile non tissé. Comme cela, vous ne serez pas contraint de découvrir tous les jours. La végétation est avancée de deux semaines. Pensez à éparpillez des granulés spécial limaces, et à bien arrimer le tout, sinon gare au vent ! Dès que les fleurs s'épanouissent, aérez largement pour permettre aux abeilles de venir polliniser les fleurs. Et arrosez souvent à ce moment critique.

LES JOIES DU SURGREFFAGE

En mars, c'est le moment de surgreffer les arbres qui ne vous donnent pas satisfaction. La greffe en fente consiste à insérer un greffon, gros comme un crayon et taillé en biseau à sa base, sur une branche fraîchement coupée. Retenez qu'il est essentiel de faire coïncider les deux zones actives situées juste sous l'écorce : le greffon sera donc placé sur le bord du rameau porte-greffe, plus gros que lui, et légèrement enfoncé car son écorce est plus mince que celle du porte-greffe. Ligaturez bien et enduisez de mastic, sans oublier le sommet du greffon.

Faites-vous la main sur des arbres vigoureux, vous verrez comme c'est facile, et la vision d'un même pommier portant une dizaine de variétés de pommes différentes fera de vous un spécialiste ès arbres fruitiers aux yeux de vos amis.
Le surgreffage offre un autre avantage : il permet d'insérer sur un arbre d'une variété donnée un greffon d'une variété pollinisatrice. De la sorte, vous n'avez pas à immobiliser de la place pour un autre arbre dont vous n'appréciez pas forcément les fruits. Il suffit d'une branche par arbre, de préférence sur un côté ensoleillé.

TROISIÈME PÉRIODE

LA MISE EN PLACE

AVRIL MAI

Le mois d'avril enterre définitivement l'hiver, même si les gelées blanches peuvent encore survenir et griller les jeunes feuillages ou les floraisons des arbres fruitiers. En mai, la terre tiède accueillera les semis qui feront la beauté de vos massifs en été.

ARROSER Augmentez la cadence et la quantité des arrosages au fur et à mesure de l'avancement de la végétation. Les légumes à enracinement superficiel, comme les petits pois, sont les plus sensibles à la sécheresse, même temporaire. Mais les artichauts sont aussi très exigeants.

POMME DE TERRE Buttez une première fois en avril vos pommes de terre plantées le mois dernier, puis à nouveau en mai. Les précoces abritées par un voile de forçage seront bonnes à récolter à la mi-mai.

LAITUE, CAROTTE

Semez des laitues chaque semaine, en commençant à choisir des variétés d'été à partir de la mi-avril. Semez les carottes destinées à assurer la consommation d'automne, en mélangeant la graine avec beaucoup de sable pour obtenir un semis moins serré.

MAUVAISES HERBES Nettoyez les semis de légumes de toutes les mauvaises herbes qui poussent à toute vitesse. Pour bien les arracher, sarclez-les le lendemain d'une grosse averse, et surtout jetez-les sur le compost, car si vous les laissez sur place, elles risquent de reprendre racine.

TOMATE Semez au chaud les tomates, dans la première semaine d'avril, si cela n'a pas déjà été fait en mars. Accompagnez ces semis de basilic, en particulier le fin qui est si décoratif en bordures. Repiquez à demeure vos tomates déjà développées, à la fin avril (une semaine plus tôt dans le Midi, et deux semaines plus tard dans l'Est). Jetez une boîte à conserve d'Or brun dans chaque trou de plantation. Couchez le plant de façon à ce que des racines apparaissent sur la portion de tige enterrée à l'horizontale. Placez tout de suite le tuteur.

RADIS, CAROTTE, SALSIFIS Semez en place directement les radis, haricots, carottes, betteraves, panais, salsifis, scorsonères, fenouils, poireaux, et en terrine ou sous châssis, pour les repiquer ensuite, les brocolis, choux verts ou rouges...

PLANTEZ L'ASPERGE

Sa cueillette bat son plein. C'est aussi le moment de refaire les plantations. On estime qu'elles durent une dizaine d'années. Il faut un peu d'espace pour réaliser de bonnes récoltes. Comptez une bande bêchée de 1,50 m de large. Creusez un trou de 40 cm de côté tous les 80 cm, et jetez au fond deux pelletées de compost et une grosse poignée de corne torréfiée. Placez un tuteur au centre de chaque trou, puis étalez bien la griffe au fond du trou avant de le recouvrir de 15 cm de terre fine. Dès le mois de mai, n'oubliez pas de surveiller les attaques du criocère, cet insecte brun et rouge dont les larves dévorent le feuillage à toute allure. Il se régale également des lis. Ce coquin a la particularité de se laisser tomber dès qu'on frôle le feuillage. Un manège facile à déjouer.

SEMEZ DU BASILIC

Celui à large feuille, dit encore à feuille de laitue, est considéré par beaucoup comme le plus parfumé, mais la variété à feuillage fin ne manque pas de saveur. Elle monte moins vite à graine et constitue des bordures très décoratives, au soleil bien sûr. Le basilic pourpre fera merveille dans les potées ou les jardinières. Semez-le dans une caissette placée en pleine lumière car le basilic a besoin de chaleur et de soleil pour bien pousser. Il lève en une semaine, et les plants sont bons à repiquer dehors vers le 15 mai. On trouve également des plants sur les marchés, dès avril.

Binez sans attendre que les mauvaises herbes pointent. Il s'agit surtout d'ameublir la couche superficielle du sol.

SEMEZ LA COURGETTE

On a vraiment l'embarras du choix, entre les variétés locales ou exotiques et les hybrides modernes productifs en diable. Le mieux est peut-être de mélanger les deux. Des pâtissons pour le coup d'œil et une 'Tarmino' pour le rendement. Deux pieds suffisent pour des appétits raisonnables. Semez trois graines dans deux pots, et ne gardez que le plant le mieux venu. Transplantez dès que les vraies feuilles apparaissent, au centre d'un poquet de 30 cm de côté, rempli de compost de fumier. Semez deux autres pieds vers le 15 mai, directement en place, puis aux alentours du 15 juin. De la sorte, vous récolterez toujours des courgettes tendres, les premières étant les plus exquises.

ADOPTEZ LA CORIANDRE

Adorée ou détestée, la coriandre est doublement aromatique : par ses feuilles, qui répandent une odeur très particulière, la même qu'embaument les potages chinois ; et ses graines, parfaites pour parfumer une liqueur ou donner un goût inédit à un pâté de viandes. Semez-la à raison de trois graines par godet, au chaud, de préférence, puis repiquez en mai, sans secouez la motte de racines, très fragile. Pincez la tige si elle a tendance à monter à fleurs.

AMUSEZ-VOUS AVEC LE MAÏS

Point trop n'en faut car il est peu de légumes qui passent aussi vite du stade délectable à franchement farineux. Semez une dizaine de pots toutes les trois semaines, à raison de trois grains par pot. Éliminez les moins beaux et repiquez au bout d'un mois, quand le plant atteint la taille d'un jeune poireau. Enterrez un peu le plant qui s'enracine à sa base. Paillez et arrosez régulièrement. Les maïs plantés en groupes se fécondent mieux que ceux cultivés en lignes, et les panouilles sont alors plus pleines. N'oubliez pas d'arroser pendant la floraison, stade hautement critique.

CHOU, CHICORÉE Repiquez au fur et à mesure les plants de laitues, de chicorées, de choux-raves, de choux-fleurs... Semez en pots des cardons et du maïs à repiquer un mois plus tard, dans la terre bien réchauffée.

OIGNON Pour avoir des oignons frais toute l'année, il faut semer en avril des oignons de Florence race de Simiane. Il est rose et extrêmement doux, au point qu'il ne laisse aucune amertume.

RADIS À partir de la mi-avril, il est temps de passer aux variétés d'été, un peu moins piquantes et plus lentes à creuser. Le radis 'Ovale blanc de Munich' ou 'Chandelle de glace' est l'un des plus doux. N'oubliez pas que la qualité des racines est directement proportionnelle à la fréquence des arrosages. Le grainetier de Nancy bien connu, Philippe Baumaux, recommande également le radis blanc japonais 'Summer Cross', qui peut atteindre 60 cm de long !

SCORSONÈRE Ce genre de salsifis à écorce noire (d'où son nom, tiré de l'italien), réussit facilement à partir d'un semis réalisé en avril-mai. Protégez-le sous un voile de forçage car les oiseaux se régalent des graines et des jeunes plants. Par la suite, éclaircissez en laissant un plant tous les 10 cm. Ces graines ne survivent que peu de temps aussi faut-il les acheter juste avant le semis, et ne pas hésiter à utiliser tout le paquet. Le jeune plant peut agrémenter les salades mélangées.

GOURMANDISES

Les fèves fraîches sont un des régals du printemps. Mais pour en savourer toute la tendresse, il faut les cueillir au dernier moment et surtout les éplucher deux fois. Sortez d'abord les fèves des gousses, qui doivent être à peine marbrées de brun et bien lourdes. Puis, entamez avec l'ongle du pouce la peau des fèves, et enlevez-la prestement. Dégagez alors les deux cotylédons, d'un vert appétissant.

Pour le reste, une noix de beurre, quelques lardons, un brin de sarriette, un soupçon d'eau, et les fèves sont cuites en un tournemain. Rajoutez une cuillerée de crème au moment de servir. Sublime en accompagnement de pigeonneaux rôtis ou dans un tajine d'agneau à la marocaine, à l'étouffée avec des citrons confits.

Au risque d'en étonner beaucoup, je considère que la meilleure pomme de terre primeur n'est pas la 'Belle de Fontenay' mais la 'Sirtema'. Ronde et facile à éplucher, cette dernière se tient bien et possède un goût de noisette. À tester en pomme vapeur par exemple.

On conseille parfois de croquer les fleurs de choux ou de navets qui montent à graines au printemps. Je les trouve un peu coriaces, à moins de les cueillir quand elles sont vraiment à leur tout début. À la rigueur, faites-en des bouquets, aussi spectaculaires qu'éphémères mais pour le reste seuls les lapins peuvent s'en régaler.

Ajoutez un peu d'oseille à votre blanquette de veau, plutôt que du citron. La sauce sera subtilement acidulée.

TUTEUREZ LES PETITS POIS

Si vous avez semé des mangetout en mars ou en début d'avril, n'oubliez pas de les tuteurer. La récolte sera plus facile. D'autant qu'un petit pois mangetout doit être dégusté tendre et non quand les grains sont déjà formés. Le 'Sugar Luv' (Caillard) est tout aussi exquis que le classique 'Corne de Bélier', et requiert des rames moins hautes puisqu'il culmine à 80 cm.

REPIQUEZ DU POIREAU

Les poireaux d'été, comme le 'Jaune de Poitou', connaissent un regain de faveur actuellement. Il faut dire que leur saveur très douce est unique. Et les recettes estivales ne manquent pas où ces poireaux apportent du tonus. Attention : ce poireau dispose d'un feuillage incroyablement long : il n'est pas rare que les feuilles atteignent un mètre de long. Vous éviterez donc d'en repiquer le long de sentiers pour ne pas les piétiner par la suite. Le plant semé en janvier ou février atteint la grosseur d'un cure-dent. Enfoncez-le de 10 cm dans une tranchée elle-même profonde d'autant.

PLANTEZ LA POIRÉE

Cette cousine de la betterave, chez laquelle les feuilles ont été agrandies, se cultive de la même façon. On sème en lignes écartées de 50 cm, en espaçant bien les graines d'au moins 10 cm, dans une bonne terre riche et bêchée profondément. Éclaircissez à 20 cm. Deux mètres de semis suffisent amplement pour vous fournir en plants de ce légume généreux.

ESSAYEZ LA LENTILLE

Il est encore temps de la semer, en début d'avril, à raison d'une lentille tous les 3 cm. Le reste de la culture est ultra simple puisqu'il suffit d'arroser de temps à autre et de récolter, en plein été, en évitant de ramasser des graviers en même temps. Entreposez dans un grenier, sans ouvrir les gousses car les lentilles se conservent

AU PAYS DES POIVRONS

Avec la chaleur, le moment est venu de repiquer des poivrons. Le mieux consiste certainement à acheter quelques plants (six suffisent en moyenne), vers le 15 mai, et à les repiquer sous un petit tunnel plastique. Plantez-les exactement comme les tomates, mais sans exagérer la dose de fumier ni d'engrais, car cela les entraîne à pousser trop en feuilles. Écartez-les de 40 cm en tous sens pour que l'air circule largement. En attendant qu'ils aient conquis tout cet espace, vous pouvez repiquer des laitues dans les intervalles.
Attention : les limaces font beaucoup de dégâts sur les jeunes plants, puis ne semblent plus aimer les poivrons avant de s'attaquer aux jeunes fruits.
À côté des poivrons doux, à chair plus ou moins épaisse, il existe des piments allongés, souvent d'autant plus virulents que les fruits sont petits. Ces derniers requièrent souvent beaucoup de chaleur et une belle arrière-saison, comme en pays Basque. Un grand tunnel plastique leur convient mieux que le séjour à l'extérieur. Quand apparaît la première fleur, il est crucial d'arroser régulièrement. Tout stress à ce stade retarde beaucoup la récolte.

DIS-MOI CE QUE TU MANGES

Nos aïeux avaient parfois de drôles d'idées. Ainsi certains pensèrent, dans les années 1908, que les légumes pouvaient influencer le caractère. Manger des épinards développerait l'ambition, l'énergie, la constance de la volonté : les hommes d'action sont tous mangeurs d'épinards et réciproquement. Napoléon Ier mangeait des épinards, ou s'il n'en mangea pas, il eut tort. L'oseille conduit à la mélancolie. La carotte est recommandée aux esprits rageurs et bilieux. Le haricot vert et le crosne du Japon excitent à la rêverie artistique. Le haricot blanc convient aux intellectuels, naturellement surmenés. Le petit pois n'est décidément pas sérieux. C'est un aliment futile, qui pousse à la frivolité et à la coquetterie. La pomme de terre provoque au contraire le calme de la pensée, l'équilibre mental, mais émousse la sensibilité. Tous ces axiomes ont été édictés par un médecin dans un congrès de pathologie générale. Il a simplement omis de dire quelle influence pouvait avoir la macédoine de légumes...

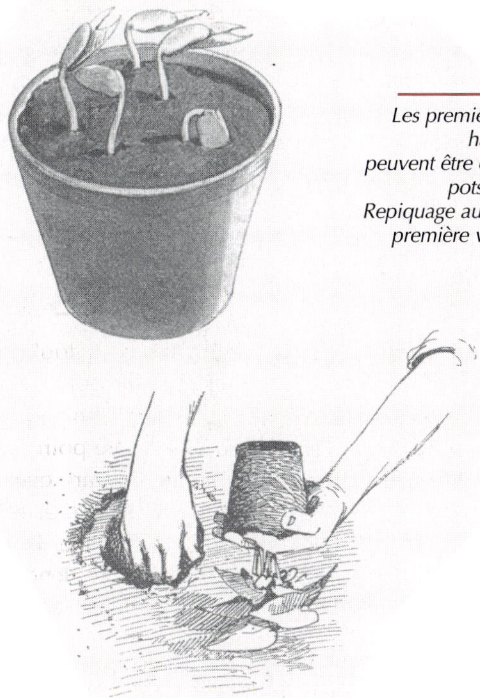

Les premiers semis de haricots verts peuvent être effectués en pots, au chaud. Repiquage au stade de la première vraie feuille.

mieux ainsi. Le rendement n'est pas exceptionnel mais c'est une culture amusante, si la place ne manque pas, et une salade de lentilles fraîches est un mets fort délicat. Si vous jardinez dans le Midi, semez des pois chiches. Là encore, petit rendement, mais grande saveur, en salade agrémentée de basilic et d'échalote, cet été.

OSEZ LES PREMIERS HARICOTS

Un premier semis peut être tenté dès la fin du mois d'avril, sous châssis ou voile de forçage, avec du 'Royalnel' pour les gourmets, et sinon l'un de ces nouveaux mangetout pas trop épais que nous proposent toutes les marques ('Calvy', 'Oxinel', 'Vilbel'...). À la mi-mai, semez des haricots grimpants, comme Fortex, au rendement extraordinaire : 5 m de rang suffisent à une famille moyenne, à condition de récolter régulièrement.

DOPEZ LE POTIRON

Vers le milieu du mois de mai, déversez une brouette de compost bien décomposé dans un trou de 25 cm de profondeur, brassez avec la terre de surface, puis creusez un cratère de 15 cm dans lequel vous disposerez trois graines de potirons. Recouvrez d'une cloche. Dès que le plant se développe, arrosez régulièrement, paillez et apportez de l'engrais liquide ou du purin d'ortie de temps à autre, jusqu'à la formation des fruits. Il ne vous restera plus qu'à vous inscrire à un concours du plus gros potiron... ou à chercher une Cendrillon. On récolte 2 à 5 potirons par pied.

ASPERGES Vous risquez beaucoup de voir abîmer vos griffes d'asperges en les laissant cueillir par n'importe qui. Il faut de la dextérité pour repérer la base de l'asperge et la faire sauter d'un geste sec avec la gouge ad hoc. Quant aux asperges vertes, il suffit de les couper à ras avec un bon couteau.

ARTICHAUT N'abandonnez pas les artichauts, qui deviennent rapidement très touffus, si l'hiver ne les a pas détruits. En avril, il est temps de procéder à l'œilletonnage, qui consiste à enlever tous les rejets sauf les trois plus beaux, et les mieux espacés. Vous pouvez replanter les autres dans une bonne terre copieusement enrichie. On renouvelle les plantations tous les trois ans.

SARCLER Attendre que les mauvaises herbes soient déjà développées avant de s'en occuper au potager revient à doubler votre peine. En binant chaque semaine, ou en passant simplement une griffe à une ou trois dents, vous éliminerez la plupart des plantules et obtiendrez une belle terre souple. C'est un geste qui doit devenir naturel, par exemple au petit matin, pour s'échauffer en douceur. Car il ne s'agit pas de creuser en profondeur, mais d'effleurer le sol avec une lame affûtée.

ROMAINES Ne laissez pas s'ouvrir les laitues romaines. Elles seront plus tendres si vous les entourez d'un raphia. D'autre part, ainsi serrées, elles monteront un peu moins vite à graine.

CONCOMBRE, MELON N'ayez pas les yeux plus gros que le ventre. Avec deux plants sous votre grand tunnel, vous récolterez assez de concombres pour dégoûter un village grec. N'oubliez pas de placer les étiquettes après avoir semé les cucurbitacées à chaud. Rien ne ressemble plus à un melon qu'un concombre, et à un potiron qu'une courge. Ne semez pas vos melons trop tôt. Attendez la fin avril. Recouvrez la plantation avec un plastique transparent. Un mois plus tard, tracez une fente au-dessus de chaque plant.

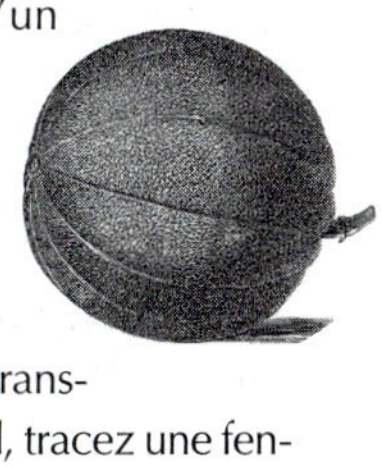

FLEURS ANNUELLES Semez en pleine terre la plupart des fleurs annuelles, en commençant par les capucines, les bleuets, les clarkias, les pavots, les cosmos, les giroflées d'été, les lavatères, les lupins, les pieds d'alouette, les pois de senteur nains, les scabieuses, les euphorbes panachées, les soleils, les soucis et en général toutes ces fleurs faciles qui font les beaux jardins de curé.

FLEURS EXOTIQUES Semez au chaud les plantes plus fragiles, originaires des Tropiques et qui assureront le fleurissement cet été : amarante, cobée, coloquinte, haricot d'Espagne, ricin ou tabac. « Au chaud » veut dire sous châssis, dans une caissette recouverte d'une vitre, ou mieux encore dans la véranda. Mettez ces semis le plus près possible des vitres pour éviter l'étiolement. Vous les repiquerez au bout d'un mois, dans les massifs.

LIS, ARUM Plantez des lis et des arums. Ces derniers existent en quantité de coloris pastel qui changent des grands cornets blancs. Le mieux consiste à les planter en pots de 25 cm de diamètre, avec un terreau riche, et à les disposer au jardin quand la floraison démarre, courant juin.

PÉLARGONIUM Sortez vos pélargoniums *zonale* ou odorants de l'année dernière, dès la mi-avril, rempotez-les dans du terreau riche, après les avoir rabattus. Reprenez les arrosages progressivement. Mais n'oubliez pas d'acheter également des nouvelles variétés pour changer un peu. Fin mai, les plants sont souvent moitié moins chers qu'en avril.

HOSTA, DELPHINIUM Surveillez les attaques de limaces sur vos semis et sur certaines plantes qui semblent les attirer tout particulièrement, comme les hostas, les delphiniums et les lupins. Pour lutter, placez des appâts, de préférence ceux contenant un répulsif chien-chat, et vous doublerez la protection en disposant ces granulés sous un pot incliné où ils seront abrités de la pluie.

SEMEZ L'ANCOLIE

Reines du printemps, fleurs papillons, les ancolies offrent également un feuillage de grande qualité, à la nuance glauque. Le semis est facile à réaliser à froid en plein mois d'avril. Un premier repiquage en été puis mise en place en septembre pour une floraison fastueuse dès l'année suivante. Si vos ancolies ont fini de fleurir, laissez une hampe venir à graines, puis secouez-la dans un coin du jardin quand les capsules sont sèches. Ces semis spontanés ne coûtent aucune peine et sont souvent magnifiques.

TESTEZ L'ASPÉRULE

Proche de la mauvaise herbe nommée gaillet, l'aspérule est appréciée pour sa floraison blanche et sa faculté de pousser à l'ombre des grands arbres, à condition qu'elle y trouve une certaine fraîcheur. Ses stolons blancs s'étalent dans toutes les directions. Quant à l'odeur évoquée par le nom latin, elle n'est perceptible que si l'on coupe les touffes pour les mettre à sécher. Un délicat parfum de foin de montagne.

DÉNICHEZ D'AUTRES CANNAS

Ils n'ont leur place au jardin qu'à condition de se faire un peu oublier dans un nuage de cosmos blancs ou de gauras. Une seule exception, le canna rustique, trouvé par Lemoine au siècle dernier. Il tient dehors quel que soit l'hiver. Mais le plus difficile sera d'en trouver la trace. Peut-être dans un jardin abandonné… Et si vous essayiez plutôt les *Hedychium*, des fleurs de la famille des gingembres…

Un simple tonneau scié par le milieu permet d'héberger des plantes aquatiques : nymphéa nain comme Helvola, jacinthe d'eau ou iris du Japon.

ADOPTEZ L'AGÉRATUM

Cette fleur est un peu passée de mode car on en garde le souvenir d'un pompon mauve posé au niveau du sol. C'est oublier les grands agératums, comme 'Bouquet bleu', qui monte jusqu'à 60 cm. Chez lui, le feuillage est développé normalement. Le semis donne des plants moins sujets à l'araignée rouge et au jaunissement. Excellente fleur pour bouquets. Une fois que vous aurez trouvé des graines (chez Royalfleur ou Baumaux par exemple), procédez à un semis tôt au mois d'avril, dans une terrine sur laquelle vous posez une vitre pour condenser la chaleur. La germination demande 10 jours, la croissance est tout d'abord lente puis s'accélère. Mettez en place au mois de mai, en espaçant de 25 cm en tous sens. Dopez avec un arrosage au purin d'ortie.

DÉGUSTEZ DES CHRYCHRYS

Les chrysanthèmes annuels font plaisir à voir dans les potagers où ils font merveille en ligne. Les variétés dites à carène ont des yeux sombres soulignés par un cercle jaune. Mais les plus craquants sont ceux à fleurs doubles. Un conseil : tuteurez-les discrètement avec des rameaux ramifiés, noisetier par exemple. Cette fleur pousse le bon goût jusqu'à se ressemer spontanément. Vous en trouverez des jeunes plants au marché.

ADOPTEZ LE CŒUR DE MARIE

Comment résister devant les potées de cœur de Marie (*Dicentra*) avec leurs fleurs attendrissantes blanches ou roses. Mais il faut savoir que ce spectacle charmant ne dure que deux semaines. Après, repos total. Et il n'est pas rare de constater la disparition de tout le stock l'année suivante, sans raison. Préférez les dicentras à petites fleurs, comme 'Luxuriant', le bien nommé. Si vous avez acheté un pot de cœur de Marie en fleurs, installez-le sur votre terrasse à l'ombre, arrosez un peu chaque matin. Puis quand les fleurs sont fanées, repiquez au pied d'un arbuste, en terre riche en humus.

FUCHSIA Mettez les fuchsias au grand air, mais pas avant le 15 mai s'il fait encore froid. Même si la végétation semble languissante au début, elle ne manquera pas de vous surprendre par la suite, arrosages à l'engrais à l'appui. N'hésitez pas à rabattre les fuchsias rustiques de l'an dernier, à 10 cm du sol.

ANÉMONE DU JAPON Divisez vos anémones du Japon. Opération moins risquée qu'en automne car les grosses racines sont sujettes à la pourriture. Replantez tout de suite dans un coin du jardin, de préférence dans une terre bien bêchée.

PIVOINE Pour accompagner leur floraison, quelques arrosages à l'engrais sont les bienvenus. Paillez ensuite et luttez contre la maladie qui fait noircir les feuilles, avec le même produit que vous utilisez sur vos rosiers. Tuteurez discrètement avec des ramilles de noisetier.

VERVEINE Repiquez-en à foison dans vos balconnièrees et paniers suspendus : les nouvelles variétés sont plutôt plus faciles à réussir que les anciennes. Par exemple 'Peaches and cream', au coloris abricot et crème mélangés, mais aussi la série des 'Tapien' ou des 'Babylon'. La floraison dure facilement deux mois, pendant une bonne partie de l'été, à condition d'arroser régulièrement à l'engrais.

SEMIS FACILES... ET MOINS FACILES

Les espèces à grosses graines germent en général avec vigueur. C'est le cas des balsamines, capucines, centaurées, coloquintes et calebasses, cosmos, doliques, gaillardes, lavatères, ricins, œillets et roses d'Inde, pois de senteur, soleils, soucis, ou les superbes zinnias.

Ajoutons-y les fleurs à graines plus fines mais encore préhensibles, et au tempérament de mauvaises herbes indéniable : alysse, chrysanthème à carène, clarkia, coquelicot, coréopsis annuel, pavot de Californie, gilia, immortelle, lin pourpre, malope, scabieuse.

Parfois, un vice caché conduit à des échecs à répétition. Voici quelques petits secrets. Pour l'amarante queue de renard, un repiquage intermédiaire est requis. Belle-de-nuit : tremper les graines une nuit, inciser l'écorce et semer au chaud. Browalle : à semer au chaud, puis repiquer une fois. Cléome : ne pas semer trop tôt, début mai de préférence. Cobée : semer au chaud pour un début rapide. Godétia : graine fine, semer en terrine et repiquer. Haricot d'Espagne : aime les terres chaudes. Semis mi-mai. Ipomée ou volubilis : faire tremper les graines une nuit puis inciser l'écorce.

LA DANSE DES CAPUCINES

La nature a doté la capucine d'une grosse graine, ou plutôt une coque contenant une graine. Cette dernière est entourée d'une enveloppe analogue au liège, qui la protège durant la mauvaise saison mais doit impérativement s'humidifier afin de permettre la germination. C'est pourquoi cette dernière est relativement longue : une à deux semaines, guère plus cependant.

Ne vous pressez pas pour semer : attendez le mois d'avril et même le début mai dans les régions au nord de la Loire. Un coin de terre ameublie et ensoleillé convient tout à fait. Procédez comme pour des haricots, en creusant des petits trous (en terme jardinier on appelle cela des poquets), profonds de 5 cm à peine, au fond desquels vous déposez trois ou quatre graines, avant de les recouvrir d'un centimètre de terre fine. Comme pour des haricots verts !

Vous pouvez également semer en pots, trois graines sur du terreau, et faciliter la germination en plaçant le tout sous un voile plastique. Repiquez quand les plants ont deux ou trois vraies feuilles, ce qui demande environ cinq semaines. Ne secouez pas la motte de racines : fragile.

SEMEZ LE COQUELICOT

Pour obtenir des coquelicots vraiment éblouissants, rien ne vaut une culture bisannuelle, c'est-à-dire un semis en octobre, suivi d'un repiquage en fin février. Mais, au nord de la Seine, on peut aussi très bien les semer à la volée, sur un coin de terre bêchée début avril, en mélange par exemple avec des bleuets.

CHANGEZ DE PÉLARGONIUMS

Changez de style, découvrez les ravissantes petites roses des pélargoniums 'Rambler', et les étoiles laciniées des 'Stella'. Jean-Pierre Tourly en a une superbe collection, qu'il diffuse dans les jardineries et par correspondance. Il a aussi toute une collection de pélargoniums à feuilles bordées de crème, superbes à mi-ombre, et particulièrement rustiques : nous en connaissons qui ont atteint l'âge vénérable de 45 ans !
Plantez ces pélargoniums-vedettes dans des pots de 25 cm de large, plutôt qu'en jardinières. Vous les arroserez deux fois par semaine, et ils deviendront énormes grâce à des apports d'Algoflash.

ASSOCIEZ LE FUCHSIA

Usez et abusez des fuchsias rustiques à petites fleurs. On trouve des variétés à feuillage panaché vraiment intrigantes et très utiles pour composer des massifs à l'ombre. Fuchsias et thalictrums se marient très bien, avec l'appoint de quelques fougères femelles, pour leur feuillage plein de légèreté. Le tout sera confortablement installé devant un mur plein nord.

PLANTEZ LE LIS

Il est rare de voir les lis bien utilisés au jardin. C'est en groupes qu'ils donnent le meilleur d'eux-mêmes. Achetez-les par douzaines, une variété nouvelle chaque année, et vous obtiendrez enfin quelque chose de convenable. Pour commencer, le lis royal

MARIAGES DE COULEURS POUR BALCON

Voici quelques idées de mélanges pour changer de balcon.
Des pélargoniums zonals derrière avec pélargoniums lierre de la même couleur devant.
Pélargoniums et hélichrysum à feuillage gris. Tranquille.
Pélargonium lierre mauve pâle et héliotrope avec une touche de jaune vif donnée par un pied de calcéolaire. Very british.
Héliotrope et fuchsia intercalés avec des mufliers nains roses ou des agératums.
Convolvulus mauritanicus et mimulus aurantiacus orange.
Lis royaux traversant une touffe d'armoise. Puissant.
Abutilon orange sur un lit de lysimaque nummulaire jaune.
Souci orange et lobélia bleu vif.
Capucines et némésias en mélange avec lobélias 'Sapphyre'.
Impatiens et pétunias blancs bordés par des alysses odorants blancs. Très frais.
Pétunias rouges et tabacs blancs. Classique mais réussi.
Anthémis sur tapis de lierre à petites feuilles panachées.
Pétunia bleu nuit et hélichrysum 'Limelight' au feuillage vert blond. Subtil en diable.

Avant toute plantation de fleurs vivaces ou même d'annuelles, bêchez soigneusement, et profitez-en pour apporter une fumure de fond.

(*Lilium regale*), très parfumé ; 'Casablanca' et surtout 'Mont Blanc', l'un des rares capables de former de vraies touffes en quelques années. Pour tous, terre riche en humus et surveillance vis-à-vis des criocères, des insectes voraces à la livrée rouge très élégante.

TESTEZ L'INCARVILLÉE

Non, les incarvillées ne chassent pas les taupes, comme des revendeurs sans scrupule voudraient le faire croire à chaque Floralie. Cela ne doit pas vous empêcher de les essayer une fois, sans oublier leurs inconvénients : floraison de courte durée, sensibilité aux pucerons et feuillage vite ratatiné en été. On admire et on oublie. Si vous en trouvez, faites plutôt confiance au rehmannia.

REPIQUEZ LE MUGUET

Indispensable pour fêter l'arrivée des beaux jours, et surtout tapisser le pied des arbustes, dans le recoin le plus ombragé du jardin. Le muguet existe en rose et en version à feuillage panaché mais, au fond, il n'est jamais plus beau que lorsqu'il est blanc et à feuillage vert. Le muguet adore recevoir quelques arrosages après la floraison. Achetez-le en fleurs pour le premier mai, en pot bien enraciné, et transplantez-le aussitôt défleuri. Paillez dès le mois suivant avec des tontes de gazon, et arrosez régulièrement.

SEMIS Confiner ses semis est redoutable. C'est le meilleur moyen de les faire pousser en hauteur, avec des tiges toutes maigres. On appelle cela étioler et c'est réservé aux endives. Ouvrez vos châssis, aérez les tunnels, laissez la porte de la serre ouverte, du moins dans la journée.

ANTHÉMIS On n'a jamais trop d'anthémis, ces marguerites blanches au tempérament incroyable. Un godet minuscule donne une touffe majestueuse en quelques semaines.

MONARDE N'oubliez pas que les monardes adorent la fraîcheur : évitez-leur le soleil de l'après-midi, paillez à partir de mai, et arrosez une fois par semaine, copieusement. Si leur feuillage attrape le blanc, c'est le signe qu'elles sont trop au soleil.

DAHLIA Même si cela va plus vite, évitez de planter vos dahlias de l'an dernier tels qu'ils sont, avec leurs grosses patates. Il vaut bien mieux les faire pousser au préalable, en caissettes, même sans terre, puis bouturer les jeunes pousses dès qu'elles ont 10 cm de long. On les détache avec un couteau aiguisé, en conservant un peu de l'écorce du tubercule. Reprise assurée en deux semaines. Repiquez ces boutures un mois plus tard, en terre riche. Floraison massive garantie.

PÉTUNIA Est-il bien raisonnable de se contenter des pétunias habituels alors que les Surfinias vous offrent des cascades de fleurs. Mais ne vous bloquez pas sur les coloris pourpre lie-de-vin, impossibles à associer aux autres couleurs. Il existe des variétés à fleurs moyennes blanches ou rose tendre, sans oublier un bleu exceptionnel, au parfum inoubliable.

MIMULUS Pourquoi négliger les mimulus, qui peuvent être charmants, si on les arrose régulièrement. Pour des jardinières originales, exposées au nord ou à l'est. Avec des appâts antilimaces...

COUVRE-SOL Installez des arbustes couvre-sol (millepertuis, *Lonicera pileata*, ronce décorative comme *Rubus calycinoides*) après avoir soigneusement nettoyé le terrain et bêché comme pour des légumes. Ils ne tapissent pas le sol avant un an ou deux. Entre-temps, il faudra désherber.

GAZON Tracez des cercles de terre meuble dans le gazon autour de vos arbustes plantés sur pelouse. C'est joli, et cela permet aux racines de moins souffrir de la concurrence. Par la suite, vous pourrez même pailler avec de l'écorce de pin, du compost, du foin mouillé ou des déchets de tonte du gazon.

ÉRABLE Regardez de près la floraison des érables, qui ne manque pas de beauté. L'*Acer ginnala*, originaire de Chine, est l'un des plus spectaculaires. Ses fleurs sont même parfumées.

FORSYTHIA, CORÈTE Taillez après leur floraison les arbustes qui ont fleuri au début du printemps (forsythia, bruyère d'hiver, jasmin d'hiver, saules, cognassier du Japon, corète, groseillier décoratif), hormis les hamamélis qui fleurissent sur le vieux bois et doivent rester intacts. Début avril, si cela n'a pas déjà été fait, taillez au ras du sol les céanothes à floraison estivale, les cératostigmas, les fuchsias rustiques. Rafraîchissez les lavandes et les santolines, mais en évitant une période de froid.

BOULEAU, IF Plantez en avril sans tenir compte des commentaires les essences suivantes : érable rouge (*Acer rubrum*), bouleau, cornouiller, cotonéaster, aubépine, hêtre, althéa, kalmia, liquidambar, tulipier, magnolia, piéris, rhododendron et azalée, if. Leur reprise est bien meilleure. Arrosages suivis recommandés, c'est-à-dire un bon arrosoir tous les quinze jours.

ADOPTEZ L'ABUTILON

Quoiqu'originaires de régions relativement privilégiées par le climat, certains abutilons peuvent passer l'hiver dehors. C'est le cas de l'*Abutilon megapotamicum*, dont le nom signifie simplement qu'il provient de la région du Rio Grande, au Brésil. On le reconnaît au premier coup d'œil à ses fleurs pendantes, en cloches bicolores jaunes et rouges. Il supportera d'autant mieux nos gelées qu'il sera palissé contre un mur exposé au sud ou à l'ouest. Les fleurs se succèdent toute l'année. Il apprécie de pousser dans le terreau pur. Attachez les rameaux au fur et à mesure. Cet arbuste pousse à toute allure et un petit godet acheté en avril atteindra 1,50 m dès l'été. Pensez-y en l'installant.

NETTOYEZ L'ARBRE DE JUDÉE

C'est l'un des très rares arbres rustiques qui présentent des fleurs insérées directement sur les branches, voire sur le tronc lui-même. On ne peut guère lui reprocher qu'une chose : de donner naissance ensuite à des gousses pas très esthétiques, surtout dans les cours où le manque de vent les fait persister pendant plusieurs années d'affilée. Prenez une échelle, et faites un peu le ménage, si le cœur vous en dit, juste après la floraison. La variété 'Forest Pansy' est remarquable par ses feuilles rouge sombre en été. L'arbre de Judée est un excellent ingrédient des haies mélangées, surtout dans le Midi où il se ressème en abondance. Extra avec les lilas blancs.

Nettoyez la base de vos arbres des rejets éventuels.

SORTEZ LA BOUGAINVILLÉE

Que vous jardiniez en bord de l'océan Atlantique ou de la Méditerranée, les bougainvillées vous tenteront certainement. C'est le moment de les installer, en évitant de briser la motte de racines. Améliorez le sol avec du terreau et du sable pour le rendre perméable. Bien arroser jusqu'à la reprise, et si la canicule menace. Surveillez les attaques de cochenilles.
Les jardiniers moins favorisés par le climat se tourneront vers une variété particulière, aux entrenœuds très courts, dénommée Mini Thaï. Elle sera facile à rentrer à l'abri en hiver.

PLANTEZ DU CHÈVREFEUILLE

Une plante très utile pour garnir les balcons et les grillages en un rien de temps. 'Halliana' offre un feuillage persistant très dense et une floraison au parfum envoûtant, et surtout devient vite très épais. Taillez-le en avril, au sécateur, en enlevant une tranche épaisse de 50 cm, sans hésiter. Il se refera instantanément et, dans deux mois, il n'y paraîtra plus. Pour moins de souci, hébergez un chèvrefeuille des bois ('Serotina', par exemple).

INSTALLEZ UN FUSAIN

Chez les pépiniéristes, il porte un nom ingrat : *Euonymus japonicus*, mais vous le reconnaîtrez à son feuillage resplendissant à cette saison. Tout rond et brillamment laqué, vert tendre ou bien éclaboussé de jaune ('Aureomarginata'), ou encore de blanc : 'Président Gauthier' et 'Bravo', nos deux préférés pour faire de belles boules de part et d'autre d'une entrée, ou éclairer le fond d'un massif à l'ombre. On le vend en pot, et il reprend particulièrement bien si on le plante à cette saison. Le moment est excellent également pour commencer à tailler les sujets plus âgés, qui prennent parfois une allure dégingandée. Les pousses naîtront tout au long des branches épargnées. Coupez avec un sécateur bien affûté plutôt qu'avec la cisaille à haie qui hache les feuilles.

CYTISE Si vous aimez la pluie d'or de ce petit arbre tourmenté, donnez-vous de la peine et dénichez la variété 'Vossii' (*Laburnum watereri* 'Vossii'), plus vigoureuse que l'espèce habituelle, et dont les grappes peuvent atteindre jusqu'à 50 cm de long. C'est un arbre excellent pour les premiers jardins à remplir rapidement, car il pousse à toute vitesse et supporte les mauvaises terres. On peut le planter en fleurs sans problème.

DEUTZIA Si vous avez fait des boutures l'été dernier, il est temps de les mettre en place au jardin, quand les risques de gelées sont passés, car autant l'arbuste est solide, autant les jeunes pousses peuvent succomber facilement. Par la suite, pincez plusieurs fois pour obtenir des ramifications. 'Rosealind' est l'un des meilleurs, et ses fleurs rose tendre répandent un certain parfum. Elégant par ses rameaux arqués, il reste compact et ne dépasse guère 1,5 m de haut et autant de large. Plantez à mi-ombre.

KOLKWITZIA Votre jardin ne peut se passer de la présence de cet arbuste magique. Achetez-le actuellement, en conteneur, de façon à vérifier s'il est florifère car certaines souches le sont plus que d'autres. Pas toujours très gracieux dans les premiers temps car il n'est guère touffu, il prendra de la présence avec l'âge. À tailler après la floraison, un an sur deux, pour supprimer les vieilles branches, au centre des touffes.

ASSOCIATIONS DE COULEURS

Voici quelques idées pour créer des scènes romantiques. Un *Osmanthus burkwoodii* avec des anémones pulsatilles et des impatiens blanches plantées en mai ; ou encore avec des alchémilles que vous retaillerez en juillet pour obtenir un deuxième feuillage net.
Un rhododendron 'Elizabeth' en pot et des pervenches blanches ou des bégonias pendula jaunes ou blancs que vous planterez en juin après les avoir fait démarrer dès avril.
Un *Viburnum carlesii* et des giroflées ravenelles orange et des jacinthes des bois bleues, ou encore des euphorbes *robbiae* et des lierres panachés.
Un choisya, des aubriètes violettes et des tulipes tardives rose pâle ; ou encore des petites pervenches bleues ou blanches, percées par quelques monnaies du pape ; ou, pourquoi pas, des primevères jaunes et des campanules des murailles sur les bords du bac.
Une azalée caduque avec des tiarellas et des tulipes doubles tardives blanches comme 'Mount Tacoma'. Ou encore quelques pois de senteur nains et des pélargoniums lierres rose pâle, pour l'été.
Un seringat commun et des pavots d'Orient roses, avec l'appoint d'une armoise 'Powis Castle'.

POMMIER Achevez la taille des poiriers et pommiers en formes strictes. C'est la fameuse taille trigemme qui consiste à rabattre au-dessus du troisième œil. Une façon rapide de pratiquer cette taille utilise le sécateur comme mesure de longueur : on place le sécateur le long des rameaux secondaires et on coupe au-delà de cette marque.

PÊCHER Terminez la taille des pêchers, qui consiste à couper assez sec au-dessus des boutons à fleurs ou des pêches en formation. C'est le seul arbre à noyau qui se taille.

SEMIS Terminez les semis de pépins, d'amandes et de noyaux en pépinière. C'est un moyen simple et amusant d'obtenir des porte-greffe, en général assez vigoureux puisqu'il s'agit de francs, aux racines pivotantes. Les semis d'abricots donnent souvent de bons fruits.

GREFFE Continuez les greffes en fente. Par ce procédé, vous pouvez tester des nouvelles variétés, augmenter la diversité de votre verger, et favoriser la future pollinisation des arbres en greffant des variétés au pollen compatible.

TUTEUR Consolidez par de bons tuteurs les jeunes arbres nouvellement plantés. Mais ne serrez pas trop les liens pour éviter d'abîmer l'écorce.

PIÈGE Placez des pièges à phéromones dans les pommiers, poiriers et pruniers. KB diffuse ces pièges spécifiques. Il en faut un pour trois arbres.

ADOPTEZ LE LOGANBERRY

C'est la seule ronce digne d'attention : cette liane exubérante peut habiller un grillage qui deviendra alors une vraie aubaine pour les amateurs de confiture de mûres. Ses fruits un peu fades au naturel développent en effet une saveur de framboise une fois cuits en gelée. Arrosez-la copieusement durant l'été car son démarrage est laborieux.

PLANTEZ DES FRAISIERS

Retardataires, réjouissez-vous : on peut parfaitement planter des fraisiers au printemps et manger des fraises à la fin de l'été, tout simplement en donnant la préférence aux variétés dites remontantes. Notre sélection : 'Mara des bois', pour sa saveur ; 'Gento', pour son rendement. Arrosez régulièrement pour favoriser la reprise, et paillez abondamment.

NETTOYEZ LES FRAMBOISIERS

On laisse trop souvent les framboisiers baguenauder et former des touffes enchevêtrées où le bois mort le dispute aux rejets trop minces pour donner une récolte convenable. Soyez sans pitié et éliminez les pousses inférieures à 50 cm. Supprimez les rejets qui poussent dans les sentiers. Ne tirez pas dessus, coupez au ras du sol. Attachez vos framboisiers à une armature formée de quelques grosses branches de noisetier attachées à des piquets du même bois. Rustique et élégant à la fois.

TRAITEZ LE NECTARINIER

Encore plus beaux que les pêchers quand ils fleurissent, les nectariniers sont malheureusement plus sensibles aussi à la cloque. Le traitement de fin d'hiver ne suffit pas dans leur cas, et il faut redoubler avec un produit à base d'oxyde cuivreux, au moins deux fois à quinze jours d'intervalle. Deux variétés sont réputées plus résistantes : 'Morton' et 'Gold Mine'.

SOYEZ D'APLOMB

Autrement dit, occupez-vous en priorité de l'aplomb de vos arbres fruitiers, c'est-à-dire la partie située à l'ombre des branches. C'est en effet là que se concentre la majeure partie des racines, sur 30 cm d'épaisseur. La vigueur et la santé de l'arbre dépendent étroitement du bon état de cette zone stratégique.

- Tenez-la propre en passant la houe pour décaper l'herbe éventuelle. Ne creusez pas profond car les racines de l'arbre sont à fleur de terre.
- Délimitez un cercle dont le diamètre correspond à la limite atteinte par les derniers rameaux. Là encore, n'insistez pas avec la bêche plate : tranchez sur 5 cm seulement.
- Pour éviter le retour des mauvaises herbes, disposez un paillage à base de compost grossier, de tontes de gazon ou de vieux foin. Évitez la paille dont la décomposition va accaparer l'azote au détriment de l'arbre.
- À défaut, posez simplement des cartons d'emballage récupérés, et recouvrez-les d'écorce de pin ou de tontes de gazon pour l'esthétique. Cette couverture laisse passer l'eau, et durera jusqu'à l'automne.

QUATRIÈME PÉRIODE

LA FÊTE DES FLEURS

JUIN JUILLET

Le grand spectacle
commence avec les roses
accompagnées de
leurs dames d'honneur,
fleurs vivaces entre autres.
Puis les belles annuelles
se mettent de la partie,
tandis que les pélargoniums
et les pétunias enchantent
les balcons.
Le potager n'est pas
en reste avec les petits pois
et les salades à foison,
juste avant que rougissent
les premières tomates.
Et les fraises.
Et les framboises.
Ah, qu'il est doux
de se promener
au jardin !

CAROTTE, CHOU, POIREAU
Semez les légumes qui vous assureront des provisions d'hiver : carottes, choux, poireaux. Continuez régulièrement les semis de haricots verts et grains, jusqu'à la fin juin pour ces derniers, navets, laitues d'été, chicorées frisées et scaroles, radis.

CONCOMBRE Plantez en juillet trois pieds de concombre sous votre serre ou au pied d'un treillage au jardin. Récolte prévisible en septembre et jusqu'aux gelées. Paillez et arrosez souvent.

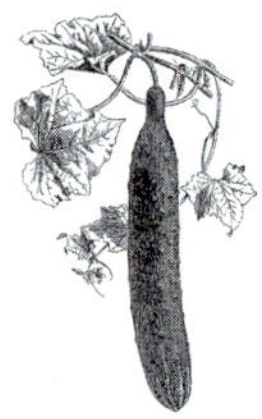

BINAGE Binez régulièrement le potager. Que vous utilisiez une vraie binette ou une griffe à une ou trois dents, ce décroûtage a pour but de créer une couche meuble qui permet à l'eau de pluie de pénétrer en profondeur. Par ailleurs, vous éliminerez ainsi les plantules des mauvaises herbes dès leur apparition.

SALADE Diversifiez vos salades : c'est le moment de passer aux variétés d'été, et en particulier aux laitues grasses, comme Sucrine ou Pavane, ainsi appelées parce que leurs feuilles sont épaisses. Rassurez-vous, elles demeurent tendres et sont particulièrement goûteuses.

POMME DE TERRE Buttez vos pommes de terre en juin. En effectuant cette opération à deux ou trois reprises au cours de la végétation, vous en profiterez pour désherber. C'est la principale raison pour laquelle les pommes de terre passent pour nettoyer le terrain. Si la terre est dure car déjà sèche, arrosez la veille du buttage.

ARROSAGE Arrosez copieusement et régulièrement les légumes. C'est ainsi que vos radis seront meilleurs, les haricots verts plus tendres et les laitues plus volumineuses. Vous arroserez de préférence le soir, à la fraîche. Même les oignons et l'ail apprécient les arrosages, qu'il faudra seulement modérer au moment où leur feuillage jaunit.

SEMEZ DU MESCLUN

Si l'on trouve parfois des paquets de mesclun tout préparés dans le commerce (Truffaut ou Caillard par exemple) rien de plus facile que de réaliser votre mélange maison. Brassez dans un bol le contenu d'un paquet de cerfeuil, roquette, laitue feuille de chêne blonde et rouge (ou encore Ferrari qui confirme sa qualité chez Baumaux), laitue Craquerelle du Midi ou Sucrine, Romaine Blonde lente à monter, chicorée frisée de Meaux. Semez ensuite à la volée, à raison de trois pincées par mètre carré. On récolte trois semaines plus tard, au fur et à mesure de la croissance des différents constituants, ce qui fait qu'aucune cueillette n'est identique.

REPIQUEZ DU POIREAU

Le temps du Jaune du Poitou est fini, il ne ferait rien de bon pendant l'hiver. Repiquez du plant de Gennevilliers, de Solaize ou de Carentan, parmi les plus répandus. Enterrez le plant de 10 à 15 cm, et respectez un écartement de 15 cm sur le rang, ces derniers étant séparés de 25 cm. À partir de la deuxième quinzaine d'août et jusqu'au début septembre, vous pouvez réaliser un semis directement en place, après une culture de haricots verts par exemple. Ces poireaux restent petits pendant l'hiver et grossissent au printemps, pour une récolte en mai-juin.

Repiquez au fond de petites cuvettes qui seront utiles pour les arrosages nécessaires en été.

NOURRISSEZ L'ARTICHAUT

En juin, la cueillette des artichauts bat son plein. Accompagnez ce bel effort, et arrosez copieusement pour soutenir la végétation. Arrosez-le deux fois par mois avec du purin d'ortie dilué pour apporter à ce grand gourmand les éléments nutritifs dont il est friand. Surveillez les attaques de pucerons noirs, parfois massives : au début, écrasez-les entre deux doigts, et si tout s'emballe, traitez à deux reprises avec du pyrèthre.

SEMEZ DU BASILIC

On ne saurait se passer de basilic pour assaisonner les salades de tomates et les minestrones, sans parler de la soupe au pistou. Pour ne pas en manquer, semez le basilic à petite feuille en ligne, au bord d'une allée, début juin. La levée est rapide, une semaine environ, et la croissance assurée pour autant que vous arrosiez. Vous obtiendrez en un mois et demi une petite haie de 20 cm de haut, facile à tailler avec une paire de ciseaux. Et le parfum de ce basilic, plus épicé que son frère à large feuille, vous séduira certainement. Autrefois, les paysannes grecques en obtenaient des touffes énormes en le cultivant en pots qu'elles cachaient sous des linges humides pendant la canicule. Astucieux, non ?

SEMEZ LA CAROTTE D'HIVER

Le semis de juin concerne les variétés dites de garde, généralement volumineuses et que l'on consommera durant tout l'hiver, comme Nanco, la carotte de Colmar, de Chantenay et surtout de Carentan, la mieux adaptée si votre terre n'est pas de toute première qualité. Pour que le semis réussisse, il faut semer et arroser copieusement à la douche deux fois par semaine, au minimum. N'oubliez pas d'épandre des granulés anti-limaces car leurs dégâts sont souvent redoutables sur les semis. Éclaircissez une première fois un mois après le semis et de nouveau quelques semaines plus tard, pour ne laisser qu'une carotte tous les 10 cm.

COURGETTE Semez en juin trois courgettes en godets et repiquez-les quand elles montrent la première vraie feuille. Récolte de la mi-août à octobre, à condition de ne pas laisser grossir un fruit au détriment des autres. Cora (Tézier) est une excellente variété.

CHOU Repiquez vos choux d'hiver, brocolis et autres choux rouges. Passé la fin juillet, il est souvent trop tard pour que ces légumes atteignent un développement correct. Choisissez une journée de temps gris, de préférence si la météo annonce de la pluie prochainement. Que cela vous profite au moins…

POIREAU Repiquez des poireaux en trois fois : mi-juillet, début et fin août, pour en disposer tout l'automne et l'hiver.

AUBERGINE, POMME DE TERRE Gare aux doryphores ! Ces gros vilains en costume rayé (leur nom signifie porteur de lance en grec, allusion justement à ces rayures) passent à l'attaque début juin, et dévorent le feuillage des pommes de terre mais aussi des aubergines. Une pulvérisation à la roténone vous en débarrassera. Pensez également à sulfater vos pommes de terre à la bouillie bordelaise, en même temps que les tomates, pour les préserver du mildiou. Elles seront bonnes à récolter à partir du 15 août, quand le feuillage a séché. À stocker au frais.

DU BON USAGE DU PAILLAGE

Sous le terme paillage se cache une pratique vieille comme le monde qui consiste à disposer sur la terre une couche de matériaux organiques. Nos Anciens avaient déjà noté les effets bénéfiques obtenus : limitation des mauvaises herbes, état de fraîcheur du sol étonnant, d'où un meilleur développement des plantes.
Le potager est le lieu idéal pour observer ces petits miracles car les plantes semées en lignes ou repiquées à bonne distance ne demandent qu'à voir les espaces vides recouverts par le paillage. Vous pourrez bientôt remiser votre binette et poser les arrosoirs. Mais attention, le paillage n'est pas toujours inoffensif : si vous déposez tontes de gazon ou du compost frais trop tôt en saison, quand le sol est froid, vous bloquez tout réchauffement ultérieur. Le mois de juin est un bon moment pour commencer à pailler.
Par ailleurs, certains matériaux provoquent également des blocages : la sciure de bois, la paille utilisée seule peuvent faire jaunir les légumes durablement. Le compost déjà à demi décomposé et bien entendu le fumier noir sont parfaits car ils nourriront les plantes tout en achevant de se décomposer. Ne dépassez pas une épaisseur de 5 cm, et renouvelez en revanche fréquemment.

LES MEILLEURS GRIMPEURS

Si votre potager est trop ouvert aux vents et aux regards, n'hésitez pas à l'entourer d'une haie provisoire réalisée avec des légumes grimpants. Un treillage improvisé, mais solide, en perches de noisetier ou de châtaignier, ou bien encore des treillis à béton hauts de 2,4 m et larges de 3,2 m constituent d'excellents supports.

Les haricots grimpants ne sont plus guère cultivés alors qu'ils ont un rendement insurpassé. Essayez le nouveau fleuron obtenu par l'INRA : Fortex. Il forme en quelques semaines une draperie de trois mètres de haut, fleurit tôt et donne des gousses longues de 25 à 30 cm, cylindriques à souhait et charnues. Semez-le pendant tout le mois de juin pour récolter en août-septembre. N'hésitez pas à pincer les tiges à 2 m de haut. Sinon gare au torticolis.

Les courgettes coureuses deviendront escaladeuses sur un support costaud. La vraie courge Ronde de Nice est l'une des plus exquises qui soient. Semez-la en début juin. Paillez à la fin du mois. Et pour faire joli, ajoutez quelques capucines canaris qui se faufileront en douce.

SEMEZ DES RADIS D'ÉTÉ

Le seul secret pour récolter des radis tendres et doux : semer les variétés d'été, comme Chandelle de glace ou le radis rose de cinq semaines. Et respectez une cadence d'arrosage quasi journalière. De la régularité des arrosages découlera leur absence de piquant. À noter que vous pouvez semer les gros radis noirs dès le mois de juin pour les croquer cet hiver.

RABATTEZ LA MENTHE

Les pieds de menthe sont parfois attristants en plein été, frappés par la sécheresse et l'oïdium, ou blanc, qui crispe leurs feuilles. Prenez une mesure énergique et rabattez à zéro ; deux ou trois arrosages copieux, et en quelques semaines, il n'y paraîtra plus. Profitez-en pour pailler avec des déchets de gazon. Pratiquez de même avec la plupart des autres plantes aromatiques : profitez-en pour faire des réserves de saveur en congelant les feuilles dans des petits cubes, qui seront bien utiles cet hiver. Plus vous coupez les plantes aromatiques, plus elles produisent des nouvelles tiges et feuilles, en général saines et pleines de saveur. C'est en particulier le cas de la ciboulette, qui cesse bien vite de pousser si on la laisse fleurir, alors qu'elle se renouvelle constamment si on la coupe.

TENTEZ LA PASTÈQUE

Amusante avec sa chair rouge, et si désaltérante, la pastèque ne mûrit bien qu'au sud de la Loire. Son feuillage découpé est d'un vert foncé plein de tonus. Les fruits grossissent à toute allure, et sont bons à récolter quand la dernière vrille qui les précède sur la tige jaunit et se dessèche. À l'occasion d'un voyage aux États-Unis, dénichez des bonnes variétés, car celles proposées en France ne sont pas les meilleures, loin de là. Dans le catalogue Kokopelli, optez pour Verona, à la chair rouge très sucrée, ou Astrakhanski, très précoce. Plantez-les à 1 m d'intervalle, sur une feuille de plastique transparent, comme les melons, début juin.

GOURMANDISES

Les jeunes courgettes révéleront le meilleur de leur saveur si vous les cueillez quelques minutes seulement avant de les cuire à la vapeur avec un brin de thym ou de sarriette. Égouttez et servez avec une sauce moutarde parfumée au basilic et versée sur les courgettes tièdes.

• Les épis de maïs doivent être cueillis quand ils sont encore laiteux à l'intérieur. Vous testerez ce stade en enlevant quelques-unes des feuilles de protection, puis en enfonçant l'ongle dans quelques grains. Faites cuire à la vapeur ou dans une eau à laquelle vous ajouterez un verre de lait. Servez après avoir arrosé de beurre fondu.

• Les choux-raves sont encore peu appréciés en France. Choisissez les blancs, coupez les pommes quand elles n'ont que la grosseur d'une orange. On peut les servir cuits, ils ont alors le goût du chou-fleur, ou râpés avec une sauce rémoulade.

• Les fèves sont arrivées à leur point de perfection en début juin. N'attendez pas qu'elles jaunissent dans les gousses devenues sèches. Il faut les cueillir bien vertes, quand les gousses sont seulement marquées de quelques taches brunes. Une fois les grains sortis, enlevez leur peau. Après avoir fait rissoler des lardons, jetez les grains, recouvrez avec juste ce qu'il faut d'eau et faites cuire à feu doux. Rajoutez une noix de beurre et une effeuillade de cerfeuil.

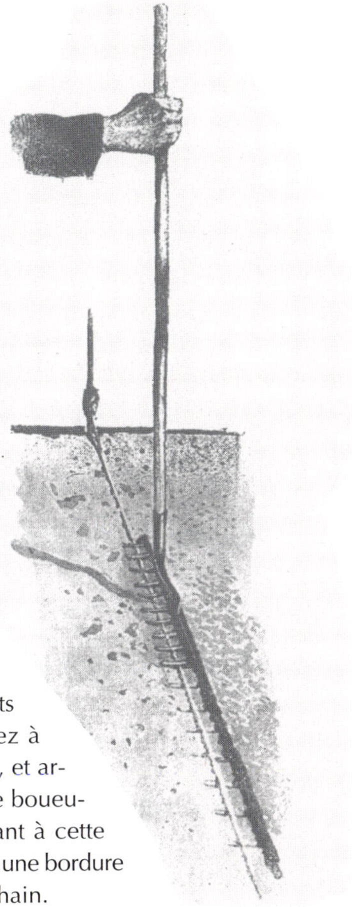

Tassez légèrement les semis, on appelle cela les plomber, avant d'arroser : la germination sera bien meilleure en été.

RÉNOVEZ L'OSEILLE

Si vous n'avez pas eu le temps de refaire votre bordure d'oseille à l'automne dernier, pensez-y pendant l'été, au moment où les touffes semblent au repos. Prenez une bêche solide et déterrez les souches, pour les diviser grossièrement. Rejetez les portions centrales, et ne conservez que les plants périphériques. Vous les repiquerez à 15 cm les uns des autres, en ligne, et arroserez de façon à créer une zone boueuse autour des racines. En procédant à cette réfection fin juillet, vous obtiendrez une bordure présentable dès le printemps prochain.

DOPEZ LE MELON

Si vous avez mis en place quelques pieds de melon fin mai ou début juin, sur un film plastique transparent, ils doivent prospérer actuellement et pousser en tous sens. Apportez-leur quelques arrosages au purin d'ortie, dans lequel vous rajouterez une dose d'engrais tomate. Ne taillez pas, dès que les premiers fruits vont se former, la végétation va se calmer. Diminuez la cadence des arrosages quand le mûrissement commence.

SEMEZ LE HARICOT DEMI-SEC

Le meilleur des haricots grain à manger en demi-sec reste incontestablement le Michelet à longue cosse. Facile à écosser, tendre et d'une blancheur nacrée, il sera parfait en compagnie de petits oignons, de lardons et d'un peu de tomates du jardin. Faites-en des conserves que vous apprécierez cet hiver. Le flageolet représente un autre sommet gastronomique. À noter que la variété Elsa (Vilmorin) réunit toutes les qualités : rendement et succulence. Les Anglais ne disent-ils pas fort justement que le flageolet est le seul haricot à faire sa propre sauce… Vous sèmerez ces deux haricots avant le 15 juin. Une boîte de 200 g de chaque variété suffit amplement pour une famille ordinaire.

HARICOTS Ne faites pas tomber les fleurs de haricots verts en les arrosant brutalement au tourniquet. Noyez une ou deux fois par semaine en introduisant le tuyau entre les rangs buttés.

TOMATES Attention à ne pas laisser pousser toutes les tiges sur les tomates : il

suffit d'enlever les gourmands qui surgissent à l'aisselle des feuilles, en respectant bien sûr les grappes de fleurs, pour discipliner vos pieds de tomates, qui autrement partiraient trop en feuilles.

SEMIS Ne négligez pas d'ombrer les semis : un simple lattis de bambou, un voile de forçage doublé ou même quelques feuilles de papier journal alourdies par des pierres suffisent à protéger un semis de laitues ou de choux.

AIL, ÉCHALOTE Il ne leur vaut rien de butter l'ail ou l'échalote : il faut au contraire retirer la terre qui risque de recouvrir les bulbes, pour éviter leur pourrissement. Récolte en juillet.

BETTERAVE, CAROTTE, PANAIS N'oubliez pas d'éclaircir les semis de betteraves, carottes, panais, scor-

sonères et tous les légumes-racines en général. Ceux-ci commencent par des petites plantules timides et l'on ne s'imagine pas que de si minuscules feuilles vont donner naissance à des racines plantureuses. Du coup, on oublie d'éclaircir, c'est-à-dire d'enlever les plants excédentaires pour n'en laisser qu'un tous les 10 cm. Faute de décimètre, laissez trois doigts entre chaque plant. Éclaircissez le soir, et arrosez juste après pour raffermir le sol. Effet spectaculaire dès la semaine suivante.

PETIT POIS N'attendez pas que les petits pois soient bien gros avant de les cueillir. C'est passer à côté d'un vrai délice culinaire. Ramassez au contraire quand les pois ont 5 mm de diamètre à peine. Ils cuiront en quelques minutes. De même, cueillez les pois mangetout quand on distingue tout juste les graines à l'intérieur des gousses encore plates.

PLANTES VIVACES Coupez au ras du sol, on appelle cela rabattre, les plantes vivaces en fin de floraison. Vous les forcerez ainsi à former un nouveau feuillage plein de santé. Ce conseil s'applique en particulier aux géraniums vivaces et à l'alchémille, qui retrouve ainsi une nouvelle jeunesse. Retaillez également les sauges et la santoline pour que les touffes restent denses.

LIMACES Conservez précieusement les cendres des barbecues ou des petites flambées du soir, à la cheminée, pour les disposer autour des hostas, comme cordons sanitaires anti-limaces. Comme la pluie a tendance à limiter l'efficacité de ce dispositif, il faut aussi prévoir des granulés.

HIBISCUS Disposez dans un coin frais du jardin, mais recevant quand même le soleil le matin, ces fleurs hautement spectaculaires que sont les hibiscus. Celui de Chine mais aussi l'hibiscus des marais (H. moscheutos) aux fleurs grandes comme des soucoupes.

POTÉES Terminez en juin la mise en place de vos jardinières et des potées que vous installez au jardin. Plutôt que de disperser une quantité de petits pots, assurez quelques endroits clés, choisissez des pots d'au moins 30 cm de diamètre. Le résultat sera plus payant, et vous aurez moins de peine à arroser tout ce beau monde. Dans votre choix, n'oubliez pas les plantes retombantes, qui cachent avec élégance les pots, pas toujours très beaux, et augmentent le volume fleuri : des lobélias cascades, et pourquoi pas des surfinias, ces pétunias pendula améliorés, mais en prenant garde au coloris bordeaux. Le rose et le blanc sont d'un emploi plus discret.

NARCISSE Arrachez vos narcisses dès que le feuillage jaunit ; séparez les gros bulbes pour les replanter ailleurs, et conservez les petits pour les faire pousser encore un an dans un coin du potager.

ADOPTEZ LE PLUMBAGO

On voit trop peu souvent les plumbagos du Cap monter à l'assaut de nos jardinières, hormis sur la Côte d'Azur. Il s'agit pourtant d'une des meilleures plantes pour potées, à la fois robuste et délicate d'aspect, très florifère et capable de nous apporter ce bleu que nous aimons tant, dans une nuance subtile et pure de tout violet. Planté en juin, dans un pot de 40 cm de diamètre, un godet se métamorphosera au cours de l'été en une touffe impressionnante de près d'un mètre d'envergure, débordant de toutes parts, à condition que vous ayez prodigué arrosage et engrais. Un seul inconvénient : ses tiges garnies de poils visqueux sont d'un contact désagréable.

REPIQUEZ LES BALSAMINES

Qu'il s'agisse de la balsamine double à fleur de camélia ou des impatiens sauvages, n'oubliez pas que ces plantes adorent les sols frais. Installez-les à mi-ombre, et arrosez copieusement au moins deux fois par semaine. Si vous en gardez quelques pieds en réserve, dans un coin de châssis, vous serez à même de boucher des trous, car les plants forment de si belles mottes de racines qu'ils peuvent être repiqués même en pleines fleurs !

PINCEZ LES PÉRILLAS

Certes, le costume pourpre noir du périlla de Nankin fait un peu jardin public d'autrefois, mais en l'associant avec des gauras, des amarantes vertes, et un canna rouge sombre, vous obtiendrez une scène à la fois haute en couleurs et savante, comme on aime en déguster par les soirs de grande canicule. Pincez-le souvent, il aime cela et reste alors plus trapu.

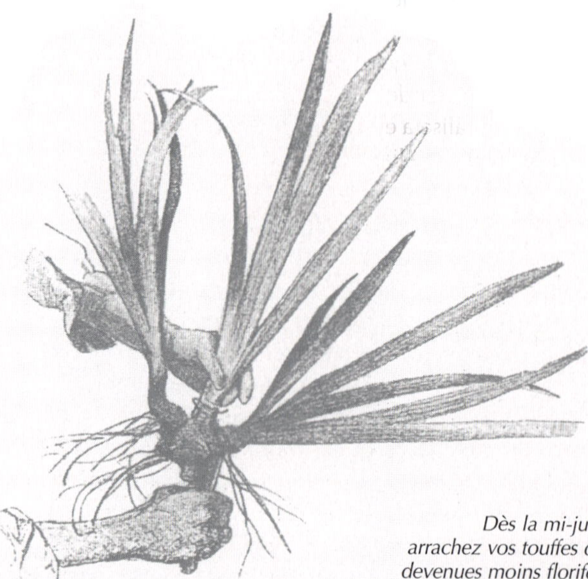

Dès la mi-juillet, arrachez vos touffes d'iris devenues moins florifères. Divisez-les et replantez aussitôt.

DIVISEZ LE LIS CANDIDE

Compagnon inséparable des jardins de curé, le lis de la Madone (Lilium candidum) n'a guère de rivaux quant au parfum : le sien, suave et fruité, n'est jamais entêtant comme peut l'être celui du lis royal. Ne vous lamentez pas si son feuillage prend une tournure inquiétante en pleine floraison, il a fini son cycle. Ce lis est en effet originaire de la Grèce, et se met en sommeil pendant l'été. C'est donc l'époque idéale pour diviser les touffes qui finissent par devenir inextricables. Replantez chaque bulbe au centre d'une petite fosse remplie de terreau léger, en l'enterrant à peine.

DÉCOUVREZ LA PERVENCHE

Si les géraniums ont été les fleurs des années soixante-dix, les impatiens celles des années quatre-vingt, la décennie 90 a vu l'explosion des pervenches de Madagascar. Elles sont sorties du ghetto des potées fleuries, du style « Fête des mères et poubelles », et ont pointé le bout de leurs pétales dans nos jardinières où elles font merveille. Elles présentent sur les impatiens l'avantage de mieux tenir au soleil, et peuvent rivaliser sur le chapitre de la durée et de l'abondance de la floraison, surtout en fin d'été.

HUMEZ LE TABAC

Quoi de plus agréable que de savourer le crépuscule sur une terrasse fleurie, parmi les parfums de la terre enfin arrosée, et des fleurs épanouies de bonheur. Mais savez-vous que certaines ont choisi justement le soir pour s'épancher librement et nous ravir de leur parfum. C'est le cas des tabacs blancs (*Nicotiana affinis*), des belles-de-nuit, au registre plus suave, ou de la petite giroflée du soir (*Matthiola bicornis*) qui n'est guère remarquable par ses fleurs en croix d'un rose lilacé, jusqu'à ce qu'une persistante odeur d'œillet vous force à poser la question de l'origine de ce parfum. Semez-la discrètement autour de votre banc préféré. Avec un peu de chance, elle se naturalisera et vous en profiterez plusieurs années de suite. Dans le Midi, une liane bien connue, le galant de nuit (*Cestrum nocturnum*), remplit cet office de charmeur.

ROCAILLE Procédez à la grande toilette de votre rocaille. En juillet, il est temps de discipliner les plantes qui ont pris de l'extension. Paillez au gravier.

MENTHE La menthe panachée (*Mentha suaveolens* 'Variegata') possède un parfum complexe avec des soupçons d'ananas. Non seulement elle permet d'agrémenter les salades de fruits ou le fromage blanc battu, mais elle décore très bien les jardinières en compagnie des géraniums rouges qu'elle apaise. Ne pas oublier d'arroser régulièrement cette assoiffée.

ENGRAIS Arrosez toutes les plantes en pots avec un peu d'engrais liquide, Algoflash par exemple, une fois par semaine, après avoir arrosé à l'eau pure.

AGASTACHE Si vous avez mis en place des plants d'agastache en mai, n'oubliez pas de les pailler et d'arroser régulièrement car ces belles fleurs mexicaines apprécient les sols frais. Sinon le feuillage fane en plein après-midi !

OMBRE Si vous recherchez une plante couvre-sol pour éclairer un coin à l'ombre, tournez-vous vers l'herbe aux écus dorés, *Lysimachia nummularia* 'Aurea', qui tapissera rapidement le sol avec des tiges garnies de feuilles rondes d'un jaune citron au printemps puis vert tilleul. En suspension et en jardinière, elle fait merveille également.

LES FLEURS DU CHAUD

Choisissez parmi ces fleurs si ça cogne chez vous.

Achillée
Agapanthe
Alysse maritime
Amarante
Anémone du Japon
Anthémis
Armoises
Asclépiade
Canna
Belle-de-jour
Belle-de-nuit
Buglosse du Cap
Camomille
Capucine
Clarkia
Célosie à panache
Cobée
Cosmos
Datura
Echévéria
Ephémère de Virginie
Épilobe
Eschscholzia
Ficoïde
Gaillarde
Gaura
Gazania
Germandrée
Glaïeul
Godétia
Gypsophile
Haricot d'Espagne
Hélianthème
Héliotrope
Hémérocalle
Immortelle
Ipomée
Joubarbe
Lavatère
Lin rouge
Lobélia
Monbrétia
Muflier
Népéta
Œillet d'Inde
Œnothère
Oreille d'ours
Penstemon
Pourpier
Rudbéckia
Sauges
Sédums
Soleil
Solidago
Statice
Tabac
Rose d'Inde
Rose trémière
Valériane
Verveine
Yucca
Zinnia

DÉGUSTEZ LE CORÉOPSIS

À côté du coréopsis à grandes fleurs si vite abattu par le vent ou la pluie, le *Coreopsis verticillata* fait figure de tendre costaud, à cause de son feuillage fin apposé par étages sur des tiges minces mais solides. Chaque touffe prend la forme et la dimension d'un bonnet d'ours, surmonté de centaines de fleurs simples durant tout l'été. Le jaune ardent de l'espèce-type se mue en un blanc crème chez 'Moonbeam', à mon avis plus à son aise dans un jardin soigné, ou encore en jardinière en compagnie d'un hélichrysum argenté.

BICHONNEZ L'HÉLIOTROPE

Aussi sombre d'aspect que son parfum est lourd, l'héliotrope fait partie de ces plantes auxquelles on s'attache. D'autant plus que pour être beau, il lui faut souvent deux à trois ans. Abritez donc les pieds dans votre véranda ou votre serre. Rempotez-le en juin, dans un terreau riche. Taillez-le pour qu'il s'étoffe bien. Arrosez copieusement et régulièrement, en n'oubliant pas de rajouter un peu d'engrais soluble une fois tous les dix jours, car c'est une plante vorace. Luttez ensuite contre les pucerons et les mouches blanches, en bassinant souvent le feuillage.

ARROSEZ LES AMARANTES

Si, comme nous vous le conseillions au printemps, vous avez semé des amarantes, queue de renard ou dressées, après les avoir mises en place en mai, il s'agit maintenant de les arroser au mieux, avec un peu d'engrais soluble tous les quinze jours (ou du purin d'ortie), pour leur faire quitter au plus vite leur aspect de mauvaise herbe. Un paillage leur fera le plus grand bien, et au 14 juillet elles seront déjà superbes. À partir du début août, pensez à les tuteurer discrètement car leur base a du mal à se tenir droite dans un sol meuble. Il serait bien dommage que votre beau massif soit ravagé par un orage. Utilisez des bambous gros comme le doigt et coupés à la bonne hauteur. Attention à vos yeux si vous vous penchez…

ASTUCES DE SAISON

Pour tester une plante que vous ne connaissez pas, achetez au moins trois sujets, que vous planterez dans des situations bien différentes. Si l'un d'entre eux prospère plus que les autres, rapatriez ces derniers au même endroit, ou dans le même type d'ambiance. Logique et efficace.

Pour des potées originales, employez les choux décoratifs, pas forcément les japonais, mais ceux frisés de couleur violette qui sont impressionnants, tel 'Redbor'. Le plus dur : trouver des graines ou du plant…

Il est encore temps de semer des phlox de Drummond nains, en se dépêchant. Éparpillez les graines directement en place, au soleil. Pincez à mi-hauteur les tiges quand elles dépassent 15 cm pour les obliger à se ramifier. Disposez des appâts anti-limaces. Arrosez une fois par semaine en évitant de mouiller le feuillage.

Semez en urgence de l'alysse maritime, des balsamines, des belles-de-jour (directement en place), des capucines naines, des clarkias, des eschscholzias, des zinnias nains, 'Profusion Orange' en particulier : cet hybride supporte bien la chaleur et pousse vite.

PLANTES POUR BOUQUETS SECS

Acroclinium
Agrostemma
Amaranthe queue de renard
Ambrosia
Ammobium
Arroche pourpre
Carthame
Célosie à panache
Bleuet
Craspedia baguette de tambour
Gomphrena
Immortelles (Helichrysum et Helipterum)
Nigelle
Pavots et coquelicots (pour leurs capsules)
Pied-d'alouette
Rhodante
Scabieuse
Statice
Zinnia

Parmi les nombreuses graminées décoratives à semer au printemps :
Agrostis
Avoine stérile
Briza minima et maxima
Brome
Orge
Lagurus ovatus
Larmes de Job (Coix lacryma)
Maïs fraise
Panicaut
Phalaris
Pennisetum
Millet
Blé (eh, oui !)

Et n'oubliez pas les nombreuses coloquintes décoratives :
Galeuse orange, plate et rayé, griffes du diable,
Poire rayée
Balle miniature
Mini-turban rouge
Turban d'Aladin
Courge cou-tors hâtive
Courge bouteille
Poire à poudre
Calebasse
Courge serpent
Maranka
Lagenaria drague…

Pour obtenir une telle canne-panier, il faut un scion de frêne, bien droit, dont vous tournez une extrémité en pommeau et l'autre en pointe, avec un embout de métal. Puis enfoncez un panier pas trop grand, dont vous aurez desserré quelques spires du fond. Un modèle exclusif que tout le monde vous enviera.

CUEILLEZ L'ACHILLÉE

Les achillées 'Galaxy' figurent parmi les plantes à bouquets les plus sympathiques, affichant des coloris pastel aux rares nuances. Plutôt que de les accueillir dans vos massifs, plantez-les dans le potager, en avril, en lignes. Une fois la floraison passée, nourrissez encore les touffes en leur apportant des arrosages à l'engrais soluble. Vous les diviserez cet automne pour replanter les éclats dans un autre coin du potager, car cette plante épuise vite le sol. Un tuteurage est souvent nécessaire.

NOURRISSEZ LES DIASCIAS

Ces petites fleurs roses venues de la pointe australe de l'Afrique sont en train de faire un malheur, surtout en potées. En les installant autour de fuchsias, vous créerez des tableaux ravissants. Nourrissez leur floraison avec des arrosages suivis et enrichis d'un peu d'engrais soluble. Pas besoin d'enlever les fleurs fanées car elles produisent peu de graines. À l'approche du froid, vous rentrerez les touffes à l'abri pour les diviser et les replanter au printemps.

ADMIREZ LE DATURA

Il faut être patient pour admirer de beaux daturas arbustifs (ou *Brugmansia*), car c'est souvent la deuxième année qu'ils donnent le meilleur d'eux-mêmes. Conservez-les dans un coin de votre véranda, au régime sec. Tant pis s'ils ne sont guère présentables au printemps, avec quelques petites feuilles en bout de branche. Vous les rempoterez dans du terreau frais. Arrosages copieux à l'appui, tout sera en ordre quelques semaines plus tard.

ARROSAGE N'arrosez pas n'importe comment : il vaut mieux arroser à fond, même si le soleil tape, que d'humecter à peine pendant la nuit. L'important : abreuver en priorité les racines profondes. Et tant pis si le gazon roussit localement, il n'en mourra pas. Septembre le verra reverdir fidèlement.

DAHLIA Ne négligez pas les dahlias, une fois ceux-ci plantés. Même s'il s'agit de fleurs solides, ils vous revaudront vos bons soins : tuteurage pour les variétés dépassant 1,20 m et celles à fleurs géantes ; arrosages à l'engrais soluble, tous les quinze jours ; paillage avec du compost décomposé ; lutte contre les pucerons ; éboutonnage. Ce dernier geste consiste à supprimer les boutons à fleurs secondaires pour ne laisser que le plus beau. Non seulement les fleurs sont plus spectaculaires, mais les touffes restent trapues. Ce conseil ne s'applique évidemment pas aux variétés naines ou à fleurs simples, pour massifs.

LUNAIRE, ŒILLET, CAMPANULE, GIROFLÉE N'attendez pas trop longtemps avant de commencer les semis de fleurs bisannuelles. Regardez ce qui se passe dans la nature : les graines de monnaie du pape, de giroflée, de campanule carillon ou de digitale sont en train de germer, là où elles sont tombées, et quand la binette les a épargnées. Il est donc temps de semer, en caissette à poisson remplie de bon terreau, en recouvrant d'une feuille de papier journal pendant les après-midi de canicule. Vous continuerez les semis avec les myosotis, primevères et pensées en juillet, de même que les œillets de poète et les pâquerettes. Repiquage courant août, à mi-ombre, et mise en place en octobre pour des massifs éclatants de beauté au printemps prochain.

POTÉES N'économisez pas les arrosages des plantes en bac ou jardinière. La différence entre des bacs arrosés tous les deux jours, voire chaque matin pendant la canicule, saute aux yeux.

ARROSAGE

Arrosez les arbres et arbustes plantés ce printemps. Arroser veut dire laisser l'eau couler pendant au moins deux vraies minutes au pied, ou verser un arrosoir de 10 litres par semaine.

BOUTURE

Profitez de la chaleur ambiante pour bouturer en août vos arbustes préférés : prélevez l'extrémité des rameaux, coupez nettement sous une feuille, éliminez-la au ras, retaillez au-dessus de la troisième feuille. Réduisez les deux feuilles restant à la moitié de leur surface. Enfoncez de 2 cm dans des pots remplis d'un mélange moitié sable, moitié tourbe. Placez un voile pour confiner l'air, et arrosez régulièrement. En cette saison, buis, houx, if, seringat, deutzia, weigela, viorne, hydrangéa, fuchsia, laurier-rose, sauge, armoise en arbre, lavatère arbustive... sont au programme, sans oublier les rosiers.

ROSIER

Taillez vos rosiers en souplesse, après leur première vague de floraison. Supprimez les fleurs fanées en coupant à 10 cm sous la fleur, au-dessus d'une belle feuille. Complétez cette toilette avec un apport d'engrais soluble et un bon arrosage. Et traitez avec un fongicide polyvalent, pour les préserver des taches noires et de l'oïdium. Surveillez les pucerons, qui débordent d'activité en juin. Mais prudence : ne traitez pas si quelques coccinelles montrent leur capot rouge à proximité. C'est signe que leurs larves, très efficaces, sont à pied d'œuvre.

PAILLAGE

Paillez les arbres et arbustes avec un matelas de compost à demi décomposé qui finira de mûrir à leur ombre. Vous augmenterez la croissance en répandant quelques poignées de corne torréfiée avant de disposer cette matière organique.

LILAS, FORSYTHIA, SPIRÉE

Ne taillez pas les arbustes de printemps à la cisaille, comme s'il s'agissait de vulgaires troènes. Les lilas, forsythias, spirées, seringats, boules-de-neige doivent être disciplinés de temps à autre, mais il vaut mieux agir avec le sécateur, en cherchant à aérer leur ramure. Jamais de coupe au bol, par pitié !

OSEZ DES CLÉMATITES D'ÉTÉ

Parmi les clématites les plus plaisantes figurent sans conteste les hybrides de *C. texensis* et de *C. viticella*, pour leur rusticité bon enfant et leurs fleurs simples et pas trop grandes, qui s'associent à merveille avec beaucoup d'autres fleurs. Par exemple, 'Étoile Rose', couleur cerise avec un bord argenté, et 'Gravetye Beauty', dont les clochettes sont plus ouvertes, et d'un riche rubis. Parmi les viticellas, 'Étoile Violette', aux pétales d'un violet-pourpre intense autour d'un cœur d'étamines couleur crème, et 'Royal Velours', cramoisie, sont hautement recommandables. Cette dernière fera merveille en particulier dans un berbéris, ou encore tout simplement dans un fusain du Japon panaché qu'elle embellira de façon inattendue. Ces clématites peuvent être plantées maintenant, car on les vend en pots. Abritez la base des tiges derrière une tuile.

TAILLEZ LA LAVANDE

Le mois d'août voit l'apothéose des lavandes, qui vous dispensent leur floraison parfumée, tellement appréciée par les abeilles et les papillons. Cueillez des tiges en abondance pour composer des bouquets secs à suspendre dans la maison. Ce sera une excellente première taille, que vous compléterez en septembre par un rafraîchissement plus net. De la sorte, vos lavandes conserveront une silhouette sympathique pendant l'hiver. Mais ne rabattez jamais sur du vieux bois, car les lavandes ne disposent pas de bourgeons valides sur cette partie du bois. Limitez-vous aux parties tendres. Pour qu'elles gardent un port compact et une silhouette en boule, il faut commencer à tailler dès la première année, et ne surtout pas laisser les lavandes prendre trop d'ampleur au début.

Certes, on peut toujours planter en plein été ; mais faites au préalable tremper les conteneurs jusqu'à ce qu'il n'y ait plus de bulles qui s'en échappent.

ADOPTEZ L'ALBIZZIA

Si vous recherchez un petit arbre qui puisse faire de l'ombre sans plonger le jardin dans la nuit, et qui fleurisse de surcroît, l'albizzia est fait pour vous. Appartenant à la même famille que les acacias, il prend un port en parasol, et son feuillage fin et vert clair projette exactement le genre d'ombre dont vous rêvez. En juillet, la floraison en plumets roses est ravissante, surtout au sud de la Loire car il lui faut des étés chauds pour s'épanouir. Sa forme sera encore plus belle si vous achetez un arbre greffé en pied que vous formerez sur plusieurs troncs, en cépée. Il pousse vite.

TAILLEZ LE SERINGAT

Somptueux en mai-juin, les seringats traversent ensuite une période terne, l'été ayant tendance à plomber leur feuillage. Profitez-en pour pratiquer une petite taille qui consiste à éclaircir les touffes, en rabattant les ramifications plus près des branches. Laissez tranquilles les rameaux nouveaux, à écorce claire. Si votre seringat doré présente des feuilles cramées par le soleil, éliminez-les, et promettez-vous de déplacer cet arbuste pour le placer hors d'atteinte des rayons du soleil de l'après-midi.

RESPECTEZ L'ACACIA

Le seul reproche que l'on puisse adresser aux robiniers, ou faux acacias, est la fragilité de leur bois. Les branches naissent sur le tronc avec un angle d'insertion très aigu, ce qui explique qu'elles cèdent à la moindre traction. Heureusement, les robiniers poussent vite et reconstituent leur ramure, mais le spectacle est souvent attristant après un de ces gros orages qui ponctuent l'été. Ne commettez surtout pas l'erreur de monter directement dans l'arbre pour y mettre bon ordre ou cueillir quelques grappes de fleurs pour préparer des délicieux beignets, ce serait catastrophique. Parmi les variétés nouvelles, 'Casque rouge' semble moins sujet à ces fractures. Ses fleurs sont rose vif, contrairement à ce que le nom suggère.

LAURIER-ROSE Ne mettez pas dans le même panier lauriers-roses et cactus. Ce n'est parce qu'ils aiment le soleil que les lauriers-roses peuvent se passer d'eau. Arrosez-les très régulièrement, s'ils sont en pot. De temps à autre, pulvérisez de l'engrais foliaire pour les doper, et répandez sur le pot vos marcs de café chaque matin pour favoriser une belle coloration.

PLANTATION Ne plantez pas des arbustes fleuris en conteneur pour les oublier aussitôt. Ce mode de culture permet certes des plantations en toutes saisons mais à la condition expresse de continuer les bons soins prodigués par les pépiniéristes : arrosages suivis, c'est-à-dire hebdomadaires, désherbage et apport d'engrais. Sinon, c'est l'échec assuré ou tout du moins la déception devant les piètres performances.

RHODODENDRON Arroser vos rhododendrons durant tout l'été jusqu'à plus soif est excessif. Ce ne sont pas des laitues, et peu importe qu'ils peinent un peu en août, c'est le moment où naissent les futures fleurs du printemps prochain. En revanche, arrosez abondamment les camélias, qui adorent cela. Et n'oubliez surtout pas ceux plantés en bac. Ce serait fatal pour eux.

COULEURS POUR CANICULE

Les buddléias apprécient un premier plan de plantes vivaces solides comme les kaliméris, des cousins des asters à fleurs blanches estivales. Retaillez tout ce beau monde après la première floraison pour obtenir une remontée. Extra devant des buddléias 'Nanho Blue'. Le blanc *B. fallowiana* 'Alba' sera parfait derrière des céanothes 'Gloire de Versailles'. Bel effet également du buddléia 'Lochinch' en compagnie des *Solanum crispum* palissés sur une façade en plein soleil. Quant au buddléia 'Golden Glow', ses boules orange seront parfaitement mises en valeur par les coupelles de l'abutilon 'Kentish Bell'. Les lavandes, santolines et rosiers remontants forment des massifs remarquables, à condition d'éviter les rouges incendiaires. Mélangez les fuchsias *magellanica* 'Tricolor' avec le grand *Thalictrum delavayi*, aux impalpables corolles roses. Extra à mi-ombre. Les millepertuis arbustifs (*Hypericum* 'Hidcote', 'Elstead' et *prolificum* entre autres) sont une vraie bénédiction pour les jardiniers de vacances.

POMME, POIRE Posez un sac en papier autour de vos meilleures pommes et poires. C'est un moyen sûr et écologique d'éviter les vers. À condition d'agir tôt, dès que les fruits ont atteint la taille d'une cerise.

PRUNIER En juillet, soutenez les branches de vos pruniers surchargées de fruits. Elles peuvent casser à quelques jours de la récolte. Des branches de noisetier fourchues seront les meilleurs étais.

GREFFE Greffez en écusson des pruniers, pommiers, poiriers, cerisiers, abricotiers ou pêchers. Pour cela, il n'est pas toujours besoin de vrais porte-greffe : des rameaux de l'année sur des arbres sains peuvent convenir. De la sorte, vous obtiendrez des arbres portant plusieurs variétés à la fois. Ce type de greffage consiste à prélever un bourgeon situé à l'aisselle d'une feuille, pour l'insérer sous l'écorce d'un autre arbre. La reprise se constate au printemps suivant.

ESPALIER Bassinez vos poiriers et pêchers en espaliers : pour cela, passez le jet d'eau pas trop puissant sur le feuillage, le soir. Les fruits seront plus beaux et vous éviterez les attaques d'acariens.

CORDON Courbez la tige de vos scions de pommiers que vous destinez à former des cordons autour du potager ou le long des allées. La tige principale offre encore assez de souplesse en ce moment pour se prêter à cette manipulation, ce qui ne sera pas le cas en fin d'été. Faites-le plutôt le soir, quand le bois est souple.

PRÉVENEZ LES MALADIES

La tavelure est cruelle pendant les étés mitigés succédant à des printemps humides. Elle se traduit par des fruits déformés, craquelés, et des rameaux difformes. Utilisez des produits anti-tavelure, en évitant ceux à base de triforine car cette matière active, par ailleurs fort efficace sur les taches noires des rosiers par exemple, peut brûler certaines variétés de poiriers. À noter que ce renseignement n'est pas toujours mentionné sur les boîtes...

ADOPTEZ LE MYRTILLIER

Ce petit arbuste vous prodiguera des récoltes sensationnelles si vous lui donnez ce qu'il requiert : un sol acide, tourbe pure par exemple, et une protection contre les oiseaux, un simple filet jeté sur ses branches. Ces derniers ont en effet vite fait de repérer les fruits et de les croquer avant vous. Les variétés modernes sont des hybrides américains impressionnants, un peu moins parfumés que les myrtilles sauvages mais beaucoup plus productifs.

DÉSHERBEZ LE FRAMBOISIER

Si le framboisier a mauvaise réputation auprès du jardinier, c'est parce qu'il vadrouille partout et accueille toutes les mauvaises herbes. Pour éviter cela, désherbez une bonne fois pour toutes, et épandez 10 cm d'écorce de pin broyée. Par ailleurs, supprimez sans pitié tous les rejets dépassant une ligne située à 30 cm du pied-mère. Rassurez-vous, il en restera toujours assez.

PROTÉGEZ LE GROSEILLIER

Les groseilles à maquereau sont moins connues dans notre pays que celles à grappes, mais elles font bonne figure dans les salades de fruits mélangés. Cueillez-les bien mûres, sucrées à point. Parfois, le feuillage se tache de blanc dès les premières chaleurs : traitez avec un produit à base de soufre sublimé, juste après la récolte. Il faut parfois récidiver en août.

ASTUCES DE SAISON

Complétez la taille d'hiver en rabattant des deux tiers les rameaux secondaires apparus depuis le printemps sur les cordons de pommiers. On raccourcit ainsi le trajet de la sève et on conduit rapidement les bourgeons de la base à se transformer en boutons à fleurs. Cette taille peut s'effectuer sur la plupart des arbres fruitiers, y compris l'olivier ou les arbres à noyau qui n'aiment pas la taille habituellement.
Tant que vous y êtes, surveillez les pucerons, qui débordent d'activité. Mais pas question de pulvériser n'importe quoi si les coccinelles sont déjà à pied d'œuvre. Sur les pommiers, coupez l'extrémité tendre des tiges et, si elles sont infestées, jetez-les aux poules (ou au tas de compost). Du même coup, vous effectuez une taille en vert excellente.
Après la récolte, nettoyez les touffes de framboisiers non remontants en coupant à ras les tiges ayant fructifié.
Déplacez de temps à autre vos fraisiers, ils sont tellement gourmands qu'ils dégénèrent au bout de trois ans ou quatre ans. Sélectionnez quelques beaux coulants, facilitez leur enracinement puis prélevez ces jeunes plants sains en septembre pour les installer dans une terre riche et bien bêchée.

CINQUIÈME PÉRIODE

LE SECOND PRINTEMPS

AOÛT SEPTEMBRE

Il pleut, il mouille,
c'est la fête à la grenouille,
mais aussi celle des
jardiniers qui voient l'herbe
reverdir à toute allure.
Tout retrouve un air de
fraîcheur, et bien des fleurs
en profitent pour chercher
des coloris inédits,
de ceux qui vous feront
regretter les journées
déclinantes.
Il est temps de faire
provision d'optimisme.

MAÏS, HARICOT Récoltez le maïs doux, les haricots demi-secs. Attention, ces deux légumes de gourmets sont à surveiller de près car ils ne sont à point que durant une semaine.

POMME DE TERRE Ramassez vos pommes de terre tardives qui rejoindront les plus précoces dans la cave. Ne les entassez pas sur plus de 30 cm d'épaisseur, sinon gare aux pourritures ravageuses. Triez dès maintenant les toutes petites, si bonnes une fois rissolées. En effet, elles se conservent moins longtemps que les grosses, et doivent être dégustées avant l'hiver.

ÉPINARD, NAVET Semez épinards et navets jusqu'au 15 septembre. Vous pouvez semer les épinards à deux reprises, à trois semaines d'intervalle : le second semis restera plus petit, et donnera lieu à de plantureuses récoltes aux premiers jours du printemps. Par ailleurs, choisissez un navet de bonne conservation comme le Blanc dur d'hiver, pour un semis tardif de septembre. N'hésitez pas à éclaircir pour laisser quinze centimètres entre les plants, sinon ils ne pousseront qu'en feuilles, surtout si vous avez abusé du fumier.

MÂCHE Semez de la mâche, à trois reprises, car il n'est pas rare que les graines lèvent mal si elles sont vieilles.

LAITUE D'HIVER Attendez septembre pour semer la première tournée de salades pour le printemps prochain. La Passion ou la Brune d'hiver ont toujours leurs amateurs, et il faut dire que ces laitues volumineuses réjouissent la vue quand elles pomment, et que ce sont les plus savoureuses de l'année. On les récolte de mars à mai.

CHOU Semez du chou de printemps, comme le Hâtif de Louviers ou le Bacalan, en début septembre. Il poussera tranquillement pendant l'hiver, à son rythme. Repiqué en janvier, il pommera en avril.

SOIGNEZ LE PÉ-TSAÏ

Ce chou venu de Chine, qui a la forme d'une grosse laitue romaine et la saveur du cœur de chou bien tendre, change agréablement les menus d'automne. Il ne connaît pas encore le succès qui lui est dû, peut-être parce que sa réussite n'est pas toujours assurée. Il lui faut un sol frais, et comme limaces et escargots l'adorent... Semez dès le début août, et à plusieurs reprises sur une terre libérée par des pommes de terre ou des haricots. Griffez pour égaliser, et semez en lignes espacées de 20 cm, dans des sillons à peine marqués au fil de la binette. Recouvrez d'un centimètre de terreau, et arrosez tous les matins. Si vous entretenez cette bonne ambiance, la récolte est prévue deux mois après le semis.

SEMEZ L'ÉPINARD

En semant les épinards fin août ou début septembre, vous ne faites que reproduire le cycle naturel de ce légume, originaire de régions où un automne douillet permet aux plantes de croître aux premières pluies revenues. Il suffit de jeter les graines à la volée sur le sol bêché, amendé avec une couche de 3 cm de terreau de fumier, puis de recouvrir avec un peu de terreau, de tasser avec une planche et d'arroser copieusement. Pratiquez deux semis, l'un vers le 20 août, et l'autre un mois plus tard. Première récolte début octobre, la dernière au sortir de l'hiver. Variétés conseillées : le classique 'Géant d'hiver', 'Monstrueux de Viroflay' et 'Parys'.

Pour semer plus régulièrement, mélangez les petites graines à de l'eau dans une bouteille de plastique. Remuez fréquemment.

RÉCOLTEZ LES COURGETTES

Si vous avez pris la précaution de semer des courgettes en fin juin, au moment où leur première récolte battait son plein, vous en disposerez en cette saison, et leur qualité n'aura rien à voir avec les vieilles courgettes pleines de pépins. Vous les apprécierez doublement, car elles viendront varier vos menus, alléger les ratatouilles et même les purées qui deviennent superbement onctueuses quand on ajoute un tiers de courgettes aux pommes de terre.

SEMEZ DES OIGNONS BLANCS

Autrefois, pas un potager n'aurait méconnu la présence des oignons blancs, celui de Vaugirard par exemple. La difficulté de leur culture, et leur rendement souvent misérable en ont dégoûté plus d'un. Il faut reconnaître que pour quelques semaines de précocité par rapport aux autres oignons, ce qui leur permet d'accompagner les petits pois au printemps, on est obligé de leur consacrer bien des soins, du semis à la récolte. Changez de variété et choisissez des oignons italiens, plus gros et sucrés à souhait. Le géant d'Ingegnoli est excellent. Ou encore une race du Midi, le Gros de Rebouillon, qui peut également être semé au printemps pour donner la cebette, une sorte de ciboule charnue et tendre. Semez dans une caissette à poisson, début septembre, et repiquez en octobre dans une terre légère, à 15 cm d'intervalle.

SEMEZ DU NAVET

Dès le début août, et surtout à partir du 15, après l'arrachage des petits pois et des premiers haricots verts et un rapide griffage du sol, semez des navets de Nancy, du blanc dur d'hiver, du noir de Calluire ou du jaune 'Boule d'or', pour la consommation d'automne et d'hiver. Les rangs seront espacés à 20 cm les uns des autres, les graines étant recouvertes de 2 cm de terre fine ou de terreau, et tapotées gentiment. Recouvrez avec de la paille brisée ou un peu de gazon fraîchement tondu, pour abriter du soleil. Il faut arroser souvent de façon à humecter les trois premiers centimètres de terre. On éclaircit pour laisser 15 cm entre les plants.

PERSIL Le mois d'août est parfait pour le semis direct du persil dans un coin du potager, que l'on couvrira d'une ombrière maison, une simple toile de sac posée sur des cageots renversés.

Dans cette ambiance douillette, et à condition d'arroser tous les deux jours, il germe en moins de deux semaines. Il résistera bien au froid et deviendra plantureux dès le printemps suivant. Ensuite, de deux choses l'une : ou il monte à graine dans la foulée ; ou il reste ras et trapu, et persiste deux ans. Affaire de lune ? Nul ne sait...

PIMPRENELLE Pour vous amuser, plantez un pied de pimprenelle : vous cueillerez ses feuilles nouvelles au printemps, puis à nouveau en fin d'été après l'avoir rabattue à zéro en juillet et bien arrosée. Riches en tannin, ces feuilles un peu coriaces libèrent une curieuse saveur rappelant le brou de noix. De quoi étonner vos amis, à condition de n'en mettre qu'un peu dans le mesclun ou les salades mélangées qui sont de mise en cette saison. Agrémentez de fleurs de bourrache et de quelques feuilles de pourpier.

FENOUIL Si vous trouvez du plant de fenouil en août, repiquez-le dans un coin du potager largement enrichi au compost.

Arrosez copieusement et régulièrement. En septembre, ramenez un peu de terre autour de la base, qui va bientôt grossir. Restant ainsi blanche, elle sera plus tendre, et délicieuse à récolter et cuisiner en octobre ou novembre.

CULTIVONS LE NATUREL

Cela fait belle lurette que des jardiniers observateurs se sont aperçus que l'année du jardinier ne commençait pas au premier janvier, ni même au printemps, mais au début de l'automne. Question de logique : les graines ne sont pas destinées par la nature à finir dans des paquets hermétiques, mais à tomber au sol pour y lever le plus vite possible. Or, elles sont mûres pour la plupart au cœur de l'été. D'où la qualité sans pareille des navets d'automne par rapport à ceux de printemps, ou encore la facilité avec laquelle la mâche lève en cette saison, alors que la semence est fraîche et mûre.
Les épinards semés au moment de la chute des graines, en août ou septembre, sont incomparablement plus beaux et robustes que ceux du printemps. Même la fève, que l'on retire de ses gousses noires vers le mois de novembre, lève de meilleur gré au sortir de l'hiver si on la sème de suite. Cette pratique des semis de fin d'été donne des plants robustes et moins souffreteux.

NOURRISSEZ LE CÉLERI-BRANCHE

Ce cousin du céleri-rave est un peu moins capricieux. En repiquant en juin ou juillet une dizaine de plants achetés en motte, on se procure de quoi cuisiner des entrées, des soupes, ou encore accompagner des rôtis à la provençale. N'hésitez pas à les repiquer assez serrés, tous les 20 cm, dans des cuvettes profondes de 15 cm. Paillez avec du compost quinze jours après la reprise de la végétation. Ainsi tassés, les céleris blanchiront naturellement. Ils seront encore plus tendres si vous les entourez d'un carton quinze jours avant de les déguster.

SEMEZ DES ENGRAIS VERTS

Avec le trèfle incarnat et la phacélie, la moutarde constitue un des meilleurs engrais verts pour l'arrière-saison. Un engrais vert est tout simplement une plante à croissance rapide que l'on sème dès qu'une planche est libérée de ses légumes. Deux ou trois mois après le semis, quand la végétation atteint 30 cm de haut, on passe la tondeuse puis le motoculteur, ou la griffe, pour enfouir les brins coupés, histoire d'engraisser le sol avec de la matière organique fraîche dont les micro-organismes feront leur régal. Pas vraiment un substitut au fumier mais excellent quand même à court terme, et fort joli au demeurant. Les mauvaises herbes n'apprécient pas cette concurrence. On peut aussi laisser ces trois engrais verts geler au début de l'hiver, et les enfouir au cours des labours.

SEMEZ DES RADIS D'HIVER

Terminez vos semis de radis dans la seconde quinzaine d'août. Au-delà de cette période, les gros radis ont du mal à tourner. Choisissez des radis costauds comme 'Ostergruss', le radis de cinq semaines ou le rose de Chine, pas piquant, et prompt à grossir pour finir par atteindre un calibre certain. Mélangez des graines de laitue ('Prima', 'Divina') aux radis, et récoltez le tout avant les gelées.

AU BONHEUR DES CHOUX

Durant tout l'été, arrosez de temps à autre, plutôt peu souvent mais à fond. Paillez avec des tontes de gazon. La croissance sera surtout spectaculaire maintenant, en fin d'été. Résistez à la tentation d'apporter des engrais : ce serait au détriment de la qualité. La récolte peut commencer à la fin du mois de septembre, mais tout le monde s'accorde pour trouver que les premières gelées rendent les choux plus fins.

Les choux-fleurs et brocolis repiqués en juin et juillet viennent progressivement à grossir. Guettez-les car leur finesse se gâte dès que les pommes s'écartent.

Cultiver ses propres choux de Bruxelles permet de récolter des petites pommes bien serrées, au vrai goût de noisette. Pour cela, il suffit de repiquer en juin des plants, espacés de 40 cm en tous sens, car ce chou prend beaucoup d'ampleur, et a besoin d'air. Arrosez-le peu souvent mais à fond, pour alimenter les racines profondes. Pas la peine d'apporter de l'engrais.

GOURMANDISES

Le chou rouge fait partie de ces légumes un peu embarrassants car on se lasse vite de leur préparation crue, d'autant qu'avec une seule pomme on en prépare de quoi alimenter un régiment. Mais le connaissez-vous cuit ? Cette recette bien connue en Flandre et en Belgique change totalement sa physionomie. Il suffit de disposer dans une cocotte en fonte des lits superposés de chou rouge finement ciselé en lanières de 2 mm de large, de pommes un peu acidulées épluchées et coupées en rondelles, et de la poitrine fumée découpée en petits dés. Autant de pommes que de chou, salez un peu et laissez cuire à feu doux en remuant de temps à autre pour éviter que cela n'attache au fond, quoique ce petit goût de caramel soit exquis. Au bout de trois quarts d'heure, mais parfois avant selon la qualité du chou, vous obtenez un mets fondant, dont vous relèverez la couleur avec une giclée de bon vinaigre de cidre. Les pommes auront totalement fondu, apportant du moelleux et une touche d'acidité. Encore meilleur réchauffé, et servi avec des travers de porc grillés, une pintade ou du gibier.

Les proverbes et expressions populaires ont souvent du bon. Ainsi on dit bien « mettre du beurre dans les épinards », et non de la crème. En effet, cette dernière fait ressortir le côté râpeux des épinards, tandis que le beurre les rend onctueux et doux. Faites la comparaison…

Laissé serré, le poireau reste à l'état de baguette.

SEMEZ LA MÂCHE

Encore un légume à moitié sauvage, que l'on sème comme une mauvaise herbe, juste derrière une première récolte, sans même bêcher à nouveau. Un coup de griffe, et surtout des arrosages copieux faciliteront la levée, qui sera spectaculaire après les orages de la fin de l'été. Certains sèment en ligne, appréciant de pouvoir biner, mais le semis à la volée est à juste titre le plus pratiqué. Récolte depuis octobre jusqu'en mars. Variétés conseillées : la mâche à grosse graine, pour sa précocité, mais surtout celles de Louviers ou de Cambrai, pour leur résistance au froid.

REPIQUEZ DES CHICORÉES

L'arrivée des premières pluies importantes en fin d'été sonne le bon moment pour repiquer les chicorées sauvages. Leurs rosettes coriaces forment une pomme parfois volumineuse, qui blanchit facilement sous un gros pot de terre cuite renversé dont on aura bouché le trou avec un tesson. Les feuilles sont alors moins amères. Mais il faut les déguster avant les grandes gelées qui les détruisent immanquablement, à moins que vous les ayez abritées sous des feuilles mortes. Mais alors gare aux limaces…

POTIRON Ne laisser pas vos potirons de compétition risquer de pourrir au contact du sol humide. Posez-les sur un cageot retourné, une tuile ou une planchette. Autre avantage : les limaces s'y attaqueront moins volontiers. À partir de fin août, n'arrosez plus : on aborde la phase de maturation.

CARDON Ne sevrez pas les cardons. Ces cousins des artichauts sont extrêmement voraces et doivent pousser dans la quiétude et la générosité pour acquérir leur fameuse tendreté. Ne leur épargnez ni compost ni fumier décomposé, ni arrosages réguliers.

RHUBARBE N'attendez pas le printemps pour prélever, avec son accord bien sûr, un éclat de rhubarbe chez votre voisine. C'est maintenant la meilleure période pour cela. Choisissez un éclat de la périphérie des touffes, et coupez-le en conservant la ou les racines de la base. Disposez dans le coin de terre le plus riche et le plus frais du potager.

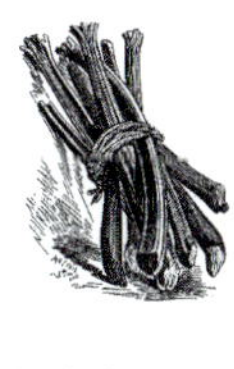

POIREAU Ne vous désespérez pas parce que vous avez laissé passer le temps de repiquer les poireaux dans le Midi et le Sud-Ouest. En semant en début août du 'Malabar', du 'Géant de Verrières' ou du 'Monstrueux de Carentan', en lignes que vous butterez dans deux mois, vous obtiendrez du poireau de printemps, si délicieux au mois de mai. Ce fameux poireau-baguette accompagne la lamproie.

CHOU BROCOLI Ne quittez pas d'un œil vos choux brocolis et choux-fleurs semés en avril-mai, qui sont bons à récolter maintenant. À vous les belles têtes aux bouquets serrés qui cassent comme du verre, se cuisent en quelques minutes à la vapeur et satisfont tous les gourmets, qu'ils soient végétariens ou non. Le 'Romanesco' est bien amusant avec sa pomme en forme de toupie ciselée et multi-pyramidale.

ROCAILLE Mettez de l'ordre dans votre rocaille. Divisez les touffes de plants trop serrées, rechaussez avec du gravier celles dont le collet est dégarni. Faites une tournée générale contre les mauvaises herbes, spécialement le liseron.

DAHLIA Finissez de tuteurer vos dahlias, et n'oubliez pas de les éboutonner. Allez voir ceux de la collection du parc floral, dans le bois de Vincennes, et ceux du parc de la Source, à Orléans.

BULBEUSES Feuilletez les catalogues de bulbes à fleurs et précipitez-vous pour passer commande, les bonnes variétés ne sont pas disponibles longtemps. Regardez bien les prix par quantités : les tulipes sont toujours plus belles par douzaines, et les narcisses par 25.

PENSÉE, MYOSOTIS Semez à la fin-août les fleurs bisannuelles, quoiqu'il soit déjà tard pour les œillets mignardises et de poètes, les pâquerettes et les monnaies du pape. Les pensées et les myosotis peuvent encore réussir. Maintenez le semis au frais, sous des plaques de polystyrène isolantes. Ou confectionnez une ombrière en clouant de la toile à moustiquaire sur quatre poteaux de bois. Le soleil sera ainsi tamisé, et le vent moins violent sous cette enveloppe ultra-légère. Arrosez un peu le matin et surtout le soir.

PLANTES VIVACES Divisez les touffes de plantes vivaces qui ont fleuri au printemps, et disposez-les à bonne distance dans un terrain nouvellement bêché et enrichi d'engrais complet.

POTÉE De retour des vacances, redonnez du tonus à vos surfinias et autres pélargoniums de balcon en leur faisant une taille pas trop draconienne, accompagnée d'un arrosage à l'engrais. Vous aurez pris soin d'arroser la motte auparavant pour ne pas risquer de brûlure.

SOIGNEZ LE ZINNIA

Avec leurs fleurs de papier mâché aux coloris très vifs, les zinnias figurent parmi les vedettes de l'arrière-saison. Ils forment des buissons bas, avec des tiges raides garnies de feuilles d'un vert assez banal, aussi est-on content de voir épanouir les fleurs qui apportent de l'originalité. Aidez-les en paillant le sol avec du fumier mûr ou du compost maison ; et arrosez une fois par semaine, en ajoutant de l'engrais pour fleurs, à demi-dose. Si un coloris vous plaît tout particulièrement, récoltez les graines en sélectionnant une grosse fleur que vous ferez sécher ensuite sur le buffet.

SEMEZ COQUELICOT ET BLEUET

C'est peu connu mais les plus beaux bleuets sont obtenus par un semis d'automne, comme pour beaucoup de fleurs semi-rustiques, pieds-d'alouette et coquelicots entre autres. Ils retrouvent alors leur tempérament de mauvaise herbe des moissons, habituée à lever aux premières pluies de façon à accompagner le blé d'hiver dans sa croissance. Semez donc ce mois-ci, très clair, et repiquez à demeure dans le courant d'octobre, en conservant quelques pieds sous châssis, au cas où. Souvent, ces derniers se développent avec exubérance au printemps, un seul pied devenant un petit arbuste à lui tout seul.

Dès septembre, divisez les touffes d'heuchéras et de nombreuses plantes vivaces, en sélectionnant les rejets de la périphérie.

SAVOUREZ LE BOLTONIA

Excellente plante vivace proche des asters, mais à floraison assez tardive puisqu'elle ne démarre qu'à la fin du mois d'août. Vous favoriserez cette tendance en pinçant à mi-hauteur les tiges au mois de juin, puis à nouveau en août. Chaque touffe formera alors une masse très dense, de 90 cm d'envergure, voire plus. Excellent effet au moment de la floraison, qui accompagne les couleurs d'automne des arbustes, hydrangéas à feuilles de chêne par exemple. Au printemps prochain, en avril, arrachez les touffes, et divisez-les en six ou sept portions que vous repiquerez immédiatement dans un autre coin du jardin. Il faut en effet une terre riche et renouvelée pour assurer une telle floraison chaque année.

ADOPTEZ LA CÉLOSIE

Les célosies à panache sont à leur mieux en cette saison. Si elles paraissent un peu déplacées dans les massifs, à moins d'être noyées dans des feuillages argentés, elles font bonne figure au potager, en ligne entre des choux de bruxelles et des betteraves crapaudines. Il aura suffi de semer au chaud en mai, puis de repiquer un mois plus tard à 30 cm d'intervalle. Pincez les tiges à mi-hauteur en début juillet pour obtenir des plantes plus trapues, qui ne s'effondreront pas en pleine floraison. La meilleure variété pour les bouquets s'appelle Pink Flamingo : ses nombreuses tiges se terminent par des épis rose tendre. Plus vous en cueillez, plus elles se renouvellent.

PLANTEZ LA MISÈRE

Ces misères (*Tradescantia virginiana*) sont beaucoup plus vivaces qu'on ne le pense, et ce n'est pas parce qu'elles supportent pratiquement tout qu'il faut les reléguer dans les pires endroits du jardin. Faites l'essai de leur donner un coin de bonne terre, et vous serez surpris de la bonne tenue de ces plantes, devant de vastes touffes de campanules à fleurs de lait, des chardons argentés et des anémones du Japon. Vous pouvez également vous contenter de constituer avec les tradescantias des bordures entières autour de zones colonisées par des lierres ou des pervenches panachées, ponctuées d'hellébores d'Orient et d'hostas plantureuses.

CHRYSANTHÈME Arrosez régulièrement vos potées de chrysanthèmes. Pincez-les de façon à ce qu'elles soient plus trapues.

REINE-MARGUERITE, ASTER Cueillez en abondance les asters et reines-marguerites pour confectionner des bouquets romantiques à souhait.

Faites un petit tour au jardin de Bagatelle pour y admirer la collection d'asters, et profitez-en pour jeter un regard sur les rosiers et voir ceux qui remontent bien en automne, et restent indemnes de maladies.

BUIS En septembre, rénovez vos bordures de buis trop épaisses, qui doivent être divisées et replantées. Réparez celles qui présentent des vides. Bouturez en caissettes remplies de sable.

NARCISSE Plantez dès le mois de septembre les narcisses qui font des racines très précocement. Distance idéale : 10 à 15 cm entre chaque bulbe.

REPIQUAGE Protégez de la chaleur les plants repiqués : recouvrez-les pendant quelques jours avec de simples pots en terre cuite retournés. Quand les plants (iris fraîchement divisé par exemple) sont solidement enracinés, vous pouvez supprimer les pots. Mais cela ne dispense pas des appâts antilimaces.

PLANTES VIVACES Semez-les dans un coin du jardin, directement en pleine terre. Arrosez de temps à autre et oubliez cette pépinière. Au printemps, prélevez des jeunes plants pour les installer dans les places vides de vos massifs.

LES VEDETTES DE LA RENTRÉE

Les plantes suivantes sont à coup sûr en fleur au début de septembre, en même temps que les anémones du Japon : le *Ceratostigma plumbaginoides*, la clématite *tangutica*, les eupatoires, de nombreux fuchsias, le leycesteria, l'*Amaryllis belladonna*, les anaphalis, les *Aster amellus*, le *Calamintha nepetoides*, les gentianes asclépiades, les lobélias rouges, beaucoup de renouées, de rudbeckias et de sédums, le tout sur fond d'abélias et de caryoptéris bleu tendre.

Quelques semaines plus tard, c'est le tour des asters hybrides, des boltonias, des premiers chrysanthèmes rustiques, des cimicifugas, des sternbergias, des colchiques, des tricyrtis et des sauges tardives, comme *Salvia involucrata, guaranitica* ou *uliginosa*. De belles bleues.

Le festival se prolonge avec les camélias sasanqua, les éléagnus *ebbingei*, les osmanthes et les premiers *Iris unguicularis*, sur un tapis de *Saxifraga fortunei*, un bon couvre-sol à fleurs en étoiles blanches.

DÉCOUVREZ LE STERNBERGIA

Vous serez peut-être intrigué, en longeant un jardin de campagne, par une grosse bordure de petits crocus jaunes en pleines fleurs au mois d'octobre. Ce sont des sternbergias. Ils sont d'autant plus brillants que leurs fleurs apparaissent dans un beau feuillage luxuriant. On en trouve en pots et en fleurs chez les spécialistes de plantes vivaces. N'hésitez pas à en acheter. Attendez seulement qu'ils soient défleuris pour les planter à 20 cm les uns des autres. La plantation doublera de densité chaque année.

RÉFLEXIONS DU MOMENT

Si le purin d'ortie est le plus connu, vous pouvez en réaliser un excellent avec le pissenlit que vous retirez du gazon, les gourmands de tomates ou encore la prêle ou la tanaisie, bref des mauvaises herbes. Laissez macérer dix jours.

Acceptez les échecs éventuels : le jardinage n'est pas une science exacte et les plantes sont des êtres vivants, donc sujettes à des tas d'aléas. Mais ne restez pas passif : analysez cet échec et réiterez la plantation dans de meilleures conditions.

L'avantage d'employer des grandes fleurs annuelles pour garnir les massifs... c'est qu'on en met moins ! En les plantant tous les 30 cm on est tranquille pour des mois. N'oubliez pas que ce sont des gourmandes et améliorer la terre comme si vous alliez mettre en place des légumes. Une petite sélection : les amarantes queue de renard, le ricin, le cléome, la verveine de Buenos Aires, le tithonia, sans oublier bien sûr les soleils ou les kochias.

Contrôlez les insectes, mais ne cherchez pas à les éliminer totalement sinon leurs prédateurs, autrement dit les ennemis de nos ennemis, donc des amis, n'auront plus rien à se mettre sous la dent. En conséquence, écrasez à la main les colonies pucerons sans trop fignoler.

RÉCOLTEZ LA CAPUCINE

Et si vous récoltiez vos graines ? Pas pour faire concurrence à Mme Vilmorin ou à papa Clause, mais tout simplement pour disposer d'assez de semence pour réaliser votre rêve l'année prochaine : une allée bordée de capucines comme à Giverny. Il faut en effet avoir la main lourde pour obtenir l'effet escompté. Conservez ces graines bien sèches dans des boîtes à cigarillos, ou carrément dans des bocaux de verre, en bas du réfrigérateur. Et n'oubliez pas d'y joindre une étiquette claire et lisible, avec mention de l'année de récolte. Vous pourrez en distribuer aux amis...

PROFITEZ DU CERATOSTIGMA

Excellent couvre-sol malheureusement encore peu connu, le plumbago de lady Larpent (*Ceratostigma plumbaginoides*) enchante par son feuillage prenant des couleurs pourpres dès le mois de septembre, écrin superbe pour les fleurs d'un bleu céleste. Exactement ce qui convient pour occuper le terrain après des pavots d'Orient qui ont disparu dès le mois de juillet. On peut diviser les touffes en avril, et les replanter tout de suite. En août, faites un peu le ménage en les dégageant des mauvaises herbes éventuelles, et arrosez à deux ou trois reprises, copieusement. Ce plumbago fait beaucoup d'effet planté en haut d'un muret, d'où il peut dégringoler souplement. Bien au soleil, il prend alors des couleurs éclatantes.

ANNUELLES À SEMER MAINTENANT

On oublie trop souvent que bien des fleurs annuelles peuvent passer l'hiver à l'état de plantule ou de rosette, et se développent vigoureusement une fois les beaux jours revenus. C'est le meilleur moyen pour obtenir des fleurs précoces, qui participent à l'explosion de mai. Voici une sélection : bleuet, clarkia, coréopsis annuel, œnothère, eschscholzia, godétia, gypsophile, limnanthe, muflier, pavot, coquelicot, pied-d'alouette, pois de senteur, scabieuse, souci, thlaspi.

On a parfois du déchet, et un hiver alternant gel et dégel cause bien des dégâts. Semez dans une plate-bande du potager enrichie d'un tapis de 3 cm de terreau, et ameublie au râteau. Le choix s'élargit si l'on dispose d'un simple châssis froid. Tentez alors le semis de capucine, de chrysanthème annuel, de coquelourde, de gaillarde, de giroflée, de lin rouge, de mimulus, de nierembergia, de phlox de Drummond, de réséda... Le semis ne pose généralement pas de problème, la chaleur du mois de septembre dispensant des installations particulières du printemps. Ensuite, remplacez le châssis par un voile non tissé, car il s'agit de conserver tout ce petit monde à l'état de vie ralentie. Aérez dès qu'il fait beau. Mettez en place en mars.

Improvisez ce genre d'abreuvoir pour oiseaux. Ils piqueront moins vos fruits.

ARRACHEZ LES GLAÏEULS

Le moment est venu de retirer les bulbes (on dit des cormes, dans son cas) et de les stocker au sec pour tout l'hiver. Souvent, on oublie de le faire et le feuillage disparaît, ce qui fait que l'on ne retrouve les bulbes qu'en les transperçant en bêchant. Dommage, quand on a profité de coloris somptueux.

TUTEUREZ LE SOLEIL

Les soleils vivaces ('Lemon Queen', par exemple) accompagnent les rudbeckias pour une charge en jaune majeur et cœur noir du plus bel effet. Un tuteurage discret est recommandé. Même les topinambours deviennent élégants en cette saison quand la haie qu'ils forment près du tas de compost se constelle de petites fleurs jaunes. Les veinards du Midi attendront novembre pour admirer la floraison des dahlias arborescents, qui dépassent les haies de cyprès pour se pencher sur le jardin du voisin.

OSEZ LE SOLIDAGO

C'est chaque fois la même chose : dès qu'une plante paraît sympathique et solide, on la traite de vulgaire. Le solidago a trop de qualités pour que vous l'ignoriez. Certes, il adore le jaune, mais cette couleur réjouit le cœur en automne. D'autant qu'il utilise à fond tous les dégradés de la gamme. Il se multiplie admirablement, se taille avec aisance, en juillet, à mi-hauteur, pour le forcer à rester trapu. Pas besoin de tuteur, il est encore plus beau quand il se penche avec nonchalance. On divise les souches à la fin de la floraison, en octobre ou en mars, à la reprise de la végétation.

PIVOINE Ne replantez pas telle quelle la superbe touffe de pivoines que vous offre cet automne votre cousine aux doigts verts. Il faut toujours diviser ces touffes et repiquer les éclats le moins profondément possible : les bourgeons doivent affleurer la surface du sol. Non seulement vous vous retrouverez avec une douzaine de pivoines à la place d'une, mais la reprise sera assurée et les fleurs vous surprendront par leur grosseur, dans deux ou trois ans. Rappelez-vous que les pivoines aiment les terres riches en humus et copieusement enrichies en terreau de fumier.

DAHLIA Ne laissez pas les fleurs de dahlias pourrir sur pied, c'est bien mal récompenser une plante aussi généreuse. Coupez-les et jetez-les au compost. Faites de grands bouquets aux couleurs éclatantes en mêlant dahlias et graminées.

GAZON Ne laissez pas passer le mois de septembre sans semer votre gazon, c'est le meilleur moment de l'année : la terre est chaude, il pleut à nouveau régulièrement et les oiseaux ne sont pas encore à l'affût de la moindre graine.

ANÉMONES DU JAPON Ne croyez pas que les anémones du Japon ne sont pas faites pour vous, à cause d'un ou deux échecs. Persévérez en leur réservant un coin de terre fraîche, à mi-ombre ou au soleil. Achetez un godet d'un litre, aux fêtes des plantes d'automne, et laissez tranquille pendant trois ans.

IRIS N'abandonnez pas vos iris à eux-mêmes, sous prétexte que le chiendent a tout envahi. Il est encore temps de relever les touffes, de les diviser et de replanter les éclats ailleurs, dans un coin de bonne terre. Profitez-en pour nettoyer tout ce chiendent. Éventuellement, cultivez des pommes de terre à cet endroit l'année prochaine.

HORTENSIA Bouturez des hortensias en août. Les vôtres pour donner aux amis, les leurs pour introduire des nouvelles couleurs au jardin. Pour cela, il suffit de couper les extrémités des branches, de les planter dans un pot rempli d'un mélange mi-sable mi-tourbe, et de recouvrir d'un sac plastique, avant de placer le tout dans un coin abrité des rayons de soleil de l'après-midi. La reprise se fait en trois semaines. Hivernez à l'abri du gel.

LAVANDE Taillez vos lavandes sitôt la floraison achevée. Rabattez assez court mais quand même pas sur du vieux bois plus gros que le pouce. De cette façon, les touffes resteront bien trapues. Vous pourrez retailler en avril.

HAIE Pratiquez une dernière taille de nettoyage sur vos haies de charme, de thuya et de *Lonicera nitida*. Il s'agit plus d'enlever quelques rameaux poussés bizarrement que de donner une vraie forme à la haie, ceci étant l'affaire des tailles de printemps. Cette taille rend aussi les haies plus compactes.

RHODO Plantez rhododendrons et azalées persistantes en profitant d'une période de pluie prolongée. Arrosez copieusement la terre de bruyère avant de procéder à la plantation car ce matériau est difficile à humecter une fois en place.

CAMÉLIA Installez dès maintenant des camélias sasanqua, qui seront en fleurs au mois de novembre.

ROSIER N'abandonnez pas les rosiers sous le prétexte qu'ils n'avaient plus de feuilles quand vous êtes rentrés de vacances. L'oïdium ou le marsonia sont certainement cause de cet état de fait regrettable, qui aurait peut-être pris moins d'ampleur si vous aviez traité avant de partir. Reprenez les choses en main : taillez de moitié les branches défoliées, traitez avec un des nombreux produits polyvalents contenant de la triforine. Arrosez au pied, et surtout relancez la végétation avec du purin d'ortie dilué à 10 %.

SEMEZ LE SAVONNIER

Sous ce drôle de nom se cache le koelreuteria, un petit arbre chinois qui enchante nos étés par sa floraison jaune vif, en grandes panicules d'une infinie légèreté. Les fleurs sont suivies, en ces mois de septembre et octobre, par des fruits curieux : des sortes de lampions d'abord verts puis couleur parchemin. Ils contiennent les graines, des gros pois bruns et luisants. Vous pouvez ramasser ces graines au pied des arbres adultes, dans un parc public par exemple, et les conserver dans du sable durant l'hiver. Au mois de mars, préparez un coin de terre, et semez ces graines en les espaçant de 10 cm en tous sens. La levée est rapide, et les plants ont déjà 30 cm de hauteur en fin d'année. Mettez-les en place sans attendre, en respectant le pivot.

ADMIREZ LE SOPHORA

Si vous ne connaissez de cet arbre que les tonnelles vivantes que constitue sa variété pleureuse, aux rameaux courbés en boucles typiques, il vous reste à découvrir le sophora type, l'arbre des pagodes, au joli feuillage léger et pruiné, fleurissant en août, en grands bouquets de 30 cm de long. L'effet produit par cette floraison est magique : on a vraiment l'impression d'un nuage, et les abeilles butinant comme des folles jouent une bien jolie musique. De plus, cet arbre pousse vite, et supporte la pollution. À installer pour donner une ombre légère et bienfaisante en peu d'années.

Si l'arrière-saison est sèche, arrosez copieusement les arbustes plantés depuis le printemps.

DÉCOUVREZ L'ARALIA

Rares sont les arbustes qui fleurissent en automne. Ajoutez une silhouette unique en son genre, une sorte de parasol formé par des feuilles divisées mais atteignant près d'un mètre de long, s'étalant horizontalement, de mai à novembre. Les fleurs naissent en grands bouquets blancs, évoquant ceux des angéliques, mais plus plats. Il existe une version panachée de l'*Aralia elata*, une merveille pour les jardins sophistiqués, où elle accompagnera les camélias sasanqua et les bambous, pour créer une ambiance très asiatique.

BOUTUREZ L'ARMOISE

Fin août, le moment est venu de songer à bouturer votre armoise Powis Castle. Vous avez pu apprécier sa silhouette vaporeuse, gris d'argent, et sa résistance incroyable à la sécheresse. Aussi n'hésitez pas, et multipliez votre stock. Pour cela, il suffit de prélever des extrémités de tiges, de les couper à 15 cm de long, puis à la base sous une feuille, en les tranchant proprement avec un rasoir. Supprimez les feuilles sur la moitié inférieure des tiges, et enterrez ces dernières d'autant dans un mélange de sable et de terreau, dans un de nos fameux bacs à poisson. Le tout ira dans la serre ou sous tunnel, avec un voile de forçage pour obtenir une ambiance tempérée. Enracinement assuré. Conservez à l'abri pendant le premier hiver, puis mise en place en avril prochain.

ENTOUREZ LE BUDDLÉIA

On aime le buddléia pour sa floraison estivale si parfumée, et l'effet magique qu'il produit sur les papillons du voisinage. Donnez la préférence aux variétés modernes plus trapues, comme 'Nanho Blue'. Avec son mètre et demi, il peut prendre place parmi les autres arbustes sans trop les gêner. Le mariage avec les lavatères arbustives est spectaculaire. En septembre, n'hésitez pas à user du sécateur pour enlever les épis de fleurs fanées. Vous favoriserez l'apparition de nouvelles inflorescences.

HAIE N'attendez pas le dernier moment pour préparer le futur emplacement d'une haie. Arrachez l'herbe ou le gazon par bandes, que vous entasserez pour faire du compost. Bêchez et incorporez 1 kg de corne par mètre linéaire. Pour obtenir une haie bien alignée, le cordeau est indispensable. Plantez les berbéris.

BERBÉRIS On connaît surtout les berbéris pourpres en oubliant les espèces persistantes, et parmi elles l'un des meilleurs apports de la flore chilienne, nous avons nommé le berbéris de Darwin. Ce biologiste nous fit un fieffé cadeau en important ce berbéris persistant, qui forme une masse arrondie de deux mètres d'envergure. Un feuillage de houx miniature, d'un vert très dense, une floraison jaune orangé en avril-mai, et surtout une fructification somptueuse à partir de juillet : les baies bleu de Chine font ployer les branches sous leur poids. Cela sans taille ni sol particulier. Plantez des ancolies tout autour.

CLERODENDRON Partons un instant dans le monde fabuleux de la flore chinoise avec ce pourvoyeur en perles turquoise (*C. trichotomum*). Les fruits qui succèdent aux fleurs blanches, au parfum lourd et entêtant, présentent en effet cette nuance si rare dans le monde végétal. De quoi passer sur la carrure alourdie et le feuillage malodorant de cet arbuste à la croissance lente. Achetez des sujets en conteneur ou motte, paillez et arrosez régulièrement pendant l'été.

COULEURS DE FIN D'ÉTÉ

Les abélias seront en pleine fleur en août et jusqu'en novembre. Entourez-les d'alysses maritimes, au parfum tout aussi mielleux. Non loin de là, des dorycniums apporteront la douceur de leur feuillage argenté, et si un mur ensoleillé reçoit un *Solanum jasminoides*, la scène gagnera encore en beauté. Cette scène convient tout particulièrement à un jardin de bord de mer. Les althéas pourpres et roses finiront leur floraison en compagnie des cosmos chocolat (*C. atrosanguineus*), avec l'appoint d'armoises 'Powis Castle'.
Associez les buddléias 'Nanho Blue' et les kaliméris, des sortes d'asters d'été aux innombrables étoiles blanches. En premier plan, des sauges officinales apporteront leur rondeur et leurs fleurs bleu violet. Les leycesterias enchantent l'automne par leur floraison suivie de peu par les fruits bruns entourés de bractées rouges. Ils seront mis en valeur par un entourage d'anémones du Japon blanches ou roses, des asters bleu lavande ou blancs, et des sauges officinales à feuillage pourpre. Les pérovskias seront parfaits avec des acanthes et des gauras. À leur pied, un tapis d'acænas pourpres les fera vibrer en demi-teintes.

DÉGUSTATION Goûtez les fruits du commerce et ceux que vous pouvez trouver chez les pépiniéristes spécialisés. C'est le meilleur moyen de vous faire une opinion sur les qualités gustatives des diverses variétés.

GREFFE Jetez un coup d'œil à vos greffes en écusson réalisées cet été : déliez les écussons de façon à ce qu'ils ne s'étranglent pas au printemps. En général, on reconnaît que l'écusson a pris au fait que la queue de la feuille mûrit et se détache spontanément.

MÛRIER Nettoyez votre haie de mûriers à gros fruits et autres loganberries. Les tiges ayant fructifié cette année sont épuisées. Coupez-les au ras du sol. Surveillez si des drageons ne sont pas en train de tout envahir aux alentours.

ACTINIDIA Cette liane ayant un abondant feuillage, elle transpire beaucoup. Arrosez copieusement au pied les jeunes plants, et bassinez leur feuillage en soirée.

POMME, POIRE Cueillez et consommez vite les pommes et poires qui mûrissent en août-septembre, car elles blettissent en peu de temps : Précoce de Trévoux, Williams, Transparente de Croncels, Gravenstein, ou encore Grand Alexandre… Cueillez avec délicatesse. Un fruit choqué se conserve mal. Transportez-les au fruitier pour les installer sur un lit de paille ou de tourbe sèche.

CUEILLEZ LA NOISETTE

Quoi de plus joli et de plus naturel qu'une haie de noisetiers pour clore un jardin donnant sur la campagne environnante ! Ce rideau de 3 à 5 m de hauteur est beau en toutes saisons, même en hiver, quand apparaissent les chatons. Plantez au moins deux ou trois variétés différentes pour profiter de la pollinisation croisée, indispensable chez cet arbre. Les variétés modernes sont beaucoup plus grosses que les anciennes : Ennis ou Segorbe par exemple, mais la Merveille de Bollwiller reste une valeur sûre. Et n'oubliez pas que la noisette pourpre est comestible.

SURVEILLEZ LA VIGNE

Surveillez les attaques d'insectes sur vos treilles. Sélectionnez les plus belles grappes, enlevez les grains déjà abîmés et ensachez-les dans des sacs de papier cristal ou, mieux, de voile non tissé (Celloplast). Les guêpes et les mouches feront moins de dégâts. Enfin, accrochez des petits pièges remplis de sirop, tous les trois mètres.

ACCUEILLEZ LE FIGUIER

Seules les figues cueillies sur l'arbre méritent d'être dégustées. Goûtez-les dans le Midi, aux pépinières Baud par exemple, à Vaison-la-Romaine, qui ont une collection fabuleuse. Et revenez avec un plant en conteneur que vous installerez bien au chaud, contre un mur face au plein sud. Ou encore, faites des boutures : prélevées en août sur des rameaux de l'année, dont les bourgeons sont apparents, elles prennent très bien. Vous les planterez l'année prochaine, en plein soleil.

CONSEILS DU MOMENT

Plantez vos fraisiers dans un coin du potager bien bêché et amendé avec du terreau ou du compost. Si vous repiquez des plants élevés en godets, étalez soigneusement les racines dans le trou de plantation. Paillez tout de suite avec de l'écorce de pin et arrosez copieusement. N'oubliez pas les granulés anti-limaces, et à défaut un cordon de cendres fraîches…

Demandez et consultez les catalogues pour faire vos prochaines commandes. Mais avant de passer à l'acte, prévoyez les emplacements, en refusant de remettre un pommier à la place d'un autre mort de vieillesse. Conseil valable pour tous les arbres fruitiers.

Faites le ménage dans votre plantation de framboisiers : éliminez les tiges desséchées et arrachez les rejets envahissants, de préférence avec leurs racines. Vous pouvez en faire cadeau ou les replanter ailleurs, en guise de petite haie autour du potager par exemple.

Taillez les ramifications latérales des pommiers et poiriers en cordon, palmette et fuseau. Étayez les branches des pêchers et des pommiers avant qu'elles ne craquent.

SIXIÈME PÉRIODE
LE RETOUR DE LA FRAÎCHEUR
OCTOBRE NOVEMBRE

Le jardinier oscille
entre un espoir fou,
celui d'un été
qui ne finirait jamais,
et l'envie de gratouiller
la terre redevenue meuble.
On guette
la Sainte-Catherine,
histoire de tester
les plantoirs.
Mais ce sont surtout
les paniers qui sont à
l'honneur : les meilleures
pommes et poires
viennent à mûrir.

CARDON, SCAROLE, CÉLERI BRANCHE Blanchissez-les sur place en les entourant de carton et en déposant des feuilles mortes. Ils seront plus tendres à déguster au bout de quelques semaines. Si un grand gel est annoncé, rentrez-en quelques pieds à l'abri de votre cave dans une caisse.

LAITUE, OSEILLE, ÉPINARD, CHICORÉE PAIN DE SUCRE Prolongez leur bonne humeur en les recouvrant d'un simple voile d'hivernage ou d'un tunnel en plastique. De la sorte, les premières gelées ne mordront pas les tissus tendres.

CHÂSSIS Nettoyez-les d'un coup d'éponge, car la lumière va devenir le facteur limitant de la croissance des plantes. Vous pouvez traiter les coffres en bois avec de la bouillie bordelaise.

TOMATE, POIVRON Récoltez les derniers fruits et posez-les dans un cageot, derrière la fenêtre de la cuisine.

POTIRON Cueillez-les et posez-les avec délicatesse sur un lit de paille dans le garage, bien à l'abri du froid.

MÂCHE, ÉPINARD Semez à nouveau pour récolter à la sortie de l'hiver, quand on manque de verdure.

LAITUE, OIGNON Repiquez des variétés rustiques, dans le coin le plus abrité du jardin, près d'un mur ou sur un ados, c'est-à-dire une planche inclinée vers le sud.

AIL Plantez de l'ail blanc, et recouvrez ensuite avec des feuilles mortes bien sèches, sur 5 cm d'épaisseur.

BÊCHAGE Vous pouvez commencer à bêcher à grosses mottes, pour que le gel les effrite ensuite. Éparpillez des feuilles mortes et les dernières tontes de gazon pour éviter que les pluies d'automne ne viennent damer le sol.

SOIGNEZ LA LAITUE D'AUTOMNE

Les laitues d'automne semées fin août sont bonnes à être repiquées. Choisissez pour cela un coin du potager abrité des vents froids. Si possible, donnez à la planche un peu de relief, pour que l'eau s'écoule dans les sentiers de part et d'autre. Vous pouvez parfaitement repiquer des oignons blancs dans les intervalles. Amusez-vous aussi à alterner les laitues à feuillage teinté de pourpre et les toutes vertes. Ou encore associez les laitues d'automne et les choux à feuillage frisé, que vous récolterez une fois que les gelées les auront attendries. Elles sont délicieuses en soupes.

PLANTEZ L'AIL ET L'ÉCHALOTE

Mais sans trop vous inquiéter car vous aurez encore le temps de vous y intéresser à la fin de l'hiver, en mars. Confiez les bulbes à votre terre si elle est légère, à tendance sableuse. L'ail blanc y réussira, vous procurant des têtes impressionnantes dès le mois de mai. L'ail violet est plus petit mais il résiste aux terrains plus lourds. Ne plantez que les gousses du pourtour des têtes, celles du centre donnent uniquement une gousse ronde en bout de course. L'échalote grise est la reine de toutes, la plus fine en saveur, mais son rendement est souvent déplorable. À tester en petit. Évitez d'installer l'ail et l'échalote après une culture d'oignon ou de poireau qui appartiennent à la même famille et souffrent des mêmes maladies.

Si vous avez coupé des futurs tuteurs, faites tremper leur base dans une bouillie bordelaise concentrée. Ils dureront trois fois plus longtemps.

CUEILLEZ LA MÂCHE

La mâche que vous avez semée en août est prête pour les salades. Cueillez-la en prenant votre temps : saisissez chaque touffe entre deux doigts, tirez puis secouez pour faire tomber la terre. Sectionnez la racine immédiatement. Puis supprimez les deux premières vraies feuilles, généralement jaunes. Posez dans le panier. Ainsi vous vous épargnerez une séance d'épluchage très pénible sur la table de la cuisine, ou face à l'évier. Résistez à la tentation d'éparpiller des feuilles mortes sur vos mâches : non seulement elles n'ont nul besoin de protection pour supporter les pires gelées, mais cela vous compliquera encore la vie quand il s'agira de trier le comestible.

REPIQUEZ LA CIBOULETTE

Si vous disposez déjà de vieilles touffes de ciboulette et souhaitez créer une nouvelle bordure, le moment est venu. Déterrez les touffes anciennes, divisez-les en vous aidant d'un grand couteau : les touffettes comporteront quelques brins et des racines en pied. Coupez ces dernières à 3 cm pour faciliter le repiquage ensuite. Posez-les dans une petite tranchée, le long d'un cordeau, en les espaçant de 8 cm environ (la largeur de votre paume), dans une terre bien travaillée au préalable, enrichie de vieux compost et surtout débarrassée de toutes les racines de mauvaises herbes.

SEMEZ DES CAROTTES

On oublie trop souvent que la carotte est rustique et supporte assez bien le froid, surtout quand elle est jeune. Souvenez-vous en et réalisez un semis en octobre, à condition de jardiner au nord de la Loire, en terre sableuse. Employez une variété précoce comme Premia (Caillard), Primo (Vilmorin) et surtout la Carentan, qui est la mieux adaptée à ce cycle de culture. Demi-longue, sans cœur, elle se colore bien. Semez en ligne, sur un lit de sable (voir l'article Carotte). Couvrez avec un voile de forçage ou un tunnel plastique, que vous laisserez à demeure jusqu'en mars. Arrosez de temps à autre, par temps doux. Récolte en avril, pour accompagner les petits pois, les pommes de terre primeurs et les premiers oignons blancs.

COMPOST Arrosez votre tas si le mois d'octobre est sec. Ajoutez des feuilles mortes et les dernières tontes de gazon. C'est la fête au tas de compost ! Recouvrez avec un vieil édredon.

HARICOT SEC Ceux que vous avez récoltés au mois de septembre et conservés au sec sont bons à écosser. Cuisinez-les au fur et à mesure ou conservez-les au congélateur, dont le froid va tuer les charançons.

ASPERGE Coupez les tiges et brûlez-les pour éliminer de nombreux parasites et germes de maladies. Épandez des feuilles mortes après avoir aplani un peu les buttes.

PÉ-TSAI Récoltez-les sans trop tarder car si une gelée blanche les attendrit, une plus forte les fera geler en une nuit.

RAIFORT Si vous avez installé un plant de raifort, nul doute qu'il a dû doubler de volume. Prenez votre fourche-bêche et extrayez des racines, que vous râperez pour agrémenter vos pot-au-feu.

TOMATE Arrachez les pieds et jetez-les au tas de compost sans tarder. Ils s'y décomposeront pendant l'hiver. Éparpillez le paillage qui protégeait leur pied.

CHICORÉE Pour faire blanchir vos scaroles et frisées, confectionnez une caisse noire en recouvrant un cageot avec du plastique noir. Posez-le sur les chicorées, et alourdissez le tout avec une brique. Au bout d'une semaine, le blanchiment est parfait. Et vos chicorées moins amères.

CRÉEZ UN DAMIER D'ARÔMES

Les jardins médiévaux sont à la mode, et l'on apprécie le rigorisme de leur construction, qui n'est pas exempte de bon sens. Témoin les damiers de plantes aromatiques qui font alterner les carrés vides, pour le passage, et ceux occupés par des plantes aromatiques, bien séparées et faciles à entretenir et récolter. De plus, c'est tellement beau que l'on ne résiste pas à l'installer tout près de la cuisine. Procurez-vous des dalles de béton coloré de 40 cm de côté, ou des caillebotis de bois de 45 cm de côté. Avec 13 dalles, vous occupez ainsi la moitié d'un damier de 25 cases (d'environ 2,5 m de côté), auquel il restera 12 cases pour installer la sauge, le romarin, le cerfeuil, le persil, le basilic, l'oseille, l'origan, l'estragon, l'ache, la coriandre, l'aneth, la sarriette et le thym. Vous mettrez dès maintenant en place les plus rustiques, et les plus fragiles en avril, voire en mai pour le basilic, surtout le pourpre qui est frileux comme tout. Le fenouil vivace et le laurier peuvent compléter votre choix.

TAMISEZ LE COMPOST

Si vous avez passé toute la belle saison à jeter au tas de compost la moindre mauvaise herbe, les tontes de gazon et les épluchures de légumes, gageons qu'il a dû enfler. Quelques bons arrosages par là-dessus, et la fermentation s'en est donné à cœur joie. Le moment est venu de trier ce qui est déjà mûr. Pour cela, confectionnez un tamis en tendant sur un cadre de bois un panneau de grillage à maille de 5 cm, de la longueur de votre brouette et un peu plus large. Vous posez ce tamis sur la brouette puis répandez le compost par petites bêchetées. Secouez le tamis et rejetez de côté ce qui est trop grossier. Quand la brouette est pleine, vous pouvez vider son contenu dans les trous de plantation des futurs arbres et arbustes. Le compost encore grossier sera mélangé aux feuilles mortes pour un nouveau tas, à déguster au printemps.

ENDIVE AVEC OU SANS TERRE

Si vous avez semé des chicorées à endive en avril, et si la végétation s'est développée sans à-coups durant tout l'été, vous pouvez procéder à l'extraction des racines, parfois grosses comme le poignet. Deux techniques de forçage s'offrent à vous :

- la plus traditionnelle consiste à serrer les endives les unes contre les autres puis à saupoudrer de terre fine ou de sable, et arroser copieusement. Recouvrez avec de la paille, puis avec un film plastique noir. Dans un mois ou deux, vous pourrez dégager le plastique et la paille pour découvrir les endives.
- Une technique plus simple, valable avec les hybrides modernes comme 'Zoom', consiste à serrer les racines dans un bac, que vous placez ensuite en cave, dans l'obscurité la plus totale. Remplissez les vides avec de la tourbe, et arrosez à fond. Une fois par semaine, arrosez à nouveau. La récolte est propre puisque la terre ne peut pas s'immiscer entre les feuilles. En plus, vous n'avez même plus besoin de sortir pour procéder à la récolte.

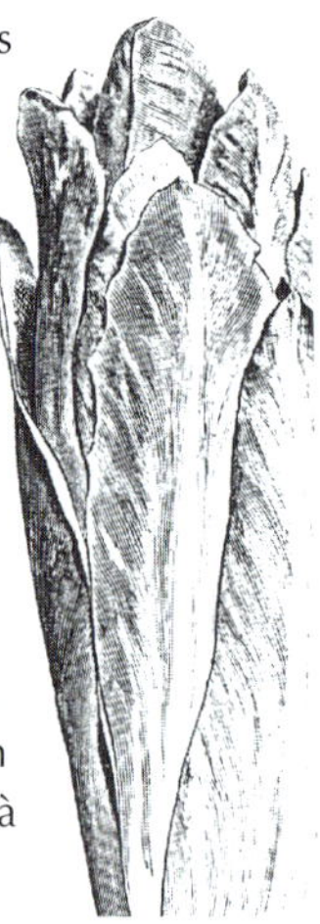

PLANIFIEZ LE POTAGER

Tant qu'il est encore sous vos yeux, dessinez votre potager et l'emplacement des différents légumes. Vous serez content de pouvoir vous baser sur ce plan pour ne pas replanter un légume là où le même poussait déjà l'an dernier, ce qui conduit à épuiser le sol prématurément, et surtout à attirer les maladies et les insectes. Les choux sont coutumiers du fait, mais les petits pois détestent également revenir derrière eux-mêmes.

SEMEZ DES CÉRÉALES

Si de grands carrés se libèrent dans votre potager, pourquoi ne pas essayer un semis de blé ou d'orge, bref une céréale. Au pire ce sera un excellent engrais vert. Au mieux, si vous menez la culture à son terme, vous récolterez du grain et surtout pourrez vous réjouir d'une vision rare, car ces céréales ont une silhouette unique en leur genre. Bêchez la terre et épandez un peu d'engrais universel (1 kg pour 10 m^2). Semez ensuite le grain à la volée, à raison d'une

GOURMANDISES

Le céleri-rave du jardin n'a rien à voir avec celui du commerce, souvent fort en gueule et plâtreux. Au jardin, il se fait suave et subtil. Il profite des pluies d'automne pour prendre de l'ampleur. Ne tardez pas trop à le récolter car il peut geler sans prévenir. À la cuisine, vous pouvez le râper et le préparer avec une sauce moutarde bien relevée, plutôt qu'une banale mayonnaise, ajoutez un jus de citron, et surtout laissez-le macérer pendant une nuit avant de le déguster. Il sera devenu plus tendre.
Vous pouvez aussi le préparer une fois épluché et coupé en gros morceaux en le cuisant à l'eau bien salée, puis le passer à la poêle avec une gousse d'ail.

Le moment est venu aussi de préparer des veloutés avec le potimarron, ce potiron à la chair orange délicieuse une fois cuite. Vous pouvez d'ailleurs mélanger le céleri rave et le potimarron, et finir en ajoutant quelques cuillères de crème. Servez très chaud, avec des croûtons frottés d'ail.
Pour agrémenter votre pot-au-feu, le panais et le rutabaga ajouteront une touche rustique. Le premier est une sorte de grosse carotte blanche. Il peut se consommer râpé-cru, mais aussi en chips passées à la friture. Posez sur une feuille de papier absorbant et déguster immédiatement.
Le saviez-vous ? L e céleri rave est tout aussi délicieux passé la friture en petits bâtonnets. Extra avec le gibier.

Installez-vous confortablement pour tamiser votre compost

poignée par mètre carré. Enfouissez en passant la griffe, et piétinez avec une planche pour tasser la terre fine autour des grains. La levée demande un mois. Passez le rouleau à gazon en février, pour obliger les plantules à se ramifier. Désherbez à la va-vite en épargnant le coquelicot. Moissonnez en juillet. Et préparez ensuite des escalopes de blé, avec plein d'herbes aromatiques et deux œufs battus. C'est délicieux ! L'orge ajoute du croquant aux soupes. Le seigle est aussi une excellente céréale d'hiver. En revanche, réservez l'avoine pour un semis de printemps.

MULTIPLIEZ LA CONSOUDE

La consoude fait partie des plantes fétiches des écologistes, car elle a le don d'extraire en profondeur des éléments minéraux qu'elle met ensuite à disposition du jardinier. À lui de confectionner des tisanes réconfortantes, du purin pour nourrir ses belles, ou encore de l'enfouir dans le tas de compost. On peut se procurer facilement la consoude en godet à l'occasion des fêtes des fruits et légumes automnales. Ce godet n'a l'air de rien mais la plante qu'il contient est rigoureusement indestructible. Plantez-la dans un sol bêché profondément, sans vous soucier d'enrichir d'une quelconque façon. Espacez les touffes de 50 cm. Et n'en faites pas trop car, dès la troisième année, vous serez surpris par l'ampleur de la plantation. Divisez en automne pour récupérer des racines munies de bourgeons, et replantez ailleurs. Ne passez surtout pas le motoculteur à l'emplacement de vos consoudes au risque de vous retrouver face à une vraie invasion. Si votre terre est riche, la consoude explosera encore plus vite. Le mieux consiste alors à l'installer dans des coins négligés, en fond de terrain, dans un lieu ingrat. Elle saura en faire son profit, et vous menacera moins que le topinambour !

LAITUE Ne négligez pas la résistance au froid des laitues d'hiver, qui l'encaissent très bien sans la moindre protection. Le semis est effectué en septembre ou à la dernière limite au début du mois d'octobre. Repiquez en espaçant de 15 cm. Il y a toujours quelques pertes, aussi conservez des plants dans un coin de châssis.

RADIS Rester toujours dans le même registre des radis de printemps fait passer à côté des radis roses, bien plus gros que les précédents, et qui feront votre ordinaire jusqu'en décembre. Les radis noirs peuvent aussi être semés en août, et grossissent en ce moment. Ils seront arrachés durant tout l'hiver et dégustés en rondelles pleines de tonus et de vitamines.

ARROSER Il est dangereux d'oublier d'arroser sous les châssis. Profitez de matinées clémentes pour aérer et arroser les légumes sous châssis et tunnels. Jamais d'arrosage le soir, cela retarde beaucoup la végétation, et peut même la faire geler.

RÉCOLTES Profitez des derniers beaux jours pour récolter le maximum de légumes : carotte, betterave rouge, céleri-branche, fenouil, navet, poireau. Tassez-les près de la cuisine, en les plongeant dans du sable, pour pouvoir les récolter même s'il gèle à pierre fendre. Portez en toute bonne logique vos efforts sur les légumes racines en priorité absolue.

OUTILS Rien de pire que de laisser les outils traîner dehors. Rangez tous ceux dont vous ne vous servez plus. Raclez la terre, affûtez les tranchants et graissez le métal. Changez les manches cassés.

SCORIES À quoi sert d'attendre trop longtemps pour enrichir votre futur potager. Les scories potassiques sont d'excellents engrais de fond, qui apportent à la fois de la potasse et du phosphore. Épandez-les maintenant, à raison d'une poignée pour un mètre carré. Le fumier de champignonnière est aussi excellent en cette saison (3 sacs de 30 kg pour 10 m^2).

VIVACES Divisez les touffes de plantes vivaces qui ont été moins épatantes cette année. Commencez par les vivaces à floraison printanière. Celles qui fleurissent l'été peuvent être divisées en mars.

DAHLIA, GLAÏEUL Rentrez à l'abri les bulbes et tubercules, sans trop attendre. N'oubliez pas de bien les étiqueter car rien ne ressemble plus à un dahlia qu'un autre. Indiquez la hauteur et la couleur des fleurs. Stockez-les sans terre autour, dans un simple cageot, à la cave.

AIL DÉCORATIF Plantez les ails d'ornement : *A. christophii, cernuum, flavum, schoenoprasum, giganteum, moly, schubertii*, bref, rien que des beautés. Enterrez les bulbes de leur grosseur, voire un peu plus. Les floraisons vont se répartir de mai à juillet selon les espèces. Disposez ces ails dans les touffes d'oreille d'ours, de népétas ou de sauges allemandes.

FOUGÈRE Même si la plupart d'entre elles vont bientôt entrer en dormance et disparaître, le moment est bien venu pour mettre en place les fougères. Ce sont les reines des coins ombragés, un peu frais. Disposez au moins 3 à 5 plants pour créer un effet de masse. Les fougères font merveille parmi les pervenches et les pulmonaires. Entourez les plants avec du vieux compost. Arrosez ensuite copieusement. Et marquez leur emplacement avec un petit morceau de bambou.

ASTILBE, BARBE DE BOUC, REINE DES PRÉS Ces plantes vivaces qui aiment les sols frais apprécieront une plantation automnale. Trouvez pour elles un fond de fossé ou un bord de bassin. Espacez-les de 30 cm en tous sens.

COUVRE-SOL Rien de tel qu'une plantation d'automne pour mettre en place les plantes couvre-sol, géraniums vivaces, saxifrages *fortunei* ou *umbrosa*, perchenche, lierre, épimedium… Ils bénéficieront de quelques mois avant que le feuillage des arbres ne les gêne.

MARQUEZ LES VIVACES

Beaucoup de plantes vivaces présentent un inconvénient majeur, celui de perdre toute trace de feuillage en hiver. Du coup, on ne sait même plus où elles vivaient. Le platycodon, une sorte de campanule chinoise, ou encore le baptisia, un superbe lupin bleu, sont totalement discrets en hiver. Jusque-là rien de grave, mais si vous décidez de biner au printemps, les bourgeons situés au ras du sol risquent gros. Par précaution, marquez leur emplacement avec des bambous fichés dans le sol. Cela ne prend que quelques minutes, et que d'économies !

NETTOYEZ LA ROCAILLE

Profitez d'une période de beau temps pour désherber soigneusement la rocaille, à la main, sans laisser le moindre tronçon de racine. Supprimez les fleurs fanées, les branches mortes. Divisez les touffes devenues trop importantes ou dégarnies au milieu. Les rejets périphériques seront replantés immédiatement. Conservez des éclats pour les amis qui ont bavé devant vos réussites. Repiquez-en quelques-uns en pot pour orner la terrasse. Quand tout est propre, éparpillez du gravier autour de la base des plantes alpines. Rien de tel pour les protéger de l'excès d'eau.

Couvrez vos jeunes plants de fleurs bisannuelles ou vivaces en réserve, pour qu'elles ne souffrent pas de l'excès d'eau en hiver.

PIQUEZ LES SEMIS SPONTANÉS

Après les pluies de fin d'été, les semis sont nombreux à apparaître dans le gravier des allées. Tapez dans cette réserve pour repiquer dans un coin du potager ou en terrine les ancolies, coquelourdes, valérianes, phlomis... Ces plants vont doubler de volume pendant l'hiver, sous la simple protection d'une vitre. Vous repiquerez à demeure en fin de printemps ou à l'automne prochain.

ABRITEZ LE CHRYSANTHÈME

Après la Toussaint, il n'est pas rare qu'une période de pluies froides survienne. Le moment est venu de rentrer les plus beaux de vos chrysanthèmes, ceux aux coloris nuancés qui vous ont tant plu. Rabattez les tiges à 5 cm de long. Cela évitera qu'une pourriture grise ne les envahisse. Puis groupez les pots les uns près des autres au pied d'un mur plein sud, et entourez avec des feuilles mortes, sans oublier un voile de forçage au-dessus. Si vous disposez d'un grand tunnel, ce sera encore mieux. En mars ou avril prochain, vous pourrez éclater les touffes pour repiquer les tiges qui présentent souvent des ébauches de racines aériennes sur leur partie basse. Reprise assurée.

HIVERNEZ LES PLANTES FRAGILES

Beaucoup de plantes qui ont fait vos délices cet été sont encore magnifiques en octobre. N'oubliez pas qu'elles sont douillettes et qu'il ne faut pas trop attendre pour les mettre à l'abri. Si elles sont en pot, rien de plus facile, il suffit de les trimbaler, sans vous casser le dos jusqu'à la véranda ou un coin de garage. Attention, quand vous les reposez, de ne pas le faire trop brutalement : la terre cuite, c'est fragile ! Pour celles qui poussent en pleine terre, il faudra procéder à un arrachage. Ce sera le cas des pélargoniums, des fuchsias non rustiques, des anthémis ou encore des verveines rampantes. Arrachez des mottes de 20 à 25 cm de diamètre, puis taillez la partie aérienne pour laisser les départs de tiges et quelques feuilles. Enfin, rentrez-les et serrez-les à touche-touche. Éparpillez un peu de terreau, sans plus. Surveillez et arrosez de temps à autre.

TULIPE, JACINTHE, SCILLE, NARCISSE C'est le grand moment de la plantation des bulbes printaniers. Bêchez au préalable et apportez une poignée d'engrais pour pomme de terre (formule 4/8/16) par mètre carré. Espacez les gros bulbes de 15 cm, et les petits de 10 cm. Enfoncez-les de deux fois leur diamètre, voire un peu plus.

HELLÉBORE Plantez des roses de Noël. Les premières à fleurir s'épanouiront peut-être pour Noël, mais le plus grand nombre attend le mois de février ou mars. Ces plantes sont chères, un peu comme les pivoines, car elles mettent du temps à grossir. Prenez-en soin et marquez leur emplacement avec un bambou pour ne pas les abîmer en été, quand le feuillage disparaît presque totalement.

ŒILLET MIGNARDISE Nettoyez la base de vos œillets mignardises pour supprimer les tiges malades ou sèches. Dispersez une poignée de gravier pour tenir au sec cette partie stratégique. Vous pouvez en profiter pour marcotter des tiges rampantes : enterrez une portion d'entre elles dans une petite poche de sable, et posez un petit galet au-dessus. Dans quelques mois, des racines seront apparues à ce niveau, et vous pourrez couper et replanter ailleurs un œillet tout neuf.

NARCISSE MINIATURE Plantez-en partout, en groupes sous les arbustes, en jardinière avec des violas ou des primevères jaunes. Les plus précoces sont les narcisses *cyclamineus*, en tubes à la petite couronne retroussée. En avril, arrivent 'Hawera' et 'April Tears'.

POTÉES ORIGINALES

Voici une idée de potée ou de jardinière très décorative et pas compliquée à vivre : elle est constituée d'un sédum à floraison estivale (*S. reflexum* par exemple) et d'une euphorbe *cyparissias* qui prend des couleurs dorées. On aurait pu ajouter une graminée. L'intérêt : ces plantes sont vivaces, et peuvent être replantées au jardin, ou continuer leur vie en pot une année de plus.

Le sédum 'Matrona' est en train de devenir une vedette. Il dépasse 50 cm de haut, possède un port évasé sympathique, et porte des fleurs rose vif qui deviennent bronze avec l'arrivée d'un temps plus frais à l'automne. Le feuillage vert bleuté se teinte lui aussi de veines pourpres. Il résiste bien à la sécheresse et au manque d'entretien. On peut tout à fait le faire pousser en bac, avec un penstemon rose et un bel hélianthème blanc. Ou le placer dans un massif en compagnie d'asters bleus ou blancs, d'anémones du Japon, d'un pérovskia ou de graminées bleues. Là encore, on peut replanter ensuite au jardin, tel quel.

ASTUCES DU MOMENT

Parfois, on revient d'une fête des plantes avec des coups de cœur sans avoir réfléchi au bon emplacement où les installer. Plutôt que de planter précipitamment, mettez en jauge dans un coin du jardin. Cela peut être tout bonnement une grande caisse à poisson en polystyrène où vous posez les mottes une fois débarrassées des godets. Un peu de tourbe, et tout le monde attend tranquillement.

Les sauges vivaces figurent parmi les meilleures plantes vivaces pour accompagner les rosiers. Elles fleurissent en juin, puis à nouveau en automne si on les a rabattues. Au palmarès : 'Amethyst', pourpre vif ; 'Mainacht', violet foncé ; 'Vesuvius', assez haute ; et *Salvia verticillata* 'Purple Rain', qui fleurit avec générosité et présente un feuillage de qualité.

Un amateur américain recommande pour protéger les fuchsias un mélange d'huile d'olive, jus d'algues et savon liquide, sans oublier un peu d'ail. Le tout dilué permet de se débarrasser des mouches blanches, fréquentes en automne. Seul l'ail produit au jardin est efficace à ses yeux car plus riche en allicine, grâce à une culture moins intensive.

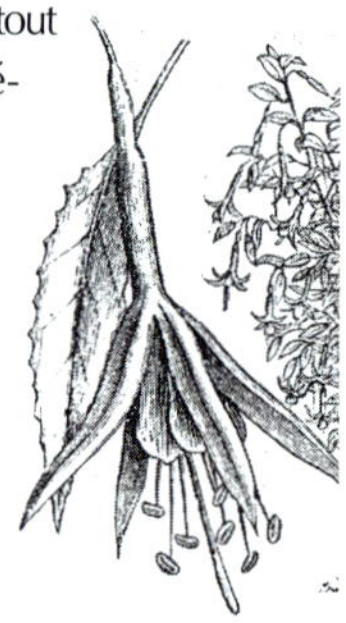

ISOLEZ VOTRE BANANIER

Cet été, un bananier a fait votre fierté, juste devant la maison. Tout le monde s'est extasié sur ce tour de force. Le moment est venu d'abriter le lascar. S'il a beaucoup poussé, nul doute que vous ne souhaitez pas l'arracher. Enveloppez sa base avec du plastique à bulles, en laissant une couche d'air isolante. Puis, entassez des feuilles mortes sur un mètre de hauteur. Resserrez les feuilles en les entourant d'une ficelle. Plantez un solide piquet qui dépassera du sol de près de deux mètres. Il sera l'armature de la tente de protection. Déroulez un film de plastique transparent, et attachez en une extrémité en haut du piquet puis faites le tour. Quand ce tipi improvisé est constitué, soudez les bords avec du ruban collant. Terminez par un tour ou deux de ficelle. Votre jardin est momentanément orné d'un drôle de monstre que vous pouvez déguiser ensuite en père Noël ou en épouvantail d'hiver.

PROTÉGEZ LE BASSIN

Si votre pièce d'eau est simplement constituée d'un film, et forme une mare, rien à craindre. En revanche, si elle est maçonnée, méfiez-vous de l'éventuelle pression que peut exercer la glace sur les bords. Un fagot de branches bien serré disposé dans un angle suffit à éviter tout problème. Les poissons adoreront aussi. Ne nourrissez pas ces derniers qui entrent en repos. Sortez les touffes de lotus pour les hiverner à l'abri dans un seau.

INSTALLEZ VOS TREILLAGES

Prenez de l'avance et composez dès maintenant les palissages qu'il ne vous restera plus qu'à garnir de plantes dans les mois à venir. Chèvrefeuille, trachelospermum, clématite, ipomée ont en effet besoin d'un support où entortiller leurs lianes. A contrario, le lierre et l'hortensia grimpant se hissent tout seuls grâce à leurs racines crampons. Les modèles de treillage du commerce manquent de résistance et de fantaisie. Composez le vôtre en lattes de chêne,

L'IMAGINATION AU POUVOIR

Les jardiniers semblent souvent dépourvus d'imagination quand il s'agit de mettre en place leurs massifs printaniers, alors qu'ils se déchaînent pour l'été. Il y a incontestablement un côté plan-plan dans les assemblages de fleurs bisannuelles et bulbeuses. Au lieu d'associer des plantes qui se complètent, on ne fait qu'exagérer leurs dissemblances. Quant aux couleurs, elles chahutent la rétine sans tendresse. Mais pas question de se lamenter sans réagir : ce constat désolant s'explique surtout parce que l'on oublie de glisser des plantes calmantes, placées là juste pour leur feuillage et leur silhouette. Notez déjà comme le grand myosotis, celui qui se ressème à son gré, change les rapports de force, comparé au myosotis nain compact et aux pensées, désespérément trapues. Et pourquoi ne pas faire appel aux légumes : des chicorées sauvages, des poireaux, des choux frisés apporteront leur tonus et un contraste amusant.

Et les plantes aromatiques alors ? Ne les laissons pas à l'écart : des absinthes au feuillage naissant d'un vert amande, du persil frisé, des touffes d'oseille pourpre rendront également service. La ciboulette qui surgit dès le mois de mars remplacera les graminées dans le paysage.

Dans votre pépinière d'attente, deux filets brise-vent suffisent à abriter des jeunes plantes qui souffriront moins du froid.

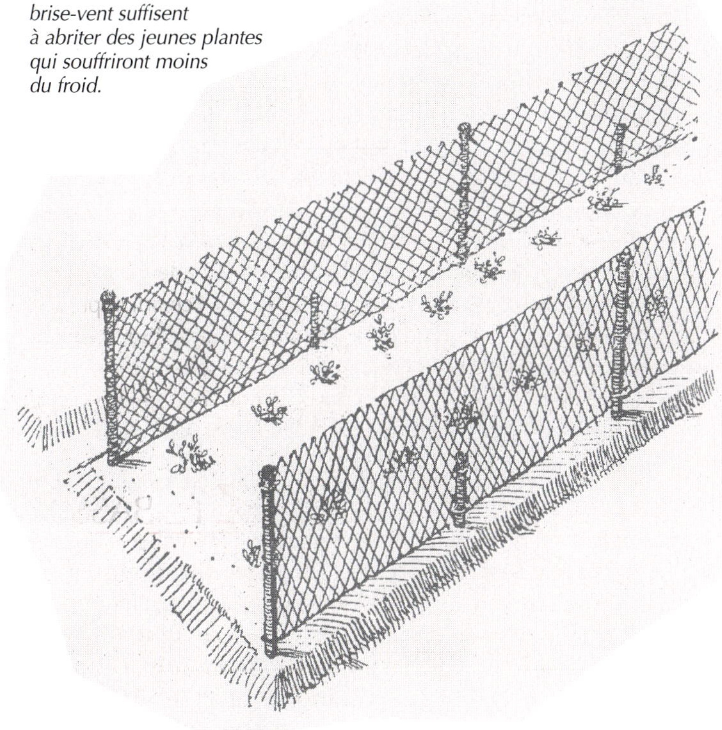

qui résisteront plusieurs décennies. Prenez-les de 2 cm d'épaisseur et de 4 cm de largeur. Dessinez un motif simple, des mailles carrées ou rectangulaires assez larges (20 cm sur 20 cm, ou 20 cm sur 25 cm). Et surtout arrimez bien le tout au mur grâce à de solides chevilles, en écartant le treillage de la paroi grâce à un petit morceau de bois épais de 2 cm, un reste de latte suffit. De la sorte, l'air circulera librement. Vous pouvez laisser le bois brut, il deviendra gris avec le temps, ou le teindre avec une lasure. Mais le mieux consiste souvent à le passer à la bouillie bordelaise, qui le protège et lui donne une nuance verdâtre intéressante. Pour cela, préparez une solution concentrée (2 cuillères pour 2 litres d'eau). Étendez les lattes les unes à côté des autres sur un morceau de plastique. Puis pulvérisez ou passez au pinceau. Retournez et laissez macérer une nuit comme si vous prépariez des morceaux de viande pour le barbecue. Le lendemain, laissez sécher.

PLANTEZ LES BISANNUELLES

Œillet de poète, giroflées ravenelles, campanules carillon… toutes ces fleurs ont leur place dans les massifs, soit en groupes entre les vivaces, soit mélangées avec les tulipes, narcisses et autres bulbeuses. Pour varier les plaisirs, ajoutez les lunaires, les pensées et les violas, ces nouvelles violettes cornues aux plus grandes fleurs et aux coloris craquants. Dispersez quelques carex et graminées persistantes entre elles pour obtenir une scène plus naturelle.

GAZON Ne tondez pas trop tard, car le gazon cesse de pousser quand il fait froid. Et s'il est court et tout jaune, c'est pour tout l'hiver. De même, évitez de le piétiner sans raison car il ne se régénérera pas. Ne rentrez pas la tondeuse toute crottée : grattez le dessous du carter.

NETTOYER Ne poussez pas la manie jusqu'à vouloir faire place nette dans tous les massifs de plantes vivaces. Laissez les feuillages se dessécher sur place. Ils protégeront les bourgeons situés à leur base. Tant pis pour le regard. En mars, il sera toujours temps de faire le ménage en un tournemain.

TULIPE Pourquoi rester abonné aux couleurs fortes, qui lassent vite. Il existe des dizaines de variétés ravissantes, qui revendiquent les teintes pastel. Les tulipes blanches sont particulièrement belles également. Il y a des merveilles parmi les tulipes perroquets et fleurs de lys. Pour vous faire une idée, cultivez-les en essai dans un coin du potager. Au jardin, associez-les aux lamiums et aux épimédiums.

FUCHSIA, LANTANA, DATURA ARBUSTIF Ne risquez pas le coup de gel imprévu, surtout en novembre. Rentrez-les vite sous véranda ou en serre. Ne les taillez pas, sauf pour éliminer les tiges malades. Beaucoup de feuilles vont tomber. Ne vous inquiétez pas pour si peu.

CYCLAMEN N'oubliez pas de marquer l'emplacement des cyclamens actuellement en fleur pour pouvoir récolter des graines en mai prochain. Vous les éparpillerez sur du sable, dans un coin ombragé et récupérerez des jeunes plantules à mettre en place ensuite. Travail de longue haleine…

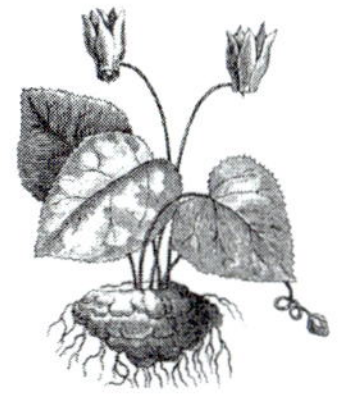

FEUILLES MORTES N'en faites pas une maladie si quelques feuilles mortes parsèment votre jardin. Même si elles paraissent étouffer les petites plantes, il n'en est rien : les vers de terre vont les tirer une à une dans leurs galeries. Laissez cet humus gratuit améliorer votre terre. Et contentez-vous de ramasser celles dont vous avez besoin pour gonfler votre tas de compost.

FUSAIN Les fusains rampants, comme Emerald'n gold sont incomparables pour apporter une touche de joie au niveau du sol par leur feuillage panaché d'or. Plantez-les en abondance sous les conifères et les hortensias.

JARDINIÈRE Si vous trouvez que vos jardinières sont bien vides, remplissez-les avec des arbustes nains : fusain, skimmia, pieris panachés, en les mariant à des graminées, des lierres à petites feuilles et des vivaces persistantes comme l'heuchéra 'Palace Purple'.

CONIFÈRES Plantez-les en octobre, tant que le sol est encore tiède et qu'il pleut suffisamment pour faciliter leur reprise. Faites de même avec les arbres à feuillage persistant, laurier-cerise par exemple. Mais attendez le printemps pour le *Magnolia grandiflora*.

ROSIER Pas la peine de les tailler, le mois de mars est préférable. Cependant, vous pouvez déjà les nettoyer de leurs branches abîmées. Si vous n'aimez pas les fruits, supprimez-les. Secouez pour faire tomber les feuilles tachées de maladies, et terminez par une pulvérisation de bouillie bordelaise, la même qui vous a servi pour vos arbres fruitiers. Dans les régions très froides et en montagne, protégez le point de greffe en buttant un peu de terre autour du collet, sur 15 cm de haut. Ne laissez pas passer ce moment de l'année sans procéder au bouturage de bois dur. Il suffit de couper des tronçons de tiges de 15 cm, que vous enterrez de la moitié de leur hauteur dans du sable. Taux de reprise variable, mais comme ça ne coûte rien… Faites de même avec les spirées.

PROTÉGEZ VOS FUCHSIAS

Il s'agit bien entendu des fuchsias rustiques, les autres doivent retrouver le chemin du garage ou de la véranda pour passer l'hiver à l'abri du gel. Les fuchsias rustiques conservent souvent leur feuillage jusqu'en décembre. Ce n'est pas une raison pour les laisser sans précaution. Dégagez leur pied de toutes les mauvaises herbes éventuelles, et éparpillez quelques granulés anti-limaces. Puis, jetez quelques poignées de feuilles mortes bien sèches. Entourez avec un morceau de plastique, et serrez avec du raphia. Ce manchon n'a pas de raison de dépasser 30 cm de hauteur, car le plus important consiste à protéger les bourgeons de la base. Ne taillez pas. Vous rabattrez les tiges à 10 cm de hauteur en début avril, quand vous dégagerez la protection. De la sorte, vous obtiendrez des touffes généreuses, pleines de santé.

PLANTEZ LA CLÉMATITE

Le moment est idéal pour mettre en place les clématites qui ont profité de tout l'été pour déployer leurs tiges. Choisissez de préférence des sujets d'un an, élevés dans des conteneurs de 2 litres, même si le prix est le double des autres. Vous vous y retrouverez au bout du compte. Creusez un trou de 30 cm de large et profond d'au moins 40 cm. Disposez des cailloux au fond sur 10 cm, puis de la terre fine. Posez la motte sur ce dôme et comblez avec le reste de terre fine, à laquelle vous aurez ajouté du terreau ou du vieux compost. Arrosez en abondance pour que le sol se tasse naturellement. Laissez le tuteur en place.

Courbez des longues branches de noisetier pour constituer une tonnelle improvisée où vous ferez pousser du chèvrefeuille par exemple.

DIVISEZ LES ARBUSTES

Beaucoup d'arbustes forment des touffes denses, avec une quinzaine de tiges qui partent directement du sol. Pour les multiplier, le mieux consiste à extraire les touffes avec une solide bêche, après avoir cerné de quelques coups pour trancher les racines, puis de carrément diviser, toujours à l'aide de la bêche ou avec un solide couteau. Prenez vos précautions pour ne pas vous blesser. Les éclats doivent comporter une tige ou deux, quelques racines. Vous pouvez les rabattre de la moitié de leur hauteur, ce qui les rééquilibre et évite qu'ils soient ballottés par le vent. Replantez-les immédiatement, en les enterrant juste de quelques centimètres. Espacez comme pour un arbuste adulte, ce qu'ils deviendront dans quelques années. Les arbustes qui se multiplient le mieux de cette façon sont les spirées, le corète, les deutzias, le buis.

PRÉPAREZ UNE FUTURE HAIE

Installer une haie est une opération de longue haleine. Pour qu'elle vous donne satisfaction, soignez sa préparation. Commencez par décaper l'herbe ou la végétation existante sur une bande de 1,5 m de large, voire plus si vous souhaitez être tranquille. Puis bêchez à un fer de bêche. Une semaine plus tard, reprenez l'ouvrage, toujours à la fourche-bêche, pour affiner encore, en ajoutant juste avant un seau d'Or brun pour 5 m linéaires. Tendez un cordeau puis creusez les trous de plantation, profonds et larges de 30 cm. Selon les arbustes, ils seront écartés de 80 cm, 1 m ou 1,50 m, pour une haie haute. S'il s'agit d'une haie brise-vent, le mieux consiste à planter sur deux rangs espacés de 1,2 m, en alternant de grands arbustes (boule de neige, noisetier, charme…) ou des petits arbres (érable champêtre, aubépine, merisier…) et des arbustes plus trapus, dits de bourrage (troène, symphorine, seringat…).

ARBORETUM Ces lieux sont l'équivalent des musées pour les plantes. On y trouve des collections extraordinaires. Et surtout, en venant admirer des sujets plantés depuis plusieurs décennies, on peut se rendre compte du complet développement d'un arbre. Chèvreloup, près de Versailles ; Balaine, dans l'Allier ; et Roure, dans les Alpes maritimes sont parmi les plus précieux. Mais chaque région comporte un ou plusieurs arboretums.

RHODO Amusez-vous à marcotter votre rhodo préféré. Pour cela, il suffit d'incliner jusqu'au sol une des branches basses, puis de la dégarnir de ses feuilles dans la partie la plus basse, enfin de la poser au fond d'un petit trou. Un galet installé dessus évite qu'elle ne remonte comme un ressort. Versez de la terre de bruyère, et posez un tuteur juste à côté. Le coude formé par la tige favorise la formation de racines. Cela peut prendre un an. Testez alors si les racines sont bien nées, et coupez la tige-mère.

BALCON Nettoyez votre lierre de ses feuilles abîmées. Ne le rempotez pas, vous effectuerez cette opération en mars prochain. Vous pouvez planter en ce moment un lierre panaché comme 'Oro di Bagliosco', dans un grand bac.

LES ROIS DE L'ÉTÉ INDIEN

Même si notre climat n'est pas le mieux adapté à l'embrasement automnal, on peut obtenir des scènes flamboyantes grâce à des arbres et arbustes venus de contrées où ce spectacle est habituel, comme le Canada et l'est des États-Unis, la Chine et le Japon. Voici des vedettes :

Cotinus : tous sont remarquables, en particulier *C. coggygria* et surtout *C. obovatus,* plus grand et magnifique. L'hybride 'Flame' est plus facile à dénicher dans les pépinières.

Vigne : aussi bien la vigne vierge (*Parthenocissus*) que la vigne de Coignet (*Vitis coignetae*), aux gigantesques feuilles.

Liquidambar : un arbre qui apprécie les sols profonds, frais.

Chêne : en particulier le chêne rouge d'Amérique et le chêne cocciné (*Quercus coccinea*), au rouge écarlate plus vif.

Fusain : les fusains caducs sont les plus flamboyants (*Euonymus alatus* 'Compactus', par exemple).

Aronia et amélanchier, le premier plus petit. Beaucoup de légèreté et de naturel. L'aronia 'Brillant' mérite son nom.

Parrotia persica : un petit arbre qui prend son temps mais constitue année après année un spectacle incroyable. Il s'enflamme parfois dès le mois d'août et se métamorphose ensuite jusqu'en novembre. Apprécie les sols frais.

Érable : la plupart deviennent rouges ou jaune d'or.

Cornouiller : *Cornus kousa* et *Cornus florida,* entre autres.

Berbéris : on l'oublie trop souvent mais le *Berberis thunbergii* ou encore le *B. amurensis* se transfigurent chaque automne. Ne les taillez pas trop sévèrement pour préserver les nombreuses baies rouge brillant.

Stephanandra tanakae : un petit arbuste japonais trop peu connu qui prend des teintes cuivrées en automne, rappelant un peu celles qu'il arborait déjà au printemps. Précieux !

CIDRE Cueillez vos pommes à cidre et emportez-les chez un presseur, à moins que ce ne soit celui-ci qui vienne à vous. Si vous souhaitez planter des pommiers à deux fins, pour la table et le cidre, choisissez parmi 'Belle Fille', 'Colapuy', 'Reinette de l'Estre' ou 'Reinette du Mans'. Et n'oubliez pas que les coings et les poires peuvent aussi être ajoutés…

TUTEUR Vérifiez l'état de vos tuteurs avant la saison des tempêtes. Surveillez si les jeunes arbres plantés il y a un an ne sont pas en train d'être étranglés par leur support. Des bandes de chambre à air constituent des liens solides, souples… et économiques.

FRAMBOISIER Nettoyez le sol autour de vos framboisiers car les boutons d'or et le chiendent adorent y prospérer. Épandez ensuite un matelas de feuilles mortes, épais d'au moins 20 cm.

PLANTATION Ne soyez pas obsédé par cette « satanée » Sainte-Catherine car on peut très bien planter des arbres à racines nues jusqu'en mars. Et n'oubliez pas que les grands arbres fruitiers, cerisiers ou pruniers, par exemple, doivent disposer de 5 m en tous sens.

VIGNE Grattez le sol à son pied mais sans pioche car il y a beaucoup de racines superficielles. Épandez la cendre de votre cheminée mais pas trop près du tronc. Le chasselas 'Ciotat', à feuille de persil, est magnifique en pot.

NETTOYEZ LES ARBRES

Bientôt toutes les récoltes seront engrangées, avec les dernières pommes et poires, le raisin et les noix. Profitez d'une journée de beau temps pour nettoyer ces arbres qui vous ont tant donné. Commencez par ramasser les fruits abîmés qui n'ont pas été récoltés. Ratissez les feuilles, les branches carrées ou blessées. Emportez le tout au tas de compost, et entassez en saupoudrant de chaux horticole pour désinfecter et favoriser la fermentation. Examinez ensuite l'écorce des arbres : s'il y a des blessures ou des chancres, égalisez leurs bords avec un couteau bien aiguisé, et passez au pinceau de la bouillie bordelaise concentrée. Quand toutes les feuilles sont tombées, pulvérisez cette même bouillie bordelaise à la dose indiquée sur la boîte. De la sorte, les germes des champignons parasites seront détruits, et vous ferez baisser la pression de la tavelure ou de l'oïdium.

PLANTEZ LE FRAMBOISIER

Excellent moment pour mettre en place les framboisiers, mais aussi les cassissiers et myrtilliers, sans oublier les ronces sans épines. Soignez le terrain en le bêchant complètement, et non pas seulement là où vous allez planter. Extirpez les racines de mauvaises herbes. Ajoutez du compost maison, sur 5 cm d'épaisseur. Puis, installez les cannes de framboisier en les alignant le long d'un cordeau. Espacez-les de 25 cm environ. Posez tout de suite des piquets et tendez un fil de fer pour tuteurer les cannes, qui flageolent toujours. Arrosez enfin pour tasser la terre autour des racines.

VISITEZ LES FÊTES AUX FRUITS

Rien de tel qu'une balade dans une fête des fruits et légumes pour déguster des petites merveilles locales, discuter le coup avec les pépères et échanger des conseils. Au passage, vous découvrirez sûrement que bien des fruits sauvages sont comestibles : corme, aronia, amélanchier… autant de saveurs originales pour accompagner un rôti ou napper un gâteau d'une gelée surprenante.

LES JOIES DU PALISSAGE

Les arbres palissés en palmette ou à la diable sont une des spécialités françaises. Éric Dumont, pépiniériste près de Troyes, les a remis à l'honneur, et les Ets Delbard offrent une gamme de U et double U de toute beauté. Ce sont de vrais investissements, mais considérez-les comme des chefs-d'œuvre. Et comme la meilleure façon d'occuper l'espace au mieux. Grâce à ces formes plates, vos murs peuvent être garnis d'arbres fruitiers et devenir productifs. Mais vous pouvez aller plus loin en créant des contre-espaliers, c'est-à-dire des haies plates où ces arbres sont alignés et maintenus par une armature en fil de fer tendue entre des solides piquets. C'est tellement plus beau qu'une banale haie de thuyas ! Vous pouvez sortir du registre des pommiers et poiriers habituels, et tester votre capacité à palisser des groseilliers à maquereau, et même des griottiers, des figuiers, des abricotiers et des pruniers, sans oublier des vignes et des mûres sans épine. À leur pied, vous disposerez, à bonne distance (50 cm), des narcisses à petites fleurs, des pivoines et des œillets mignardises, façon jardin de curé.

INDEX

DES PLANTES DANS L'ANNÉE

En rouge figurent les pages où chaque plante est traitée plus en détail.
En noir, elle est simplement citée.

LÉGUMES EN BREF

	FAMILLE	CATÉGORIE	LE CYCLE DE LA VÉGÉTATION M A M J J A S O	PETITS TRUCS ET TOURS DE MAIN
AIL	Alliacées	Bulbe		Planter l'ail blanc ou violet en automne et le blanc au printemps.
ARTICHAUT	Astéracées	Fleur		Surveiller les attaques de pucerons noirs. Pailler et arroser souvent.
AUBERGINE	Solanacées	Fruit		Planter quand la terre est chaude, en mai. Surveiller les doryphores.
BETTERAVE	Chénopodiacées	Racine		Ne garder qu'un plant au lieu des 3 ou 4 qui lèvent ensemble.
CARDON	Astéracées	Cote de la feuille		Arroser et pailler en été. Serrer les tiges et entourer de carton pour blanchir.
CAROTTE	Apiacées	Racine		Recouvrir les graines avec 1 cm de sable. Abriter sous un voile de forçage.
CÉLERI BRANCHE	Apiacées	Feuille		Arroser souvent. Couper les feuilles qui prennent trop de place.
CÉLERI RAVE	Apiacées	Racine		Pailler en juin avec du compost. Arroser copieusement à partir du 15 août.
CHICORÉE SCAROLE, FRISÉE	Astéracées	Feuille		Ne pas semer trop tôt, il faut que la levée se fasse en deux ou trois jours.
CHOU BROCOLI	Brassicacées	Fleur		Si possible, semez directement en place, sinon repiquez jeune.
CHOU BRUXELLES	Brassicacées	Fleur		Pailler et arroser en été. Distancer de 50 cm entre les plants.
CHOU DE CHINE	Brassicacées	Feuille		Doit pousser très vite pour être bon. Récolter avant les gelées.
CHOU POMMÉ	Brassicacées	Feuille		Surveiller les vols de piérides en été. Pailler avec du compost.
CHOU RAVE	Brassicacées	Tige		On peut faire 2 semis, et donc 2 plantations, au printemps et en fin d'été.
CHOU ROUGE	Brassicacées	Feuille		Distancer de 50 cm en tous sens. Pailler en été et arroser souvent.
CONCOMBRE	Cucurbitacées	Fruit		Planter quand la terre est vraiment chaude, le long d'un treillage.
COURGETTE	Cucurbitacées	Fruit		Pailler et arroser souvent. Cueillir tous les deux jours en été.
ÉCHALOTE	Alliacées	Bulbe		Planter en automne ou au printemps. Récolter avant que le feuillage jaunisse.
ENDIVE	Astéracées	Feuille		Arracher les racines en octobre pour le forçage en cave durant l'hiver.
ÉPINARD	Chénopodiacées	Feuille		Arroser souvent au purin d'ortie pour doper en douceur.
FENOUIL	Apiacées	Racine		Planter tard et arroser copieusement durant l'été.
FÈVE	Fabacées	Graine		Tuteurer avant que les gousses se forment. Récolter quand les grains sont tendres.

semis — repiquage — récolte

LÉGUMES EN BREF

	FAMILLE	CATÉGORIE	LE CYCLE DE LA VÉGÉTATION M A M J J A S O	PETITS TRUCS ET TOURS DE MAIN
HARICOT GRAIN	Fabacées	Graine		Semer seulement quand la terre est bien chaude.
HARICOT VERT	Fabacées	Fruit		Semer une poignée chaque semaine pour récolter des filets bien tendres.
LAITUE	Astéracées	Feuille		Changer souvent de variété pour changer de goût (entre Batavia et Beurre).
MÂCHE	Valérianacées	Feuille		Ne pas remuer la terre avant de semer. Faire plusieurs semis tous les 15 jours.
MAÏS	Zéacées	Graine		Récolter quand les grains sont encore moelleux.
NAVET	Brassicacées	Racine		Ne pas hésiter à éclaircir très tôt pour que le feuillage se déploie librement.
OIGNON	Alliacées	Bulbe		Planter à l'automne ou au printemps. Récolter quand le feuillage est jaune.
OSEILLE	Polygonacées	Feuille		Récolter feuille à feuille plutôt qu'au couteau.
PANAIS	Apiacées	Racine		Semer de la graine fraîche sinon la levée sera capricieuse.
PERSIL	Apiacées	Feuille		Germination parfois longue. Planter deux ou trois fois dans l'année.
POIREAU	Alliacées	Feuille		Enfoncer profondément au moment de la plantation.
POIRÉE	Chenopodiacées	Feuille		Installer de préférence une variété à feuillage vert blond, plus tendre.
POIS	Fabacées	Fruit		Semer de préférence des variétés à grains ridés, nettement plus tendres.
POIVRON	Solanacées	Fruit		Mettre en place quand le sol est chaud. Arroser régulièrement.
POMME DE TERRE	Solanacées	Tubercule		Mettre en place au moins deux variétés différentes pour changer de goût.
POTIRON	Cucurbitacées	Fruit		Semer quand le sol est bien chaud. Apporter beaucoup de compost.
RADIS	Brassicacées	Racine		Semer à plusieurs reprises dès qu'une place se libère. Arroser chaque jour.
RHUBARBE	Polygonacées	Tige		Apporter beaucoup de compost au pied et arroser régulièrement.
ROQUETTE	Brassicacées	Feuille		Semer à plusieurs reprises. Récolter feuille à feuille.
RUTABAGA	Brassicacées	Racine		Arroser en été et pailler avec du compost. Récolter avant les grands gels.
TÉTRAGONE	Aïzoacées	Feuille		Semer quand le sol est chaud. Arroser souvent. Cueillir feuille à feuille.
TOMATE	Solanacées	Fruit		Supprimer les rameaux latéraux. Traiter contre le mildiou dès le 14 juillet.

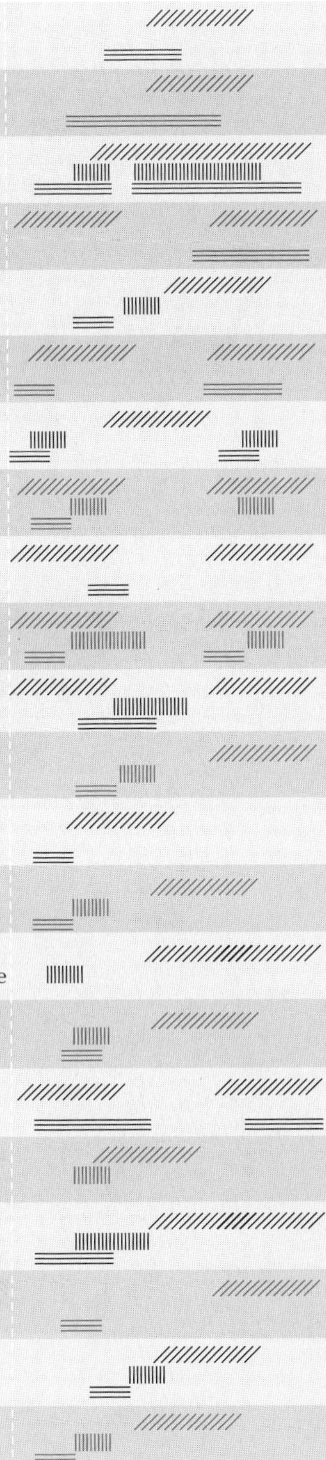

Autant que possible, évitez de faire se suivre au même emplacement deux légumes appartenant à la même famille botanique et à la même catégorie alimentaire.

LE TEMPS DES ÉMOTIONS

MES COUPS DE CŒUR

Un jardin se meuble de souvenirs d'enfance, de références presque oubliées, et de moments d'amitié partagée. Les plantes représentent tout cela, et y ajoutent leur personnalité. Elles sont autant d'univers singuliers, qui interagissent sur notre propre sensibilité.

Capucines issues de semis spontanés, au potager

Capucine Alaska

LA RONDE DES CAPUCINES

Certaines fleurs sont la bonne humeur incarnée. Témoin les capucines, qui arborent des coloris pleins de vivacité, comme pour mieux s'extraire du feuillage. Elles poussent la fantaisie jusqu'à se ressemer à l'envi. Un vrai bonheur de vacances.

Capucine et sauge officinale

LE SACRE DES TULIPES

On ne juge pas de sa sympathie vis-à-vis d'une fleur à la durée de sa floraison. Les tulipes sont bien les championnes du coup de cœur. Je les aime en groupes, noyées dans la verdure. Et surtout en bouquets, pour fêter le retour des beaux jours.

Tulipe Attila

Tulipe Pink Impression, camassia bleu et narcisse tardif

Tulipes frangée Président Kennedy, et double Carnaval de Nice, lilas, chou en fleur.

Golden Melody, jaune, et Princesse Irene

Essayez une année de marier les tulipes aux légumes, dans un coin du potager. Non seulement vous créerez des scènes ravissantes où chacun se mettra mutuellement en valeur, mais vous ne serez plus du tout déprimé après la floraison.

EFFETS DE FEUILLAGES

Qu'ils soient imposants comme celui du colocasia (photo de gauche) ou menus comme celui du coléus ou de l'hélichrysum, les feuillages prennent une grande place dans nos jardins. Tant mieux !

Pélargonium et coléus

Heuchéra Palace Purple

Les feuillages apportent en effet une dynamique et une stabilité qui rassurent. Ils autorisent des contrastes puissants mais sans virulence. Les fleurs s'appuient sur leur force.

Helichrysum petiolare argenté et diascia saumon

FLEURS DE TOUJOURS

Appréciées depuis bien longtemps, ces fleurs nous font toujours de l'œil. En les choisissant, vous renouez avec les jardiniers d'un autre temps. Ce ne sont pas des couleurs de nostalgie qui s'épanouissent mais des preuves d'éternelle douceur. Impossible de s'en lasser...

Echinacea purpurea

Hellébore d'Orient

Cœur de Marie (Dicentra spectabilis)

Anémone du Japon

Par leur pérennité, les fleurs vivaces forment la trame colorée du jardin, son socle de tranquillité, à partir duquel il vous sera facile de créer la surprise. Constituez-vous une petite brigade de plantes solides, vos fétiches auxquelles vous resterez aussi fidèle qu'elles le sont.

Grande camomille

UN BONHEUR SPONTANÉ

Laissez la bride aux plantes vagabondes, aux jolies écervelées qui se ressèment où bon leur semble. Elles s'autorisent bien des libertés. Et alors ? Le jardinage est une leçon de tolérance et le désherbage le plus excitant des arts créatifs. Votre pissenlit ferait littéralement fureur au Japon !

Grande camomille et nigelle de Damas

Pissenlit

Hélénium en août

LA SIMPLICITÉ À L'HONNEUR

Après l'ébouriffante fantaisie du printemps, la nature reprend son souffle. Commence le défilé des marguerites et des fleurs sans façon. Elles correspondent comme par magie avec la nonchalance estivale. L'œil se réjouit de leur simplicité.

Rudbeckia et fenouil

Vibrantes d'énergie, ces fleurs robustes ne craignent
pas le soleil. Néanmoins, elles apprécient les sols
profonds, et un paillage qui les met à l'abri
de la sécheresse brutale. Moyennant
quoi, elles assurent au jardinier
des après-midi entiers
voués à la sieste..

Hémérocalle et sauge verticillée

De gauche à droite et de haut en bas : rudbeckia et pennisetum, alliance de choc et de charme; une courgette dans son nid d'herbe, au potager du château de Bosmelet, en Seine Maritime; Stipa et alchémille; soleil vivace, rudbeckia et pennisetum.

Setaria palmata

UN RÊVE DE FINESSE

Les graminées et herbes fines ont le don de la légèreté. Elles mettent en valeur les autres fleurs comme personne. La moindre brise leur suffit à distiller une tendre mélodie. Des filles de l'air.

LA REVUE
DES PLANTES

LE CHOIX DU JARDINIER

Un jardin, ce n'est pas que des plantes,
mais elles forment son architecture et
en constituent l'agrément principal,
au fil des saisons et des jours.
Voici un choix trié sur le volet,
parmi les plus sympathiques.
Et un petit aperçu
sur les autres.

Abelia

Les arbustes à floraison estivale prolongée ne sont pas légion. L'abélia ajoute à cette floraison, dans les tons roses et blancs nacrés, une silhouette légère, due à ses rameaux souples et arqués. Un feuillage fin, persistant et vernissé complète le tableau. Si l'abélia permet de composer des petites haies ravissantes, son meilleur emploi reste certainement le garnissage des grandes potées, que ce soit au balcon ou pour ponctuer le jardin. Son parfum mielleux est perceptible à plusieurs mètres de là.

LEQUEL 'Edward Goucher' ne dépasse pas 1,5 m de haut et autant d'envergure. Fleurs assez grandes rose saumoné.

Abelia grandiflora : fleurs roses et blanches, l'inflorescence se colore de pourpre à l'automne, augmentant l'impact visuel. Il est extra pour réaliser une petite haie car il ne dépasse guère la taille humaine.

'Confetti' est le dernier machin compact et panaché à la mode. Pourquoi pas en bac, mais alors avec des *Saxifrage fortunei*.

COMMENT L'abélia apprécie le soleil, mais se contente à la rigueur d'une demi-journée ensoleillée. Un sol moyen, de préférence restant un peu frais en été, lui convient. Rusticité valable pour le climat moyen de la France. À tester prudemment en montagne et dans l'Est.

Avec quelques branches dégingandées, l'abélia ne fait pas belle figure en conteneur. Attention, ses racines forment souvent un chignon tapissant l'intérieur du pot. N'hésitez pas à trancher la motte pour donner libre cours aux futures racines. Achetez de préférence en été pour voir les fleurs et leur coloris véritable. Des rameaux chlorotiques en début d'été sont un indice que l'abélia a froid. Un feuillage pourpré en automne est tout à fait normal.

Plantez dans une terre allégée avec un peu de terreau, surtout en pot. Soignez le drainage car vous arroserez beaucoup en été, au moins deux fois par semaine en bac. Apportez de l'engrais soluble tous les mois, de mai à septembre.

On taille les rameaux de plus de trois ans, en mars-avril. Coupez-les au ras de leur naissance, et laissez intactes les branches jeunes et vigoureuses, qui vont s'arquer avec le temps sous le poids des nombreuses fleurs.

Le petit truc qui change tout : comme vous allez en raffoler, bouturez votre abélia en août, en coupant une tige de l'année en tronçons de 10 cm, avec deux départs de feuilles. Enterrez-les à mi-hauteur dans un pot rempli d'un mélange de terreau et de sable. Enfermez dans un sac transparent, et arrosez de temps à autre. Abritez du froid en hiver, et installez à demeure au printemps.

AVEC QUI Une armoise 'Powis Castle', dans un grand bac d'au moins 45 cm de côté.

Cohabitation agréable les trois premières années. Ensuite il faudra certainement replanter le tout au jardin mais vous y gagnerez une scène toute faite.

Un jeté de narcisses à petites fleurs ('Hawera' ou 'Tête-à-tête' par exemple) pour bien commencer l'année au printemps.

Abricotier

Il y a un monde entre un abricot cueilli mûr et les pâles copies des marchés. Il suffit de l'ouvrir, histoire de voir s'il y a un petit ver, puis de gober la chair toute mielleuse du côté ensoleillé et encore attachée au noyau de l'autre côté, pour comprendre (et remercier) les Croisés qui le rapportèrent de leurs lointaines expéditions. La floraison printanière est toujours émouvante, en rose pourpre un peu chiffonné. L'abricotier finit par former un petit arbre de 4 à 6 m, assez clairsemé.

LEQUEL 'Royal' : porte bien son nom. Gros fruit au sillon bien marqué, piqueté de rouge à maturité. Chair très juteuse, mûre en juillet.

'Précoce de Saumur' : arbre touffu, à floraison précoce (hélas !). Fruits très parfumés, à chair jaune assez juteuse. Extra palissé sur un mur.

'Bergeron' : parfumé, un régal. Il convient aussi bien dans le Nord que dans le Midi, où vous adopterez également 'Gâterie', un peu clair mais très bon ; 'Tomcot', 'Orangered', 'Hargrand' ou encore 'Lambertin N° 1' et 'Flavorcot' (à dénicher aux pépinières Lafond, à Valréas).

Abricot commun : celui que vous obtiendrez de semis. Rarement décevant et gratuit. Plus le fruit est petit, meilleur il est.

COMMENT Du soleil avant toute chose, un sol non gorgé d'eau en hi-

Abricotier commun

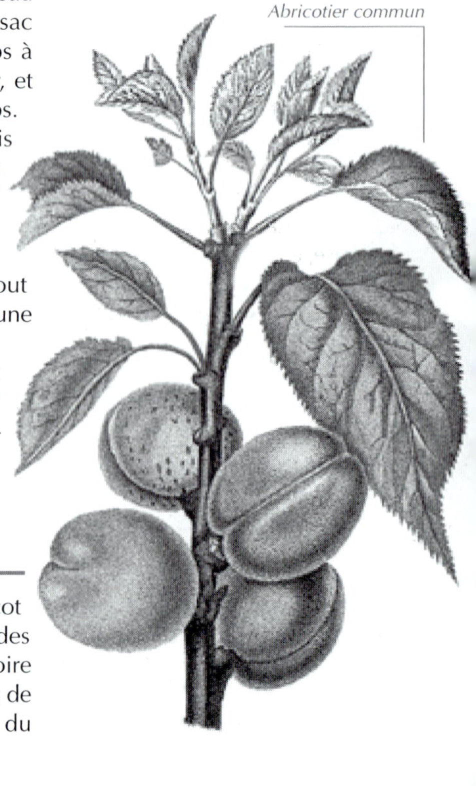

ver et une exposition abritée des vents froids pour que la floraison ne soit pas grillée deux ans sur trois. En région à printemps traître, le palissage contre une façade sud-est ou sud donnera de bons résultats, comme c'est pratiqué en Suisse, en Lorraine et en Val de Loire.

Comme souvent pour les arbres fruitiers, il vaut mieux acheter petit car un arbre déjà formé a tendance à bouder avant de s'enraciner. Jetez un coup d'œil sur la mention du porte-greffe : abricotier commun, cela ira bien en sol moyen ; en sol sec, préférez le prunier myrobolan ; et en sol lourd, le Mariana.

Plantez de novembre à février. Pralinez les racines dans une boue enrichie de purin. N'enterrez pas le point de greffe, c'est-à-dire le départ de l'arbre, qui forme un renflement sur le côté. Arrosez copieusement et régulièrement pendant les deux premiers étés. Pour y penser, installez quelques fraisiers remontants à 40 cm du tronc, et arrosez dès que vous les voyez faner. Un paillage à base de compost maison double la croissance.

Classiquement, on recommande de tailler le moins possible l'abricotier. Cependant un excellent jardinier de Sucy-en-Brie, Jacques Larive, n'hésite pas à tailler chaque année les jeunes rameaux, sitôt la récolte achevée. De la sorte, il a obtenu un abricotier en forme de parasol, très trapu.

Peu de maladies en vue, surtout si vous traitez deux fois à la bouillie bordelaise, en mars et à la chute des feuilles. Gare au dépérissement qui se manifeste par un feuillage plombé en été, et des branches se desséchant progressivement. Il n'y a pas de remède. Évitez de planter un abricotier après tout autre arbre fruitier, surtout à noyau.

Le petit truc qui change tout : ne jamais couper l'extrémité du scion la première année comme c'est parfois conseillé car la croissance en prend un sacré coup.

AVEC QUI L'abricotier supporte mal la concurrence d'autres plantes. Laissez-le dans un splendide isolement, à 6 m de tout arbre.

ABSINTHE

Bien sûr, son feuillage argenté séduit, d'autant que, une fois infusé dans l'eau bouillante, il permet de confectionner un excellent répulsif contre les pucerons. Mais n'oubliez pas que l'absinthe produit des milliers de graines, et ne vous laissez pas déborder. Dans la grande famille des armoises, il y a d'autres sujets de satisfaction.

ABUTILON

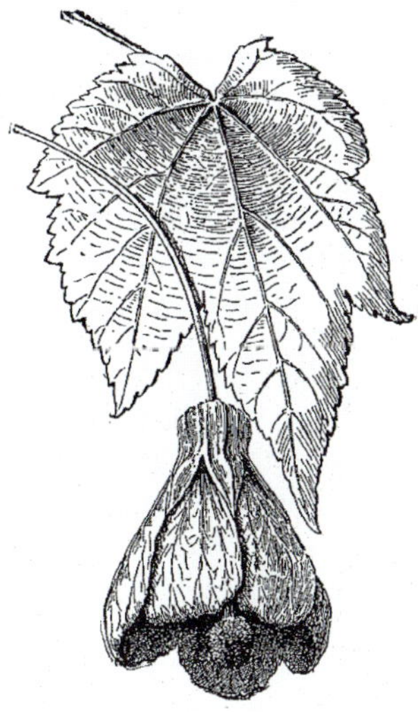

Le genre de plante inclassable car semi-rustique, arbustive ou herbacée selon la rigueur de l'hiver et la variété choisie. Pour le reste, une telle abondance de clochettes, de mai à octobre, que l'on craque. Attention au côté « mosaïculture de monument aux morts » attaché aux variétés à feuillage tacheté.

LEQUEL 'Canary Bird' offre des clochettes jaune vif tout l'été. Joli contraste avec des variétés couleur prune, pas toujours dénommées dans le commerce car obtenues de semis. En deux ans, il atteint deux mètres de haut sur autant de large.

'Suntense' peut garnir un mur sur la hauteur d'un étage, en Bretagne par exemple. Mauve tendre craquant.

'Veronica Tennant' : assez rustique pour passer l'hiver avec une protection minime sous le climat parisien. Elégant feuillage duveteux, à revers gris. Corolles presque plates, d'un mauve tendre craquant.

A. vitifolium 'Album' : presque plus intéressant par son feuillage argenté et si doux à caresser, que par ses fleurs relativement peu nombreuses. Se comporte bien à mi-ombre.

COMMENT Un sol plutôt frais durant toute la belle saison, et riche en humus. Une exposition protégée des vents froids et du soleil brûlant de l'après-midi. Rusticité médiocre, hormis 'Veronica Tennant'. On traitera comme les fuchsias rustiques, en abritant les souches en hiver sous un épais édredon de fougères sèches ou de feuilles mortes.

Achetez seulement à partir de mars car il vaut mieux que le jeune plant gèle chez l'horticulteur que chez vous. Pas d'affolement si le godet est petit et le plant presque ridicule. En trois mois, il aura formé une vraie touffe. Avec un peu de patience, on peut également semer les graines au chaud, en mars. Floraison dès le premier été.

Installez dans un terreau riche, en n'hésitant pas à enterrer la base de la tige sur 5 cm. Arrosages copieux dès la plantation et durant tout l'été. En novembre, arrachez les touffes, et rentrez-les dans des cagettes à poisson, dans un coin du garage, où vous les tiendrez presque au sec. Sortie à l'air libre en avril-mai.

Des arrosages à l'engrais liquide soutiendront la floraison. Ne taillez pas car la floraison a lieu sur les ramifications nées dans l'année.

Le petit truc qui change tout : prenez garde aux mouches blanches (aleurodes), en fait plus inquiétantes sous véranda que dehors, mais la proximité de lantanas ou de fuchsias crée des conditions très favorables à la pullulation. Bassinez souvent au jet d'eau car ces sales mouches détestent les douches.

AVEC QUI Un tapis d'impatiens rose tendre ou blanches, en bacs bien arrosés en été.

Des heuchéras pourpres mélangées à des tellimas pour garnir le sol au pied des abutilons rustiques.

ACÆNA

Comme souvent pour les plantes venues de Nouvelle-Zélande, les acænas (on devrait prononcer akéna) ne ressemblent à rien de connu. Sauf peut-être à certaines potentilles rampantes, dont elles adoptent le port tapissant. Des couvre-sol à effet de feuillage intéressant, d'autant qu'il est persistant. Si la floraison est insignifiante, les fruits en châtaigne sont décoratifs pendant de nombreux mois.

Acæna

LEQUEL Parmi ceux à feuillage vert bleuté : 'Blue Haze', extra à mi-ombre ; *A. anserinifolia*, d'un naturel volontiers couvrant (15 cm de hauteur).

Pour une nuance vert bronze ou brun : 'Kupferteppich', à végétation compacte et inflorescences rouge cuivré ; *A. olivana*, aux fruits vert olive sur feuillage vert cuivré (10 cm).

COMMENT Un sol ordinaire à tendance plutôt fraîche, dépourvu de mauvaises herbes car le désherbage sera pénible par la suite. Par la suite, le tapis est posé pour de nombreuses années. On trouve les acænas en godets. Pour réaliser des économies, plantez-les au potager la première année et divisez ensuite les touffes en quatre ou cinq éclats.

Mettez en place en automne ou au printemps, à 20 cm d'écartement pour obtenir un effet de masse rapidement. Arrosez en été.

AVEC QUI En tapis assez étendu, juste interrompu par des plantes à stature décorative, comme des iris nains, des rues ou des prêles d'hiver, comme dans le parc Thuillat, à Limoges.

En rocaille avec des graminées en touffes bien nettes comme la fétuque glauque ou le millet doré, et des bulbes nains, crocus et narcisses botaniques.

ACANTHE

Si l'acanthe évoque inévitablement les chapiteaux des colonnes antiques, elle a aussi sa place au jardin. D'ailleurs, il n'est pas rare de la rencontrer au détour d'une allée dans des vieux jardins abandonnés depuis longtemps, en particulier dans le Sud-Ouest dont le climat semble lui plaire, au point qu'elle y forme des touffes impressionnantes. L'acanthe convient également pour garnir des talus, de préférence à mi-ombre.

LAQUELLE *Acanthus mollis* est la plus répandue. Elle culmine à 1 m de haut, et produit des fleurs blanches nichées au milieu de bractées pourpres. Il existe une variété stérile, 'Jeffalbus', repérée par Jean-Pierre Jolivot (Jardins d'en Face) et une autre à feuillage large, sélectionnée par Véronique et Jacques Détriché (La Grange aux vivaces).

Acanthus spinosus est moins connue et offre une silhouette bien typée, avec des feuilles plus profondément découpées mais armées de redoutables épines. Une beauté farouche en quelque sorte.

COMMENT Un sol profond, bien drainé et assez riche, la satisfait. Un peu de soleil pour favoriser la floraison qui, de toute façon, ne se produira pas avant la deuxième, voire la troisième année.

L'acanthe ne fait pas grand effet en godet, avec à peine deux feuilles. Comme pour beaucoup de plantes vivaces, faites-lui subir un stage au potager ou dans un coin du jardin où la terre est de première qualité.

Le godet se transformera en touffe dès la première année, et il ne vous restera plus qu'à installer le tout au jardin. Pas besoin de protection contre le froid mais des appâts antilimaces seront les bienvenus dans un premier temps. Après, elle sera tirée d'affaire.

Acanthus spinosus

Quelques arrosages en été sinon l'acanthe entre en repos. On coupera la hampe florale une fois les fleurs fanées car la formation des graines prend beaucoup d'énergie. Les amateurs de plantes strictes tuteureront les hampes florales qui ont tendance à s'effondrer. Prenez garde aux épines acérées disposées près des fleurs.

AVEC QUI Des sauges officinales, ou celles à floraison tardive qui manquent un peu de tenue, comme la sauge de Graham. Plus à l'ombre, des heuchéras.

Avec des coréopsis verticillés constituant des coussins tout doux, parsemés d'étoiles dorées durant tout l'été. Et toutes seules en grande masse sur un talus ombragé avec juste un rosier facile à vivre au milieu comme l'exceptionnel Colette.

ACHE

Un brin de ce céleri géant, et vous pourrez parfumer un bouillon pour dix personnes, tant son odeur spécifique est intense. Ne l'a-t-on pas surnommé « plante Maggi »... Vous l'adopterez au fond du potager car

cette plante au naturel sauvage forme rapidement une touffe impressionnante qui triple carrément de hauteur au moment de la floraison, quand les inflorescences vertes culminent à deux mètres. La puissance personnifiée.
À ne pas confondre avec le céleri à couper qui est plus proche du céleri branche et serait une bonne option pour les petits jardins.
COMMENT Une terre riche, profonde, et au moins une demi-journée de soleil par jour.
Ne vous méprenez pas devant la faiblesse relative du plant en godet, et arrangez-vous pour qu'il y ait au moins un mètre de libre tout autour. Arrosez abondamment car la vigueur des touffes en dépend directement.
AVEC QUI Un premier plan d'oseille vierge et de mélisse citronnelle, ou avec des crambés et des valérianes.
En groupes dispersés parmi des guimauves et des agastaches, dans un fossé humide et riche d'une terre noire.

ACHILLÉE

Au risque de choquer, nous trouvons que les achillées sont plus à leur place au potager, en lignes pour la fleur coupée, que dans les massifs où leur naturel les pousse à s'effondrer lamentablement. Pourquoi pas également en haut d'un muret et en bordure d'allée, et tant pis si elles dégringolent. Un essai en grand pot peut s'avérer amusant.
LAQUELLE 'Coronation Gold' (50 cm), d'un jaune riche comme disent nos amis Anglais. Elle se sèche bien, et sera cultivée à cet effet dans un coin du jardin.
'Moonshine', pour son feuillage argenté et ses fleurs jaune soufre qui se succèdent de juin à septembre. La mieux disposée pour la vie en groupe avec les autres plantes vivaces. Très jardin de curé.
Oubliez 'Cerise Queen', car son rouge cramoisi délavé est trop triste.
'Galaxy', une série d'hybrides créés en Allemagne par Wilhelm Kihrillus, remarquable par la diversité des coloris qui vont du rose saumon au jaune crème, en passant par des rouges cramoisis spectaculaires. Longue période de floraison. Des sélections couleur pastel, comme 'Terracotta' ou 'Paprika', leur ressemblent beaucoup. D'autres hybrides obtenus par E. Pagels semblent prometteurs : 'Hella Glashof', jaune pâle ; 'Petra', rouge avec une touche de blanc (au catalogue de Jardin Plume) ; 'Inca Gold', associant son jaune vieil or et un feuillage argenté ; 'Salmon Beauty', où le rose ancien se fond avec le jaune tendre (catalogue Ellébore).
'The Pearl' (ou 'Boule de neige') n'a rien à voir avec les précédentes : ses pompons blancs accompagnent joliment les roses, même si les touffes manquent de présence. Une vagabonde en puissance (hauteur : 45 cm, si elle ne s'effondre pas).

Achillea millefolium

COMMENT Une terre bien drainée et pas trop riche leur suffirait mais elles réagissent très bien aux bons traitements. Beaucoup de soleil, sauf pour 'The Pearl'.
Le semis est possible et donne de bons résultats dès la deuxième année. On le pratiquera surtout pour la variété 'Galaxy' qui offre une palette de couleurs très étendue, avec des chamois et des roses tyriens rares.
On trouve tout un choix d'achillées en godets. Étant donné la vigueur de ces plantes, il convient souvent de déployer les racines toutes entortillées avant de mettre en place.
Plantez à 25 cm d'intervalle pour former des touffes denses. Si vous plantez en automne, il est souvent bon de rechausser avec un peu de bonne terre au sortir du printemps.
Les achillées font partie de ces plantes vivaces qui requièrent des divisions fréquentes car les touffes ont tendance à se creuser. Il suffit d'arracher les souches puis de récupérer les œilletons surgis sur les côtés ou les rhizomes sains. Cette opération se pratique de préférence juste après la floraison ou au printemps, tous les deux ou trois ans.
Le petit truc qui change tout : coupez les hampes florales quand elles sont bien épanouies. Vous pouvez alors les faire sécher, la tête en bas, pour des bouquets secs très durables.
AVEC QUI 'Moonshine' pétillera à côté de berbéris pourpres nains ou en compagnie de sauges de Lubbeck. Sacrés contrastes...
'The Pearl' sera très bien avec un tapis d'alchémilles tout autour. En sol frais et à mi-ombre.
'Galaxy' en ligne derrière un rang de buis nains qui cacheront la base des touffes, souvent dégarnie.

ACIDANTHERA

À force de changer de nom, on aurait presque perdu de vue le gentil glaïeul d'Abyssinie. On le plante au printemps comme ses grands frères, et il fleurit pendant un bon mois en été, répandant un parfum d'ambre solaire à tourner la tête. Extra en potée, tout autour d'un beau pied de pélargonium odorant.

ACONIT

Une plante vivace appréciée depuis longtemps pour ses fleurs d'un bleu profond... mais extrêmement poison. Pensez aux enfants, et contentez-vous de l'admirer en photo. Petite remarque annexe : on se demande encore comment une plante aussi dangereuse peut être vendue librement chez les fleuristes pour des bouquets de tous les jours !

Actinidia

À franchement parler, le kiwi n'est pas mon fruit préféré, mais il en va tout autrement de la liane qui le porte, au feuillage si velouté. Installé sur une pergola, l'actinidia offre une ombre dense et fleurit en gros bouquets d'anémones crème en avril.

LEQUEL L'actinidia d'été, à peau lisse, a autant de goût que la groseille à maquereau (c'est dire…). Les actinidias d'hiver, 'Bruno' et 'Hayward', se savourent mûrs à point, à partir de décembre, après séjour au fruitier.

Changeons de registre avec l'*Actinidia kolomikta* qui présente des feuilles colorées de rose et de blanc, exactement comme si on avait trempé leur bout dans la crème puis dans un coulis de framboises. Mais attention, ce caractère n'apparaît souvent qu'au bout de plusieurs années. Et petite vigueur au début.

COMMENT En sol riche, restant frais en été, et à une exposition ensoleillée, de préférence en dehors du grand soleil de l'après-midi, et abritée des vents froids l'hiver, l'actinidia déploiera sa vigueur. N'oubliez pas qu'il est dioïque, et installez un couple, ou un mâle et son harem, pour récolter des fruits. Une des plus jolies façons d'utiliser les actinidias consiste à leur faire envahir une armature de gros bambous disposés au-dessus d'une allée. Prévoyez au moins 3 m de dégagement au-dessous pour ne pas ressentir une impression d'étouffement.

Achetez au printemps des plants déjà un peu démarrés de préférence. Bêchez à bonne profondeur, et ajoutez du terreau ou du compost maison. Enterrez la tige sur une dizaine de centimètres, ce qui permettra aux racines de naître sur cette portion. Arrosez régulièrement et copieusement le premier été. On peut s'escrimer à tailler ou tout laisser tranquille ce qui donnera plus de fruits mais de calibre inférieur. La taille consiste à couper les ramifications latérales à 30 cm de leur départ environ, au mois de mars.

Le petit truc qui change tout : avec un grillage, abritez la souche des griffes des chats qui, on ne sait trop pourquoi, sont irrésistiblement attirés par les actinidias.

AVEC QUI Rien, car les actinidias sont vigoureux et exigeants. À la rigueur, installez un ourlet d'hostas à feuillage glauque devant votre *Actinidia kolomikta*, le tout exposé au sud-est.

Aegopodium

Même sous sa forme panachée, plus calme, la podagraire est un envahisseur de premier ordre. À tester avec la binette à la main, et seulement si vous pensez léguer votre jardin à votre pire ennemi.

Agapanthe

Nous avons tous vu des photos admirables où les agapanthes jouaient les comètes bleu faïence, en débordant de massifs calés sur fond d'azur impitoyable. Ou encore trônant dans des poteries magnifiques, sur une terrasse grand Sud. Au demeurant, une fleur pas si facile que cela à apprivoiser, et surtout qui demande quelques années avant de faire de l'effet. Jardinier impatient s'abstenir.

Agastache

Quand elle est grande, elle est parfois un peu bête, comme une menthe géante avec des épis mauve triste. Feuillage aromatique mais qui a tendance à faner dès qu'il fait sec. Un peu trop « mauvaise herbe » à mon goût. Les variétés moyennes sont plus intéressantes, comme l'*Agastache mexicana* (en graines chez Royalfleur et en plant chez Santonine). Bel effet au potager, d'autant que son feuillage a une saveur d'estragon, tout comme *A. breviflora* dont la floraison rappelle la lavande. On peut aussi associer les agastaches et les rudbeckias, toujours en sol frais.

Agave

Vous avez craqué devant la silhouette inimitable des agaves dans les jardins de la Côte d'Azur, où ils défendent férocement les talus qui bordent les chemins. Autrefois, les agaves étaient des plantes d'orangerie estimées, disposées en haut des piliers, dans de grandes potées de fonte. Le meilleur moyen pour éviter les accidents, mais pas toujours une vision très accueillante pour le visiteur… Après la floraison très spectaculaire, récupérez des drageons.

Ageratum

Ce n'est pas parce que les adorateurs de la mosaïque végétale façon horloge géante ou papillon aux armes de la ville ont abusé de cette fleur qu'il faut pour autant la mépriser. L'agératum bat des records de longévité, en fleurs de juin aux gelées, avec parfois un repos en août, et ses bleus violacés sont uniques.

LEQUEL Plutôt que les hybrides, uniformément nabots et d'un bleu mauve, préférez les variétés fixées de grande taille ('Bouquet Bleu' par exemple chez Royalfleur). De remarquables fleurs à bouquets. Pas en blanc ou rose, qui sont fades et vieillissent mal.

COMMENT Une terre riche et des arrosages réguliers, ou plus précisément une certaine fraîcheur de l'air qui chassera les araignées rouges, ennemis mortels des agératums qui jaunissent au moment des pullulations.

Ageratum

On peut procéder au semis en mars, au chaud, puis repiquer en godets individuels ou en terrines, à 5 cm d'écartement en tous sens. Mise en place définitive en mai, à 2 cm d'intervalle. On peut également acheter des plants dans le commerce début mai. Mais gare aux compactifiés ! Arrosez régulièrement en aspergeant le feuillage pour le débarrasser éventuellement des araignées rouges. Un apport d'engrais liquide tous les mois favorisera la floraison. Éliminez les fleurs fanées.
AVEC QUI Des plantes à feuillage argenté, comme les cinéraires maritimes ou les hélichrysums. Ou encore au potager, en alternance avec un rang de zinnias 'Tapis Persan' et de l'ammi. Et surtout pas avec des œillets d'Inde citron ou des sauges écarlates !

AGROSTEMMA

Une des nombreuses coquelourdes, celle-ci étant annuelle et très « mauvaise herbe parmi les blés ». En terre riche, elle s'effondre en pleine floraison. On peut l'oublier sans remords après un essai pour voir.

AIL

Un jardin (et une cuisine) sans ail est sans saveur. Au potager tout d'abord, où l'ail nouveau excite gentiment les papilles. Et parmi les massifs où les variétés décoratives apportent des nuances mauves et violettes fort sympathiques. Mais attention à leur côté parfois lourdaud.
LEQUEL Parmi les ails comestibles, le blanc donne de bons résultats dans le Midi, planté avant l'hiver. Ailleurs, l'ail rose ou le violet de Lautrec sont plus rustiques. Plantez à la Toussaint et couvrez avec des fougères sèches. Au printemps, on peut encore planter de l'ail violet, à la longue conservation. Parmi les ails décoratifs, découvrez mon choix ci-dessous.
COMMENT Séparez les gousses de l'ail blanc ou rose avant de planter, en laissant de côté celles du centre. Une fois planté, l'ail ne requiert que quelques désherbages.
Les ails décoratifs rustiques sont en général laissés à demeure plusieurs années d'affilée, en terre saine, pas trop humide en hiver. Plantez-les en automne, à 15 cm de profondeur.
Le petit truc qui change tout : marquez l'emplacement des ails à grosses fleurs, les plus chers, avec une baguette. Il serait dommage de les abîmer d'un coup de binette ou de gouge à asperge, pendant une chasse au bouton d'or.

Allium neapolitanum

AVEC QUI *Allium christophii*, *giganteum* et *schubertii* avec des fétuques glauques, des népétas ou du dorycnium, dans un brouillard d'armoises pontiques.
Allium karataviense avec des plantes à feuillage gris, comme les sauges ou les armoises 'Powis Castle', ou tout simplement des oreilles d'ours.
Allium moly et *neaopolitanum* au milieu d'un tapis de lamium 'Beacon Silver', derrière une petite haie de buis taillés en arrondi.

DES AILS EN ROBE DE FÊTE

Allium christophii (ou *albopilosum*) exhibe à plus de 50 cm de hauteur ses larges têtes étoilées, d'un rose violacé presque métallisé, en juin, suivies de capsules de graines brunes assez décoratives. Très élégant.
Allium coeruleum : le plus bleu du genre, en petites boules de 8 cm de diamètre, au début de l'été. Electrique.
Allium giganteum fait vraiment figure de géant, avec ses inflorescences de 15 cm de diamètre, hissées à plus de 70 cm. Trop artificiel d'aspect.
Allium schubertii produit une inflorescence en étoile d'une incroyable légèreté, qui se sublime avec la formation des capsules de graines. Extra en bouquet sec. À planter dans un massif bien drainé, en plein soleil.
Allium sphaerocephalum produit des sortes d'œufs d'un pourpre pur, en juin-juillet. Hélas, son feuillage est déjà sec au même moment. À cultiver au potager pour donner du tonus aux bouquets de roses.
Allium karataviense donne naissance à deux feuilles glauques en langue de bœuf. Fleurs en boules denses, plus pourpres que le précédent. Attention les limaces aiment faire de la dentelle dans ses feuilles.
Allium moly, l'ail jaune, qui pousse dans les sous-bois d'Espagne. Un de ceux qui se naturalisent le plus facilement. À diviser tous les trois ans.
Allium neapolitanum est le plus cultivé pour les bouquets. Fleurs blanches attendrissantes au possible, mais rusticité pas toujours garantie. Extra pour le Midi.

AKEBIA

Une gentille plante grimpante aux feuilles à cinq lobes arrondis. Floraison très discrète. Dès la deuxième année, vous serez démangé par l'idée de planter une clématite à la place. Pourquoi pas tout de suite...

Aleurode

Ou mouche blanche. Elle volette autour de nombreuses plantes d'intérieur, mais aussi sur la terrasse, autour des fuchsias par exemple. Les adultes et les larves piquent les feuilles qui se déforment et prennent rapidement un teint plombé. Il existe des remèdes dans le commerce, mais, entre jardiniers, retenez qu'un peu de votre liquide vaisselle dilué dans l'eau d'un vaporisateur à main fait autant d'effet.

ALCHÉMILLE

Ne soyez pas snob en affichant de dédaigner cette plante pour la simple raison qu'elle trône sur toutes les photos de jardins anglais. Cette plante solide est un des dix meilleurs couvre-sol, avec un joli feuillage rond et plissé, et de gros bouquets légers. Le tout dans des délicates nuances de vert qui mettent toutes les autres couleurs en valeur. La plante trait d'union comme le dit joliment Monique Dronet (Jardin de Cottage).

LAQUELLE L'*Alchemilla mollis* (50 cm) est la plus fréquente, mais on déniche parfois au hasard des catalogues l'*A. ellebeckii*, aux touffes nettement plus compactes (10 cm), persistantes (chez Jardin d'eau).

COMMENT Besoins les plus réduits possibles : une terre quelconque, un peu de soleil, à peine quelques heures par jour. Les alchémilles ont tellement de puissance qu'elles se satisfont relativement mal de vivre en godets. D'où un imbroglio de racines. Pas d'hésitation : taillez dans la masse, et libérez les grandes racines qui iront puiser l'eau profondément dans le sol. On peut également les semer, mais laissez-les donc le faire toutes seules. C'est un sport où elles excellent, en particulier dans le gravier des allées...

Une fois installée, une alchémille ne pense qu'à une chose : pousser. Ce qui veut dire étaler à son aise ses feuilles toutes perlées chaque matin. Cependant, le chiendent arrive à se faufiler parfois, et il est bon de nettoyer au printemps.

Arrachez tout au bout de quatre ans, et divisez les touffes qui finissent par se dégarnir au centre, de préférence en septembre ou en mars. Ne récupérez que les pousses périphériques. Le petit truc qui change tout : taillez les feuilles à zéro à la mi-juillet. Un nouveau feuillage sain et pétulant répondra présent jusqu'aux fortes gelées. Un arrosage copieux facilite ce redémarrage estival.

AVEC QUI Des rosiers : classique et toujours joli. Des valérianes blanches et des sauges officinales panachées de jaune, pour une bordure façon jardin de curé, avec des touffes d'hémérocalles jaunes qui émergent par endroits. En compagnie de géraniums d'Arménie, aux corolles magenta à œil noir. Attention, tout ce beau monde subira une éclipse en milieu d'été.

ALONSOA

Une gentille fleur annuelle du genre parfois fugace. Dommage car les fleurs couleur pêche sont amusantes. À tester en jardinière.

ALSTROEMÈRE

Autant le lis des Incas peut paraître artificiel quand il orne des bouquets grand style dans des halls d'hôtel, autant la même fleur conquiert les cœurs quand elle explose au jardin. On savoure alors le raffinement des couleurs, la finesse des fleurs ponctuées ou striées... sans oublier la difficulté que l'on a éprouvée à obtenir cette floraison. Un capricieux, mais son secret est aujourd'hui connu.

Alstroemère

LEQUEL Les hybrides 'Ligtu' sont vendus couramment, avec des coloris variés, orange, roses, saumonés, souvent dans des tons pastel. L'*Alstroemeria aurantiaca* est uniquement orange vif. C'est le plus rustique de tous. Hauteur : 70 cm, floraison en juillet-août. Des nouvelles séries d'alstroemères de taille moyenne nous sont proposées. Le spécialiste français est Pierre Turc. La gamme des coloris est étourdissante, et ce sont de bonnes plantes qui ne vous décevront pas.

COMMENT Un sol bien drainé et assez riche en humus. Soleil. Exposition chaude, abritée des vents froids de printemps.

Refusez les alstroemères vendus à sec, sans protection. Le mieux consiste à trouver en avril-mai des sujets déjà cultivés en godets, et montrant des signes de végétation, avec des feuilles fines et glauques. Installez en enterrant un peu plus qu'il ne faudrait. Car voici le secret : l'alstroemère adore que ses racines soient enfouies profondément. Tant que ce n'est pas le cas, il boude. C'est ainsi qu'une plantation qui ne donnait que de maigres tiges s'est métamorphosée l'année où un bêchage malencontreux est venu enterrer les racines charnues. Au printemps suivant, surprise : la floraison fut somptueuse !

Apportez un paillis de feuilles en automne, histoire de protéger du froid cette vivace un peu fragile, tout en apportant de l'humus. Marquez l'emplacement avec un petit tuteur en bambou pour ne pas biner les pousses au printemps.

Éliminez les capsules de graines car cela épuise terriblement la plante.

AVEC QUI Des santolines ou des armoises taillées qui feront un écrin de qualité.

En grands groupes d'au moins cinq pieds à l'origine, juste devant une haie de lauriers, avec un premier plan d'hostas glauques. Disposez des ramilles de noisetier pour soutenir la masse des alstroemères.

ALTHÉA

Plus de craintes face au si redouté creux de floraison du cœur de l'été grâce aux althéas (*Hibiscus syriacus*). Leurs corolles naïves sont toujours au rendez-vous. Peu d'arbustes présentent autant de qualités : robustesse, facilité de conduite, diversité des coloris. Le tout est de bien les utiliser, autrement que comme des petits soldats en alignements rectifiés au quart de poil. En liberté, il atteint 3 m de haut et autant de large.

LEQUEL 'Diana', blanc pur, plus rustique qu'on ne dit. Les fleurs ne s'ouvrent franchement que si le temps est vraiment au beau fixe.

'Oiseau bleu' est un grand classique, très florifère et toujours accueilli avec joie pour ses corolles bleues d'une simplicité teintée de naïveté. Idéal pour un jardin de campagne.

'Red Heart' présente une tache écarlate dans son cœur, qui vient animer la blancheur des pétales. Très florifère.

'Pink Giant' est rose foncé et lui aussi très florifère.

Les althéas doubles et semi-doubles manquent de naturel.

COMMENT Du soleil et un peu de bonne terre. Le calcaire ne lui fait pas peur. Pas de parasites.

Avec ses quelques brins mal ramifiés, le jeune althéa fait piètre figure. Installez-le en tenant compte de son futur encombrement, à plus de deux mètres de tout obstacle. La végétation démarre très tard, surtout la première année, souvent pas avant juin. Donc pas d'arrachage prématuré pour voir ce qui se passe au niveau des racines : tout va bien ! Faites plutôt pousser non loin de là une petite clématite printanière, comme 'Frances Rivis'.

L'althéa vous récompensera avec de plus belles fleurs si vous le taillez tous les deux ans, en avril, en coupant à 15 cm les ramifications secondaires. La silhouette devient plus trapue et, si le nombre de fleurs ne change guère, leur grandeur et l'effet de masse sont amplifiés. Cependant, de très vieux althéas laissés à eux-mêmes prennent un port remarquable de nonchalance.

Hibiscus syriacus

AVEC QUI 'Diana' sur fond de cotinus ou de noisetier pourpre avec un premier plan de *Geranium macrorrhizum*.

'Oiseau bleu' sur un tapis de cératostigmas bleu cobalt nuancé de rouge ou avec des lavandes.

'Red Heart' dans un grand groupe de cosmos rouge carmin ('Dazzler') qui reprendront en foncé la couleur de son cœur.

ALYSSE

Il y a de la controverse autour de l'alysse, selon qu'on aime ou non le blanc et le jaune purs, ou encore que l'on a subi un grand-père monomaniaque qui adorait les bordures basses façon peau de mouton retournée. Le pire emploi que l'on puisse faire des alysses, qu'elles soient annuelles ou vivaces, consiste à les disposer en groupes compacts ou en ourlets, qui renforcent le côté artificiel de la rocaille de garage enterré, ou les errements d'une allée qui ne mène nulle part. Dispersées, les mêmes alysses apportent une note tonique au printemps ou en été, et la suavité de leur parfum mielleux enchante quand la chaleur s'installe.

LAQUELLE Vivace, l'alysse saxatile forme des touffes de feuillage argenté, surtout si elle pousse au sec, et fleurit en jaune pur et parfois en jaune acidulé selon les variétés.

Annuelle, l'alysse maritime existe en blanc ('Tapis de neige') et en pourpre ('Nuit d'Orient'). Évitez comme la peste les variétés abricot qui manquent de santé.

COMMENT Installez l'alysse saxatile vivace en automne, toujours en plein soleil. Le haut des murets lui convient parfaitement.

Semez l'alysse maritime à partir de mars et jusqu'en juillet. Soit directement en place, soit en godet que l'on mettra à demeure un mois plus tard. Les plantules ont deux grandes oreilles et paraissent maigrichonnes mais chacune va donner naissance à un béret coloré de 25 cm de diamètre.

AVEC QUI L'alysse saxatile ou corbeille d'or n'a rien à faire avec les fleurs bleues ou pourpres, style campanule des murailles ou aubriète. Associez-la avec du feuillage argenté, armoise ou céraiste, et des fleurs blanches (ibéris).

L'alysse maritime trouve toujours une place en jardinière, mais n'oubliez pas de l'arroser régulièrement.

Un dernier semis en juillet assurera un tapis de prière moelleux à tous vos dahlias.

AMANDIER

On aimerait tant que l'amandier fleurisse moins tôt pour que les gelées l'épargnent, et en même temps c'est là tout son charme car il apporte une lueur d'espoir au moment où la grisaille encombre encore le ciel. Est-ce un hasard si le dernier tableau de Bonnard est justement un amandier en fleurs...

L'arbre est rustique mais pas toujours d'une beauté renversante, à moins qu'il n'ait traversé le temps pour devenir tout contourné.

Autant dire que vous ne récolterez pas grand-chose si vous n'êtes pas dans la zone de la vigne. À noter qu'il existe une variété naine capable de vivre en bac, et donc plus facile à protéger des frimas.

Du côté ornemental, l'amandier des Balkans (*Prunus tenella* 'Firehill') est un arbuste traçant, haut de 40 à 60 cm, remarquable pour ses fleurs rose foncé, en avril-mai. L'effet se prolonge longtemps. L'amandier de Chine (*Prunus triloba*) est un arbuste touffu de 2 m de haut, au feuillage devenant jaune d'or en automne. Les pompons rose frais garnissent les rameaux avant que les feuilles naissent, en avril. Trop catalogue hollandais à mon goût !

AMARANTE

Rares sont les fleurs qui ont donné leur nom à une couleur, comme l'amarante. On ne sera donc pas étonné de la voir vêtue de pourpre, mais elle pousse souvent le luxe jusqu'à imiter également le velours et les somptueux tissus des ecclésiastiques d'autrefois.

Sa silhouette impressionnante vient apporter de la couleur pendant une bonne partie de l'été.

LAQUELLE L'amarante queue de renard est la plus connue, et ses longues inflorescences pendantes sont du plus bel effet, en particulier quand elles dégringolent d'une potée de belle dimension, car la plante adulte fait plus d'un mètre dans

Queue de renard

toutes les directions. La variante vert chartreuse a bien du mal à échapper à la comparaison avec une mauvaise herbe. L'amarante à feuille de saule (*A. salicifolius*) est remarquable par ses feuilles vrillées, allongées, d'un rouge vineux traversé de veines écarlates. Effet tropical garanti.

De nouvelles variétés d'amarante à port dressé méritent un regard, comme 'Hot Biscuit' (graines Royalfleur), avec son ton chatoyant. A quand une amarante à feuillage pourpre pas trop encombrante ?

COMMENT Les amarantes adorent les sols riches en humus et en azote. Le compost leur va bien au teint, de même que les arrosages à l'engrais liquide. Si vous allez jusqu'à les pailler avec du fumier bien gras, c'est du délire !

Il faut les semer car il est rare de trouver du plant dans le commerce. D'ailleurs rien de plus simple : en avril (surtout pas plus tôt, cela ne sert à rien), répandez les graines, d'une main légère sur une terrine remplie de terreau. Tassez du plat de la main, puis recouvrez avec quelques millimètres de ce même terreau. Arrosez, disposez une plaque de verre, et placez au soleil. La levée a lieu en une semaine par temps doux. Repiquez une première fois à 5 cm d'écart, au bout d'un mois, puis à nouveau, vers la fin mai, en place.

Ce sont de grandes plantes : en conséquence, on doit laisser au moins 30 cm entre chacune d'elles. Arrosez copieusement et régulièrement jusqu'à la floraison. Paillez à partir de juillet. Tuteurez au besoin.

AVEC QUI Des amarantes queue de renard feront merveille à côté de tabacs blancs et de lavatères de la même couleur.

En ligne au potager, cette même amarante vibrera entre les choux et les poireaux et sera une réserve appréciée pour vos bouquets.

AMÉLANCHIER

Typique des arbres dans le vent actuellement, l'amélanchier doit cette vogue à ses multiples qualités liées à un besoin précis des jardiniers : trouver la perle rare qui occupe le moins de place possible. Ce champion affiche une floraison sympathique, une silhouette racée et pas trop encombrante, des couleurs d'automne flamboyantes et même une fructification non dénuée d'intérêt. Bien sûr, il y a mieux dans chaque catégorie, mais l'ensemble est digne d'un athlète complet, de surcroît robuste et peu exigeant.

Amélanchier

LEQUEL L'*Amalanchier canadensis* atteint 6 à 8 m de haut en près de dix ans, et 4 à 5 m de large. Il fleurit en petites grappes compactes blanches, en avril. Leur succèdent des fruits pourpres, mûrs à la fin de l'été. Couleurs d'automne ensuite, dans les orangés. Il existe une variété, 'Ballerina', mais franchement la différence ne saute pas aux yeux.

Les amateurs de confitures sauvages adopteront l'*Amelanchier ovalis* (pépinières Ribanjou). Les fruits rouge foncé sont nettement plus charnus.

COMMENT Un sol ordinaire, du

moment qu'il reste frais en profondeur. Du soleil de préférence car il y fleurira plus.
Rien ne ressemble plus à un sauvageon tiré d'un sous-bois qu'un plant d'amélanchier, en général tout gringalet. On vérifiera que le conteneur ne contient pas une racine en spirale et, si c'est le cas, on la tranchera de façon à forcer les suivantes à plonger en profondeur. Premières années ingrates : l'amélanchier met cinq ans avant de prendre de l'ampleur.
Ni arrosages spéciaux ni traitements particuliers, c'est vraiment le petit arbre sans problème : on laissera le sécateur dans la poche.
AVEC QUI Des rosiers muscats comme 'Ophélia' ou des rosiers paysages comme 'Rush' et 'Sourire d'orchidée', qui se satisferont de l'ombrage discret de l'amélanchier.
Avec des cassis-fleurs qui fleurissent en même temps qu'eux. Le tout sur un tapis de narcisses jaune d'or, et tant pis si l'on dit que vous avez un goût de mémé...

AMSONIA

Un des plus beaux bleus qui soit, sur des fleurs en étoiles portées par des tiges bien raides. On serait prêt de craquer, mais patience : une touffe d'amsonia n'est intéressante qu'au bout de plusieurs années. D'ici là, vous avez toutes les chances de l'avoir arrachée par mégarde ou binée à de multiples reprises...

ANAGALLIS

Oubliez le mouron orange des potagers dopés aux nitrates, et voyez derrière ce nom la fleur bleu gentiane avec une tache pourpre au cœur (variété 'Blaulight', proposée par l'adorable Christine Verneuil, chez Santonine). Une fois que vous savez qu'il ne faut surtout pas oublier de l'arroser, adoptez ce mouron pour vos jardinières, et même dans les massifs, en petites touches adossées à des plantes solides car l'effondrement subit est son pêcher mignon.

ANAPHALIS

Vous recherchez une immortelle vivace et blanche à feuillage argenté, capable de fleurir en fin d'été ? Concentrez votre choix sur l'*Anaphalis triplinervis*, le plus intéressant du genre, qui forme des touffes argentées, même à mi-ombre ('Sommerschnee' est une excellente sélection). La floraison blanche intervient tard, en août, ce qui est bienvenu. Le tout est franchement vivace et culmine à 40 cm. Attention, les autres grands anaphalis sont carrément envahissants.

ANCOLIE

La colombine est un des régals du printemps dans son émouvant ballet. À l'état sauvage, elle adore les clairières. Autant dire que nos massifs sont un peu trop stricts pour sa fantaisie, d'où sa propension à vagabonder en se ressemant. Par chance, elle ne fait jamais déplacée.
LAQUELLE Après bien des essais d'ancolies américaines aux éperons interminables, d'hybrides bicolores parfaitement hideuses, de variétés doubles attristantes de lourdeur, je reste définitivement attaché à l'ancolie vulgaire, bleue d'encre. C'est la seule dont il est impossible de se lasser. Mais si l'envie vous prend de vouloir les collectionner, libre à vous, Monique Carriou sera le meilleur des guides (pépinières de la Foux).
COMMENT L'ancolie est une coriace qui s'ancre profondément dans le sol. On l'installera en automne de préférence ou tôt au printemps, en terre bien ameublie. Exposition ensoleillée le matin puis ombragée. Après la floraison, il vaut mieux couper les hampes et les fruits en formation, et même le feuillage d'ailleurs, qui se reconstituera, en version bien nette, pour la fin de l'été. Mais laissez quand même quelques graines se former, que vous éparpillerez où bon vous semble, pour le plaisir du jardinage aléatoire.
Généralement, les ancolies vivent peu de temps, deux ou trois ans. Pensez-y et divisez vos coloris préférés en fin d'été pour récupérer les rejets latéraux.
AVEC QUI Les rosiers anciens se portent très bien avec des ancolies autour d'eux. Limite cliché, surtout si vous rajoutez des œillets de poète, des campanules carillon et des pivoines. Il ne manque plus que la chaise et le nécessaire de broderie !
En compagnie de géraniums d'Arménie, autour de kolkwtzias ou de deuzias, de lilas ou de seringats, en grandes bandes de copines bleu indigo. En mélange avec des *Allium neapolitanum* et des grands myosotis, au-devant de quelques spirées 'Goldflame' taillées en boules.
Associez-la à du cerfeuil musqué pour garnir un vaste sous-bois clairsemé, en compagnie de digitales et d'une flopée de fougères.

Ancienne

Au jardin, on cultive aisément la nostalgie. Une rose est dite ancienne quand elle est antérieure à 1900-1914. Comme cela fait vingt ans maintenant que la vogue de ces roses a démarré, je propose que l'on prolonge la définition d'autant, en comptant double les années de guerre, ce qui nous amène à considérer comme ancienne une rose née en 1940. Du coup, 'Mme A. Meilland' est une rose ancienne !

ANÉMONE

Cessez de rêver après les anémones de Caen et les variétés dopées à fleurs géantes, il y a les fleuristes pour cela. Les essayer équivaut à cultiver l'ingratitude dans votre jardin, à moins de disposer d'une serre froide pour les abriter au printemps, et encore. En revanche, les grandes anémones japonaises sont des plantes vivaces fidèles, le réconfort du jardinier négligent, l'embellie inattendue de la fin d'été.

LAQUELLE L'année des anémones commence en mars-avril avec les anémones sylvies (*Anemona nemorosa*), dont le nom souligne leur prédilection pour les sous-bois. Elles se propagent par des rhizomes, et ne dépassent guère 20 cm. Charmantes corolles blanches ou bleu ciel chez la variété 'Robinsoniana', la plus recommandable. Pour le début de l'été, goûtez à l'anémone du Canada (*A. canadensis*), une version géante de l'anémone sylvie. Mais attention, elle est du genre mauvaise herbe indomptable.

Parmi les anémones du Japon, le choix ne manque pas mais, à mes yeux, rien de tel qu'une belle blanche comme 'Honorine Jobert', ou une rose tendre bien banale.

Les variétés rose framboise et celles à fleurs doubles ne m'émeuvent pas plus que cela, mais je conçois parfaitement qu'on puisse les trouver craquantes.

COMMENT Mettez en place les anémones du Japon au printemps seulement, c'est la seule astuce de leur culture, autrement sans problème. Bonne terre et exposition ensoleillée le matin, paillage et arrosage les premières années. Ensuite, sortez la chaise longue et dégustez.

AVEC QUI Les anémones du Japon font merveille en compagnie des bambous nains, des buis taillés en boule, des sédums spectabile. Essayez le grand contraste en intercalant parmi les anémones des graminées élancées : *Achnatherum, Calamagrostis, Deschampsia, Miscanthus* et *Pennisetum.*

ANETH

Le jour où cette plante aromatique décidera de pousser dans mon potager, je pourrais vous vanter ses mérites. Pour l'instant, après une levée capricieuse, j'ai surtout obtenu des pieds chlorotiques qui fleurissaient curieusement tôt, histoire de disparaître du paysage le plus vite possible, sûrement. Un symbole de discrétion, à sa façon.

ANGÉLIQUE

Quand Madame Angélique se décide à fleurir, peu de plantes peuvent rivaliser avec elle, au point que le grand verrier Emile Gallé l'avait choisie pour orner la cour devant ses ateliers, histoire de fournir un modèle d'élégance à ses dessinateurs. On en oublierait presque son côté utilitaire, mais il est vrai que peu de gens s'escriment à confire ses tiges, opération qui consiste grosso modo à transformer la maison en raffinerie à sucre pendant la pire canicule. En revanche, cueillez les inflorescences géantes et gardez-les pour vos bouquets secs de l'hiver.

LAQUELLE Longtemps, seule la grande angélique hantait les catalogues, mais la nouvelle *Angelica gigas*, introduite de Corée, s'est taillé une place grâce à ses têtes serrées rouge framboise.

COMMENT Une terre riche en humus, profonde et toujours un peu fraîche. Au moins une demi-journée de soleil. De l'air autour car elle n'aime pas la concurrence.

Le semis est loin d'être évident car les graines perdent vite leur faculté germinative. Il vaut mieux commencer avec un godet, en n'oubliant pas que la plante adulte mesure un mètre en tous sens. On plante en toute saison, avec une préférence pour le début de l'automne ou le printemps.

La première année, et même souvent la deuxième, l'angélique ne pense qu'à former ses racines et accumuler des réserves. On l'y aidera par des arrosages en plein été et un apport de compost chaque printemps, en paillage superficiel. Nul besoin de nettoyage ni de protection contre le froid. Après la floraison, les touffes dégénèrent. On récolte alors quelques inflorescences pour les piquer dans un coin de sol fraîchement bêché. La levée est immédiate... ou inexistante. Il ne reste plus qu'à repiquer ce dont on a besoin.

Le petit truc qui change tout : surveillez les attaques de pucerons noirs, fin mai et début juin, car elles peuvent déprécier les inflorescences. On s'en débarrasse facilement avec un insecticide à base de pyréthrine, après avoir regardé si les coccinelles ne sont pas déjà installées à la table du festin.

AVEC QUI Toute seule, en masses de trois ou quatre, aux angles de votre potager fleuri, ou dans le coin le plus humide du jardin.

Avec des saules pas trop imposants (*Salix exigua* par exemple) et des astilbes, toujours dans un creux de terrain frais auquel on accédera par un chemin de caillebotis.

Anguillule

Cette catégorie de nématodes (vers du sol) cause des dégâts atroces sur les phlox vivaces, et se cache derrière beaucoup de phénomènes de fatigue du sol. Outre le repos obligé, la jachère prolongée, la culture de roses d'Inde et de tagètes permettent d'assainir le sol.

Annuelle

Se dit d'une plante dont le cycle tient dans une année civile. Les fleurs annuelles ont été battues en brèche par les plantes vivaces dans les années 80-90, mais on s'aperçoit de plus en plus que leur capacité à fleurir vite et massivement est irremplaçable. Il ne reste plus qu'à en prendre de la graine. Pour autant, ne soyez pas trop conventionnel dans l'emploi des fleurs annuelles : elles méritent mieux que les masses compactes juxtaposées les unes à côté des autres. Un tapis de fleurs où elles sont entrecroisées selon une séquence régulière est remarquable.

ANTHÉMIS

Étoiles au cœur tendre, les anthémis charment par leur simplicité foncière. On les aime à la folie, en vastes moutonnements qui jouent avec le vent, en fausses prairies percées par des arbustes guère plus hauts qu'elles, ou encore en acrobates bravant le vertige sur des murets aventureux. Le mariage des marguerites et du feuillage argenté est parfait, assez chic pour ne pas paraître déplacé dans des poteries de qualité, et encore imprégné de leur naturel sauvage, au point de déteindre sur la maison et le jardin, lui donnant la patine des vieilles compositions. Plus qu'une fleur, un état d'âme.

LAQUELLE L'anthémis la plus charmante (qu'on devrait appeler *Argyranthemum* au dire des botanistes) est *A. frutescens*. C'est la marguerite à feuillage argenté qui forme en fait un petit buisson. On la trouve aujourd'hui en double, en rose et en jaune primevère mais la blanche simple est encore la plus jolie de toutes. Chaque année, des variétés nouvelles nous sont proposées, la tendance étant aux pompons et aux coloris abricot ou rose Lady. En pot, cela passe encore, mais comme on est loin de la simplicité de l'anthémis blanche !

Deux anthémis vivaces méritent d'être signalées : *A. cupaniana*, qui forme un coussin de 30 cm de haut, en feuillage gris découpé comme celui des fougères, avec des fleurs blanches à œil jaune, en juin ; et *A. tinctoria*, ou marguerite jaune, qui bat les records de vitesse, et donne du corps à un jardin tout neuf, dès la première année. La variété 'E. C. Buxton' se distingue par ses fleurs jaune beurre (50 cm).

COMMENT Du soleil, mais pas trop de chaleur car, curieusement, les anthémis sont plus florifères en bord de Loire que dans le Midi, du moins en plein été. En revanche, elles deviennent printanières sous des climats avantageux. Malgré leur feuillage argenté, elles aiment l'eau, et leurs racines incroyablement serrées jouent le rôle du buvard.

On achète en général un godet pas impressionnant du tout, à une fête des plantes du printemps, ou encore au marché. Après plantation dans le jardin, ou dans une potée d'au moins 25 cm de diamètre, avec un terreau substantiel, on obtient une plante de 40 cm d'envergure en moins de six semaines. Puis floraison sans interruption jusqu'aux gelées.

Argyranthemum frutescens

À la plantation, enterrez un peu la touffe pour que des racines apparaissent sur cette portion de tige.

On arrosera très régulièrement, c'est-à-dire au moins deux fois par semaine, et même un peu plus pendant la canicule. Pour soutenir la floraison, des arrosages à l'engrais soluble (formule Géranium) sont bienvenus. Avant les premières gelées, on rentre les touffes à l'abri au garage. Elles sortiront en triste état de l'hiver mais redémarreront vite. Le mieux consiste souvent à bouturer pour repartir de zéro.

Pour aider les anthémis vivaces à reconstituer leurs réserves après le festival d'été, rabattez les touffes en août et arrosez avec de l'engrais soluble. Divisez les touffes tous les 2 ans.

Le petit truc qui change tout : supprimez les fleurs fanées à chaque arrosage. Vous doublerez la durée de la floraison.

AVEC QUI Les anthémis au feuillage argenté seront tout à fait à leur aise en grandes potées, avec des diascias. Osez également les pétunias jaunes, si vous en trouvez, et à défaut des blancs, ou encore les lierres panachés qui dégringoleront.

Les anthémis vivaces jaunes feront merveille à côté de népétas (couleurs complémentaires garanties) et, plus en douceur, à proximité de lavatères roses, avec l'appoint de valérianes blanches. On peut aussi les marier aux céanothes à floraison estivale, 'Topaze' ou 'Gloire de Versailles', en compagnie d'armoise argentée ou d'oreille d'ours en premier plan.

ANTHERICUM

Dans la précédente édition de cet ouvrage, il était dit que cette plante mythique était parfaitement impossible à réussir, suite à mes multiples échecs. Aussi sec, une lectrice m'a envoyé un paquet des graines récoltées sur ses plants. Désolé, chère madame, j'ai oublié de les semer. Le lis de Saint-Bruno reste donc dans le domaine du fantasme.

APIOS

Ça ose s'appeler glycine tubéreuse ! Soit le rhizome est vendu sec, et rien ne se passe (hypothèse souhaitable) ; soit il pousse, et vous obtiendrez une liane façon mauvaise herbe, avec des petits paquets de fleurs agglomérées, si tout se passe bien (façon de parler). Rien à voir avec la vraie glycine.

ARABIS

Un tapis d'arabis solidement installé est une des choses les plus satisfaisantes qu'il soit donné d'admirer, pratiquement en toute saison. Feuillage velouté, floraison neigeuse et duveteuse, tout se conjugue pour réjouir l'œil en douceur.

LEQUEL *Arabis caucasica* existe en blanc (l'espèce-type), en fleur double, en rose ou en panaché de crème.

Le très chic *Arabis ferdinandi-coburgii* offre une variante panachée de crème qui fera merveille sur un muret ou une rocaille ombragée l'après-midi. Floraison blanche au printemps, comme le précédent.

COMMENT Nous avons vu des arabis se complaire sous des ifs trentenaires. C'est dire la solidité de cette corbeille d'argent. La floraison sera plus appréciable si le soleil est de la partie, au moins le matin.

On plante en automne de préférence, en sol bien drainé, pour que les racines s'installent bien avant les grands froids. Les godets seront espacés de 25 cm car c'est une plante assez vigoureuse. Des appâts antilimaces feront le ménage.

Taillez à la cisaille à haie une fois la floraison achevée, histoire de supprimer les hampes de fruits. Le feuillage se reconstitue alors. On peut en profiter pour bouturer, à mi-ombre. Tous les trois ans, il faut refaire la plantation qui a tendance à dégénérer.

AVEC QUI Tout ce qui fleurit à la même époque, en rocaille ou en muret, c'est-à-dire la trilogie des alysses saxatiles, des aubriètes et des iris nains, sans oublier les campanules et les inévitables céraistes.

En grands tapis sous des arbustes. On peut parsemer leur platitude par des groupes de narcisses ou de tulipes à fleurs de lys, dans des coloris roses, comme 'China Pink'.

Osez l'arabis du Caucase panaché mélangé aux adorables pavots d'Islande. Contraste géographique et diversité des ports garantis.

Araignée rouge

... ou grise, peu importe tant ces acariens sont minuscules. On reconnaît leurs méfaits à l'aspect poussiéreux et plombé des feuilles. Les pullulations, généralement estivales, sont particulièrement cruelles sur les conifères. Limitez ces derniers dans votre jardin, et vous sortirez moins souvent le pulvérisateur. Une exposition cuisante augmente les risques de pullulation.

ARALIA

En ville, l'*Aralia japonica* devient un bel arbuste à la floraison automnale surprenante. Son cousin *A. elata* est plus rustique et produit des tiges raides terminées par des ombelles impressionnantes, en plein mois d'août. Pour un fond de jardin sauvage, en compagnie d'aucubas verts et de bambous.

Arbustif

Ce terme, ou l'expression « en arbre », donne du lustre à une plante, pas toujours si impressionnante que cela. Ainsi, la lavatère arbustive culmine à 2,5 m, et vit en moyenne trois ans. Quant à la pivoine en arbre, elle a bien du mal à dépasser l'herbacée, si ce n'est au bout d'une décennie. Dans ce cas, arbustif s'applique à cause de la présence d'une souche lignifiée.

Un arbuste se distingue d'un arbre par ses troncs multiples, et sa hauteur inférieure à 7 m. Mais là encore, il existe bien des intermédiaires.

ARBRE DE JUDÉE

Certes, il ne demande pas grand-chose pour pousser, et supporte admirablement la sécheresse et les sols calcaires. Mais on a du mal à oublier les gousses qui pendent lamentablement au long des branches. La variété 'Forest Pansy' ne fait pas grand bruit malgré un feuillage pourpre prometteur : défaut caché ou manque de marketing ?

Argenté

Un feuillage est dit argenté quand il permet d'économiser des arrosages grâce à un épiderme recouvert de poils, qui interceptent la lumière et créent cet effet de gris plus ou moins clair, parfois éblouissant. Le revers des feuilles est souvent encore plus blanc. Cette adaptation à la sécheresse caractérise de nombreuses plantes de la garrigue, comme la lavande ou la sauge. Hélas, si vous abusez des plantes argentées, vous suggérerez inévitablement une sensation de sec, pas forcément le but recherché.

ARISAEMA

Superbe en photo, ce cousin des arums présente des grands cornets élégamment veinés. Mais même les spécialistes ne sont pas d'accord quant aux conditions de culture. Attendons que le plant soit à 10 F pièce pour en disperser partout avec quelque chance de succès. Ce n'est pas demain la veille.

ARISTOLOCHE

À moins que vous ne cherchiez à recouvrir une tonnelle en un rien de temps, histoire de faire la sieste à l'ombre, voici le genre de plante quelconque qui ne soulève guère l'enthousiasme. Les fleurs en forme de pipe allemande ? Cherchez-les bien, on en cache cent derrière une seule feuille !

Armeria

Avec son faux air de ciboulette, le gazon d'Espagne enchante nos rocailles et nos dallages en fin de printemps. Le rose est sa couleur de prédilection, exactement ce qui convient pour s'extraire d'un feuillage nuancé de glauque et par ailleurs plutôt décoratif le reste de l'année.

LEQUEL *Armeria maritima* est le plus connu. Selon les variétés il peut être blanc, rose ou rouge carmin.

Armeria caespitosa est plus compact, avec un feuillage nettement bleuté. Il convient mieux dans des dallages.

Armeria maritima

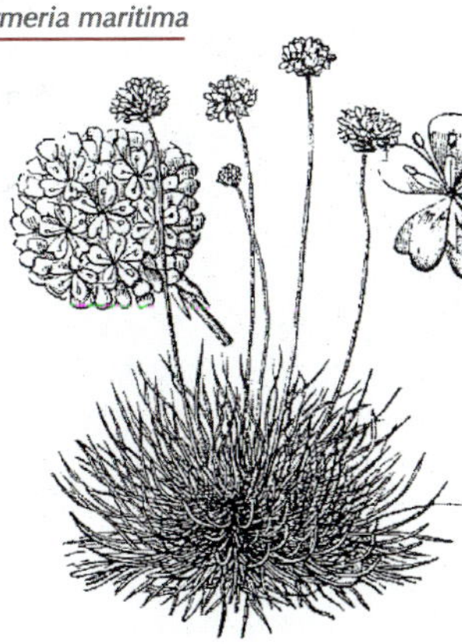

COMMENT Soleil et terre légère sont deux atouts pour obtenir le meilleur de ces petites plantes au demeurant fort solides.

On trouve facilement des godets, en général attendrissants car déjà touffus et bombés. Plantez en légère surélévation et disposez un peu de sable au cœur de la motte pour faciliter l'apparition de racines sur le bas des tiges.

On plantera tôt en automne de préférence pour profiter de la floraison dès le premier printemps. Distance de plantation : tous les 25 cm. On se contentera ensuite de tailler les touffes après la floraison pour leur rendre leur netteté.

AVEC QUI Des arabis et des hélianthèmes, choisis dans les tons roses ou rouge carmin, et surtout pas écarlate ou orangés.

Des origans, des thyms serpolets et des céraistes, pour un coin de rocaille ou de talus ensoleillé. Mais on surveillera le désherbage soigneusement, du moins la première année.

Armoise

Sans conteste, il y a de la mauvaise herbe dans l'armoise, appellation française des *Artemisia*. Du bon, du très bon mais aussi du survendu et même du compliqué à vivre. Un comble !

LAQUELLE Quitte à surprendre, il me semble que les armoises les plus intéressantes sont celles qui forment des touffes assez basses de feuillage fin. Les grandes bêtasses argentées (style 'Valérie Finnis' ou 'Silver Queen') sont plus maniérées qu'autre chose. De même, à moins de jardiner dans un bas-fond constamment humide, évitez les armoises herbacées à floraison estivale comme *A. lactiflora*, même si une version plus trapue (à peine 1 m), dénommée 'Guizho', semble plus facilement adaptable, par exemple dans un tonneau. Vous trouverez ma petite sélection ci-dessous.

COMMENT Une fois que vous les avez installées dans une terre bien drainée, en plein soleil, les armoises sont heureuses. Évitez les engrais qui les dopent inutilement. La plupart se trouvent bien d'être rabattues à 10 cm du sol en avril, pour reformer des touffes compactes. Il est facile de les marcotter en enterrant une tige basse. Séparez et replantez au printemps suivant.

AVEC QUI Ces feuillages gris-vert ou argentés font merveille près des rosiers anciens (si ceux-ci sont déjà bien installés), des pivoines, mais aussi en premier plan de soleils d'été, rudbeckias par exemple.

Armoise 'Powis Castle'

Au potager, des touffes d'armoises changent agréablement du buis et hébergent moins de colimaçons. Le feuillage ciselé permet d'éloigner la mouche de la carotte si on l'éparpille juste après le semis. En les associant aux sauges officinales, on obtient une bordure raffinée.

'Powis Castle' fera un joli bout de chemin en compagnie de rosiers solides comme 'The Fairy' ou 'Iceberg', ou même l'inusable 'Emera' qui en deviendrait presque chic.

Mélangées aux pérovskias, caryopteris, lavandes, les armoises formeront la base de vagues argentées pour un jardin de farniente.

DES ARMOISES PLEINES D'ARGENT

Artemisia abrotanum : feuillage gris vert puissamment parfumé au citron (60 cm). Rabattre à la sortie de l'hiver.

A. arborescens 'Powis Castle' : une merveille. Si vous n'avez la place que pour une seule armoise, c'est celle-là. Elle forme un dôme aplati de près d'un mètre de haut, dans une ciselure argentée magnifique. Un léger coup de cisaille en été élimine la floraison, sans grand intérêt. Elle adore dégringoler des murets.

A. camphorata, pour la senteur puissante de son feuillage vert persistant. Vraiment extra entre des rosiers ou des iris.

A. canescens, petit buisson dense au feuillage argenté bien persistant (50 cm environ).

A. maritima, ou santonine. Une plante que l'on trouve près des rivages de Saintonge. Touffes compactes de feuillage vert argenté, facile à tondre.

A. pontica, pour son feuillage vert argenté bien ciselé, excellent couvre-sol même en terrain pauvre.

A. schmiditiana 'Nana', pour son feuillage si doux à caresser.

Aronia

Pour avoir piraté un petit rejet d'*Aronia prunifolia* sur le parking des jardins de Wisley, la vengeance céleste ne s'est pas fait attendre : jamais il n'a redonné le spectacle escompté, feuillage flamboyant et fructification rutilante. En revanche, il drageonne, mais maigrement. L'aronia 'Brilliant' est réputé pour la beauté de son feuillage automnal. À adopter pour la campagne, en fond de jardin, en pensant aux oiseaux qui se régalent de ses baies. Le limousin Pierre Contamine (Fruits de saison) adore les aronias au point d'en faire des confitures.

Artichaut

Sa belle silhouette donne du lustre au potager le plus glauque qui soit. Mais dieu que ce bougre d'artichaut est compliqué à vivre : il n'est pas rare de devoir le planter à plusieurs reprises avant de réussir son acclimatation. Et alors, il devient quasiment indestructible. Allez y comprendre quelque chose…

Lequel Celui de votre voisin s'il consent à vous refiler un rejet après moult négociations. Ou un plant du commerce, rarement dénommé, et qui a toutes les chances d'être un artichaut breton. Dans le Midi, on trouve parfois l'artichaut d'Hyères, au feuillage fin encore plus décoratif. On déguste ses jeunes capitules, à la croque au sel ou cuits en un tournemain, à la vapeur.

Comment Plantez l'artichaut au printemps, en terre bêchée à 30 cm de profondeur et enrichie de vieux compost ou d'Or brun. La meilleure situation sera un coin légèrement surélevé, en plein soleil. La proximité d'un mur plein sud lui sied bien au teint. Jamais de sol lourd et fangeux l'hiver.
Disposez un cordon sanitaire de cendres fraîches contre les limaces. En juin, les pucerons noirs envahissent le revers des jeunes feuilles et la base des capitules. Ne sortez pas l'armada, et contentez-vous de les écraser du doigt puis de laver au jet. En deux fois, vous viendrez à bout de ce ravageur.
La floraison (puisque ce sont les boutons à fleurs que l'on déguste) intervient en mai ou juin. Coupez ensuite les tiges à 40 cm de hauteur, et une nouvelle récolte sera à portée de main en septembre ou octobre.
Une souche résiste longtemps à condition de pailler au vieux compost chaque printemps, et d'arroser pendant les grandes canicules. À l'approche de l'hiver, buttez la base et entourez-la de paille fraîche ou d'un manchon de plastique. C'est plus l'excès d'eau que le froid qui détruit les artichauts.

Avec qui L'artichaut adore vivre seul et dégagé de toute concurrence. Essayez quand même de planter des salades autour de lui dans les premiers temps, histoire d'occuper le terrain.
Des paysagistes audacieux comme Eric Ossart l'ont employé dans leurs massifs, en terre riche et aux petits soins, mais nous trouvons que son cousin le cardon est mieux adapté à cet emploi.

Arum

Une bonne grosse bête au feuillage exubérant et aux cornets immaculés qui évoquent les mariages à la campagne et les interminables repas de communion solennelle. L'arum est à son aise dans le Val de Loire et le Sud-Ouest. Ailleurs, il souffre des hivers interminables ou de la sécheresse en été. Pour rire, cultivez-le en grands pots, dans un terreau de toute première qualité, sans oublier d'arroser et de laisser de l'eau dans la soucoupe. Votre terrasse se prendra pour l'annexe de Louqsor. En revanche, évitez les arums colorés, jaunes ou roses, qui ont une fâcheuse tendance à entrer en repos au moindre oubli d'arrosage. Une potée a autant de chance de durer qu'un bouquet !

Zantedeschia

Aruncus

La barbe de bouc est sublime là où elle se plaît, c'est-à-dire dans les endroits frais, en sol profond. Si la tendance aux étés humides se prolonge, cette zone va s'étendre dans les prochaines années. Ses épis blancs évoquent une astilbe géante. Le feuillage plumeux, aussi découpé que celui des fougères, mérite à lui seul l'investissement. Chez *Aruncus aethusifolius*, il culmine à 40 cm et prend des couleurs automnales superbes.

Asarina

Il y a si peu de nouveautés dans les fleurs grimpantes annuelles qu'il faut saluer avec joie l'arrivée des *Asarina*, appelés autrefois *Maurandia*. Achetez du plant au printemps, sans vous inquiéter de sa maigreur. Installez-le en plein soleil, dans des grands pots ou des jardinières profondes. Deux mois plus tard, le treillage ou la rambarde du balcon sont garnis d'une jolie draperie de feuillage et la floraison ne cessera plus jusqu'aux gelées. Des mignonnes petites gueules de loup roses ou pourpres, largement ouvertes. Avec un peu de chance, les souches résistent à l'hiver et reprennent le festival l'année suivante.

Asclépiade

Un genre capable du meilleur et du pire, à la fois mauvaise herbe et fleur raffinée. Incontestablement une plante qui fait parler d'elle et divise les jardiniers qui la taxent de post-ringardise ou s'enflamment pour elle. Mais parlent-ils seulement de la même asclépiade ?

LAQUELLE L'asclépiade la plus connue est l'herbe à perruche (*A. syriaca* ou *cornuti*) qui produit des tiges raides garnies de feuilles au revers cotonneux. Une vraie peste une fois qu'elle s'est installée. Les fleurs pourpres, au parfum mielleux, sont suivies par des fruits curieux en quenouilles contenant les graines soyeuses. Coupés et suspendus à des verres, ces fruits imitent des perruches vertes s'abreuvant. Autant s'émouvoir devant un poste à galène et son napperon de dentelle...

L'asclépiade tubéreuse (*A. tuberosa*) est plus décorative avec ses fleurs orangées. Mais comme sa rusticité n'est pas des plus avérées, autant se rabattre sur les asclépiades tropicales comme *A. curassavica*, originaire de l'île de Curaçao dans les Antilles. Elle fleurira tout l'été à condition de supprimer les fruits. Restez fidèle à la version d'origine, d'un orange flammé, car la jaune est fade.

COMMENT Si vous y tenez vraiment, installez l'herbe à perruche au printemps, en sol profond, là où elle ne gênera pas une fois devenue mauvaise herbe. À noter qu'il n'est pas rare que la reprise se fasse avec difficulté. Paradoxe...

Achetez du plant de l'asclépiade de Curaçao en mai et mettez-le en place tout de suite, au soleil et en sol riche. Paillez avec des tontes de gazon ou du Mulcao. Arrosez pendant les grandes chaleurs.

AVEC QUI L'herbe à perruche vivra toute seule, comme une recluse insupportable à ses voisins.

L'asclépiade de Curaçao est impeccable pour donner du tonus à une composition de coléus, colocasia, bananier, pervenches de Madagascar blanches et autres impatiens perroquet. Au potager, une seule touffe suffit à donner vie à toute la verdure.

Asperge

Soit vous disposez d'une terre légère, carrément sableuse, où l'asperge blanche se fera un vrai plaisir de prospérer. Et dans ce cas, transformez-vous en terrassier pour creuser la tranchée de plantation, histoire de la mettre en place à bonne profondeur. Puis réservez vos mois d'avril pour la récolter scrupuleusement en vue de sublimes entrées, sauce mousseline ou vinaigrette selon vos goûts.

Mais si votre terre est tout bonnement ordinaire, contentez-vous d'une approche décorative, en installant des plants d'asperge verte, simplement enterrés à 15 cm. Si vous oubliez de la cueillir au printemps, les tiges légères feront de toute façon un décor de qualité, en fond de potager ou même parmi les rosiers et les plantes vivaces. Brûlez-les en novembre.

Aspérule

Si on ajoute odorata, vous serez tous tentés par ce couvre-sol aimant l'ombre. Mais retenez qu'il ne couvre parfois rien du tout, et que seul le feuillage séché sent le foin de montagne. Repérée au parc de la Tête d'or, à Lyon, l'*Asperula tinctoria* m'a tapé dans l'œil pour ses fleurs blanches et son aspect léger de gypsophile (hauteur : 30 à 40 cm).

Asphodéline

Cette plante évoque le Midi, la garrigue et les ciels bleus alors qu'elle réussit admirablement dans la plupart de nos provinces. Une silhouette unique en son genre, tout en finesse et en feu d'artifice.

LAQUELLE Faites dans la simplicité et contentez-vous de l'asphodéline jaune (*A. lutea*), au feuillage fin vert bleuté, et à la floraison jaune pur en juin (60 à 90 cm). Suivent des fruits ronds qui seraient intéressants s'ils n'étaient à ce point lourds que souvent les tiges ploient au sol.

COMMENT Un sol sain, profond mais pas forcément très riche, bien au contraire. Du soleil à foison. Mettez en place tôt à l'automne ou au printemps, en disposant au moins trois ou quatre pieds espacés de 30 cm, pour former une masse qui ne sera jamais lourde de toute façon. Après, vous pouvez laisser tranquille pendant une décennie. Les maniaques du propre couperont les tiges après la floraison.

Désherbez soigneusement durant les premières années car le liseron adore faire un brin de causette avec l'asphodéline, bonne fille.

AVEC QUI L'asphodéline sera ravie de retrouver ses potes du Midi, comme la rue officinale, le romarin rampant, les cistes et l'acanthe, cette dernière à bonne distance pour ne pas lui faire de l'ombre. Vous pouvez ajouter à ce groupe sympathique la sauge officinale 'Berggarten', qui contrastera par l'ampleur de ses feuilles argentées.

ASTER

Si les revues de jardin étaient gentilles, elles ne nous feraient pas saliver chaque automne avec des articles somptueux sur les asters, nantis de photos à se damner. Pour la bonne et simple raison que le même photographe devrait être tenu de nous montrer la scène identique deux mois plus tôt, autrement dit un moutonnement de vert à vous décrocher la mâchoire d'ennui. Cette règle de clarté voudrait également qu'il nous montre en gros plan les tiges des asters, déjà déplumées de leurs feuilles au début de l'automne. Mais l'engouement pour le bleu et l'effet de masse sauvent tout cela, ainsi que la lumière dorée qui magnifie la brume ambiante. Bref, on peut craquer pour les asters sur le papier, et conserver la tête froide quand il s'agit de son jardin.

LEQUEL Des asters blancs avant toute chose car c'est parmi eux que se trouvent l'*Aster divaricatus*, 40 cm de pure merveille ; l'*A. ericoides* 'Prostratus', qui cascade en premier plan des massifs ; l'*A. laterifolius* 'Horizontalis', un vrai petit buisson de 60 cm d'envergure, aux petites fleurs blanches à cœur rose ; et surtout l'incomparable 'Lady in Black', qui doit son nom à son feuillage pourpre foncé. Ajoutons, pour le fun, l'*Aster pringlei* 'Monte Cassino', vedette des bouquets, qui dépasse 1,2 m de haut.

Lassé du blanc ? Goûtez alors au bleu lavande de l'*A. cordifolius* 'Idéal', une belle masse de 1 m environ. L'*Aster ericoides* 'Blue Star' vous gratifiera de bleu tendre. De loin, on a l'impression d'être devant une nouvelle bruyère. Envie de couleurs fortes ? Tant pis, on vous aura prévenu, mais comment résister au rouge rubis de 'Alma Poschke' ou au bleu intransigeant de 'Marie Ballard' (1 m tous les deux). Pour éviter tout problème de tuteurage, adoptez des demi-nains comme 'Blue Radiance' (60 cm), au bleu violet lumineux ; ou encore 'Royal Rubis', rouge rubis vif (50 cm) ; 'Professeur Kippenberg', d'un bleu cru, le meilleur aster nain ; et 'Purple Dome', qui résiste à l'oïdium. Et, surtout, finissez la saison en novembre avec 'Lovely', un nuage d'étoiles roses craquantes.

COMMENT Une fois que vous savez que la plupart des asters sont originaires des grandes plaines nord-américaines aux sols profonds, et qu'ils y profitent de pluies d'été, vous comprendrez mieux leur propension à attraper le blanc (et le blues...) chez nous. Pas d'asters en situation brûlante et en sol léger, sans profondeur. Les talus désolés ne sont pas pour eux. En revanche, les fonds toujours un peu frais, les étendues de sol gras les rendent fous. Du coup, ils poussent en hauteur... et s'effondrent. Contrairement aux reportages, les asters sont de médiocres fleurs à massifs. Ils seraient bien plus à leur aise au premier plan d'arbustes et traités comme eux.

Aster novi-belgii

Plantez au printemps de préférence, en sélectionnant des godets déjà démarrés. Paillez et arrosez pendant la canicule. La floraison a lieu dès le premier automne et sera encore plus belle les années suivantes. Si elle baisse en qualité, le moment est venu de diviser les touffes, toujours au printemps.

AVEC QUI Les asters sont ravis de retrouver les graminées comme dans leurs plaines d'origine. Voilà qui tombe bien, on peut les planter en même temps et les diviser de façon synchrone. Des grandes graminées de préférence, comme les pennisetums ou les miscanthus. Les *Panicum* 'Rehbraun' ou 'Squaw' permettent des contrastes puissants avec les asters blancs, grâce à leur feuillage rubané rouge foncé. Ajoutez quelques anémones du Japon et convoquez les photographes, voilà qui vaudra le coup d'œil !

ASTERISCUS

Cette plante vivace méditerranéenne tente actuellement une incursion dans l'univers convoité des fleurs pour jardinières. Elle a pour elle ses étoiles jaune d'or et sa capacité à étaler un feuillage vert foncé bien couvrant. Mais la floraison dure peu. Moralité, on lui préférera le sanvitalia.

ASTILBE

Une des plantes vivaces les plus trompeuses car on tombe souvent en extase devant des potées craquantes chez le fleuriste. Personne ne vous montre les coulisses : arrosage massif et dopage aux engrais. Certains prétendent que l'astilbe de Chine serait moins assoiffée, mais son rose est triste à pleurer. Durée de floraison : trois semaines.

ASTRANTIA

Ah, qu'on a aimé l'astrance, sur la foi de quelques photos magiques ! Pour s'apercevoir que les fleurs sont bien peu de chose par rapport au feuillage banal. Quant aux variétés plus colorées, elles semblent nettement moins accrocheuses sur le terrain.

Ces appréciations relativement peu flatteuses concernent moins les jardiniers nordiques, bretons, normands ou montagnards dont le climat semble convenir aux astrances. D'ailleurs, Jean-Pierre Jolivot (Jardins d'en face) en présente une belle série dans son catalogue, avec des rouges foncés et des feuillages panachés comme s'il en pleuvait. En tout état de cause, réservez les astrances aux coins frais de votre jardin, bien qu'ils soient déjà convoités par quantité d'autres plantes.

Atriplex

Le nom chic de l'arroche, une mauvaise herbe qui fait son grand retour dans les potagers, sous sa version à feuillage rouge : non seulement elle est raide, mais aucun légume ne supporte son voisinage. On l'essaie une fois pour rire et on l'oublie.

Aubépine

Difficile de vanter l'aubépine sans être hors-la-loi car celle-ci n'autorise que l'aubépine 'Paul's Scarlet', une horreur d'un rose incertain. Heureusement, les oiseaux, qui ne lisent pas les décrets officiels, se chargent de réensemencer les jardins, d'où les aubépines avaient parfois disparu suite aux attaques de feu bactérien.

Crataegus laevigata

On reconnaît le jeune plant à son feuillage vert foncé et divisé. Récupérez ces plants gratuits ou laissez-les pousser à demeure. Quelques coups de sécateur suffisent à renforcer leur silhouette. La cisaille à haie peaufine ensuite le résultat, tout en rondeur.

Les fleurs réjouissent l'œil en mai, et les fruits rouges récompensent les oiseaux de leur bonne volonté. Ah, que la nature est bien faite !

Aubergine

Un légume challenge, qui ne supporte pas l'à-peu-près. Originaire de l'Inde, l'aubergine affiche un penchant marqué pour la chaleur. Souvenez-vous en !

Laquelle Nous n'avons plus guère que des hybrides qui ont l'air calibrés et se valent tous. L'aubergine blanche 'Dourga' n'a pas eu le succès escompté, alors que ses fruits sont excellents et sa production assez remarquable. Gare aux aubergines africaines, orange ou jaunes, à la saveur étonnamment relevée.

On vous proposera peut-être du plant d'aubergine greffée sur tomate. N'y voyez pas une manipulation génétique quelconque, mais une astuce destinée à faire pousser l'aubergine même en sol un peu frais. Faites l'essai : des jardiniers ont été ravis et d'autres plutôt dépités. À près de 25 F le plant, il y a de quoi hésiter…

Comment L'aubergine adore les sols riches, voire crapuleusement enrichis, et les situations bouillantes. Vous jardinez sur un vrai volcan ? Tant mieux ! Sinon, un coin de tunnel plein sud lui conviendra, même si vous y étouffez au bout de dix minutes.

À moins d'être un fondu de la ratatouille, deux ou trois plants vous suffiront. Inutile donc de se compliquer la vie avec un semis à chaud. Attendez le mois de mai pour mettre en place car il est important que le sol soit bien tiède. Pour cela, rien de tel que de disposer un film plastique transparent deux ou trois semaines auparavant. Favorisez la reprise par des arrosages réguliers, et paillez à partir de juin. Le tuteurage est une sage précaution. La taille se limite à couper les rejets latéraux pour ne laisser qu'une tige portant les fruits. Attention, il y a des sévères piquants à la base de ceux-ci.

Le pire ennemi de l'aubergine est le doryphore qui condescend pour elle à quitter son régime habituel. Une petite tribu de doryphores en appétit vous réduit une aubergine à l'état de squelette en quelques jours. On luttera par le ramassage des susdites bestioles.

Avec qui Le moins de choses possible car il faut de l'air à l'aubergine, et de la lumière à flots. Sans compter que, comme elle pique sournoisement, vous passerez au large ! Si vous cultivez l'aubergine sous un tunnel, alternez aubergine et poivron, plutôt qu'avec des tomates, qui risquent de lui porter ombrage.

Aubriète

C'est le chouchou des rocailles de banlieue, la carpette à bordure idéale, l'escaladeuse de murets patentée. On n'aurait rien à redire à ce palmarès si l'aubriète n'était habituellement proposée que sous une forme dégénérée, un pourpre délavé sans grand intérêt. Et surtout si nos contemporains n'avaient pas la manie de l'associer à des fleurs jaunes. Question contraste, on est farci, mais quelle saturation inutile et lassante ! Dénichez des vraies sélections de tons purs, dans les violets (direction le catalogue Lepage), et associez l'aubriète à des fleurs blanches ou pastel : céraiste, gypsophile rampant ; des coussins de fétuque glauque, de luzule, de carex bronze… Bref, jouez le contraste de valeurs plutôt que de couleurs.

Un dernier petit conseil : pour que votre tapis d'aubriète accède au stade de la compétition, éparpillez du sable en début de printemps et faites-le entrer dans la masse en la caressant. Et, sitôt la floraison achevée, passez la cisaille à gazon pour supprimer les fruits en formation. Une aubriète rasée de près fait toujours plaisir à voir.

AUCUBA

Il est de bon goût de trouver l'aucuba ringard. C'est vrai qu'à vingt ans on ne l'aime guère, ou alors par défi. Et puis, l'âge venant, on se surprend à l'admirer dans les jardins des autres, jusqu'au jour où on l'installe en bonne place, visible depuis le salon ou la chambre, pour en profiter le plus longtemps possible. Avec sa photogénie discrète mais certaine, l'aucuba attire le regard. Mais n'en abusez pas car sa réputation de tristesse n'est pas usurpée, et le paysage ne changerait guère au fil des mois.

LEQUEL Le plus célèbre est l'*Aucuba japonica* 'Crotonifolia', au feuillage éclaboussé de jaune. Mais je vous conseille vivement le tout vert 'Rozannie', qui ne dépasse pas 1 m de haut et autant de large. Avec le temps, vous en viendrez à rechercher des variétés plus rares, aux fruits diversement colorés, mais ceci est une autre histoire...

COMMENT Originaires de sous-bois, les aucubas apprécient les sols noirs, riches en humus et toujours un peu frais, et un ombrage discret. Mais ils sont assez souples pour s'accommoder de bien d'autres situations.

Déjà joli quand il est petit, l'aucuba affiche volontiers ses rondeurs. On le choisira dense et bien ramifié, preuve que le pépiniériste s'est intéressé à lui. On plante indifféremment en septembre-octobre et en avril-mai, comme la plupart des arbustes persistants, mais le conteneur a largement étendu cette période. Arrosages réguliers pendant le premier été pour favoriser la reprise. On se contentera ensuite de supprimer les rameaux détruits par le gel, voire de tout rabattre si la température, descendue brutalement à -15 °C, a noirci sa ramure. Il repartira alors au printemps et reconstituera sa silhouette en trois ans seulement.

AVEC QUI Des bambous bien sûr pour lui rappeler son Japon natal.

Des skimmias et des fougères femelles, sans oublier des masses de bruyères et quelques camélias pour donner de la hauteur.

Des aucubas 'Rozannie' plantés en groupes de tailles variables avec des nandinas, sur un tapis de berbéris rouges nains. Une scène intéressante presque en toute saison.

AULNE

Un arbre très campagne, qui adore les endroits frais et le bord de l'eau. Parfait en rideau ou grande haie, là où l'espace ne manque pas. Il existe une variété à feuillage lacinié, *Alnus glutinosa* 'Imperialis', un peu trop sophistiqué à mon goût.

AZALÉE

Les azalées japonaises m'ennuient vite, avec leur feuillage si facilement plombé et leurs coloris nauséeux. C'est encore pire quand on la marie à des érables du Japon laciniés et pourpres ! En revanche, beaucoup d'indulgence, voire un amour secret, pour les azalées caduques, mais pas au point de créer une fosse en terre de bruyère rien que pour elles. De vrais arbustes avec un feuillage sym-

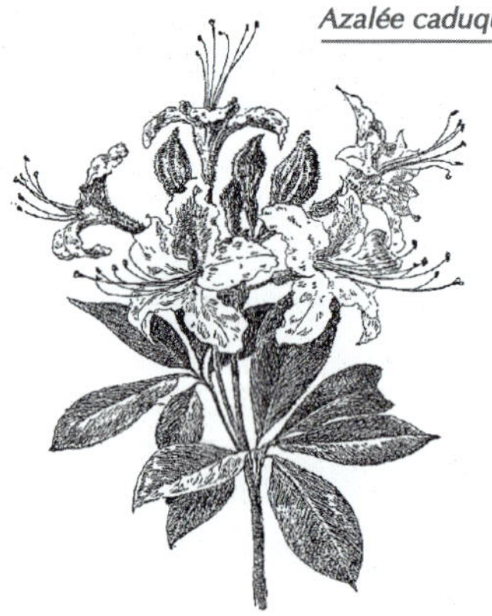

Azalée caduque

pathiquement coloré en automne, et un parfum d'une rare intensité, en début mai.

Azote

La meilleure et la pire des choses : l'azote est indispensable aux plantes, comme constituant des protéines par exemple, mais il pollue l'eau sous la forme de nitrates. L'abus d'azote (symbolisé par la lettre N dans les formules d'engrais), rend les plantes moins résistantes aux maladies, et des chercheurs ont démontré qu'elles attiraient alors les insectes suceurs. L'azote provient de la minéralisation de la matière organique présente, des apports de fumier ou de compost réalisés depuis deux ou trois ans, et des épandages d'engrais. Ne surdosez pas...

BAGUENAUDIER

Des fruits gonflés comme des joues de trompettiste. Amusant comme ces emballages à bulles qu'on ne lâche qu'une fois tout explosé. Pour le reste, banalissime, même sous sa version 'Copper Beauty', qui fleurit fort discrètement.

BALLOTTE

Un sous-arbrisseau au feuillage persistant, pour climat doux et bord de mer. En taillant assez court au milieu de l'été, vous favorisez la formation d'un beau feuillage décoratif tout l'hiver. Pour le plein soleil et les sols sains.

BALSAMINE

Les balsamines font partie de ces fleurs qui n'hésitent pas à afficher leurs besoins impérieux : dans son cas, la tige renflée et gorgée d'eau suggère fortement que les arrosages devront suivre. Mais une fois connue cette soif spécifique, rien de plus facile que leur culture.

LAQUELLE En partant de la variété à fleur de camélia, on se retrouve avec une petite armée de palmiers en plastique, munis de pompons doubles à demi-cachés par les feuilles. Pas bien terrible… Alors conservez les graines, en les récoltant avant que les capsules n'éclatent et semez-les à nouveau. Au fil des ans, la proportion de doubles s'effiloche et l'espèce-type, à fleurs simples, réapparaît. Plus vigoureuse et finalement plus esthétique.

COMMENT Donnez à la balsamine une exposition aérée, mais abritée du soleil de l'après-midi qui la fait faner misérablement. Un sol riche en humus et frais en permanence.

On sème sous châssis en avril ou dehors en mai. Protégez des limaces qui sont très friandes des jeunes plants. Repiquage en place en mai, à 15 cm d'écartement, en enterrant une partie des tiges où apparaîtront ultérieurement des solides racines adventives, façon maïs.

Arrosages, arrosages, arrosages. Pour en économiser une partie, paillez dès le mois de juin. Tontes de gazon, fumier frais ou décomposé, compost, tout y passe. La végétation des balsamines cachera très vite cet édredon douillet.

Le petit truc qui change tout : quand vous ramassez des graines en détachant les capsules, maintenez-les serrées entre les doigts car elles ont tendance à éclater. Ne prenez que les graines des coloris qui vous plaisent.

AVEC QUI Des zinnias 'Envy' et des reines-marguerites pourpres.

Des kochias qui leur feront un peu d'ombre dans les moments difficiles, et un ourlet de lobélias bleu tendre ou d'alysse 'Nuit d'Orient'. Très jardin de curé.

BAMBOU

On est parfois réticent vis-à-vis des bambous, leur redoutable réputation d'envahisseur n'étant pas pour rien dans cette appréhension. Mais les essayer, c'est les adopter, au point qu'il est difficile ensuite de ne pas en abuser. Or peu de plantes marquent autant l'espace que ces grandes herbes au bois si dur. Alors prudence : vous ne mettez pas du curry dans toutes vos sauces, non ?

COMMENT Un sol frais, pas forcément humide comme on le croit parfois car les bambous n'aiment pas plus que cela d'avoir les pieds dans l'eau en hiver. Mi-ombre pour la plupart, qui sont des essences de sous-bois, mais la bambouseraie de Prafrance est installée en plein cagnard.

Un bambou jeune est un bambou vilain. Ce sont les racines qui comptent : dépotez légèrement le conteneur pour voir si elles tapissent bien l'intérieur sans toutefois former une carapace qui serait signe que le bambou a trop attendu. Plantez au printemps de préférence car, même rustiques, les bambous succombent parfois au premier hiver. Le sol aura été profondément bêché car ensuite il ne sera plus question de faire quoi que ce soit. Arrosages très suivis durant le premier été.

On se contente d'enlever les tiges anciennes ou desséchées, sources de tuteurs très précieux. Quelques arrosages en été, surtout si les bambous sont en bacs. Pour éviter que les bambous n'envahissent tout, la tondeuse est le meilleur outil.

Le petit truc qui change tout : on laissera les feuilles de bambous s'accumuler à terre. Le meilleur des paillis.

AVEC QUI Des aucubas, des skimmias et des piéris pour un massif japonisant au possible. Des mahonias et des pittosporums, au feuillage un peu lourd par nature. Des érables du Japon à feuillage pourpre qui, du coup, perdront ainsi un peu leur côté dentelle à Mémère. En groupes au fond du jardin, pas alignés comme des poireaux mais décalés en quinconce, sur un beau tapis d'épimédiums et de pervenches panachées.

MES BAMBOUS PRÉFÉRÉS

Arundinaria (= *Fargesia*) *murialae*, l'un de mes préférés car il forme une touffe dense (2 m d'envergure), sans drageonner comme un fou. Toujours gracieux car feuillage fin et rameaux souples. Les chaumes deviennent jaunes avec le temps. Aime bien vivre à l'ombre des grands arbres ou en exposition nord car le soleil le fait recroqueviller. Très rustique.

Fargesia nitida lui ressemble beaucoup.

Phyllostachys nigra 'Henonis' pourrait fournir un excellent substitut aux innombrables haies de thuyas car il pousse idéalement jusqu'à quelques mètres de haut, où on peut le stabiliser, conserve assez de souplesse pour jouer avec le vent et le briser, et forme un écran à la fois opaque et lumineux. Il supporte avantageusement la pollution des villes, et résiste jusqu'aux alentours de -20 °C.

Son cousin *P. aurea* présente des cannes devenant jaune vif au soleil.

Pleioblastus viridistriatus : nettement plus bas que les précédents puisqu'il ne dépasse pas 1 m, il arbore une panachure jaune tendre du plus bel effet, surtout en hiver.

Peut garnir le pied des précédents ou combler des vides entre des arbres ou des arbustes encore jeunes. Impeccable également en bac.

BANANIER

Très tendance le bananier, un peu la marque du réchauffement de la planète. Tout le monde en veut, et pas seulement dans la véranda, ce qui serait souvent le plus raisonnable. On le souhaite sur la terrasse, en bac, et même dans les massifs.

Musa basjoo

Et ce sont précisément les mêmes jardiniers qui se moquaient des massifs de l'hôpital ou du rond-point de la gare…

LEQUEL Le seul à peu près rustique est le bananier du Japon, *Musa basjoo*. Le bananier à feuillage pourpre requiert un hivernage en véranda ou serre. Si vous rapatriez un bananier à fruits comestibles d'un de vos voyages, sachez qu'il aura besoin de vivre en serre pendant six mois de l'année. Et qu'il y a de fortes chances pour qu'il dépasse 6 m de haut !

COMMENT Si vous disposez dans votre jardin d'un recoin abrité des vents froids par la maison ou des hauts murs, exposé face au sud, avec de la bonne terre à foison, tentez l'expérience du bananier installé à demeure, en vous limitant alors au bananier du Japon.

Dans la zone de la vigne, tout se passera probablement bien, et l'on connaît maints endroits où la partie aérienne ne gèle pas deux ans sur trois. La troisième année, tout repart de la souche, ce qui fait que le spectacle prend ensuite deux mois de retard.

Vous planterez au printemps, et arroserez copieusement durant le premier été, en stoppant en septembre. En novembre, posez un matelas de paille ou de fougères sèches autour de la souche, sur 30 cm d'épaisseur, puis attachez les feuilles du bananier pour les resserrer. Ensuite, confectionnez un fourreau de film plastique transparent, et remplissez-le de feuilles mortes bien sèches. Veillez à ce qu'il déborde bien à la base, et fermez en haut, mais de façon à pouvoir entrouvrir de temps à autre, pendant les redoux. Vous déballerez le tout en avril, pendant une période de temps clément, quand la météo assure que les risques de gelées sont passés.

Partout où il fait vraiment froid, surtout en dehors des agglomérations, au microclimat tempéré, rentrez votre bananier dans une véranda, même à peine chauffée. Rempotez et tenez en vie ralentie, en arrosant le moins possible.

AVEC QUI Le bananier appelle tellement des visions de tropiques qu'on est tenté de l'associer aux coléus, cannas, colocasias et yuccas. Mais un simple tapis de pervenches de Madagascar associées à des hélichrysums fera également l'affaire.

Banc

Le banc de jardin est une invitation à la paresse ou à la discussion entre amis. Inutile de le prévoir à trois places, car rien n'est plus inconfortable que de deviser en rang d'oignon !

BAPTISIA

Imaginez un beau grand lupin vivace, qui fleurit en juin-juillet, dans un bleu intense, et, surtout, respecté par les limaces. Craquant, non ? Le revers de la médaille : le baptisia est d'un naturel lambin, et demande plusieurs années avant de faire de l'effet. Or, si vous l'oubliez sans soins, il va s'enherber et il y a de fortes chances pour que vous le biniez ou l'écrasiez par mégarde quand il est à peine visible, au printemps. Et toute négligence ou faux pas de ce style conduit à une année d'attente supplémentaire. Ce n'est pas un hasard si les plus beaux exemplaires figurent dans des jardins botaniques où le temps et les plantes semblent immobiles.

Baptisia australis

LEQUEL Il existe un baptisia blanc (*B. leucantha*) et un jaune (*L. tinctoria*), mais ce sont des raretés de pépiniériste collectionneur, comme Jean-Louis Latil (pépinière Lewisia). On ne trouve habituellement (et encore en cherchant bien) que le *Baptisia australis*, ou faux indigo, originaire d'Amérique du Nord. Une plante aux tiges érigées culminant à 1,20 m, garnies de feuilles vert glauque et terminées par des épis de fleurs bleu indigo.

COMMENT Installez le baptisia au printemps de préférence car il pourrait bien geler au sortir de son godet pendant l'hiver. Disposez-le comme s'il s'agissait d'un arbuste car il va rester longtemps sur place : trou confortable, terre moelleuse, riche en humus. Le tout à l'abri du soleil de l'après-midi mais dans une situation bien lumineuse sinon il s'effondre. De toute façon, posez un tuteur à côté, pour éviter de l'esbigner malencontreusement. La première année, il poussera mais sans plus. La deuxième, idem. La troisième, il fleurira peut-être. Et ensuite ne fera que gagner en beauté, un peu comme l'amsonia. Résistez à la tentation de le diviser, et achetez plutôt du plant nouveau ou tentez le semis de vos graines, en juillet.

AVEC QUI Peu à son aise dans une mixed-border où tout change d'une année sur l'autre, le baptisia sera plutôt marié à des plantes aussi durables que lui : des spirées et des berbéris nains, des graminées en touffes comme les carex.

BASILIC

Frôlez un basilic, et c'est toute l'impertinente bienveillance du Sud qui vous monte aux narines, le plaisir de folâtrer en dégustant les bienfaits de ce monde, une certaine idée de la santé au naturel. Le miracle se prolonge en cuisine, où le basilic marque les plats de l'été de son sceau d'aromate royal. Même en hiver, vous vous consolerez en glissant dans vos pâtes une petite noix de purée de basilic, tirée de son petit bocal au froid, où elle attend, soigneusement protégée par un filet d'huile d'olive.

Ne négligez pas la valeur esthétique du basilic, qu'il soit à feuillage pourpre ou tout simplement laissé monté à graines car les épis sont alors dessinés de superbe façon. Dans le potager de Bosmelet, près de Rouen, la section blanche est composée de choux et de basilics qui s'expriment ainsi avec panache.

Basilic Grand vert

LEQUEL Pour le parfum, rien de tel que le basilic à large feuille, ou encore le basilic de Gênes, réputé le plus parfumé. Dans un registre plus poivré, le basilic à petite feuille est recommandé, et s'accommode mieux de la vie en pot. Les basilics pourpres se valent tous, les uns à feuilles ondulées comme 'Purple Ruffles', les autres lisses comme 'Rubin' ou 'Osmin'. Ils demandent plus de chaleur et de bons soins que les verts. Les basilics à senteurs exotiques, citron, camphre, cannelle ou réglisse, sont plus amusants que vraiment utiles. Ou alors nous n'avons pas exactement la même conception de la cuisine…

COMMENT Semez le basilic en avril, au chaud mais en pleine lumière, sans enterrer les graines. La germination demande parfois deux semaines, et les premiers stades de développement sont lents. Puis, tout s'accélère quand on repique dans un coin chaud du jardin, pas avant la mi-mai.

Cependant, vous risquez de tomber dans une période de froid relatif, et les plants vont alors jaunir et cesser de croître. Qu'à cela ne tienne, semez immédiatement une nouvelle série au chaud dans la maison. Non seulement elle va rattraper le peloton, mais elle vous pourvoira en feuilles parfumées pendant le pic des tomates, quand la première série sera fatalement en graines.

En pot, le basilic requiert des arrosages réguliers, voire quotidiens pendant la canicule. Un peu d'engrais pour géraniums et un paillage de marc de café lui iront à ravir. Les paysannes grecques couvrent les leurs d'un torchon humide pendant les après-midi torrides. Coupez les inflorescences pour faire durer les touffes.

AVEC QUI Classiquement, on conseille de disposer le basilic au pied des tomates, qu'il protégerait de façon subtile. J'y vois plutôt un moyen simple de cueillir en même temps l'assaisonnement de la sauce. De même, ne comptez pas sur les potées de basilic pour chasser les moustiques. En massif, près de la terrasse, ou en grands pots et jardinières, le basilic, qu'il soit vert ou pourpre, sera un compagnon de qualité pour les pétunias blancs, les tabacs 'Lime Green' ou 'Apple Blossom'.

Basculer

L'année bascule à deux reprises : vers la mi-février ou début mars, à la faveur d'une période de temps sec, où l'on peut enfin préparer le sol pour les futurs semis et plantations. Pas vraiment le printemps, mais déjà son amorce. La mi-août est un second moment-clé quand, malgré la chaleur ambiante, les prémices de l'automne sont déjà perceptibles : nuits plus longues et fraîches, rosée du matin. Voilà que tout redevient possible, les semis d'épinards et de navets, le redressement des asters et l'apogée des dahlias.

Bassiner

Se dit du voisin qui vous répète pour la centième fois en détail comment il protège ses cerises des merles. Mais ce verbe caractérise surtout l'action qui consiste à arroser en pluie, plus pour baigner le feuillage que pour imbiber le sol. Les bassinages favorisent la germination, la reprise des boutures et des plantes récemment transplantées, et permettent d'éloigner les aleurodes et les araignées rouges. Accessoirement, le bruit de l'eau apaise le système nerveux du citadin stressé.

Bégonia

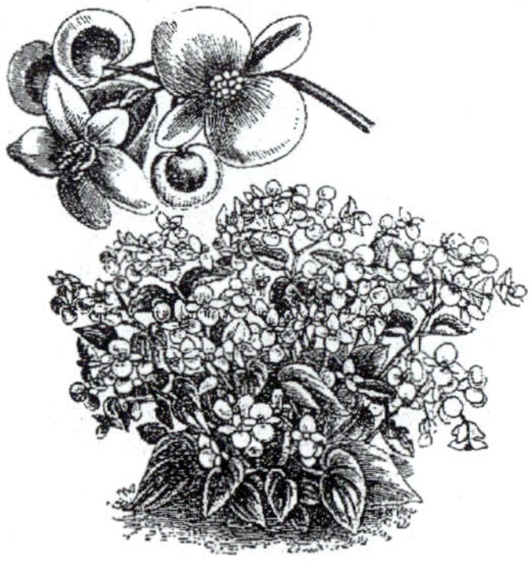

Les bégonias ont souffert des efforts assidus des horticulteurs pour rendre tout à fait quelconque une fleur qui n'en demandait pas tant. À force de ramasser le port de la plante, de faire disparaître les feuilles sous les fleurs, de se contenter d'un rouge triste et d'un rose bonbon, on obtient une fleur idéale pour massifs neurasthéniques. C'est oublier la beauté des grands bégonias d'intérieur, qui ajoutent une touche d'exotisme dans les massifs. Les bégonias tubéreux restent irremplaçables quand on est condamné à l'ombre, comme sur tant de balcons.

LEQUEL Les bégonias dits bambousiformes, faciles à reconnaître par leur bois à gros nœud et leur allure érigée, finissent par former des masses de plus d'un mètre de haut. Parmi les bégonias classiques, choisissez des variétés aérées ('Allround' par exemple), qui durent plus longtemps que les ultra-nains, mais les dénicher demande des accointances auprès des horticulteurs.

COMMENT Une atmosphère ni trop chaude ni trop froide, avec un peu de soleil mais pas celui de l'après-midi, et une terre riche en humus.

Généralement, on peut se procurer les bégonias bambousiformes en petits sujets, au printemps. Attendez le mois de mai pour les mettre en place au jardin, après les avoir dépotés bien sûr. Les bégonias tubéreux s'achètent en mars-avril, au plus tard, et seront mis à démarrer sur un radiateur, en pots individuels, avant de les planter fin mai. On peut également acheter des plants fleuris en clayette, de la variété 'Non stop' en général. Un bon achat qui peut sembler cher sur le coup, mais se rentabilise avec le temps.

Tenez les mottes fraîches, sans trop d'à-coups. Un peu d'engrais tous les mois suffit amplement.

Le petit truc qui change tout : paillez avec de l'écorce de pin broyée fin, de façon à éviter les projections de boue sur les fleurs des bégonias tubéreux.

AVEC QUI Des fuchsias à petites fleurs et des impatiens en bordure. Classique mais efficace.

Des alysses maritimes blanches qui fleuriront même à l'ombre et donneront un peu d'humanité aux gros bégonias tubéreux.

Des hélichrysums à feuillage doré ou panaché, qui ne supportent pas le plein soleil et sauront se faufiler dans le feuillage des bégonias.

Des lobélias cascades blancs qui dégringoleront devant les bégonias tubéreux rouge sombre.

Belamcanda

Une sorte d'iris orangé et tacheté, mais qui joue dans la finesse. La mi-ombre et un sol frais permettent d'en profiter durant l'été. Amusant pour son côté exotique. Pourquoi pas en potées, histoire de rêver...

Belle-de-jour

On retrouve instantanément un peu de son enfance à côté des belles-de-jour, tant leurs fleurs naïves évoquent des dessins de maternelle, avec des couleurs bien concentriques, aussi vibrantes que celles des feutres à goût de bonbon. Gardons-nous d'y goûter car les belles-de-jour, ainsi que leurs grandes sœurs grimpantes les ipomées, sont plutôt poison, surtout leurs graines. Elles restent les alliées des jardiniers débordés qui voient le printemps filer entre leurs doigts sans avoir planté quoi que ce soit. Même fin mai, le semis de cette annuelle est possible, et il procure ensuite des fleurs tout l'été.

LAQUELLE Les belles-de-jour classiques sont bleu nuit à centre blanc ('Royal Ensign') mais on trouve parfois des variétés roses, avec un dessin bleu léger et un cœur blanc, ou encore blanc pur, qui font penser très fort au liseron. Il existe même une variété à feuillage panaché, mais c'est une horreur.

COMMENT Une terre à peu près quelconque et un peu de soleil. Mais les belles-de-jour réagissent bien aux bons traitements. On peut même les cultiver en lignes bien droites au potager. Ou encore en potées.

Comme souvent chez les Convolvulacées (ipomées, mina, quamoclit et autres volubilis), les graines sont dures comme des petits cailloux. On les fera tremper une nuit, puis on s'escrimera à les scarifier, c'est-à-dire à enlever une petite portion de l'écorce ou à l'inciser, à l'aide d'un couteau ou d'une lame de rasoir montée sur un bouchon pour ne pas risquer de se blesser. Puis trempette à nouveau. Les graines doublent de volume en 24 heures On les sème alors sur du terreau. La levée prend deux jours. On ne sème pas trop tôt sinon les plants jaunissent au moindre coup de froid. Fin mai et même jusqu'au 15 juin.

Un léger buttage n'est pas mauvais, au bout d'un mois, pour renforcer les touffes. Puis, plus besoin de rien si ce n'est quelques arrosages.

AVEC QUI Des eschscholzias orange doux et jaune crème. Des capucines abricot et un zeste de feuillage argenté, cinéraire maritime, par exemple.
En ligne au potager en alternance avec des haricots verts bien sages et des laitues. En premier plan d'un massif composé d'un mélange de cléomes roses et de lavatères blancs. Mais on choisira alors la variété rose ou blanche.
En carrés alternés comme des cases d'échiquier, avec dans l'une des belles-de-jours bleues, dans l'autre des roses, dans une autre encore des blanches et ainsi de suite...

BELLE-DE-NUIT

Une fleur synonyme de souvenir de vacances dans un village alangui, où une balade du soir vous baigne dans une senteur d'ambre solaire. Cette fleur est en effet réservée aux noctambules ou aux lève-tôt, car madame ferme boutique vers 10 heures. L'après-midi, il vous reste une belle masse de verdure, peu parlante.

Mirabilis jalapa

LAQUELLE Les plus craquantes sont les belles-de-nuit striées, comme la série 'Arlequin'. Chez 'Tea Time', on est plus sage, en uni blanc, rose ou rouge. La belle-de-nuit blanche est celle qui se remarque le mieux au crépuscule.
COMMENT Grattez une partie de l'écorce coriace des grosses graines avant de les semer, en fin avril ou début mai. La germination ne demande plus que quelques jours. Si vous semez trop tôt, la belle-de-nuit aura froid et son feuillage deviendra chlorotique. Avec un peu de chance, en particulier au pied des murs plein sud, les racines charnues traversent l'hiver sans encombre. Et les semis spontanés ne sont pas rares, là où elle se plaît.
AVEC QUI Son feuillage abondant pose des problèmes d'intégration. Au fond, la belle-de-nuit est surtout heureuse toute seule, en ourlet parfumé au pied de la maison. Dans un grand pot, elle s'épanouira à son aise, en compagnie d'impatiens blanches.

BENOÎTE

Le nom des benoîtes traduit bien la longue complicité qui nous unit à elles. Vieilles plantes de jardin de monastères puis de curé, elles n'ont pas fini de nous charmer par leurs fleurs en papier crépon, aux couleurs incendiaires ou baroques, le cuivré n'étant pas pour leur déplaire. On les a bien oubliées dans les jardins modernes, comme si elles ne constituaient pas l'une des premières taches de couleurs vives. Avec cela, un vrai tempérament de mauvaises herbes, comme des demi-renégates. Redécouvrez leur tonus, et leur sympathique capacité à meubler le terrain pour un bon moment.
LAQUELLE *Geum coccineum* 'Borisii' ne dépasse pas 30 cm de haut. De ses rosettes quasi persistantes émergent les fleurs rouge orangé, de mai à juillet.
Ceux qui apprécient les effets moins violents se tourneront vers 'Georgenberg', jaune orangé.
Geum rivale offre des fleurs en clochettes, rouge cuivré. Elle apprécie les sols plus humides et un peu plus d'ombre encore. L'adorable 'Marmelade' offre un jaune orangé lumineux (60 cm).
Parmi les benoîtes hybrides, les plus connues sont 'Mrs Bradshaw', rouge feu, et 'Lady Stratheden', jaune d'or. 'Fire Opal' est rouge orangé. Toutes culminent à 50 cm de haut, sur des tiges graciles mais solides, qui n'ont pas besoin de tuteurs.

Geum coccineum

COMMENT Distinguons les benoîtes européennes, solides à l'extrême, comme *Geum coccineum* 'Borisii' ou *G. rivale*, des benoîtes à grandes fleurs, d'origine chilienne. Ces dernières demandent des terres de bonne qualité et ne durent pas plus de trois ou quatre ans tandis que les premières sont indéracinables. Pour toutes, un peu d'ombre l'après-midi et des sols frais toute l'année. On plante des godets, en veillant à étaler les grandes racines nourricières. Plantation printanière ou automnale, peu importe.
Un petit nettoyage en début de printemps permet d'éliminer les feuilles mortes. On en profitera pour diviser les touffes si cela n'a pas été fait en septembre, époque nettement plus favorable.
Le petit truc qui change tout : supprimez les hampes de fleurs fanées car cela favorise la remontée qui peut survenir tard chez les benoîtes hybrides, jusqu'en août.
AVEC QUI Un premier plan d'œnothères de Missouri dans le cas de 'Borisii', le tout sur fond d'hellébores vertes (*H. foetidus*). Fort mais beau. Les *Geum rivale* et leurs variétés en compagnie d'alchémilles, heuchères pourpres et euphorbes, au premier plan d'un massif demi-ombragé, ou même en grande bordure toute vibrante dans les orangés, jaunes et rouges assourdis.
Les benoîtes hybrides seront parfaites en lignes, cultivées pour la fleur coupée, avec en soutien un rang de sauges officinales bien argentées.

BERBÉRIS

Les arbustes épineux ne sont plus autant en vogue que dans les décennies 60 et 70, quand le pyracantha rivalisait avec les berbéris pourpres. Certes, pas question de fil-barbéliser votre royaume, mais il est bien dommage de se priver d'arbustes costauds et méritants sur le simple prétexte qu'un jour peut-être, en les frôlant, votre postérieur sera piqué. Considérez qu'il s'agit là d'acupuncture horticole…

LEQUEL Les berbéris se divisent en deux grands groupes. Les berbéris persistants sont généralement trapus et s'ornent de feuilles ressemblant beaucoup à celles du houx, en miniature. Ils fleurissent au printemps, en jaune, comme leurs cousins, mais avec souvent une petite pointe d'orangé. Ce sont les membres chics du genre, tolérés même dans les plus beaux jardins car leur silhouette nette et souple à la fois permet de créer de savoureux contrastes avec des fleurs légères.

COMMENT Plantez les berbéris en toute saison car ils ont été élevés en conteneur. Vous aurez simplement pris la précaution de bêcher sur 60 cm de large et un fer de bêche de profondeur. Lacérez la motte de racines qui est souvent très compacte. Arrosez copieusement ensuite. Si vous trouvez des jeunes plants en godets, c'est une bonne affaire car les berbéris poussent vraiment vite. Si vous tenez absolument à les tailler, passez la cisaille en juin sur les berbéris persistants, et en mai et septembre pour les autres. Mais de grâce, conservez-leur de la rondeur !

AVEC QUI Les berbéris persistants sont de subtils appoints pour les arbustes de terre bruyère, et ils font merveille avec les ancolies et les digitales. Les berbéris pourpres jettent une lueur d'enfer sur un tapis de lierre, devant une haie d'if. Mélangés à des fougères, à mi-ombre, à des armoises 'Powis Castle', au soleil, leur présence vous étonnera. On peut aussi les glisser dans un tapis de géranium sanguineum. Un cognassier rose deviendra nette-

BERBÉRIS PERSISTANTS

Le plus connu parmi les berbéris à feuillage persistant est le *Berberis darwinii*, aux fleurs jaune orangé en avril suivies de fruits bleu pourpré. Il peut pousser à plusieurs mètres de haut mais se régularise facilement par une taille en fin de printemps. Hybridé, il a donné naissance au *B. lologensis*, dont 'Apricot Queen' est le plus réputé pour sa floraison qui se prolonge une bonne partie de l'été. Il adopte une silhouette de mannequin.

Le *B. buxifolia* porte bien son nom et peut effectivement remplacer le buis, avec l'avantage de fleurir en jaune abricot, assez tôt au printemps.

Sous sa forme naine, il ne dépasse pas 40 cm.

Le *B. candidula* est un chinois (les précédents sont chiliens), formant un dôme de 60 cm d'envergure. Extra en rocaille. Par croisement, il a donné naissance à une vedette incontestée, le *Berberis media* 'Red Jewel', aux feuilles teintées d'un rouge bronze profond. Il lui arrive de perdre quelques feuilles pendant l'hiver mais globalement reste bien présent.

Pour des fruits violacés, on trouvera une petite place pour le *Berberis gagnepainii-chenaulti*, dont le nom compliqué évoque la mémoire de deux grands botanistes introducteurs français du XXe siècle.

BERBÉRIS CADUCS

Parmi les berbéris à feuillage caduc, trône l'incontournable berbéris pourpre, *B. thunbergii* 'Atropurpurea'. Au risque de vous étonner, j'ai un petit faible pour lui, surtout si on le conduit librement, de façon à ce que les branches arquées soient dégagées à leur base. Il peut ainsi monter à 3 ou 4 m de haut, et former une arche magnifique et ombrager l'allée toute proche. Il existe une foule de variétés naines et pourpres, mais elles ont souvent sensibles au blanc. Une mention particulière pour 'Bagatelle' qui prend naturellement une forme de boule bien nette (40 cm).

Évitez 'Rose Glow' qui ressemble à un caprice de vieille dame tyrannique. Un berbéris chinois comme *B. wilsoniae*, ou le coréen *B. koreana*, vous apportera le charme d'une silhouette gracieuse, et une profusion de fruits rouge orangé, avant de prendre des couleurs d'automne flamboyantes.

D'excellents arbustes pour fond de jardin un peu sauvage, où ils font merveille en compagnie de bambous, de cotoneasters et de houx.

Le berbéris de nos campagnes, autrement dit l'épine-vinette, a toujours sa place dans les haies champêtres.

ment moins fade à leur côté. Les berbéris chinois adoreront la compagnie des pivoines arbustives, et vice et versa. En arrière-plan, installez des bambous pas trop grands, des *Sasa fortunei* 'Variegata' par exemple.

BERGÉNIA

Oubliez les bordures tristes aux grandes oreilles avachies, façon orphelinat de province ou tombe de dogue anglais, car les bergénias méritent mieux que cet emploi définitivement désolant. Ce n'est pas parce que leur feuillage coriace se défend tout seul qu'il faut le laisser sans le moindre entretien. Avec une seule toilette dans l'année, vous lui redonnerez envie de pétiller. Et, qui sait ? peut-être même vous lancerez-vous dans une collection...

LEQUEL Le *Bergenia cordifolia* fait partie des grands classiques, avec ses feuilles longues comme un pain de campagne, et souvent lavées de pourpre en hiver. Purpurea est la variété la plus amusante, avec ses fleurs d'un rose très lumineux. Le *Bergenia purpurascens* offre un feuillage plus étroit, souvent dressé vers le ciel, devenant rouge betterave en hiver. Les hampes de fleurs d'un pourpre un soupçon triste atteignent 40 cm de hauteur, et s'épanouissent en fin de printemps.

Une mention pour le seul bergénia caduc, *B. ciliata*, à cause de ses feuilles veloutées, faisant penser à un saintpaulia géant. Marquez bien son emplacement sinon vous risquez de biner les bourgeons au printemps.

En fait, la plupart des bergénias qui vous sont proposés sont des hybrides. Les plus primés sont :

'Abendglut', aux feuilles vert foncé à revers brun, et fleurs d'un rose carmin foncé, assez grandes et lumineuses. Le tout donne un aspect bien net.

'Ballawley', l'un des plus beaux en hiver, à condition de lui réserver un coin abrité des vents froids. Rouge cramoisi.

'Morgenröte', aux fortes hampes de fleurs rose moyen, formant un bouquet suspendu en l'air. Il lui arrive couramment de refleurir en été.

'Silberlicht' est sans conteste le plus beau bergénia blanc. Ses grandes feuilles presque rondes mettent bien en valeur les fleurs qui culminent tout de même à 45 cm.

COMMENT Installez les bergénias en début d'automne de préférence ou presque tout au long de l'année puisqu'il est proposé en godet. Un coin recevant le soleil le matin mais abrité de celui de l'après-midi, en sol profond et assez riche, lui conviendra tout à fait.

Bergenia cordifolia

Pour obtenir un effet de masse, plantez trois à dix pieds, sans exagérer car le bergénia est un peu lourd d'aspect. Il vaut mieux fractionner et laisser de l'espace pour des plantes légères, graminées ou bruyères, fougères ou ancolies.

Plus le sol est pauvre, plus les couleurs hivernales sont éclatantes, mais ne tombez pas dans l'excès car un bergénia rachitique n'est nullement glorieux.

Un groupe de bergénias peut rester en place de nombreuses années, à condition de rajouter quelques poignées de compost en début de printemps, histoire que les racines superficielles trouvent de quoi manger. Quand tout devient un magma d'où le chiendent et le bouton d'or lancent des expéditions punitives, prenez les choses en main : en septembre, saisissez une solide bêche et arrachez le tout pour séparer les rejets de la périphérie, toujours mieux formés. Replantez immédiatement dans un nouveau coin spécialement préparé ou, à défaut, au potager, en ligne. Mais attention car le bergénia est un hôtel à escargots !

AVEC Le bergénia a vocation à border les massifs de plantes vivaces auxquels il donne de l'assise.

Les bergénias sont aussi des partenaires parfaits pour les hellébores, les pulmonaires et une foule de bulbes de printemps, comme les narcisses blancs, les camassias et les alliums à grosse tête.

En plus sauvage, les bergénias sont d'excellents faire-valoir des graminées longilignes comme les calamagrostis ou les carex. Le contraste avec un millet doré (*Milium effusum* 'Aureum') sera saisissant, peut-être trop. Attention au mélange des bergénias et des bruyères car il plonge dans une mélancolie redoutable.

Résistez à l'envie d'installer en plus des conifères nains bleus, et arrêtez d'écouter tout le temps du Malher.

En revanche, quelques groupes de bergénias nichés dans un tapis de pervenches n'auront pas leur pareil pour donner aux bouleaux l'écrin qu'ils méritent, en hiver.

La grande *Euphorbia characias* sera ravie de compter sur des copains bergénias, 'Morgenröte' en particulier.

Béton

Le saviez-vous ? Le béton armé fut inventé par un jardinier du XIXe siècle, qui imagina de renforcer ainsi les bacs destinés à abriter des orangers. Par la suite, il réalisa même un bateau dans ce matériau.

Depuis, l'invention s'est retournée contre le jardinier, car il existe une étonnante animosité des maçons vis-à-vis de tout ce qui est plante : si vous faites ravaler votre façade, prenez un contrat d'assurance pour la glycine, les rosiers, et tout ce qui porte des feuilles dans un rayon de dix mètres.

Le chantier ne sera que frôlements répétés de la camionnette le long de vos arbres préférés.

Gâcher le ciment à même le sol est un passe-temps adoré des maçons, qui trouveront que vous attachez bien de l'importance à des détails, en cherchant à limiter l'invasion des packs de bière. Heureusement, tout a une fin...

Betterave

On l'aime pour sa saveur douceâtre et sa chair d'un rouge si puissant. Et puis la betterave de jardin est tellement plus savoureuse que celle du marché. Depuis quelque temps, on l'emploie dans les massifs pour le feuillage pourpre de certaines variétés. Le métissage est à la mode !

LAQUELLE La betterave d'Egypte est la plus précoce et produit des racines dès l'été. Celle de Détroit donne des racines plus imposantes. Les gourmets ne manqueront pas d'adopter la 'Crapaudine', qui n'est pas un premier prix de beauté mais s'avère sucrée au point de caraméliser quand on la fait cuire au four en papillotes. Le feuillage de 'Bull'Blood' est presque noir (en graines chez Kokopelli, et en plants chez Thierry Simier).

COMMENT Semez dès le mois d'avril, et un peu chaque mois jusqu'en juillet pour les betteraves rondes précoces. Semez en mai la 'Crapaudine' car elle a besoin de temps pour se développer.

Les graines, qui sont en fait des glomérules, sont grosses et faciles à espacer. Le semis en ligne est donc facile. Mais on a souvent aussi vite fait de semer en godet pour repiquer ensuite les quelques plants dont on a besoin. Après la germination, ne conservez qu'un plant parmi les trois ou quatre qui naissent serrés les uns contre les autres.

Paillez avec des tontes de gazon et arrosez quand il fait vraiment chaud et sec. La betterave est assez rustique pour se débrouiller toute seule.

AVEC QUI En rang parmi les laitues ou les carottes. Les betteraves à feuillage pourpre feront un effet incroyable parmi des alysses maritimes ou des bégonias blancs.

Bidens

Des centaines de fleurs jaunes qui étincelleront sur vos jardinières, disent les articles. Oui, mais à condition d'arroser toutes les deux heures. Et ça vous prend un côté mauvaises herbes au bout de deux mois, juste au moment où les pétunias blancs sont magnifiques à côté. Curieusement, on n'utilise guère le bidens dans les massifs alors que c'est un compagnon intéressant pour les dahlias blancs ou jaune tendre, voire les orangés. Son feuillage mousseux cache la base des dahlias et leur sert d'écrin. Mais pour cela, il faut espacer les dahlias de 50 cm environ et arroser copieusement en été. Évitez les soi-disant nouveaux bidens compacts, qui fleurissent moins.

Bignone

Rien de tel qu'une bignone pour ajouter une touche d'exotisme à une façade banale. Si elle peut escalader une rambarde de bois, devant un crépi blanc, non loin d'une véranda pas trop vilaine, vous voilà embarqué pour les Antilles ou la Louisiane.

LAQUELLE Ne vous compliquez pas l'existence, et concentrez vos efforts sur la belle *Campsis tagliabuana* 'Madame Galen' aux fleurs rouge orangé largement ouvertes. Les bignones jaunes produisent moins de fleurs, qui se diluent dans le feuillage. Ne vous laissez pas tenter par la bignone à senteur de café, sans intérêt. Dans le Midi, on peut s'amuser avec des bignones peu rustiques, qui deviennent foisonnantes (*Podranea, Pyrostegia, Tecomaria...*).

COMMENT La bignone apprécie les sols frais et profonds, assez riches, et une exposition ensoleillée et abritée des vents froids. Guidez les pousses au début jusqu'à ce que la charpente soit solide.

Chaque printemps, coupez les rameaux latéraux au ras de leur naissance pour obtenir des pousses vigoureuses. Paillez en été et arrosez pendant la canicule.

AVEC QUI La bignone est capable de faire le spectacle à elle seule, le long d'une barrière ou sur un grillage vilain ou une façade banale. Le blanc est encore ce qui fait le mieux ressortir l'orangé de ses fleurs.

On peut abriter avec une bignone une véranda malencontreusement orientée face au sud car elle perd ses feuilles tôt en automne et laisse alors la lumière entrer à flots.

Bisannuelle

Une catégorie de plantes un peu fourre-tout, consacrée essentiellement à celles qui fleurissent l'année suivant leur semis. Ainsi, des pensées, semées en août et mises en place en octobre, fleuriront de décembre à avril. On a sauté un millésime.

Parmi les fleurs bisannuelles les plus employées figurent les œillets de poètes, les violettes cornues, les giroflées ravenelles, les pâquerettes, les campanules carillon. Autant dire qu'il s'agit souvent de fausses plantes vivaces, capables de survivre une année de plus, mais rarement avec honneur. C'est pourquoi on se contente de les héberger pendant un an.

N'oubliez pas que la plupart de ces fleurs requièrent un semis en juin, souvent quand il fait chaud. Heureusement, on trouve des plants en abondance à l'automne. Un peu à part, les soucis et les mufliers sont des fleurs annuelles rustiques dont les jeunes plants traversent les hivers moyens sans encombre pour fleurir dès mai.

BLEUET

Si le coquelicot fait fièrement réapparition sur les talus des champs, les bleuets semblent bouder et attendre des jours meilleurs, à l'abri dans les jardins de grands-mères. Car on n'en voit pas souvent ailleurs. Comme si leur culture était compliquée ! Elle ne vous donnera au contraire que des sujets de satisfactions si vous employez les variétés demi-naines et, surtout, si vous les semez avant l'hiver, en retrouvant ainsi le cycle naturel de cette belle mauvaise herbe, à réhabiliter de toute urgence.

Bleuet

LEQUEL La série des 'Boy' ne dépasse pas 90 cm, ce qui est bien suffisant. À noter 'Black Boy', marron foncé presque noir, mais les puristes resteront dans le bleu.

COMMENT Une terre ordinaire, voire pas trop riche pour qu'ils ne partent pas en feuillage. Du soleil à foison de préférence.

On sèmera en fin septembre, début octobre, soit directement en place, soit en terrine que l'on abritera ensuite sous châssis pendant l'hiver. Dans ce dernier cas, repiquez en février-mars, pas trop tard pour laisser aux plants le temps de former des graines.

La végétation démarre brutalement dès qu'il fait beau, et la floraison est avancée d'un mois par rapport à celle des plants semés au printemps, comme on le conseille souvent.

De la sorte, elle profite des journées encore humides de la fin du printemps, avant le grand soleil de l'été. On arrosera au minimum. Un désherbage soigné élimine les mauvaises herbes indésirables. Si on a semé en place en automne, souvent avec des graines que l'on a récoltées soi-même et à foison, il faut éclaircir à deux reprises, un mois après la levée et au sortir de l'hiver, pour ne laisser qu'un plant tous les 20 cm. Sinon étouffement garanti.

Le petit truc qui change tout : on disposera des branches ramifiées de noisetiers comme pour soutenir des petits pois, car les bleuets ont la désagréable habitude de verser en pleine floraison, ce qui gâche en général le plaisir.

AVEC QUI Des coquelicots, des soucis et des eschscholzias dans un kaléïdoscope de couleurs.

Des pavots doubles roses ou blancs. En bouche-trou parmi des pivoines déjà installées, avec une bordure bien nette d'ibéris.

BOLTONIA

Un nuage posé sur le sol, voici ce qu'évoque une touffe de boltonia dans le jardin, vue avec un peu de recul. Originaire des grandes plaines d'Amérique du Nord, on sent bien qu'il a dû se défendre contre les herbes coriaces, et en a conservé une robustesse à toute épreuve. Sa floraison tardive, immaculée, est un atout supplémentaire car peu de fleurs viennent donner un contrepoint aux couleurs d'automne des arbres, si flamboyants en octobre-novembre.

LEQUEL Le *Boltonia asteroides* dépasse 1,5 m et fleurit en septembre-octobre en innombrables étoiles blanches. 'Snowbank' est un peu plus trapu (1,2 m).

COMMENT Une terre ordinaire, profonde, et du soleil. De l'air autour car les boltonias n'apprécient pas d'être engoncés dans les massifs.

Vous vous procurerez des godets au printemps, avec des indices de végétation sur la base des tiges de l'année précédente. Plantez à 50 cm de distance, pour tenir compte du futur développement. Quelques granulés éviteront les dégâts précoces causés par les limaces.

Chaque printemps, n'hésitez pas à arracher les touffes puis à les diviser. Vous récupérerez les rejets apparus sur le côté, et les replanterez dans un terrain neuf, car une telle vigueur correspond à un naturel très gourmand. Ces rejets vous paraîtront ridicules mais ils ont six à sept mois pour se refaire une santé et répondront présents dès l'automne suivant, en triplant de volume. Au passage, donnez-en à tous vos amis qui en rêvent secrètement.

Le petit truc qui change tout : en juillet, piquez des rameaux de noisetier tout autour des touffes pour les soutenir discrètement.

Boltonia

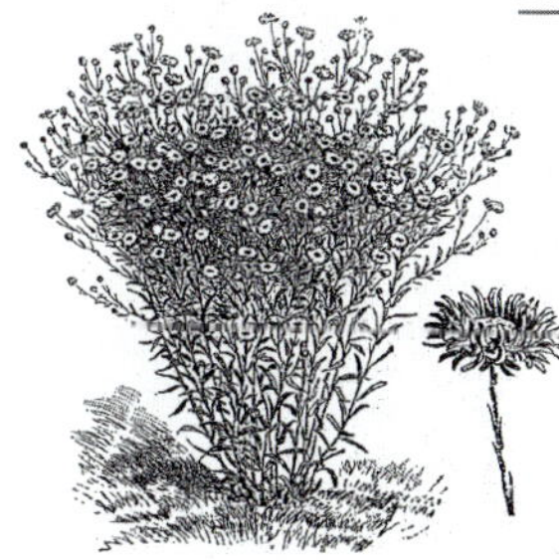

AVEC QUI Juste au-devant des macleayas, des aruncus ou des miscanthus, pour une scène légère et d'apparence spontanée.

Au milieu d'arbustes encore jeunes, qui ont besoin de compagnie : des weigelas à couleurs d'automne ou des hydrangéas à feuilles de chêne par exemple. Avec des chardons bleus (*Echinops*) dont les têtes se balanceront dans cette brume.

En plantation mélangée avec des verveines bonariensis.

Bordure

Sans que l'on s'en doute, tout est frontière au jardin, et donc occasion de marquer la séparation entre deux domaines avec un liseré de plantes.

La bordure est un thème récurrent dans les jardins de curé, largement basés sur la présence de bordures mélangées, où les plantes aromatiques côtoient les fleurs et les légumes. On n'arrive pas à s'en lasser.

BOULEAU

Le romantisme du bouleau n'échappe à personne : sa ramure flottante évoque une chevelure de nymphe ou de divinité des bois un peu mystérieuse, une dryade slave et rustique. Ce n'est pas parce qu'on a abusé du bouleau blanc et des pins noirs d'Autriche qu'il faut négliger leur impact au jardin, d'autant que le bouleau pousse vite. Il disparaît au bout de quelques décennies mais entre-temps que d'émotions discrètes…

LEQUEL Le bouleau blanc de nos bois n'a pas démérité : sa version classique (*Betula verrucosa*) culmine à 20 m sans dépasser 5 à 6 m de large. Ses feuilles deviennent jaune d'or en automne.

Il existe également en forme colonnaire, plus étroite, mais la variante la plus gracieuse est sans conteste 'Tristis', aux rameaux retombant avec élégance.

En revanche, le bouleau pourpre me paraît artificiel et déplacé. De même, évitez les bouleaux pleureurs greffés en tête, qui présentent un affreux coude et paraissent se lamenter sur leur mauvais traitement.

À l'opposé, précipitez-vous sur les bouleaux à écorces colorées, spécialement les asiatiques comme *Betula albo-sinensis, costata, ermanii* (rose de soie passée), *maximowicziana* (aux feuilles très amples), et surtout *B. utilis*, le bouleau de l'Himalaya, à l'écorce d'une blancheur étourdissante, une vraie sculpture du plus beau marbre en hiver.

Les bouleaux nord-américains comme *B. papyrifera* ou *nigra* ne manquent pas d'intérêt : le premier est le plus grand des bouleaux, et son écorce servait aux Indiens à confectionner des canots. Le second, appelé aussi bouleau des marais, offre une magnifique écorce rose orangé qui se teinte de noir en s'exfoliant.

COMMENT Le bouleau se contente d'un sol ordinaire, même calcaire, mais il appréciera qu'il soit profond. Soleil ou mi-ombre. N'oubliez pas qu'il s'agit d'un bel arbre et prévoyez de l'espace autour. Plantez toujours des sujets élevés en conteneur ou proposés en motte. Pour obtenir une vraie cépée à plusieurs troncs, il suffit de couper au ras du sol au deuxième printemps et de sélectionner quelques tiges nouvelles. Si vous souhaitez obtenir des troncs impeccables, n'hésitez pas à couper les rameaux et branches basses dès que possible, pour que les cicatrices soient invisibles.

AVEC QUI Un tapis de pervenches convient bien au teint des bouleaux. Repiquez également des hellébores fétides, des euphorbes pourpres 'Chamæleon' et quelques houx qui feront ressortir la blancheur des écorces. Mais n'oubliez pas que le système racinaire des bouleaux est une fantastique pompe à eau.

Betula verrucosa

BOURRACHE

Une fleur bleue, exactement ce que recherchent beaucoup de jardiniers, mais à condition d'accepter sa propension à occuper le terrain sans demander l'autorisation. Une plante officinale dont les corolles adoucissent les maux de gorge. On peut même en agrémenter une salade pour leur surprenante saveur d'huître ou de concombre. Et si elle se montre envahissante, arrachez-la, sa racine n'est guère résistante, et jetez-la au compost qui se nourrira de son azote.

LAQUELLE La bourrache classique est bleue et c'est très bien ainsi. Il existe une bourrache blanche mais on recherche encore son intérêt.

Juste pour changer, jetez un coup d'œil dans un jardin botanique à la bourrache vivace, *Borago pygmaea*, qui ne dépasse pas 50 cm et offre ses corolles bleues de juin à septembre. On la trouve dans le catalogue de Monique Chevry (Le jardin d'Adoué).

Bourrache

COMMENT Semez les grosses graines de bourrache en avril, et vous en aurez ensuite durant toute votre vie. La bourrache apprécie les sols riches, comme au potager. Mais elle a alors tendance à se développer en hauteur et s'effondre un jour ou l'autre. Quelques rameaux de noisetier l'aideront à se tenir droite. Les printemps suivants, contentez-vous de repérer les semis spontanés, avec leurs grandes oreilles velues. Repiquez-en dans les massifs et laissez le reste vivre sa vie.

AVEC QUI Appuyez la bourrache sur des touffes d'armoises bien taillées. Plantez des camomilles et des mélisses non loin de là, pour le plus grand bonheur des abeilles, des papillons et d'adorables petits faux bourdons inoffensifs.

BOUSSAINGAULTIA

Cette liane tropicale reste raisonnable en extérieur, et parfois refuse tout bonnement de pousser. Mais si le climat lui convient, et surtout sous serre, elle devient franchement envahissante. Certes, ses fleurs sentent la crème frangipane, mais est-ce une raison pour vivre dans l'ombre continuelle ? La quantité de tubercules qui se développent à sa base est littéralement stupéfiante.

Bouture

Extrémité de tige longue de 10 à 15 cm, généralement tranchée sous une feuille ou un bourgeon, et que l'on va enterrer de moitié dans un mélange de sable et de tourbe. Un moyen simple et amusant pour obtenir des arbustes en quantité, pour échanger avec les copains. Bouturer, c'est surtout mieux comprendre les plantes. L'une des meilleures époques pour bouturer est le plein été, à partir du 14 juillet et jusqu'au 15 août. Le nouveau bois des arbustes est alors suffisamment durci et à point pour produire des racines.

N'oubliez pas d'hiverner les jeunes boutures à l'abri du froid car elles peuvent geler même s'il s'agit d'essences rustiques.

Des boutures de buis prélevées en été ne s'enracineront qu'au printemps suivant, et ne pousseront guère durant la première année. Mais vous serez ravis ensuite de disposer de plants pour créer des bordures.

BRACHYCHOMÉ

Une adorable marguerite bleue, originaire d'Australie, où elle est surnommée la pâquerette de la rivière aux cygnes. Quand les dieux sont de votre côté, s'il fait chaud au bon moment, si votre sélection est d'un bleu vif à cœur noir, c'est un régal. Sinon, le brachychomé peut chipoter, se chloroser et disparaître sans faire le spectacle. Achetez du beau plant, pas avant la mi-mai.

Éliminez les premières fleurs pour favoriser l'enracinement. Mariez avec du périlla et des *Verbena venosa*, dans vos jardinières ou vos massifs bas. Pour une harmonie bleue, groupez le brachychomé et les héliotropes, sans oublier d'ajouter une touche de rose tendre avec un pied de tabac 'Apple Blossom'.

Brise-vent

Tous les arbres sont potentiellement brise-vent, mais on constate que ceux à feuilles caduques sont préférables car ils ne créent pas de tourbillon. Un brise-vent doit également posséder de bonnes racines.

Un grand treillage solidement fixé sur des poteaux costauds, et sur lequel on fait pousser des rosiers lianes et des clématites des montagnes, constitue un brise-vent remarquable.

BROCOLI

Vrai faux chou-fleur, le brocoli a mis du temps avant de conquérir notre table alors qu'on le connaît depuis la Renaissance. Il semble originaire du pourtour méditerranéen, et les premiers choux-fleurs sont en fait des brocolis blancs. Au potager, le brocoli vert, dit à jets ou calabrais, est finalement plus facile à réussir que le chou-fleur ordinaire, un grand capricieux qui déteste les à-coups.

LEQUEL Chaque marque nous propose des hybrides qui se ressemblent beaucoup ('Green Valiant', chez Caillard ; 'Claudia', chez Vilmorin). En revanche, il faut sérieusement fouiner et même traverser la Manche pour dénicher des brocolis de printemps : ceux-ci se sèment en été, se repiquent tôt, à l'automne, pour pommer en avril. Plus coriace sous la dent mais que peut-on reprocher au premier légume vert de l'année ?

Brocoli branchu

COMMENT Semez le brocoli hybride à partir d'avril, par petites séries, tous les quinze jours. Repiquez au bout de trois semaines, en espaçant les plants de 40 cm. Enterrez-les jusqu'à la première feuille.

À partir de juin, le semis direct en place est préférable car on évite le choc du repiquage. Disposez trois ou quatre graines dans un petit trou à peine profond de 5 cm. Recouvrez d'un centimètre de bon compost.

À la levée, ne conservez que le plus beau plant. Arrosez régulièrement et paillez avec des tontes de gazon pour éviter les sautes d'humeur.

Quelques appâts antilimace limiteront leurs dégâts. Dès que la pomme se forme, guettez-la car il vaut mieux récolter trop tôt que trop tard, quand on distingue les futurs boutons à fleurs. Faites cuire à la vapeur quelques minutes, ou passez à la poêle avec un peu de beurre ou d'huile d'olive.

AVEC QUI Le brocoli s'associe bien avec les choux pommés, généralement plus bas que lui. Écartez tout ce beau monde de 40 à 50 cm dans tous les sens.

Entre-temps, repiquez des laitues qui auront le temps de se développer.

Broussonetia

Le mûrier à papier est un cousin du mûrier, originaire de Chine et du Japon. Chez nous, il devient un grand arbuste à plusieurs troncs. Les feuilles découpées au laser sont magnifiquement veloutées. Les chatons des sujets mâles sont élégants, et les fruits orangés des femelles pas mal non plus. À conseiller là où l'eau ne manque pas.

Brunnera

Le myosotis du Caucase est une version géante de notre petite fleur bleue. À employer avec générosité, partout où l'on souhaite limiter l'entretien au minimum car il fait le ménage.

LEQUEL Le *Brunnera macrophylla* justifie son nom : ses vastes feuilles rugueuses constituent des solides touffes de 50 cm d'envergure. En forme de cœur, elles constituent un écrin de qualité pour les fleurs assez menues, d'un bleu pétillant. Il existe une variété à fleurs blanches ('Betty Bowring'), et surtout une variété à feuillage ourlé d'argent : 'Hadspen Cream', et une autre marbrée d'argent, 'Langtrees'.

COMMENT Une fois installé, le brunnera ne craint rien, même pas les limaces qui ne semblent pas beaucoup apprécier ses feuilles rugueuses. Mettez en place plusieurs pieds en automne de préférence, ou au printemps. Bêchez soigneusement et apportez de l'humus car le brunnera est là pour longtemps.

Un sol humide ne lui déplaît pas. En revanche, un méchant coup de sec en juin, et voilà le feuillage qui disparaît, mais c'est momentané. Dès les pluies revenues, tout repart. Au bout de quelques années, les touffes finissent par devenir désordonnées, et abritent des boutons d'or à n'en plus finir. Arrachez tout en septembre, et replantez ailleurs les rejets de la périphérie, les mieux formés.

AVEC QUI Des narcisses botaniques et surtout des narcisses des poètes, plus tardifs. Des pulmonaires roses, des euphorbes 'Chamæleon' et des hostas pour une plate-bande mi-ombragée.

Les brunneras sont des couvre-sol impeccables au pied des rosiers paysages, de magnolias à floraison printanière, des cerisiers décoratifs ou des bouleaux. Pour jouer la complémentarité des floraisons, en sol frais, associez les brunneras et les renouées bistortes (*Polygonum bistorta* 'Superbum').

Bruyère

De deux choses l'une : où votre jardin est situé dans la lande, et la bruyère y pousse de façon spontanée. Ne touchez à rien. Ou ce n'est pas le cas, et c'est seulement à la vue de photos que vous craquez pour les bruyères. Elles transformeront votre jardin en petit cimetière, et ce n'est pas en plantant des graminées et des conifères nains que vous changerez les choses. Ce sera simplement comme un petit cimetière allemand.

Buddléia

Qui aurait parié un centime sur le devenir des buddléias, des arbustes réputés peu rustiques, jusqu'à ce que la dernière guerre, et son cortège de gravats, démontre l'intrépide tempérament de ce chinois, si prompt à se semer dans les pires conditions. Depuis, on a éprouvé sa robustesse, et la performance consistant à fleurir fidèlement, été après été, pour le plus grand plaisir des papillons, qui ont du nez. Regrettons simplement sa propension aux coloris sombres, et le fait qu'il soit si vilain une fois fané.

LEQUEL Si le *Buddleia alternifolia* représente le fin du fin, avec son feuillage argenté comme celui de certains saules, il pousse peu (1,80 m) et requiert plus de patience que le buddléia du père David (*Buddleia davidii*), le plus connu de tous. Chez celui-ci, les variétés naines, comme 'Nanho Blue', ne dépassent guère 1,50 m et conviennent à tous les jardins. 'Pink Delight' le dépasse d'un bon mètre, et son rose clair est sympathique. Évitez les buddléias blancs, certes magnifiques mais qui fanent mal. Le bleu lavande d'Empire Blue' est porté par de nombreux épis plus petits.

Buddleia davidii

Tout à fait différent des précédents, le *Buddleia globosa* offre des balles de ping-pong de 4 cm, orange vif, en juin. Spectaculaires car elles ressortent bien sur le feuillage. Il est quasiment persistant (3 m). Gare à 'Golden Glow' : son mélange de jaune orangé et de pourpre soulève parfois le cœur.

COMMENT Une terre quelconque, et même pas trop riche sinon il part tout en feuilles. Et du soleil, au moins pendant une demi-journée.

Les buddléias arrivent parfois sans prévenir, à partir de graines disséminées par les oiseaux. Mais c'est alors toujours le lie-de-vin qui montre le bout de son nez. Les variétés s'achètent en conteneurs, parfois peu présentables car il a la jeunesse ingrate.

On plante en toute saison, dans un trou confortable, et on rabat sitôt après à 15 cm de haut. De la sorte, vous obtiendrez une touffe bien ramifiée. Éliminez les bouquets fanés qui ont vraiment piètre allure. Grâce à ce stratagème, une seconde floraison peut s'enclencher, quinze jours plus tard, sur les rameaux secondaires apparus. Mais si l'arbuste dépasse les 2 m, on cale forcément...

AVEC QUI Des fleurs blanches et simples comme les kaliméris, ces cousins des asters et des boltonias qui fleurissent en juillet, un étage au-dessous des buddléias.

En arrière-plan d'arbustes à floraison tardive, comme les pérovskias ou les caryoptéris. Mais évitez alors le lie-de-vin, qui risque de choquer.

En haie mixte, avec des seringats et des lilas, pour le plaisir du nez.

BUGLE

Ce nom amusant évoque les trompettes antiques, et semble disproportionné vue la taille réduite des fleurs de ce couvre-sol. Plus rampant que lui, difficile à imaginer. L'homme s'est contenté de sélectionner des formes à feuillage panaché ou pourpre, sans toucher à sa robustesse natale. Tant mieux. Les bugles sont précieux aussi en bacs et jardinières.

Ajuga reptans

LEQUEL L'*Ajuga reptans* existe en différentes versions : à feuillage pourpre par exemple ('Atropurpurea'), ou pourpre marqué de blanc crème ('Variegata'), et panaché de crème ('Silver Shadow'), de rose et de vert ('Burgundy Glow'), ce dernier n'étant pas forcément le plus recommandable. La floraison est toujours bleue (sauf chez 'Purple Torch', plutôt rose foncé) et a lieu en juin-juillet.

COMMENT Un sol ordinaire, qui reste cependant un peu frais en été. Mi-ombre. La variété à feuillage pourpre supporte bien le plein soleil. Les diverses variétés panachées de crème ou de blanc seront plus à leur aise à mi-ombre.

Le bugle n'a déjà qu'une envie dans son godet : s'en échapper. On dépotera gentiment puis on enterrera légèrement le cœur de la touffe, en disposant du terreau par-dessus. Un premier arrosage copieux tassera la terre autour des racines.

Tous les trois ans, on arrachera les touffes dégarnies au centre pour les remplacer par des rejets pris sur la périphérie. Opération à réaliser en automne ou au printemps, quand on voit les plantes redémarrer.

Le petit truc qui change tout : prélevez des portions de tiges en avril pour les bouturer. Les racines apparaissent spontanément à chaque naissance de feuilles. Vous aurez ainsi matière à des échanges appréciés.

AVEC QUI Des hostas, en situation mi-ombragée. Jouez alors du contraste des couleurs, les hostas blondes surgissant au milieu des bugles pourpres, tandis que des hostas glauques seront plus à leur aise sur un tapis panaché de crème.

La version pourpre avec des acaenas 'Blue Haze', des iris nains, au soleil, ou encore avec des campanules *portenschlagiana*. La version panachée de crème ('Variegata') avec des dicentras blancs.

BUGLOSSE

Ce n'est pas la grande sœur du bugle puisqu'elle appartient à la même famille que le myosotis alors que le bugle est un cousin du lamium. Les fleurs en trompette largement évasée expliquent cette homonymie. La buglosse a conservé un tempérament sauvage, qui n'est pas sans charme, mais dont il faut prendre conscience avant de l'adopter.

LEQUEL La buglosse du Caucase (*Anchusa azurea*) produit des tiges monte-au-ciel, qui culminent à 1,50 m, terminées par des fleurs d'un bleu faïence ou gentiane comme chez 'Loddon Royalist', la variété la plus répandue.

La buglosse du Cap (*Anchusa capensis*) est une fleur annuelle qui fleurit en été, en évoquant le myosotis de printemps. 'Oiseau bleu' est la meilleure sélection, bleu intense (30 cm).

Anchusa azurea

COMMENT Plantez la buglosse vivace en septembre de préférence, pour qu'elle s'enracine avant l'hiver. Une terre saine, profonde lui convient. Elle peut être ordinaire, voire maigre car, en sol riche, la buglosse devient géante, au risque de s'effondrer. Mi-ombre ou soleil, de préférence. Un pied de buglosse vit deux ou trois ans, guère plus. Divisez les touffes dès le mois de juillet pour récupérer des grosses racines munies de bourgeons. On les installe tout de suite soit en pépinière d'attente, soit dans un nouveau massif.

Semez la buglosse annuelle en avril, à raison de quelques graines par godet. Recouvrez-les à peine. La germination demande deux semaines. Repiquez en mai, et pincez la tige principale pour l'obliger à se ramifier. En fin de floraison, la touffe se dessèche. Arrachez-la pour donner de l'air aux fleurs voisines.

AVEC QUI Mariez la buglosse vivace avec les pavots d'Orient, les marguerites et les oreilles d'ours, non loin de rosiers anciens.

Associez la buglosse annuelle 'Oiseau bleu' avec des tabacs 'Apple Blossom', des linaires 'Fairy Bouquet', des alysses maritimes, des lins du Maroc... bref rien que des petits feux follets.

BUIS

Un grand classique qui n'a pas son pareil pour ajouter au jardin, même neuf, une patine antique. Sa silhouette, rendue encore plus nette par quelques coups de sécateur, valorise le flou des fleurs voisines, qu'il s'agisse de fleurs vivaces ou d'arbustes laissés libres. Même en hiver, sous la neige, il conserve son élégance innée et fait le spectacle.

Buxus sempervirens

LEQUEL Pour des petits sujets et des bordures, adoptez le buis nain, *Buxus sempervirens* 'Suffruticosa'. Pour des haies plus hautes, le *Buxus sempervirens* 'Rotundifolia' pousse plus vite. Ses feuilles ressemblent à des petites cuillères. Un peu plus sensible au froid, le buis d'Italie est souvent employé pour des topiaires car il pousse assez vite (pour un buis).

Les spécialistes, comme Seghers, vous proposeront de multiples variantes, certaines nuancées de doré, d'autres panachées de crème. Mais à s'écarter du vert sombre, on perd une partie de la buxitude. À vous d'en juger…

COMMENT On plante en toute saison le buis cultivé en conteneur. Installez-le après avoir bêché le sol profondément, et enrichi d'humus si besoin est. Pas besoin de beaucoup d'engrais car le buis est sobre. Si vous souhaitez repiquer des jeunes buis à bordures, moins chers car vendus à racines nues, choisissez le printemps de préférence, et enterrez-les de la moitié de leur hauteur car des racines vont se développer tout au long de cette partie souterraine.

Arrosez régulièrement pendant le premier été. Pour donner une forme à vos buis, taillez en juin une fois la première pousse établie, pour renforcer leur densité. Un petit coup de cisaille en septembre complète la mise en forme. Ne taillez pas en mars-avril, car vous perturbez votre buis durablement et il restera vilain le reste de l'année.

Bouturez le buis, nain ou grand, en août. Coupez des extrémités de pousses, régularisez leur longueur à 12 cm (la largeur de la main), puis enterrez-les de la moitié dans un mélange à parts égales de sable et de tourbe, presque à touche-touche. Arrosez régulièrement et couvrez avec un voile de forçage avant de placer à mi-ombre. En novembre, rentrez sous châssis. La croissance reprend au printemps, nouvelles feuilles d'un côté, racines de l'autre. Ne touchez à rien. En septembre, séparez les boutures, avec tendresse, et repiquez-les dans un coin du potager. Mettez en place définitivement l'année suivante. La croissance est lente mais régulière. Un vrai placement de père de famille.

AVEC Le buis s'associe avec tout, mais n'oubliez pas que son enracinement, superficiel mais dense, est un vrai buvard. Il assèche jusqu'à 50 cm de distance pour le buis nain et près d'un mètre pour les plus grands. Tenez-en compte pour les plantes voisines, les légumes en particulier.

Buttage

Opération qui consiste à ramener de la terre meuble de part et d'autre d'une plante. On butte les pommes de terre pour empêcher les tubercules de verdir, les haricots pour les soutenir, la vigne pour nettoyer son pied.

BUPHTALMUM

Une marguerite jaune sans prétention, qui s'épanouit dans nos fossés en juin et juillet. Pour un jardin sauvage et décontracté. À associer aux salicaires, saponaires et eupatoires, en sol frais.

Caduc

Un arbre ou un arbuste à feuillage caduc se déplume en hiver. Et cela même tout jeune. Tout revient dans l'ordre au printemps. Contrairement aux institutions, un arbre peut-être caduc et durer fort longtemps…

CALAMINTHA

Proche du népéta, le calament forme une touffe arrondie compacte (35 cm). On le trouve spontanément en Espagne. Il fleurit tout l'été, dans un bleu ciel très pur, avec un effet brouillard. Pour le plein soleil, et même en jardinière, où une variété à feuillage panaché ajoute une touche d'élégance à côté d'une plante curry.

CALLICARPA

Régulièrement les revues de jardinage vantent la beauté des fruits du callicarpa, d'un violet de pierre semi-précieuse. On oublie au passage de décrire le port dégingandé de cet arbuste qui sera plus à son aise dans une haie mélangée.

CALYCANTHUS

Vieil arbuste apprécié, du temps où l'on ne connaissait pas le dixième des arbustes introduits depuis. Beaucoup de feuilles pour quelques fleurs curieuses, d'un rouge vineux et d'un parfum… vineux.

Relativement increvable car il repoussera des racines même une fois arraché.

CAMÉLIA

Autant le reconnaître, il est peu de jardins où le camélia soit bien employé, et ne ressemble pas à un meuble Napoléon III abandonné. Il y a de la componction dans le camélia, sa silhouette rondouillarde et son feuillage coriace. Dans un jardin de ville, passe encore, mais à la campagne, il fait vraiment déplacé. À moins que vous ne choisissiez des variétés à port plus élancé et à feuille fine, comme les *sasanqua*, et décidiez de les utiliser avec tact, mélangés à d'autres arbustes japonais.

LEQUEL Il ne faudrait choisir un camélia qu'après avoir observé ce que deviennent ses fleurs fanées : soit elles tombent au fur et à mesure, en tapis de pétales merveilleux ; soit elles pourrissent à même la branche, et alors adieu la poésie.
Parmi les camélias cités ci-contre,vous trouverez bon nombre ayant reçu des bonnes appréciations lors de visites chez Max Hill, dont le jardin est à deux pas de Courson, et à la collection visible dans le campus de la faculté d'Orsay.
COMMENT Le camélia apprécie un sol riche en humus, comme celui des sous-bois. Plutôt que la terre de bruyère classique, préférez un terreau consistant, contenant de l'argile (terreau pour rosier). Plantez à peu près à tout moment, avec une préférence pour le début de l'automne. Prévoyez un trou plus large que profond. Arrosez copieusement. Paillez dès le mois de mai avec des tontes de gazon puis un abondant matelas de feuilles mortes en automne. Les camélias peuvent vivre de nombreuses années en pots, à condition qu'ils soient imposants (au moins 35 cm de diamètre) et régulièrement arrosés en plein été. Abritez-les en hiver en les disposant près de la maison et en les entourant avec du plastique à bulles, car les racines sont plus sensibles au froid que la partie aérienne. Continuez les arrosages, mais en modérant la cadence. Tous les ans, au printemps, remplacez les 5 cm de terre superficielle par un nouveau terreau nutritif. Et surveillez les attaques de cochenilles qui se repèrent aux feuilles noircies par un dépôt de fumagine.
AVEC QUI Des bambous, des fougères et du buis. Ou encore sur un tapis d'épimédiums avec des aucubas verts et des stéphanandras.

DES BEAUTÉS CLASSIQUES

'Waterlily', effet assez naturel, fleurs géométriques, rose frais ;
'Nuccio Pearl', très belle fleur plate, blanche à pourtour légèrement lavé de rose.
'Adolphe Audusson', une valeur sûre, rouge doux et sensuel.
'Docteur Tinsley', rose nacré, ressort bien sur le feuillage.
'Spring Festival', petites feuilles pointues, très nombreuses fleurs doubles rose pâle, joli effet en bouton.
'Rendez-vous', rouge grenat superbe.
'Chandleri Elegans', tellement chargé de fleurs que ses branches ploient : des froufrous d'anémones roses bien nettes, belles en transparence.
'Berenice Boddy', un camélia rose réputé pour sa résistance au froid.
Adoptez 'Magali A.' pour son port souple et ses fleurs roses : il fane très bien, en pluie de tendresse.
'Mme Lourmand' devient ivoire et tombe d'un coup. Sa discrète senteur d'aubépine attire les abeilles.

LES WILLIAMSII

Les hybrides williamsii sont des vedettes à floraison strictement printanière, aux corolles doubles ou demi-doubles, présentant l'immense avantage de tomber proprement.
'Saint Ewe' démarre le festival dès le mois de février, avec des églantines roses.
'Anticipation', à fleur de pivoine cramoisie, un poil raide d'allure.
'Bow Bells', compact et très florifère, presque trop.
'Donation', le plus fameux de tous, parfois un peu échevelé et qui devient plus dense avec une taille réalisée juste après la floraison, rose pur.
'E. G. Waterhouse', aux corolles parfaitement dessinées, rose attendrissant. Un de mes préférés.
'Elsie Jury', au froufrou de pétales roses.
'Debbie', à fleur de pivoine d'un rose foncé.
'Elegant Beauty' est remarquable une fois palissé.

CAMÉLIAS À PETITES FLEURS

Ma préférence va aux camélias sasanqua, qui fleurissent dès l'automne et souvent jusqu'en mars, offrant des églantines simples au parfum sucré, dans des tons roses ou rouge carmin.
Le blanc de 'Narumigata' est d'un romantisme absolu et son parfum probablement le plus envoûtant. Ces camélias forment des petits arbres tourmentés, les branches maîtresses prenant des postures d'estampes japonaises haute époque.
Il faut admirer ceux de M. Maymou, installé à Bayonne, sous un climat qui semble tout particulièrement plaire à ces arbustes, qui dépassent allégrement chez lui 7 m d'envergure.
On retrouve un parfum suave de jonquille chez 'Cinnamon Cindy', délicieux camélia à feuillage fin et port souple, dont la rusticité mérite d'être testée dans la zone de la vigne et en banlieue de grande ville, en microclimat protégé.

Camassia

Une fleur bulbeuse qui serait une bénédiction par sa floraison tardive et son feuillage assez abondant. Mais les coloris sont si pâles que l'on a vite fait de l'oublier…

Camomille

Sans conteste, le plus difficile sera de mettre la main sur le premier pied de la camomille idéale que je vous recommande. Car il ne s'agit pas de la camomille à tisanes, encore que celle-là soit également utilisée pour soigner les maux d'estomac ou les irritations des yeux.

Je veux vanter ici la grande camomille, une plante haute de près d'un mètre, qui forme une ou deux tiges bien dressées, s'épanouissant en dizaines de petites marguerites à cœur jaune. Son feuillage, divisé comme celui des achillées, sent le chrysanthème (ils sont cousins) quand on le froisse.

Le meilleur moyen de trouver cette fleur d'antan consiste à fréquenter les jardins de campagne, au moment où les roses fleurissent, et de voir si par hasard elle n'envahit pas les mêmes massifs. Un échange rapide de part et d'autre de la barrière, et le tour est joué : vous repartirez avec un petit pied ou des graines. Ensuite, impossible de perdre définitivement cette plante très tenace.

LAQUELLE Autant l'avouer, j'ai renoncé à savoir s'il s'agissait d'une camomille ou d'une matricaire, *Parthenium* semble son appellation la plus courante. Dans les catalogues, on la retrouve sous ce nom, du moins chez les marchands de graines car les spécialistes de plantes vivaces la méprisent souverainement.

Baumaux vend des graines de plusieurs sortes : 'Fortuna', à fleur de scabieuse ; 'Pompon blanc', double ; 'Snow Ball', à fleur en ruché comme celle d'un dahlia pompon.

Parfois, le même semis de graines récupérées au jardin donnera des sujets différents, certains avec des capitules ressemblant vraiment à des marguerites et d'autres presque sans pétales et bombées comme des boutons de nacre. Laissez donc faire la nature !

COMMENT Terre ordinaire et un peu de soleil. Sans plus.

Si on vous donne des graines, semez-les à la volée, dans un coin de jardin, au printemps. Puis repiquez les plants ou laissez-les en place pour qu'ils forment une première colonie.

Si on vous donne des plants, plantez-les en enterrant un peu la tige, sur laquelle vont apparaître des racines secondaires.

L'entretien se réduit à la suppression des plants trop serrés pour les donner autour de vous ou les repiquer dans un autre coin du jardin. Après la floraison de fin de printemps, taillez à 10 cm de haut, pour obtenir une nouvelle floraison en septembre.

Le petit truc qui change tout : surveillez les attaques de pucerons noirs qui ont lieu juste au moment de la floraison. Mais il est bien rare que l'on ait besoin de traiter car les coccinelles ne sont pas loin.

AVEC QUI Des roses anciennes ou modernes, pas trop apprêtées.

En bouche-trou dans les massifs d'arbustes encore trop jeunes.

En bordure dans le potager, parmi les plantes officinales.

Campanule

Les campanules offrent une belle diversité de taille, allant de la minuscule fleur de rocaille, qui se nichera entre deux pierres, jusqu'à la géante pyramidale qui dépasse largement la taille humaine. Et tous les bleus, tendres comme des ciels flamands ou profonds comme les encriers d'autrefois.

On ne s'étonne plus de voir les campanules utilisées à foison pour donner le contrepoint aux roses, avec une touche de blanc. Un effet classique et plein de charme.

Mais leur emploi en masses dispersées, trop peu répandu, n'en déclenche pas moins des effets surprenants. Du coup, l'on se rappelle que ces fleurs poussent ainsi dans la nature. Toutes les campanules ne se plairont pas chez vous, mais sélectionnez celles qui se régalent, et faites un bout de chemin avec elles, ce sont de bonnes compagnes de jardinage tranquille.

Les campanules s'adaptent souvent bien à la vie en pot, ce qui permet de diversifier encore les plaisirs.

Campanula persicifolia

COMMENT Si la terre est bonne, tant mieux, sinon les campanules se débrouilleront quand même. Soleil ou mi-ombre, mais on évitera le plein soleil brûlant qui décolore prématurément les clochettes.

On peut semer certaines espèces vivaces, mais c'est plutôt réservé aux bisannuelles, les cloches de Notre Dame ou 'Carillon' des jardins de curé. À semer en mai-juin, pas trop tard, car les débuts sont lents. Un premier repiquage en été, en terrine, puis mise en place tôt en automne, à 20 cm d'intervalle. Si la floraison n'est pas au rendez-vous l'année suivante, on attend encore un an.

Les autres campanules sont disponibles en godets. Veillez à ce que les racines ne forment pas un feutrage trop serré, et pratiquez des fentes avec un couteau pour laisser libre

cours à celles qui apparaîtront dans l'année. Disposez des appâts anti-limaces car elles adorent ces jeunes tiges pleines d'un suc laiteux.
Si les petites campanules sont généralement les plus coriaces, on a parfois un peu de mal avec les grandes, plus capricieuses. Cultivez-les en masses de façon que les vides éventuels soient vite bouchés par celles qui subsistent. Chaque printemps, ajoutez une dose de compost sur la terre, histoire de nourrir les racines superficielles et de maintenir la fraîcheur durant l'été.
Le petit truc qui change tout : plantez dès février quelques rameaux de noisetier ramifiés dans les groupes, de façon à soutenir leurs tiges trop souples.
AVEC QUI Les campanules à feuilles de pêcher en groupes au milieu de rues taillées, avec des lis royaux qui surgissent brutalement.
Les campanules 'Carillon' et les alchémilles, avec une bordure de violettes cornues bleues.
Les campanules naines en bordures mouvantes, le long du potager, au pied des cassissiers et des groseilliers. Ou encore en large ourlet autour d'un massif lui-même calé contre une façade et exclusivement consacré à des tulipes.
Sylvie et Pascal Quibel (Le Jardin Plume) proposent de tester la campanule laiteuse (*C. lactiflora*) en masses parmi les branches basses d'un amélanchier, d'un noisetier ou d'un rosier arbustif. Selon eux, elle ferait également grand effet en masses dans un coin de prairie, parmi les herbes folles, pour apprécier les variantes allant du blanc au bleu ciel quand il s'agit de plants issus de semis.

Capsule

Vous avez déjà vu le fruit du pavot : il ressemble en effet à une capsule spatiale, avec plein de petites ouvertures latérales par où s'échappent les graines. Les capsules de pivoines et d'iris gigot sont décoratives quand elles s'entrouvrent pour dévoiler des graines belles comme des perles.

PETITES CAMPANULES

La *Campanula poscharskyana* (c'est le nom officiel tellement agréable à prononcer de la campanule des murailles, une espèce fort proche s'appelant *portenschlagiana*, ce qui n'est guère mieux) offre des étoiles effilées bleu tendre, et blanc à peine lavé de bleu chez 'E. H. Frost'. Avec ses 15 cm de hauteur, elle formera un tapis lumineux à l'ombre des arbustes et même au pied des arbres fruitiers, et bien sûr dans une rocaille ou en bordure.

CAMPANULES MOYENNES

Un peu plus haute, la campanule des Carpathes (*C. carpatica*) offre des clochettes plus grandes, largement ouvertes et tournées vers le visiteur. Particulièrement jolie dans sa forme blanche (25 cm).
La campanule à feuilles de pêcher (*Campanula persicifolia*) est une valeur sûre. On vous proposera peut-être des formes doubles blanches, mais je reste tendrement attaché à la forme classique à fleurs bleues ou blanches mais simples. Pas toujours très durable, car les touffes meurent à force de fleurir, mais elle se ressème généralement avec allégresse, et l'on n'en manque jamais.

La *Campanula glomerata* est bien particulière car ses fleurs violet intense sont groupées en têtes, parfois grosses comme une orange chez Superba. Un impact visible de loin, mais qui reste dans une tonalité jardin de curé. Si vous coupez l'extrémité des tiges principales en dessous des fleurs fanées, des tiges secondaires se formeront, avec une nouvelle floraison à la clef, en juillet (40 cm).
La campanule Carillon (*C. medium*) est bisannuelle. Adorable floraison en grosses clochettes blanches, violettes ou roses. Si vous êtes particulièrement patient, vous pouvez couper avec l'ongle les fleurs fanées, d'autres surgiront à leur place. Mais restez fidèle aux formes simples, les doubles manquent singulièrement d'élégance.

GRANDES CAMPANULES

Les grandes campanules, *Campanula latifolia, lactiflora* ou *pyramidale*, sont bien spectaculaires, mais aussi parfois capricieuses. Un comble dans un genre si sympathique. À tester pour voir si vos doigts verdissent. Commencez donc par *C. lactiflora* 'Loddon Anna', qui dépasse 1,2 m et fleurit bleu tendre en été.

CAMPANULES SAUVAGES

À côté de ces campanules relativement civilisées, il existe quantité d'espèces sauvages, qui ne manquent pas d'attrait dans les parties décontractées du jardin, en clairière et en sous-bois : *C. trachelium* (à feuille d'ortie), *rapunculoides* (la fausse-raiponce des vieux potagers), *primulifolia, punctata, alliarifolia*. Testez si vous êtes faits l'un pour l'autre, cela ne vous ruinera pas, et votre jardin y gagnera en caractère.
En revanche, passez votre chemin si vous rencontrez la très monstrueuse 'Elizabeth', qui peine à conserver la tête haute tant ses clochettes sont énormes.

Canna

Je suis comme vous, pas plus emballé que cela par les cannas pétrifiés et pétrifiants des corbeilles municipales. Peu de fleurs font autant penser à des imitations en plastique. Mais les cannas n'y sont pour rien, et il ne faudrait pas oublier que leur feuillage a une certaine prestance, et que l'ensemble apporte une touche exotique. Tirez-en parti de façon plus amusante, en n'oubliant pas que cela implique des arrosages suivis et une présence indispensable au mois d'août, sinon adieu la jolie scène, et bonjour le vide. Les coloris saturés s'accordent bien avec des fleurs exotiques. On est loin du jardin incrusté dans la sauvagerie, mais près de la maison, en avant scène de la véranda, pourquoi pas…

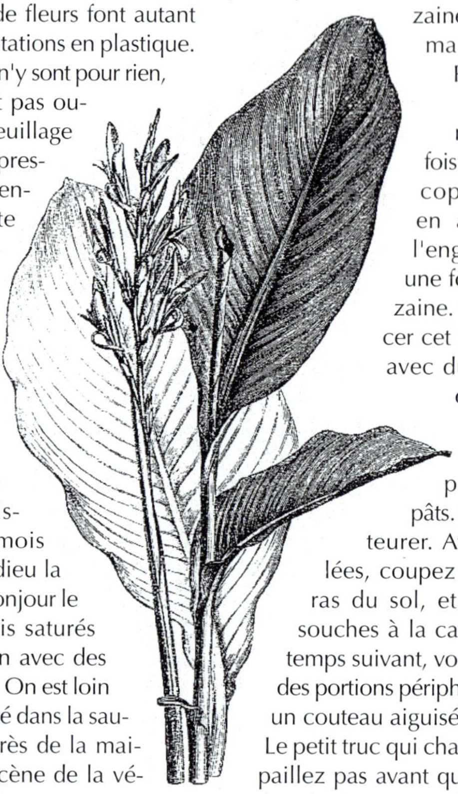

LEQUEL Amusez-vous avec les cannas à feuillage pourpre comme 'Di Bartholo', rose carminé ou 'Grand Duc', orange cuivré. Le canna à feuillage panaché est décidément trop kitsch. De toute façon, donnez la priorité aux cannas dits nains qui culminent déjà à plus d'un mètre de haut. Les autres sont souvent plus exigeants en chaleur et trop tardifs pour faire de l'effet ailleurs qu'en Aquitaine et pays Basque. Parfois, on tombe sur le canna rustique, curieusement dénommé Tous les mois : adoptez-le pour son seul feuillage car la floraison est peu marquante.

COMMENT Les cannas demandent la terre la plus riche qui soit, obtenue à force d'apports de terreau et de compost bien mûr. De l'eau, en rasades de plus en plus copieuses, depuis juin jusqu'en septembre. Du soleil, sans limite.

Achetez les rhizomes secs en février-mars et mettez-les en végétation, en pots individuels au chaud dans la véranda ou sur un radiateur, près d'une fenêtre plein sud. Mettez en place pendant la deuxième quinzaine du mois de mai seulement. Prudence ! Arrosez au moins deux fois par semaine, copieusement, en ajoutant de l'engrais soluble une fois par quinzaine. Pour renforcer cet effet, paillez avec du fumier ou du compost. Protégez des limaces par des appâts. Inutile de tuteurer. Avant les gelées, coupez les tiges au ras du sol, et rentrez les souches à la cave. Au printemps suivant, vous séparerez des portions périphériques avec un couteau aiguisé.

Le petit truc qui change tout : ne paillez pas avant que le sol soit chaud, sinon vous bloquerez la végétation.

AVEC QUI Des cosmos blancs pas trop hauts, comme 'Sonata', pour que seuls les bouts des feuilles et les fleurs des cannas en émergent.

Des kochias bien raides comme des petits soldats et des gauras toutes légères, pour le contraste.

Des amarantes et des tabacs blancs odorants, sur fond de ricins géants.

Une simple touffe calera un angle de potager.

Vous obtiendrez une scène exotique à souhait en associant les cannas avec les coléus, les colocasias, les amarantes et les ricins, sans oublier des impatiens, des acalyphas, des pentas et des pervenches de Madagascar. Ajoutez en arrière-plan des tabacs sylvestres géants, et parsemez de cannes à sucre pourpres.

Un conseil : surveillez attentivement le compteur d'eau !

Capucine

Cela commence souvent comme un souvenir d'enfance, l'évocation d'un jardin assoupi de soleil, une promenade entre les rhubarbes et les cassis. La capucine ne ressemble à aucune autre fleur avec sa forme en capuche, son coloris chaud et velouté à la fois, ses feuilles en bouclier rond qui se chevauchent à l'assaut du moindre espace.

Et avec cela un tempérament à contrariété : elle apprécie la chaleur pour démarrer, puis la supporte moins bien et se venge en fin d'été en devenant folle, envahissant les plantes voisines qui n'y comprennent rien. C'est tout autant une fleur policée qu'une bouscule-tout. Pas étonnant que les enfants (et les grands enfants que sont les jardiniers) l'apprécient tant ! Le type-même de la fleur qui apprend l'indulgence.

LAQUELLE Pour garnir un grillage dont vous n'êtes pas fier ou un treillage orphelin de sa clématite, rien de tel que la grande capucine : 3 à 4 m de verdure et des fleurs orangées durant tout l'été. C'est aussi un redoutable couvre-sol qui vient même à bout du chiendent. Dans le célèbre jardin de Claude Monet à Giverny, cette capucine ourle la grande allée.

Les capucines naines ont fait beaucoup de progrès et l'on trouve désormais des variétés qui savent rester à leur place, et portent haut les fleurs au-dessus du feuillage, alors qu'autrefois elles nous la jouaient dans le registre de la timidité. La série des 'Florissimo' est exemplaire (Royalfleur).

La capucine 'Impératrice des Indes' serait un autre chouchou si elle était plus fiable : son feuillage n'est pas toujours aussi rouge foncé qu'on le voudrait et elle peut devenir une fière envahisseuse.

La capucine 'Alaska', à feuillage panaché, fait un peu plus artificielle que les capucines vert uni mais sans exagérer néanmoins. Elle fera merveille au potager pour faire chanter les légumes alentours.

Les capucines à fleurs très doubles, comme 'Hermine Grashoff' et 'Margaret Long', sont plutôt des bizarreries à héberger en potées.
Bien à part également, la capucine canari apprécie la mi-ombre, et adore se glisser dans les branches des arbustes, où elle égrène ses fleurs aux fines ailettes jaune acidulé. Enfin, la capucine *speciosum* est une capricieuse difficile à amadouer. On peut s'en passer sans remords.

Capucine naine

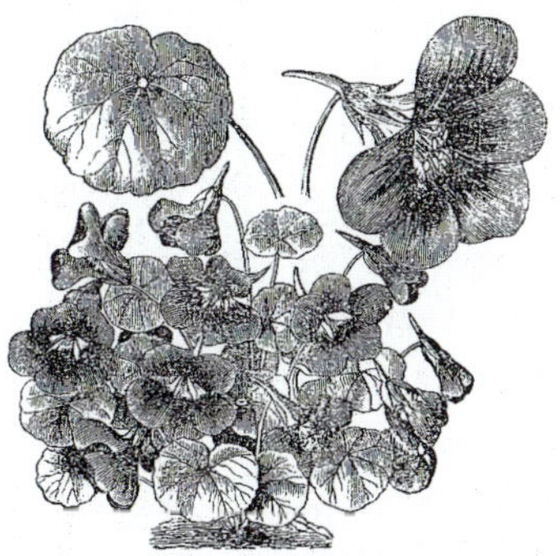

COMMENT Il faut du soleil pour les capucines (hormis la canari), et surtout de l'air. N'importe quelle bonne terre de jardin, y compris très argileuse : attention aux sols trop riches qui la rendent folle, foisonnante d'un feuillage où nichent à grand-peine quelques fleurs.
Semez les capucines en avril, directement en place dans un sillon de 4 cm de profondeur à raison d'une graine tous les 15 cm, ou comme les haricots, en petits poquets.
Recouvrez les graines, qui sont grosses comme des pois, d'un simple coup de griffe.
On peut aussi les semer en pots à raison d'une graine pour un pot de 15 cm de diamètre ou de quatre pour une petite jardinière, dans un mélange de terreau de rempotage et de terre de jardin à parts égales.
N'oubliez pas d'enlever les fleurs sitôt fanées des variétés à corolles doubles, qui ont tendance à fleurir massivement en juillet puis à s'arrêter brusquement si on ne le fait pas. Les simples se passent d'entretien. Comptez un arrosage copieux par semaine pendant la canicule. On peut pailler avec des tontes de gazon, mais sans exagérer l'épaisseur sinon la pourriture fera rage.
Si un pied isolé est envahi de pucerons, supprimez-le et l'invasion s'arrêtera souvent d'elle-même. À noter que les semis spontanés sont généralement indemnes de pucerons.
AVEC QUI Des tabacs blancs, des zinnias nains et des belles-de-jour, dans un ensemble plein de naïveté. Au potager, parmi les choux et les poireaux. Le même mélange en version chic peut se réaliser avec des choux 'Redborn', frisé et rouge foncé, ou le fameux 'Noir de Toscane', en habit vert bleuté.
En massif bas, avec des célosies jaunes et orange, des pennisetums apportant une touche de légèreté.

CARDIOCRINUM

Pas la peine de vous ruiner car le lis géant de l'Himalaya est trop capricieux. Les limaces vous en débarrasseront en un rien de temps. À 100 F le bulbe, quel scandale ! En montagne, il serait sûrement plus à son aise : il apprécie en effet les sols riche en humus et surtout une ambiance fraîche en été.

CARDON

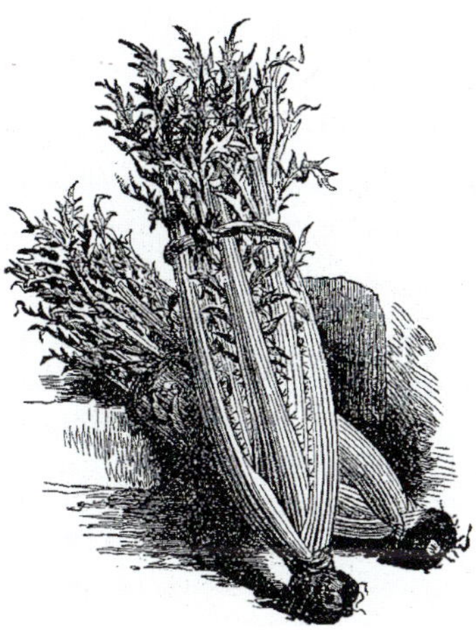

On n'est pas obligé d'être Lyonnais ou Suisse pour apprécier le cardon, un des plus fins légumes qui soient, l'un des plus chers aussi. Ce cousin de l'artichaut demande plusieurs mois de culture assidue avant le blanchiment qui attendrit les côtes des feuilles. On n'a plus qu'à cuire et servir en gratin.
Par ailleurs, le cardon est une plante d'une rare élégance, et c'est bien pour cela que je vous le recommande en priorité.
LEQUEL Le cardon blanc sans épine est celui proposé le plus souvent en graine ou en plant. Si vous franchissez la frontière suisse (avec ou sans valise), procurez-vous le rarissime cardon de 'Plain Palais', un épineux réputé pour la finesse de sa chair. Il porte le nom de la localité où les maraîchers le cultivaient autrefois, à deux pas de Genève.
COMMENT Semez le cardon quand le sol est chaud, en mai, directement en place, ou mieux encore en godets, placés au chaud pour faciliter la germination. Dès que les graines lèvent, ne conservez que le plus beau plant de chaque godet.
Mettez en place un mois plus tard, en espaçant d'un bon mètre en tous sens. Éparpillez des appâts antilimaces car ces dernières adorent le jeune cardon.
Comme tout légume digne de ce nom, le cardon adore les sols riches et frais, et a besoin du maximum de soleil. Le reste du temps, il vivra sa vie sans vous ennuyer, à condition de l'arroser de temps à autre. Un paillage nutritif à base de vieux compost le ravira.
Vous pouvez resserrer la touffe et l'entourer de carton pendant deux semaines avant de récolter. Laissé en place, le cardon traverse en général bien l'hiver et fleurit en mai. Spectacle superbe.
Coupez court, et le feuillage restera décoratif le reste de la belle saison. Un pied de cardon peut ainsi survivre près de dix ans si la terre est saine.
AVEC QUI Ponctuez avec le cardon vos tapis de fleurs un peu trop monotone. Il en suffit de trois pour créer une ambiance raffinée.
Associez le cardon et le cosmos blanc 'Purity', le zinnia 'Envy', l'amarante queue de renard, pour un ensemble généreux à souhait.

CAROTTE

C'est un fait, la carotte réussie signe le jardinier aguerri. Surtout si la performance a lieu chaque année. Le parcours d'aventure commence avec la germination, qui n'a rien d'évident, puis l'éclaircissage, généralement négligé, ce qui conduit à des plantules filiformes. Si tout se déroule bien, une mouche minuscule peut réduire à néant ce qui semblait si bien engagé. Heureusement, il existe sinon des parades absolues, du moins une marche à suivre protocolaire. Essayez-la, et vous aurez plus de chances de goûter au plaisir rare de tirer de terre des carottes impeccables, d'un orange de compétition. Et dans l'assiette, quel régal ! Alors, en route ?

LAQUELLE Commençons par tordre le cou aux variétés anciennes : désolé, la carotte ronde de Paris ou la jaune du Doubs ne valent pas un clou. Les nantaises tout court, guère mieux. Pour une fois, les hybrides F1 sont une bénédiction. Conçues pour les maraîchers, elles sont splendides, bien boutées, avec un feuillage fin qui casse d'un coup, et surtout sans cœur. Et on a beau dire, paradoxalement, une carotte sans cœur est nettement plus agréable à vivre. Avec deux variétés, une précoce et une de saison, vous êtes parés. Ne regardez pas le prix, de toute façon vous ne produisez pas des carottes pour rivaliser avec le marché, mais pour déguster des vitamines maison. À ce jour, les obtentions Vilmorin me paraissent tenir le haut du pavé : 'Primo' et 'Nanco'.

COMMENT Comme tous les légumes dignes de ce nom, la carotte pousse au soleil. La terre sera bêchée profondément, à au moins un fer de bêche, voir défoncée à deux fers, si elle vous paraît ingrate. Ajoutez un seau d'Or brun pour un rang de 5 m de long, et autant de compost maison tamisé fin. Nivelez soigneusement, puis tracez un sillon bien droit, le long du cordeau. Ce sillon sera large de 15 cm environ. Aplanissez-le, à la main s'il le faut, en émiettant les petites mottes restant après le passage de la griffe ou du râteau. Ce sillon sera profond de 3 cm, et son fond plat, j'insiste là-dessus.

Ouvrez le paquet de graines, et éparpillez-en dans la paume de votre main gauche.

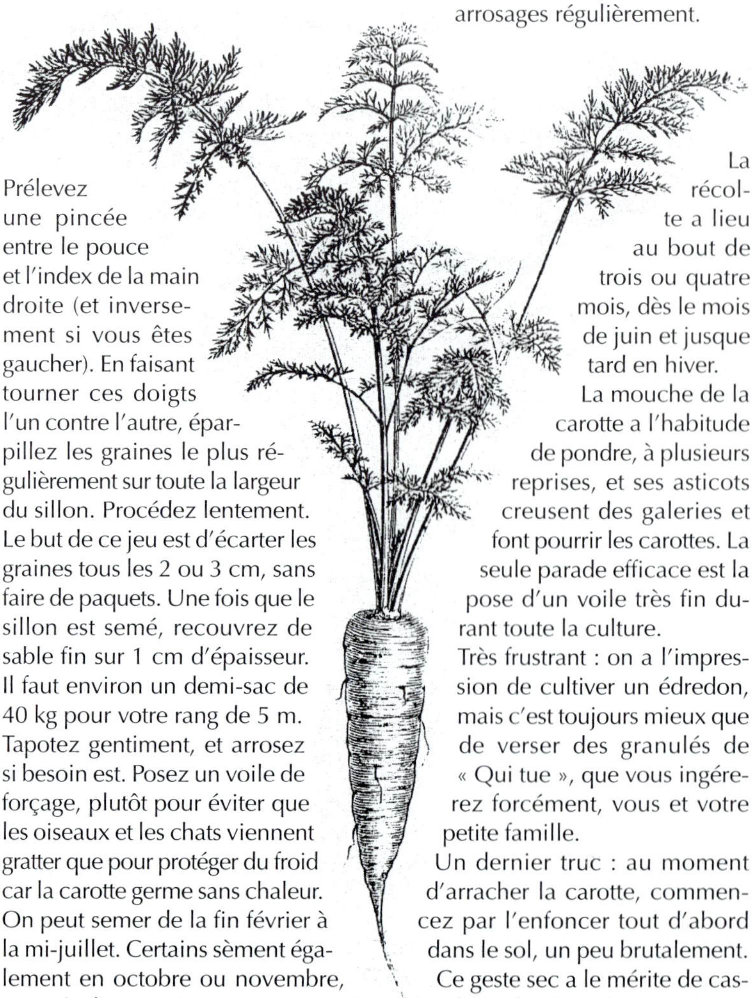

Prélevez une pincée entre le pouce et l'index de la main droite (et inversement si vous êtes gaucher). En faisant tourner ces doigts l'un contre l'autre, éparpillez les graines le plus régulièrement sur toute la largeur du sillon. Procédez lentement. Le but de ce jeu est d'écarter les graines tous les 2 ou 3 cm, sans faire de paquets. Une fois que le sillon est semé, recouvrez de sable fin sur 1 cm d'épaisseur. Il faut environ un demi-sac de 40 kg pour votre rang de 5 m. Tapotez gentiment, et arrosez si besoin est. Posez un voile de forçage, plutôt pour éviter que les oiseaux et les chats viennent gratter que pour protéger du froid car la carotte germe sans chaleur. On peut semer de la fin février à la mi-juillet. Certains sèment également en octobre ou novembre, pour récolter au printemps, mais c'est un sport réservé aux jardiniers du Sud-Ouest et du Midi, ou aux possesseurs de châssis.

La germination demande deux à trois semaines. C'est long et il faut arroser tous les deux ou trois jours, à petites rations. Quelques appâts antilimaces protégeront les plantules.

Une fois que celles-ci sont visibles, vous devrez éclaircir, car il faut laisser au moins deux doigts (5 cm) entre chaque plantule minuscule. Prenez votre temps, et glissez une toccata de Bach dans le baladeur.

Trois semaines plus tard, vous éclaircirez à nouveau pour laisser cette fois-ci 10 cm entre deux carottes contiguës (sonate de Beethoven recommandée). Je sais, de telles opérations vous fendront le cœur, mais ces deux éclaircissages sont absolument indispensables. Continuez les arrosages régulièrement.

La récolte a lieu au bout de trois ou quatre mois, dès le mois de juin et jusque tard en hiver.

La mouche de la carotte a l'habitude de pondre, à plusieurs reprises, et ses asticots creusent des galeries et font pourrir les carottes. La seule parade efficace est la pose d'un voile très fin durant toute la culture.

Très frustrant : on a l'impression de cultiver un édredon, mais c'est toujours mieux que de verser des granulés de « Qui tue », que vous ingérerez forcément, vous et votre petite famille.

Un dernier truc : au moment d'arracher la carotte, commencez par l'enfoncer tout d'abord dans le sol, un peu brutalement. Ce geste sec a le mérite de casser les radicelles : du coup, la carotte s'extirpe ensuite très facilement, sans que vous ayez à chercher une bêche. Coupez les fanes sinon elles vont épuiser la racine en un rien de temps.

AVEC QUI On alterne classiquement la carotte et les oignons ou les poireaux. C'est joli mais ne dissuade nullement la mouche de repérer son plat préféré.

Pour la fantaisie, disposez un rang d'œillets d'Inde orangés juste à côté de vos carottes. N'oubliez pas que les fanes de carottes débordent d'environ 25 cm de part et d'autre du rang.

CAROTTE SAUVAGE

On a mis longtemps à s'apercevoir que notre flore de jardin manquait cruellement d'ombellifères. Or c'est beau, une ombelle, et il suffit de voir une carotte fleurir pour regretter que sa culture sur deux ans complique tant la vie pour l'intégrer aux massifs de fleurs habituels.

La parade existe grâce à l'ammi, une ombellifère à cycle de vie annuel, donc capable de fleurir en été après un semis printanier. Vous pouvez la semer directement ou en godet pour la mettre en place au bout de cinq semaines.

L'*Ammi visnaga* (1 m) est nettement préférable à l'*Ammi majus* que l'on voit maintenant beaucoup en bouquets chez les fleuristes mais dont la silhouette est trop grêle. Le feuillage de l'*Ammi visnaga* est plus stable et décoratif, et ne se dessèche pas en pleine floraison. Il est bon de la tuteurer discrètement car ses têtes sont lourdes. L'effet est ravissant entre des choux frisés, ou parmi des cosmos roses. Associez-la également aux grandes immortelles ou aux tabacs 'Sensation' pourpres.

Du côté plantes vivaces, outre les angéliques, les astrances, les bupleurums, les chardons bleus appartiennent à la même famille que la carotte mais ne lui ressemblent guère. Rabattez-vous sur l'*Anthriscus sylvestris* 'Ravenswing', dont les ombelles blanches sont mises en valeur par le feuillage d'un brun noir puissant (1 m environ).

Le *Selinum tenuifolium* est un peu plus haut et ses ombelles admirables durent deux bons mois.

En plus petit, le *Cenolophium denudatum* fait un peu le même effet (catalogue Jardin Plume).

Silaum silaus fleurit à 1,4 m, en ombelle couleur pastis. Dans sa pépinière (Ellébore), Nadine Albouy l'associe avec *Cephalaria gigantea*. Très subtil.

Pour la mi-ombre, le cerfeuil rose (*Chaerophyllum hirsutum* 'Roseum') permet d'occuper le terrain et de fournir un écrin aux narcisses botaniques. Il culmine à 40 cm et fleurit juste après dans un rose mauve tendre de vieille dame anglaise. Admirable en compagnie du *Geranium phaeum* qui se régale dans ces conditions. Toutes ces fausses carottes sauvages se plantent à l'automne de préférence.

CARPENTERIA

Un seringat à feuillage persistant, comme si on en avait besoin... De plus, il n'est pas tout à fait rustique et perd des rameaux entiers par dessèchement brutal. À oublier.

CARYOPTÉRIS

Son bleu si doux, qui évoque la fraîcheur des pastilles de menthe d'autrefois, sied bien à la lumière dorée de la fin de l'été, en compagnie de toutes les marguerites dorées qui fleurissent à un moment où rares sont les arbustes à s'épanouir.

Quand on les frôle, les fleurs mousseuses, réunies par petits bouquets entourés de feuillage gris-vert, faisant ployer ce buisson souple, embaument d'une drôle de senteur âpre et aromatique.

Ce petit arbuste ne dépasse guère 1,20 m et reste d'apparence discrète neuf mois sur douze.

LEQUEL 'Heavenly Blue', un bleu sombre, oriental, réellement divin, plus tonique que le type. Mais laissez tomber 'Worcester Gold' au feuillage doré, chichiteux et prêt à tourner de l'œil au premier coup de froid. Parfois, on se demande si les pépiniéristes ont du bon sens...

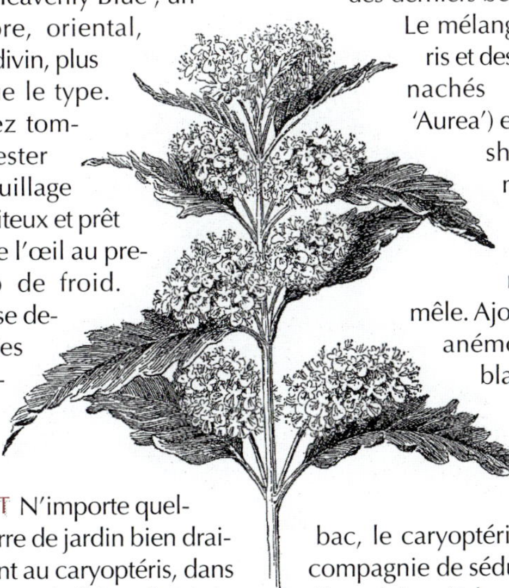

COMMENT N'importe quelle bonne terre de jardin bien drainée convient au caryoptéris, dans un endroit ensoleillé et abrité des courants d'air. Choisissez un plant bien touffu, et plantez-le dans un trou de 30 cm de côté comblé avec du compost bien décomposé.

En mars, coupez les rameaux à 15 cm de hauteur pour les encourager à repartir vigoureusement, car le caryoptéris a tendance à rester grêle sinon. Plus tard, n'hésitez pas à éliminer les pousses faibles pour encourager l'apparition de nouveaux brins bien vigoureux et florifères.

Il n'est pas rare qu'un pied de caryoptéris décède brutalement ou ne redémarre pas au printemps. Ne vous lamentez pas et n'accusez personne. Plantez-en un nouveau, voilà tout.

AVEC QUI Des chrysanthèmes ou des asters blancs, en bouquets de senteurs et de couleurs un brin nostalgiques.

Des rudbéckias 'Gloriosa Daisy', des asters demi-nains roses ou bleus, des anémones du Japon, des chardons 'Boule d'Azur'.

En mélange avec des rosiers remontants à fleurs simples ou doubles, rose tendre de préférence, 'The Fairy' ou 'Prima' par exemple. Devant, installez des cératostigmas.

Plus tendance : mélangez les caryoptéris et les pérovskias avec des *Verbena hastata* dans un océan de grandes graminées. Une scène à déguster en plein soleil, durant tout l'automne, dans la senteur émouvante des derniers beaux jours.

Le mélange des caryoptéris et des cornouillers panachés (*Cornus alba* 'Aurea') est carrément flashant mais en même temps supportable quand la douce lumière d'août s'en mêle. Ajoutez des grandes anémones du Japon blanches, et prenez du recul pour déguster.

Sur la terrasse, en grand bac, le caryoptéris sera parfait en compagnie de sédums 'Matrona' et d'heuchéras 'Palace Purple'.

CASSIS

Juste pour le plaisir de frôler son feuillage si odorant qu'il sert de référence pour certains vins. Les baies noires prolongent cette émotion olfactive, et vous permettent de confectionner des confitures somptueuses, et des ratafias maison mémorables.

LEQUEL Le 'Noir de Bourgogne' est le plus parfumé, mais sera nettement plus productif si vous l'associez au 'Géant de Boskoop' pour une meilleure fécondation. 'Andega' est une variété solide autofertile.

COMMENT Plantez de novembre à mars soit des plants présentés à racines nues, soit des sujets élevés en conteneur. Dans ce dernier cas, démêlez l'enchevêtrement des racines. Une terre moelleuse et assez riche leur convient. Le calcaire ne lui fait pas peur. Du soleil avant tout. Ce n'est pas un hasard si les Bourguignons ont planté beaucoup de cassis à la place de la vigne frappée par le phylloxéra dans l'arrière-pays.

La taille annuelle est recommandée, en mars, et consiste à sélectionner les tiges récentes, à l'écorce lisse, et à couper au ras les anciennes, surtout celles situées à l'intérieur des touffes. Cette taille se réalise juste après la récolte. Avec 6 à 10 branches, une touffe est constituée. Ayez constamment en tête que le cassissier, contrairement au groseillier, produit essentiellement sur les jeunes tiges.

AVEC QUI Exigeant en lumière, le cassis adore vivre en haie, les pieds espacés de 2 m les uns des autres. Dans les premiers temps, faites pousser dans les vides des cosmos, des zinnias ou des reines-marguerites. Un tapis de fraisiers sera aussi le bienvenu.

CASSIS-FLEUR

Ces arbustes ont bien failli disparaître par manque d'imagination : on ne nous proposait que la variété la plus ringarde, un 'King Edward VII' au rouge triste à souhait. Alors qu'il en existe de bien plus glamours (allez jeter un coup d'œil du côté des groseilliers odorants).

LEQUEL Essayez de dénicher un groseillier à fleurs roses plutôt que les *Ribes sanguineum* classiques comme 'King Edward VII' ou 'Pulborough Scarlet'.

Ribes sanguineum

COMMENT Les cassis-fleurs sont des arbustes faciles à vivre. Installez-les pendant l'hiver, dans un sol ordinaire, en exposition recevant au moins une demi-journée de soleil. Paillez à partir de juin, avec des tontes de gazon. La taille est recommandée pour rendre la silhouette plus trapue et renforcer l'impact de la floraison. Agissez en juillet et coupez les rameaux nouveaux à moitié de leur longueur. Même si cela va plus vite avec une cisaille à haie, effectuez-la au sécateur pour obtenir un effet moins rigide.

AVEC QUI Les cassis-fleurs sont des partenaires rêvés pour les viornes, les lilas blancs, les seringats et les deutzias. Évitez le clash avec les fleurs jaunes qui ne leur vont pas au teint.

CATALPA

Il suffit d'un catalpa dans un jardin pour trouver le parasol quasi idéal. Les feuilles apparaissent tardivement au printemps, ce qui permet de profiter du moindre rayon de soleil, puis se développent à toute allure pour former une masse à la fois dense et légère car, bien qu'elles atteignent souvent 30 cm de diamètre, elles sont relativement écartées les unes des autres, ce qui provoque de délicieux effets de contre-jour. Quant à la floraison estivale, d'un blanc strié de jaune, elle vient en plus vous gratifier d'une pluie de corolles. Et si certains regrettent les gousses de haricots géants qui leur succèdent, c'est qu'ils ne goûtent pas leur graphisme quand le vent les balance en hiver, sur l'arbre dénudé. À réserver cependant aux jardins assez dégagés car l'arbre adulte culmine à 15 m et prend autant de place en largeur.

LEQUEL Le grand catalpa commun (*Catalpa bignonoides*) est un bel arbre délié. On le distingue facilement du paulownia au fait que ses feuilles vont par trois, comme les trois A de catalpa. Il existe une version boule (*C. bignonoides* 'Nana') qui, une fois greffée sur tige, donne un arbre-sucette. Un peu bizarre. Déjà porté sur le vert blond, le catalpa existe également en version jaune (*C. bignonoides* 'Aurea'), un des arbres dorés les plus suaves qui soient. Son ombre est douce aux épidermes fragiles.

Catalpa bignonoides

À l'opposé dans la charte des couleurs, un autre catalpa (*C. bungei* 'Purpurea') présente un jeune feuillage pourpre sur des tiges de la même nuance, avec retour au vert foncé en été, comme beaucoup d'autres plantes pourpres. Moins encombrant que le catalpa ordinaire, il convient bien dans un petit jardin, mais reste encore difficile à trouver.

COMMENT Terrain normal, même calcaire, du moment qu'il y a de la profondeur. Du soleil à foison.
On mettra en place les jeunes plants achetés en conteneur, à l'automne de préférence. Bonne préparation du sol, sur au moins 30 cm de profondeur et 1 m de large. Évitez la concurrence des mauvaises herbes pendant le premier été, où l'on pratiquera quelques arrosages copieux (au moins 20 litres à chaque fois). Si le jardin est venté, on tuteurera en souplesse, avec des chambres à air de vélo récupérées par exemple.
Un paillage chaque printemps suffit. On peut tailler si l'arbre se développe de façon peu harmonieuse, mais c'est rarement le cas. Pas de parasite trop grave.
Certains conseillent de rabattre les catalpas à zéro tous les deux ans pour obtenir des feuilles géantes mais c'est bien cruel pour un effet hautement artificiel de surcroît.
Le petit truc qui change tout : si vous en trouvez chez des amis, récoltez des fruits mûrs, en automne. Semez au printemps, en terrine. Les jeunes plants peuvent être mis en place dès l'automne. Au début, croissance modérée, puis fulgurante, jusqu'à 1 m par an.
AVEC QUI Les catalpas sont de vrais arbres, à disposer en fond de jardin ou pour créer une salle d'ombre. On soulignera cet effet par une haie à hauteur d'homme, une charmille par exemple dans laquelle on perce quelques fenêtres pour éviter la sensation d'étouffement. Autour du tronc, on disposera des pavés, aux joints remplis de sable, et une collection de fuchsias ou d'orchidées en pots viendra prendre l'air à cet emplacement privilégié pendant l'été.

CATANANCHE

Une fausse vivace, à la vie souvent éphémère. Essayez-la dans un coin sauvage, en compagnie de *Stipa tenuifolia*, en terre pauvre et légère. Ses fleurs de bleuet sont suivies par des têtes argentées décoratives.

CÉANOTHE

Dans les années quatre-vingt, tout le monde a succombé à la mode des céanothes, à cause de quelques photos parues dans la presse spécialisée, et montrant des cottages en brique disparaissant sous un manteau d'un bleu incroyable. Les deux hivers catastrophiques de 85 et 87 ont remis les pendules à l'heure. Adieu les céanothes de printemps, et les bleus électriques qu'il fallait regarder avec des lunettes spéciales. Du coup, tout le genre céanothe est devenu suspect alors que *C. burkwoodii* démontrait sa résistance à -20 °C. Un mépris injustifié pour les plus rustiques, les céanothes d'été, améliorés par des pépiniéristes du siècle dernier, et qui nous valent des floraisons pastel sur des arbustes solides.

Ceanothus delilianus

LEQUEL Parmi les bleus, citons 'Comtesse de Paris', bleu indigo de juin à août, sur une hauteur de 1,20 m ; 'Gloire de Versailles', bleu ciel ; 'Topaze', bleu foncé ; 'Henri Desfossé', bleu indigo, un peu raide. Et, en contrepoint coloré, le rose 'Marie Simon', qui semble tout poudré, et sa variante 'Perle Rose', nuancée de bleu quand on la voit de loin. Parmi les persistants, le *Ceanothus thyrsiflorus* 'Zanzibar' tente une percée dans les gammes pour jardinières : son feuillage panaché très lumineux ne manque pas de noblesse. Laissez-vous tenter.
COMMENT Un sol drainé qui ne se gorge pas d'eau en hiver. Du soleil au maximum mais un léger ombrage ne leur nuit pas.
On trouve ces céanothes en conteneurs, que l'on installera au printemps de préférence car, quoiqu'ils soient rustiques, il vaut mieux leur éviter un premier hiver difficile. Quelques arrosages suivis jusqu'en septembre assureront une bonne reprise.
On taillera en avril, pour raccourcir de moitié la hauteur des touffes et supprimer au centre tous les rameaux anciens, devenus bruns. La floraison a lieu sur les branches de l'année.
Le petit truc qui change tout : disposez ces céanothes en groupes au-dessus d'un muret, et laissez-les tranquilles en ne taillant qu'un an sur deux. Leurs rameaux souples s'arquent avec élégance, et la floraison est très spectaculaire.
AVEC QUI Tous ces céanothes vivent bien ensemble, avec l'appoint d'armoises 'Powis Castle' au feuillage argenté. Pour caler le tout, disposez à l'arrière-plan des buddléias bleu foncé, comme 'Nanho Blue', qui n'est pas beaucoup plus grand qu'eux. Et laissez surgir quelques touffes de verveines *bonariensis*.

CÈDRE

La grande tempête de décembre 1999 a révélé la relative fragilité des cèdres, qui cassent net. Mais même avant cette catastrophe, on pouvait se poser des questions sur le bien-fondé d'installer un tel géant dans un jardin. Comptez 100 à 150 m^2 au sol pour un sujet adulte, qui ne le sera qu'au bout de cinquante ans, voire un siècle ou deux. Le plus somptueux est le cèdre du Liban, bien plus majestueux que celui de l'Atlas. Quant au cèdre de l'Himalaya, s'il pousse plus vite, il se dégarnit souvent de la base et ne prend pas un port aussi royal. Trop planté en banlieue pour que son image de marque n'en ait pas souffert.

CÉLERI

Une gageure, voici ce que sont les céleris pour la plupart des jardiniers. Même si on leur donne ce qu'ils réclament avidement, une terre qui rivalise de richesse avec les meilleurs terreaux et de l'eau en abondance, on n'est pas encore sûr du résultat. Alors pourquoi en cultiver ? Pour leur saveur, bien entendu, car un céleri rave du jardin est autrement plus tendre que les grosses boules plâtreuses du commerce. Et son cousin à tiges charnues est bien plus goûteux quand on le cueille juste avant de l'assaisonner.

LEQUEL Les céleris-raves 'Niva' ou 'Monarch' forment de grosses boules bien rondes, à la chair blanche ne ternissant pas trop vite une fois au contact de l'air.

Le céleri-branche 'Géant Doré' est impeccable pour accompagner les salades de tomates avec un croquant plein d'arômes, ou mijoté autour d'une viande blanche.

COMMENT Réservez aux céleris, qu'ils soient à côtes ou raves, la meilleure terre du potager, un emplacement cultivé depuis longtemps, où les apports successifs de terreau et de compost ont donné naissance à un humus de première qualité. Et pas loin du robinet, car les arrosages doivent être suivis et copieux. Du soleil de surcroît, comme pour tous les légumes.

Les puristes sèmeront, assez tôt, en mars, sur une terrine mise au chaud dans la maison. La levée a lieu en une semaine. On repique une première fois, à 5 cm d'écart, toujours dans le terreau pur et sous châssis, puis on met en place définitivement, courant mai, à 20 cm les uns des autres pour les céleris-branches, et 40 cm pour les raves, plus étalés. Le plant est disposé dans un petit creux. Des appâts anti-limaces assurent une protection.

Si l'on a oublié de semer, on peut se procurer des plants, jamais à racines nues mais en mottes, et en veillant à leur fraîcheur. Feuilles jaunes ou flétries à proscrire.

Tout le secret des céleris réside dans les arrosages, très suivis. On arrosera à fond une fois par semaine, et on redoublera si le temps est au sec. À partir du mois de juin, un paillage abondant à base de Mulcao évitera que le sol ne se tasse trop sous l'effet de ces arrosages, et diminuera l'évaporation. Il est tout à fait inutile d'enlever les feuilles du bas chez les céleris-raves, comme c'est parfois conseillé, à moins que ce soit pour faire une photo. Pour récolter des céleris-branches plus tendres, on les attache avec un lien de raphia une semaine avant la cueillette. Le cœur devient alors tout blond.

Céleri-branche

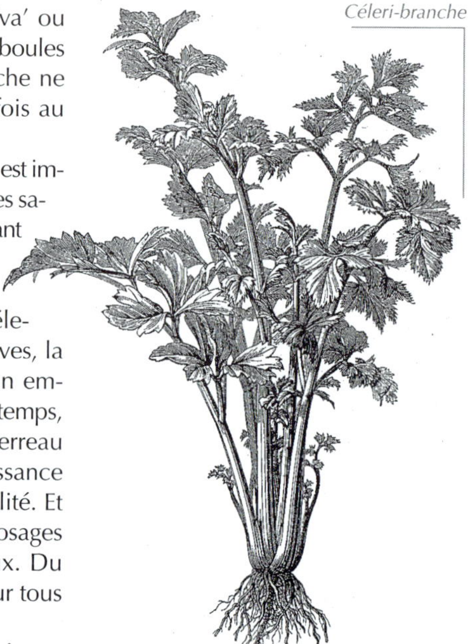

Le petit truc qui change tout : des arrosages au purin d'ortie dilué jouent un effet starter en juin-juillet. On l'obtient en disposant une brassée d'orties fraîches dans un seau de plastique rempli d'eau. Couvrez et laissez infuser quatre à cinq jours. Puis, une pince sur le nez, transvasez pour récupérer le jus, puissamment odorant. Diluez à raison d'un volume de purin pour trois d'eau pure, et arrosez avec. Un véritable concentré d'oligo-éléments et d'azote… dopage pour athlète.

AVEC QUI Les céleris sont tellement exigeants qu'ils ne supportent guère la concurrence.

CÉLOSIE

Le hasard alphabétique fait succéder les célosies aux céleris, et il y a plus d'un point commun entre eux. Une même exigence les destine aux jardiniers chanceux, possesseurs de réserve de terreau, et capables d'arroser avec le doigté et la générosité nécessaires. Mais quelle récompense que ces plumets multicolores, qui donnent un air de fête au jardin de septembre, quand les dahlias se croient seuls en vedette.

LAQUELLE Abandonnez la célosie crête de coq aux amateurs de cervelles tapissées de velours (quoique les variétés hautes, comme 'Chief', soient sublimes en bouquets), et concentrez vos efforts sur une belle célosie à panache comme 'Century', ou l'émouvante 'Flamingo', rose à deux tons, ou 'Startrek', rose carmin plus accentué (70 cm). Fuyez comme la peste les variétés nanifiées, déjà fleuries dans leur godet.

COMMENT Cette annuelle vorace apprécie une bonne terre, profonde et riche en humus. Du soleil mais avec de la fraîcheur au pied.

Les clayettes du commerce ne proposent que des variétés nanifiées, indignes du jardin car manquant de toute prestance. Vous serez donc amené à semer vous-même, ce qui ne présente guère de difficulté car on trouve toujours un peu de place sous le châssis, en avril, pour glisser une petite terrine où semer ces graines fines. Une pincée suffit amplement. Un premier repiquage sera effectué un mois plus tard. Ne vous inquiétez pas de la petitesse du plant, il se rattrapera par la suite. On met en place à la fin mai ou en juin, en terre chaude, à 25 cm les uns des autres.

L'entretien consiste principalement en des désherbages au début, puis en arrosages au fur et à mesure que la végétation se développe. Pour aider cette dernière, on peut pailler avec du compost mûr, et arroser une fois par mois avec de l'engrais soluble. Pas besoin de tuteurer, mais en situation ventée, on pratiquera un

petit buttage des pieds, quand ceux-ci dépassent 50 cm de haut.
Le petit truc qui change tout : dès le repiquage, vous pouvez sélectionner les couleurs car les plants à tiges jaunes fleuriront de la même nuance, tandis que les rouges seront amarantes.

Célosie à panache

AVEC QUI En ligne au potager, pour donner une touche de couleur parmi les choux de Bruxelles et les poireaux bleutés.
En compagnie de gauras, derrière une haie basse de basilics à petites feuilles qui feront comme du buis.
Surgissant d'un tapis d'alysses maritimes blanches, car les célosies sont élégantes de pied en cap, ce qui n'est pas donné à toutes les fleurs annuelles.
Trouant un grand parterre de cosmos blancs de taille moyenne comme 'Sonata'. On se limitera alors aux célosies rouges.
En plantations assez espacées, avec des grands cardons laissés libres de fleurir.

CENTAURÉE

Nous retrouvons ici les cousines vivaces des bleuets, aussi solides que ces derniers sont fugaces. Des plantes pour jardins calmes, qui reviendront chaque printemps fidèlement et assureront la structure, malgré leur taille modérée, car les masses sont compactes. Sans problème.
LAQUELLE La centaurée des montagnes (*Centaurea montana*) est encore l'une des plus robustes. Elle monte à 40 cm, et ses bleuets parfois roses ou blancs sont toujours fidèles au rendez-vous en mai-juin, juste au moment où les rosiers anciens se déchaînent. Ses fleurs sentent le velours neuf. Nostalgie…
La *Centaurea dealbata* offre un feuillage plus découpé et vert grisâtre. Fleurs rose lumineux chez 'John Coutts', qui grimpe à 70 cm et peut servir en bouquet.
Les centaurées jaunes étonnent toujours par leur côté houppette. La plus connue est la *Centaurea macrocephala*, qui épanouit à près de 1,20 m ses gros boutons marron s'ouvrant en pompons jaune vif. Mais ces derniers ne sont pas toujours très nombreux.
COMMENT Tout sol ordinaire, même celui que l'on retrouve après des travaux autour d'une maison neuve, leur convient. Augmentez simplement la capacité de rétention d'eau avec un peu de tourbe. Plein soleil de préférence.

Centaurea dealbata

On se procure des godets facilement, à toutes les saisons, ce qui permet une implantation programmée ou instantanée selon les besoins. Entaillez les mottes de racines si celles-ci vous semblent former un feutrage trop serré. Disposez des appâts anti-limaces car celles-ci se régalent des jeunes pousses. Par la suite, on est tranquille. Arrosages suivis en été pour assurer une reprise vigoureuse.
On peut laisser en place de nombreuses années. Les touffes deviennent alors très denses. Tous les cinq ans, en septembre, on arrachera le tout avec une fourche-bêche, puis on triera les rejets du pourtour, munis de racines. Replantation immédiate, avec cadeaux pour les voisins.
Le petit truc qui change tout : paillez autour des touffes, les deux premières années, avec des tontes de gazon par exemple.
AVEC QUI Les centaurées des montagnes font merveille auprès des rosiers anciens roses ou blancs. À essayer également en masse près de lilas pourpres, mais cette scène manquera de couleur le reste de l'année.
Grâce à son feuillage au revers argenté, la centaurée 'John Coutts' constituera un coussin apprécié au pied de grands fuchsias panachés (*F. magellanica* 'Versicolor'), leur masse étant traversée par des colchiques ou des nérines à l'automne. Une harmonie de rose doux.

CÉRAISTE

Un couvre-sol de choc, mais que de temps il faut pour le désherber : les graminées trouvent toujours le moyen de pousser à travers. Admirons les jardins de grands-mères, ourlés de céraistes impeccables, mais ne nous leurrons pas : elles ont passé plusieurs heures en prière devant ce tapis d'argent.

Cépée

Se dit d'un arbre poussant dès le sol avec plusieurs troncs. Cette forme, qu'elle soit naturelle (il suffit qu'un chevreuil ou un lapin ait mangé la tige unique d'origine) ou créée d'un coup de sécateur, est esthétiquement intéressante. Planter trois arbres à 50 cm les uns des autres ne procure pas du tout le même effet.

CÉRATOSTIGMA

Un autre couvre-sol, injustement méconnu. Concentrez-vous sur le *Ceratosgtima plumbaginoides* et installez-le au printemps. Il poussera tranquillement et vous récompensera dès le mois de septembre avec des fleurs d'un bleu subtil, sur fond de feuillage rougissant par endroits. Superbe au pied des rosiers remontants, des hydrangéas ou encore des fuchsias *riccartonii*. Une fois en place, il fera de l'effet pendant une décennie, au moins.

CERCIDIPHYLLUM

J'ai été long à comprendre pourquoi cet arbre japonais si réputé ne donnait rien de bon chez moi : il aime les coins frais et l'ombrage des autres arbres. Comme cela faisait déjà trois sujets qui avaient passé l'arme à gauche, je m'en suis tenu à cette explication. Quant à ceux qui prétendent que son feuillage sent le caramel, cela fait longtemps qu'ils n'en ont pas concocté à la cuisine.

CÉRÉALES

Ne croyez pas que je sois tombé sur la tête pour vous recommander de faire pousser du blé ou de l'orge dans votre jardin. Pas question non plus de lorgner du côté de l'autosuffisance, histoire de produire son propre pain, tout le jardin n'y suffirait pas. Il s'agit tout simplement de réintégrer près de la maison d'immémoriaux compagnons, dont la beauté reste entière.

LESQUELLES Le blé tient le haut du pavé : dru et serré, un symbole à lui seul. L'orge fait plus feu follet avec ses plumets légers. L'avoine est plus haute et gracieuse : vous la reconnaîtrez au premier coup d'œil à ses épis espacés.

Le seigle se contentera des sols les plus médiocres. Pour le plein été, testez le sorgho, qui résiste bien mieux à la sécheresse que le maïs.

COMMENT Demandez son avis au tenancier de votre coopérative agricole. Une fois qu'il aura bien ri, essayez de lui extorquer un kilo de graines. Il refusera, même s'il s'appuie sur des piles entières de sacs éventrés. La loi oblige en effet à ne vendre que des sacs entiers plombés. Un voisin ou un ami agriculteur vous cédera volontiers quelques poignées, mais lavez-vous les mains ensuite car ces grains sont enrobés de tas de cochonneries.

Plus simplement et sainement, dirigez-vous vers un magasin bio et achetez des grains à germer : blé, orge, seigle ou épeautre, rien n'y manque, en paquets d'un kilo.

En octobre, préparez le terrain par un bêchage soigné, éparpillez une poignée de scories potassiques par mètre carré. Semez à la volée, assez serré : les grains seront espacés de 5 cm environ. Passez un coup de griffe pour enterrer les grains d'un centimètre, puis passez le rouleau ou posez une planche et marchez dessus. Les céréales adorent être en contact serré avec la terre. Un filet évitera que les oiseaux ne se régalent effrontément. Le duvet vert qui va naître n'a l'air de rien. Au printemps, passez le rouleau à nouveau : cette pratique barbare facilite le tallage, c'est-à-dire la formation de plusieurs tiges dès la base. À partir du mois d'avril, la progression de la végétation est fascinante. En mai, la floraison démarre. Les épis sont tout d'abord verts puis jaunissent. Quand ils ont secs, moissonnez, à la faucille, en chantonnant.

Orge

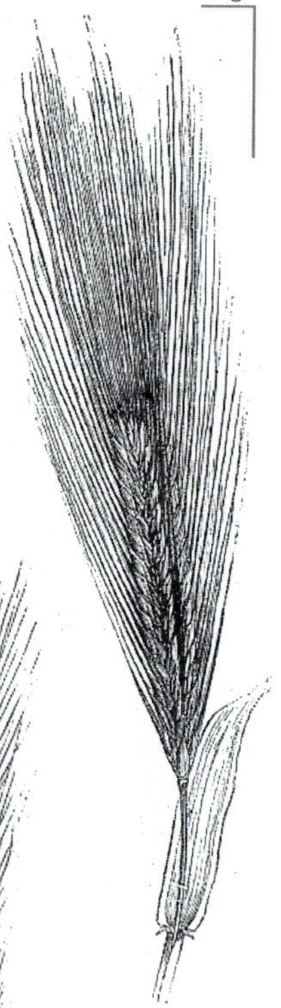

Blé

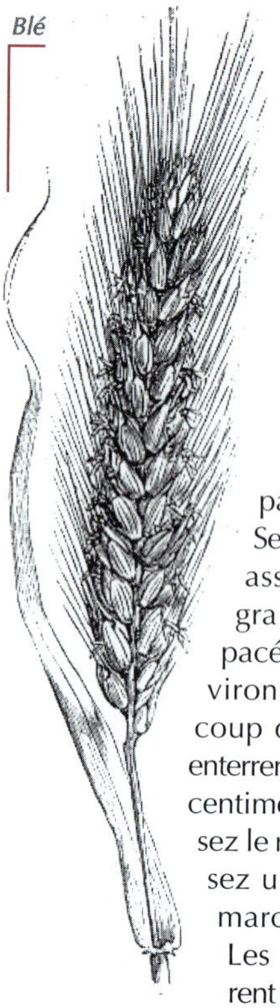

AVEC QUI Carte postale assurée mais on ne s'en lasse pas : le blé et le coquelicot adorent faire un bout de chemin ensemble. Le pied d'alouette annuel 'Blue Cloud' et la nigelle sont également des vieux compagnons des céréales. Un carré de céréales de 1,2 m de côté suffit à transfigurer le potager.

CERFEUIL

Un régal subtil, qui enchante le velouté de poireau et fait chanter les salades. Quand il est vivace, il adopte un feuillage plus large mais tout aussi décoratif, à parfum d'anis. Chacun a sa place, l'un au potager, l'autre au pied des rosiers.

LEQUEL Le cerfeuil simple est inimitable. Vivace, le cerfeuil musqué (*Myrrhis odorata*) forme des touffes denses, répandant une senteur de bistrot marseillais à chaque frôlement. Il se couronne de fleurs blanches en juin.

COMMENT Semez le cerfeuil en septembre, à la volée. Il germe immédiatement, se développe à toute vitesse et vous assurera l'approvisionnement durant tout l'hiver et jusqu'au moment où il monte à graines, en avril. Les semis effectués au printemps donnent rarement de bons résultats. Acheter du plant développé ne change rien à l'affaire.

Plantez le cerfeuil musqué en automne de préférence, en terre meuble, au soleil ou à mi-ombre. Après la floraison, il fabriquera des graines assez grosses, que vous pouvez récolter pour les ressemer ailleurs, sans plus d'attention. Rabattez les touffes immédiatement après de façon à provoquer la naissance d'un nouveau feuillage décoratif pour le reste de la belle saison.

Cerfeuil

AVEC QUI Vous trouverez toujours de la place pour le cerfeuil au potager, après les tomates, les haricots verts ou entre les poireaux. Le cerfeuil musqué est un compagnon idéal des rosiers anciens, en compagnie des ancolies et des heuchéras. Vous pouvez l'employer également comme couvre-sol entre des arbustes, éléagnus, cornouillers panachés, cotonéasters, spirées, bref tout ce qui vous passe par la tête dans cet esprit. Son feuillage sobre assurera l'unité.

CERISIER

Voici l'arbre fruitier le plus souvent planté dans nos jardins, et de loin. Mais bien des jardiniers oublient qu'il s'agit d'un arbre de première grandeur. Et ils risquent d'être déçus quand les merles et les étourneaux seront passés systématiquement avant eux. Sans oublier qu'une maladie insidieuse frappe les cerisiers depuis des années, les dépouillant de leurs feuilles dès le mois d'août. Alors, faut-il encore planter des cerisiers ? Incontestablement oui, si l'on dispose de place, si l'on est prêt à patienter quelques années, et surtout si l'on considère que croquer ses cerises un printemps sur trois est déjà une belle récompense.

Du côté ornemental, les cerisiers du Japon sont à peu près aussi adaptés à nos jardins qu'une robe à crinoline pour faire ses courses au supermarché. Ils n'ont souvent pas leur chic pour vous propulser dans le royaume du kitsch. Méfiance donc !

COMMENT Plantez le cerisier en prenant votre temps pour bien préparer le trou. Profond, ameubli jusqu'au sous-sol. Comblez avec de la terre fine mélangée d'Or brun ou de vieux compost. Et, surtout, veillez à donner au cerisier un espace suffisant : pas de voisin encombrant dans les 5 m, et le soleil à toute heure. Paillez sans souci en disposant du carton d'emballage tout autour du pied, que vous recouvrirez ensuite de tontes de gazon pour l'esthétique. Aucune taille n'est nécessaire.

Chaque automne, et au printemps avant la pousse des nouvelles feuilles, pulvérisez de la bouillie bordelaise, pour prévenir sa maladie habituelle, la moniliose, qui se reconnaît aux feuilles sèches restant attachées tout l'hiver au lieu de tomber.

AVEC QUI De ce qui précède, vous aurez saisi que le cerisier doit vivre plutôt à l'écart des arbustes et arbres. Laissez-le bien s'installer avant de songer à glisser un couvre-sol à son pied. En fait, le gazon tenu à une certaine distance du tronc est encore ce qui convient le mieux. Tranchez-le à l'aplomb des dernières feuilles, et si la vision de cette terre nue vous désole, dites-vous que ce sera plus pratique pour poser l'échelle.

Les cerisiers décoratifs que nous préconisons, et qui sont en fait surtout des merisiers, sont parfaits dans les bosquets et les haies champêtres, en compagnie des sureaux, amélanchiers, aronias, et autres aubépines et pruneliers. Ajoutez des charmes et un soupçon de houx pour l'hiver.

BEAUX ET BONS CERISIERS

Si vous n'avez la place que pour un cerisier, choisissez le 'Burlat' ou le 'Napoléon', en croisant les doigts pour qu'il y ait un autre cerisier pas trop loin pour assurer la pollinisation croisée.

En deuxième option, un 'Van', pour sa grosse cerise très foncée, une 'Griottte' pour les confitures ou un 'Géant d'Hedelfingen', une des dernières cerises à croquer en début juillet. La guigne 'Early Rivers' offre des fruits plus mous que les bigarreautiers, mais succulents. En fait, il n'y a pas de cerisier franchement mauvais. Greffé sur Sainte Lucie ou Maxma, il sera moins encombrant et donnera une première récolte plus vite. Sur merisier, il deviendra un grand et bel arbre.

Parmi les cerisiers décoratifs, nous ferons une exception pour 'Accolade', à la condition qu'il n'ait pas été vilainement greffé à 1,8 m : son port souple et ses fleurs semi-doubles valent le détour, sans parler des couleurs automnales qui mêlent l'orange et le rouge vif. Le merisier (*Prunus avium*) reste une valeur sûre, appréciée des oiseaux. Son cousin à grappes (*Prunus padus*), ajoute un parfum d'amande pendant la floraison blanche en avril-mai.

Le feuillage flamboie à l'automne et l'écorce devient brun vif avec le temps. Bien sûr, on nous objectera qu'il existe des merveilles parmi les prunus asiatiques, ceux à écorce d'acajou (*Prunus serrula*) ou encore les *Prunus suhirtella* qui pétillent tout l'hiver.

Forgez-vous une opinion en visitant quelques arboretums...

CHAMAECYPARIS

Un conifère très plastique, tellement qu'il a le don de vous transformer un jardin coquet en rond-point de banlieue. Les cultivars nains prennent moins de place, mais c'est bien leur seul intérêt. Il y a même des dorés qui mériteraient d'être interdits de vente.

CHARDON

Vous serez peut-être surpris de voir ici conseillée la plantation de chardons, mais il s'agit des plus décoratifs d'entre eux, les chardons bleus. Rejetez tout ce qui peut ressembler à des cirses ou des onopordons, véritables brassées d'épines.

Vacances à la mer ou à la montagne, ces beaux chardons sont vêtus de métal, et offrent leurs fleurs crucifiées pour les bouquets secs de l'hiver.

LEQUEL L'*Echinops ritro* mérite bien son surnom de boule azurée pour ses inflorescences globuleuses, bleu violacé, culminant à près de 1,20 m, de juin à août. Elles perdent ensuite leurs plumets violet électrique, qui sont les vraies fleurs en fait, et deviennent plus ternes, mais intéressantes néanmoins pour les bouquets secs. Coupé au ras du sol en plein milieu d'août, il ne vous en voudra pas et refleurira au contraire pour la fin septembre.

L'*Eryngium alpinum*, aux feuilles entières et aux inflorescences cylindriques entourées de bractées étroites, bleu acier chez 'Blue Star', en juillet-août. Hauteur : 80 cm. Réputé le plus beau des panicauts mais pas toujours très durable. Il aurait besoin de pluies abondantes au printemps pour prospérer.

L'*Eryngium oliverianum* a une origine incertaine. Il serait le résultat de l'hybridation entre le panicaut des Alpes et celui à fleur d'améthyste. Ses cônes sertis sur une dentelle acérée surgissent 60 cm au-dessus du feuillage, plutôt bas et bleuté. Même en automne, il reste intéressant par ses inflorescences devenues brunes en séchant.

L'*Eryngium tripartitum* porte des cônes plus petits mais nombreux et bien disposés. Le bleu et le vert argenté dominent.

COMMENT Un sol profond, pas forcément très humide car les racines iront chercher l'eau très loin. Du soleil et de l'espace autour car ces plantes n'aiment guère être serrées de près. D'ailleurs, qui s'y frotte…

Mettez en place les godets au printemps, de mars à juin, à 30 cm les uns des autres. Respectez les grosses racines charnues qui contiennent toute la vitalité de la plante. Nettoyez les mauvaises herbes qui montrent le bout de leurs feuilles.

Echinops ritro

Chaque printemps, on coupera au ras du sol les tiges ou ce qu'il en reste. À noter, les touffes d'échinops peuvent demeurer en place de nombreuses années alors que les éryngiums sont des spécialistes du « contrat de deux ans puis plus rien », mais il n'est pas rare que des semis spontanés aient lieu dans le gravier alentour. La floraison est souvent maigre voire inexistante la première année. Il faut laisser le temps aux racines de prendre franchement possession du territoire.

AVEC QUI *Echinops ritro* accompagne très bien les rosiers modernes rose pâle ou jaune crème.

Echinops ritro avec une vaste bande de *Lychnis coronaria* et une bordure d'œnothère du Missouri pour donner un peu de gaieté à la fin de l'été.

Eryngium oliverianum avec des dorycniums taillés en boule et des héléniums jaune pur.

Tous les eryngiums au milieu de graminées, en compagnie de népétas et de sauges vivaces bleues.

CHARME

En voilà un qui porte bien son nom. La charmille est revenue en grande estime depuis que le thuya montre des signes de faiblesse, et c'est tant mieux, car il y a autant de tendresse et de romantisme dans cette haie que dans son nom. D'un emploi souple, elle se prête à toutes vos fantaisies, dans un registre moins empesé que le buis.

LEQUEL Le brave charme commun (*Carpinus betulus*) est un bel arbre de 15 m d'envergure, dont les feuilles restent attachées aux branches pendant une bonne partie de l'hiver. Une fois qu'on a dit qu'elles étaient marcescentes, on a fait un grand pas vers le doctorat de botanique. La charmille est tout simplement du charme commun planté serré (1 m environ) et taillé régulièrement. Une charmille oubliée donne un alignement somptueux, avec les troncs nerveux qui s'écartent les uns des autres.

Le charme pyramidal a failli me dégoûter étant donné l'emploi inconsidéré qui en est fait dans les villes. Oubliez son allure de pain de sucre, et imaginez-le en bosquet avec des mahonias, ou encore près de la maison pour cacher une vue désagréable, d'autant qu'en taillant les branches basses, on arrive à créer une base en colonne d'un mètre de diamètre qui s'évase ensuite d'un seul coup à 2 m de hauteur.

Carpinus betulus

COMMENT Plantez le charme en motte ou alors tout jeune, vendu à racines nues en botte, pour constituer une haie. Mais, dans ce cas, ne perdez pas de temps, car les racines

sèchent vite. L'un des meilleurs moments pour installer une charmille est le mois de mars, quand les bourgeons s'ouvrent. Avec des arrosages réguliers, la reprise est excellente. Taillez ensuite dès le premier été, et de façon suivie (une fois en juin, une autre en septembre) pour obtenir une charmille bien dense, qui ne montera que de 10 cm par an.
Le charme apprécie les sols ordinaires, y compris calcaires, et le soleil ou la mi-ombre, mais toujours dans une ambiance dégagée.
AVEC QUI Le charme est exigeant et occupe tellement bien le sol que peu de plantes lui résistent. Un tapis de pervenche, de lierre ou d'épimédium conviendra, sans oublier les fraisiers caprons. Non loin de là, ajoutez un if taillé, pour le contraste en automne.

Châssis

Comparable à celui d'une fenêtre, ce cadre en bois ou en métal vitré peut être remplacé par du plastique transparent, et coiffe un coffre rempli de terreau. C'est souvent un lieu délicieux pour les plantes nouvelles, qui se requinquent en attendant que vous trouviez l'emplacement idéal pour elles.

CHÂTAIGNIER

Un bel arbre à condition de bénéficier d'un sol acide et d'un climat doux (zone de la vigne). À vous les châtaignes et les piquets de premier choix. Mais n'oubliez pas qu'il pousse relativement vite, et devient un grand arbre pourvoyeur d'ombre.

CHÉLIDOINE

Pour avoir préconisé la version à fleurs doubles de cette mauvaise herbe, je bats encore ma coulpe, et suis d'ailleurs puni, car elle pousse dans les endroits les plus inattendus. Et je m'étonne toujours de voir comment une plante aussi exubérante peut naître de plantules minuscules.

CHÊNE

Si, par chance, un chêne existe déjà dans le jardin, épargnez-le, par pitié. Même si sa silhouette est gracile durant les vingt premières années, il représente un capital beauté, prenant au fil des décennies ce port majestueux qui le caractérise, avec des branches horizontales d'une incroyable solidité qui semblent vouloir projeter à des mètres du tronc des bouquets de feuilles attendrissants dans leur relative maigreur. On voit toujours le ciel à travers le houppier du chêne, et ceci lui confère paradoxalement une impression d'éternité que lui envie le hêtre, ce parvenu au moral d'acier.
LEQUEL Le chêne pédonculé (*Quercus robur*), pour sa force. Il existe une variété fastigiée, tout en finesse. Impeccable pour remplacer les cyprès dans le nord de la France. Les feuilles une fois brunies restent sur l'arbre longtemps en automne.
Le chêne vert (*Quercus ilex*) pour ses petites feuilles épineuses et persistantes d'un vert foncé doublé d'argent quand on les retourne. Il est plus rustique qu'on ne le pense généralement, et une fois les premières années traversées sans encombre, tout va bien. Croissance d'une lenteur moins désespérante qu'il n'y paraît de prime abord : quatre à cinq mètres en dix ans. Pas si mal...
Le chêne écarlate (*Quercus coccinea*) parce qu'il fournit une version plus ramassée du chêne d'Amérique classique, aux couleurs d'automne spectaculaires. Il n'aime guère le calcaire. Hauteur 10 m, mais il plafonne souvent à beaucoup moins.
COMMENT Le tronc n'aime guère le plein soleil. On conservera autour de lui un accompagnement d'arbustes, à une certaine distance. Pour le reste, terre normale, même calcaire pour le chêne vert. Seuls, les chênes d'Amérique préfèrent un sol dépourvu de cet élément.
Armez-vous de patience si vous semez des glands. Les jeunes plants qu'achètent les forestiers n'ont qu'un an ou deux, et reprennent à coup sûr, si bien que l'on se retrouve vite à égalité avec des arbres achetés plus forts mais qui ont du mal à reprendre. En effet, les chênes élevés en conteneur sont souvent malheureux : où loger leur grande racine pivotante ? Seuls les chênes verts seront achetés de cette façon, car ils n'aiment guère être arrachés à racines nues. Plantation de novembre à mars, et arrosages copieux la première année, mais qui ne s'en serait douté ? Si vous suivez nos conseils et plantez petit, pas besoin de tuteur.

Quercus coccinea

Laissez les ramifications secondaires se développer, elles protégeront le tronc du plein soleil. Vous les supprimerez au fil des ans, en commençant par le bas puis en dégageant chaque année un peu plus haut, jusqu'à ce que votre échelle, même double, soit trop courte. Un tronc dégagé sur quatre mètres est particulièrement imposant, sur des arbres cinquantenaires.
Le petit truc qui change tout : taillez le chêne vert en fin avril seulement, puis à nouveau en fin août, s'il s'agit d'arbres sculptés.
AVEC QUI Les chênes forment la base d'un jardin. Ils distribuent l'ombre autour d'eux mais en restant accueillants. On peut faire pousser bien des arbustes sous le couvert des chênes : houx, spirées, lilas, symphorines, deutzias et viornes.

CHÈVREFEUILLE

Difficile de résister au parfum du chèvrefeuille, qui se coule dans le jardin comme pour mieux nous faire perdre la tête. Dans le genre liane peu exigeante, impossible de faire mieux, mais tenez compte de sa future vigueur. Et surtout ne vous laissez pas tenter par des chèvrefeuilles à grandes fleurs colorées mais totalement inodores. Crime !

Lonicera Serotina

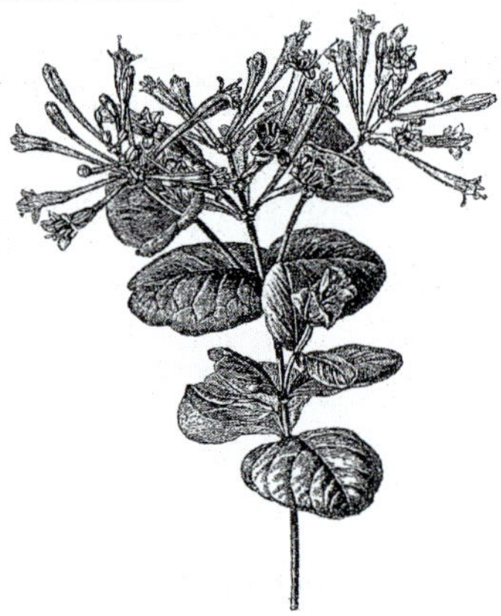

LEQUEL Parmi les chèvrefeuilles à feuillage caduc se trouvent les plus subtils de tous : 'Belgica', en fleurs dès le mois d'avril ; 'Serotina', rouge et blanc, parfumé de façon étourdissante ; et un plus lourdaud, hélas plus répandu, *Lonicera heckrotii*. 'Graham Stuart Thomas' est un délicieux chèvrefeuille caduc : ses fleurs blanches passent ensuite à un jaune tendre de vieux parchemin.

Chez les chèvrefeuilles persistants, on se méfiera de la vigueur insensée de 'Halliana', qui peut se révéler une vraie peste. Réfléchissez vraiment avant de l'installer et jamais en compagne de plantes fragiles : même le match avec la clématite des montagnes finira à son avantage !

Si le parfum n'a aucune importance pour vous, adoptez le *Lonicera tellmanniana*, un caduc aux grandes fleurs tubulaires cuivrées.

Le chèvrefeuille résille (*Lonicera japonica* 'Aureoreticulata') est une petite merveille au feuillage nervuré d'or. Effet ravissant s'il est conduit sur une armature ronde, dans une grande potée, pour orner une terrasse ombragée l'après-midi. Pour le balcon, essayez 'Honey Baby', facile à conserver compact en le taillant après la deuxième floraison de septembre.

COMMENT Le chèvrefeuille est une plante de sous-bois et de clairière : le pied à l'ombre dans une terre riche en humus, et la tête au soleil du matin est une situation idéale pour la plupart d'entre eux. Prévoyez des treillages dégagés du mur pour une meilleure aération.

On peut planter en toute saison, en n'oubliant pas de démêler les racines. Un trou bêché profondément est préférable. Paillez durant la première année et arrosez régulièrement pendant la canicule. Guidez les rameaux vers le futur support.

L'entretien se limite à une taille de nettoyage, à pratiquer en fin d'été de préférence pour les caducs, et en mars pour les persistants. On y va à la cisaille et au sécateur, pour enlever un tiers de la masse.

Lonicera sempervirens

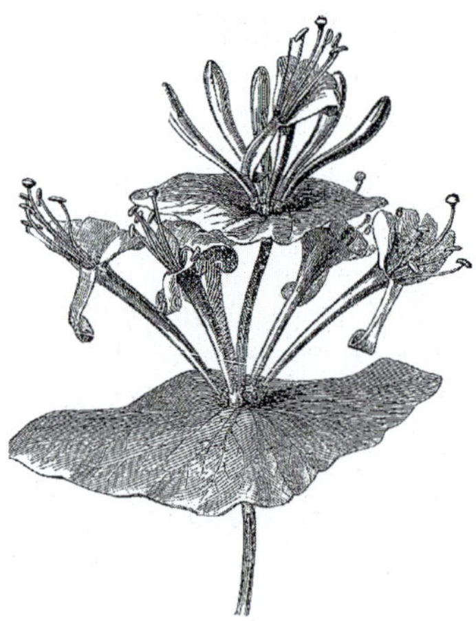

AVEC QUI Disposez les chèvrefeuilles en arrière-plan des rosiers anciens, sur une barrière.

Résistez à la tentation de planter un chèvrefeuille 'Halliana' au pied d'un vieil arbre car ce dernier en mourra plus vite, et une masse informe d'Halliana n'est pas un spectacle si gracieux que cela.

Plantez quelques chèvrefeuilles dans une haie champêtre déjà bien installée, et laissez-les se débrouiller.

CHICORÉE

On peut vraiment parler de diversité en évoquant les chicorées, car tout s'y retrouve depuis la frisée, découpée comme de la dentelle, jusqu'à la plantureuse scarole, parfois large comme un chou, et les sauvages, de toutes les couleurs. Une vraie salade caméléon comme on les aime aujourd'hui, pour donner du piquant et du swing au saladier. Les salades toutes prêtes et mélangées nous ont habitués à leur présence, mais on retrouve rarement dans le commerce leur croquant assorti d'un peu d'amertume. Vous obtiendrez des résultats satisfaisants si vous adoptez la bonne variété au bon moment car chacune a sa saison préférée.

LAQUELLE Les frisées offrent un feuillage lacinié et légèrement piquant. Ce sont les plus précoces. Donnez la préférence aux variétés les plus fines, même si elles sont moins volumineuses : 'Très fine maraîchère' ou 'Elodie' (Caillard).

Les scaroles sont plus plates et larges. On les récolte en général à partir de la fin de l'été. Attention, la surproduction est parfois embarrassante vu le calibre.

Les chicorées sauvages correspondent aux formes à feuilles entières, qui sont les plus proches des espèces sauvages. Même améliorées, elles conservent leur amertume qui change de la fadeur de tant de laitues.

Les chicorées italiennes nous charment par leur couleur rouge plus qu'appétissante : 'Trévise', 'Chioggia', 'Castelfranco', 'Trieste'... on a l'impression de voyager sans bouger du potager. À semer en plein été pour une récolte automnale.

COMMENT Terre moyenne à riche, et soleil. Comme pour toutes les salades, un fond de fraîcheur est nécessaire mais les chicorées sont moins exigeantes que les laitues.

Les graines lèvent vite à condition de leur donner un peu de chaleur. La rapidité de germination est d'ailleurs un des secrets de leur réussite car les chicorées présentent la particularité de cumuler le froid pendant leur jeunesse, et dès qu'une certaine dose est dépassée, le mécanisme de la floraison s'enclenche, ce qui explique des mises à fleurs inopinées si le semis a été réalisé trop tôt ou au frais.

Chicorée frisée

Les chicorées doivent lever en trois jours maximum. Attendez des jours meilleurs ou semez au chaud. D'autant qu'il vaut mieux semer en terrine et repiquer un mois plus tard le jeune plant. Ou encore, achetez le plant tout fait, vendu en petites mottes cubiques. Mais le choix de variétés est plus restreint et cela coûte nettement plus cher.

On repique à 25 cm d'écartement, soit plus qu'une main ouverte au maximum. Les arrosages seront suivis et assez copieux pour imprégner la terre en profondeur. À partir de juillet, on peut pailler le sol avec du fumier décomposé ou du compost maison.

Le petit truc qui change tout : liez les frisées ou les scaroles une semaine avant la consommation prévue. Cela consiste à resserrer les têtes en les maintenant coiffées avec un raphia ou une ficelle. De la sorte, le cœur blanc est plus tendre. On peut également poser tout simplement un grand pot renversé sur ce cœur. Mais n'oubliez pas de boucher le trou du fond.

AVEC QUI Vous pouvez réaliser de vraies marqueteries en mélangeant ces chicorées entre elles. Mais souvent on se contente de les aligner, ce qui est tout à fait réussi.

Plantez des chicorées italiennes entre vos choux de Chine semés en ligne au potager en août. Tout ce petit monde profitera des arrosages.

CHIONANTHUS

Un arbuste censé déverser une neige parfumée, dont nous n'avons jamais profité. Feuillage un peu banal et silhouette étriquée de surcroît. Probablement plus à son aise sous un climat continental arrosé en été.

CHOISYA

Si vous hésitez sur l'arbuste à placer, où que ce soit pratiquement, ou même tout simplement pour donner du volume à un massif, le nom de l'oranger du Mexique, ou choisya, viendra sûrement rallier les suffrages. Persistant mais gai, rondouillard mais léger, fleurissant blanc, de façon banale mais délicieusement parfumée, amoureux du soleil mais supportant l'ombre, il n'en rate pas une pour nous charmer. Alors, laissez-vous faire…

Choisya ternata

LEQUEL L'espèce-type est proche de la perfection avec son feuillage à trois lobes, d'un vert accueillant, et ses fleurs blanches en mai, puis en septembre, répandant un parfum de fleur d'oranger perceptible à plusieurs mètres. Avec cela, une forme ronde ne nécessitant aucun coup de sécateur. Il atteint 2 m de haut sur autant de large, en sept à huit ans.

La variété 'Sundance' présente un feuillage vert blond à sa naissance, s'apaisant ensuite pendant l'été. Même floraison, simplement moins visible sur cet écrin chartreuse. Rusticité acceptable mais n'aime pas le plein soleil de l'après-midi.

Dans la précédente édition de cet ouvrage, je vous mettais en garde contre 'Aztec Pearl', une nouveauté au feuillage fin : beaucoup de pépiniéristes préféraient rester prudents à son sujet, sa rusticité semblant aléatoire, et son port incertain. Depuis, j'en ai vu suffisamment pour estimer qu'il pouvait raisonnablement entrer dans un jardin, mais sans provoquer plus d'extase qu'un banal choisya vert ordinaire.

COMMENT Un sol profond et enrichi en humus de préférence. Soleil ou mi-ombre. La floraison est moins impressionnante à l'ombre, mais tout aussi parfumée.

Déjà fort décoratif quand il est petit, l'oranger du Mexique peut être installé aussi bien en automne qu'au printemps, et jusqu'en plein été, à condition de bien arroser. Pensez au développement final : il faut compter un mètre en tous sens autour de chaque choisya.

On se contente de tailler au printemps pour supprimer les rameaux qui seraient gelés. Si c'est le cas pour toute la ramure, à la suite d'un hiver catastrophe, on coupe au ras du sol en avril. En général, les souches repartent et reconstituent tout l'arbuste en quelques années.

Le petit truc qui change tout : paillez le sol en juin avec du compost maison ou des tontes de gazon.

AVEC QUI Quelques beaux orangers du Mexique donneront sa maturité à une scène de mi-ombre composée de pulmonaires et de pervenches panachées, avec des lysimaques, et en premier plan des hostas-plantains pour l'été.

'Sundance' réjouira l'œil à côté de buis taillés en cube, sur un écrin d'ibéris au feuillage sombre. Pour un coin baigné par le soleil du matin.

Les orangers du Mexique ont exactement la qualité de feuillage qui convient pour contraster en douceur avec les érables du Japon, finement laciniés. Posez le tout sur un tapis d'épimédiums avec quelques hellébores.

Mélangez les choisyas et les éléagnus pour une haie toute en rondeur, et pleine de parfum, idéale pour un jardin de ville civilisé.

Chou

La planète chou mérite bien qu'on lui consacre de la place. Il constitue l'un des plus beaux légumes qui soient, l'un des plus photogéniques également, ce qui ne va pas forcément de soi, et l'un des plus sains. Mieux, depuis quelques années, il se glisse dans les massifs et sa présence réjouit le regard et donne un second souffle aux compositions parfois échevelées en fin d'été. Moralité, pas un jardin sans choux.

Certains rétorqueront que plus personne ne mange de choux, surtout pas les énormes, et qu'un canna ou un cardon ont autant d'allure parmi les fleurs. Les uns ne remplacent pas totalement les autres, et si vous trouvez le chou plutôt désolant en cuisine, c'est que vous ne savez pas l'accommoder, voilà tout.

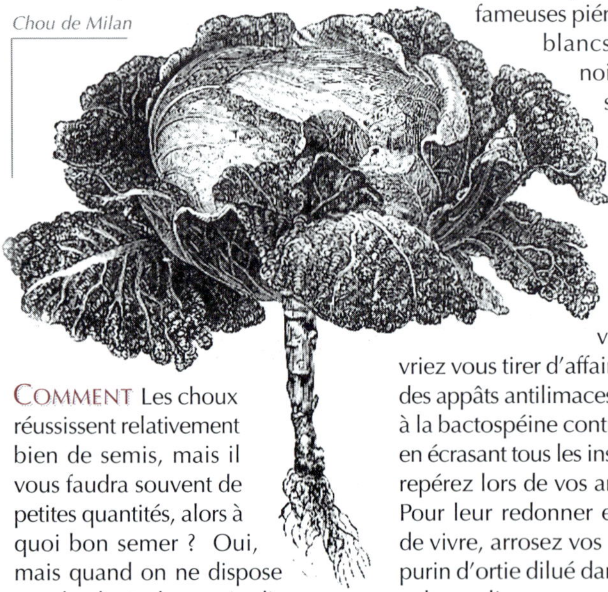

Chou de Milan

Comment Les choux réussissent relativement bien de semis, mais il vous faudra souvent de petites quantités, alors à quoi bon semer ? Oui, mais quand on ne dispose pas de plants dans sa jardinerie ou chez son horticulteur de marché habituel, vous voilà bien obligé de prendre les choses dès le commencement.

La plupart des choux se sèment en avril, se repiquent un mois plus tard, et commencent à faire de l'effet à partir de la fin de l'été. On peut encore semer en juillet des choux-raves ou encore le chou de Sibérie ou de Russie. En septembre, on sèmera du chou 'Cœur de bœuf' qui pommera à la sortie de l'hiver.

Les choux sont des voraces : préparez bien le terrain avant le repiquage, par un bêchage et l'apport d'un seau d'Or brun pour 5 m^2. Si vous en disposez, du fumier bien noir sera parfait, de même que votre compost de l'année précédente. Une poignée de chaux horticole épandue évite l'apparition de vilaines hernies sur les racines.

On repique les choux profondément, jusqu'à la hauteur des premières vraies feuilles. Arrosez régulièrement ensuite pour chasser les altises et favoriser la reprise.

Les choux attirent une quantité incroyable de parasites, dont les fameuses piérides, papillons blancs à taches noires, mais aussi les pucerons noirs ou gris, les noctuelles et les limaces. Mais même avec toutes ces pestes en prévision, vous devriez vous tirer d'affaire en disposant des appâts antilimaces, un traitement à la bactospéine contre la piéride, et en écrasant tous les insectes que vous repérez lors de vos arrosages.

Pour leur redonner ensuite le goût de vivre, arrosez vos choux avec du purin d'ortie dilué dans trois fois son volume d'eau.

Avec qui Les choux sont une des pièces maîtresses du potager. Leur beauté met en valeur tous les autres légumes. Mais n'oubliez pas qu'ils adorent disposer de leurs aises, et écartez-les en conséquence, entre eux et vis-à-vis des voisins.

Tant qu'ils sont jeunes et petits, vous pouvez mettre en place des tabacs 'Apple Blossom' ou des œillets de Chine, mais une fois qu'ils ont démarré, laissez-leur toute la place.

Chou rouge

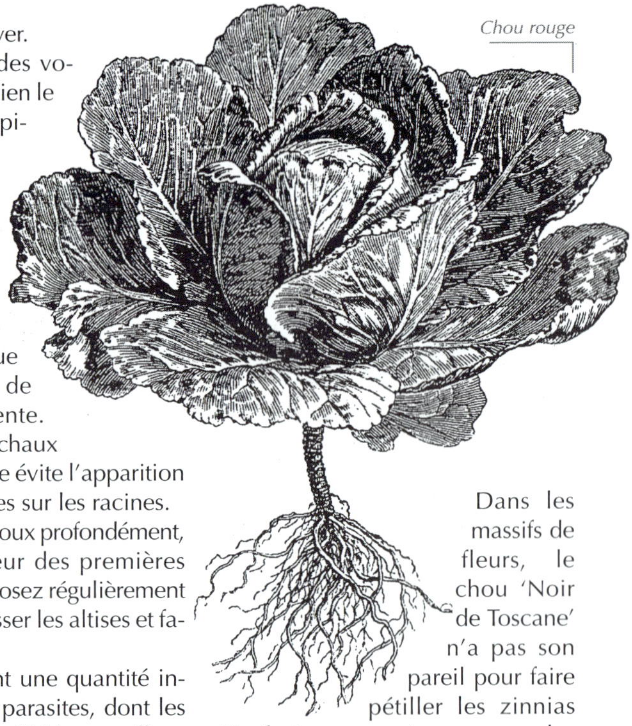

Dans les massifs de fleurs, le chou 'Noir de Toscane' n'a pas son pareil pour faire pétiller les zinnias 'Profusion orange', ou encore les sauges 'Lady in Red'. On peut aussi le faire dominer une scène de coléus panachés de jaune associés à des sanvitalias.

Le chou frisé 'Redbor' est littéralement extraordinaire avec les rudbeckias, les roses d'Inde jaune pur et les pennisetums. Ajoutez quelques pieds de gauras pour le panache.

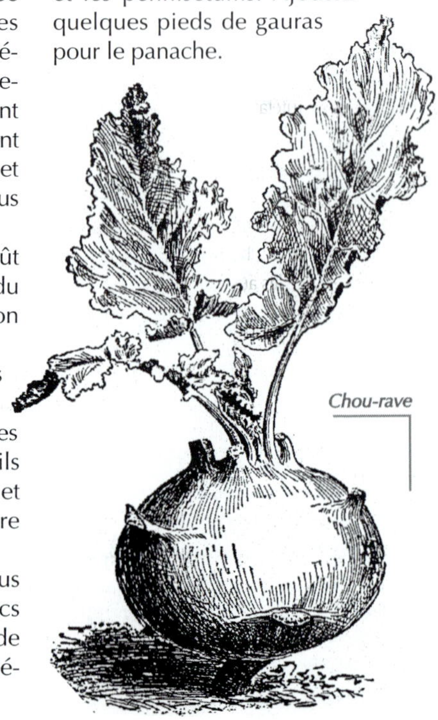

Chou-rave

CHOUX POMMÉS

Étudions tout d'abord les choux classiques, les cabus à pomme verte. La saison démarre avec le 'Cœur de bœuf', qui se déguste en avril ou mai, à l'occasion d'une journée un peu froide, avec une Morteau ou des gendarmes (les petites saucisses carrées fumées bien entendu, car la maréchaussée serait trop coriace). En été, on appréciera de temps à autre un 'Tête de Pierre', dont la pomme serrée n'éclate pas. Mais pas la peine d'en faire plus d'une demi-douzaine, le temps chaud ne prédispose pas à la soupe au chou, sauf si une ascendance portugaise vous y soumet. Notez cependant qu'une fois giselé, il procure une entrée très rafraîchissante, et nettement moins piquante que le chou rouge. Une sauce à la crème, relevée d'une pointe de Tabasco le mettra en valeur.
L'automne et l'hiver sont les vraies saisons du chou. Vous l'apprécierez lisse, comme chez le 'Brunswick' ou le 'Quintal d'Alsace', idéal pour la choucroute et souvent impressionnant par son calibre. Ou encore, en fin gourmet, vous craquerez pour le 'Milan', aux feuilles cloquées, qui devient un vrai régal une fois que les premières gelées sont venues l'attendrir. Cuit longtemps dans peu d'eau, puis passé à la sauteuse avec des oignons et des lardons, il accompagne dignement des travers de porc grillés. Le chou 'de Pontoise' a moins de finesse.

CHOUX FRISÉS

Les choux frisés, qui ne pomment pas, résistent admirablement à l'hiver. On les cultive encore couramment dans le Nord et l'Est, mais aussi, fort curieusement, au Portugal. D'ailleurs, c'est à leur présence tutélaire que vous reconnaîtrez le vrai potager portugais de banlieue.
Ces choux ressemblent beaucoup aux choux fourragers, dits aussi palmistes parce qu'ils produisent un vrai tronc, avec un toupet de feuilles au bout, comme un palmier. Il n'y a pas encore si longtemps, on cultivait ces choux pendant une année pour produire des tiges longues à souhait, découpées et mises à sécher pour former des cannes droites.
C'est parmi les choux frisés et non pommés que se trouvent les plus décoratifs de tous les choux : deux d'entre eux sont devenus des vedettes en peu d'années, et vous ne serez pas longs à les inviter dans vos massifs.
Le chou 'Noir de Toscane' (ou Laciniato) s'orne de feuilles recourbées en gouttière ou mieux encore en chistera de pelote basque. Habillés d'un vert bleuté très foncé, ces choux prennent l'allure de sculptures modernes. Hauts de 1 m, voire un peu plus, ils se dégagent des massifs un peu fous avec une grande noblesse.
Le chou 'Rebdor' est un frisé garni de feuilles sur toute sa hauteur (1,2 m). Leur couleur rouge foncé rajoute une touche dramatique. L'effet est sensible dès le mois d'août mais ne fait que se renforcer dans la belle lumière automnale.
Pour trouver ces deux choux, il vous faudra chercher longtemps, ou prendre des graines chez Baumaux ou Kokopelli. Profitez-en alors pour tester le chou rouge de Russie, court sur pattes mais frisé façon dentelle de robe folklorique.

AUTRES CHOUX

Pour continuer dans la couleur, rien de tel que les choux rouges. Le 'Tête de nègre' n'existe plus sur les rayons mais on trouve des petits cousins tout à fait approchants : 'Tête noire 3', par exemple. Ou contentez-vous de ce que vous dénicherez en plants.

Même simplicité chez les choux de Bruxelles, où les hybrides ont désormais conquis le marché ('Ajax', chez Caillard ; ou 'Jade Cross', chez Vimorin).
En revanche, il vous faudra bien faire germer vous-même le chou-rave car pas question d'en trouver des plants, hormis peut-être dans l'Est de la France où ce légume délicieux est plus connu. Chez lui, c'est la base de la tige qui s'hypertrophie, atteignant la taille d'une orange. Coupé en rondelles et cuit à la vapeur, il a tout à fait la tendresse et le goût de noisette des meilleurs choux-fleurs, sans demander autant de soins. Vous pouvez aussi le déguster râpé, avec une sauce moutarde. La meilleure variété, de l'avis général des connaisseurs, est le 'Superschmelz', car il a la particularité de pouvoir grossir sans devenir filandreux. Essayez-le, c'est un régal !
Un petit mot pour finir avec un chou dont on mange la racine, autrement dit le rutabaga. Aussi méprisé, voire plus encore que le topinambour, il est en fait un légume de qualité si on le mélange aux autres dans la potée, avec un bon morceau de viande pour donner du goût au bouillon. Sa chair jaune orangé est aussi aromatique que celle du navet, et bien plus ferme sous la dent.

Vous trouverez facilement des graines dans les coopératives agricoles car le rutabaga est employé comme nourriture d'hiver pour le bétail. Si vous allez de l'autre côté de la Manche, essayez de dénicher des variétés anglaises car le rutabaga est plus couramment apprécié sur les tables anglaises que chez nous.

CHRYSANTHÈME

Une fleur complètement perdue de réputation, alors qu'elle reste, avec la rose, une puissance économique. Mais que voulez-vous faire au jardin avec des potées de chrysanthèmes qui ont reçu de telles doses de nanifiant qu'elles vont rester plaquées au sol pendant deux mois avant de mourir sous la dent des limaces. Autrefois on pouvait encore les récupérer dans la benne du cimetière, c'était même un sport légèrement audacieux. Aujourd'hui, les potées meurent de froid sans prévenir ou attrapent une pourriture grise carabinée. Voilà qui est bien dommage car il y a des coloris craquants, et des formes de fleurs émouvantes, celles avec des pétales spatulés en particulier. Alors que faire, se rabattre sur les chrysanthèmes vivaces des pépiniéristes ? Pourquoi pas...

Chrysanthème

LEQUEL Tout d'abord des chrysanthèmes botaniques, restés tels que la nature les a conçus : le chrysanthème de neige (*C. niveum*) au feuillage très fin, argenté, ponctué de myriades de pâquerettes blanches. Superbe avec les lavandes, en plein soleil. Le *Chrysanthemum serotinum* (= *uliginosum*) est une grosse bête qui pétille de mille petites fleurs blanches dès le mois de septembre. Il apprécie les sols frais.

Il ouvre la saison pour les autres chrysanthèmes, comme le rose 'Clara Curtiss' (40 cm) ; 'Innocence', rose très pâle ; 'Meykio', aux jolis pompons rose tendre. Mais rien ne vous interdit de céder au charme de 'Duchesse d'Edimbourg', pourpre ; au grenat de 'Red Velvet' ; ou encore aux pompons blancs à cœur rose de 'White Bouquet' (50 cm).

COMMENT On ne le dira jamais assez : les chrysanthèmes se plantent au printemps et non en automne quand ils sont en fleurs. Mais comme à cette saison on est à des lieues de penser aux futurs jours gris, on oublie généralement de les mettre en place, jusqu'à ce qu'un curieux vide de couleurs en octobre vous fasse enfin penser aux Chrychry d'amour. Faites un nœud à votre mouchoir, ou convenez avec votre pépiniériste préféré qu'il vous bloque les chrysanthèmes pour les expédier en mars.

Une fois chez vous, plantez-les dans un coin du potager ou encore cultivez-les dans des conteneurs, choisis assez grands mais pas remplis complètement. Posez le godet au fond puis comblez avec de la terre fine autour. Le haut du conteneur servira à protéger les plants. Vous mettrez en place les chrysanthèmes en fin août, et avec quelques arrosages, leur reprise sera parfaite. Curieusement, mais fort logiquement en fait, cette pratique donne de meilleurs résultats qu'une plantation directe car le chrysanthème est assez soiffard et risque de mal supporter le premier été. Vous aurez tellement d'autres choses à arroser qu'il passera en dernier. Tandis que s'il se trouve dans le potager ou dans votre coin à conteneurs, vous y penserez en le voyant.

Quand la floraison s'achève, coupez à 15 cm de hauteur, éparpillez des granulés antilimaces puis jetez une brassée de feuilles mortes. L'année suivante, la touffe doublera de volume. Vous la diviserez au printemps suivant.

AVEC QUI Les chrysanthèmes s'associent évidemment bien avec les asters, les anémones du Japon, et les grands sédums charnus. Testez également le mélange des chrysanthèmes blancs et des pennisetums : absolument bluffant !

CIBOULE (ETTE)

Ce n'est pas pour rien que la ciboulette est surnommée appétit dans plusieurs régions. La finesse de sa saveur n'a d'égale que celle de son feuillage, des brins d'herbes ronds et pointus à la fois. Un potager sans ciboulette est orphelin, et les gourmets en deuil. D'autant qu'il suffit de trois fois rien de place pour l'héberger.

Ciboule

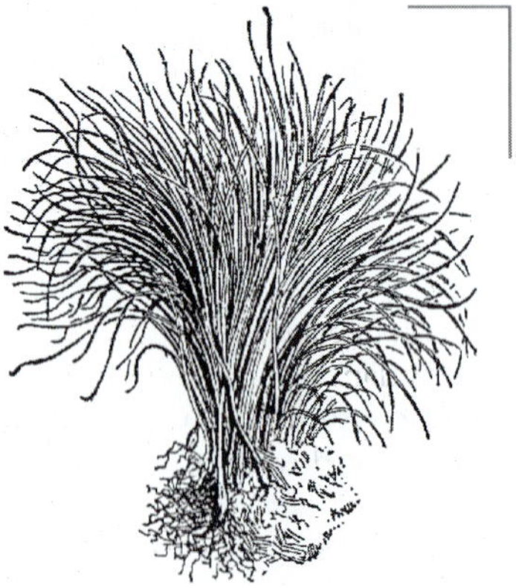

LAQUELLE On peut facilement distinguer la ciboule, avec ses grosses feuilles et ses bulbes à la base bien visibles, de la ciboulette, toute en feuille. Mais ne soyez pas étonné de découvrir des plants de ciboulette plus fins que d'autres, car il existe plusieurs clones. Heureusement, la saveur est toujours présente.

COMMENT La ciboulette n'est guère exigeante, mais une bonne terre ordinaire et du soleil la rendront plus exubérante. On peut semer la ciboulette, mais c'est un sport bien inutile car les plants ne coûtent guère. Achetez dès le départ cinq pieds, et disposez-les à différents endroits du potager, ou même au-devant d'un massif de fleurs ou parmi la rocaille. Quand vous chercherez l'assaisonnement de votre salade, allez vers l'un ou l'autre de ces pieds et coupez-le au ras, sans faiblir : la ciboulette adore la tonte à zéro, qui l'obli-

ge à produire sans cesse des feuilles tendres. Si vous l'oubliez, elle fleurira, mais alors bonjour les brins coriaces sous la dent.
Une touffe de ciboulette peut vivre longtemps mais elle finit toujours par se laisser envahir par le bouton d'or ou le pâturin. Un soir, prenez le temps de tout arracher, triez le bon du mauvais, et replantez dans un autre coin.
AVEC QUI La ciboulette peut se glisser auprès des autres plantes aromatiques, mais surveillez si elle fait le poids face à une sauge ou une hysope envahissante. Certains vont jusqu'à planter de vraies bordures en ciboulette et savourent le résultat pendant la floraison. Mais c'est un peu au détriment de la cuisine.

CIMICIFUGA

Cette plante réservée aux possesseurs de terrains frais, proches de l'eau, rencontrera peut-être plus de succès dans le futur si les étés continuent d'être arrosés. Car il lui faut beaucoup d'eau pour donner le meilleur d'elle-même. Cette renonculacée géante est aussi décorative par son feuillage, parfois rouge teinté de brun (chez le *Cimicifuga simplex* 'Brunette' ou chez *C. ramosa* 'Atropurpurea'), que par ses longs épis blancs qui surgissent quand l'automne est déjà bien annoncé. Aimant une ambiance de sous-bois et de fondrière, le cimicifuga est le type même de la plante solution à un problème bien précis, et pas du tout une habituée des jardins de banlieue, où sa présence détonne un peu.
Testez-en un pied avant de vous lancer dans une grande plantation, en compagnie de la verveine bonariensis, de la sauge *uliginosa* et des molinies.

CINÉRAIRE

C'est comme cela, on ne se refait pas, j'aime les cinéraires. Pas ceux qu'on vend aux Rameaux, véritables offenses à la rétine, mais ceux à feuillage argenté et découpé comme de la dentelle. Leur emploi en mosaïculture les a déclassés aux yeux des amateurs distingués mais l'esthète savourera leur présence quasi métallique. Ils n'ont pas leur pareil pour mettre en valeur des fleurs veloutées. Glissez-en quelques pieds dans vos massifs les plus irradiants. Les variétés à feuillage presque entier font moins monument aux morts que les laciniés.

CISTE

Dans le Midi, ça va, il est du coin : régalez-vous à la lecture du catalogue d'Olivier Filippi, riche et précis à la fois. Ailleurs, vous regretterez vite la place ainsi perdue, car les fleurs ne durent vraiment qu'un matin. Si le temps est à la pluie, adieu l'émotion, et s'il gèle, adieu tout court.
Cependant, je dois reconnaître que les plus beaux cistes que j'ai jamais vus s'épanouissaient à Wisley, en Angleterre !

CLARKIA

Autrefois, avant que les plants tout fleuris vendus en clayette ne viennent obliger les graineteries à replier leurs éventaires, les clarkias étaient conseillés à tous les débutants. Et c'est vrai que les petites mains naïves ont souvent bien de la chance avec ces fleurs qui se révèlent par la suite plus capricieuses, on ne sait trop pourquoi. Ce paradoxe tient peut-être au fait que cette fleur est restée très proche de ses origines californiennes, où elle enchante la prairie aux premières chaleurs du printemps. Aussi est-on bien avisé de ne pas semer trop tôt et de tenter le semis en place, ce que les jardiniers confirmés tendent à mépriser, en privilégiant le repiquage. Et cela, les clarkias ne l'aiment pas du tout.
LEQUEL Les variétés mélangées sont sympathiques et pleines de gaieté, mais goûtez également aux variétés sélectionnées par couleur, comme 'Albatros', blanc pur, ou 'Apple Blossom', rose clair. Le *Clarkia pulchella* affiche des fleurs plus découpées, d'une grande légèreté, dans un rouge cerise plein de luminosité.
COMMENT Le clarkia aime le soleil, à foison, et une terre quelconque, plutôt légère.
Semez en place, avec le geste large du semeur, en avril ou mai. Pour obtenir un semis plus régulier, mélangez le paquet de graine avec du sable ou de la semoule fine dans une casserole, et semez le tout. Puis, recouvrez avec un peu de terreau. Pas plus de 5 mm cependant. Arrosez en pluie douce, et maintenez la fraîcheur pendant quinze jours.
Quelques appâts anti-limaces feront la chasse à ces dernières. Éclaircissez impitoyablement pour ne laisser qu'un plant tous les 15 cm. Arrosez régulièrement pour favoriser la descente des racines dans le sol. Pour le reste, on se contente d'admirer la floraison.
Le petit truc qui change tout : disposez quelques branches ramifiées de noisetier pour soutenir la végétation. Cela évitera que tout s'effondre à la première grosse pluie d'orage.
AVEC QUI Des euphorbes annuelles panachées et des kochias.
Les clarkias peuvent être semés dans les trous existants dans une plantation de fleurs vivaces, à la place de pavots d'Orient qui entrent en repos en juin. Coupez ces derniers au ras du sol, épandez un peu de terreau, et semez en place. Floraison sympathique en septembre.

CLÉMATITE

Curieux paradoxe que celui entourant les clématites : des fleurs appréciées de tous, mais que l'on voit rarement en bon état et bien mises en valeur dans les jardins. Autant le dire tout de suite, ce ne sont pas des plantes faciles : une plantation réalisée le long d'un grand treillage, et qui comportait une dizaine de variétés différentes, a donné au bout de trois ans la vision un peu désespérante de deux ou trois flamboyantes... à côté d'un vrai désert. Incompréhensible quand on sait que les conditions de culture sont identiques. Et il ne faut pas croire que les variétés les plus vendues soient toujours les plus simples à apprivoiser, car 'Nelly Moser' ne figure pas parmi les plus accommodantes. Alors que faire ? Se rabattre sur les clématites à petites fleurs, tellement plus naturelles, et accepter l'échec. Tant pis pour l'amour propre, c'est madame Clématite qui décide...

Clématite à grande fleur

COMMENT Les clématites proviennent de sous-bois ou de clairières. Elles y grimpent parmi les arbustes. On comprend mieux leur attrait pour les sols riches en humus et un certain ombrage au niveau des racines. Que de fois on achète une clématite pour sa fleur bleue ou violette, surgissant au bout d'une tige filiforme. Mais une limace même rabougrie suffit à tout détruire, sans parler du vent et des coups de binette malencontreux. Il vaudrait mieux trouver des plants âgés d'un an de plus et cultivés en grands conteneurs. Pour mettre toutes les chances de votre côté, installez les clématites un an au potager pour les regarder de plus près, admirer leur première floraison tranquillement et les aider à former de belles racines. Puis plantez-les à demeure l'automne suivant. On conseille de placer une tuile devant le collet pour éviter que le soleil ne

PRINTEMPS ET ÉTÉ

La clématite alpine est une des premières à fleurir, au printemps. 'Frances Rivis' épanouit en avril-mai ses clochettes timides bleu violet. Elle apprécie tout particulièrement le calcaire. La clématite des montagnes (*C. montana*) lui succède. Vigoureuse, elle garnit en peu d'années des surfaces impressionnantes avec ses draperies de corolles simples, rose dragée ou carminé selon les cas. 'Tetrarose' a des fleurs un peu plus grandes que le type, d'un rose pourpre. 'Mayleen', blanche, sent bon l'œillet ; 'Elisabeth', rose tendre, la vanille. Floraison en avril-mai. La clématite *viticella* affiche un format nettement moins encombrant : 2 à 4 m en moyenne. Très florifère mais plus légère d'aspect que les clématites à grandes fleurs. Floraison estivale prolongée du plus bel effet parmi les rosiers grimpants endormis à cette époque. 'Ville de Lyon' nous enchante depuis bien des décennies par son rouge carmin éclairé par un pinceau d'étamines poudrées d'or. 'Étoile violette' est pourpre violet foncé, tandis que 'Alba luxurians' est blanc suffusé de mauve pâle.
La clématite de Jackman reste l'une des préférées et on peut difficilement résister à ses grandes fleurs bleues de velours. 'Perle d'Azur' en est une variante bleu pâle, bien florifère, tandis que 'Hagley Hybrid' arbore un rose nacré de belle qualité. 'Dr Ruppel' se recommande par la facilité avec laquelle elle refleurit en septembre.
L'été se fait déjà nostalgie quand la clématite odorante, *C. flammula*, lance ses bouquets infiniment légers. Des fleurs blanches teintées de vert qui n'ont pas grand-chose d'impressionnant si ce n'est leur parfum de fleur d'amandier, perceptible à plusieurs mètres de là. Pour le reste, une plante solide, qui met quelques années à s'installer mais fleurit fidèlement. Impeccable pour donner vie à un grillage ombragé.

AUTOMNE

La clématite *tangutica* pousse à toute vitesse et répand tout l'été ses clochettes jaunes amusantes comme tout, et constellées de houppettes scintillantes. À admirer par transparence, en la disposant sur le côté sud d'une salle d'ombre, à même un treillage de fer, ou encore sur une palissade rustique en châtaignier.
L'automne fait déjà penser à lui quand surgissent les grands bouquets de la clématite de Jouin (*C. jouiniana*), obtenue par le pépiniériste lorrain du même nom, au début de ce siècle. Une floraison bleu pâle et parfumée chez 'Praecox'.
'Mrs Robert Brydon' est bleu lavande. Idéale pour garnir un treillage de 3 m de haut, ce qui correspond à sa hauteur. La base se lignifie et prend la consistance d'une tige d'arbuste. Attachez les pousses annuelles très vigoureuses qui en partent chaque printemps.
Tout aussi tardive, la clématite 'Côte d'Azur' vous étonnera par ses fleurs de jacinthe bleue, en plein mois d'août (1 m).
Vous la dénicherez parmi la sélection de clématites anciennes qu'a réunies Monique Chevry (Le jardin d'Adoué) dans sa quête des plantes obtenues par Victor Lemoine, le génial pépiniériste nancéien à qui l'on doit tant de beautés toujours d'actualité.

frappe la base des clématites. Mais en installant un arbuste bas non loin de là, une spirée par exemple, on obtient le même résultat.

Clematis montana

La taille des clématites représente un handicap pour les jardiniers débutants. On recommande parfois de rabattre au printemps, au ras du sol, ce qui est le plus sûr moyen de voir tout disparaître parfois. À moins que la végétation n'explose pour donner une clématite écœurante, tellement couverte de fleurs qu'elle devient une tache de couleur. En restant dans la gamme des clématites à petites fleurs, vous vous épargnez ces troubles car elles supportent très bien de rester intactes, au naturel.

Le petit truc qui change tout : apportez un paillis copieux et nutritif chaque printemps. Un édredon de 15 cm de fumier gras ou de compost maison est le bienvenu.

AVEC QUI Des rosiers grimpants, le long d'un grand treillage. Mais choisissez alors un seul accord et non un échantillonnage, peu intéressant vu de loin.

Sur des palissades à hauteur d'homme, servant de séparation dans un jardin de campagne. C'est le plus ravissant des fonds pour un massif de fleurs vivaces rustiques, lupins et pivoines par exemple. Il suffit d'installer une seule clématite des montagnes pour garnir près de 10 m.

CLÉOME

Vous avez certainement déjà admiré cette fleur dans les massifs des villes, où on l'apprécie tout particulièrement pour sa prestance. Chaque pied forme une sorte de petit buisson haut de 1,50 m et large d'autant, aux tiges finissant en feu d'artifice rose ou blanc. Les fleurs sont suivies par des fruits allongés portés par des tiges minces, comme des petites saucisses de cocktail sur leur pique, qui ajoutent à l'étrangeté de cette structure. À admirer de près, enfin pas trop car des épines redoutables se cachent à la base des feuilles. Le tout forme une plante spectaculaire, mais un peu capricieuse.

LAQUELLE Le *Cleome spinosa* est souvent vendu en mélange de couleurs, qui se marient bien entre elles. Mais des sélections, blanche comme 'Helen Campbell', rose clair ('Reine des roses'), ou pourpre ('Reine des violets'), permettent de composer des scènes monochromes spectaculaires à condition d'installer au moins une vingtaine de plantes pour obtenir un effet de masse.

Cleome spinosa

COMMENT Un sol riche et frais et une exposition ensoleillée sont requis pour en obtenir le maximum. Impossible de trouver du plant de qualité, aussi faut-il faire ses semis soi-même, et les difficultés commencent : disposez les graines à 3 cm les unes des autres, sur une terrine remplie de terreau. Recouvrez avec 1 cm de terreau allégé avec du sable. Effectué en avril, au chaud sous un châssis, le semis met deux à trois semaines à lever, ce qui paraît toujours long. Souvent, il vaut mieux attendre le mois de mai, car si le sol est trop froid, la végétation sera languissante de toute façon. Mettez alors en place fin mai, à 30 cm d'écartement. Le développement est ensuite fulgurant.

Arrosez régulièrement, en augmentant les doses au fur et à mesure que se développent les tiges. À partir de la mi-juin, paillez le sol, mais surtout pas avant, car vous l'empêcheriez de se réchauffer.

Le petit truc qui change tout : arrosez souvent plutôt que beaucoup pour chasser l'altise, un insecte qui confond le cléome avec le radis et adore perforer son feuillage.

AVEC QUI Des cosmos blancs pour la légèreté du feuillage.

Des kochias qui prendront des couleurs rutilantes en automne.

Des dahlias à fleurs géantes, comme 'Emory Paul', ou encore à pompons bien nets, comme 'Blossom'.

Des tabacs blancs odorants ou encore le géant *Nicotiana sylvestris*. C'est alors une scène à l'exubérance tropicale, à admirer de loin.

CLÉTHRA

Un arbuste qui ne manquerait pas d'intérêt (floraison blanche parfumée, feuillage d'automne aux couleurs dorées) s'il n'était si exigeant quant au sol et au climat : de la terre acide restant fraîche (une sorte de miracle !) et une ambiance humide en été sont requis pour un spectacle de qualité. Amis normands et nordistes, à vos bêches !

Vous l'installerez dans vos massifs de rhododendrons, qu'il animera à partir du mois d'août. Noyez-le parmi les bruyères et les fougères, et associez-le avec l'enkianthus et le bel hydrangéa à feuille de chêne.

Cobée

De juillet à décembre, ses guirlandes de larges campanules d'abord vertes puis blanches, enfin bleu de Prusse, éclosent dans un exubérant feuillage foncé. Un joli calice en soucoupe forme une petite collerette aux fleurs striées par de grandes étamines qui débordent des corolles. La cobée est pleine de vitalité, atteignant 5 à 6 m en quelques mois, s'accroche grâce à ses vrilles, et donc escalade très facilement de simples fils tendus verticalement, submergeant tout ce qui se trouve à sa portée…

Hélas, en dehors des régions naturellement privilégiées par le soleil, cette jolie histoire n'a lieu qu'une fois de temps de temps, juste ce qu'il faut pour relancer la convoitise du malheureux jardinier. Plus souvent, elle attend la fin de septembre pour se mettre à fleurir et prend tout juste son essor au moment où la première gelée survient, et on se retrouve face à 20 m² de feuillage grillé, constellé de clochettes prêtes à éclore. C'est comme ça !

Cobœa scandens

LAQUELLE Oubliez qu'il existe une cobée à fleurs blanches car le bleu est le seul habit qui lui aille.

COMMENT La cobée se contente d'un sol ordinaire, mais profond, au soleil ou à mi-ombre.

Semez dès février à la maison dans une terrine placée devant une fenêtre ensoleillée pour qu'elle soit bonne à mettre en place dès le début de mai. Achetez des graines récentes car elles ne se conservent guère plus d'un an. Enfoncez-les de leur hauteur, sur leur tranche. Plantez en mai. Vous pouvez aussi acheter du plant, que l'on trouve plus facilement au marché chez des horticulteurs locaux que dans les jardineries.

Paillez en juin avec des tontes de gazon, et arrosez de temps à autre pendant la canicule.

AVEC QUI Le mélange avec le *Mina lobata*, plante grimpante annuelle comme elle, et tout aussi mexicaine d'origine, est percutant : les pétards du mina, allongés, jaunes et orangés, contrastent follement avec les cloches bleues des cobées.

Codonopsis

Une campanule grimpante, excitant, non ? Mais on oublie de vous dire que toute la plante sent le renard négligé. Les fritillaires, à côté, c'est un bonheur !

Cœur de Marie

Devant le spectacle d'une touffe de cœur de Marie en fleurs, on ne peut s'empêcher de retrouver une âme d'enfant ou d'éternel amoureux. Tout est parfait chez cette plante, la forme amusante des fleurs, leur répartition tintinnabulante sur des tiges arquées, le feuillage vert bleuté, net comme un lavis à l'encre de Chine. À déguster sans attendre car souvent tout est cuit avant l'été.

LEQUEL Préférence absolue pour le cœur de Marie d'origine, *Dicentra spectabilis*. Ne faites pas l'erreur de craquer pour la variété blanche qui semble fade à côté, et ne mérite pas à mes yeux l'engouement médiatique dont elle fut un temps l'objet.

Dans un tout autre registre, celui des plantes décoratives et utiles, gardez une place pour les dicentras couvre-sol : *Dicentra eximia*, aux petits cœurs suspendus au-dessus d'un feuillage vert bleuté bien découpé, en touffes compactes s'étendant par des rejets traçants ('Stuart Boothman', rose pâle en juin et juillet, 30 cm) ; *D. formosa*, un peu plus haut, au feuillage d'aspect plus bleuté que vert (rose pâle ou rouge foncé, de mai à juillet, 50 cm). Installez-les en groupes, à mi-ombre.

Dicentra spectabilis

COMMENT Les cœurs de Marie apprécient les sols profonds où leurs racines se glissent avec délectation. Malgré un paillage et des arrosages suivis, il est rare de les conserver en bon état après juillet. Ne vous lamentez pas car la souche est au repos et repartira sans coup férir au printemps prochain. Le mieux consiste à les acheter déjà démarrés au printemps.

Les dicentras couvre-sol seront mis en place en début d'automne de préférence. Distancez-les de 30 cm en tous sens et constituez des taches déjà imposantes. Vous serez ensuite tranquille pour longtemps.

AVEC QUI Les cœurs de Marie seront cachés en été par un paravent d'asters ou de cosmos. Les dicentras de mi-ombre adoreront la compagnie des petites fougères et des épimédiums.

Coffre

On appelle ainsi le cadre en bois ou en maçonnerie qui soutient le châssis proprement dit. Il se transforme en vrai coffre à bijoux quand vous y stockez vos dernières plantes achetées, pour une quarantaine qui peut durer…

COGNASSIER

Sacré le plus bel arbre fruitier par de nombreux paysagistes connaisseurs, le cognassier mérite une place dans un jardin même petit. Sa floraison est un des enchantements du printemps, et vaut presque celle des magnolias. Le feuillage ample est princièrement garni d'argent au revers, et les fruits jaune d'or en octobre sentent délicieusement bon et permettent de confectionner une gelée irremplaçable. La silhouette un brin fantaisiste ajoute encore à sa beauté.

LEQUEL Le cognassier du Portugal est plutôt un grand buisson qu'un arbre. Ses gros fruits sont bien parfumés. Le 'Géant de Vranja' n'a pas volé son nom : ses fruits énormes obligent parfois à étayer les branches avant la récolte. Bon parfum également.

Le 'Champion' est lui aussi impressionnant mais sa charpente est plus solide. Parfois, on voit un cognassier resurgir là où vivotait un poirier : c'est tout simplement le porte-greffe qui se rappelle à vous. Il donnera lui aussi des fruits de qualité, quoique plus petits que ceux des variétés précédentes.

COMMENT Plantez durant l'hiver, en choisissant un coin bien ensoleillé, où la terre n'est pas calcaire. Creusez un trou important et profitez-en pour améliorer la terre avec du compost.

Le cognassier se débrouille ensuite tout seul et n'a pas besoin de la moindre taille. Hauteur et encombrement : 3 à 4 m en tous sens.

AVEC QUI Seuls des narcisses accepteront de pousser avant que le feuillage du cognassier apparaisse.

COGNASSIER DU JAPON

Du cognassier, ce japonais a les fruits, plutôt coriaces chez lui. Pour le reste, c'est un arbuste digne du pinceau quand sa floraison de rubis se déploie sur des rameaux tourmentés, bruns presque noirs. Faute de soin et de taille, le cognassier du Japon arbore une silhouette un peu dégingandée et peu élégante. Sans aller jusqu'à le palisser comme le font nos amis anglais, un minimum d'interventionnisme est requis pour ce rival du camélia qui a pour lui de supporter les sols un peu calcaires.

LEQUEL C'est encore le rouge puissant qui va le mieux au teint du cognassier du Japon ('Nicoline' ou 'Crimson and Gold').

Le rose foncé est souvent un poil artificiel, mais la nuance tendre de 'Moerloosei' ravira les amateurs d'ambiance romantique.

Quant au blanc de 'Nivalis', rien à redire, il est carrément sublime.

Cognassier du Japon

COMMENT Plantez en hiver de préférence, en sol bien drainé, pas forcément très riche mais profond. Au moins une demi-journée de soleil. Tous les ans, et surtout au début, attendez la fin de la floraison pour rabattre les tiges de la moitié de leur longueur, car les fleurs naissent à leur base. Vous obtiendrez ainsi une silhouette plus compacte et un effet de masse satisfaisant.

Paillez en juin avec des tontes de gazon. Attention aux rejets qui ont tendance à tout envahir, et munissez-vous de gants pour tailler car les épines sont traîtresses.

AVEC QUI Le cognassier du Japon est superbe en compagnie d'aucubas verts et de bambous. À ses pieds, disposez des nandinas nains, des épimédiums et des hostas. Sortez votre kimono d'honneur, et remettez-vous à la calligraphie sur papier de riz.

COLOCASIA

Avec le réchauffement de la planète, ce genre de bizarrerie exotique a tout à fait sa place dans nos massifs, en compagnie d'amarantes, de tabacs géants et de ricins. Avec leurs grandes oreilles d'éléphant, le colocasia et son compère alocasia font sourire. On en trouve des plants en fin de printemps, mais certains préfèrent s'amuser à les faire pousser à partir des tubercules achetés aux épiceries asiatiques. À installer dans une fosse remplie du meilleur compost.

COLOQUINTE

Semez-les en mai, comme les courges ou les potirons. Puis, faites-leur escalader un treillage ou des grands tuteurs. Paillez et arrosez régulièrement en ajoutant du purin d'ortie de temps à autre. Les coloquintes se forment en été, et mûrissent en septembre. Récoltez et stockez dans un garage hors-gel. Une moisissure grise va les envahir et les assécher sans qu'il soit besoin de faire quoi que ce soit, et surtout sans creuser, ce qui conduit à la déliquescence généralisée. Vous obtiendrez de quoi confectionner des instruments de musique, des louches géantes, des vases incroyables, des nids d'oiseaux appréciés, des boîtes à surprise...

Compost

Toute matière organique entassée finit par donner de l'humus. Le compostage consiste à entasser en les mélangeant le maximum de produits : tontes de gazon, paille, fumier, épluchures, mauvaises herbes, par couches saupoudrées avec de la chaux et du sulfate d'ammoniaque, alternativement. Il est essentiel d'arroser de temps à autre sinon la fermentation se fige.

CONCOMBRE

Pour quelle raison cultiver des concombres alors qu'ils sont relativement bon marché ? Mais où trouverez-vous ce croquant garanti, et cette impression géniale d'abondance ? Il suffit d'héberger deux pieds de concombre dans la serre ou sous châssis pour récolter de quoi alimenter la table familiale pendant tout l'été.

Le cornichon, qui n'est guère qu'un concombre miniature, est plus controversé : non pas tant parce qu'il produirait moins, mais parce qu'il soumet impérativement à l'astreinte d'une récolte bi-hebdomadaire. Essayez pour voir si votre entourage accepte de gâcher ses vacances par amour de la saumure...

LEQUEL Chaque marque propose des concombres hybrides F1, généralement productifs, calibrés et sans grande saveur. Attention, une graine coûte parfois 5 F ! Le concombre de Chine étonnera tout le monde avec ses fruits étroits et longs de près d'un demi-mètre, à chair vert pâle parfumée. Il est réputé provoquer moins de problèmes digestifs, mais c'est surtout le fait de le peler, puis d'enlever les graines avant de le faire dégorger au sel pendant un quart d'heure qui évite le syndrome de l'usine à gaz. Dans le genre amusement gustatif, le concombre arménien, dit aussi concombre serpent, fait son petit effet avec ses fruits parfois longs d'un mètre. En fait, il s'agit d'un melon, et c'est à cause de lui que l'on accuse le concombre de rendre les melons moins bons si on les plante les uns à côté des autres, ce qui est une pure fable avec les vrais concombres.

Le concombre arménien est disponible chez Kokopelli, de même que son cousin chinois, sous le nom fort exotique de 'Soo Yoh Long'.

Il existe également des concombres à petits fruits, mieux proportionnés aux appétits moyens : 'Bushy' ou 'Lemon', toujours chez Kokopelli ; ou encore 'Sweet Brunch', chez Baumaux.

COMMENT De la chaleur, un sol riche et tenu humide constamment. Ne vous pressez pas, et laissez les concombres précoces aux serristes professionnels. En semant à partir du 1er mai, tout ira bien. Posez simplement les grandes graines plates, par trois, sur un pot rempli de terreau, et recouvrez d'une plaque de verre. Ne gardez qu'un plant par pot. Élevez au chaud, sous serre ou sur un radiateur près d'une fenêtre.

Plantez sous serre ou sous châssis vers le 20 mai. Pour une plantation extérieure, attendez encore quinze jours pour être sûr que la terre est chaude. Plantez dans une petite cuvette creusée dans la terre après un bêchage approfondi et un apport de terreau copieux.

Sous serre, il vaut mieux guider le concombre en hauteur. Pour cela, tendez une ficelle assez grosse entre l'armature du toit et le sol. Guidez le concombre sur cette ficelle et faites-lui faire un tour toutes les semaines au fur et à mesure qu'il pousse. En deux mois, vous serez arrivé à près de 2 m. Là vous pouvez couper la tête. Les fleurs apparaissent sur des ramifications secondaires. Sous châssis, on laisse souvent le concombre traîner, mais les fruits sont moins réguliers. Rien ne vous empêche de placer les concombres au pied d'un treillage qu'il escaladera pour former une petite haie temporaire du plus bel effet. Mais les cornichons sont plus experts dans ce genre d'acrobatie.

Le petit truc qui change tout : apportez des arrosages copieux, quotidiens si vous le pouvez, et enrichis au purin d'ortie au moins une fois par semaine. Car un seul pied de concombre peut en produire plus d'une dizaine. Si, par mégarde, vous avez laissé l'un d'entre eux dépasser la taille admissible et se charger de graines, supprimez-le sans pitié car il va épuiser le pied.

AVEC QUI Les tomates et les poivrons sont des compagnons habituels des concombres sous serre. Dehors, le concombre peut partager un grand treillage avec des haricots grimpants, à condition que tout le monde soit bien arrosé, et en plein soleil.

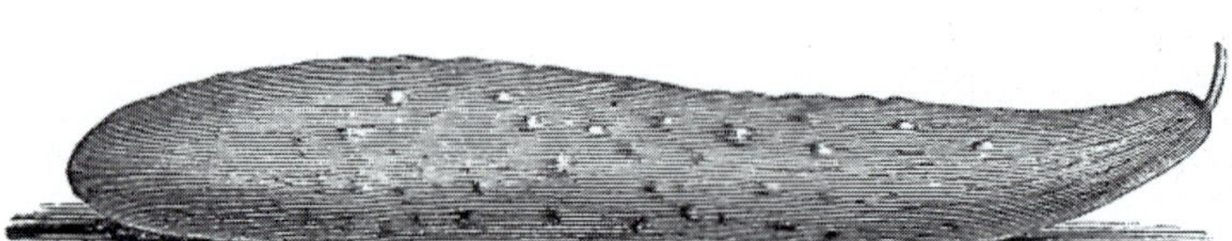

CONSOUDE

Les écologistes adorent cette plante vivace, car elle va chercher en profondeur des éléments nutritifs, et permet de réaliser un purin force 7. Une fois qu'elle est installée, c'est effectivement en profondeur. Sachez-le avant de l'accueillir car elle reviendra sans cesse. Le jardin de Karin Mundt, une des fondatrices de Terre vivante, est ainsi truffé de dizaines de touffes indestructibles. Et elle s'en régale !

Conteneur

La version française du container, en plastique noir, qui a révolutionné la pépinière dans les années soixante. Avant, on cultivait en pleine terre, pour arracher des mottes ou transplanter à racines nues, ou encore on élevait en pots de terre cuite. Le conteneur revient moins cher, et permet de planter en toute saison. La récupération de ce plastique devrait être obligatoire.

CONVOLVULUS

Nous ne traiterons ici que des variétés buissonnantes ou rampantes et non des grimpantes, abordées sous le nom d'ipomées. Deux convolvulus méritent l'essai au jardin, et surtout en pots : l'un possède un feuillage argenté et des corolles blanches, c'est le *C. cneorum* ; l'autre des petites fleurs bleu ciel, et se répand en cascades, nous avons nommé le *C. mauritanicus*. Tous les deux sont très florifères, avec une mention particulière pour le second.

LEQUEL *Convolvulus cneorum* est relativement ingrat au début car trop maigre. Puis il se remplume, et ses feuilles gris argent, si douces à caresser, vibrent au soleil. Elles servent d'écrin aux fleurs blanches, assez clairsemées mais se renouvelant durant tout l'été.

Convolvulus mauritanicus est plus accessible et rendra de grands services pour la garniture des jardinières, des jarres et des murets ensoleillés. Adorables corolles rappelant des liserons bleu ciel. Il y a toujours des fleurs de juin à octobre.

COMMENT Une terre riche et légère, bien drainée et une exposition ensoleillée car les corolles s'ouvrent au soleil du matin.

Achetez des godets au printemps et mettez-les en place en avril-mai. Plantez dans des pots d'au moins 25 cm de diamètre, ou mieux au pied d'arbustes ou en compagnie d'autres fleurs dans des jarres plus importantes.

On se contente d'arroser régulièrement et de fournir de l'engrais. Pas besoin de tailler ni même de nettoyer les fleurs qui ne semblent pas donner de graines, ce qui explique leur abondance.

Le petit truc qui change tout : en été, prélevez des extrémités de tiges pour les bouturer à l'étouffée dans un mélange de sable et de terreau. Vous pourrez ainsi mettre à l'abri des petits plants plutôt que les pieds-mères, relativement encombrants. Mais le *Convolvulus cneorum* mérite d'être conservé au moins deux ans de suite car il est souvent plus beau une fois étoffé.

AVEC QUI *Convolvulus cneorum* au soleil, dans une rocaille ou sur muret, près de cistes, de thlaspis au feuillage foncé et de gazanias étincelants. Ou encore en pot près d'une armoise naine dentelle d'argent (*Artemisia schmidtiana* 'Nana') avec l'appoint d'une anthémis blanche.

Convolvulus mauritanicus fera merveille au pied d'arbustes, abélias ou lavandes. En grand pot, essayez le mélange avec un lantana orange, et un tabac blanc odorant.

COQUELICOT

Le coquelicot sait jouer de la corde sensible, au point qu'on l'épargne en désherbant, oubliant qu'il peut devenir assez grand et pousser le sans-gêne jusqu'à se ressemer par milliers. Mais aussi quelle joie de le retrouver, au sortir des mois gris et tristes, quand il enchante les moindres terrains vagues et jusqu'aux bords d'autoroutes, occasionnant des ralentissements et bien des décharges d'adrénaline. Le coquelicot a donné naissance à quantité de variétés ravissantes. Grâce en soit rendue aux Anglais, plus poètes que nous à cette occasion.

LEQUEL Le Double varié du commerce est déjà fort attendrissant mais ce n'est rien à côté d''Angel Wings', un mélange ravissant qui contient en particulier la sélection 'Mother of Pearl', aux coloris pleins de tendresse. Si vous recherchez quelque chose qui ressemble vraiment au coquelicot des champs, adoptez la sélection de Royalfleur. Il s'agit d'une amélioration du *Papaver commutatum*, rouge à tache noire, qu. germe bien plus facilement que le vrai coquelicot. Paradoxe...

COMMENT Un sol ordinaire, même pauvre mais sain, et du soleil.

Paradoxalement pour une plante indigène, les débuts sont parfois délicats, car notre coquelicot n'aime guère le repiquage. Or le semis direct lève rarement à la satisfaction de tous. Le mieux consiste à le semer quand même en place, mais en septembre, puis à le laisser prendre de l'ampleur en hiver.

Il suffit qu'un pied fleurisse au printemps pour en profiter ensuite tous les ans, par semis spontané. On se contentera de les enlever là où leur présence est nuisible.

Si le sol est trop riche, comme au potager, le coquelicot peut s'effondrer en pleine floraison, car il aura trop poussé en hauteur. On sera donc assez vigilant pour le soutenir avec des ramilles de noisetier. Sinon, rien de spécial à dire.

Le petit truc qui change tout : ne laissez grainer que les fleurs aux coloris intéressants. Il y aura toujours assez de rouge comme cela.

AVEC QUI Des céréales bien entendu (un essai d'engrais vert à base de seigle par exemple) et quelques bleuets. Il ne reste plus qu'à sortir le chevalet... et à vous prendre pour Auguste Renoir.

Les marguerites des prés, celles qui poussent spontanément, les coquelourdes blanches et les lupins blancs.

COQUELOURDE

Ce nom amusant a été attribué à bon nombre de fleurs des chemins et des fossés, en raison de leurs fruits en forme d'urne. Généralement peu modifiées par le jardinier, ces fleurs apportent une touche de naturel, même si le rouge claquant de certaines espèces surprend par sa vivacité. Utilisez-les en masses, et oubliez-les car ces fausses vivaces disparaissent au bout de peu d'années... juste au moment où l'on s'en lasserait.

COMMENT Un sol quelconque mais sain en hiver et du soleil, au moins pendant une demi-journée.

On peut parfaitement semer, en avril-mai, dehors, sans protection particulière mais en choisissant quand même un coin de bonne terre, à moins que l'on éparpille les graines sur une terrine ou un grand bac à poisson. La levée est rapide et les plants sont bons à repiquer à 5 cm les uns des autres au potager. Puis mise en place définitive en automne. La floraison est garantie pour le printemps suivant. Mais on peut également acheter des plants élevés en godets, ce qui se révèle plus prudent pour les variétés ou les couleurs particulières. Mise en place en automne ou au printemps.

Lychnis coronaria

Assurez un rapide désherbage contre le chiendent, quelques arrosages, et encore, car la floraison est en général déjà terminée quand la canicule survient.

On peut couper très court les tiges après la floraison, ce qui épargne les réserves des plantes, qui ne disparaîtront pas dès la première année. Mais laissez-en quelques-unes venir à graines car vous obtiendrez ainsi une foule de semis spontanés gratuits.

AVEC QUI La croix de Jérusalem est difficile à associer, si ce n'est avec d'autres couleurs primaires, le bleu des campanules et le blanc des lis de la Madone. Mais on s'en lasse vite. Il vaut mieux l'utiliser en plante pionnière, en grandes masses obtenues par semis, devant des arbustes à floraison printanière blanche. Le choix ne manque pas : spirées, seringats ou deutzias... Et pourquoi pas devant des masses vertes comme celles des houx.

Les coquelourdes argentées seront très bien avec des roses anciennes, au milieu des campanules à feuilles de pêcher, des armoises, des sauges officinales et des géraniums vivaces. Les compagnons roses adoreront la compagnie des ancolies et des fougères femelles, non loin des pivoines. Les *Lychnis viscaria* accompagneront les alchémilles, le vert chartreuse de ces dernières étant exactement la couleur qui convient pour atténuer le rouge carmin des premiers.

COQUELOURDES DE RÊVE

La croix de Jérusalem (*Lychnis chalcedonica*) porte ce nom en référence à la croix des moines chevaliers du temps des Croisades, éclaboussée chez elle d'un rouge écarlate vibrant. Tellement puissant que peu d'autres fleurs supportent un tel voisin. Très solide et apprécié par les amateurs débutants.

L'imprononçable *L. arkwrightii* est un hybride à feuilles pourpres. Un habitué des catalogues hollandais d'où il est parti à l'assaut des jardins de banlieue. Redoutablement efficace !

La coquelourde argentée (*L. coronaria*) fleurit habituellement sur le bord des petits chemins de campagne, en sol calcaire, et là où tombe le soleil. Ses feuilles recouvertes d'un duvet gris sont exactement ce qui convient pour mettre en valeur ses fleurs simples, d'un rouge magenta, qui surgissent juste en même temps que les roses anciennes. Une variante blanche a connu son heure de gloire pendant la mode des jardins blancs, mais elle mérite amplement de survivre à cet engouement car elle est la candeur personnifiée.

Le compagnon rose ou silène (*L. dioica ou Melandrium*) est encore fréquent dans les campagnes, surtout dans les fossés un peu frais. En mai-juin, ses corolles naïves s'ouvrent en abondance, en même temps que les ancolies bleues, et tous les deux constituent ensemble une scène ravissante. Récoltez des graines de ces deux amis, et donnez-en autour de vous, c'est de la beauté que vous distribuerez.

Le *Lychnis viscaria* rappelle beaucoup certains œillets de montagne avec ses touffes de feuilles fines, très denses et ses fleurs hissées en haut de petites tiges minces et résistantes. Fleurs groupées comme celles des œillets de poète, mais plus petites. Leur coloris, un rouge carmin lumineux et tonique est relativement rare au printemps.

COREOPSIS

Avec le rudbeckia et la gaillarde, le coréopsis existe en version annuelle et vivace. La première échevelée et sauvageonne, la seconde plus tape-à-l'œil. Chacune a sa place au jardin et dans le cœur du jardinier.

LEQUEL Parmi les coréopsis vivaces, oubliez ceux que l'on vous propose en potées hyper fleuries, raccourcies par des nanifiants inavouables. Ce sont de fausses plantes vivaces qui s'évertuent à fleurir sans discontinuer et en meurent. On ne le re-

grettera pas devant la banalité de leurs fleurs jaunes.
La place ainsi épargnée sera plus utilement consacrée aux coréopsis nuages, plus sérieusement appelés *C. verticillata*. Ils produisent en quantité des tiges garnies d'un feuillage tout menu, terminées par des fleurs graciles, pétillantes à souhait. Le tout est aussi beau avant que pendant la floraison, et constitue des touffes nettes, qui structurent les massifs. La variété 'Grandiflora ' est solide, alors que 'Moonbeam', aux corolles jaune pâle est parfois sujette à des accès de dépression. A noter que cette dernière réussit en général plutôt mieux en jardinière.
Un petit tour du côté des annuels : le coréopsis élégant (*Coreopsis tinctoria*) n'a pas volé son nom. Haut de plus d'un mètre, il produit sans cesse des tiges d'une extrême finesse, terminées par des capitules jaunes souvent marqués d'un liseré brun chaud, ou encore d'un rouge acajou somptueux. Vu de loin, l'effet est magique, mais s'accommode mal d'un jardin strict. 'Lever de Soleil' est une sélection plus courte sur patte (40 cm), donc moins sujette à s'effondrer.

Coreopsis tinctoria

COMMENT En mai, semez le coréopsis annuel directement en place, à la volée, en le mélangeant avec d'autres graines fines, comme les linaires du Maroc, les buglosses du Cap ou les zinnias nains.
Vous pouvez aussi le semer en plaque alvéolée, pour le repiquer en mai. Paillez et arrosez pendant les grandes chaleurs.
Plantez le coréopsis verticillé soit en début d'automne, soit au printemps, en choisissant alors des sujets déjà démarrés car il n'est pas rare qu'il gèle en godet alors qu'il est rustique une fois en terre. Ne soyez pas surpris de la maigreur du plant car il va décupler en peu de temps. Une terre riche et restant fraîche a sa préférence, au soleil et dégagée d'une trop vive concurrence de la part des plantes voisines.
AVEC QUI Le coréopsis annuel sera parfait dans un tapis de fleurs composé de cosmos orangés, d'amarantes vertes, de célosies jaunes et d'œillets d'Inde. Tout ce beau monde sera espacé de 25 cm. Amusez-vous également à le semer parmi des graminées déjà installées, encore au repos en avril. Il fleurira puis cédera la place volontiers.
Le coréopsis verticillé mélangé à la rue au feuillage bleuté produit un certain effet. Il fera merveille en touffes bien nettes au devant de grands dahlias, ou encore associé aux rudbeckias et aux gauras.

CORÈTE

Pourquoi faire la fine bouche devant le corète ou kerria du Japon, sous prétexte qu'il pousse partout et fleurit jaune? C'est justement parce qu'il s'agit d'un arbuste solide et gai que je vous le recommande.
D'ailleurs, son port arqué et son vert neutre atténuent le jaune d'œuf des corolles, pompons attendrissants qui blanchissent en fin de floraison.
LEQUEL Ne jouez pas au snob en allant dénicher, après bien des démarches, l'espèce-type, à fleurs simples, car elle ressemble à un sauvageon. La forme double (*Kerria japonica* 'Flore pleno') est de loin la plus répandue. Pompons jaune d'or, sur des cannes arquées de 1,80 m de haut, en avril-mai.
COMMENT Un sol quelconque, même calcaire, lui suffit. Une exposition ensoleillée ou mi-ombragée. Les débuts sont peu glorieux en conteneur où le corète ne présente souvent que deux ou trois cannes toutes maigres. Plantez résolument, dans un petit creux. Pour obtenir de l'effet assez vite, plantez au moins 4 ou 5 sujets, à 80 cm les uns des autres.
Paillez chaque printemps avec du compost maison ou encore des tontes de gazon.

Kerria japonica

Le petit truc qui change tout : taillez après la floraison, en éliminant au ras du sol les tiges ayant justement fleuri. Vous ferez ainsi de la place pour les nouvelles cannes qui naissent en été. À la limite, cette taille peut être pratiquée un an sur deux, toujours en juillet. Profitez-en pour désherber.
AVEC QUI Le corète double accompagnera les thalictrums mauves ou les ancolies bleues, répandues à ses pieds. Bel effet en compagnie des fougères et des chélidoines, à fleurs doubles de préférence pour créer un rappel de forme.
Un tapis de bugle ou de pervenches sera parfait également.
En haie mélangée, le corète sera parfait avec des bambous et des aucubas verts, sans oubliez des stephanandras et des neillias, exactement comme au Japon…

CORIANDRE

Une plante aromatique appréciée pour son feuillage ou ses graines, selon les goûts. On la sème en mai, directement en place, dans un coin du potager. Un deuxième semis début juillet assure les réserves en automne.

CORNOUILLER

A la suite d'articles vantant leurs mérites, les jardiniers chics courent après les cornouillers à fleurs, chinois ou américains. Ils ne manquent pas de qualités, floraison avantageuse et couleurs d'automne entre autres. Alors comment expliquer qu'avant les années quatre-vingt on s'en passait très bien ? Parce que ces arbustes ou petits arbres sont rarement aussi beaux que sur les photos. Maigres et dégingandés pendant de nombreuses années, ils jaunissent ou se dessèchent brutalement, décident de ne pas fleurir du tout, ou encore de devenir ternes plutôt que flamboyants à l'approche de l'été indien. Alors méfiance : ne cédez pas à l'attrait d'une photo ou d'un exemplaire remarquable en pleines fleurs dans le Connecticut ou le pays Basque, et donnez la préférence aux cornouillers à feuillage, qui sont des valeurs sûres.

LEQUEL *Cornus alba* 'Aurea' atteint 2 m de haut et autant de large, et ceci en peu d'années. Les rameaux rouge vif sont très décoratifs en hiver. Le feuillage naît doré puis s'apaise un peu pendant l'été avant de prendre une étonnante nuance rose à l'automne.

Cornus alba 'Elegantissima' offre des feuilles largement bordées de blanc, se teignant d'orange à l'automne, tandis que 'Gouchaultii' est marginé de jaune et taché de rose dans le limbe. Tous d'eux sont irremplaçables pour illuminer en douceur un jardin noyé dans le vert.

Cornus stolonifera 'Flaviramea' est un des cornouillers les plus appréciés pour son bois jaune vif en hiver. Le reste de l'année, feuillage vert neutre et floraison blanche en mai-juin. Il atteint 2 m de haut et de large.

Laissez de côté les *Cornus kousa, nuttallii, controversa* (en tout cas sa version panachée, mais l'espèce-type est introuvable) : trop capricieux...

COMMENT Terre ordinaire et exposition indifférente, de préférence à l'abri du soleil de l'après-midi pour les variétés panachées.

Achetez des conteneurs bien denses et jetez un coup d'œil aux racines : il faudra trancher le feutrage avant la plantation. Celle-ci aura lieu aussi bien au printemps qu'à l'automne. On éloigne d'un à deux mètres selon que l'on désire un effet rapide ou non. Paillez chaque printemps. On peut tailler en mai et à nouveau en septembre mais en gardant de la souplesse.

AVEC QUI Les cornouillers panachés de blanc feront merveille devant un écran vert uni, haie de thuya ou charmille, ou encore des ifs sombres, avec quelques fleurs érigées, lobélias cardinaux ou croix de Jérusalem. Un premier plan de bugles pourpres ou d'heuchéras 'Palace Purple' complétera la scène.

Les cornouillers panachés de jaune seront au mieux devant un mur recouvert de lierres, eux-mêmes panachés ou unis, avec des fleurs bleues, campanules à feuilles de pêcher et pervenches au pied.

Évitez l'association classique mais ennuyeuse au possible des cornouillers à bois vif en compagnie de bruyères et de conifères nains, devant des bouleaux et des pins noirs d'Autriche. Votre jardin n'est pas une base de loisirs. De l'imagination, que diantre !

CORONILLE

La *Coronilla emerus* est une des mauvaises herbes les plus angoissantes qui soient. Plusieurs années après s'en être débarrassé, elle revient à l'assaut, à partir d'un bout de racine minuscule. Et des racines, elle en fabrique des kilomètres. Quand on pense que des margoulins ont osé la proposer pour garnir des talus : même le millepertuis est une bénédiction à côté !

CORYDALIS

Le corydalis fait partie de ces fleurs méprisées puis portées au pinacle, avant une prochaine éclipse quasiment annoncée dans son destin de montagne russe. Il y a dix ans encore, seuls les amateurs de plantes de rocaille connaissaient les corydalis, se pâmant devant celui du Cachemire, d'un bleu insoutenable, curieusement commun à beaucoup de fleurs venant de ces contrées. 1992 voit débarquer un nouveau venu, direct from China, le *Corydalis flexuosa*. Trois corolles bleues, et voici les récompenses qui tombent, l'engouement qui s'en mêle, les grands gabarits de la pépinière française qui s'y intéressent. On ne sait toujours pas s'il s'agit de la découverte du siècle, les avis variant sur la question. Mais cela n'a pas aidé à tirer les autres corydalis de l'oubli. Ingratitude...

LEQUEL Le *Corydalis lutea* est proche de la fumeterre de nos campagnes, la couleur mise à part. Floraison jaune très prolongée. Supporte bien l'ombre et se ressème volontiers, y compris dans les murs.

Corydalis cheilanthifolia présente un feuillage fin comme celui d'une fougère (dont il porte le nom d'ailleurs), et recouvert d'une pruine bleutée. Il constitue des touffes ravissantes mais est relativement capricieux, disparaissant une année pour réapparaître plus loin. Jolies fleurs jaunes en été.

Le *Corydalis flexuosa* est le beau bleu dont tout le monde rêve en secret. Spectaculaire quand il forme un tapis continu.

COMMENT Sol riche en humus et frais. Exposition mi-ombragée. Sous-bois ou muret conseillés.

Un godet acheté au printemps donne une touffe de 50 cm d'envergure au bout de quelques mois. Pensez à arroser pendant les grandes chaleurs.

On paillera chaque printemps. Conservez quelques rejets à l'abri en hiver, au cas où une gelée terrible viendrait tout détruire.

Corydalis lutea

AVEC QUI Les corydalis jaunes font merveille parmi les fougères et les pervenches, dans les recoins ombragés. Très jolis également près de feuillages argentés comme celui des oreilles d'ours. Effet ravissant parmi des violettes du Labrador.
Le corydalis bleu constituera un écrin remarquable pour des cœurs de Marie roses ou des ails décoratifs roses.

CORYLOPSIS

Vous verrez peut-être un bel exemplaire de cet arbuste dans un jardin bichonné, et tomberez en pâmoison devant le parfum de ses fleurs, en fin d'hiver. Mais n'oubliez pas qu'il aime les sols frais et peu acides : pas évident ! Un choix à peser en toute connaissance de cause.

COSMOS

Qui peut résister au cosmos, à son nuage de feuilles à l'odeur vaguement pharmaceutique, à ses coupes diaphanes qui paraissent dessinées par des enfants sages, et se succèdent durant tout l'été. Même les grosses graines, à la germination si tranquille, se font les amies des doigts gourds et pas encore bien verts. Fleur de débutant, le cosmos est aussi l'allié des légumes avec lesquels il s'entend à merveille. C'est une plante alerte, entre 1 m et 1,50 m, qui sied bien dans les grands massifs rustiques, pour constituer des petites haies temporaires entre deux parties du jardin, ou assurer le rôle de simple bouche-trou entre des arbustes. Le cosmos remplit toutes ces tâches avec bonheur.

COMMENT Un sol profond mais pas très riche sinon le feuillage devient démesuré et la floraison moins abondante. Plein soleil : c'est une fleur mexicaine.
Semez en avril, tous les 5 cm, puis repiquez en place un mois plus tard. Ou encore semez directement en place, en mai, puis éclaircissez pour laisser un plant tous les 30 cm.
Un paillage maintiendra le sol frais, mais il ne faut pas le mettre en place avant la mi-juin, au risque de bloquer temporairement la végétation. Arrosez régulièrement, de plus en plus au fur et à mesure que l'on se rapproche de la floraison. Enlevez les fleurs fanées car la formation des graines épuise les plantes qui cessent bientôt de fleurir.
Le petit truc qui change tout : pincez la tige principale à mi-hauteur, quand le plant atteint 30 cm. Celui-ci se ramifiera dès la base, offrant moins de prise au vent que les grands cosmos dégingandés.

LEQUEL Il y a deux grands groupes de cosmos : les roses et blancs à grandes fleurs, issus de *Cosmos bipinnatus*, et qui sont les plus connus, comme la race 'Sensation', très classique ; 'Candystripe', aux pétales bordés de carmin ; 'Day Dream', blanc à cœur rose tendre ; 'Purity', blanc et ramassé (60 cm), un des meilleurs, ou 'Sea Shells', aux pétales ourlés en cornets, plus original que vraiment beau.
Et les cosmos jaunes ou orangés, issus de *Cosmos sulphureus*. 'Lady Bird' et 'Sunset' sont deux sélections intéressantes, ne dépassant pas 60 cm de haut, avec des fleurs doubles aux coloris chaleureux. En revanche, 'Cosmic' est trop bas de plafond et a perdu toute dignité.

Cosmos bipinnatus

Enfin, bien à part, le *Cosmos atrosanguineus*, rustique par ses racines tubérisées, comme le dahlia, et qui étonne à juste titre par ses fleurs couleur pourpre presque noir, et son odeur vanillée ou cacaotée selon les nez. N'attendez pas de lui un effet de masse dont il est incapable hormis sous dopant. Vous le cultiverez exactement comme des dahlias.

AVEC QUI Les cosmos roses et blancs se marient bien avec les fleurs annuelles champêtres et bon enfant, comme les amarantes, les agrostemmas ou les lavatères.
Mélangez-les également avec des dahlias, en veillant aux hauteurs respectives. 'Purity' s'avère souvent le plus approprié par sa couleur neutre et son port plus ramassé.
Les cosmos orangés pétilleront en compagnie des pavots de Californie, avec l'appoint du feuillage argenté des cinéraires maritimes et le feu des gaillardes.
Le mariage des cosmos 'Day Dream', des cléomes roses et des jacinthes du Cap blanches est tout simplement fastueux. Pour un grand massif, au moins 5 m de long sur 2 m de large.

Côtière

Portion de jardin au sol incliné vers le sud, et généralement adossée à un mur. Chaud et douillet, cet emplacement se révèle idéal pour les premiers semis. On gagne en effet une à deux semaines de précocité, sans plastique ni protection. Alors, avec un châssis en plus...

COTINUS

Difficile de résister à la beauté de l'arbre à perruque, surnom fantaisiste qui se rapporte à sa floraison plumeuse évoquant une assemblée de perruques grand siècle, toutes poudrées de frais, en juin-juillet.

Cet arbuste ou petit arbre pousse spontanément sur bien des coteaux ou bords d'autoroutes dans le Midi, ce qui prouve sa résistance aux conditions difficiles. Dans les espaces verts publics, on se coltine souvent le cotinus pourpre, un peu sinistre, si bien qu'on oublie le plaisir rare des espèces à feuillage vert, qui prennent chaque automne des couleurs incendiaires.

LEQUEL Le *Cotinus coggygria* n'est pour rien dans son nom baroque. Son feuillage est vert à l'origine, 'Flame' étant une variété intéressante par sa floraison rose pourpré et ses couleurs d'automne incroyables. Mais les sélections pourpres ont connu plus de succès, selon la loi qui veut que le mauvais goût prédomine toujours : 'Royal Purple' est ainsi une vedette incontestée. D'une intensité remarquable à sa naissance, son feuillage se ternit un peu en été, mais moins que celui des noisetiers pourpres, et ses couleurs automnales sont quelque peu assourdies.

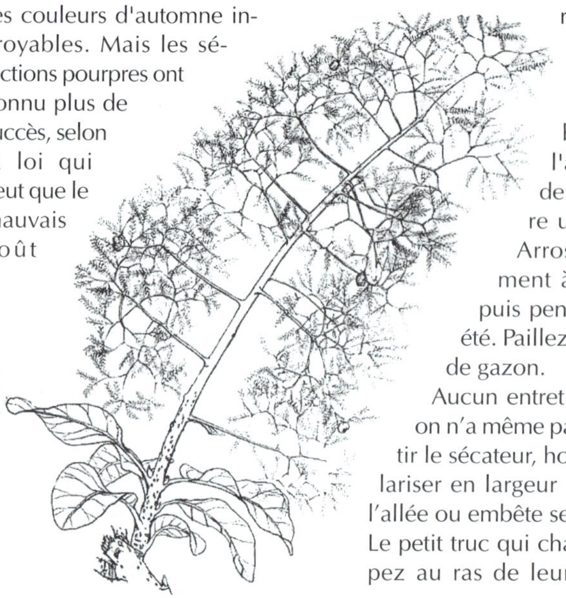

À noter qu'une taille sévère tous les trois ans permet d'obtenir des pousses vigoureuses (mais très raides) garnies de feuilles plus grandes, au coloris pourpre spectaculaire. Trop, à mon goût d'ailleurs.

Dominant ce petit monde de ses cinq mètres garantis, le *Cotinus obovatus* se contente d'être vert, mais il dispose sa ramure avec une rare élégance. Et comme son origine américaine le laisse deviner, il prend des couleurs fastueuses à l'approche de l'été indien. À disposer en fond de jardin, vu sa taille, mais sans le cacher car il est beau de pied en cap. Hélas, rare en culture (pépinières Adeline).

COMMENT Un sol sain et profond de préférence, pas trop riche pour que les couleurs d'automne soient plus vives encore, car elles semblent s'exacerber dans des conditions un peu difficiles.

Du soleil, en particulier pour la variété à feuillage pourpre qui verdit rapidement à l'ombre.

Souvent déjà ramifié dans son conteneur, le cotinus ne présente que quelques tiges raides. Plantez-le, en automne ou au printemps, en n'oubliant pas que l'arbuste fait plus de 3 m d'envergure une fois adulte. Arrosez copieusement à la plantation, puis pendant le premier été. Paillez avec des tontes de gazon.

Aucun entretien par la suite, on n'a même pas besoin de sortir le sécateur, hormis pour régulariser en largeur s'il dépasse sur l'allée ou embête ses voisins.

Le petit truc qui change tout : coupez au ras de leur naissance les branches qui se dessèchent parfois brutalement en saison. Cet arbuste est sujet à ce genre de péripéties, qui ne prennent guère de proportions alarmantes.

AVEC QUI Un 'Royal Purple' peut accueillir une clématite à petites fleurs, comme *Clematis viticella* 'Rubra', qui fleurit dans des couleurs approchantes. Étalez un grand tapis d'oreilles d'ours à leur pied.

Des iris jaune d'or, citron ou crème, mélangés à des pivoines rouges, pétilleront d'aise devant des cotinus pourpres.

Des buddléias blancs (comme *B. fallowiana* 'Alba') feront merveille avec ces mêmes cotinus, derrière un mélange d'héléniums et de gauras en premier plan.

Les cotinus verts peuvent former des haies rondes et douces, associés à des choisyas et des houx qui feront encore ressortir leurs couleurs automnales par contraste.

Le *Cotinus obovatus* est assez ample pour héberger un rosier-liane, comme le fameux 'Pleine de Grâce', créé par le rosiériste belge Louis Lens. Donnez deux années d'avance au cotinus, et le mariage sera parfait.

COTONÉASTER

Cet arbuste a été frappé de plein fouet par la psychose du feu bactérien, qui l'a fait interdire de vente, et surtout par l'abus dont il a été l'objet dans les décennies 60 et 70.

Sa résistance aux pires conditions et la facilité de son bouturage se sont conjuguées pour lui assurer un bas prix de revient, dont se sont régalés les aménageurs sans imagination. De plus, taillé de façon bestiale, le cotonéaster perd tout son charme. Redécouvrez sa fidélité assortie d'une grâce de bon aloi.

LEQUEL Les cotonéasters rampants, comme *C. dammeri*, n'ont guère leur place au jardin, où l'on dispose de quantité de plantes carpettes autrement plus amusantes.

Le *Cotoneaster franchetii* forme une masse souple de 2 m d'envergure. Son feuillage persistant, hormis du-

rant les hivers vraiment très froids, sert d'écrin aux fleurs blanc rosé en mai-juin et aux fruits rouges qui tiennent de septembre à février.
Le *Cotoneaster lacteus* est plus vigoureux (3 m) et porte des fruits plus visibles. Le type même de l'arbuste écologique : il attire les abeilles pendant la floraison, et nourrit les oiseaux en hiver. Excellent brise-vent et cache-misère.

Cotoneaster horizontalis

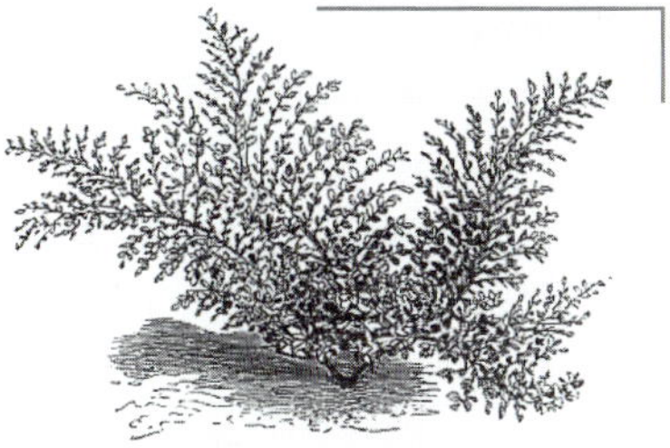

Le *Cotoneaster horizontalis* a fait des malheurs dans les rocailles de garage enterré et les talus ingrats. Oubliez ces emplois désespérants, et adoptez la variété panachée ('Variegatus'), qui est un bijou haut de 50 cm et capable de garnir un mètre carré. À mi-ombre, il fera l'étonnement de tous. Vous pourrez faire pousser dedans une clématite à petites fleurs pour prolonger l'enchantement.
COMMENT Le cotoneaster se contente d'un sol ordinaire, profond de préférence, et enrichi avec un peu de matière organique pour être tranquille ensuite. Paillez en juin la première année. Vous pouvez tailler mais avec souplesse et en conservant à l'arbuste son port naturel. Pour le topiaire, il y a le buis !
AVEC QUI Les cotoneasters persistants que je vous préconise sont parfaitement à leur aise avec d'autres arbustes : symphorine, seringat, deutzia, physocarpus 'Dart's Gold'... en bosquets ou en haie libre. Pour un effet plus recherché, allez regarder du côté des arbustes asiatiques : nandina, neillia, stephanandra, sans oublier quelques bambous panachés, et même des camélias *sasanqua* ou *williamsii*.
Le *Cotoneaster horizontalis* panaché recevra avec joie la visite des ancolies et des scilles bleues pour un printemps tout en tendresse.

COTULA

Une plante carpettissime, vaguement inquiétante par son côté ventouse indestructible, et qui requiert cependant des soins attentifs pour occuper vraiment le terrain. Aurez-vous la constance d'esprit nécessaire pour obtenir l'effet escompté ? En tout état de cause, préférez *Cotula potentillina* à *C. squalida* : il est plus ras et plus doux au toucher.

COURGETTE

Le légume idéal pour ceux qui débutent un potager car non seulement la récolte survient en un temps record (entre six semaines et deux mois, du semis aux premiers fruits) mais son abondance est réjouissante... ou excessive, tout dépend de votre amour pour les courgettes et de vos talents en cuisine. Même les fleurs se dégustent, et les fruits à peine formés sont un de ces délices que seul le potager peut réserver.

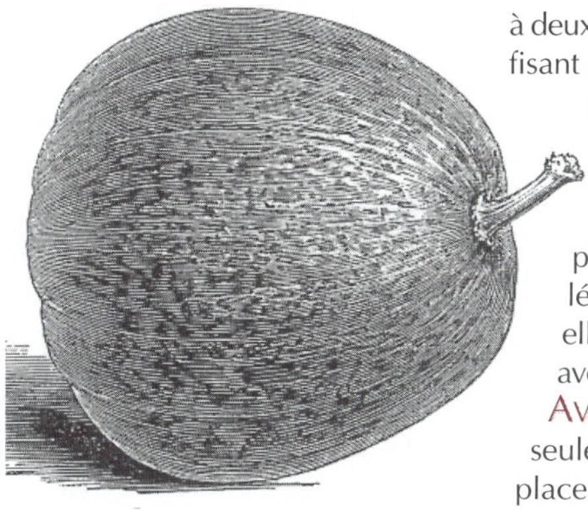

LAQUELLE Les variétés hybrides du commerce sont solides ('Arlesa' ou 'Aurore', par exemple), mais pas toujours très subtiles. Conservez de la place pour la 'Ronde de Nice', une variété autrefois coureuse mais dont il existe des sélections buissonnantes : ses fruits ronds contiennent une chair serrée, absolument divine en petits farcis.
Les pâtissons, à la forme amusante, sont souvent plus riches en eau dans leur jeunesse, et moins savoureux.
Les courgettes jaunes ne sont intéressantes qu'en photo : oubliez de les arroser une fois et elles deviendront dures comme tout.
COMMENT Les courgettes adorent le plein soleil, un sol riche, et au moins un arrosage copieux par semaine.
Pour récolter dès la fin juin, semez à la maison début avril à raison d'une graine par pot. Transplantez début mai en plaçant chaque plant au centre d'un poquet de 30 cm de large et rempli de compost, à 1 m d'intervalle, sous tunnel plastique.
On peut aussi semer directement dans les mêmes poquets du 15 mai au 10 juin, pour récolter en juillet. Laissez le tunnel en place jusqu'à la fin juin pour hâter la récolte.
Enfin, il ne vous aura pas échappé que l'on trouve des plants au marché dès début mai. Ennemis du semis, achetez-en d'abord trois, puis le même nombre un mois plus tard, pour obtenir une récolte échelonnée. Mais vous ne trouverez pas des variétés bien excitantes.
Arrosez régulièrement et copieusement : un demi-arrosoir déversé une à deux fois par semaine se révèle suffisant si vous avez paillé copieusement lors de la plantation.
Le petit truc qui change tout : comme les limaces aiment bien les jeunes plants, n'oubliez pas les granulés pour assurer les débuts, car elles sont la seule cause d'échec, avec les gelées tardives.
AVEC QUI Laissez-les courgettes seules, car elles prennent trop de place pour en laisser à des voisines.

Couvre-sol

Se dit d'une plante dont le contrat contient la clause suivante : « est présumée empêcher toute venue de mauvaises herbes, une fois installée ». Parfois ce délai s'étend sur trois ans, pendant lesquels un désherbage minutieux est requis. Face à d'autres couvre-sol, on a envie de crier « Halte à l'envahisseur ». Cherchez l'erreur...

CRAMBÉ

Un chou, encore un, mais qui n'a pas grand-chose à voir avec nos forts à bras du potager. Encore que, dans le genre embonpoint, il ne fasse pas dans la miniature. Le chou marin a fait partie des premiers légumes sauvages et anciens remis au goût du jour, hélas de façon fugace car les contraintes économiques le banniront de notre table pour longtemps. Il demeure un ornement apprécié pour le côté sculptural de son feuillage et la beauté de sa floraison immaculée.

Crambe maritima

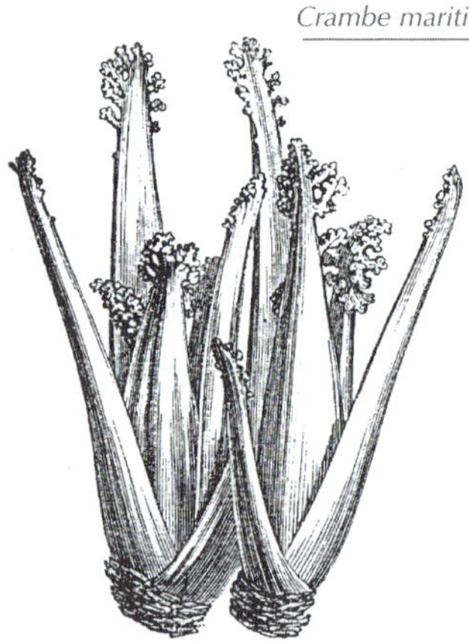

LEQUEL Le *Crambe maritima* vit solidement implanté sur les falaises de la Manche, où il est d'ailleurs protégé. Sa grosse racine l'ancre face aux tempêtes et lui permet de survivre en cas de sécheresse éventuelle. Au jardin, il devient facilement plantureux, et étale quelques grandes feuilles charnues, d'un vert bleuté. Au bout de deux ou trois ans, il condescend à fleurir, en bouquets blancs à odeur mielleuse, en plein mois de mai.
Son cousin de Russie, *Crambe cordifolia*, est un géant en proportion : la touffe de feuilles dépasse 70 cm d'envergure, et quand la hampe florale se déploie, le lascar dépasse la taille humaine. Il se métamorphose alors en un nuage blanc, juste quand les rosiers anciens explosent. Parfois, au jardin, il y a des moments de grâce comme cela.
COMMENT Installez ces compères au soleil, en sol profond, assez substantiel. Une brouette de compost fera le plus grand bonheur du crambé de Russie. Le maritime appréciera une pincée de sel, juste en souvenir de ses falaises.
La plantation de début d'automne est parfaite, mais on peut encore planter au printemps. N'oubliez pas de laisser de la place autour d'eux. Quelques granulés anti-limaces éviteront des dégâts qui ne sont préjudiciables qu'en première année. Parfois, les altises transforment le grand crambé en dentelle. Coupez au ras du sol, et arrosez régulièrement pour chasser ces intruses. Les nouvelles feuilles seront impeccables. Il est recommandé également de couper les hampes florales une fois le feu d'artifice terminé.
AVEC QUI Le crambé maritime sera superbe sur une rocaille dunaire, dans le sable, en compagnie de fétuques et de gauras. Ajoutez des armoises argentées, puis sortez la chaise longue et l'ambre solaire.
Le *Crambe cordifolia* est le meilleur compagnon des rosiers galliques et musqués. Il sera précieux également en fond de grand massif, parmi les graminées puissantes qui prennent le relais en fin d'été.

CRESSON

Impossible d'imaginer un printemps sans cresson, sans cette saveur piquante qui vous titille le nez et vous donne l'impression de sentir les vitamines se mettre à l'œuvre.
Le cresson a longtemps été le meilleur ami de l'homme, le préservant de nombreuses carences, conséquences d'une alimentation répétitive. Mais le cresson s'est fait aussi une réputation ravageuse dans les cours de Sciences naturelles, au chapitre « douve du foie ». Ce parasite au cycle de vie aussi compliqué qu'il est opportuniste, finit en effet dans notre foie, si, par malheur, des moutons ont brouté près des ruisseaux où pousse le cresson. Dans ce cas, il ne s'agit évidemment pas du cresson vendu sur le marché, étroitement surveillé, mais de celui qu'une charmante fermière vous proposera peut-être, un beau dimanche de Pâques, pour accompagner une pièce de viande appétissante...

Cresson alénois

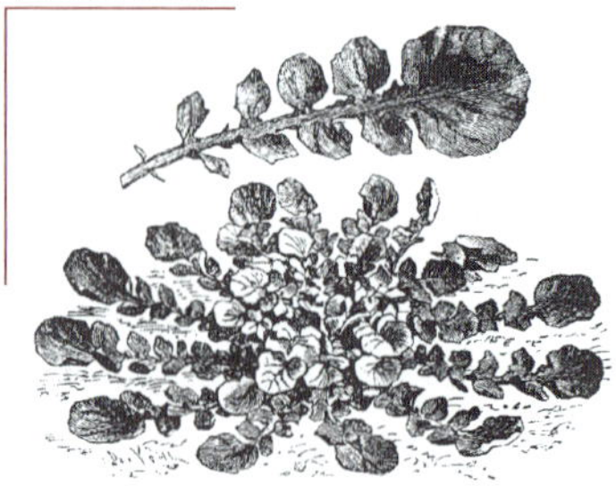

LEQUEL Laissez donc le cresson de fontaine aux spécialistes, et contentez-vous du cresson de jardin, ou de l'alénois, vieux nom qui veut dire originaire d'Orléans. Il est un soupçon plus piquant que le cresson d'eau, mais l'on est toujours content de le cueillir au printemps, avant toutes les autres verdures, et sans s'être donné beaucoup de peine.

Cresson de Para

Le cresson de Para est curieusement pétillant. Il apprécie la chaleur et doit être abrité en serre durant l'hiver.
COMMENT Un sol quelconque, et un peu de soleil. Le cresson affiche des goûts vraiment rustiques...
La première année, vous sèmerez le contenu d'un paquet, soit en septembre, ce qui est la meilleure période car il passera l'hiver tranquillement, et prendra du volume aux premiers beaux jours ; soit en mars, et il monte à graines en moins de deux. Laissez-le faire, car il se ressèmera alors où bon lui semble. Et vous n'aurez plus qu'à enlever les

surplus mal placés ou envahissants. Le cresson possède peu de parasites, si ce n'est les altises qui percent des petits trous ronds. On les éloigne en arrosant régulièrement les semis.
Le petit truc qui change tout : cueillez et éclaircissez en même temps les semis, de façon à prolonger la période de cueillette.
AVEC QUI Laissez le cresson se ressemer où bon lui semble. Une fois en fleurs, il peut servir de toile de fond à la floraison de tulipes jaunes, au printemps, dans un potager accueillant où les fleurs trottinent gentiment avec les légumes.

CROCOSMIA

Imaginez un glaïeul qui serait gracieux, léger, bien proportionné et en plus vivace, pour combler le fameux vide de floraison estival. Un rêve ? Pas si sûr : le crocosmia possède ces atouts. Alors, pourquoi ne le voit-on pas plus souvent ? Mystère, mais le jardin en comprend quelques autres du même tonneau...
LEQUEL Deux crocosmias ont traversé le temps : 'Lucifer', d'un rouge effectivement incendiaire, mais qui ne saurait lasser car les épis recourbés sont légers comme des vols d'oiseaux (1,2 m) ; et 'Solfatare', aux fleurs jaune soutenu, largement évasées (70 cm).
Tous les deux fleurissent en août, et forment des touffes avantageuses en quelques années. On ne les dit pas très rustiques mais le premier a résisté allégrement aux grandes gelées de 1985 dans mon jardin d'Île-de-France. Probablement, le fait que la touffe était déjà solidement installée y est pour beaucoup.
COMMENT Mettez en place au printemps des godets déjà démarrés, pour plus de sécurité. Plantez-en au moins trois, espacés de 30 cm. Enterrez à peine la base car, de toute façon, le crocosmia a tendance à former ses cormes non loin du sol. Il apprécie la mi-ombre plus que le plein soleil de l'après-midi, et supporte même le couvert des arbres quand il n'est pas étouffant. Prévoyez un sol profond, restant assez frais en été.
Les premières années, n'oubliez pas de répandre des feuilles mortes sur les souches, dont vous ne couperez pas les feuilles pour faire propre. Elles jouent leur rôle en évacuant l'humidité pendant un petit moment.
AVEC QUI Chez le crocosmia, la beauté du feuillage élancé vaut presque celle des fleurs.
Employez-le comme un facteur d'allégement dans les massifs d'arbustes, entre les cornouillers panachés, les physocarpus ou les fusains et les buis taillés. Il peut contraster en beauté avec un tapis de fraisiers caprons.
En Bretagne, glissez-le avec générosité auprès des hortensias et des fuchsias rustiques.

CROCUS

On oublie les crocus jusqu'au moment où ils trépignent en bandes sous un cordon de pommier ou parmi les herbes folles de la rocaille (ou de ce qui en tient lieu). Puis, ils repartent en feuilles vers le royaume de l'invisible, cachés dans l'herbe.

Crocus vernus

LEQUEL N'importe lequel serait-on tenté de dire car ils ont tous leur charme, entre les jaunes, les blancs et les mauves. Les crocus botaniques sont un peu plus courts sur patte, les hybrides dénommés plus altiers mais tout aussi fouillassons au bout de quelques années. Les maniaques exerceront leur perversité collectionneuse en se procurant des variétés plus précoces et d'autres carrément automnales, juste pour le plaisir de crâner en octobre devant leur safran. Celui-ci est effectivement un crocus, d'ailleurs pas spécialement le plus facile à acclimater.
COMMENT Le crocus se plante le plus tôt possible, dès le mois de septembre, car les cormus ou bulbes se dessèchent en un rien de temps. Enterrez-les du double de leur hauteur, par groupes d'une dizaine, en les espaçant de trois doigts. Ils apprécient le soleil, une terre légère, voire caillouteuse. Gardez-en une douzaine à mettre en potée, pour le plaisir.
AVEC QUI Le crocus est un des bulbes de printemps les plus faciles à naturaliser dans un gazon car il termine son cycle très tôt, juste au moment où l'envie de tondre vous démange à nouveau.
Ne faites jamais l'imbécillité de jeter des poignées de bulbes derrière votre épaule, soi-disant pour mieux les répartir car c'est le meilleur moyen de gâcher ensuite une demi-journée à les rechercher à quatre pattes.
En rocaille, les crocus animeront les tapis d'aubriètes et de céraistes.

CRYPTOMÉRIA

Ce conifère japonais a la particularité de prendre des couleurs d'automne brun chaud, qui font penser à un arbre crevé. D'ailleurs, c'est souvent le cas, et le printemps ne le voit pas forcément reverdir. Les variétés naines sont, comme la plupart des conifères nains, sordidement adeptes du surplace.

Curé (jardin de)

Expression magique, digne d'un roi du marketing, mais que l'on attribue à tort et à travers, en particulier pour qualifier des jardins copiés sur... les cottages anglais, souvent œuvres de dignes pasteurs anglicans et de leurs émules. Un schéma clair, des allées se croisant à angle droit, des bordures soignées et la présence de fleurs, d'arbres fruitiers et de légumes, constitueraient les points clés des jardins de curé. Avec des plantes de terroir, de préférence.

CYCLAMEN

Même si elle évoque avec nostalgie la rentrée des classes et les petits matins pleins de rosée, la floraison des cyclamens est un moment de pure grâce au jardin, surtout s'ils s'y sont plu au point de former de vastes tapis au pied des grands arbres. Ils se plaisent particulièrement dans l'Ouest et le Centre. Il suffit de laisser faire la nature, et les fourmis en particulier, qui adorent trimballer les graines tout autour des pieds-mères.

Cyclamen purpurascens

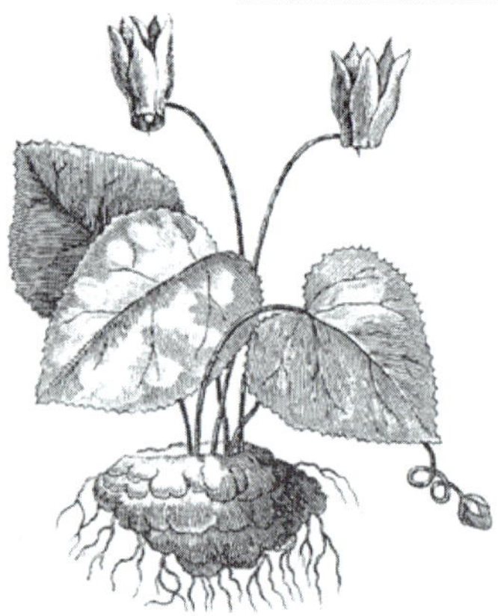

LEQUEL Le cyclamen de l'île de Cos (*Cyclamen coum*) fleurit de décembre à mars. Existe en rouge suave, rose ou blanc.

Le cyclamen de Naples (*C. hederifolium*) pousse loin l'imitation avec le lierre : il n'y a pas deux feuilles pareillement marbrées, d'un tubercule à un autre. Mais mon préféré reste le cyclamen d'Europe (*C. purpurascens*) en fleurs de juillet à octobre, rose nuancé de rouge (10 cm).

COMMENT Sol riche en humus et un peu calcaire de préférence. Ombre ou mi-ombre.

On trouve de plus en plus souvent des bulbes cultivés en godets et vendus tels quels, et c'est très bien car on évite le choc de la transplantation. Si vous ne trouvez que des tubercules secs, sans racines apparentes, cultivez-les un an dans un coin de châssis, en pots. Vous poserez les tubercules à même le terreau, la face creuse et garnie de petites protubérances vers le haut, car c'est de cette face que partent les feuilles et futures fleurs. La face bombée sera donc vers le bas, et les racines naîtront sur le pourtour. Plantez en été, qui est la saison pendant laquelle les cyclamens sont au repos. Les feuilles apparaîtront en septembre, la végétation se déroulant ainsi jusqu'en juin. Puis arrêt, avant la floraison de fin d'été, qui surgira dès l'année suivante. Vous installerez donc vos potées à demeure en juin-juillet, et marquerez leur emplacement avec un petit piquet pour ne pas les piétiner malencontreusement.

Le petit truc qui change tout : recouvrez les cyclamens d'aiguilles de résineux, pour les protéger si le climat de votre région est particulièrement rude. Toutefois, soyez sans crainte : il fait souvent plus doux en sous-bois.

AVEC QUI Des primevères acaules jaune soufre qui fleuriront au printemps, chacun des partenaires formant des touffes bien denses dans son coin.

Des violettes du Labrador et des violettes odorantes, à fleurs simples, plus naturelles que les doubles.

Le mélange des cyclamens de Cos et des bruyères (*Erica carnea* 'Springwood' et 'Winter Beauty' par exemple) est ravissant car il évoque ce qui se passe dans la nature.

Un tapis de cyclamens de Naples mariés à des perce-neige, pour le printemps, fera fondre tous les cœurs, surtout sous le tendre couvert de bouleaux argentés.

Les cyclamens de Cos feront merveille en compagnie de pulmonaires, au pied de viornes printanières au doux parfum (*V. bodnantense*).

Les narcisses botaniques et les jacinthes des bois présentent un cycle de vie complémentaire du cyclamen d'Europe.

CYNOGLOSSE

Avec leur bleu de faïence hollandaise, les cynoglosses ont du mal à cacher leur parenté avec les myosotis. Ici c'est une question de taille seulement, les langues de chien (traduction fidèle mais peu poétique de leur nom grec) culminant à 40 cm. Et de période de floraison, car les cynoglosses préfèrent l'été au printemps. Parfaits pour succéder aux myosotis, qui crament dès les premières chaleurs.

Cynoglosse nervosum

LEQUEL La cynoglosse annuelle (*Cynoglossum amabile*) atteint 50 cm de haut, et ses fleurs turquoise se succèdent tout l'été. Les semis naturels, qui naissent en automne, donnent des plantes magnifiques dès le printemps suivant, ce qui doit vous motiver à les laisser monter à graines.

La cynoglosse vivace (*C. nervosum*) offre une végétation large et touffue, avec des feuilles rêches au toucher, surplombées par les milliers de corolles bleu gentiane, en juin-juillet.

COMMENT Un sol profond et frais de préférence. Soleil ou mi-ombre. Trop de fertilité conduit à une exubérance du feuillage.

Trouver les graines sera certainement le plus périlleux dans le cas de la cynoglosse annuelle. Semis en avril, soit directement en place, soit en bac à poisson pour repiquage un mois plus tard. La cynoglosse vivace s'achète en godet, et se plante au printemps. Achat massif car il en faut au moins une demi-douzaine pour former une tache sympathique.

Une fois en place, la cynoglosse vi-

vace ne requiert que des arrosages en cas de sécheresse prolongée. Un paillage à base de tontes de gazon vous les épargnera.
Le petit truc qui change tout : supprimez les hampes fanées pour prolonger la floraison. À moins que vous ne souhaitiez des semis spontanés, comme c'est le cas pour les myosotis.
AVEC QUI La cynoglosse annuelle fera merveille au pied des rosiers remontants de couleur rose ou blanche. La cynoglosse vivace formera des touffes amples à marier aux anaphalis, au pied de crambés devenus nuages de fleurs en juin.
Toujours le vivace, mais cette fois-ci autour d'iris demi-nains, qui disparaîtront derrière cette floraison bleue, après leur propre période d'épanouissement.

CYPRÈS DE LEYLAND

La meilleure et la pire des choses. Excellent quand il s'agit de faire comprendre à votre voisin que l'ouverture de fenêtres donnant sur votre jardin n'est pas une raison pour vous observer à longueur de journées. Dans ce cas, planté en isolé et à trois bons mètres de la limite, il fera son office en moins de cinq ans.
Le même cyprès est tout bonnement affreux en haies étriquées, car son feuillage, plus lâche que celui des thuyas, prend un teint plombé. On distingue vite le tronc, et sa base se déplume immanquablement. Sans compter que si vous l'oubliez un an, il sera hors d'atteinte de votre plus grande échelle.
De plus, il s'en est tellement planté que je ne serai guère surpris qu'un insecte ou une maladie ne deviennent avant peu la peste des Leyland, tout comme les thuyas prennent des brunissements suspects depuis une décennie.
Enfin, son pollen provoque des allergies redoutables. C'en est au point qu'en Angleterre une campagne a été menée officiellement pour le proscrire des lotissements. Gare au rhume des haies !

CYTISE

Si vous vous lamentez parce que le jardin qui entoure votre maison est désespérément vide, offert à tous les vents et tous les regards, tournez le vôtre vers les cytises. Ces petits arbres poussent à toute vitesse, possèdent un feuillage élégant, au revers argenté, et fleurissent en peu d'années, avec des grappes de fleurs jaunes qui évoquent irrésistiblement une fontaine d'or. Au chapitre des inconvénients, notez que toutes les parties de l'arbre sont poison, y compris les graines fort nombreuses et tentantes, et que la durée de vie des cytises n'a rien à voir avec celle des chênes. Dix ans et puis voilà. Mais, d'ici là, d'autres arbres auront poussé, et votre jardin pourra se passer de leur présence amicale.

Laburnum anagyroides

LEQUEL Le brave cytise commun (*Laburnum anagyroides*) pousse vite, même à partir de graines si vous en trouvez. Jaune d'or et toujours souple. Hauteur 4 à 6 m, sur 3 m de large. Les fouineurs mettront peut-être la main sur une version pleureuse, fort élégante.
Le *Laburnum watereri* 'Vossii' est un hybride au feuillage plus large, et aux grappes incroyablement longues : près de 60 cm !
COMMENT Une terre quelconque, même un remblai calcaire leur convient. N'oubliez pas que les cytises font partie de la famille des Légumineuses, des plantes prévoyantes qui confient à des bactéries situées sur leurs racines la tâche importante de fixer l'azote de l'air. D'où une croissance vertigineuse. Le soleil favorise la floraison.
En automne ou au printemps, plantez des sujets achetés en motte ou en conteneur. Pas besoin de tuteur, car les cytises ont un bois moins cassant que celui des robiniers. Plantez en groupes, c'est plus joli, à deux mètres les uns des autres. Évitez la concurrence des mauvaises herbes pendant la première année, et arrosez pendant la canicule.
Aucun entretien, si ce n'est un paillage en fin de printemps. Éliminez les branches mortes.
Le petit truc qui change tout : s'il y a des enfants dans les parages, éliminez les gousses jusqu'à hauteur d'homme.
AVEC QUI Franchement, il y a mieux à faire que de copier les Anglais et leurs tunnels de cytises. Cette façon de les utiliser date de plus d'un siècle, et tout le monde a craqué au moins une fois devant le spectacle des grappes de cytises dégringolant sur une charpente arrondie, avec des fleurs de toutes les couleurs au pied. À mon goût, des robiniers à fleurs roses sont plus gracieux dans cet usage, car personne ne va voir ces tunnels de cytises un mois après la floraison, quand seules les gousses marquent l'emplacement des fleurs.
Mélangez les cytises, les arbres de Judée, les prunus à feuillage pourpre et les lilas dans des haies ou des bosquets romantiques.
Plantez les cytises en bosquets de 3 à 10 sujets, dispersés en fond de jardin, et remplissez les vides à leur pied avec des mahonias. En premier plan, des millepertuis arbustifs et des pyracanthas 'Soleil d'or' déclineront la couleur jaune durant l'été.
Si tout cela est implanté quelques mètres devant une haie de conifères sombres, effet de contraste garanti. Pour grands jardins uniquement.

DAHLIA

On a peine à imaginer les jardins avant l'introduction et la généralisation des dahlias, au XIXe siècle. Le camarade Louis XIV aurait-il apprécié ce soleil un tantinet balourd, prince des faubourgs, ou marquise fraîchement anoblie et restée amoureuse des couleurs fortes ?
Mais trêve de botanique-fiction, et contentons-nous d'accueillir à bras ouverts ces fantassins toujours prêts à hisser les couleurs.
Face aux dahlias, il y a deux catégories de jardiniers, ceux qui ne les ont jamais utilisés, et les méprisent bêtement, ou se vengent ainsi d'une grand-mère acariâtre ; et ceux qui les adorent, au point de fabriquer des recoins spécialement disposés, pour que leurs visiteurs chics ne soupçonnent pas cet amour clandestin.
Car, malgré un militantisme de chaque été, nous sommes encore trop peu à afficher notre prédilection pour les fleurs grandes comme des plats à barbe, et les coloris fin

de siècle, uniques en leur genre. Alors, comment s'étonner que les jardins paraissent vides sans eux ; que les potagers se languissent de ce légume raté recyclé dans l'ornement ; et que les bouquets d'automne se fassent anémiques.
Ne serait-ce que pour contrer ces malheurs, les dahlias méritent une place d'honneur. Et tant pis pour les adeptes du tout pastel et du jardin monochrome !

DAHLIAS CHOUCHOUS

'Nimbus', nain simple, jaune tendre et blanc au bout des pétales (40 cm).
'Sunset', orange doux suffusé de jaune, très joli à côté de 'Terre d'Envol' (80 cm).
'Chambord', cactus nain couleurs d'automne, romantique.
'Ville de Bourges', couleur chair de pastèque, nain double extra à côté de 'Chambord'.
'Opaline', cactus assez haut, orange fumé à cœur rose, à associer à 'Angélique', adorable rose porcelaine.
'Pomerol', rouge... bordeaux, comme il se doit.
'Hamari Girl', énorme pivoine rose.
'Tolédo', un camélia rose à centre jaune doux.
'Gitane', nain simple à fleur rose tendre strié, plate, qui rappelle vraiment un cosmos, en un peu plus trapu.

'Clown', jaune orangé flammé.
'Douce Amie', cactus plat orange doux nacré.
'Magie', un fabuleux cactus rouge très foncé.
'Nugget', nain double, orange chaud mâtiné de brun, très joli avec 'Brasilia', un dahlia à fleur de camélia pas très grande mais d'un rouge vraiment voluptueux.
'Evelyn', blanc à peine lavé de rose au bord.
'Prince noir', aussi sombre et tourmenté que son nom le laisse supposer.
'Glamour', le bien nommé, aux fleurs de lotus rose suffusé de jaune doux.
'Hamari Gold', d'un effet extraordinaire quand 4 ou 5 fleurs sont écloses en même temps, jaune suffusé d'orange et de rouge. Fastueux !

LEQUEL Il y a vraiment l'embarras du choix, certains catalogues en affichant plusieurs centaines.
Et nous avons la chance de disposer, avec les établissements Turc, d'un excellent obtenteur, dont on trouve les réussites dans toutes les jardineries. Essayez cinq ou six variétés nouvelles tous les ans, et supprimez celles qui vous paraissent sans intérêt. Le dahlia étant une fleur économique, cela ne vous ruinera pas.
Vous verrez qu'au bout de quelques années, vous souhaiterez changer de tonalités, le rouge feu remplaçant le rose dragée, ou les cactus blancs prenant la place des nains bicolores.
Ces temps-ci, mon goût me porte à explorer les rouges grenat les plus foncés, les roses un peu fluos et les violets. Vous voyez le genre...
Côté formes, les pompons réguliers ont la vedette, mais ce sont de meilleures fleurs en bouquet qu'en massif, où les décoratifs et les cactus font plus d'effet.

COMMENT Une terre extra et du soleil pour ce grand gourmand. C'est pourquoi il est tellement à son aise dans les potagers.
Achetez vos tubercules par correspondance (merci M. Baumaux) ou dans les jardineries, en mars-avril, mais pas plus tard car la végétation se développe vite, et vous vous retrouveriez avec une sorte d'endive spiralée du plus vilain effet.
Le mieux consiste à faire démarrer la végétation en mars, les tubercules étant serrés à touche-touche dans un bac à poisson grand volume, remisé dans la serre ou la véranda, en pleine lumière. Un peu de tourbe humide suffit pour abriter les premières racines.
Ensuite, de deux choses l'une : soit vous mettez en place à la mi-mai, quand tout risque de gelée est passé ; soit vous bouturez les pousses apparues, quand elles n'ont encore que 10 cm de haut.
Pour cela, il suffit de les trancher à leur base, en prenant un soupçon du tubercule d'origine, et de les enfoncer à mi-hauteur tout autour d'un pot rempli de terreau. Reprise assurée en quinze jours, et mise en pla-

ce deux semaines plus tard, début juin. L'avantage du bouturage : offrir plus de plantes puisqu'une « patate » du commerce donne trois à cinq boutures. Par ailleurs, les plantes obtenues sont trapues et donnent des fleurs plus belles, juste un peu plus tard.
Dans tous les cas, protégez des limaces qui adorent croquer les jeunes pousses. Pour cela, les appâts sont indispensables, de même qu'un cercle de cendres de cheminée. Tuteurez les variétés hautes ou à grandes fleurs le plus tôt possible.
À ce sujet, pas de demi-mesure : misez sur la couleur, avec des tuteurs peints en bleu Klein ou jaune Van Gogh qui seront parfaits pour animer la masse du feuillage avant le grand coup de cymbale des premières fleurs.
Arrosez copieusement, au moins une fois par semaine, en ajoutant du purin d'ortie ou de l'engrais soluble une fois sur deux.
Paillez à partir du mois de juillet, avec un matelas bien épais de fumier mûr ou de compost achevé. Après que la première vraie gelée a rétamé le feuillage, vous couperez les tiges à 10 cm de long, et arracherez les tubercules qui seront remisés dans la cave, soigneusement étiquetés un à un.
AVEC QUI Tous les légumes de l'automne, choux, poireaux ou poirées. Les dahlias ne sont jamais aussi jolis que lorsqu'ils bordent un potager, en grandes lignes souples de toutes les couleurs. Les petits pompons y sont ravissants.
En massifs, avec des plantes solides comme les kochias ou les grands cosmos. Jouez aussi le contraste des hauteurs avec un tapis d'alysses maritimes, semées en juin pour fleurir seulement en fin d'été.
En mélange avec des tabacs géants, comme cela a été réalisé un été dans les jardins d'essai de l'Institut du tabac, à Bergerac, à l'initiative du paysagiste Eric Ossart. Ce dernier affiche un goût immodéré pour les dahlias, qu'il emploie également dans ses tapis de fleurs, en compagnie des anthémis et surtout en mélange avec les cléomes et les cosmos (jardins du Paradis, à Cordes-sur-Ciel). Le résultat est époustouflant !

DAPHNÉ

Généralement toxique, le daphné ne pousse pas ou perd subitement la moitié de sa ramure, sans explication autre qu'une maladie à virus. Un arbuste de rocaille à laisser aux spécialistes qui se pâmeront devant des noms impossibles à retenir, qu'une étiquette plus haute que la plante aura du mal à contenir. Dix ou douze ans est un âge canonique pour les daphnés.

Daphné

Pour ne pas rester sur une note négative, testez le *Daphne odora* 'Aureo-marginata', un bel arbuste arrondi qui ne dépasse pas 1,20 m de haut, et offre un feuillage persistant panaché de crème. Il fleurit en février-mars et répand un parfum d'une rare suavité. Mais je vous aurais prévenu : s'il rend l'âme au bout de trois ans, ni vous ni moi ne seront mis en cause…

DATURA

En Dordogne, on surnomme « ordura » sa cousine la stramoine, tant sont pénibles les piqûres occasionnées par ses fruits.
Le datura arbustif (ou *Brugmansia*) est acceptable uniquement en pot assez grand, sur la terrasse, hors du soleil de l'après-midi, et avec un goutte-à-goutte nutritif à portée de racine. Exceptionnellement, on laissera l'eau stagner dans la soucoupe.

Datura (fruit)

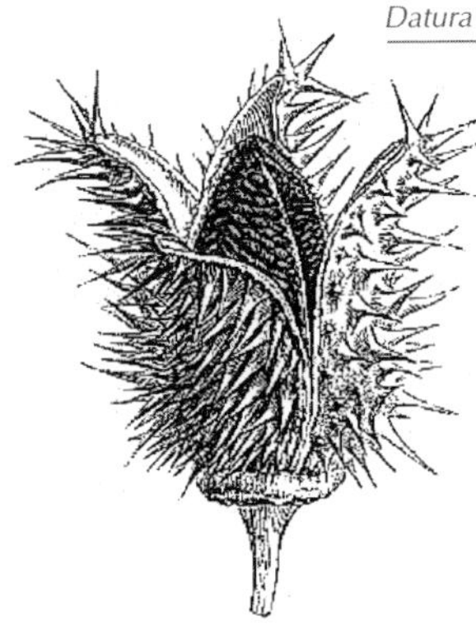

À vous les parfums vespéraux décrits dans les catalogues avec force qualificatifs. En général, on oublie de le rentrer à l'abri, et l'hiver se charge de lui montrer le chemin du tas de compost. Si vous l'hébergez en véranda, vous comprendrez rapidement ce que signifie une attaque d'aleurodes (mouches blanches), de pucerons ou d'acariens, voire les trois en même temps !
Bien à part, le datura annuel, dit d'Égypte, est un amusement de possesseur de véranda. Ses immenses corolles s'ouvrent vers le ciel comme des mouchoirs émus qui salueraient l'envol des tourterelles vers les pays chauds. Car il attend l'automne pour se déployer vraiment.

DELPHINIUM

La plante piège par excellence. J'ai dépensé pour eux non seulement une fortune en godets et graines, mais aussi en terreau et fumier. Pour un résultat affligeant, le dernier en date étant une hampe misérable aux fleurs d'un blanc sale, seul rescapé d'un lot de graines du plus réputé producteur anglais. De là à présumer que le paquet de graines ne contenait pas grand-chose… Les delphiniums belladonna n'ont pas donné de résultats meilleurs, et j'ai renoncé à inonder le jardin en granulés anti-limaces.

DEUTZIA

Une plongée dans le monde des deutzias ne peut fournir que des sujets de satisfaction. Au point que l'on se demande pourquoi ces arbustes ne sont pas plus employés, à la place de tant de plantes vivaces pas plus rustiques que cela. Gentils arbustes ne dépassant que rarement la taille humaine, ils peuvent aussi bien donner du corps aux massifs que former des petites haies, ou servir à renforcer les creux d'une plantation d'arbres. Une fois leur rôle rempli, ils quitteront la scène en vous laissant le regret de leur floraison immaculée, en mai-juin. À vous d'y penser, histoire de tester les variantes plus ou moins doubles, et les roses attendrissants.

Deutzia

LEQUEL *Deutzia crenata* 'Nikko' forme tout naturellement une boule compacte de près d'un mètre de haut, avec un feuillage vert grisâtre, râpeux mais apaisant pour les associations de couleur. Floraison abondante en petites grappes blanc pur, dressées, en mai-juin.

'Rosealind' (de son vrai nom *Deutzia elegantissima* 'Rosealind') culmine à 1,5 m et presque autant de large, avec des branches retombantes. Les fleurs réunies en bouquets s'épanouissent en mai-juin. Elles s'ouvrent rose foncé puis pâlissent.

'Mont Rose' est plus mauve que rose à vrai dire. Lui aussi fleurit en mai-juin, et il est à peu près aussi grand que le précédent.

'Carminea' est plus bas, et plus étalé. Ses fleurs en clochettes sont tendrement roses à l'extérieur, et blanc rosé à l'intérieur. Très florifère, mais parfois plus pâle que sur l'étiquette. Est-ce un mal ?

'Pride of Rochester' clame son nom comme une publicité. Plus haut que les deutzias habituels, il se propulse parfois à 3 m de haut. Un peu raide au demeurant. Les fleurs doubles, blanches et roses, forment des petits manchons de 15 cm de long, en mai-juin. À tout prendre, je lui préfère l'hybride 'Magnifica', un peu plus souple, et blanc pur.

Le plus tardif de tous est le deutzia de Formose (*D. taiwanensis*) : il attend la fin-juin pour épanouir ses fleurs blanches, qui se détachent parfaitement sur son feuillage vert foncé, persistant jusqu'en décembre. Assez raide lui aussi.

COMMENT Le deutzia se contente d'un peu de terre saine, et d'une exposition ensoleillée ou mi-ombragée, qui peut même devenir franchement ombragée au fil des années, mais la floraison s'en ressent un peu. Plantez en toute saison, mais de préférence en octobre-novembre et en mars-avril.

Les plants élevés en conteneur présentent parfois un chignon serré, que vous entaillerez de quelques coups de couteau pour laisser libre cours aux futures racines.

Arrosez pendant les deux premières années. La taille consiste, après la floraison, à nettoyer les branches âgées de quelques années, qui se reconnaissent à leur écorce brune.

Laissez intactes les branches vigoureuses, qui ne sont pas des gourmands mais la future charpente de votre arbuste. On peut très bien ne tailler qu'un an sur deux.

AVEC QUI Des deutzias 'Mont Rose' émergeant d'une grande masse de campanules à feuilles de pêcher bleues constituent une vision poétique au possible. Ajoutez quelques graminées pour le renouveau de l'automne.

Les deutzias blancs font merveille avec les weigelas, les spirées, les kolkwitzias, les lilas à petites feuilles laciniées et les seringats dorés, dans des petites haies peu encombrantes et ravissantes au printemps.

DIASCIA

Du jour où l'on s'est aperçu que les diascias étaient plus à leur place dans les listes de plantes d'été, en compagnie des fuchsias et des pélargoniums, et non parmi les plantes vivaces, la situation s'est clarifiée, et l'on a pu apprécier cette fleur sud-africaine à sa juste mesure. Fini les appréhensions sur la rusticité.

Cultivé en pot et en jardinière, le diascia est effectivement une plante précieuse par la longue durée de sa floraison, quasi ininterrompue de juin aux gelées.

Diascia barberae

LEQUEL *Diascia barberae* 'Blackthorn Apricot' est tapissant (20 cm) et fleurit rose abricot ou chair de melon selon les goûts. L'hybride 'Ruby Field' est un peu plus grand, sans dépasser 30 cm, et s'avère encore plus florifère, si c'est possible.

'Salmon Supreme' est vraiment couleur saumon fumé. Plus facile à associer que 'Coral Belle', au rose corail synthétique.

Diascia rigescens est plus tendre, et produit des tiges plus massives recouvertes de fleurs sur toutes les faces, un peu comme des digitales miniatures. Une belle structure par rapport au fouillis des deux autres.

COMMENT Le diascia apprécie une terre riche et bien drainée, du soleil, mais pas forcément celui de l'après-midi, cruel pour les tons pastel.

On se procure les plants en godets, au printemps, pour les mettre en place en avril-mai. Chacun d'eux donnera naissance à une touffe plantureuse, en moins de quelques mois. On plantera donc en conséquence à

25 cm d'intervalle pour le moins. Arrosages réguliers, bi-hebdomadaires pendant les chaleurs, et apports d'engrais solubles soutiendront la floraison, que ce soit en pleine terre ou en bac.

Le petit truc qui change tout : en fin de saison, arrachez la plante entière avec sa motte de racines, et abritez des éclats dans un coin de serre ou de véranda.

AVEC QUI Des plantes à feuillage glauque, c'est-à-dire bleuté, comme les rues ou les hostas *sieboldiana* 'Elegans', mais à exposition ombragée l'après-midi.

En grand pot, en mélange avec des fuchsias de toutes les couleurs.

Toujours en pot, mais avec des plantes à feuillage gris comme le dorycnium ou les hélichrysums.

Tout autour d'un abélia planté dans un grand pot de terre cuite.

Dans un coin de jardin ensoleillé et abrité du froid, en tapis au pied d'un petit arbuste non rustique le sphaeralcea, que l'on voit proposé de plus en plus souvent, formé sur un petit tronc.

Toujours en pot, mais cette fois-ci avec des échévérias au feuillage bleuté, dont la silhouette succulente contrastera avec la finesse des tiges de diascias.

DICTAMNUS

Une plante vivace qui se prend pour des pétards du 14 juillet, car son épiderme contient des mini-tanks à essence qui explosent à proximité d'une flamme. Mais avant de jouer au pyromane botaniste, attendez-vous à patienter quelques années, car elle met du temps à s'installer. Fait partie de ces plantes que l'on ne peut s'empêcher de biner chaque printemps.

DIERAMA

À ce jour, je n'en connais qu'une seule plantation réussie, devant un pavillon à la sortie de Castillon-la-Bataille. Cette iridacée au feuillage très léger est surnommée canne-à-pêche des anges par les Anglais. Mais j'aimerais que les producteurs vendent des sujets de plus d'un an, réellement aptes à prendre racines sans craindre le moindre limaçon ou un oubli d'arrosage momentané. Et gardez à l'esprit qu'un bon drainage est indispensable pour traverser l'hiver.

DIGITALE

Une grande bringue qui n'est jamais aussi belle que lorsqu'elle pousse en bandes, près des arbustes. En massif, elle ennuie les voisines avec ses grandes feuilles, et dure relativement peu de temps. De toute façon, elle reprendra sa liberté en se ressemant allégrement, et là, elle sera toujours bien placée.

Digitalis purpurea

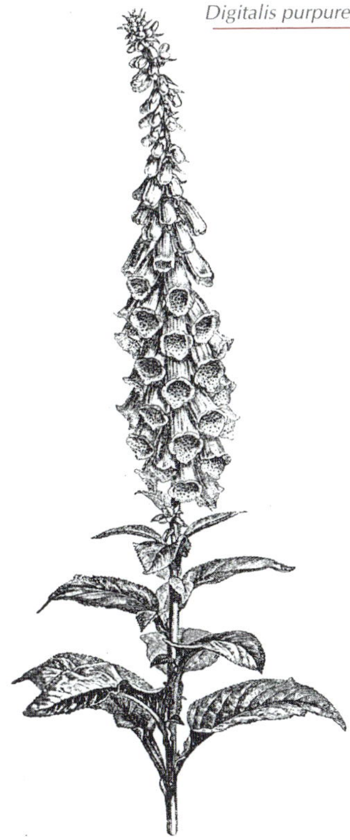

LAQUELLE La plus simple et rustique est encore la *Digitalis purpurea* de nos bois, qui a été améliorée pour offrir du blanc pur, et présenter ses fleurs de façon plus dressée, donnant moins l'impression de faner. Hybridée, elle a donné naissance à *Digitalis mertonensis*, aux jupons ronds rose framboise. Belle qualité de feuillage vert foncé.

Les digitales jaunes (*D. ambigua*) sont plus amusantes que vraiment indispensables.

COMMENT Mettez en place les plants en septembre, dans une terre profonde, pas calcaire mais pas forcément très acide non plus. La mi-ombre dégagée des grands arbres lui convient parfaitement, mais elle supporte le soleil si elle peut trouver de la fraîcheur dans le sol. Espacez les plants de 30 cm en tous sens. Pour constituer une belle plantation, il faut une vingtaine de plants. Pour un vrai délire, rien de tel que le semis, en mai, suivi d'un élevage en été dans un coin ombragé puis d'une plantation en septembre.

Quelles que soient les digitales, elles survivent peu d'années, même si on prend la précaution de rabattre les tiges après la floraison. Laissez-en une intacte au contraire, et facilitez le semis spontané en secouant une tige sèche en juillet.

AVEC QUI Les digitales sont superbes parmi les rosiers anciens, les arbustes printaniers (deutzia ou seringat), et avec des ancolies et des thalictrums, dans un coin à mi-ombre. Les fougères adorent leur compagnie.

DOLIQUE

Un haricot-kilomètre surtout intéressant pour sa variété à feuillage pourpre, car il pousse très vite et peut garnir un grand grillage affreux en un rien de temps. Paillez et arrosez en abondance.

Diviser

Pour multiplier les plantes vivaces, on commence souvent par les diviser, ce qui revient à extirper les souches pour les trancher en morceaux. On divise en début de saison de repos (souvent fin août ou septembre) ou, de façon plus prudente, juste avant la reprise de la végétation (mars).

DORONIC

Manquons-nous à ce point de marguerites que, même au printemps, leur présence nous soit indispensable ? Certes non, mais pourquoi cacher notre plaisir quand s'épanouissent les amusants doronics, au sortir de l'hiver. Non seulement les touffes de feuilles constituent un écrin remarquable pour les tulipes, mais ces marguerites aux pétales effilés remplacent le soleil parfois défaillant.

Doronicum orientale

LEQUEL À franchement parler, les variétés de doronic du Caucase (*Doronicum orientale*) se ressemblent beaucoup. Elles forment des coussins de 40 à 50 cm de haut, parsemés de marguerites aux pétales affinés, plus ou moins nombreux, et dont les coloris varient du jaune d'or au citron.

COMMENT Soleil, mais pas celui de l'après-midi qu'ils ne supportent pas en plein été, au point de disparaître temporairement.

Plantez en toute saison, mais en automne de préférence pour obtenir une floraison acceptable dès le printemps suivant. Vérifiez que les racines ne sont pas trop enchevêtrées. Protégez des attaques de limaces.

On se contente de diviser les touffes tous les quatre ou cinq ans, après la floraison, et de repiquer les éclats dans un autre recoin du jardin.

Le petit truc qui change tout : placez les doronics plutôt au deuxième plan dans les massifs, de façon que leur période éventuelle de disgrâce en été ne saute pas aux yeux.

AVEC QUI Avec des fougères femelles et des tulipes blanches à fleurs de lys ('White Triumphator', par exemple), le tout caché par un premier plan de fleurs vivaces à végétation estivale, des lavatères arbustives par exemple.

Ou encore en grandes bandes courant entre les arbustes, avec des narcisses des poètes plantés en groupes d'une dizaine, et un tapis de pervenches à petites feuilles panachées de crème.

En touffes disséminées parmi des bambous nains, qui serviront à les cacher en partie pendant l'été. Au premier plan, on dispersera des anémones du Japon, dont la végétation démarre seulement en mai. À mi-ombre, de préférence.

Avec des brunneras dont le bleu lumineux chantera avec leur jaune.

DORYCNIUM

Un petit arbuste originaire de la garrigue. Son feuillage argenté est doux à caresser. Les fleurs rose pâle ne sont guère impressionnantes. Leur succèdent des fruits en étoiles originaux. Le tout fera une jolie masse gris tendre. Idéal pour un jardin tout nouveau installé dans un sol ingrat, même calcaire, en plein soleil, et partout où l'on ne peut pas arroser à outrance. La rusticité semble bonne, au moins dans la zone de la vigne. Les semis spontanés sont fréquents, en particulier dans le gravier des allées. Le mariage du dorycnium, des gauras et des coréopsis 'Moonbeam' est parfait.

Double

Une fleur double est le début de l'intérêt pour beaucoup de jardiniers (et jardinières car ce goût pour l'exagération est universellement partagé). Quand elle est pleine, il n'y a plus de place pour des pétales supplémentaires. Souvent, les fleurs doubles sont stériles, et durent plus longtemps que les simples. En revanche, elles semblent souffrir davantage lors des intempéries.

DRABA

Un des premiers sourires du printemps dans la rocaille. Puis on l'oublie, et il disparaît. Bof.

DRACOCÉPHALUM

Goûtez au charme de *D. ruyschianum* pour le bleu intense de ses fleurs mis en valeur par le feuillage délié comme celui du romarin (juin, 60 cm). Extra en compagnie de pavots 'Princesse Louise', en sol maigre. Même culture que le népéta.

Drageon (ner)

Une plante qui drageonne n'a qu'une envie : aller voir ailleurs, grâce à des tiges souterraines (les rhizomes ou stolons), si ce n'est pas mieux à côté. Intéressant parfois, dans le cas des vraies plantes couvre-sol. Très énervant quand il s'agit de mauvaises herbes.

Drainer

Un sol gorgé d'eau en hiver est asphyxiant : bien des plantes ne le supportent pas. En prévision, on draine en plaçant en profondeur des tuyaux perforés, pour conduire l'eau en excès vers un point bas (chez le voisin...)

Éboutonnage

Cette opération consiste à ne conserver que le bouton de rose, de pivoine ou de dahlia le plus important. L'objectif est l'obtention de la fleur la plus gigantesque qui soit. Vanité, vanité !

ÉCHALOTE

Cela vaut-il la peine de cultiver son échalote ? On pouvait en douter avec les anciennes variétés, qui avaient tendance à pourrir plus vite que de coutume. Mais essayez les nouvelles échalotes améliorées par l'Inra : elles

Échalote

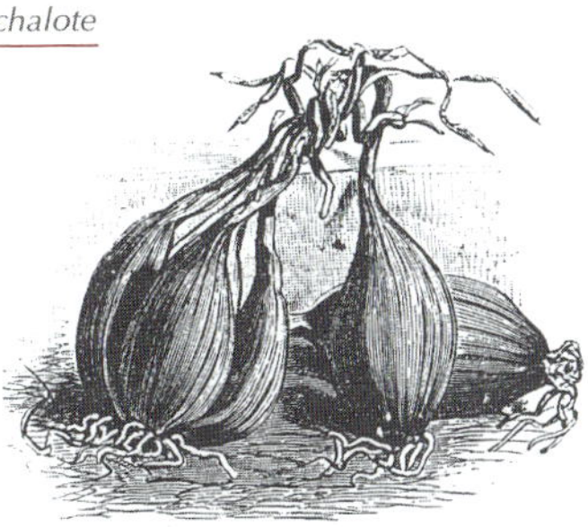

produisent des bulbes de toute beauté, bien groupés à la base du bulbe père. Bonne conservation. Alors, trouvez une place au potager pour elles, bien au soleil. On récolte en juillet, quand le feuillage jaunit et sèche. Régalez-vous !

ÉCHÉVÉRIA

Une plante artichaut qu'adorent les grands-mères. On en a trop abusé dans les mosaïcultures pour dessiner le blason local. Reste que ces plantes succulentes ont une belle structure. À admirer de près, en pots, toujours au soleil. On les rentrera dans la véranda pour l'hiver. Sur la terrasse, les pots d'échévéria constituent avec les aloés, les crassulas et les cotylédons des sortes de rocailles improvisées qui ne requièrent qu'un arrosage par semaine, en été.

ECHINACEA

Un peu raides, les rudbeckias pourpres, comme on les appellera encore longtemps, sont des plantes vivaces restées très rustiques. Cela veut dire surtout mal dégrossies : feuillage rêche faisant penser immanquablement à celui d'une mauvaise herbe, hampes florales solides, voire disproportionnées, composent une silhouette un peu revêche, d'un mètre de haut et autant de large. Là encore, l'effet de masse est primordial : à moins d'en héberger une dizaine, vous serez déçu. Au-delà, le charme très particulier de cette fleur venue des grandes prairies américaines va commencer à jouer. Le soleil magnifiera par transparence les capitules bombés, nimbés de rosée. Et vous prendrez plaisir à effleurer ces impressionnants coussins d'épingles, bien moins redoutables qu'il n'y paraît. Les fleurs persistent longtemps intactes, il faut dire que leur consistance évoque celle du carton. Et quelle couleur singulière : un lie-de-vin clair.

LEQUEL Il existe quelques variétés, peu distinctes du type, hormis 'White Swan' ou 'White Lustre', blancs à cœur brun. Mais je ne saurai les conseiller, ne les ayant pas encore essayées.

Echinacea purpurea

COMMENT Un sol profond, que les racines puissantes exploreront goulûment. Du soleil.

Vous pouvez vous procurer des plants élevés en godets, mais le semis reste le plus drôle. Il suffit de répandre les graines à même le terreau d'un bac à poisson, en mai. Puis d'attendre la germination, un mois après, pour repiquer ensuite dans un coin du potager les jeunes plants qui resteront à demeure jusqu'en automne. La floraison de l'été suivant sera magnifique car toujours variée, certains sujets présentant des pétales plus larges.

Un paillage effectué en juin maintiendra le sol plus frais. Des tontes de gazon ou du compost conviennent bien. Laissez les tiges se dessécher naturellement en hiver.

AVEC QUI Des anémones du Japon roses ou blanches, qui fleuriront avec un décalage, en septembre.

Des fuchsias du Cap (*Phygelius capensis*) pour le contraste de forme et le choc des couleurs.

Avec des grands asters blancs et des graminées robustes, façon prairie du grand Ouest.

ECHIUM

Quand il s'agit d'*Echium pininana*, originaire des îles Canaries, on est face à une vraie fusée de plus de trois mètres de haut, garnie de fleurs d'un bleu incertain. Elle n'est vraiment à son aise que sur le littoral, dans les coins un peu abrités du vent (cela existe-t-il ?) et en plein soleil. Dans les terres, on l'oubliera. À ne jamais héberger sous serre sinon elle crève le plafond.

Quand on adopte l'*Echium vulgare*, on peut compter sur une floraison bleu vif en début d'été, après un semis réalisé en mars. Il s'agit tout bonnement d'une amélioration de la vipérine qui fleurit sur les bords de chemin, au soleil. L'effet peut être ravissant, mais s'avère toujours peu durable : trois semaines ou un mois au plus. À associer aux linaires et aux thlaspis annuels, pour un tapis de fleurs aussi éblouissant que fugace.

Éclaircir

Comme il vaut mieux avoir la main un peu lourde au moment du semis, en prévision des graines qui ne lèveront pas et des passages de limaces, l'éclaircissage s'avère souvent indispensable. Il consiste à supprimer les plants en excès, pour obtenir dans un premier temps une densité d'un plant tous les 5 cm, puis à recommencer quelques semaines plus tard pour obtenir la distance normale. On pratique l'éclaircissage le soir, et on arrose juste après. Un travail minutieux et rebutant, mais dont l'impact est spectaculaire. Avec un bon CD dans le baladeur, cela peut même devenir un vrai délassement.

ÉLÉAGNUS

Chaque décennie a ses arbustes fétiches : ce furent les troènes, les fusains, les pyracanthas ou les cotonéasters dans un passé proche. L'éléagnus est en train de prendre le relais. On peut donc prédire qu'après en avoir abusé, nous en éprouverons la nausée, d'autant que les paysagistes et les entrepreneurs sans imagination vont bien entendu nous imposer le pire d'entre eux, 'Gilt Edge', au feuillage panaché façon gadget en plastique made in Séoul.
Résistez à votre façon, en adoptant l'éléagnus argenté, pour le parfum de ses fleurs. Et, surtout, ne le transformez pas en masse indistincte en le soumettant à la dictature de la cisaille à haie.
LEQUEL Vous avez compris tout le bien que nous pensons de 'Gilt Edge' ou encore de l'*E. pungens* 'Maculata'. Même taillés avec doigté, ce sont des machins sans intérêt.
L'*Elaeagnus ebbingei* type est un magnifique arbuste persistant, capable d'occuper trois mètres en tous sens. Son feuillage vert foncé au-dessus se teinte d'argent au revers. La floraison d'un blanc parcheminé n'est guère visible car cachée dans la masse, mais on la détecte à son parfum enivrant, dès la fin du mois d'août et durant une bonne partie de l'automne.
L'olivier de Bohème n'a pas grand-chose en commun avec le précédent puisqu'il est caduc, si ce n'est la nuance argentée du feuillage, ici sur les deux faces, donc nettement plus visible. Plutôt un petit arbre qu'un arbuste puisqu'il culmine à 6 m de haut. Il fleurit en juin, et donne des fruits décoratifs et appréciés des oiseaux.
COMMENT Plantez l'olivier de Bohème en hiver, et l'*Elaeagnus ebbingei* en septembre ou durant tout le printemps.
Élevé en conteneur, il présente souvent un chignon de racines serré, que vous lacérerez pour libérer la croissance.
Un sol ordinaire mais bêché profondément, du soleil pendant la moitié de la journée lui suffisent. Les éléagnus supportent bien les embruns et le bord de mer.
Taillez en souplesse, pour régulariser la croissance qui part en cannes dégingandées durant l'été. En intervenant en fin août, vous êtes tranquille pour l'année. Une forme ronde assez large est la plus naturelle pour une haie d'éléagnus, et non la haie au carré habituelle.
AVEC QUI En arrière-plan d'un massif d'arbustes bas et de plantes vivaces, l'*E. ebbingei* assure un écrin de qualité. On peut aussi le mélanger avec des bambous, des hortensias et des nandinas, tous originaires du Japon. Car même si l'*E. ebbingei* est né en Hollande dans les années trente, il provient de l'hybridation d'espèces japonaises.
Associé aux kolkwitzias, weigelas roses et neillias, l'éléagnus apporte de la densité.

ELSHOLTZIA

À ne pas confondre avec le pavot de Californie, que les botanistes éternuent en *Eschscholzia*. Ici, nous sommes en face d'un arbuste chinois, appartenant à la même famille que le pérovskia, les Lamiacées. On n'est donc pas surpris de retrouver un feuillage aromatisé à la menthe.
La floraison estivale en plumets denses rouge clair lilacé dure plusieurs mois. Pour le plein soleil, même en sol quelconque. On peut l'associer aux gauras et aux céanothes roses, et sortir enfin la chaise longue.
Chaque printemps, en début avril, une taille radicale à 15 cm du sol permet à de nouvelles tiges vigoureuses de se développer et fleurir dans la foulée.

ENDIVE

Non seulement il faut bloquer une sérieuse surface du potager pour cultiver la chicorée en vue de récolter les racines, mais le forçage n'est pas une partie de plaisir. Le tout pour un résultat hypothétique.

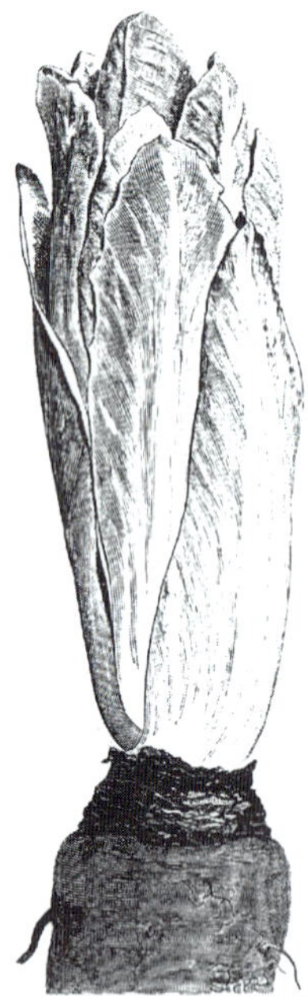

On peut oublier l'endive sans remords, à moins que l'on ne fantasme sur des congélateurs récupérés et enfouis dans le sol dans lesquels les endives pousseraient à l'abri du soleil, comme des vampires privés de chlorophylle.

ENKIANTHUS

Il fut un temps où les amateurs chics se pâmaient devant cet arbuste de terre de bruyère, sous le prétexte qu'il prend des couleurs d'automne éblouissantes. Rassurez-vous, il est aussi capable de faner brutalement en plein été et sans espoir de retour.

Cela doit être si désagréable de se retrouver en dehors de son conteneur natal…
Réservé aux possesseurs de jardins à l'ambiance fraîche, en Normandie par exemple.

ÉPICÉA

Sous le nom plus chic de *Picea albertiana* 'Conica', il est un des conifères les plus appréciés par les araignées rouges. À quoi bon accueillir une telle source de problème dans le jardin.
Sous le nom de sapin bleu ou Koster, il a déchaîné des envies irrépressibles et bouleversé le paysage de nos banlieues, qui n'en demandaient pas tant. Une des multiples preuves que le mauvais goût des catalogues en couleurs contamine aussi sûrement que le virus de la grippe, mais en laissant des traces plus durables.

ÉPILOBE

Contentez-vous de l'admirer dans des fossés un peu humides. Cette mauvaise herbe est coriace au possible, envahissant tout sans donner pour autant une floraison de qualité à tous les coups. Certes, elle existe aussi en blanc, mais est-ce une raison pour risquer le désherbage à vie ? En bord de bassin, elle constituera cependant des masses charmantes en compagnie des lysimaques et des reines-des-prés.

ÉPIMÉDIUM

Certains auteurs ont proposé le surnom de fleur des elfes pour les épimédiums, et cette touche de poésie n'est pas pour me déplaire. Je reste ébahi devant la relative méconnaissance des jardiniers vis-à-vis des épimédiums.
Il faut dire que peu de parcs ou jardins publics en disposaient jusque-là, hormis le parc floral d'Orléans, d'où proviennent, par petit larcin interposé, les premiers épimédiums qui agrémentèrent certains jardins de ma connaissance (il y a largement prescription…).
Imaginez un coussin serré de feuilles coriaces, divisées en trois lobes et portées par une tige filiforme, d'une rare solidité néanmoins. Le tout pousse dans les pires conditions, par exemple sous le couvert des grands arbres, en concurrence directe avec le lierre.
Mais ici la floraison est de qualité, quoique discrète : des sortes de petites ancolies jaunes, en avril-mai. Puis le nouveau feuillage surgit, veiné de rouge, et il persistera jusqu'au printemps suivant, prenant en automne des reflets métalliques intéressants. Bien plus coriace que les hostas, c'est le couvre-sol idéal pour l'ombre.

Epimédium

LEQUEL À franchement parler, les épimédiums ont un air de parenté certain : *Epimedium rubrum, versicolor* 'Sulphureum' ou *youngianum* 'Niveum' se valent bien, le premier fleurissant en rose, le deuxième en jaune soufre et le troisième en blanc pur. La plupart forment des touffes compactes parce que leurs rhizomes ne s'étendent pas trop dans tous les sens.
Font exception, et manifestent donc une croissance latérale certaine, les *Epimedium pinnatum* et *perralchicum* 'Frohnleiten', mais ils sont moins répandus dans le commerce. Pour le reste, feuillage rouge au début, et floraison printanière jaune citron, et hauteur maximum 35 cm.
Parmi les dernières introductions à la mode, signalons l'*Epimedium warleyense*, aux fleurs orangées. Particulièrement élégant au pied d'une euphorbe *characias*.
COMMENT Un sol profond, riche en humus et un peu frais. Mi-ombre et ombre, mais il supporte le soleil du matin sans grabuge.
Vous vous procurerez des sujets en godets, et ne rechignerez pas devant leur aspect frêle : l'épimédium a la jeunesse maigrelette.
Disposez à 25 cm d'écartement, après avoir bêché profondément et apporté du terreau de feuilles.
La plantation peut se dérouler en toute saison, même en été si vous arrosez régulièrement. Pas la peine de protéger contre les limaces, elles n'aiment pas son côté coriace.
Laissez pousser tranquillement pendant au moins cinq ans, en enlevant simplement les feuilles mortes des arbres qui surplombent.
Quand les touffes forment un tapis continu, vous pouvez encore attendre deux ans, puis procéder à un arrachage localisé, pour redonner de l'air et prélever des rejets, qui seront des cadeaux appréciés. Pratiquez cette division des touffes en automne.
Le petit truc qui change tout : pour mieux profiter de la floraison, un peu enfouie sinon, coupez le feuillage ancien au plus bas, en février-mars.
AVEC QUI Vous engagerez la lutte des titans en mélangeant deux couvre-sol traçants comme *Epimedium perralderianum* et *Brunnera macrophylla*, une sorte de myosotis géant. Accord de couleurs très raffiné au printemps.
Les épimédiums sont utiles pour constituer des tapis au pied des grands arbustes, comme les érables du Japon ou les magnolias, mais aussi les lilas.
Pour bien vérifier qu'ils appartiennent à la même famille que les berbéris, plantez-les au pied de ces derniers, particulièrement les espèces persistantes, comme *Berberis darwinii* ou *julianae*.
Disposez-les en ourlets larges d'un mètre et plus, pour séparer une partie de jardin boisée de la pelouse. Vous pourrez ainsi tondre en les frôlant au plus près.

ÉPINARD

Si l'on vous dit que l'épinard pousse comme une mauvaise herbe, dressez l'oreille : il y a de fortes chances pour que votre interlocuteur ait hérité d'une terre extraordinaire, une sorte de terreau pur. Il n'est donc pour rien dans son succès. De même que je ne me culpabilise nullement devant mes multiples et répétés échecs, qui m'ont valu de ne récolter, bien des fois, qu'une poignée de maigres feuilles chlorotiques. Certes, il y eut des moments de joie, avec quelques touffes aussi plantureuses que sur les photos de magazines, mais sans aucun motif pour comprendre d'où venait cette réussite. J'avais semé du hasard, et récolté de la perplexité.

Épinard

Dans ces conditions, vous comprendrez que je ne me sens pas le cœur de jouer à l'expert. Après enquête, je suis conduit à reconnaître qu'une terre riche est nécessaire. Que des apports de compost mûr et même de purin d'ortie ne peuvent faire que du bien. Qu'un semis effectué dès le début du mois d'août est recommandé. Que les hybrides modernes ne valent pas beaucoup mieux que les vieilles variétés, comme le 'Monstrueux de Viroflay' ou le 'Géant d'hiver', si l'on excepte 'Parys', aux très grosses feuilles. Enfin, que si l'on a réuni toutes ces raisons de réussir, c'est comme si on avait joué au loto. Par ailleurs, des feuilles géantes d'un vert plombé me font douter sur leur teneur en nitrates. Et qu'ils soient du jardin plutôt que du champ ne change rien : les nitrates restent une pure cochonnerie.

L'épinard perpétuel est une sorte d'oseille géante, au goût acidulé. Il pousse bien, mais ne réserve pas les mêmes impressions culinaires. Entre nous d'ailleurs, qui aime vraiment les épinards ?

ÉRABLE

Autant l'annoncer tout de go : les érables du Japon me paraissent complètement déplacés dans nos jardins, surtout les variétés à feuillage lacinié, pourpre ou doré, voire un peu de tout cela en même temps. Je sais bien que je vais choquer en écrivant cela, mais on n'est pas obligé de transformer son jardin en calendrier des postes. En plus, ils coûtent relativement cher, poussent peu, et vous prennent en quelques années un air désespéré. C'est d'autant plus rageant qu'il existe quantité d'érables de qualité, que je vous encourage à adopter à leur place.

LEQUEL L'érable champêtre (*Acer campestre*) pousse spontanément dans nos dernières haies bocagères et nos forêts. Cet arbre pas trop haut (10 à 15 m) est surtout intéressant pour son feuillage, rougissant au printemps puis vert et enfin doré en automne. Il a donné naissance à quantité de variétés, dont une naine aux faux airs de bonsaï, et une fantaisie au feuillage éclaboussé de blanc qui me semble un peu limite ('Pulverulentum'). 'Royal Ruby' prend des nuances rouge vif dès le mois de septembre.

L'érable du Caucase (*A. cappadocicum*) est plus vigoureux et flamboie en automne. Il existe en version dorée et rouge, mais le vert me semble suffisant d'autant que les jeunes pousses sont déjà vivement colorées de rouge.

L'érable à feuille de vigne (*A. circinatum*) est un excellent substitut des érables du Japon car il pousse sans contrainte, atteint 3 à 5 m en une dizaine d'années et prend en automne des coloris jaunes et orangés somptueux.

Les érables à peau de serpent sont fortement recommandés dans les revues de jardinage car ils sont très photogéniques, en gros plan, et permettent de meubler les pages en hiver. En vrai, ils sont souvent un peu maigres, et demandent des années avant de faire de l'effet. Comme, de plus, on ne sort guère en hiver pour se pâmer devant les beautés du jardin, on peut les oublier sauf si l'on dispose d'un parc ou d'un arboretum : adieu donc aux *Acer davidii*, *rufinerve* et *grosseri*. Un petit coup de cœur cependant pour l'érable à parchemin (*A. griseum*) dont l'écorce s'exfolie un peu comme celle des bouleaux ou des vieux platanes (10 m). Ses feuilles prennent des tons carrément magnifiques en automne, tandis que les fruits prennent l'allure de petits bijoux de laque.

Soyez méfiant vis-à-vis des érables *negundo*, *platanoides* et *pseudoplatanus*, souvent vigoureux et cassants à la fois, et de plus sujets à des attaques carabinées de pucerons. C'est parmi eux que se trouve l'érable pourpre de nos alignements de rues, un digne héritage du paysagisme bas de gamme des années soixante qui fit tant de ravages, en commençant par les sous-préfectures pour finir par les moindres villages. Avant de planter l'un de ces érables, réfléchissez-y à deux fois !

Érable platanoides

Que penser de l'érable 'Flamingo', star des années quatre-vingt pour son jeune feuillage rose crevette devenant panaché de blanc ensuite ? Que, comme beaucoup de vedettes de ces années-là, il ne valait pas tant d'empressement. À la rigueur en cépée, mais en espérant qu'une gelée bru-

tale ne viendra pas détruire le point de greffe, pour vous redonner un érable tout à fait ordinaire.
Les érables américains (*A. rubrum, saccharinum* et *saccharum*) jettent leur feu en automne. Il en suffit d'un pour cela, et l'on sera de toute façon bien loin de l'été indien, faute d'un climat comparable. D'ailleurs, entre nous, tant de rouge détonne sous nos cieux, plus habitués aux nuances havane.

Érable ginnala

En revanche, je reste sous le charme de l'érable de l'Amour, *Acer ginnala*, originaire de Mandchourie. En terrain frais, il pousse à 6 m, souvent sur plusieurs troncs, et sa floraison est une des plus élégantes du genre. L'érable de Montpellier (*A. monpessulanum*) reste une valeur sûre pour le Midi, surtout cultivé en cépée parmi une haie entre amis. Sa floraison jaune pâle ne manque pas d'intérêt.
COMMENT L'érable est un arbre de lumière qui demande du dégagement autour de lui. Un sol profond lui suffit, neutre ou calcaire puisque nous ne nous intéressons pas aux érables du Japon qui détestent ce dernier et préfèrent un sol argileux. Plantez-les durant la saison de repos, après avoir ameubli un vaste trou. Paillez et arrosez régulièrement durant le premier été, puis oubliez-les. Si vous souhaitez créer une cépée, cette forme si élégante chez eux, coupez à 10 cm de hauteur au printemps suivant. Loin de faire perdre du temps, cette taille drastique produit des tiges vigoureuses. Si vous vous chauffez au bois, répandez les cendres froides autour du pied, mais sans toucher à l'écorce.

AVEC QUI Les grands érables sont tout à fait à leur aise en compagnie de charmes, de merisiers, de châtaigniers et de noisetiers, dans un bosquet ou une haie champêtre de grand développement.
Vous pouvez aussi décider qu'un de ces érables sera votre arbre fétiche : disposez autour, à bonne distance (3 m) un petit monde de mahonia, houx, buis et fragon petit houx. Au bout de quelques années, faites grimper un chèvrefeuille des bois (surtout pas un japonais, trop vigoureux) ou une clématite à petites fleurs.

ERANTHIS

L'helléborine n'a pas grand-chose à voir avec la rose de Noël et flirterait plutôt du côté du bouton d'or, en plus précoce et moins envahissant, quoique sous le couvert des arbres elle finisse par constituer de jolis tapis, en faisant plus d'effet que la sauvage ficaire.

EREMURUS

Qui connaît le secret des éremurus, ces grands dadais aux interminables épis maigrichons ? Qu'il le garde, je connais peu de plantes qui soient aussi artificielles dans un jardin. À la rigueur, si vous avez reconstitué un coin de steppe...

ÉRIGERON

Pour tout dire, je trouve qu'il y a bien assez d'asters en automne pour ne pas s'encombrer d'eux en fin de printemps. Aussi, laissons de côté les érigerons hybrides, aux roses tristes comme des rubans fanés, avec leur gros bouton central doré.
En revanche, il faut absolument héberger l'adorable *Erigeron karvinskianus* dans votre jardin. Pas pour son nom qui doit rendre hommage à un obscur botaniste crapahuteur, mais pour ses petites pâquerettes blanc rosé qui se succèdent sans discontinuer, de mai jusqu'aux gelées. Elles se balancent gentiment à 20 cm de hauteur, au bout de tiges minces, et l'ensemble produit un effet de flou qui donne immédiatement de la patine à l'escalier le plus revêche.
Vos murets, vos dallages seront métamorphosés grâce à lui. Et il pousse le bon goût jusqu'à se ressemer d'abondance, ce qui donne au fil des ans une touche de poésie inimitable à tous les jardins qui l'ont accueilli une fois. Bref, une valeur sûre.
COMMENT Il n'a presque pas besoin de terre, et semble se nourrir seulement de soleil. La preuve : il se ressème souvent dans des endroits insensés. Achetez quelques godets au printemps. Mettez en place tout de suite et savourez.
Il arrive que les gelées détruisent une partie des touffes. Contentez-vous de les arracher au printemps, il y aura bien assez de semis aux alentours pour boucher le vide.

Erigeron karvinskianus

Le petit truc qui change tout : procédez à une division de touffe en été, et mettez en pot pour abriter dans un châssis, au cas où la gelée du siècle déferlerait sur le jardin. Si tel n'est pas le cas, vous pourrez en donner autour de vous.
AVEC QUI Les pavots d'Irlande et les violettes cornues adoreront se nicher dans son feuillage léger.
Une bordure habituellement un peu sèche sera merveilleuse avec des iris nains et demi-nains surgissant d'un tapis de cet érigeron.
Trois pieds d'érigeron suffisent à meubler une belle poterie de terre cuite de 30 cm de diamètre, qui constituera un grand moment d'émotion de juillet aux gelées.

Erodium

Si ce nom ne vous dit pas grand-chose, gageons que cela changera dans les prochaines années, car on se trouve en présence d'un genre vedette en gestation. L'érodium est aux plantes vivaces de soleil ce qu'est son cousin le géranium vivace pour la mi-ombre. Vous commencez à saisir ? Bordure ou rocaille ensoleillée, talus en plein cagnat, il répond présent. Pour se faire une idée de la planète érodium, une seule adresse : Jardins d'en face. Jean-Pierre et Nathalie Jolivot ont regroupé avec l'aide du professeur Guittonneau la plus impressionnante collection qui soit. Cinq pages de catalogue leur sont consacrées, espèces botaniques et variétés anglaises ou françaises. Un vrai monde à déguster en n'hésitant pas à demander conseil aux patrons.

Erysimum

Une sorte de giroflée ravenelle en plus léger, d'un orange absolu et chaleureux (*Erysimum cheiri*, 30 cm). Existe aussi en version semi-arbustive, à souche ligneuse, sous le nom de 'Bowles Mauve'. Elle ne dépasse pas 60 cm de haut, et fait merveille dans les murets et les dallages. La floraison mauve est doucement parfumée et s'étend sur plusieurs mois, d'avril à juin. L'amusante variété 'Mutabile' (ou 'Wenlock Beauty', 45 cm) propose des fleurs aux coloris variant de l'ocre au prune, en mai. À cultiver en pot pour savourer de près, à l'abri des vents froids.

Erythronium

La dent-de-chien, ainsi surnommée à cause de la ressemblance de son bulbe avec une canine, doit aussi attirer la gent à quatre pattes car il n'est pas rare que les plantations soient bouleversées inexplicablement. De toute façon, pour une floraison qui dure deux petites semaines, on peut se demander si cela en vaut vraiment la peine. La variété 'Pagoda', aux fleurs jaune tendre largement dégagées du feuillage tacheté de pourpre, est la plus intéressante. Achetez les bulbes dès le mois de septembre car ils se dessèchent vite en pochette. Plantez au fond des massifs pour que d'autres plantes cachent le vide par la suite.

Escallonia

En bord de mer, on connaît bien cet arbuste au feuillage fin et luisant, persistant et compact. La floraison estivale est bienvenue, en rose ('Apple Blossom'), rouge ('Red Dream', très dense) ou blanc ('Iveyi'). Le rose carmin vif de 'Langleyensis' est plus triste. Si vous habitez dans une région de vigne, vous pouvez accueillir l'escallonia, et pas seulement pour constituer des haies moyennes, mais aussi pour meubler l'arrière d'un massif de plantes vivaces. Taillez à peine, en septembre.

Eschscholzia

Vous cherchez une fleur annuelle pétard, pour réveiller votre tout nouveau jardin, avant de passer à des joies plus tranquilles ? Adoptez le pavot de Californie. Un simple semis à la volée vous donnera une foule de corolles d'un orange lumineux, encore mis en valeur par le feuillage vert bleuté, d'une grande finesse. Mais attention : s'il se plaît, il se ressèmera et deviendra une mauvaise herbe, décorative certes... On vous aura prévenu ! Évitez comme la peste les variétés rose cerise, seul l'orange lui va au teint.

Estragon

Ultra capricieux, au point que je soupçonne qu'un virus le guette inexorablement car il est rare qu'il traverse bien son premier hiver. Donnez-lui un emplacement ensoleillé, une terre bêchée profondément, et allégée avec du sable ou du menu gravier. Coupez-le régulièrement pour obtenir des brins tendres, qui parfumeront vos vinaigrettes et sauces béarnaises. Le cornichon devient royal en sa présence.

Eucalyptus

Régulièrement on est tenté de l'installer au jardin, mais attention : là où il se plaît, c'est-à-dire au chaud, l'eucalyptus est un pirate qui détourne à son profit l'eau et les engrais. Ailleurs, il gèle tous les cinq ans en moyenne, juste au moment où il commence à prendre de l'ampleur. Des maniaques du sécateur ont tenté de me convaincre qu'en cépée rabattue régulièrement, il était acceptable. Réponse : non !

Eucomis

On ne s'attend guère à voir évoquer cette plante bulbeuse sud-africaine dans une liste concernant le jardin. C'est oublier un peu vite qu'elle peut parfaitement vivre en pot et décorer ainsi un coin de terrasse ; et passer sous silence une rusticité étonnante, qui fait que j'en ai vu prospérer en pleine terre jusque dans le Perche. Alors, si l'exotisme de ces fleurs en forme d'ananas miniature vous tente, plus d'hésitation.

LEQUEL L'*Eucomis bicolor* est le seul répandu. Ses feuilles ondulées forment une rosette d'où surgit la hampe florale, haute de 60 cm, qui se termine par un groupe de fleurs en manchon, d'un vert pâle bordé de pourpre.

COMMENT Un sol sableux, ou en tout cas bien drainé, et une exposition ensoleillée et abritée du froid en

hiver, comme au pied d'une façade, quelle que soit l'exposition.
Les gros bulbes se trouvent dans les jardineries et chez les spécialistes au printemps. Plantez-les en avril-mai, à 15 cm de profondeur. Si vous choisissez la culture en pot, plantez trois bulbes dans un pot de 30 cm de diamètre, un peu surbaissé (modèles « baquets »). Un mélange de terreau et de terre de jardin à part égale conviendra bien. Soignez le drainage en disposant des tessons au fond. Arrosez copieusement en été, quand le feuillage se développe, et que la hampe florale pointe. Il peut en naître deux par bulbe, ce qui augmente la durée de la floraison. Protégez des limaces également. À l'approche de l'hiver, vous pouvez rentrer les pots à l'abri, sans toucher aux bulbes, et continuer la culture l'année suivante dans le même pot. Si vous craignez les hivers de votre région, arrachez les bulbes et tenez-les au sec comme vous le faites pour les glaïeuls. Sinon, couvrez avec un matelas de feuilles mortes, épais de 20 cm.
Le petit truc qui change tout : tous les trois ans, arrachez à l'automne pour récupérer les bulbes nés autour du bulbe-père. Vous replanterez au printemps après remisage dans un coin de cave.

Eucomis bicolor

AVEC QUI Faites-leur retrouver des compagnes originaires des mêmes contrées, comme les fuchsias du Cap (*Phygelius capensis*), les impatiens blanches, les agapanthes blanches, les nérines et les crocosmias orangés.
Une harmonie toute en douceur, avec des hostas, des épimédiums et des fougères. 100 % verts !

EUPATOIRE

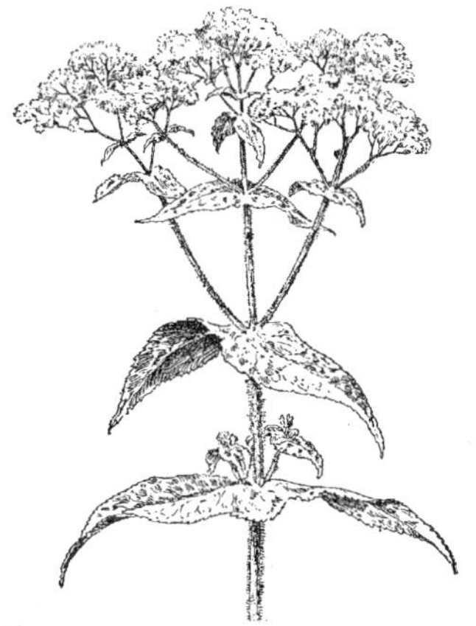

Si, à chaque retour des vacances, la vision d'un jardin sans fleurs vous déprime, et qu'il s'y trouve cependant un fossé ou un point bas toujours frais, plus d'hésitation : les eupatoires sont pour vous. Ces plantes vivaces solides, qui poussent dans la nature dès qu'on leur laisse un coin de fraîcheur, attendent patiemment la fin de l'été pour épanouir leurs fleurs d'un rose pourpre atténué, exactement ce dont on rêve à cette époque de l'année pour contrebalancer les ors des nombreuses marguerites vivaces. Leur senteur nostalgique joue aussi dans le registre du parfum capiteux atténué.
Vous ne placerez cependant pas l'eupatoire dans les massifs car sa silhouette grossière et raide y détonnerait. Le mieux consiste à lui octroyer un bout de jardin au sol frais. Un bord de mare n'est pas indispensable mais elle peut s'y plaire, en compagnie des salicaires. Attention, c'est une envahisseuse.
LEQUEL Il existe des eupatoires indigènes, comme *E. cannabinum*, dont vous pouvez récupérer des rejets en automne. Très rustique. Hauteur : 1,50 m.
L'eupatoire pourpre (*E. purpureum*) est originaire de l'Amérique du Nord. Ses tiges rouge brun portent des feuilles réunies par étages. Floraison de début d'automne, rouge vineux, à près de 2 m de hauteur. Une plante à isoler pour admirer sa silhouette autant que ses fleurs.
L'eupatoire rugueuse est moins haute (1 m), et fleurit en blanc, avec des petits pompons rappelant ceux des agératums. Sa variété à feuillage pourpre presque noir, 'Chocolate', connaîtra sûrement beaucoup de succès. Elle fleurit en blanc en juillet-août (1 m).
L'eupatoire à tiges rouges (*E. maculatum*) atteint la taille humaine, et donne une rare impression de luxuriance. 'Purple Bush' est une variante pourpre plus compacte que 'Atropurpureum' (1 m au lieu de 2).
COMMENT Un sol profond, toujours frais même en été. Soleil.
Ne vous méprenez pas sur la taille définitive des eupatoires, à la seule vue des godets, qui n'impressionnent guère. En quelques mois, un modeste plant devient une touffe de deux mètres de haut sur un de large. Plantez en automne ou au printemps, après avoir bêché profondément, et apporté de la tourbe pour augmenter notablement la capacité de rétention en eau du sol.
Paillez abondamment en juin, et arrosez pendant la canicule, si vous voyez les hampes se flétrir en fin d'après-midi.
AVEC QUI L'eupatoire pourpre accompagne bien les arbustes, comme les *Hydrangea aspera*. Tout ce petit monde vivra dans un coin frais. Osez également le mélange avec des graminées d'automne, miscanthus, achnatherum et molinia comme le recommandent Sylvie et Patrick Quibel (Le Jardin Plume).
Là où la place ne manque pas, ni la fraîcheur en profondeur, installez des grands groupes d'eupatoires en compagnie d'achillées 'Boule de neige', d'iris de Sibérie, de monardes, de trolles et de phlox.
Disposez tout ce petit monde par taches d'au moins un mètre carré, en disposant les eupatoires à l'arrière-plan et à chaque bout. Et attendez dans votre fauteuil que le soleil du soir vienne créer des transparences dans les panaches lie-de-vin.

EUPHORBE

Allez comprendre pourquoi tant de jardiniers confondent euphorbes et hellébores. Peut-être une certaine euphonie, ou encore cette même capacité à fleurir en vert ?

S'il est une plante à la mode depuis dix ans, c'est bien l'euphorbe, sous toutes ses formes. Mais on oublie trop souvent de souligner la faible durée de vie de ces plantes, vivaces mais sans plus. Trois ou quatre ans semblent leur suffire pour explorer le sol alentour, en tirer le meilleur, puis mourir par une sorte d'auto-empoisonnement.

Et laissez donc les taupes tranquilles : ce n'est pas parce qu'une euphorbe est censée les chasser qu'il faut en planter tout autour de votre pré carré, car ce n'est vraiment pas une beauté, cette pauvre *Euphorbia lathyris*... Goûtez plutôt au plaisir excitant de la culture de l'euphorbe annuelle panachée. Pas toujours évidente à apprivoiser mais tellement sympathique une fois installée.

Euphorbe annuelle

COMMENT Du soleil, et un sol léger, voire graveleux et médiocre. Procurez-vous des plants en début d'automne pour une plantation immédiate, ou alors seulement en avril-mai. Cela tombe bien, il y a pléthore de fêtes des plantes à ce moment-là, et c'est bien le diable si vous n'y trouvez pas votre bonheur. Mettez en place sans secouer la motte, car les racines n'aiment pas cela du tout. La terre aura été allégée au besoin avec du gravier ou du sable grossier. Désherbez pour éviter la concurrence des mauvaises herbes dans un premier temps. Sinon les euphorbes font tout cela elles-mêmes, hormis pour le chiendent avec lequel elles signent un pacte. D'où un aspect des massifs parfois décourageant.

Le petit truc qui change tout : exercez-vous à les multiplier, soit en séparant des rejets périphériques, en arrachant des rhizomes, ou encore en bouturant en été. Cela vous permettra d'augmenter vos plantations à bon compte, de remplacer les sujets morts subitement, et de procéder à des échanges fructueux avec d'autres jardiniers.

EUPHORBES PRÉCOCES...

L'euphorbe des bois (*E. amygdaloides*) pousse dans bon nombre de nos forêts, en général en bordure ou dans les clairières. Son feuillage persistant est vert olive à revers pourpre. Il meuble fort agréablement les massifs en hiver, et permet à la floraison de prendre toute sa force : les fleurs vert jaunâtre font de l'effet pendant deux mois, en mai-juin (hauteur 50 cm).

Se ressème en toute liberté. Il en existe une forme originaire des Balkans, dénommée *robbiae*, au feuillage coriace, à son aise même en conditions très difficiles (sol sec, sous des grands arbres), et affichant un tempérament plus tapissant.

L'euphorbe petit-cyprès (*E. cyparissias*) est une autre mauvaise herbe charmante, qui s'étend par des rhizomes fleuris à 30 cm de hauteur, en jaune soufre, sur des tiges minces garnies de feuilles glauques.

Très bien sur des talus ensoleillés qu'elle envahit inexorablement. La forme 'Claris Howard' présente un subtil feuillage nuancé de pourpre.

L'euphorbe polychrome (*E. polychroma*) mérite mal son nom car elle est dévolue au vert chartreuse, cette nuance chaude oscillant entre le vert et le jaune, parfois anisette. Elle forme des coussins voluptueux, tout ronds, et couverts de ces fleurs façon collerette élisabéthaine, avec jupons et ourlets, ton sur ton.

Admirable en premier plan dans un massif consacré aux tulipes, les fleurs de lys en particulier qui contrasteront en finesse avec les euphorbes. Ces dernières ne cessent de devenir intéressantes qu'en fin d'été, à condition que vous ayez tuteuré discrètement l'ensemble, qui a tendance à s'affaler et donc à découvrir le centre de la touffe, un peu creux. Pas toujours très durable, en outre. On fera bien d'en prélever des rejets après éclatement des touffes. Il faut ensuite les élever un an pour qu'ils soient de force à fleurir.

... ET PLUS GRANDES

L'Euphorbe de Griffith (*E. griffithii* 'Fire Glow') a envahi nos jardins à la suite de reportages photos pris en Angleterre. Peu de plantes font aussi artificiel, surtout la forme orangée, à peu près aussi élégante qu'une fleur en plastique. Méfiance donc.

La grande euphorbe arbustive (*E. characias*) attire le regard au printemps, sans pour autant déroger du vert chartreuse habituel à ce genre. Mais quelle prestance : 1,20 m, des tiges robustes garnies de feuilles glauques, un peu coriaces, et terminées par les fleurs si jolies en transparence. Une plante hautement spectaculaire auquel vous donnerez la meilleure place, à un angle, en plein soleil et dans la terre archi-drainée qu'elle apprécie, en brave méditerranéenne.

Chaque année, des euphorbes amusantes nous sont proposées : au hit parade ces derniers temps, l'*E. martinii*, faisant un peu l'effet d'une characias à feuilles nuancées de rouge ; 'Golden Foam', une forme de l'*E. stricta* qui déploie une brume dorée durant tout l'été et se ressème en abondance ; ou encore l'*E. seguieriana* 'Niciciana', grande et légère, encore en fleur en août. 'Chameleon' vous épatera avec son feuillage pourpre foncé. Extra à côté du brunnera panaché. Extra, mais fort !

AVEC QUI L'euphorbe des bois fait merveille en compagnie de l'hellébore fétide, au pied de noisetiers pourpres, avec des petits narcisses botaniques. Vous pouvez également mélanger ces euphorbes et les jacinthes des bois, au bleu si profond. La *robbiae* contraste bien avec la fétuque glauque.

Euphorbia 'Niciciana'

L'euphorbe petit-cyprès en masses entrecoupées de marjolaines, de campanules à feuilles de pêcher et de primevères coucou, sur un talus ensoleillé, en sol calcaire.
Essayez également le mélange avec l'anaphalis, au feuillage argenté parsemé de boutons d'argent, en fin d'été.
L'euphorbe polychrome sera parfaite avec des tulipes fleurs de lys blanches ou carmin, des hélianthèmes rouge sombre, et des ibéris corbeille d'argent, pour le contraste entre les fleurs vertes et le feuillage de ces derniers, si sombre. Tentez également les accords avec les orangés, que l'on apprécie tant au printemps : tulipes mais aussi primevères et giroflées ravenelles.
Jouez le contraste des hauteurs en entourant un pied d'euphorbe *characias* d'un grand tapis de crocus, carrément plusieurs centaines, dans lesquels vous installerez des cératostigmas. Après la floraison printanière des crocus, l'arrivée des fleurs bleues des cératostigmas soulignera encore la beauté graphique singulière de l'euphorbe.

EXOCHORDA

Une jolie photo de l'exochorda 'The Bride' vous fera rechercher avec frénésie cet arbuste délicat. Mais si le photographe avait pris du recul, vous auriez constaté que la silhouette était bien dégingandée. Comme si la mariée avait bu un coup de trop.
L'*Exochorda racemosa* est moins spectaculaire en fleurs, mais plus digne d'intérêt finalement car il prend une belle tournure étoffée. Si vous disposez de la place, pourquoi pas avec des deutzias et des kolkwitzias, en haie décontractée.

FEIJOA

Il y a environ quinze ans, certains ont voulu refaire le coup de l'actinidia avec cet arbre fruitier sud-américain. Non seulement il gèle de peur, mais ses fleurs donnent rarement des fruits comestibles, au vague parfum d'ananas : pas assez de chaleur en été ou manque de partenaire pour danser la rumba, on ne sait trop…
Un regret, car c'est un petit arbuste vraiment ravissant en bac, avec un feuillage au revers argenté. Pour les jardiniers chanceux qui gratouille dans la zone de l'olivier.

Femelle

Quand la sexualité des plantes était mal connue, les botanistes appelaient mâle et femelle des espèces différentes mais entre lesquelles ils ressentaient un air de famille : par exemple, les fougères mâles et femelles.
Parfois, dans la même espèce cohabitent des sujets à fleurs composées uniquement d'organes mâles et femelles : c'est le cas des houx et des skimmias par exemple, sans oublier les actinidias. Si on souhaite des fruits, on se procurera donc au moins deux sujets de sexes différents. Les ginkgos femelles sont déconseillés car les fruits sentent affreusement mauvais quand ils tombent en automne.

FENOUIL

Une fois pour toutes, oubliez le fenouil de Florence, si difficile à réussir, et si souvent fibreux. En plus, une fois que vous l'avez récolté et cuisiné, vous vous apercevrez que peu de personnes apprécient son goût anisé. En revanche, il manque une touche de poésie au jardin dépourvu de fenouil bronze. Impossible de se lasser de ses tiges altières garnies d'un feuillage fin, brun pourpre.

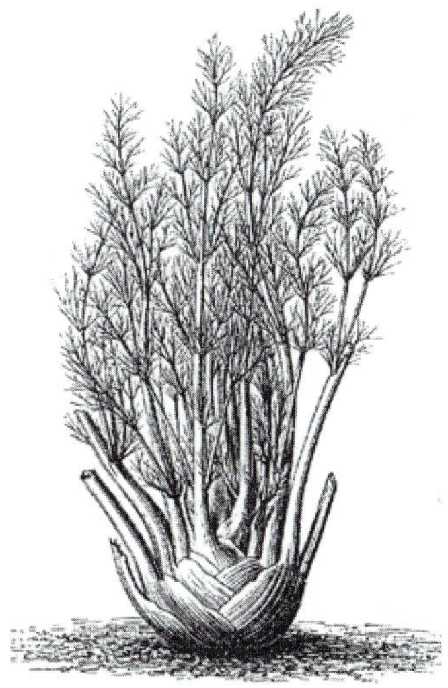

Le tout culmine à 1,50 m, sans l'aide d'aucun tuteur, quand s'épanouissent les ombelles jaune anisé. Et même si les pucerons pullulent, vous ne vous en apercevrez pas. Ce fenouil se ressème régulièrement, sans vous gêner nullement. Plantez simplement quelques tulipes fleur de lys blanches pour profiter du contraste entre le jeune feuillage plumeux et les corolles immaculées.

Feutrage

La culture en conteneur conduit parfois les racines à tapisser l'intérieur des pots, formant un feutrage très serré. Il y a un risque certain que la reprise ne s'effectue pas correctement car c'est une barrière pour les nouvelles racines. On tranchera donc ce feutrage sans hésiter, juste avant la plantation.

FÉRULE

On reste dans le même registre que le fenouil, mais en vert émeraude. L'imposante férule forme des touffes imposantes, en plein soleil, avant de fleurir d'un coup, en feu d'artifice, à près de deux mètres. Hélas, c'est souvent le signal d'une disparition prochaine, par épuisement. Pour un jardin à surprises, en sol sain, avec un copieux entourage d'acanthes.
Récupérez les cannes pour les faire sécher. Vous serez surpris de leur légèreté ensuite. Les maîtres d'école romains s'en servaient pour frapper (en douceur) les élèves récalcitrants. Coupées en tronçons et vidées de leur moelle, elles servaient à stocker les rouleaux de papyrus. Enfin, la moelle conservait facilement le feu quand il fallait le transporter. C'est grâce à cette astuce que Prométhée rapporta le feu depuis le séjour des dieux. Peu de plantes possèdent un tel bagage mythologique !

FÈVE

Existe-t-il plus grand plaisir que de déguster ses fèves fraîches au printemps, passées au beurre avec quelques oignons blancs et un brin de sarriette. Certes, le rendement n'est pas renversant, mais voici exactement le genre de satisfactions intimes que seul peut délivrer un potager.

LAQUELLE La fève de Séville ou d'Agualduce se valent. Si vous le pouvez, examinez la taille des graines dans la boîte avant d'acheter : plus grosses elles sont, meilleure sera la récolte.

COMMENT Dans le Midi et le Sud-Ouest, on a coutume de semer la fève avant l'hiver, en terre saine. Elle germe et reste basse avant de se développer à toute allure dès les premiers beaux jours. Récolte dès la fin du mois d'avril. Ailleurs, on attendra le mois de février pour semer, en répartissant les graines à 15 cm les unes des autres. Opération facile étant donné leur grosseur.
Buttez dès que les plants dépassent 10 cm de haut. Quand les tiges atteignent 60 cm de haut, il est prudent de disposer deux ficelles de part et d'autre du rang, attachées à des tuteurs costauds, pour canaliser toute cette végétation. Les fleurs blanches et noires naissent à l'aisselle des feuilles, par deux ou trois, et attirent les faux-bourdons. La progression des gousses est stupéfiante, mais souvent contrariée par l'apparition de pucerons noirs. Allez-vous sortir pour autant le bazooka ? Que nenni : écrasez les colonies du doigt, puis lavez au jet pour dissuader les fourmis de recommencer un élevage de pucerons. Les coccinelles feront le ménage par la suite.
Cueillez les fèves quand les gousses cessent de grossir, et se tachent de brun sur le côté ensoleillé. Si vous attendez trop, les grains commenceront à sécher. Il faut impérativement enlever la peau de chaque grain pour profiter de l'amande verte qui cuit en un rien de temps.
Quelques arrosages et un paillage évitent tout à-coup de végétation, mais il est rare que l'eau manque aux mois de mai et juin.

Fève de Séville

AVEC QUI Intercalez des laitues entre deux rangs de fève, mais pensez que ces dernières montent haut (60 à 80 cm) et font de l'ombre. Comme la récolte des fèves s'effectue tôt, le sol est libre pour un semis de carottes à récolter durant l'hiver.

FIGUIER

Presque disparu du paysage familier de nos jardins, alors qu'il s'épanouissait de Roscoff à Argenteuil en passant par Bordeaux, Toulouse, Marseille et tout le littoral méditerranéen, le figuier effectue actuellement un come-back spectaculaire. On redécouvre l'art avec lequel il déploie son feuillage biblique tard au printemps ; et surtout qu'une figue mûre à point, toute mielleuse de soleil, dégustée au pied de l'arbre est un avant-goût du paradis. Beau et bon, que demander de mieux ?

LEQUEL La 'Madeleine des deux saisons', la 'Violette Dauphine' et la 'Rouge de Bordeaux' sont parfaites pour la moitié ouest de la France, d'Angers à Bayonne, sans oublier les coteaux ensoleillés d'Île-de-France et de Touraine. Dans le vrai Midi, on se régalera de toute une série de variétés dénichées chez le grand spécialiste, les pépinières Baud, à Vaison-la-Romaine.

COMMENT Le figuier aime les sols profonds, assez riches, et conservant un peu de fraîcheur même pendant la canicule. Ceux qui vous disent qu'il apprécie les sols arides et secs ne doivent pas récolter souvent des figues, et se basent sur des exemplaires qui se sont semés naturellement dans des anfractuosités de murs. Pas l'idéal.
On conduit le figuier en forme de touffe, sans taille bien précise. Chez certaines variétés, on peut obtenir deux récoltes par an, selon un mé-

canisme de fécondation successive dont la complication n'a d'égale que l'absolu manque d'intérêt pour le jardinier moyen qui se satisfera allégrement de ce que dame Nature lui offre.

AVEC QUI Avide d'eau et de soleil, le figuier fait le ménage autour de lui. Si vous l'installez près d'un mur plein sud, ce qui est préférable au nord de la ligne Nantes/Orléans/Lyon, il peut accueillir une plantation libre d'*Amaryllis belladonna*, de sternbergias ou de nérines à ses pieds, des fleurs bulbeuses qui profitent de l'hiver pour se requinquer.

Le figuier est un excellent ombrage pour une véranda installée de façon inconsidérée face au sud, car son feuillage apparaît tard et disparaît tôt. Du coup, l'intérieur redevient lumineux en hiver.

FILIPENDULE

Plus connue sous le nom de reine-des-prés (*Filipendula ulmaria*), on devrait d'ailleurs plutôt dire des fossés car elle apprécie les sols frais en été, où elle fleurit, en bouquets légers d'un blanc crème. Son parfum est délicieux, comme une bouffée de santé. Il existe une variété à fleurs roses, imposante et légère à la fois (*F. rubra* 'Venusta', 1,5 m à 2 m). Si votre terrain n'est pas détrempé l'été, oubliez-les...

FONTANESIA

Un arbuste chinois peu répandu, alors que son feuillage fin et sa silhouette élancée en font un agréable partenaire pour des balourds, comme les camélias (3 m).

FORSYTHIA

Un arbuste banalissime au possible, mais qui songerait à se passer de son sourire printanier. Les snobs, les nuques raides du bon goût imposé, les fesses serrées du qu'en-dira-t-on horticole. Ne leur en déplaise, le forsythia reste pour les cœurs simples un signe de bienvenue, adressé aux voisins, aux passants, aux mésanges et aux nuages.

LEQUEL Oubliez un moment les variétés Inra, trop compactes, trop parfaites, trop utilitaires, et retrouvez le charme des forsythias arqués et souples, les grands classiques comme 'Spring Glory', 'Week End', 'Spectabilis' ou 'Lynwood Gold' (2 à 3 m), qui ne manquent pas de charme à condition de ne pas les tailler trop sévèrement pour profiter de leur langueur. Cette taille modérée, effectuée en mai, se contente d'éliminer les rameaux anciens, au centre des touffes, souvent atteints par des tumeurs étranges. Laissez intacts les rameaux tout raides, tout nouveaux, qui vont fleurir le printemps suivant puis s'incliner avec bonheur.

Forsythia

COMMENT Le forsythia se plante en toute saison depuis qu'il est élevé en conteneur. Acheté en fleur, il renseigne sur la qualité de son jaune, qui va d'un citron acidulé à un nankin suffusé d'orange doux. N'oubliez pas qu'il s'agit d'un arbuste relativement large, et prévoyez de l'espace autour de lui. Une exposition ensoleillée ou même demi-ombragée lui convient. Un sol ordinaire, même calcaire.

Paillez et arrosez régulièrement durant le premier été.

Amusez-vous à couper des rameaux en février pour les mettre en vase et les voir fleurir avec quinze jours d'avance. Mélangez-les avec de l'osier rouge.

AVEC QUI Un cassis-fleur rose clair, c'est classique mais toujours réussi.

Ou avec le mahonia qui prêtera son gros feuillage persistant, pour tout miser sur le jaune.

On peut le palisser contre un mur avec un pyracantha orangé.

Sur un tapis de jacinthes à grosses fleurs bleu de Delft ou jaune tendre pour rester dans le ton.

Installez une clématite à petite fleur au bout de trois ans pour qu'elle grimpe dans la ramure du forsythia et la ranime en été.

Le forsythia retrouve son naturel en compagnie d'arbustes chinois comme lui, les bambous, l'aucuba à feuillage vert et les nandinas par exemple. Car, on l'oublie trop souvent, le forsythia n'est pas naturel dans notre flore. Il appartient à celle de l'Empire du Milieu, la Chine, où il est honoré depuis des siècles. Son nom vient de l'horticulteur anglais William Forsyth (1737-1804) qui fut surintendant des jardins royaux, et avait acclimaté beaucoup de plantes venues de loin. Curieusement, il existe une espèce de forsythia en Europe, en Albanie très précisément, où elle n'a été découverte qu'en 1897. Sa floraison jaune clair peu intéressante explique qu'on ne le rencontre guère en dehors des jardins botaniques.

FOTHERGILLA

Certes, ses fleurs sentent très bon, en mai, mais elles ressemblent vraiment trop à des goupillons. Certes, son feuillage prend des couleurs somptueuses, mais il est aussi capable de sécher à moitié en été, pendant la canicule. Alors, réfléchissez bien à l'emploi de cet arbuste qui aime les sols frais et pas trop calcaires. Une exposition abritée du soleil de l'après-midi est fortement recommandée.

FOUGÈRE

Les fougères souffrent de la mauvaise réputation de la fougère aigle, une sacrée envahisseuse qui vous gifle les cuisses quand vous partez à la recherche des champignons dans les bois. On les assimile à des lieux ombragés et humides, autrement dits des grottes, et l'affaire semble entendue. On oublie que ces plantes ont fait la preuve de leur solidité puisqu'elles existent depuis plus longtemps que les plantes à fleurs. Elles ont été rejetées par ces dernières dans des niches écologiques ingrates mais rien n'interdit de les en sortir pour profiter du graphisme de leur feuillage. Ciselées comme des œuvres d'art, leurs frondes font chanter le vert et reposent le regard. Voyez en elles un écrin de rêve pour quantité de fleurs plus ou moins fugaces.

Adiantum pedatum

LAQUELLE Les fougères souffrent d'appellations latines compliquées, mais surmontez cette difficulté car chacune possède sa personnalité, et connaître les noms est un préalable à la découverte de leur beauté. Le grand spécialiste français est la pépinière Dupont, près d'Orléans.

COMMENT N'oubliez pas que les fougères sont installées pour longtemps, et prévoyez un emplacement qui leur convienne pleinement. La mi-ombre est parfaite, surtout si elle les préserve du soleil de l'après-midi. Un sol profond, conservant de la fraîcheur en été, assez riche en humus, comme dans les sous-bois, mais pas forcément très acide. L'eau toute proche est un supplément apprécié mais absolument pas nécessaire : une simple gouttière débouchant non loin suffit à les rendre heureuses. Plantez en toute saison et de préférence en septembre-octobre et en février-mars. Espacez-les de leur hauteur adulte et constituez dès le départ des groupes de 3 à 7 plantes, plus naturels que la potiche posée là. Chez les fougères caduques, laissez le feuillage sécher sur place : il protège le cœur. Bien sûr vous pouvez en distraire quelques frondes pour abriter des bulbes fragiles ou l'ail blanc planté à l'automne au potager. Chez les fougères persistantes, on ne fait rien du tout. Paillez en juin avec des tontes de gazon sur 5 cm d'épaisseur, et arrosez de temps à autre si la canicule s'acharne, et une

FOUGÈRES MÂLE ET FEMELLE

La fougère femelle (*Athyrium filix femina*) ne l'est pas plus que cela, puisque la reproduction des fougères est un modèle de complexité où les sexes ne correspondent pas aux sujets que nous admirons.
On peut penser que ce qualificatif se réfère à la douceur du feuillage caduc, et la sagesse du port (60 cm à 1 m). Parfaite dans le rôle de colonisatrice des sous-bois frais, des bords de rivière ou de bassin, elle couvre bien le sol.
Une variété japonaise, 'Nipponicum Metallicum', offre un feuillage à reflets de métal. La plus aristocrate de toutes les fougères.
La fougère mâle (*Dryopteris filix mas*) est un peu plus vigoureuse (1 m et plus) et ses grandes frondes vert bouteille émergent au printemps d'une souche épaisse. On en connaît des variétés à feuillage très découpé ('Crispa cristata' ou 'Linearis Polydactyla').
Très proche, le *Dryopteris erythrosora* est persistant, et ses jeunes crosses d'un rouge incroyable sont un des ravissements du printemps. Extra en grand bac à l'ombre.

TROIS BELLES DAMES

Très original, le *Dryopteris wallichiana* pousse en formant un petit tronc au bout duquel se tient un bourgeon d'où surgissent les frondes, comme un diadème d'émeraudes montées en feu d'artifice.
La fougère plume d'autruche (*Matteuccia struthiopteris*, 1,2 m) est une des premières à démarrer. En l'associant à des tulipes ou des narcisses blancs, vous créerez une scène étourdissante de beauté, et elle garnira l'espace jusque tard en automne.
Il existe un capillaire rustique, *Adiantum pedatum*, aux frondes curieusement réparties en peignes, à tige brun foncé (40 cm). En grands groupes, ce capillaire sera un charmant compagnon pour les impatiens blanches.

FOUGÈRES DE TEMPÉRAMENT

Très traçante et donc capable de garnir en vitesse un bord de ruisseau instable, l'onoclée (*Onoclea sensibilis*) ravit par son jeune feuillage teinté de bronze, devenant ensuite vert clair (60 cm). L'osmonde royale est plus imposante, puisqu'elle dépasse 2 m d'envergure là où elle se plaît. Mais rappelons qu'il s'agit d'une plante protégée, à ne surtout pas prélever dans la nature.
Les polystics offrent toute une panoplie de verts et comportent de vrais bijoux, tel le *Polystichum setiferum* 'Plumosum Densum' : une dentelle verte persistante de rêve (60 cm). Un tout petit rejeton de rien du tout a donné naissance à des touffes superbes dans mon jardin, et cela fait vingt ans que je me réjouis de cette acquisition.
Moralité : même si une fougère peut vous paraître chère à l'achat (elle pousse lentement au début chez le pépiniériste) elle s'avère économique à l'emploi.

fois par semaine pour les fougères cultivées en pots.
On peut diviser les touffes au bout de quelques années, mais cela n'est nullement obligatoire. À noter que les limaces épargnent généralement les fougères.
AVEC QUI Les fougères font des sous-bois de rêve en compagnie des hostas, des pervenches panachées, des épimédiums. Agrémentez avec des perce-neige, des nivéoles, des narcisses botaniques et des tulipes, même si elles sont aussi virulentes que la très coruscante 'Mme Lefeber'. Pour une gentille scène printanière, rien de tel que de mélanger les fougères, les digitales, les thalictrums mauves et les ancolies bleues.
Pour l'été, plantez quelques lysimaques ponctuées et des rodgersias, si l'eau est proche et l'espace à profusion. Le contraste des feuillages sera impressionnant.

FRAISIER

Un jardin sans fraisier est comme une enfance sans tendresse : inimaginable ! Ne croyez pas qu'il soit besoin d'un potager, mais ne transigez pas sur les petits soins car le fraisier est aussi exigeant qu'un chat birman. Il n'empêche que vous oublierez les petites contraintes au moment de porter sur la table un saladier de vos fraises, juste agrémentées d'un filet de citron, et accompagnées d'une jatte de vraie crème fraîche, la bio qui colle au pot. Alors, tout le monde aura cinq ans autour de la table...
COMMENT Si vous êtes du genre raisonnable, la culture en ligne s'impose, car elle seule permet d'y voir clair. La plantation en planches aboutit, dès la deuxième année, à un inextricable fouillis de stolons, qui n'empêche pas les fraisiers de donner en abondance. Notez qu'ils réclament un sol riche, bêché minutieusement. Améliorez encore le régime avec un seau d'Or brun pour dix plants. Plantez les non remontants en septembre, et les remontants en septembre et mars. Espacez les plants de 30 cm (un pied tout simplement). Ne coupez pas les racines, mais creusez jusqu'à ce que vous puissiez bien les étaler. Comblez avec de la terre fine et arrosez copieusement. En mai, et seulement après la floraison, paillez avec de la paille fraîche ou des aiguilles de pin mais surtout pas des tontes de gazon qui vont se coller aux fraises. Quelques appâts antilimaces régleront leur compte aux gastérogourmandes.
À partir de juillet, coupez les stolons qui vont dans tous les sens, et ne gardez que quelques rosettes pour renouveler la plantation dans un autre coin du potager, toujours au soleil. Arrosez régulièrement vos fraisiers remontants durant tout l'été.
Un dernier détail qui n'en est pas un : si vous espérez cueillir assez de fraises pour faire des confitures, tablez sur une centaine de plants.
AVEC QUI Tout seul, car le fraisier est suffisamment couvre-sol pour faire le ménage autour de lui, hormis si le bouton d'or, la potentille rampante et le chiendent s'en mêlent.

FRAISIERS NON REMONTANTS

Jusqu'à il y a peu, la 'Gariguette' paraissait incontournable, mais mon petit doigt me dit qu'elle a dégénéré quelque peu, devenant de plus en plus acide au fil des ans. La 'Merveille du marché' est certes moins précoce et un peu moins ferme, mais sa saveur est équilibrée. D'ailleurs, un détail ne trompe pas : je dois abriter les miennes sous un filet sinon les oiseaux les mangent toutes.
Mais la vraie bonne surprise est venue des nouvelles variétés Ciref (Centre technique des fraises, installé à Bergerac). Des fraises exquises, et surtout relativement résistantes à

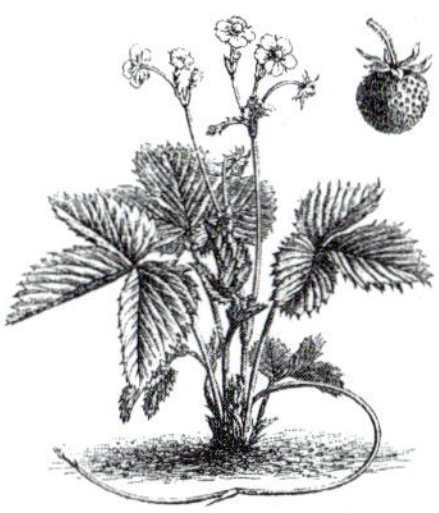

toutes les petites misères auxquelles le fraisier est sujet habituellement, en particulier la pourriture grise. Vous aurez du mal à vous en procurer, sauf si vous tombez sur le stand de Jean-Pierre Deshayres (Le Corti) à une fête des Plantes : il dispose d'une collection incroyable et en particulier de ces variétés sensationnelles. Leurs noms sont hélas un peu difficiles à retenir et surtout à individualiser, mais toutes sont bonnes : 'Cirano', 'Cirafine' et 'Cijosée' parmi les remontantes; 'Cigaline', amélioration de la 'Gariguette', 'Cirène' et 'Cigoulette', amélioration de la fameuse 'Belrubi'.

FRAISIERS REMONTANTS

Que penser des fraises remontantes : de multiples essais ont rarement donné de bons résultats car il ne faut pas négliger le fait que le fraisier remontant ne refleurit en août que si on l'arrose régulièrement. Un seul oubli et il boude.
Par ailleurs, même si 'Mara des bois' est effectivement exquise, sa sensibilité au calcaire est vraiment déroutante.
Enfin, dernier argument pour tempérer vos envies d'en planter des quantités : a-t-on vraiment envie de fraises en septembre ? Souvent, je les oublie sur les plants, et seules les limaces s'en régalent... Il y a une saison pour tout, et cela s'applique aussi aux fraises.
Un petit mot sur les variétés anciennes : pour la fraise comme pour la pomme, on a été tenté par ces souvenirs d'enfance que sont la fraise jaune ou blanche, le capron au goût musqué ou 'Vicomtesse Héricart de Thury', vedette d'un autre siècle. Mes amis Bureau, la plus adorable tribu d'horticulteurs que je connaisse, ont beaucoup œuvré pour réhabiliter ces fraises. Leur choix est un modèle du genre. Cherchez-y plus le parfum que le croquant, car ces fraises ne supportent pas le voyage.

FRAMBOISIER

Regardez les enfants : même s'ils n'ont jamais mis les pieds dans un jardin, ils trouveront en un rien de temps les framboises mûres, et vous aurez le plus grand mal à les détacher de ce coin, même en usant des mensonges gourmands les plus tentants. Mais avouez donc que vous aussi n'êtes pas insensible à ce fruit délectable entre tous.

Et ne râlez plus contre les incursions que tentent constamment les framboisiers, tous azimuts. Il est relativement facile de les contraindre à rester dans des limites raisonnables, ne serait-ce qu'en passant la tondeuse régulièrement.

Framboisier

LEQUEL Donnez la préférence aux variétés non remontantes qui ne produisent certes qu'une fois mais massivement ; les autres sont trop capricieuses à mon goût, et comme on oublie généralement où sont les remontantes, elles finissent par se fondre dans la masse, d'où votre surprise, un beau matin de septembre, en découvrant quelques framboises bien mûres.

'Magnific Delbard', 'Schoenemann' et surtout 'Malling Promise' sont la providence des gourmets.

COMMENT Un sol pas trop calcaire, sain en hiver. Du soleil à foison : même si le framboisier peut donner des fruits à mi-ombre, ils seront moins parfumés qu'au soleil.

On plante les cannes, c'est-à-dire les tiges munies de quelques racines, en automne de préférence ou au printemps. On enterrera la base sous quelques centimètres de terre, un bon arrosage, et c'est tout. Plantez en lignes séparées d'au moins 1,50 m, pour pouvoir passer au centre par la suite. Sur la ligne, vous écarterez les plants de 80 cm à 1 m. Et ne vous inquiétez pas si cela fait maigre la première année, vous me remercierez par la suite.

Le seul acte important est la taille, qui se pratique après la récolte des derniers fruits, en juillet-août. Supprimez au ras du sol les cannes ayant porté des fruits au printemps. Laissez intactes au contraire les nouvelles cannes à l'écorce vert argenté. Profitez-en pour les palisser dès qu'elles dépassent 1,50 m, sur une armature placée à l'extérieur des rangs, pour laisser le soleil pénétrer pleinement dans la plantation.

Le petit truc qui change tout : le désherbage est fastidieux car on a du mal à extirper le chiendent encastré dans la base des touffes de framboisier. En paillant, en mai, avec des tontes de gazon, de l'écorce de pin ou du fumier mûr, vous empêcherez le chiendent de pousser. Supprimez sans pitié les rejets qui débordent des lignes, parfois à plus d'un mètre de là.

AVEC QUI Peu de plantes apprécient la concurrence avide des framboisiers, aux racines superficielles, à l'appétit d'ogre.

Des pâquerettes feront un ourlet ravissant au printemps, avec quelques pensées sauvages et des giroflées ravenelles ou des érysimums. Quand ce petit monde aura fini de fleurir, le moment sera venu de désherber à fond, de pailler... et de récolter. Supprimez du même coup les drageons vagabonds, qui surgissent à la fin juin.

Les narcisses vont bien avec les framboisiers, et les gênent peu car ils poussent en profondeur.

FREMON TODENDRON

Je n'ai pas de mots assez durs vis-à-vis de cet arbuste californien au charme clinquant. Ses fleurs d'un jaune agressif ont la consistance du plastique bon marché. Le feuillage râpeux et dispersé ne vient pas relever le niveau.

Et ne croyez pas réaliser une performance en l'acclimatant sur un mur bien exposé, c'est digne d'un jardinier débutant.

De plus, et cela n'est signalé nulle part, le duvet qui recouvre la face inférieure des feuilles est vivement suspecté de coller de sérieuses allergies à son simple contact. Vous êtes prévenus !

FRÊNE

Un livre ne suffirait pas à chanter les mérites du frêne (d'ailleurs il est déjà écrit par ce diable de Bernard Bertrand). En même temps, le jardinier est toujours prêt à le maudire car on a souvent l'impression qu'il guette par-dessus votre épaule le moment d'inattention pour se semer allégrement. Tout jardin est une frênaie en sursis !

LEQUEL Pourtant, il a fière allure le bougre de frêne noir, surtout une fois passé une adolescence un peu ingrate. Mais trop, c'est trop. Alors rabattez-vous sur le frêne à fleurs (*Fraxinus ornus*), un petit bijou curieusement peu connu.

Originaire du Midi, il est rustique, même si parfois une gelée tardive vient griller le bout de ses jeunes pousses. Il a pour lui de ne pas se ressemer aussi sauvagement, de rester dans des limites raisonnables (6 à 10 m) et surtout de fleurir en juin, en gros bouquets blancs un peu pleureurs, en émettant alors une senteur délicieuse. Il arrive même à rivaliser avec les tilleuls sur ce plan, c'est dire !

Gérard Adeline, qui s'y connaît en arbres, signale un autre frêne, chinois celui-là, comme plus beau encore en fleurs : *Fraxinus mariesii* (= *F. sieboldiana*) forme un gros buisson couvert de panicules crème en juin, suivies de superbes samares rouges (c'est le nom savant des graines terminées par une ailette). À tester…

COMMENT Plantez votre frêne à fleurs en automne, dans un vaste trou dont vous aurez soigneusement ameubli le fond à la barre à mine. Comblez avec de la bonne terre même calcaire.

Comme tous les frênes, il a besoin de beaucoup de lumière. Paillez en été et arrosez régulièrement. Après deux ans, il se débrouillera tout seul.

AVEC QUI Le frêne à fleurs a tout à fait sa place dans une haie champêtre, en compagnie de l'arbre à perruque (cotinus), du noisetier pourpre et du laurier-tin.

FRITILLAIRE

Tout jardinier a, un jour ou l'autre, été tenté par la culture de la couronne impériale, surnom avantageux de la plus célèbre des fritillaires. Le résultat consiste le plus souvent à réviser ce que cache le terme « odeur de renard », car il flottera pendant deux ou trois semaines de curieux relents de ménagerie dans votre jardin. Alors, à quoi bon persister ? D'ailleurs, la belle vous le fait savoir et il est rare qu'elle se naturalise.

COMMENT Plantez la fritillaire impériale ou celle de Perse en septembre, sans trop attendre.

Enterrez le gros bulbe à 20 cm de profondeur au moins, en terre légère et plein soleil.

N'oubliez pas que chaque plante aura 40 cm d'envergure et espacez d'autant. Marquez l'emplacement pour ne pas risquer de biner les tiges par inadvertance.

Une fois que la végétation a démarré, disposez des appâts anti-limaces, et arrosez pendant la floraison si le temps est au sec.

Le feuillage jaunit naturellement dans les semaines qui suivent. Ne vous affolez donc pas.

Si ces fritillaires ont trouvé leur coin à leur gré, laissez tout le monde tranquille pendant au moins cinq ans. Vous pourrez alors arracher les touffes en juillet pour les diviser et replanter immédiatement.

Fritillaria imperialis

Plantez la fritillaire pintadine dès la mi-août si vous trouvez des bulbes. Enterrez les petits bulbes de 15 cm, dans un coin que vous savez très humide, mais dégagé de l'ombre des arbres car c'est une fleur de prairie, et non de sous-bois.

Ensuite, croisez les doigts, et si elle pousse et se plaît, remerciez les dieux et ne touchez à rien, en espérant que des semis spontanés viendront grossir la colonie, parfois à plusieurs mètres de là.

AVEC QUI Les fritillaires impériales orange sont superbes en compagnie de l'hellébore de Corse et de tulipes fleur de lys blanches comme White triumphator. Ajoutez quelques fougères en premier plan pour masquer le vide ensuite.

La fritillaire de Perse adorera la compagnie d'alliums, dans un fouillis d'armoises et de népétas qui assureront le spectacle plus tard.

La fritillaire impériale jaune apprécie l'écrin du brunnera, dont le brouillard de fleurs d'un bleu lumineux mettra en valeur ses clochettes.

Les fritillaires pintadines sont comme les truites sorties du torrent : seule l'herbe est digne de les entourer.

DIVINES CLOCHETTES

La couronne impériale (*Fritillaria imperialis*) fit beaucoup de bruit quand on l'importa de Turquie, sous la Renaissance. Quand elle est en forme, que le terrain et la météo lui sont favorables, elle propulse à 60 cm de hauteur une hampe florale terminée par un groupe de clochettes renversées, rouge brique ou jaune pur, bref pas dans la finesse. Je vous propose de l'oublier au profit de la fritillaire de Perse, *F. persica* 'Adiyaman', aux impressionnants épis de clochettes brun-violet, à la pruine subtile.

Elle dépasse 1 m de hauteur et se naturalise nettement mieux.

Quoiqu'appartenant à notre flore sauvage, la pintadine (*F. meleagris*) est un mythe vivant :

là où elle prolifère, souvent dans les bas-fonds de prairies où l'eau stagne longtemps, elle produit un effet incroyable car ses corolles assez grandes se confondent avec l'herbe pour s'en détacher au dernier moment, quand on est déjà dessus. Vu de près, leur dessin en damier est alors unique, si l'on excepte quelques arisaemas exotiques. Mais il faut bien reconnaître que les bulbes du commerce sont souvent déjà secs, et que rares sont les jardins disposant de la niche écologique convenant à cette fritillaire.

Reste une foule de fritillaires au nom aussi compliqué que les soins qu'elles réclament : seuls des pervers légèrement portés sur la culture en pot les adopteront.

FUCHSIA

Le fuchsia déclenche le même phénomène instinctif que le plastique à bulles, avec lequel ses boutons à fleur partagent par ailleurs la forme dodue : une fois qu'on commence à s'y intéresser, on ne peut plus s'arrêter. Du coup, on se retrouve à accumuler les pots les plus divers, de la vieille chaussure de montagne au seau d'olives turques, histoire de transformer la partie la plus ombragée de la terrasse en une sorte de casse horticole qui vous tire des larmes de bonheur quand tel brimborion se décide enfin à montrer son tutu. Et puis, il y a les fuchsias rustiques, qui répondent toujours présents et n'ont pas leur pareil pour vous ragaillardir en fin d'été. À vous de choisir…

LEQUEL Des fuchsias, il en existe des centaines, unis ou bicolores, simples ou ultra-doubles, et leur gamme de coloris énumère toutes les nuances depuis le blanc pur jusqu'au violet presque noir. Alors, pourquoi vous donner un palmarès : l'affaire est trop personnelle.

En revanche, ne passez pas à côté des fuchsias rustiques, qui recèlent des merveilles de naturel et de décontraction. L'une des plus belles gammes se retrouve chez les Bureau, à Savennières, en Anjou. Le *F. magellanica* 'Ricartonii', bien entendu, le plus connu de tous, surnommé souvent « grain d'avoine » pour la légèreté de ses corolles effilées (1,40 m). Mais aussi la variété 'Alba', qui est en fait blanc rosé, ou encore 'Aurea', au feuillage doré, pas maladif d'aspect. Alors que souvent les feuillages panachés de plusieurs couleurs sont vraiment trop artificiels, tel n'est pas le cas du 'Versicolor', d'un raffinement rare. Mais il y a aussi un rampant, 'Tenella', écarlate et pourpre ; un blanc simple arbustif solide ; 'White King Pearl' ; et un moyen, très florifère, rouge grenat, 'Lycioides' (70 cm).

COMMENT Contrairement à une idée reçue, les fuchsias apprécient le soleil, mais pas celui de l'après-midi qui fait faner le feuillage et virer les jolis rouges à d'odieux lie-de-vin. Vous élèverez donc vos fuchsias dans un coin tourné vers l'est, hormis si votre jardin bénéficie d'un climat franchement maritime : ils sont alors à leur aise partout.

Plantez au printemps de préférence, en distançant de 50 cm si vous souhaitez créer une petite haie. Une terre riche en humus, bien noire, fait leur bonheur, mais ils sont capables de prospérer même en conditions plus difficiles.

Fuchsia 'Ricartonii'

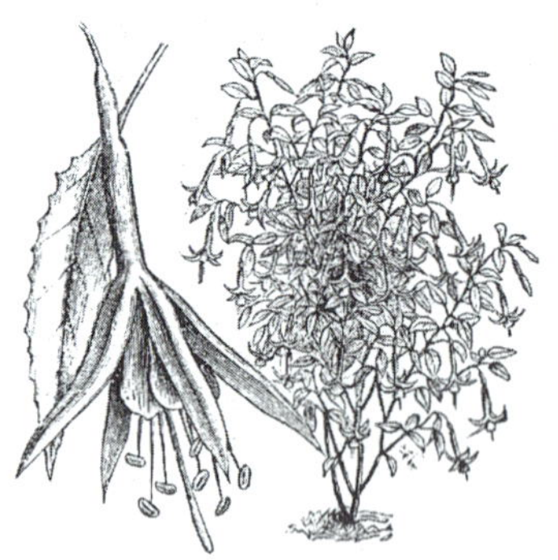

Paillez en juin, avec des tontes de gazon ou du compost grossier. Arrosez peu souvent mais copieusement. À l'arrivée des gelées, accumulez des feuilles mortes à leur pied. Coupez les tiges à 30 cm de hauteur, puis posez un voile de forçage. En mars, découvrez le tout, et coupez au ras du sol, même si les tiges n'ont pas gelé.

Cette opération rajeunit les touffes, assure des tiges solides et ne retarde nullement la floraison.

AVEC QUI Les fuchsias rustiques sont en parfaite compagnie avec des thalictrums et des ancolies, ou encore posés sur un tapis de cératostigma ou de pervenches panachées. Testez aussi le mélange des fuchsias et des hostas ou mieux encore des fougères, pour être tranquille vis-à-vis des limaces. Les grands fuchsias blanc rosé n'ont pas leur pareil pour apporter une touche de vie dans les masses denses des hortensias.

Fumier

Dites fumier à un jardinier, et son œil brille. Il fera des kilomètres pour s'en procurer. Tous les fumiers sont bons, les meilleurs étant les plus vieux, noirs et onctueux, un beurre ! Notez cependant que le fumier de cochon est particulièrement malodorant ; que celui de poule est tellement riche qu'il peut brûler les racines ; et que celui de cheval contient en quantité les germes du tétanos.

FUSAIN

Est-ce une raison, parce que l'on a abusé des fusains du Japon dans les années cinquante et soixante, pour les mépriser aujourd'hui. C'est se priver d'arbustes solides, offrant une belle gamme de feuillages persistants, panachés, dorés ou éclaboussés d'argent selon les variétés.

Même le fusain du Japon type, au vert lustré, est utile pour constituer des fonds unis sur lesquels toutes les fleurs se détachent bien, qu'il s'agisse de vivaces glorieuses ou d'arbustes passagers, comme les hamamélis. Et que dire de tous les fusains rampants, couvre-sol de qualité, et des fusains d'Europe, caducs mais spécialistes des fruits décoratifs. Un sacré genre !

COMMENT Les fusains du Japon aiment les terres de vieux jardins, riches en humus, plutôt fraîches voire humides (ils poussent très bien au bord de l'eau) ; et les expositions abritées des vents froids en hiver. Mais le soleil vif les rend plus sensibles aux at-

taques de cochenilles, on ne sait trop pourquoi. Les plants élevés en conteneur seront mis en place en automne ou au printemps, en évitant la période des grandes gelées. On peut même planter en mai ou juin. Apportez une solide ration d'engrais ou d'amendement (deux pelletées d'Or brun par exemple). Arrosez copieusement la première année pour favoriser la reprise. Taillez les branches de moitié dès la plantation, pour qu'ils forment une silhouette régulière et dense.
Une ration d'engrais « conifères » au printemps les fait démarrer en flèche. Taillez les espèces persistantes en juin, puis en septembre.
Limitez l'expansion des fusains rampants en passant la tondeuse réglée en position haute, à chaque printemps, en mars.
Le petit truc qui change tout : bouturez en août, c'est facile comme tout. On enterre à mi-hauteur des extrémités de rameaux, tranchées nettement sur 10 cm environ. Abritez le bac à bouture sous châssis en hiver, et plantez dans un coin du potager en mai. Les fusains rampants se marcottent tout naturellement, comme les lierres.
AVEC QUI Les fusains du Japon font merveille avec des bambous, qui allègent leur silhouette un peu lourde.
Une idée pour remplacer une haie de thuyas languissants, en fond de jardin. Disposez à leur pied toute une peuplade de narcisses et de gentils crocus botaniques.
Les fusains rampants peuvent former des tapis ravissants, dans lesquels des plantes à silhouette bien nette se détacheront de façon spectaculaire. Imaginez des hostas glauques ou dorées surgissant d'un tapis où domine l'argent. Une excellente jardinière de Meudon a entouré tous ses massifs avec un ourlet de ces fusains, taillés proprement chaque printemps. La touche de raffinement qui signe les beaux jardins.
Les fusains caducs à fructification décorative seront glissés dans une haie décontractée, en compagnie de grands rosiers comme Ghislaine de Féligonde, de cognassiers du Japon et de cotonéasters.

FUSAINS PERSISTANTS

Le fusain du Japon (*Euonymus japonicus*) arbore un beau feuillage vernissé. Il supporte sans broncher pollution et embruns. Les variétés panachées sont nombreuses :
'Aureomarginatus', aux feuilles marginées d'or, avec un joli fondu de jaune dans le vert, au printemps ;
'Président Gauthier', le plus connu, et toujours apprécié pour ses feuilles bordées de blanc crème. Tous deux forment des arbustes de 2 m d'envergure environ, qui prennent leur temps au début pour devenir de plus en plus somptueux avec l'âge. Il leur faut au moins une demi-journée de soleil, celui du matin de préférence.

Les fusains rampants (*Euonymus fortunei*) peuvent être grimpants également, un peu comme le lierre. Innombrables variétés diversement panachées, comme 'Emerald'n Gold', panaché jaune d'or ; 'Emerald Gaiety', marginé de blanc ; ou encore 'Coloratus', vert foncé se teintant de rouge à l'automne ; et 'Sunshine', un doré assez vigoureux. Tous culminent à 30 cm, et parfois plus s'ils s'appuient à un arbuste ou un mur. Constituez-vous une collection dans laquelle vous puiserez au besoin. 'Silver Queen' est un peu plus dressé, assez facilement grimpant (1,5 m), et enchante par ses feuilles vert foncé à larges bords blancs, se nuançant de rose par temps froid.

FUSAINS CADUCS

Le fusain d'Europe (*Euonymus europaeus*) est un arbuste caduc de 2 à 4 m d'envergure, qui présente des fruits très décoratifs, rose corail dans une coque safran. La variété 'Red Cascade' est presque pleureuse et croule sous les fruits en automne, à condition que vous ayez mélangé plusieurs sujets pour favoriser la pollinisation. Attention, il est souvent attaqué par les pucerons, en juin.
Le fusain ailé (*E. alatus*) est très curieux par les excroissances de liège qui garnissent ses tiges comme des ailettes. Couleurs d'automne flamboyantes avant la chute des feuilles mais port décidément très raide (3 m). La version ramassée, 'Compactus', est plus maniable mais guère moins artificielle (1,5 m). Si vous ne manquez pas de place, adoptez un autre fusain caduc asiatique, tel le superbe *Euonymus sachalinensis*, qui culmine à 3 m, et se fait remarquer par ses fruits rouge laque, juste après que le feuillage est devenu écarlate. Chez lui, même les bourgeons effilés sont décoratifs.

GAILLARDE

Rarement nom aura si bien convenu à une plante, et cependant Monsieur Gaillard a bel et bien existé, au XVIIe siècle. La gaillarde a longtemps fêté l'été dans les jardins de curé, avant que l'on trouve sa silhouette trop banale, avec cette manie de peindre des cocardes rouges et orange. Il en existe deux sortes : la vivace et l'annuelle, toutes deux hautes de 50 cm, et en fleurs de juin aux gelées. Comme elles meurent souvent prématurément épuisées par l'abondance de leur floraison, on ne les essaie guère qu'une année, puis elles sont mises au rancart définitivement. C'est oublier trop vite que les variétés annuelles sont faciles à cultiver, généreuses à souhait, et pleines de charme.

Gaillarde vivace

LAQUELLE Les gaillardes vivaces naines sont recommandées car moins sujettes à s'abattre au premier orage : 'Kobold', rouge et or, ou encore 'Nieske', rouge à pointes jaunes, ne dépassent pas 30 cm. Deux fois plus grande, 'Maxima Aurea' est jaune pur. Superbe en fleur à couper, en contraste avec 'Bourgogne', rouge brunâtre.
Parmi les annuelles, essayez au potager la gaillarde peinte à fleur double, littéralement extraordinaire et unique en son genre (60 cm).
COMMENT Un coin de bonne terre, assez profonde. Soleil à foison.
Les espèces vivaces s'achètent en godets, à installer en septembre ou mars. Auparavant, on aura bêché profondément, et incorporé un peu de terreau. Écartez les limaces avec des appâts ou un rond de cendres fraîches.

Gaillarde annuelle double

Semez les graines des variétés annuelles en mars-avril, sous châssis froid. Repiquage en place en mai, à 30 cm en tous sens, ou en ligne au potager.
Il faut parfois tuteurer, mais c'est à contrecœur. Autant le faire tôt, en disposant des ramilles de noisetier de part et d'autre des touffes, qui les masqueront vite.
Le petit truc qui change tout : éliminez les fleurs fanées car la formation des graines décourage toute floraison ultérieure. Un sécateur n'est pas inutile, ni des gants car il y a plein de poils piquants sur les tiges de gaillardes. Ça gratte !
AVEC QUI Des santolines et des rues taillées en coussins arrondis, qui caleront la masse mouvante des gaillardes vivaces un peu grandes.
En plantation entrecroisée avec des fétuques, si la terre n'est pas trop riche. Choisissez alors les gaillardes vivaces naines.
Les gaillardes annuelles seront parfaites au potager, en lignes alternées avec des choux à feuillage bleuté et des grands maïs sucrés, ou encore le long des fraisiers.

GALEGA

Avec bonne humeur, la rue des chèvres joue la plante utile et jolie à la fois. Autrefois réputée pour ses qualités fourragères, elle reste un excellent engrais vert, capable de puiser dans le sol tout ce dont elle a besoin, des bactéries fonctionnant sur ses racines pour capter l'azote de l'air. D'où une croissance vigoureuse, une fois qu'elle est bien installée, souvent au bout d'un an. Et ses fleurs en petits papillons, blancs et lilas, flottent en petites grappes serrées, à 70 cm de hauteur, sur le feuillage penné d'un beau vert. Une jolie productiviste…
LEQUEL L'espèce d'origine (*Galega officinalis*) n'a pas été modifiée, et c'est très bien ainsi.
Notez cependant qu'il existe un hybride stérile, décrit comme plus florifère : *Galega hartlandii* 'Alba' (1,2 m). *Galega bicolor* associe le bleu pâle et le blanc : raffiné (70 cm). Toutes fleurissent en juillet-août.
COMMENT Sol profond, même médiocre. Mi-ombre à l'abri de grands arbres mais avec un peu de soleil le matin de préférence. Elle supporte bien la chaleur.

Galega officinalis

Un godet de rue des chèvres est vraiment peu impressionnant au début : quelques maigres tiges. Prenez-en soin, et marquez l'emplacement de la plantation si cette dernière a lieu en automne, la saison idéale. Comme cela, au printemps suivant, vous ne serez pas disposé à biner rageusement.
Désherbez la première année pour éviter la concurrence du chiendent. Par la suite, la rue des chèvres fera le ménage.
Le petit truc qui change tout : c'est exactement le genre de plante qu'il ne faut pas installer en duo, mais au contraire en groupes d'une dizaine au moins, pour créer un effet de masse.

AVEC QUI En grandes bandes avec des alchémilles au premier plan, des campanules à feuilles de pêcher et des juliennes des dames, avec l'appoint de consoudes. Ajoutez des ails décoratifs.
Adoptez la rue des chèvres tout simplement parmi les herbes folles, dans un pré que vous faucherez en août. Ou encore en couvre-sol engrais vert au verger, entre les grands arbres.

GALTONIA

La grande jacinthe du Cap ne fait rien comme celle de Hollande : elle fleurit en été, en blanc pur, et reste hélas inodore. Plantez-la en groupes d'une dizaine, en espaçant les bulbes tous les 20 cm, dans un coin du potager ou parmi des fuchsias rustiques, sur fond de géraniums vivaces.

GARRYA

Quitte à jouer au botaniste pervers, recherchez le *Garrya thuretii*, obtenu par Gustave Thuret, pépiniériste-acclimateur dans le Midi, au siècle dernier. Pour le reste, le garrya est un arbuste à chatons décoratifs en hiver, que l'on palisse le long des murs exposés au nord ou à l'est. Rien à redire, sinon qu'il est rare d'en voir de beaux exemplaires et qu'il pousse lentement…

GAURA

Jardiniers pressés, amateurs de légèreté, maniaques du blanc à tout prix, économes de l'arrosoir, tous se retrouvent pour chanter la gloire du gaura.
Ce texan associe en effet une croissance ultra-rapide, la capacité de fleurir durant tout l'été, et une relative indifférence aux mauvais traitements. Sans oublier la touchante grâce de ses fleurs, des papillons blancs qui volettent à la moindre brise.

LEQUEL Le *Gaura lindheimeri* reste le plus apprécié : blanc, léger et solide (1,2 m quand il se plaît bien). On trouve parfois des variétés à feuillage panaché, mais, franchement, elles n'apportent pas grand-chose. Même remarque désabusée vis-à-vis du gaura rose, 'Siskiyu Pink', souvent frêle et moins vivace que l'espèce type.
COMMENT N'importe quel terrain, même médiocre convient au gaura, mais il apprécie les bons soins, notamment un sol bêché profondément, où ses fortes racines plongeront d'aise.
Le soleil est vivement recommandé. Plantez au printemps de préférence, en espaçant de 30 cm au moins car le gaura prend beaucoup de volume. Dans le sol riche du jardin, il est parfois nécessaire de tuteurer les tiges, à moins qu'elles s'appuyent sur des plantes voisines solides.
En automne, laissez les tiges sécher sur place, sans vous en préoccuper plus que cela. Coupez au ras du sol en mars, même si tout n'a pas gelé.
Souvent, on remarque non loin de là des semis spontanés : ils sont facilement reconnaissables à leurs feuilles piquetées de rouge. Laissez-les en place ou récupérez-les pour fleurir un peu plus loin ou offrir à des copines.
AVEC QUI Le gaura est synonyme de liberté. Retirez-le des massifs stricts, et ouvrez-lui la porte des grands espaces, en compagnie de graminées aussi folles que lui. Il appréciera la compagnie d'arbustes bas à feuillage argenté, comme le dorycnium, et fera merveille à côté des armoises.
Pour son bonheur et le vôtre, faites-lui retrouver ses copains du Texas : rudbeckias, grands agératums et beaux tithonias. Parsemez de grands tabacs blancs, pour le parfum.

GAZANIA

On entend parfois les jardiniers débutants se lamenter que leur jardin encore jeune est dépourvu de la moindre ombre. Qu'ils en profitent donc pour installer ces amoureuses du soleil venues du grand Sud de l'Afrique. Par la suite, les arbustes et les arbres prenant de la bouteille, il ne sera plus temps de goûter à ces marguerites éblouissantes, en tapis de 30 cm de haut. Ça tombe bien, on s'en sera lassé…

Gazania

COMMENT Un sol pierreux, du genre remblai mal tassé, graveleux, médiocre, mais surtout ensoleillé, même calciné l'après-midi.
Plantez les sujets vendus en godets en avril-mai. Assurez leur reprise par des arrosages copieux. Pour obtenir un effet tapissant, distancez de 25 cm seulement.
Quelques arrosages soutiendront la floraison estivale des gazanias. Localisez-les pour ne pas mouiller les fleurs.
Le petit truc qui change tout : éliminez les fleurs fanées pour laisser de la place aux suivantes. La floraison se déroulera de mai à octobre, si on ne laisse pas les graines se former.
AVEC QUI D'autres plantes amoureuses du soleil comme les yuccas, les pourpiers ou les verveines du Pérou (*Verbena peruviana*). Disposez quelques armoises argentées et des genêts nains (*Genista lydia*, par exemple), ainsi que des hysopes et des lavandes pour compléter le tableau. Idéal pour un talus de terre médiocre tourné vers le plein sud.
En mélange avec tout un monde d'hélianthèmes, choisis dans les jaunes et les orangés.

GENÊT

Voulez-vous une preuve que les genêts ont un tempérament de feu : ils figurent parmi les premières plantes à s'installer sur les cendres volcaniques, en compagnie des mousses et des lichens. Les terrains pauvres, calcaires ou acides selon les espèces, ne les rebutent pas, ni même les talus des autoroutes.

LEQUEL Les plus connus des genêts sont en fait des *Cytisus*, qu'il ne faut pas confondre avec les cytises, qui sont des *Laburnum*. Quant à l'arbuste connu sous le nom de genêt d'Espagne, c'est en fait un *Spartium*. On le trouve non seulement dans la péninsule ibérique mais également dans le Midi de la France et en Italie. Il possède des tiges minces, rapidement dépourvues de feuilles, et des fleurs odorantes, en grappes courtes.

COMMENT Un sol pas forcément riche, mais sain, c'est-à-dire bien drainé en hiver. Du soleil à foison. Pas bien éblouissant en conteneur. On a même l'impression d'acheter un arbuste mort car il n'y a que quelques tiges sans feuilles. Ne bousculez pas la motte de racines car il n'aime pas cela du tout. Un genêt arraché à racines nues est promis à une mort prochaine. Plantez en toute saison. On taillera après la floraison pour

LES GENÊTS PRÉCOCES

La saison commence avec le *Cytisus praecox*, qui succède aux forsythias pour éclairer le printemps, en même temps que les tulipes jouent les stars. Cet arbuste de taille humaine forme des masses tout en volutes, qui disparaissent sous les fleurs jaune crème en avril-mai. Placez-le bien en vue depuis les fenêtres du salon. Le plus attendrissant est 'Albus', blanc ivoire.

La boîte à couleurs s'est déversée sur les *Cytisus scoparius*. Si cet arbuste était une rareté, les connaisseurs se l'arracheraient avec avidité. Malheureusement, il a le mauvais goût de se multiplier facilement et de pousser vite, d'où un certain mépris.

Réjouissons-nous que la nature mette autant de couleurs à notre disposition en mai et juin. Citons 'Andreanus', l'un des plus anciens, puisqu'il date des années 1890 et proviendrait d'un individu trouvé en Normandie. Avec ses fleurs bicolores carmin et or, il reste une valeur sûre du jardin.

Le vigoureux 'Burkwoodii' offre un délicat mélange de rouge cerise, de cramoisi bordé de jaune. 'La Coquette' est le résultat d'un semis de 'Hollandia', un *Cytisus praecox* estimé pour sa floraison pourpre et rose. Il mélange le jaune mordoré et le carmin avec une touche de jaune clair.

'Luna' joue le camaïeu de jaune, avec une pointe de jaune pâle et des ailes jaune foncé. Il fleurit dix jours avant 'Golden Cascade', qu'il surpasse nettement.

Le rouge sang éclabousse 'Windelsham Ruby', l'un des derniers à fleurir.

Chaque année, de nouvelles variétés voient le jour, tel 'Lena', surnommé le genêt de feu, aux fleurs orange et jaune. Il forme un buisson ramifié et dense, déjà ravissant en conteneur.

On dit beaucoup de bien de *Genista tenella* 'Golden Showers', dont les rameaux souples se couvrent de fleurs jaune citron finissant orangé. Il culmine à 4 m, pousse vite mais vit peu (6 à 7 ans seulement).

Le genêt de Bulgarie (*G. lydia*) forme des coussins moelleux, grâce à ses tiges légèrement retombantes à leur extrémité. En mai et juin, il est peu d'arbustes qui peuvent rivaliser avec lui. Installez-en des touffes au-dessus d'un muret, et vous retiendrez votre respiration au moment de cette explosion de couleur. D'autant qu'il supporte parfaitement bien la sécheresse et l'ombre des arbres.

C'est le cas aussi d'un genêt d'Espagne (*G. hispanica*), armé d'épines, et qui présente des fleurs regroupées en petits bouquets sur une boule quasi parfaite sans le moindre recours au sécateur.

GENÊTS D'ÉTÉ

Le *Genista tinctoria* culmine à un mètre de haut, et pétille de jaune pur pendant sa floraison, qui s'étale au cœur de l'été. Il fait partie des genêts Joncïformes, dont les tiges ne portent que des feuilles minces, parfois temporaires, d'où un aspect très gracile.

Il offre une version à fleurs doubles, tandis que 'Royal Gold' se contente de former une petite touffe élargie, avec une floraison tout aussi étalée, de la fin de l'été à l'automne avancé.

Bien plus haut, le genêt de l'Etna (*G. ætnensis*) joue le pleureur, devenant un petit arbre gracieux de trois mètres de haut.

En pleine floraison, au mois d'août, il ressemble vraiment à une fontaine d'or, surtout en plein soleil et quand il surplombe un tapis de millepertuis. Il supporte nos hivers ordinaires sans broncher.

NAIN ET GÉANT

Finissons cette revue des genêts par deux extrêmes. Le très bas, voire prostré *C. kewensis*, qui ne dépasse pas 30 cm de haut, se collant au sol comme pour mieux protéger les fleurs qui surgissent à la fin du printemps, en grands papillons parfumés jaune crème. Une des vedettes des rocailles, en compagnie des conifères nains et des bruyères.

Le *Cytisus battandieri* culmine à près de 5 m de haut. Pour le coup, il ressemble plus à un *Laburnum*, avec de vraies feuilles à trois lobes, revêtues d'un duvet argenté. Les fleurs naissent en petits bouquets qui parsèment sa silhouette élancée et toute brouillée.

Elles apparaissent en juin-juillet et répandent une odeur envoûtante d'ananas.

Hélas, son origine marocaine limite sa rusticité aux régions proches de la mer, ou encore aux jardins de ville bien abrités et néanmoins ensoleillés.

renforcer la densité des touffes, mais sans aller jusqu'au bois dur et ancien, car les genêts ne repercent pas sur le vieux bois sec. Prudence et modération…

AVEC QUI Entre eux, les différents genêts sont toujours jolis, mais la scène sera un peu triste en hiver. Mélangez les genêts précoces avec les cassis-fleurs et les forsythias à bois souple, avec l'appoint des mahonias et de leur feuillage solide.

Les genêts apprécient un arrière-plan d'éléagnus ou de fusains panachés. Pour des effets de feuillages et une floraison vibrante au printemps. Une bordure de narcisses des poètes complétera le tableau.

Dans le Midi, le panache du genêt de l'Etna sera parfait au-dessus d'un tapis d'agapanthes bleues.

GENÉVRIER

Oubliez que le *Juniperus pfitzeriana* a gâché la vie de bien des jardiniers de banlieue en s'étalant outre mesure. Laissez de côté les genévriers bleus, aussi naturels qu'une vieille Simca 1000 décorée de pétunias, et regardez d'un autre œil notre brave genévrier commun. Fuselé et solide comme un grenadier, d'un beau vert Empire de surcroît, il joue au faux vrai cyprès, sans vous compliquer l'existence. Sa sveltesse le destine aux scènes intimes, mais n'en faites pas un nanard de rocaille car il mérite de vivre dans la sauvagerie la plus intacte.

LEQUEL Pour une belle colonne, allez jeter votre dévolu sur le genévrier d'Irlande, *Juniperus communis* 'Hibernica', d'un vert bleuté (3 à 5 m). Le cyprès du Nord. La variété 'Sentinel' paraît presque givrée.

Le fameux 'Skyrocket' est une vraie flèche, parfois un peu trop maigre dans sa jeunesse, mais qui prend ensuite de l'ampleur.

COMMENT Les genévriers sont vendus en conteneurs, et peuvent donc être plantés toute l'année, hormis quand le gel est sévère. Creusez un vaste trou, même pour des variétés en colonne car leurs racines s'étendent au loin. Une terre ordinaire, même très calcaire, lui convient. Beaucoup de soleil.

Au bout de quelques décennies, il peut arriver que les formes en colonne s'ouvrent sous le poids des rameaux, en particulier après une abondante chute de neige. Pour y remédier, on ceinturera la silhouette par endroits avec une ficelle, verte ou noire de préférence.

GENTIANE

Ne rêvez plus devant les photos outrageusement agrandies montrant des clochettes de gentianes d'un bleu incroyable. Elles ne sont pas pour le jardinier ordinaire, et si, au lieu d'un gros plan, on avait photographié l'ensemble de l'installation, vous auriez découvert que ces bijoux de la nature poussent dans une serre alpine, une sorte de bric-à-brac vaguement rocheux abrité sous verre, ce qui permet d'obtenir les conditions requises par ces plantes déracinées de leurs montagnes natales. Laissez de côté également la grande gentiane jaune, dont les racines servent à préparer un apéritif bien connu, car elle est la raideur personnifiée.

Gentiana asclepiadea

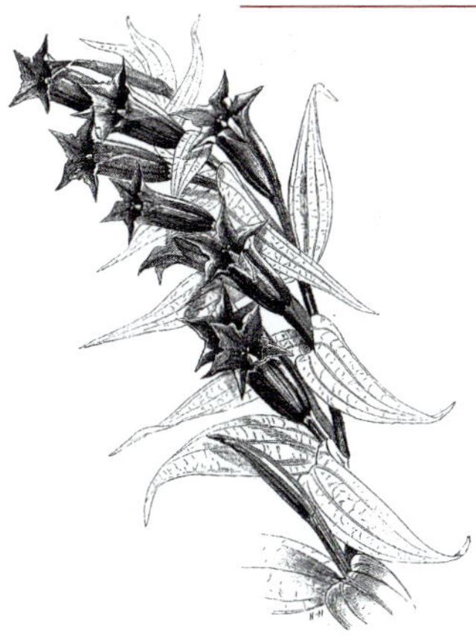

Seules deux gentianes asiatiques et tardives nous intéressent ici, car elles apportent une touche de couleur crue à une saison où dominent les couleurs pastel.

LESQUELLES La gentiane asclépiade (*Gentiana asclepiadea*) constitue des touffes bien garnies de feuilles, allongées comme celles des saules. Les fleurs naissent à l'aisselle de ces dernières, tout au long des tiges gracieusement arquées, d'août à octobre. Bleu d'encre plus ou moins foncé, parfois éclairci par un soupçon de blanc. Hauteur : 70 cm. Réussit même s'il y a un peu de calcaire dans le sol, à condition que ce dernier reste frais en été.

La gentiane du Caucase (*G. septemfida*) ne dépasse pas 20 cm de haut, et fournit de juillet à octobre quantité de fleurs bleues à gorge blanche, regroupées par quatre ou cinq à l'extrémité de courtes tiges. Bleu foncé lavé de pourpre. Facile et très florifère.

COMMENT Une terre de vieux jardin, déjà riche en humus. Mi-ombre et même ombre assez dense pour la gentiane asclépiade, qui est une plante de sous-bois.

Plantez les godets en automne ou au printemps, en marquant leur emplacement avec des petits tuteurs de bambou. On peut également semer des graines, si on en trouve, et en automne de préférence, directement sur du terreau, dans des bacs à poisson qui seront simplement abrités sous un châssis froid, histoire que les oiseaux et les chats aillent gratter ailleurs. La levée prend parfois quelques mois. Soyez patient.

Paillez avec du compost de feuilles mortes bien décomposé. Tous les cinq ans, vous pouvez diviser les touffes, au printemps de préférence.

Le petit truc qui change tout : plantez en groupes d'une dizaine de plantes, pour obtenir un effet de masse.

AVEC QUI Les gentianes asclépiades seront parfaites dans un coin frais et ombragé, en compagnie des lamiums panachés d'argent, avec des grandes fougères femelles en arrière-plan, et des hostas sur le devant, choisies parmi celles à feuillage glauque ou discrètement panaché, mais toujours à fleurs bleues.

La gentiane du Caucase se plaît dans des rocailles ou sur des murets, en compagnie d'euphorbes polychromes, de gypsophiles, et de campanules des murailles.

GÉRANIUM

C'est du géranium vivace qu'il s'agit ici, pour l'autre, voyez à l'article Pélargonium. Sous ce nom, on trouve une tribu pleine de vitalité, qui fleurit dans toute la gamme des roses, des bleus et des mauves, avec quelques blancs souvent veinés de l'un de ces tons, et un feuillage palmé généralement caduc. Ils forment en vitesse de gros coussins flous, et le petit godet acheté au printemps peut décupler en l'espace d'un été. Depuis une décennie, ils font l'objet d'un engouement parfois un peu délirant, et ce ne sont pas forcément les plus à la mode, une fois encore, qui s'avèrent les plus agréables pour ceux qui veulent avant tout que leur jardin soit joli à regarder.

COMMENT N'importe quelle terre de jardin, du soleil ou la mi-ombre. Ils poussent bien à l'ombre mais fleurissent alors beaucoup moins.
Achetez des plants au printemps, ou laissez-vous tenter par les innombrables boutures et rejets dont se débarrasse votre voisin.
Plantez dans la terre bien ameublie, et enrichie d'une poignée d'engrais

LE FESTIVAL DES GÉRANIUMS VIVACES

Le *Geranium endressii,* au feuillage palmé vert clair, satiné et floraison rose acidulé chez le type, d'un saumon clair assez mièvre chez 'Wargrave Pink', le plus courant. À tondre absolument en juillet, sinon il se laisse aller sans retenue. Chaque pied peut atteindre 70 cm de large pour 30 cm de haut.
Même énergie pour le *G. macrorrhizum* (30 cm), au feuillage feutré, épais, découpé et aromatique, superbement coloré à l'automne bien que persistant, parfumé au savon d'antan. La floraison rose fade est rarement aussi spectaculaire que sur l'étiquette, mais peu importe, il est beau ainsi. Très tapissant, il masque le sol le plus ingrat en l'espace d'un an, et pousse même à l'ombre et au sec.
Hybridé avec *G. sanguineum,* il a donné naissance à *cantabrigiense,* à la floraison plus affirmée, surtout chez 'Biokovo', blanc rosé (30 cm).
Au rayon des robustes, le *G. sanguineum* au petit feuillage vert sombre, bien découpé, bien vif, quasi persistant, tient sa place, au point de lasser avec son coloris d'un magenta cruel, largement épanoui de juin à août (20 cm). Extra en compagnie du lamium 'White Nancy'.
Pourtant, ce même magenta, on le supporte très bien sur le géranium d'Arménie (*G. psilostemon* 'Bressingham Flair'), car il s'enrichit d'un petit œil noir et, surtout, agrémente des fleurs qui se posent en écume sur un beau feuillage ample, haut et mouvant, car ce géranium atteint 80 cm de haut. 'Ann Folkard' a hérité de lui une vigueur insolente : un pied suffit à couvrir 1 m², et il propulse ses tiges à l'intérieur des arbustes, pour un effet ravissant. À l'opposé, 'Ivan' se contente de 40 cm pour exhiber ses corolles magenta à cœur noir.
Le *Geranium renardii* au feuillage gris, feutré et gentiment chagriné, avec des fleurs blanches veinées de mauve, se plaît davantage au soleil dans les sols rocailleux qu'à l'ombre, et succombe aux hivers humides en sol lourd.
Enfin que dire de 'Johnson Blue' ? D'un bleu lumineux, il fleurit longtemps, accompagnant le pic des roses, en compagnie des alchémilles (40 cm). Le bleu foncé est l'apanage de *G. magnificum,* un coriace qui résiste bien au soleil. Une seule touffe occupe vite un carré de 60 cm de côté (en fleur de mai à juillet, hauteur : 45 cm).
Les géraniums d'Oxford (*G. oxonianum*) sont des hybrides percutants, d'une rare vigueur : 'Claridge Druce' (rose foncé, 60 cm) est l'un des plus réussis.
Le géranium des bois (*G. sylvaticum*) apprécie la mi-ombre et les massifs d'arbustes ombragés l'après-midi. Floraison par vagues successives si vous prenez soin de couper les hampes de fleurs fanées, sans ratiboiser le feuillage pour autant. 'Meran' est une belle sélection bleu foncé (60 cm). Existe aussi en blanc ('Album'... évidemment).

CHOIX D'EXPERT

Un choix classique pour Thierry Denis (Les Jardins du Morvan) : pour de l'increvable, le géranium sanguin, mais pas n'importe lequel, un qui tienne bien comme 'Elsbeth', encore en fleur en décembre ; ou bien l'un des innombrables *oxonianum,* 'Claridge Druce' de préférence, aussi bien à son aise au soleil qu'à l'ombre, même en terrain plein de cailloux. Parmi les nouveaux géraniums bleus, coup de cœur pour 'Brookside', bien moins maladif qu'un 'Johnson Blue', ou encore 'Nimbus', d'un bleu un peu moins beau, et le récent 'Orion', très chic.
Avec un petit souci : s'ils sont plus sains au début, on ne sait pas encore très bien ce qu'ils vont donner à terme en vieillissant. N'en plantez pas trop d'un coup...
Pour l'été, dégustez 'Dylis', un sanguin amélioré qui commence à fleurir tard (vers le 15 juin) et n'arrête pas son festival jusque tard à l'automne.
Sa couleur magenta tourne au soleil, mais il redevient splendide en septembre.
Toujours en pleine forme chez Thierry au bout de sept ans.

au mètre carré, en espaçant les plants à 30 cm les uns des autres.
Coupez les fleurs sitôt fanées, pour encourager à refleurir en septembre. Tous les trois ou quatre ans, divisez les souches. Sans pitié.
AVEC QUI Des rosiers anciens roses ou blancs, en compagnie d'ancolies et de népétas : toujours réussi.
Le géranium d'Arménie est superbe avec des armoises 'Powis Castle'.
En tapis, sous les arbres, les *Geranium macrorrhizum* et *endressii*, en prélude aux hostas, ponctués par des cœurs de Marie et adossés à des doronics en arrière-plan.

GERMANDRÉE

Une soudaine envie de jardin de curé, mais pas le temps d'attendre que les buis composent une bordure bien sage ? Pas d'hésitation, remplacez-les par la germandrée. Elle a l'accent chantant, celui de Marseille, et comme telle supporte bien le soleil et la sécheresse. Sans oublier qu'elle vous gratifiera d'une floraison mauve sympathique, en plein été. Une fois qu'on l'a découverte, on ne sait plus s'en passer.
LAQUELLE La germandrée de Marseille (*T. massiliense = T. chamaedrys*) est la plus commune. Fleurs rose malvacé en épis. Elle ne dépasse pas 25 cm, et s'étale sur autant par ses nombreux rhizomes qu'il faut parfois limiter. Chez Christine Verneuil (Santonine), vous découvrirez le *Teucrium marum*, assez malodorant, qui attire irrésistiblement les chats, et le très étonnant *T. scorodonia* 'Crispum', aux feuilles toutes frisottantes, persistantes. Un joli couvre-sol pour le plein soleil, en premier plan d'une rocaille.
COMMENT Une terre ordinaire, même calcaire. Plein soleil.
Déjà, en godet, la germandrée forme des touffes denses de feuillage vert foncé, coriace. Dépotez, et la masse des racines vous stupéfiera. Il faut souvent les démêler, car les rhizomes blancs qui les parsèment aiment à courir dans tous les sens librement. Plantez, au printemps de préférence, à raison d'un pied tous les 20 cm. Taillez en fin de floraison, c'est-à-dire en septembre, pour rendre à la bordure sa netteté originelle.

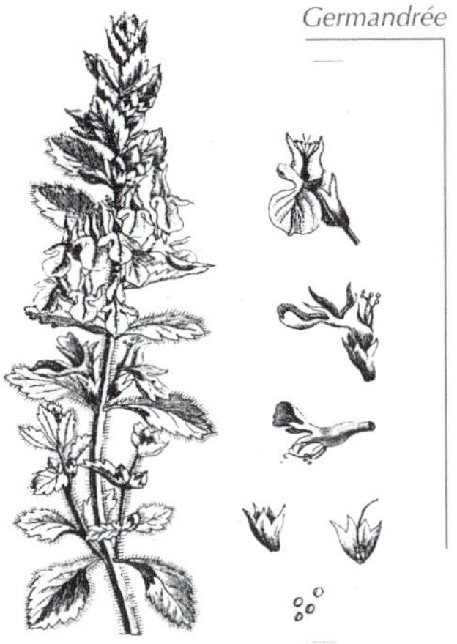
Germandrée

Le petit truc qui change tout : bouturez la germandrée pour disposer tout de suite d'une quantité importante. En fin d'été, il suffit de prélever des portions de tiges longues de 10 cm, de les enterrer à mi-hauteur dans un mélange de sable et de terreau, dans un bac à poisson. Abritez sous châssis, l'enracinement se produira tranquillement pendant l'hiver. Mettez en place fin avril, tous les 10 cm, et votre bordure ressemblera déjà à quelque chose en automne.
AVEC QUI En bordures bases et un peu larges, la germandrée peut souligner la structure d'une roseraie ou d'un potager à l'ancienne.
En premier plan, elle accompagnera les lavandes roses, les pérovskias et les absinthes, avec quelques berbéris pourpres nains pour ponctuer le tout. Un concerto en tons mineurs.

GILLENIA

Une plante vivace qu'il vaudrait mieux considérer comme un arbuste car il lui faut du temps pour s'installer. Le *Gillenia trifoliata* forme quelques tiges au printemps, qui culminent à 60 cm par des fleurs blanches réparties avec légèreté. Un peu le même effet que le gaura mais pour des lieux plus humides et ombragés. Le feuillage prend des couleurs automnales magnifiques. Marquez l'emplacement de la touffe pour ne pas risquer de la blesser par inadvertance en binant au printemps, car elle démarre tard.

GINKGO

En voilà un qui résiste à une bombe atomique, et pas à une transplantation menée dans les règles de l'art ! Le ginkgo est non seulement raide, mais un peu dégarni. Et ce n'est pas parce que ses feuilles deviennent beurre frais qu'il faut se réveiller la nuit pour les contempler : le premier érable venu en est capable, et de toute façon, cela dure une semaine environ. On en admire des exemplaires âgés de cinquante ans dans tous les jardins publics bien tenus. Repérez un banc à distance des fruits nauséabonds, et allez l'y admirer le moment venu.

GIROFLÉE

Que sont devenues les giroflées d'autrefois qui sentaient bon ? Mis à part les ravenelles dont les sélections se limitent à un jaune, un orange et un vilain brun, cherchez vainement une senteur intéressante chez les giroflées toutes raides qui nous sont proposées. Alors, il reste la seule parade, semer ses quarantaines, en mars, pour les voir fleurir, raides comme des piquets, en juillet. Coupez de toute urgence pour vos bouquets.

GLAÏEUL

Il est de bon ton de manifester un certain mépris vis-à-vis des glaïeuls, comme si aimer cette fleur manifestait un mauvais goût affligeant. Quitte à passer pour ringard, je revendique au contraire une prédilection affichée pour le glaïeul, le vrai, le grand. Un sentiment qui n'a pas toujours été partagé, si j'en juge par les hampes minables qui ornèrent année après année mon jardin. Jusqu'au jour où, après une ultime lamentation auprès du grainetier du coin, vint la solution : « Plantez-les donc au potager ! ». Et le résultat ne se fit pas attendre : de gringalets, les glaïeuls devinrent plantureux, et leurs trompettes largement retroussées entonnèrent le plus beau des concerts en été.

Glaïeul

LEQUEL Comme pour les dahlias, il existe suffisamment de variétés pour satisfaire tous les goûts. Privilégiez des couleurs rares comme les pourpres, les jaunes tigrés, les roses saumon aux pétales virevoltants, les blancs précieux, et n'oubliez pas les écarlates, bien pétants.

COMMENT Une terre riche et un peu fraîche. Du soleil toute la journée.

Achetez des bulbes (ou cormes) assez gros en mars-avril. Plantez en avril, après avoir bêché profondément, et amendé le sol avec un tapis de compost, épais de 5 cm. Creusez des poquets profonds de 15 cm, éloignés tous les 25 cm sur deux lignes séparées d'autant.

Au fond, posez les bulbes à plat, en laissant en bas la face un peu creuse où apparaissent les restes des racines de l'année précédente. La petite pointe, en fait la future hampe florale, sera dirigée vers le haut. Rebouchez avec de la terre émiettée, et n'oubliez pas de disposer des appâts anti-limaces.

Il vaut mieux tuteurer quand il est encore temps, c'est-à-dire quand les plantes ont 30 cm de haut. Certes, les glaïeuls se tiennent droit la plupart du temps mais ce sont toujours les plus beaux qui s'effondrent. Arrosez régulièrement, en ajoutant de l'engrais soluble (formule tomate) tous les quinze jours.

Fin octobre, arrachez les caïeux pour les entreposer dans la cave. Séparez les petits qui sont nés autour du plus gros. Mis à engraisser pendant un an, ils seront de force à fleurir bientôt.

Le petit truc qui change tout : si les caïeux sont très gros, il n'est pas rare qu'une deuxième hampe florale surgisse. Pour lui laisser de la place, coupez la première hampe fanée juste au-dessus de la dernière feuille.

AVEC QUI Si vous les plantez au potager, en double ligne, les glaïeuls pourront s'intercaler entre des choux et des laitues, ou encore en bordure de haricots verts. Ne semez rien à leur pied, les glaïeuls détestent la concurrence.

Glauque

Un feuillage glauque ne vous fait pas de l'œil la nuit pour des propositions indécentes, il est tout simplement d'un vert bleuté. La présence d'une sorte de pruine superficielle explique cette nuance. C'est le cas chez les rues, de nombreuses hostas, et pour le chou de Milan.

Exactement ce qu'il faut pour mettre en valeur des petites fleurs bleues comme les ancolies, ou encore, en été, des zinnias Profusion orange.

GLORIOSA

Heureusement, les tubercules de gloriosa vendus dans le commerce sont souvent morts, et vous n'aurez donc pas la déception de constater que les fleurs étonnantes, en forme de lis renversé, sont relativement peu nombreuses, et que le feuillage est bien présent, au contraire. C'est une des innombrables façons d'encombrer ses jardinières estivales avec autre chose que des fleurs efficaces, comme les pétunias ou les pélargoniums. Essayez le gloriosa une fois, et oubliez-le ensuite.

GLYCINE

On se passe souvent la glycine d'une génération de jardinier à l'autre, preuve de sa résistance. Elle orne alors la façade en menaçant les volets et les tuiles, ou tournicote dans la grille en tricotant les barreaux. En avril et mai, c'est toute la France qui se teinte de mauve tendre, et se parfume à la poudre de riz comme une vieille cocotte.

LAQUELLE La glycine de Chine reste la plus appréciée car elle fleurit juste avant que le feuillage n'apparaisse, d'où un effet de masse incomparable. Elle existe en blanc et en rose, mais à quoi bon ?

La glycine du Japon offre des grappes plus longues, jusqu'à 1 m de long chez 'Macrobotrys', mais elles se dégagent plus difficilement du feuillage. Leur air hautain les prédispose aux grands kiosques et pergolas un peu chic.

COMMENT Les glycines sont solides, mais préfèrent une bonne terre de jardin ameublie en profondeur, et du soleil à foison.

Achetez une glycine déjà en fleur car il peut vous arriver de tomber sur un sujet marcotté sur un rameau peu dégourdi, et vous attendrez alors quelques années avant de voir le résultat. Ajoutez du terreau à la terre du trou mais sans abuser sinon la végétation partira comme une folle, et vous passerez des années à attendre les grappes promises. Ne taillez surtout pas, mais laissez-la se calmer toute seule. C'est seulement quand elle aura envahi tout l'espace disponible que vous interviendrez, chaque été, pour redresser ici, rattacher là, et couper court près des fenêtres.

Glycine de Chine

AVEC QUI Le mélange de la clématite des montagnes rose et de la glycine est somptueux. Ne cherchez pas à garnir le tronc des glycines car il devient sculptural en prenant de la force. Au pied, disposez des cératostgimas et des sternbergias pour un automne fleuri.
Si votre cèdre fait triste mine à la suite des dernières tempêtes, plantez une glycine non loin de là, histoire de prolonger la beauté de ce coin de jardin.

Godet

Repiquez, il n'y a rien à boire : c'est tout simplement le pot carré de 7 à 9 cm de côté dans lequel vivent la plupart des plantes annuelles ou vivaces vendues dans le commerce. Plus le godet est grand, plus le plant a de nourriture à sa disposition, mais plus il est cher également. Normal. Rappelons aux jardiniers peu observateurs que les godets sont en plastique, et que les brûler revient à manifester un piètre respect pour notre air à tous. On sera bien avisé de les rapporter à la jardinerie ou à l'horticulteur. Et tant pis pour les sarcasmes...

GODÉTIA

Certaines fleurs annuelles manquent de présence, ou ennuient tout de suite par la banalité de leurs marguerites, avec un air de déjà vu. Tel n'est pas le cas des godétias, même si l'on a éprouvé le besoin de les comparer avec les azalées. Froufroutantes et attendrissantes, les corolles des godétias explosent un beau matin pour vous gratifier du plus beau des massifs, une sorte de symphonie de roses, avec l'appoint de touches de carmin, disposées par un peintre inspiré. Savourez ce moment, il ne durera guère plus d'une quinzaine de jours. Mais au fond, serait-ce un bien si une telle floraison durait trois mois sans interruption ?

Godétia

LAQUELLE Les variétés à fleurs doubles ne manquent pas de charme, mais les simples montrent plus de naïveté en affichant leur cœur marqué de blanc. À côté des valeurs sûres, comme 'Duchesse d'Albanie' ou d'York, d'un écarlate brillant ou d'un blanc immaculé, citons un nouvel hybride F1, joliment nommé 'Grace'. Haut de 60 cm, il manifeste une solidité rare, et enchante par la variété de ses coloris.

COMMENT Une bonne terre et du soleil à foison, la godétia est originaire de Californie.
On sème les graines assez fines en mars-avril, dans un bac à poisson, en essayant de les répartir le plus clair possible, une graine tous les 5 cm environ. Levée rapide, en moins de quinze jours. Repiquez quand les plants ont 10 cm de haut, en les écartant de 20 cm en tous sens. N'hésitez pas à coucher une partie de la tige. On arrosera régulièrement jusqu'à la floraison, qui a lieu en général en juin-juillet. Paillez le sol avec du fumier décomposé.
Le petit truc qui change tout : pincez à mi-hauteur la tige principale quand elle a 20 cm de haut. De la sorte, elle se ramifiera comme un beau candélabre de 50 cm d'envergure.

AVEC QUI Si vous abandonnez votre jardin en été, vous pouvez concevoir des massifs entièrement composés de godétias. Effet inoubliable, dégustation, puis éclipse.
Les godétias peuvent figurer au premier plan d'un groupe de cléomes, ou encore partager la vedette avec des lavatères annuelles, un peu plus hautes.
Bon effet également parmi des dahlias nains à feuillage pourpre et fleur lilas, comme 'Roxy'.
Des groupes de godétias, par quinze ou vingt, seront insérés dans une plantation de graminées annuelles, comme les charmantes orges à crinières (*Hordeum jubatum*).
La fraîcheur des godétias contrastera bien avec les clochettes de fuchsias. Une association à tenter en grands bacs, avec des godétias naines, comme 'Parade d'Azalée'.

Gourmand

Un vorace, oui : le gourmand est une tige issue du porte-greffe (ou une tige secondaire, comme dans le cas de la tomate) qui prend toute la vigueur à son profit. Ainsi, votre rosier devient progressivement un églantier. À supprimer dès sa naissance, en le repérant à la différence de feuillage et d'écorce.

GRAMINÉES

Pennisetum

Difficile de rester neutre face aux graminées. Elles fascinent et font peur en même temps. Dans l'inconscient collectif des jardiniers subsiste cette vieille haine du chiendent, une façon rapide de dénommer toutes les graminées traçantes.

Du coup, l'amalgame est immédiat : herbe = problème. Certes, il y a les photos des magazines, évocatrices de liberté et d'espace. Mais justement, c'est là que le bât blesse : disposons-nous d'assez de place au jardin pour faire entrer sans risque ces plantes apparemment si indisciplinées ?

Le souvenir des herbes de la Pampa trônant sur la pelouse de Monsieur Tout le monde dans les années soixante-dix, et qui interdisent désormais de s'en approcher au risque de se griffer le visage, est tout aussi vivace que ces touffes.

Cependant, il faut passer outre, et se dire qu'il manque un je-ne-sais-quoi aux jardins sans herbes folles ou sages. Le goût du risque, de l'acclimatation tranquille et du plaisir de jouer avec le vent.

LESQUELLES Le deuxième handicap des graminées réside dans leurs appellations particulièrement gratinées. Tout se passe bien si l'on reste dans le registre des herbes communes, plutôt jolies dans la bouche : brize, amourette, molinie, spartine, mélique, luzule... Mais dès que l'on aborde les graminées issues d'autres lisières, on a l'impression que les botanistes ont voulu se venger : *Hakonecloa, Calamagrostis, Achnatherum, Chasmanthum, Diarrhena...* Et les noms des variétés ornementales prolongent l'embarras car elles sont souvent l'œuvre de pépiniéristes allemands : 'Silberfeder', 'Kleine Silberspinne', 'Rotfuchs', 'Lemp-berg'... Difficile de se coller cela dans la tête.

Premier conseil : ne vous forcez pas ! Allez jeter un coup d'œil aux présentations des spécialistes de ces plantes, dans leurs jardins d'exposition, et sur leurs stands en automne. Quelques noms : Le jardin plume, Le jardin d'eau, Alisma, L'arc en fleur, Lumen, La grande Calinière, Les Jardins du Morvan, M. Gitton dans le Loiret, et surtout Luc Lepage et Michel Bonfils, en Dordogne...

Frottez-vous à leurs étiquettes, mais ne tombez pas tout de suite dans la collectionnite. Laissez-vous tenter par quelques godets, des genres les plus différents possibles. Puis, explorez avec plus de finesse : au fur et à mesure que vous aurez fait vos armes, vous cernerez mieux leurs qualités.

Miscanthus

COMMENT On n'achète pas une graminée comme un géranium à balcon. Renseignez-vous sur ses besoins : la plupart apprécient des sols frais et profonds, qui leur permettent d'atteindre leur plénitude. D'autres se contentent de sols graveleux et adorent le plein soleil. Impossible de donner une règle.

Soignez la plantation comme s'il s'agissait d'arbustes car elles sont destinées à rester longtemps en place.

Plantez au printemps de préférence car il n'est pas rare que les godets se comportent mal durant l'hiver. Paillez en juin et arrosez de temps à autre durant le premier été.

Ne coupez pas les feuillages en automne car il a son rôle à jouer durant tout l'hiver. En mars, coupez à 15 cm du sol pour redonner du tonus, et ne vous inquiétez pas de leur état pitoyable : tout sera requinqué dans quelques mois.

Brize

Ayez la main légère au moment de semer les graminées annuelles, en avril. Elles seront parfaites dans un espace dégagé, en bout de potager par exemple.

AVEC QUI Évitez les plantations uniformes, qui évoquent les espaces verts peu inventifs. Jouez avec les arbustes à la silhouette lâche ou stricte (aronia, berbéris, spirée, nandina, buis...), et les plantes vivaces un peu foldingues : knautia, ombellifères, eupatoire, vernonia, renouée, sanguisorbe...

Pour donner de la légèreté à vos massifs de fleurs annuelles, glissez dedans les *Pennisetum ruppelii, villosum* ou *setaceum* 'Rubra', ou encore l'orge à crinière. L'effet sera superbe avec des pétunias à fleurs moyennes bleus ou blancs, rampants à même le sol, des tabacs blancs ou encore des verveines.

HERBES DIVERSES

Voici autant de « petits » genres à la personnalité affirmée : pour éviter une impression de gavage, la liste sera forcément très limitée. À vous de sortir ensuite des sentiers battus.
Parmi les fétuques, une mention pour *Festuca glauca*, bien connue pour son feuillage bleuté (25 cm), qualité que l'on retrouve chez *F. maierei*, en nettement plus vigoureux (80 cm), ou chez l'avoine bleue (*Helictotrichon sempervirens*, 50 cm).
Les luzules sont adaptées aux sous bois frais et enchantent par leurs épis blancs éclatants (*Luzula nivea*, 40 cm), ou leur feuillage finement rehaussé de crème (*L. sylvatica* 'Marginata').
L'*Hakonechloa macra* 'Aureola' est tellement photogénique, avec son feuillage retombant d'un jaune d'or, qu'en peu de temps elle est devenue une vedette. On avait simplement oublié de vous dire qu'elle déteste le soleil et les ambiances tant soit peu sèches en été.
Vous vivrez tout aussi dangereusement en compagnie du millet doré (*Milium effusum* 'Aureum', 40 cm), très lumineux mais uniquement en sol frais et ombragé l'après-midi.
À l'opposé dans la gamme chromatique, l'*Imperata cylindrica* 'Red Baron' épate par ses feuilles rouges tout l'été. Plus il fait chaud, plus il est beau, à condition de vivre les racines au frais (80 cm).
Pour jouer le registre de la finesse, du feu d'artifice, du truc en plume, adoptez l'*Achnatherum brachytricha*, l'herbe diamant (1,3 m) ;
le *Deschampsia caespitosa* 'Godgehange' (90 cm), à l'effet de nuage doré ravissant en automne ;

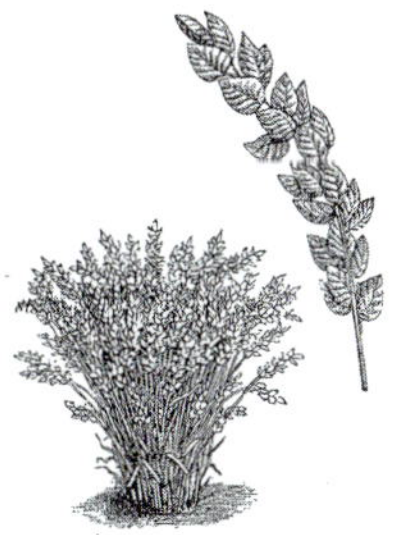

la molinie 'Fontaine', au port évasé magnifique, prenant des tons chauds en automne (1,5 m), et *Molinia coerulea* 'Variegata', toute en finesse (60 cm) ;
le *Panicum virgatum* 'Squaw', aux feuilles rouge foncé en automne mettant en valeur les inflorescences transparentes (1,2 m).
Et s'il n'y en avait qu'une à adopter, ce serait évidemment *Stipa tenuifolia*, une fine chevelure qui oscille avec la moindre brise. On l'aime partout, en premier plan parmi les graminées dans le gravier ou en potée.

LES PENNISETUMS

Les pennisetums forment des masses compactes, des touffes denses qui s'évasent avec élégance. Le *Pennisetum alopecuroides* 'Japonicum' occupe 60 cm en tous sens, et charme par ses chandelles d'opale clair, depuis la fin de l'été jusqu'en hiver. 'Hameln' est une variante plus basse (40 cm), aux superbes couleurs automnales. Vous remarquerez certainement dans les massifs de ville son cousin peu rustique, *Pennisetum setaceum* 'Rubrum', aux feuilles rouge pourpre brillant et longs épis lie-de-vin (70 cm). À employer comme une plante annuelle, tout comme *P. ruppelii* et *villosum*, le second de port plus souple.

LES CAREX

Les carex, ou laîches, ne sont pas tout à fait des graminées aux yeux des botanistes, mais le jardinier les confond et il n'a pas tort à son point de vue. Parmi eux, on trouve des plantes touffues d'une rare solidité, surtout en sol frais, profond et relativement fertile. Certains sont d'une grande légèreté : *Carex morrowii* 'Variegata', à liseré blanc (70 cm), remarquable en grosse potée durant toute l'année, tout comme 'Evergold', à la large bande centrale dorée ; *C. elata* 'Aurea', réputé pour être la plus belle herbe dorée, qui requiert un sol franchement frais (80 cm). D'autres, en particulier ceux à feuillage bronze, marquent plus le paysage : *Carex buchananii* et *C. comans* 'Bronze' sont les plus répandus (50 cm et 35 cm). Testez-les avant un emploi en grand. Les carex sont bien adaptés à la vie en grand bac.

ANNUELLES

Adoptez les graminées annuelles pour leur finesse. La folle avoine est tout aussi élégante que la vraie. La grande brize vous tient sous le charme de ses pelotes retombantes.
L'*Eragrostis abyssinica* est une sorte de chiendent aérien, mais heureusement gélif, donc pas envahissant.
L'*Agrostis nebulosa* constitue un nuage d'une incroyable finesse, mieux que la gypsophile.
Mention d'honneur pour l'orge à crinière (*Hordeum jubatum*), aux épis courbés nuancés de pourpre ; et au gros minet, *Lagurus ovatus*, aux plumets cylindriques si doux à caresser.
Le plus beau mélange de ces graminées annuelles est commercialisé par Royalfleur. Si l'une d'elles vous paraît plus belle qu'une autre, récupérez des graines en fin de saison.

LES MISCANTHUS

Les miscanthus recèlent des valeurs sûres, et leur gamme de gabarit va des moyennes aux très grandes, dépassant 3 m. Le tout en finesse, les feuilles étant parfois marquées de blanc ou de jaune, en raies ou en bandes, comme s'il s'agissait de jalons colorés ('Zebrinus', 'Giraffe'). Plus sobres, les miscanthus verts permettent de structurer le jardin comme autant d'arbustes : 'Gracillimus', en gerbe fine (1,4 m) ; 'Sioux', qui passe au rouge en automne (60 cm) ; 'Graziella', dont les inflorescences blanches retombent avec grâce (1,8 m) ; 'Flamingo', rose tendre (1,8 m) ; 'Purpuracens', pourpre cuivré dès l'été (1 m), carrément sublime en automne quand viennent contraster ses plumets argentés ; 'Silberfeder', au feuillage souligné d'un trait d'argent, fleurissant régulièrement, en septembre, blanc argenté (1,8 m).

Greffe

C'est l'insertion d'une portion de plante, branche coupée (le greffon) ou bourgeon, dans une autre, généralement juste sous son écorce. Le seul moyen trouvé pour propager fidèlement les espèces fruitières et les rosiers. Un travail de professionnel si l'on cherche rendement et réussite, sinon un délassement qui donne souvent des bons résultats, et permet d'étonner son voisinage avec des pommiers à dix ou douze variétés différentes sur le même pied. Spectaculaire en diable, mais on ne s'improvise pas greffeur. Il faut du doigté, et beaucoup tester avant de réussir à coup sûr.

Griffe

N'ayez pas peur, vos asperges et vos renoncules ne vous prendront pas à la gorge : les griffes sont simplement leurs souches munies de racines charnues. Le point de ralliement de la griffe est essentiel, car c'est là que se tiennent les bourgeons d'où partira la future végétation. À manipuler donc avec précaution.

GROSEILLIER

Un des petits fruits rouges, qui a sa place dans les salades de fruits et surtout les gelées mélangées, car toute seule, la groseille rouge manque un peu de parfum. Quant à la groseille à maquereau, elle pique beaucoup et ravit rarement car il faut attendre qu'elle soit bien mûre pour lui trouver du goût, et les oiseaux la détectent alors avant vous.

LEQUEL Avec une incohérence coupable, j'ai dépecé le genre *Ribes*, en laissant du côté du cassis le *Ribes sanguineum*. Il suffit en effet de frôler leur feuillage pour ressentir la parenté de ces deux lascars, sur fond de relents de pipi de chat.

En revanche, j'attroupe avec le groseillier à grappes deux espèces plus proches visuellement : le groseillier à fleurs jaunes (*Ribes odoratum*), aux fleurs peu impressionnantes à première vue mais dont le parfum musqué fait croire que des giroflées ou des œillets sont en fleurs. À l'automne, son feuillage devient jaune d'or. Et le *Ribes speciosum*, tout à fait différent des précédents : épineux à souhait, il fleurit un peu comme un fuchsia. Mais sa culture n'est pas de tout repos : il demande une exposition ensoleillée et abritée des grands froids.

Groseillier

Ces deux beautés mises à part, revenons aux groseilles à manger. Jouez la diversité des couleurs avec une groseille à grappe rouge ('Junifer'), une rose ('Gloire des Sablons') et une blanche ('Versaillaise blanche'), la troisième étant la plus douce : on peut même la déguster telle quelle, tant elle est sucrée.

Pour trouver des groseilles à maquereau insensibles à l'oïdium, leur péché mignon, adressez-vous à M. Lantin, qui les collectionne dans sa pépinière (Ribanjou).

COMMENT Plantez de novembre à février les sujets proposés à racines nues, en leur proposant un coin de jardin au soleil, en bonne terre. N'hésitez pas à améliorer le sol avec du compost et du vieux fumier car le groseillier restera de nombreuses années en place.

Si vous en plantez plusieurs, distancez-les de 1,5 m au moins car ils ont besoin de lumière. Si vous achetez un plant en conteneur, la saison de plantation démarre en septembre pour se finir en mai. Pensez à démêler les racines si elles forment un chignon compact.

La première année, coupez les jeunes tiges de moitié pour qu'elles se ramifient. Essayez d'obtenir un chandelier aux branches bien réparties dans toutes les directions. Une belle touffe peut en nourrir une demi-douzaine.

Chaque année, juste après la récolte, supprimez les tiges anciennes, à l'écorce effilochée et noire, généralement situées au cœur de la touffe. Redonnez de l'air !

Paillez la plantation avec des tontes de gazon pour vous éviter tout désherbage en été.

AVEC QUI Classiquement, on alterne les groseilliers et les cassissiers, et cela fonctionne bien.

Pendant les premières années, vous pouvez glisser des zinnias nains à leur pied, ou encore disposer des marjolaines à feuillage doré.

GUNNERA

C'est comme ça : les adorateurs du gunnera n'ont jamais de coin assez frais pour sa majesté. Résultat, il chipote, sans atteindre les dimensions impressionnantes des sujets ayant le lac Léman à portée de racine.

Pour le reste, ses immenses ombrelles râpent désagréablement. Et les côtes ne feront jamais des compotes aussi succulentes que la rhubarbe ordinaire… Souvent le mieux consiste à se régaler avec les belles photos des magazines.

GYMNOCLADUS

Vilainement surnommé chicot du Canada, ce petit arbre ressemble beaucoup à un gléditsia ou un robinier, mais sans les épines. Les jeunes pousses sont parées d'une pruine si claire qu'elles en paraissent blanches, ce qui surprend en plein hiver. Le feuillage tourne au rose avant de finir jaune d'or. Bien rustique. À découvrir mais encore rare (pépinières Adeline par exemple).

GYNÉRIUM

Je l'ai volontairement séparée des autres graminées car l'herbe de la Pampa mérite un traitement à part, plus dans le registre des arbustes que dans celui des plantes vivaces habituelles. Autant elle est embarrassante isolée sur la pelouse, autant elle devient somptueuse en grand peuplement. Mais avez-vous la place pour cela ? L'Argentine commence-t-elle au fond du jardin ?

GYPSOPHILE

La gypsophile vivace, 'Bristol Fairy' en tête, a déjà des humeurs. On aimerait se rabattre sur la sauvage des fleuristes, aux fleurs plus petites mais qui prendront une tournure inquiétante chez vous, comme si la plante entière manquait d'eau. La gypsophile vivace apprécie les sols profonds, de préférence calcaires.

Parmi les variétés, 'Bristol Fairy' se distingue par ses fleurs doubles assez grandes. 'Rosenschleier' est rose tendre (40 cm).

En sol assez consistant, restant frais l'été, *G. pacifica* vous épatera avec ses tiges robustes et son nuage blanc rosé (1 m, voire plus). Pour un bord de pièce d'eau ou un fossé frais.

La gypsophile annuelle est encore plus capricieuse, et il n'est pas rare que, sur tout un semis, seuls deux pieds viennent à terme, mais alors en devenant somptueux. Encore plus énervant !

On obtient souvent de meilleurs résultats en semant en ligne au potager, comme de vulgaires carottes.

HALESIA

Loin d'être une défaite annoncée, ce petit arbre peut s'avérer délicieux, quand ses ravissantes clochettes blanches s'épanouissent tout au long du petit bois. Quand il a été introduit il y a deux siècles depuis l'Amérique du Nord dans nos jardins, on lui a donné le surnom de perce-neige en arbre tant ses corolles blanches imitent celles de cette fleur hivernale.

Il est en fait botaniquement proche du styrax mais bien plus facile à acclimater, en sol pas trop calcaire et restant frais de préférence.

Le plus couramment proposé est *Halesia carolina*, qui atteint 6 à 8 m de haut. Conduit sur plusieurs troncs, il s'adaptera parfaitement dans une grande haie, en compagnie des callicarpas, magnolias étoilés, frêne à fleurs, amélanchier et aronia.

HALIMODENDRON

Sol salé et bords de mer ne rebutent nullement cet arbuste épineux venu de la lointaine Asie centrale, des steppes salées du Turkestan.

Haut de 1,70 m environ, l'*Halimodendron halodendron* offre des feuilles duveteuses vert argenté terminées par une épine, et se couvre en juin de fleurs de pois, rose pourpre. Adoptez-le pour une haie basse de premier plan face aux embruns, en compagnie du pourpier de mer (*Atriplex halimus*). Pour démarrer les vacances en pédalo...

HAMAMÉLIS

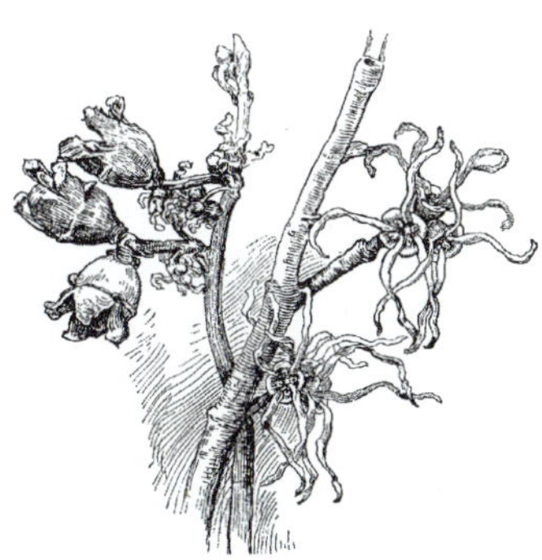

Quoique connus depuis des siècles, ces arbustes originaires d'Amérique du Nord ou de Chine n'ont pas connu beaucoup de succès dans les jardins. Leur croissance relativement lente en est la cause, car on ne peut guère leur reprocher autre chose... si ce n'est la longue période pendant laquelle il ne se passe rien, entre la floraison hivernale parfumée et les couleurs d'automne superbes que prennent les feuilles, en octobre. Mais la silhouette alanguie n'est pas sans charme, de même que les feuilles amples, d'un vert calme qui sied bien aux jardins installés.

LEQUEL Le premier hamamélis à fleurir est *H. virginiana*, qui s'épanouit souvent dès le mois d'octobre, juste au moment où tombent les feuilles. L'hamamélis du Japon apporte des nuances rouge orangé, que l'on retrouve exaltées chez 'Diane', qui a été obtenu à l'arboretum de Kalmthout, près d'Anvers, par M. et Mme de Belder, et baptisé du prénom de leur fille. Haut de 1,5 m et large d'autant, il offre de nombreuses fleurs orange vif et rouge, en février-mars. Une couleur rare en cette saison. Et quel parfum !

L'*Hamamelis mollis* est plus grand (2 m), et charme par ses fleurs jaune d'or, aussi odorantes que des jacinthes, et réunies par petits groupes tout au long des rameaux, de décembre à février. La variété 'Pallida' est jaune soufre. Les feuilles de ces hamamélis sont les plus belles, amples et richement passées à la feuille d'or en automne.

COMMENT Un sol riche en humus, et dépourvu de calcaire. Soleil et mi-ombre, avec du dégagement.

Un jeune hamamélis représente un rapport qualité/prix peu attirant, avec ses quelques rameaux étalés. Plantez en toute saison, en n'oubliant pas que cet arbuste prendra plus de place en largeur qu'en hauteur.

Aucune taille n'est requise, car les fleurs se forment sur le vieux bois et tout au long des tiges. Paillez chaque printemps, avec du terreau de feuilles mortes.

Le petit truc qui change tout : arrosez avec de l'engrais soluble en fin d'été (formule rosiers), pour aider à la formation des boutons à fleurs.

AVEC QUI Pour que sa floraison se détache bien, disposez l'hamamélis devant un écrin de feuillage vert foncé, comme celui des ifs, des houx ou des mahonias. Faites pousser à son pied des sarcoccocas, aussi parfumés que lui, et des fusains rampants panachés.

HARICOT VERT

Côté haricot vert, le plus difficile, c'est de s'y retrouver dans les diverses catégories de boîtes de graines ! Classiquement, les « filets » sont de vrais haricots verts à cueillir ultrafins chaque matin, et à arroser chaque soir, car ils prennent des fils à la moindre négligence. Mais on dispose maintenant de « filets sans fils » qui, tout en ayant la même qualité, se laissent cueillir et arroser une fois tous les trois jours. S'ils coûtaient moins cher, ils détrôneraient sans doute les « mangetout », qui restent les plus populaires. Pourtant, une fois devenus gros comme le doigt et pleins de grains, et même s'ils restent sans fils (ou presque), ces derniers ne sont vraiment pas bons. Mais il est vrai qu'avec eux, on peut se contenter d'une cueillette hebdomadaire... à condition de ne pas être trop difficile.
Ces trois catégories se partagent encore entre les haricots nains, la majorité, et les grimpants. Enfin, il y a les « beurre », qui sont soit des filets classiques, soit des mangetout à gousses jaunes. Leur saveur est plus acidulée que celle des haricots verts classiques, et ils ont leurs inconditionnels.

LEQUEL Filets sans fil : un trio de choc chez Caillard avec 'Aramis', 'Talisman', 'Totem' (l'un des plus longs). Chez Vilmorin, 'Oxinel'.
Filets classiques : 'Royalnel' (le meilleur pour moi), 'Marbel', 'Fin de Bagnols', 'Triomphe de Farcy'.
Mangetout : 'Cropper Teepee', qui hisse ses pousses au-dessus des feuilles (Vilmorin) ; 'Admires'.
Haricots beurre : 'Beurre de Roquencourt' ; 'Echo', charnu et résistance aux maladies (Caillard).
Haricots grimpants : 'Fortex' en premier, une extraordinaire création de l'Inra, au rendement prodigieux, des paniers pleins tous les deux jours ; 'Mangetout Phénomène', aussi bon en vert qu'en grain. 'Merveille de Venise' ou 'Or du Rhin', un beurre grimpant ; le haricot à cosse violette, qui devient vert à la cuisson.

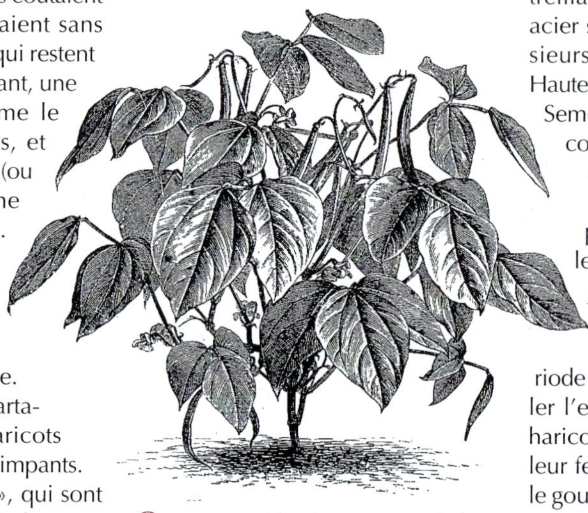

COMMENT Une bonne terre de jardin ordinaire, plutôt fraîche, et du soleil. Le paillage leur réussit très bien, après un buttage.
Une boîte de graines suffit pour semer 20 m de haricots, et en récolter une douzaine de kilos. Mais est-ce bien raisonnable ? Il vaut mieux semer, tous les quinze jours, une petite poignée de grains, en changeant de variété. Semez directement en sillons profonds de 5 cm, à raison soit d'une graine tous les 5 cm, soit d'un poquet de cinq graines tous les 30 cm, de préférence dans un sol frais et profond, même un peu lourd. Recouvrez le sillon de 3 cm de terre fine, de manière à ce qu'il reste creux, et recueille bien l'arrosage. Paillez légèrement l'ensemble du semis, et répandez des granulés antilimaces, car elles dévorent les jeunes cotylédons à peine sortis de terre.
Les haricots grimpants ne se sèment qu'en poquets, car c'est plus pratique pour les ramer, et ils sont généralement plus tardifs de 15 jours que les nains tardifs (comptez environ 90 jours du semis à la récolte) : graine en mai, panier en août.
Le petit truc qui change tout : posez les rames au moment du semis, car ensuite c'est toujours fastidieux. Les plus solides sont les bambous ; les plus rapides à poser, les filets en plastique. Vous pouvez également jouer les récupérateurs, et saisir l'occasion d'une braderie chez votre marchand de matériaux pour vous fournir en treillage à béton. Ces éléments en acier spécial tiennent fort bien plusieurs années avant de rouiller. Hauteur : 2,40 m, sur 3,20 m de long.
Semez de mai à mi-juillet les haricots nains, en choisissant une variété précoce pour le dernier semis, car les haricots ne supportent pas le froid. Terminez les semis de grimpants à la mi-juin, car ils sont tardifs.
Vous arroserez une fois par semaine durant toute la période de végétation, en laissant couler l'eau le long des pieds, car les haricots n'aiment pas qu'on mouille leur feuillage. L'arrosage idéal c'est le goutte-à-goutte ou le tuyau plat et percé, tourné face contre terre.

AVEC QUI Une rangée de laitues, de tomates ou de fraisiers remontants, qui partagent leurs besoins en arrosage.

Hampe

De nombreuses fleurs s'épanouissent en groupes, les inflorescences, au bout de longues tiges, les hampes. Quand on nettoie les plantes, après la fanaison, il convient de supprimer également la hampe, pour des questions d'esthétique.

HARICOT GRAIN

Signe des temps, et conséquence de sa longue cuisson, le haricot-grain disparaît de nos cuisines et, par voie de conséquence, de nos potagers, où on le cultive de moins en moins. Seuls les amateurs de bons demi-secs (et de curiosités) en cultivent encore. Il faut de l'espace car avec une boîte de graines, on récolte environ 3 kg de grains secs... les bonnes années. Mais en cultivant une variété grimpante, on peut tripler ce rendement sur la même surface.

LEQUEL Haricots nains : 'Flageolet Vernel', à récolter quand les gousses commencent à sécher ; 'Michelet', d'une rare finesse dans l'assiette et finalement assez productif ; Lingot, un beau blanc allongé ; le haricot 'Jaune de Chine', en fait couleur soufre et d'une digestion tranquille. Attention avec la famille Coco ('Rubico', 'Pactol', 'Mogex') qui compte de nombreux individus d'apparence séduisante, mais tous à grosse peau et tous bien farineux.

Haricots grimpants : 'Tarbais', un grimpant fameux pour le cassoulet mais fort cher et pratiquement introuvable ; le nouveau haricot grimpant 'Maïs' (Vilmorin) qui s'en approche beaucoup ; le 'Flageolet à rames', aussi bon que le nain. 'Borlotto' est un amusant haricot nain à gousse beige striée de rose. Un des haricots préférés au Brésil (ce n'est pas parce qu'on est pauvre qu'on n'a pas le bec fin, commenterait M. Bannerot, spécialiste Inra du haricot, en son temps).

Haricot grain

COMMENT Semez du 15 mai au 15 juin au plus tard, et de préférence en poquets de cinq à six graines espacés de 30 cm, car il est plus facile de réunir les pieds en javelles, pour les faire sécher ensuite tranquillement.

Un seul sarclage suffit pour tenir le sol propre autour du semis, qu'on peut pailler dès que les plants atteignent 10 cm de haut. Il est inutile d'arroser, sauf si vraiment le temps tourne à la canicule prolongée.

Buttez les nains quand ils ont 15 cm de haut. Cela évite qu'ils s'affaissent sous le poids des gousses, ce qui les rend étonnamment sensibles aux chaleurs du mois d'août.

AVEC QUI Consacrez aux haricots grains un carré rien que pour eux. Il faudra en effet beaucoup de place et de soleil, surtout si vous installez des rames. Cependant, des légumes appréciant la fraîcheur se trouveront bien de leur ombrage, comme les céleris-raves. Mais veillez à les repiquer à 40 cm au moins des pieds de haricots.

HEBE

À prononcer « Eh, bé », avant de continuer son chemin. Les véroniques en arbre ont tout ce qu'il faut pour transformer un jardin en pension de jeunes filles du début du siècle : feuillage sombre et bien sage, floraison dense dans des coloris de soies passées, et mauvaise santé chronique, sans oublier que les grandes gelées remettent les compteurs à zéro régulièrement. Peut-être en Bretagne, mais pourquoi faut-il que les jardins bretons deviennent des sanctuaires botaniques ?

HÉLÉNIUM

Encore une marguerite d'été ! Certes, on n'en manque pas, il y a déjà les rudbeckias et les soleils vivaces, mais l'hélénium tire son épingle du jeu par la chatoyance de ses coloris. Avec les derniers étés à nouveau pluvieux, l'hélénium est redevenu heureux car il apprécie une atmosphère moite. La floraison est à son apogée en août. Sortez-le des mixed-borders étouffantes, et disposez quelques touffes au potager. Venez l'admirer le soir, quand le soleil joue en transparence avec ses tons chaleureux.

LEQUEL La saison des héléniums commencent en juin avec *H. bigelovii* 'Superbum', aux grandes fleurs jaunes à centre noir. Le rouge feu de 'Moerheim Beauty' vous enchantera pendant des années (80 cm).

Un peu plus tard, 'Flammenrad' apporte son jaune flammé de brun, hissé à plus de 1,50 m. 'Kanaria' est jaune pur.

Enfin, le mois d'août voit s'épanouir 'Goldrausch', jaune flammé de rouge brun (1,50 m).

Hélénium

COMMENT Installez les héléniums dans un coin de jardin où la terre reste fraîche. Dans ces conditions, le plein soleil lui est agréable, mais si vous avez le moindre doute sur vos capacités à arroser pendant la canicule, préférez une exposition abritée du soleil de l'après-midi.

Disposez dès le départ plusieurs godets, au printemps de préférence, à 50 cm les uns des autres. En juin, installez des piquets qui seront utiles pour éviter que les tiges ne s'effondrent en pleine floraison, sous la gifle d'une rafale d'orage.

Paillez copieusement en juillet, avec du compost à demi décomposé ou des tontes de gazon, sur au moins 5 cm d'épaisseur.

Divisez les touffes au bout de trois ans, en février ou mars.

AVEC QUI L'hélénium est parfait en compagnie de cosmos orange, de tithonias et de verveines *bonariensis*. Chaud devant !

HÉLIANTHÈME

Faut-il voir dans la maigreur relative des jeunes hélianthèmes la raison majeure pour laquelle on en voit si peu dans les jardins, proportionnellement à leurs qualités ? Peut-être, ainsi que les essais malheureux réalisés à une exposition trop ombragée, ou encore l'embarras éprouvé devant le nombre de variétés dans les catalogues. Dommage, car il s'agit de plantes tenaces et pleines de tempérament, offrant des coloris rares. Le tout sans encombrer le jardin puisqu'ils se taillent aisément et savent rester dans de sages proportions.

Hélianthème

LEQUEL Outre quelques espèces botaniques comme *Helianthemum apenninum*, à feuillage gris et grandes fleurs blanches, ou encore *H. nummularium*, à revers argenté et fleurs jaunes, on trouve surtout beaucoup d'hybrides qui offrent une rare diversité de feuilles, plus ou moins argentées, et de coloris. Le catalogue Lepage n'en contient pas moins de vingt !

Quelques valeurs sûres : parmi les rouges, 'Arlette', 'Fire Dragon' et 'Cerise Queen'; les jaunes, 'Wisley Primsrose' et 'Sterntaler'; les roses, 'Rhodanthe carneum' et 'Anjou'; les blancs, 'La Fiancée'; et l'orange brique, 'Ben Alder', au bel effet en masse.

Mention particulière également pour le pourpre 'Ben Hekla'. Hauteur moyenne, 20 à 25 cm. Floraison massive de mai à juillet, avec quelques corolles, plus tard.

COMMENT Un sol ordinaire, de préférence sableux et léger. Du soleil à foison, car ce sont des habitués des éboulis en montagne, où les arbres sont rares.

Maigre, maigre, l'hélianthème quand il est encore en godet. On a du mal à croire que cette petite touffe de rien du tout va donner naissance à une masse compacte d'un mètre carré en un an. Ce sera le cas si vous plantez, au printemps de préférence, en laissant 40 cm entre les plants.

Si nécessaire, allégez le sol avec du sable grossier. Taillez à deux reprises, après la première floraison, qui ne sera guère intéressante, puis à nouveau en septembre. Arrosez un peu pendant le premier été.

Les touffes ont parfois tendance à se déchausser au sortir de l'hiver. On remettra à niveau en répandant un mélange de sable et de terre de jardin autour du collet, en mars.

Taillez toujours après la première floraison, en supprimant au moins un tiers de la végétation. Vous renforcerez la densité des touffes.

Le petit truc qui change tout : récupérez des boutures en fin d'été, et abritez-les sous châssis. Elles pourront être mises en place en fin de printemps suivant.

AVEC QUI Mélangés entre eux, les hélianthèmes peuvent former des tapis chamarrés, dans un grand dallage où on aura laissé des interstices à cet effet, ou encore tout au long d'un muret d'où ils dégringoleront.

En bordure basse, les hélianthèmes feront merveille en compagnie des armoises argentées, des gypsophiles et des sédums pour l'automne.

HÉLICHRYSUM

Lançons un concours pour trouver un petit nom à ces plantes solides qui remportent de plus en plus de succès, à juste titre. « Immortelle d'argent » irait bien aux espèces originaires de nos dunes littorales, ou encore « plante curry » pour leur odeur si particulière. Mais « manteau d'argent » serait plus approprié pour les espèces rampantes, qui savent également se panacher de jaune. Irremplaçables pour donner du corps aux jardinières, en offrant un écrin de qualité à des fleurs aux coloris vifs. Une fois que vous les aurez essayées, vous ne saurez plus vous passer de ces plantes couvre-sol d'une solidité déconcertante, et qui poussent à toute allure.

Helichrysum italicum

LEQUEL L'*Helichrysum italicum* (= *angustifolium*) mérite le nom de plante-curry pour la senteur tenace de son feuillage, perceptible à plusieurs mètres de là si quelqu'un le frôle.

Une sorte de petit arbuste au feuillage argenté, tout en finesse. Floraison insignifiante. On peut le tailler en forme arrondie (40 cm environ).

Helichrysum splendidum est plus rustique et forme des masses argentées bien denses (30 cm).

L'*Helichrysum petiolare* existe en version argentée au départ. Il forme une sorte de tapis, occupant un mètre carré si on le laisse faire. Chaque année maintenant, des variétés nouvelles voient le jour, surtout en Angleterre : jaune acidulé ('Limelight'), ou encore panaché ('Variegatum'), avec des feuilles plus ou moins grandes.

COMMENT Un sol assez riche et relativement frais, du soleil pour les espèces argentées, beaucoup moins pour les panachées, et carrément l'ombre pour les dorées.

Achetez les godets au printemps seulement, car il s'agit d'une plante vivace peu rustique, hormis *H. italicum*, qui se trouvera bien cependant d'une plantation printanière. Ajoutez du terreau au sol pour lui donner du corps, et soutenir la végétation vigoureuse. Pincez les tiges à mi-longueur, deux semaines après la plantation, pour favoriser un effet de masse.

Apportez de l'engrais soluble, tous les quinze jours. Arrosez régulièrement, car ce sont des soiffards, malgré leur feuillage argenté.
Le petit truc qui change tout : prélevez des boutures en fin d'été, c'est-à-dire des portions de tiges de 15 cm, que vous enterrerez à moitié dans un mélange de sable et de terreau, par six ou huit dans le même pot. Régime à peu près sec pendant l'hiver, dans un coin de véranda. On peut même se permettre de bouturer en mai sur les plantes achetées fraîchement…
AVEC QUI La plante-curry peut former des petites haies en bordure du potager, sur le côté ensoleillé. Mais gare à l'odeur, vite écœurante. Sinon, utilisation ponctuelle dans les massifs ou les rocailles. On disposera des bulbes printaniers à l'abri de sa ramure : crocus ou narcisses, à moins que l'on ne préfère les tulipes botaniques précoces rouge vif, qui s'apaisent dans cet écrin.
L'*Helichrysum petiolare*, et ses variétés, est précieux pour accompagner les pélargoniums (feuillages argentés) ou les fuchsias (versions panachée ou dorée), en jardinières. On peut aussi tout simplement confier un grand pot de terre cuite à un seul pied d'hélichrysum, pour obtenir en fin d'été une masse mouvante et un peu échevelée, toujours très naturelle.

HELIOPSIS

Un des multiples soleils d'été, originaire de la grande prairie nord-américaine. Là-bas, il constitue des touffes fournies et bien garnies de feuilles. Cette vigueur lui permet d'assurer le spectacle pendant une longue période, de juin à octobre, surtout si vous retirez les fleurs fanées de temps à autre. C'est pour cette raison que vous le disposerez assez près des allées, en lui laissant beaucoup d'espace autour pour circuler tranquillement. Sans surprise, ni agréable, ni désagréable.
LEQUEL On trouve en godet l'espèce type, *Heliopsis scabra*, sans indication particulière. 'Sommersonne' vous prodiguera 1,2 m de fleurs jaune pur. Mais en cherchant bien, on déniche des variétés aux coloris plus nuancés que le jaune, comme 'Mars', jaune orangé (1,5 m), ou 'Goldfieder', jaune d'or foncé (1,20 m).
COMMENT Installez les godets au printemps, dans un terrain préparé comme pour des arbustes, bêché profondément, amendé avec du compost et du fumier bien décomposé.
En juin, paillez avec un épais matelas de tonte de gazon. Arrosez durant la canicule. Pas besoin de tuteurer.
Au bout de trois ans, divisez les touffes, au printemps de préférence, en sélectionnant les rejets de la périphérie. Replantez immédiatement.
AVEC QUI En compagnie de grandes hémérocalles jaunes et de miscanthus, en bonne terre profonde.

HÉLIOTROPE

Évoquant à plein les moires et les velours Napoléon III, l'héliotrope enivre bien d'autres sens que la vue : le toucher avec ses feuilles gaufrées, et l'odorat par la senteur vanillée de ses fleurs. Mais on a frôlé le pire, les horticulteurs n'ayant rien trouvé de mieux que d'éliminer peu à peu ce parfum dans leurs travaux successifs. Ce qui fait que l'on est revenu aux variétés anciennes, simplement débarrassées de leurs tares, virus et autres maladies. D'où des plantes enfin vigoureuses, qui n'ont rien à voir avec les grabataires auxquelles nous étions habitués. Aussi plus d'hésitation, il vous faut des héliotropes pour embaumer votre terrasse, les soirs d'été.
LEQUEL Il est bien loin le temps où l'on pouvait trouver des variétés dénommées. Mais peu importe, ouvrez les yeux, et vous distinguerez au moins deux formes, l'une bleu violet foncé et l'autre plus clair. Parfois un héliotrope blanc pointe son nez. Pas franchement renversant, à moins qu'on le cultive parfaitement. Il est lilas pâle en fait, mais le feuillage est si foncé qu'il donne l'impression d'être albinos.
COMMENT Un sol riche mais bien drainé. Plein soleil ou mi-ombre, mais la floraison est moins marquée.
Achetez du plant en mars-avril, voire en mai. Il devra être bien trapu, pourvu d'un feuillage vert foncé, et montrer quelques fleurs pour discerner leur nuance, plus ou moins accentuée. Mettez en place dans des pots d'au moins 30 cm de diamètre, dans un terreau d'excellente qualité, auquel vous ajouterez un quart de tourbe et autant de terre de jardin bien noire. Pincez la tige principale à mi-hauteur quand elle atteint 25 cm, pour la forcer à se ramifier. Les arrosages seront très suivis, au moins deux fois par semaine, et tous les jours pendant la canicule. Apportez de l'engrais soluble (formule pour géranium), pour soutenir la végétation.
À l'approche de l'hiver, rentrez les pots tels quels, et essayez de prolonger la végétation avec le minimum d'arrosage, dans un coin de garage éclairé ou une véranda.
En avril, sortez le tout, dégagez la motte du pot, effritez-la et remplacez par du terreau neuf. Taillez un peu, et vous aurez des héliotropes de compétition.
Le petit truc qui change tout : attention aux minuscules mouches blanches, ou aleurodes, qui pullulent parfois à partir de la mi-juillet. Elles sucent la sève, et affaiblissent les plants. Vous lutterez préventivement en bassinant le feuillage à chaque arrosage, c'est-à-dire en le douchant. Insistez sur le revers des feuilles, où se tiennent les larves : elles ont horreur de l'eau…
AVEC QUI Des hélichrysums à petites feuilles panachées de crème, pour le contraste des feuillages et des formes, l'héliotrope étant plutôt compact.
Des héliotropes foncés avec des tabacs en mélange.
Les héliotropes vivent très bien en compagnie des fuchsias. Ajoutez des chlorophytums panachés pour le tonus.

Hellébore

Une fleur de plein hiver, à vrai dire surtout au rendez-vous du premier trimestre, un feuillage persistant mais pas toujours à son mieux, un tempérament de notaire, plan-plan sur les bords, voilà qui caractérise les hellébores. Ajoutez une réputation de plante prestigieuse et chère. Du coup, on oublie qu'elle est surtout solide en diable, et précieuse pour apporter de la vie pendant les moments les plus gris de l'année.

Helleborus niger

LEQUEL Intéressons-nous d'abord au feuillage et à la silhouette : la rose de Noël (*Helleborus niger*) constitue une touffe plutôt ramassée, avec les feuilles âgées d'un an qui dépérissent souvent au moment même où la floraison immaculée explose (30 cm). Les hellébores d'Orient (*H. purpurascens*) ont plus de constance : leur feuillage ressemble beaucoup au précédent mais reste intact jusqu'en mai. Les masses sont imposantes, plus étalées que hautes : comptez 60 à 70 cm d'envergure pour 50 cm de haut.
Restent deux sculpturales beautés : l'hellébore de Corse (*H. argutifolius*), au feuillage coriace, d'un beau vert nuancé de gris en été. Il culmine à 60 cm et s'étale d'autant. Et l'hellébore fétide (*H. foetidus*), le pied de griffon de nos bois calcaires et frais, au feuillage fin, d'un vert très foncé. Il dépasse 50 cm mais reste mince.
Parlons couleurs des fleurs maintenant, en commençant par le vert, cette nuance chartreuse légèrement fluo qui charme les amateurs d'originalité discrète. On le retrouve chez les deux derniers cités. Le blanc est l'apanage de la rose de Noël, mais aussi de certaines variétés de l'hellébore d'Orient. Le pourpre, parfois presque noir, le prune et le rose sont les couleurs reines de l'hellébore d'Orient. Enfin, vous retrouverez des picotés et des tachetés de grande finesse chez des variétés créées par Martine et Francis Lemonnier, dont la patience n'a d'égale que le goût pour les coloris subtils.
Nos autres spécialistes nationaux, Nadine Albouy et Christian Geoffroy, se sont intéressés aux hellébores botaniques, restés tels qu'on les a trouvés dans la nature, comme l'hellébore du Tibet, mais ont sélectionné également des hybrides maison comme 'La Baleine', blanc picté de pourpre à l'intérieur et liseré de pourpre sur le bord des pétales ; ou 'La Marron', très foncé, beaucoup plus tardif que les autres. Allez les acheter à la pépinière directement en fleur : les mottes pèsent alors entre 5 kg et 10 kg !

Helleborus foetidus

COMMENT L'hellébore apprécie les sols plutôt consistants mais bien drainés, contenant un peu de calcaire. Du soleil mais pas celui de l'après-midi, et la mi-ombre, mais pas étouffante. L'hellébore est une plante de clairière, de bord de chemin forestier. Préparez un vaste trou de plantation, d'au moins 40 cm de côté. Améliorez le sol avec du terreau ou du compost bien mûr, sans oublier un peu d'Or brun.
Plantez de septembre à mars, et même en pleine fleur car l'hellébore est toujours proposé en godet.
Coupez le feuillage ancien en avril ou mai, juste après la floraison. Le nouveau comblera vite le vide. Épargnez une hampe de fruits en formation pour favoriser les semis spontanés, qui réservent des bonnes surprises, mais fleurissent seulement au bout de deux ou trois ans. L'hellébore fétide est le champion du genre.
AVEC QUI Disposez les hellébores fétides entre des hamamélis, des noisetiers pourpres ou tortueux, ou encore des deutzias et des houx. Accompagnez-les de narcisses botaniques et de perce-neige.
Les hellébores d'Orient hybrides sont des pièces maîtresses à déguster en place d'honneur, près de la maison, en compagnie d'euphorbes characias, au-devant de magnolias étoilés.

Helxine

À prononcer rapidement, cela donne souvent héléxine, la variante horticole de l'infarctus en quelque sorte. Une plante ultra carpette, que l'on a plus l'habitude de voir en potée, débordant comme le lait hors de la casserole. Mise au jardin, dans une cour pavée à l'abri des grands froids, elle remplace allégrement le gazon mais ne supporte pas le passage. Et gare à sa capacité d'envahissement… Les variétés à feuillage blond ou panaché reviennent très vite au type, d'un joli vert laitue.

Hémérocalle

Certains hésiteront avant d'accueillir dans leur jardin ces lis d'un jour, les hémérocalles aux trompettes flamboyantes, tout simplement parce qu'ils les auront aperçues dans un parc, masses informes de feuilles à demi-desséchées, avec quelques malheureuses corolles perdues au bout de longues tiges, et d'un orange si fade… C'est oublier que les variétés ont grandement évolué, offrant désormais une diversité de coloris dont il serait dommage de se priver. Avec quelques soins, on peut obtenir des plantes resplendissantes, aux fleurs se succédant pendant une longue période. Autant d'atouts qui font des hémérocalles modernes les fleurs fétiches des jardiniers du dimanche après-midi.

Hémérocalle

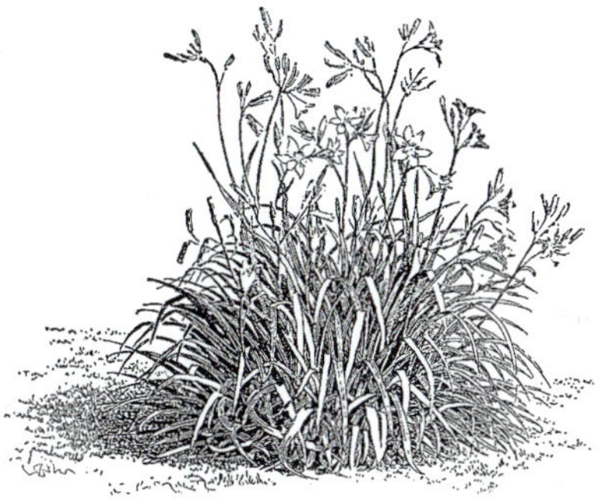

LAQUELLE L'hémérocalle jaune (*H. flava*) reste une de mes préférées pour ses fleurs précoces (fin mai), assez petites mais d'un jaune pur, qui culminent à 60 cm au-dessus d'un feuillage fin. Délicieux parfum de fleur d'oranger. Pour le reste, découvrez ma sélection ci-dessous.

COMMENT Un sol assez riche, et un peu frais en été. Soleil de préférence, sinon ce sont surtout des feuilles que vous admirerez.

Les coloris pastel sont plus à leur aise à mi-ombre, c'est-à-dire à un emplacement abrité des rayons de l'après-midi, qui les grillent.

On peut se procurer les hémérocalles dès la fin de l'été, puisque les catalogues spécialisés les regroupent avec les iris. Plutôt que de céder à un échantillonnage peu convaincant, fiez-vous aux indications des obtenteurs ou à notre liste, et plantez d'emblée des groupes de trois ou cinq sujets. L'effet de masse sera au rendez-vous. Distancez de 30 cm environ, voire moins pour les naines.

On peut également planter au printemps, mais avant avril.

Chaque printemps, apportez un paillage à base de compost pour nourrir ces belles voraces. Les hémérocalles raffolent de l'arrosage au goutte à goutte.

Laissez les touffes prendre de l'ampleur, jusqu'à ce qu'elles fleurissent moins. À ce moment, divisez-les, en septembre de préférence.

Le petit truc qui change tout : nettoyez les hampes de toutes les fleurs fanées, et surtout des capsules de graines en formation. Facile à dire les premières années, mais on est souvent débordé par la suite.

AVEC QUI Si vous avez de la place, créez des bordures d'une seule variété, une vision somptueuse au moment de la floraison. Choisissez celles dont nous soulignons l'effet de masse.

Des grands massifs mélangés peuvent être tentés, mais c'est souvent au détriment des coloris doux par rapport aux vifs. Essayez un camaïeu, du jaune doux à l'orange brique, avec quelques touches rouge atténué. Glissez quelques achillées dont les tons assourdis sont étonnamment proches de ceux des hémérocalles. L'hémérocalle jaune (*H. flava*) fait merveille à côté des ancolies bleues, avec une bordure d'alchémilles.

HÉMÉROCALLES HYBRIDES

Il y a foule de variétés hybrides, venues des États-Unis principalement, où ces fleurs possèdent des partisans acharnés, des clubs de passionnés, et même des compétitions de haut niveau. Voici quelques valeurs sûres repérées aux Ets Bourdilllon :
'Burning Daylight', jaune orangé, pour son bel effet de masse ;
'Fairy Tal Pink', abricot très doux, à cœur vert ;
'Garee Bee', jaune franc, une plante haute (1 m) qui se voit de loin, joliment ramifiée et possédant de belles têtes ;
'Green Valley', jaune lavé de vert, coloris très délicat, vigoureuse ;
'Becky Lynn', rose ancien strié de vert ;
'My Belle', rose doux, avec un fin réticule sur les pétales ;
'Bertie Ferris', orange doux, un miniature très florifère, frisotté ;
'Carey Quinn', rouge flamboyant et velouté ;
'Joan Senior', presque blanche et faisant penser à un sorbet ;
'Corky', qui fleurit très longtemps et sent le chèvrefeuille, en plus acidulé ;
'Mary Todd', jaune de belle vigueur ;
'Howard Goodson', rouge violacé ;
'Ed Murray', l'une des plus foncées ;
'Siloam Red Toy', miniature rouge brique ;
'Siloam Bo Peep', miniature au coloris étonnant de chair tendre ;
'Christmas Is', surprenant acajou à cœur vert ;
'James March', beau rouge velouté. En plus bas, ajoutons 'Stella de Oro', jaune pur, qui bat des records de durée de floraison.
Pour finir cette courte liste, trois splendeurs :
'Lullaby Baby', rose tendre, formant un très bel effet de groupe, fanant bien ;
'Bandit Man', orange lumineux avec des taches acajou, extraordinairement florifère ;
'Yellow Jewel', jaune, à bel effet de masse.

HERACLEUM

Une peste : les feuilles de cette berce géante provoquent des allergies gravissimes. Plantez à sa place des angéliques, tout aussi belles et complètement inoffensives. Cette plante devrait être retirée de la vente.

HÊTRE

Avec le chêne, le hêtre fait partie des arbres les plus répandus dans la forêt française. En Normandie, il constitue des haies brise-vent très efficaces que les paysans s'acharnent à ratiboiser. Reprenez l'idée des grandes haies taillées comme des charmilles, en mélangeant éventuellement des hêtres verts et des pourpres issus de semis, pour un effet de tapisserie. Le hêtre pourpre greffé est souvent déplacé, car trop vigoureux, et marque le paysage d'une note triste indéniable. À la place, installez un *Fagus sylvatica* 'Rohanii', même s'il pousse lentement : son feuillage gaufré et pourpre est un ravissement. De toute façon, avant de choisir, allez demander conseil à Gérard Adeline qui possède une superbe collection.

HEUCHÉRA

Le hasard alphabétique rapproche heuchéra et hosta, ces deux vedettes de la mi-ombre, l'une montante, l'autre descendante. Aujourd'hui, il est bien difficile de feuilleter un magazine de jardin sans tomber sur une photo présentant une scène avec plusieurs heuchéras.
Belle revanche pour un genre jusque-là tenu pour désuet. La photogénie du feuillage éclate enfin, les posant en rivales des hostas sur lesquelles elles ont l'avantage d'être épargnées par les limaces.
COMMENT Originaires de sous-bois des États-Unis et du Mexique, les heuchéras présentent un enracinement coriace, tolèrent la plupart des sols, et de vivre au soleil comme à mi-ombre, quoique la lumière renforce leur coloration.
On peut même les disposer au pied d'une haie de conifères. Plantez de septembre à novembre de préférence, ou encore au printemps.

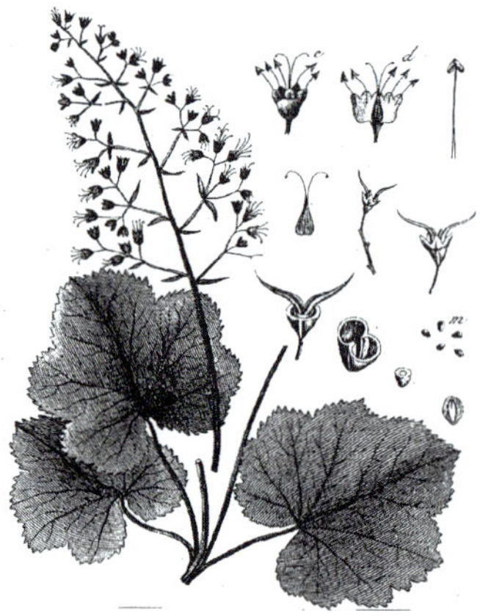

Installez les plants à 30 cm les uns des autres, en constituant des groupes. Paillez en juin, arrosez peu mais copieusement pendant la canicule. Chaque printemps, éparpillez deux ou trois poignées de compost au cœur des touffes, qui ont tendance à sortir du sol. Moyennant quoi, les heuchéras peuvent rester en place pendant dix ans sans broncher.
AVEC QUI Les variétés à feuillage pourpre donnent du tonus aux massifs de plantes vivaces, et renforcent la beauté des jardinières en début de printemps, mettant en valeur les fleurs bulbeuses souvent dégingandées. Tulipes à fleurs de lys, narcisses des poètes et jacinthes roses adorent la compagnie de 'Palace Purple'.
On peut aussi disposer une belle heuchéra en compagnie d'un sédum 'Matrona' et d'une graminée pour orner une belle potée de 30 cm de diamètre. Minimum d'entretien et effet de feuillage pendant des mois.
Des groupes d'heuchéras feront merveille au-devant des arbustes, animant la scène avant le grand spectacle de juin.
Mariez-les aux ancolies, thalictrums et aux tellimas, sans oublier les hostas, pour le contraste des feuillages. Mais ne tombez pas dans la collectionnite qui aboutit à un effet brouillon. Des fougères aideront à rester dans une note sobre.
En grandes masses, des heuchéras 'Pluie de feu' associées à des berbéris nains pourpres et des épimédiums feront un effet sensationnel.
En bordure bien nette, les mêmes 'Pluie de feu' feront la révérence devant des rosiers anciens rose bonbon ou pourpres, de cette nuance si difficile à associer à quoi que ce soit. Glissez quelques sedums 'Autumn Joy' pour reprendre l'idée du velours à l'automne.

ANCIENNES ET MODERNES

Jusqu'à l'introduction de l'espèce 'Palace Purple', l'heuchéra était surtout considérée comme une plante vivace à floraison de fin de printemps, intéressante par sa légèreté et son coloris rouge feu. Ne cherchez pas la couleur sur les pétales, quasi inexistants, car c'est le calice qui fait tout le travail. En masse, les heuchéras classiques, comme 'Pluie de Feu' ou 'Gracillima', rose clair, peuvent agrémenter une allée pendant près d'un mois, entre mai et juin (70 cm).
Des pépinières de l'Oregon sont à la naissance de multiples variétés mariant le rouge, le brun avec des découpures de feuilles originales :
'Chocolate Ruffles', pourpre, au bord des feuilles ondulé et gaufré ;
'Palace Purple', la plus célèbre pour la profondeur de son coloris pourpre superbe par transparence ;
'Pewter Moon', argent et pourpre, à fleurs roses ;
'Ruby Veil', pourpre foncé ;
et 'Rachel', qui présente sur 'Palace Purple' l'avantage d'une floraison rose plus décorative que les petits plumets blancs.
La plus belle série peut s'admirer chez Véronique et Jacques Détriché (La Grange aux vivaces), ou encore chez Orkidée.

HEUCHERELLAS & Cie

Les heucherellas sont des hybrides obtenus entre heuchéra et tiarella, apparus pour la première fois vers 1912 grâce à ce génie horticole que fut Victor Lemoine (1912). L'association des fleurs de l'une et du feuillage de l'autre, à déguster sans attendre :
'Bridget Bloom', rose vif (50 cm) ;
'Rosalie', feuillage marbré de brun, et délicat nuage rose (50 cm) ;
'Quicksilver', taché de pourpre à reflets d'argent, et floraison blanc crème (70 cm).
On appréciera aussi les espèces botaniques détenues par Jean-Louis Latil (Lewisia).

HIPPOPHAE

L'argousier, surnommé parfois saule épineux, est un petit arbre touffu au feuillage argenté. Ses fleurs peu impressionnantes donnent naissance, sur les pieds femelles, à des fruits jaune orangé appréciés des oiseaux et riches en vitamine C. Effet superbe en bord de mer et en sol sableux, mais aussi dans des haies vives.

HOSTA

N'écoutant que notre courage, nous encourrons la colère des hostaphiles en prônant une certaine prudence vis-à-vis de ces plantes : en effet, elles n'ont pas de rivales pour transformer un jardin bon enfant en annexe de cottage garden, avec napperon en dentelle sur la table à thé. Toujours impavides dans les reportages photos pris outre-Manche, les hostas n'affichent aucune de ces dentelures féroces que creusent les limaces et bien d'autres vermisseaux, qui s'abattent sur elles dès que vous avez le dos tourné.

Parlons maintenant des panachures, nombreuses et variées, comme si toutes les chloroses existant en ce bas monde ne suffisaient pas. Alors, pourquoi les inclure dans cette liste ? Parce que bien utilisées, c'est-à-dire en grandes masses uniformes pour orner une clairière, ou ponctuellement pour contraster avec d'autres plantes à feuillage, elles ajoutent une note de sérieux bienvenue.

Les espèces à feuilles bleutées sont irremplaçables, et c'est d'ailleurs vers elles que se tourne en premier le jardinier.

Enfin, l'imposante hosta plantain sait nous charmer par ses fleurs blanches comme des lis, en juillet, qui embaument la fleur d'oranger.

COMMENT Sol frais et riche en humus. Exposition mi-ombragée ou franchement ombragée. Les variétés panachées et dorées aiment le soleil du matin. Ensuite, rideau !

Plantez en automne ou au printemps, en distançant de 20 cm, pour obtenir un effet de masse consistant dès la première année. Dispositif anti-limaces dès la plantation. Un cordon de cendres de bois, large de 10 cm et renouvelé régulièrement, complétera utilement cette protection.

Désherbez le premier été. Paillez juste après, mais pas avec des écorces de pin, qui font trop jardin public. Du terreau de feuilles de l'automne précédent est parfait, même et surtout s'il est encore grumeleux.

Arrosez copieusement, plutôt que souvent, et sans marquer de relâchement durant le premier été. Par la suite, les feuillages constituent une sorte de paillage naturel en se rejoignant.

Le petit truc qui change tout : laissez les touffes s'établir pendant au moins trois ans, sans y toucher. C'est le temps nécessaire pour que les hostas s'installent. On les divisera seulement si la végétation est vraiment trop dense, en septembre de préférence, ou en mars.

AVEC QUI Les hostas à feuillage glauque s'aligneront devant des rosiers roses ou blancs, en une bordure sage, interrompue de temps à autre par une spirée naine.

Les hostas à feuillage panaché formeront de grandes taches, dans des endroits ombragés l'après-midi, en compagnie de fougères et de fuchsias *magellanica* 'Alba' ou 'Variegata'.

Le feuillage des hostas apparaissant tardivement au printemps, vous pouvez intercaler des narcisses nains, des perce-neige, des géraniums tubéreux ou des corydalis dans les interstices. L'association hostas et graminées d'ombre est assez naturelle : deschampsias, hakonechloas, carex et luzules apporteront un peu de légèreté dans ce ballet de crinolines.

UN PETIT CHOIX D'HOSTAS

L'hosta plantain (*Hosta plantaginea* 'Grandiflora') eut son heure de gloire, à la fin du siècle dernier : les jardiniers la cultivaient en pots, ce qui met particulièrement en valeur sa forme ample et ronde, et ses hampes florales très grandes (60 à 80 cm), portant des fleurs blanches à odeur prenante. Une de celles qui apprécient le plus le soleil, à condition de ne pas être regardant sur les arrosages.

'Royal Standard' est une amélioration plus rustique, supportant -10 °C sans protection. Les fleurs culminent à plus de 80 cm, en août-septembre.

'Frances Williams' est une variété de la fameuse *H. sieboldiana*, avec des feuilles plus grandes, d'un bleu gris égayé par une bordure jaune crème, à peine soulignée parfois. Mesure près de 70 cm de haut, et autant de large.

'Gold Standard' offre une nuance vert chartreuse délicate, unie ou bordée de vert plus foncé, ton

sur ton. Elle conserve cette nuance tout l'été, dans un emplacement recevant le soleil du matin, qu'elle continuera d'égayer le reste du temps, trouant ainsi l'ombre dense de l'après-midi. Cette variété fut vendue plus de 500 F pièce lors de son apparition aux États-Unis. Floraison lavande pâle inintéressante au possible. Même effet chez 'Piedmont Gold'.

'Krossa Regal' présente des feuilles gaufrées d'un glauque puissant, particulièrement bienvenues dans les bouquets. Les fleurs mauves ressortent bien sur cet écrin, ce qui n'est pas courant chez les hostas. À défaut, reportez votre choix sur *H. sieboldiana* 'Elegans', lente à s'installer.

L'*Hosta lancifolia* joue dans le registre des feuilles allongées, ce qui change un peu des précédentes, avec une panachure crème chez la variété 'Variegata'. Fleurs violet foncé. Une plante de 40 cm d'envergure.

L'*Hosta crispula* lui ressemble, en plus vigoureux (70 cm).

HOUBLON

Le houblon doré (*Humulus lupulus* 'Aurea') apporte une touche de gaieté à une pergola endormie par l'été, surtout à mi-ombre. Il métamorphosera à lui seul un grillage sordide ou un garage en tôle.
Plantez-le et oubliez-le. En début de printemps, coupez les tiges au ras du sol, les nouvelles lianes atteindront 6 m en quelques mois.

Houe

A précédé la bêche, et constitue encore le seul outil de nombreuses ethnies. La houe permet d'ameublir en surface. Un outil qui demande une certaine pratique pour ne pas s'épuiser : il faut travailler avec l'inertie et le poids de l'outil, tout en chantonnant un air entraînant. Pour en savoir plus, lisez l'ouvrage de Joël Carbonnel, Le bon geste (éditions Actes Sud) et adoptez une houe à long manche, qui vous fera adopter la bonne posture.

HOUTTUYNIA

L'espèce d'origine (*H. cordata*) a un feuillage vert propre et net, qui sent l'orange amère quand on le froisse. Elle envahit les berges des ruisseaux et des mares, et fleurit blanc en été. Pourquoi pas. La variété 'Caméléon', au feuillage panaché de rouge et de vert, est tout bonnement horrible. Heureusement, comme personne ne sait qu'elle est biberonneuse au possible, vous la laisserez mourir de soif dans la jardinerie.

HOUX

Le houx, c'est le grand chic qui s'invite au jardin. Noble d'allure, précieux par son feuillage vernissé, subtilement naïf avec ses fruits rouges, il apporte au jardin une touche de raffinement sans tomber dans la rareté. Avec cela, solide en diable.

LEQUEL Le houx vert (*Ilex aquifolium*), que ressèment les oiseaux, reste une valeur sûre. Souvent, les jeunes plants sont plus méchamment épineux que les sujets adultes à feuilles larges, comme si la nature avait intégré une protection préventive contre la dent des lapins. Les pépiniéristes ont sélectionné des variétés à fructification plus spectaculaire, comme chez 'Alaska', plus compact que le classique 'J.-C. van Tol', presque pas épineux et qui a tendance à s'étaler avec le temps.
Laissez-vous tenter par les variétés à feuillage panaché, car si je suis parfois critique vis-à-vis des panachures maladives, chez le houx, on reste dans le registre de la sobriété. 'Madame Briot' associe la panachure et une fructification spectaculaire. 'Golden van Tol' est trapu et compact. 'Argenteomarginata' propose une panachure argentée d'une rare beauté, d'autant que les jeunes pousses sont pourpres.

Ilex aquifolium

Des hybrides ont été réalisés entre le houx commun et celui de Madère. Le résultat, *Ilex altaclarensis*, est particulièrement vigoureux, pouvant atteindre 20 m de haut, en quelques décennies il est vrai. Ces hybrides constituent un excellent brise-vent. Les plus répandus sont 'Golden King', aux feuilles panachées de jaune d'or ; et 'Lawsoniana', éclaboussé d'or et peu épineux.
Le houx à feuille de buis (*Ilex crenata*) est un houx japonais précieux pour la finesse de son feuillage. Intéressant en ville, dans un grand pot.

COMMENT Le houx supporte les sols ordinaires, avec une préférence pour les terres noires d'ancienne forêt. La mi-ombre est son domaine, mais il supporte le plein soleil, qui peut cependant mettre à mal les variétés panachées.
Plantez idéalement en mai, quand la végétation redémarre, mais vous pouvez aussi mettre en place en début d'automne. Le trou sera largement plus grand que la motte ou le conteneur (jamais de houx à racines nues). Paillez en juin, désherbez pour éviter la concurrence des mauvaises herbes, et arrosez plutôt peu mais copieusement.
Dès la deuxième année, taillez avec doigté pour raccourcir d'un tiers les nouvelles pousses, ce qui régularise la silhouette et la rend plus compacte. Cette taille aura lieu en août. Mais on peut aussi s'en passer et préférer le naturel, surtout si vous appréciez les fruits. Pour obtenir ces derniers, il faut impérativement cultiver un houx mâle à côté des variétés conseillées ci-dessus, toutes femelles. La variété 'Myrtifolia', peu épineuse, est toujours mâle.

AVEC QUI Le houx pousse spontanément près des noisetiers, des charmes, des aubépines… partout où les oiseaux rejettent les graines. Dans une haie mélangée, ajoutez à ces arbustes quelques viornes, des seringats et des lilas. Avec un houx pour dix arbustes, vous obtiendrez une haie belle toute l'année.
Les houx panachés sont des pièces maîtresses, à caler avec des fusains verts, des bambous, et un habillage de fougères et d'hellébores ou de lierre d'Irlande, en couvre-sol.

HYDRANGEA

Ne dites jamais « je déteste les hortensias », car un jour ou l'autre vous céderez sous le charme de l'un d'entre eux. D'autant que si on élargit l'horizon de la famille aux hydrangéas, les cousins plus sauvages, s'en priver relève plus de l'étroitesse d'esprit que du bon goût. Pour autant, on n'est pas obligé de composer des masses statiques, déprimantes à souhait. De l'imagination, que diantre !

COMMENT On peut planter pratiquement à tout moment car les hydrangéas sont cultivés en conteneur. Réservez-leur un coin abrité du plein soleil de l'après-midi qui les fait faner lamentablement, mais pas forcément dans un puits d'ombre. Une terre noire, riche en humus et pas calcaire, leur convient. Elle sera améliorée avec du compost et du vieux fumier pour toutes les espèces vigoureuses.

Chaque printemps, apportez un paillage abondant, sur 5 cm d'épaisseur, qui nourrira les racines superficielles. En été, arrosez plutôt copieusement que souvent.

On ne taille pas à proprement parler les hydrangéas, car les boutons à fleurs naissent à l'extrémité des tiges. On se contente de supprimer les tiges anciennes, celles qui sont malingres et mal situées, dans le fouillis du centre des touffes. Coupez-en un tiers chaque printemps, et laissez le reste intact. Mais on peut très bien ne rien faire une année sur deux.

Le petit truc qui change tout : pour faire ramifier l'hydrangéa à feuilles de chêne, parfois un peu raide dans sa jeunesse, contentez-vous de pincer l'extrémité des tiges, en mars, à 10 cm du bout. La floraison estivale n'est nullement menacée, et des rameaux secondaires vont naître à la base des tiges, comme libérés de la domination du bourgeon terminal.

AVEC QUI Des bambous, des grands dans le fond, et des petits en intercalaire. Ajoutez des aucubas, des houx panachés, des nandinas et quelques mahonias 'Charity'.

Constituez des tapis couvre-sol avec du géranium *macrorrhizum*, des pervenches panachées, des ancolies et du cerfeuil musqué. Ponctuez avec quelques fuchsias rustiques 'Alba', pour vous régaler en plein été.

Pour un jardin tranquille, associez les hydrangéas *sargentiana* et les fougères, des plumes d'Autruche par dizaines.

'Annabelle' adorera la compagnie du lierre d'Irlande, à mi-ombre. Non loin de là, disposez des weigelas à feuillage panaché et des euphorbes *robbiae*.

DE BEAUX HYDRANGÉAS

Le chouchou du moment est l'hydrangéa à feuille de chêne (*H. quercifolia*), surtout la variété 'Snow Queen', remarquable pour ses grappes de fleurs doubles, charnues, d'un blanc nuancé de vert (1,2 m). Le feuillage aux lobes pointus évoque en grand celui d'un chêne d'Amérique. Il prend des nuances acajou rouge sombre dès le mois de septembre, surtout s'il est au soleil.

Impossible de passer à côté d'Annabelle sans le remarquer, car ses grappes blanc crème sont parfois grosses comme des têtes d'enfant. Curieusement, cela ne fait pas trop monstrueux pour autant (1,5 m).

Toujours en blanc, avec une touche de rose, l'*Hydrangea paniculata* 'Unique' est un peu raide parfois. 'Grandiflora' fleurit dès juillet, 'Tardiva' lui succède en août.

On monte d'un cran avec les grands hydrangéas asiatiques, comme *H. sargentiana* : ses rameaux velus, ses amples feuilles en langue de bœuf, ses inflorescences aplaties, rose violacé, composent un personnage à la présence discrète et solide en même temps. Il pousse vite, mais sans commune mesure avec les *H. villosa* et *H. aspera*, qui lui ressemblent beaucoup (4 et 6 m au lieu de 1,5 m).

TÊTE RONDE ET GRIMPANT

Dans le registre des têtes rondes, autrement dit des hortensias, on se laissera tenter par les potées en fleurs, rempotées dans un coin à mi-ombre juste après la fête des Mères. Un petit tour à la collection nationale des Mallet (Shamrock) vous fera tourner la tête à plus d'une reprise. Nul doute que vous tomberez sous le charme du trio :

'Blue Deckle', généreux aristocrate d'un bleu de France ;

'Diadem', aux bonnets de dentelle rose, si bien à son aise à l'ombre ;

'Mme Mouillère', le plus bel hortensia blanc.

Une mention particulière pour *H. serrata* 'Preziosa', pour ses jeunes pousses rouges et ses fleurs changeant de couleur du rose au pourpre (1,2 m).

Et pour les hortensias dentelle ou bonnets de grand-mère, où les fleurs fertiles entourent un ruché de fleurs fertiles : 'Blue Wave', bien sûr et son petit frère 'White Wave' (1,2 m), mais aussi 'Veitchii' ou 'Princesse Eugénie'.

En revanche, méfiance vis-à-vis des hortensias à feuillage panaché, qui font vraiment trop artificiel.

Enfin, bien à part, un mot sur l'hortensia grimpant (*Hydrangea petiolaris*). Il s'accroche tout seul, un peu comme le lierre, et apprécie les vieux arbres ou les murs plein nord. Ses inflorescences plates s'épanouissent en juin. Prenez patience, car il met du temps à s'installer.

Humus

Mot magique caractérisant l'état final de la matière organique dans le sol. Une terre riche en humus est généralement brun foncé à noire, souple et grumeleuse. Tout y réussit car elle fait éponge et comporte de quoi nourrir les plantes. On augmente la teneur en humus par des apports de fumier, de compost, de terreau ou de tourbe. Pas de potager sans humus.

HYSOPE

Cette plante aromatique est relativement peu connue, que ce soit au potager comme dans la cuisine, où son parfum est pourtant le meilleur allié du mouton et du porc grillé. Adoptez l'hysope et vous comprendrez mieux ce à quoi peut ressembler le jardinage tranquille.

Hyssopus officinalis

LEQUEL L'hysope de base (*Hyssopus officinalis*) forme une touffe de 60 cm d'envergure. Feuillage fin, vert foncé. La floraison bleu nuit est remarquable par sa densité, et l'amour que lui portent les abeilles. Il existe une variété à fleurs roses, 'Roseus', mais elle paraît fade à côté. En revanche, craquez pour la variété compacte, 'Aristatus', qui ne dépasse pas 40 cm, et peut être conduite en bordure bien nette avec quelques coups de cisaille. On la trouve dans le catalogue de Thierry Denis (Le jardin du Morvan).

COMMENT L'hysope est une plante originaire de la garrigue, qui résiste à la chaleur et se déploie même en sol maigre. En revanche, elle est malheureuse à l'ombre.

Plantez-la plutôt au printemps, en sol bêché profondément, sans apport d'engrais : l'hysope n'est pas la laitue ! Pour composer une bordure ou une petite haie, plantez à 30 cm d'intervalle.

Après la floraison, en août, passez la cisaille à haie pour égaliser et favoriser une remontée en automne. Par ailleurs, le feuillage restera persistant en hiver. À la sortie de l'hiver, taillez à nouveau, mais pas trop court.

AVEC QUI L'hysope sera en parfaite compagnie avec les sauges officinales à feuillage argenté ou panaché de jaune. L'hysope forme des coussins de rêve devant des rosiers roses ou blancs, au moins aussi bien que les népétas.

Testez également l'hysope en jardinière ou en grand pot, associé à la plante-curry (*Helichrysum italicum*).

IBÉRIS

L'ibéris est une des corbeilles d'argent, titre qu'il partage avec l'arabette ou le céraiste. Un peu passé de mode, on se demande pourquoi, il mérite de revenir sur le devant de la scène, d'autant qu'il reste net.

LEQUEL L'ibéris ou thlaspi persistant (*Iberis sempervirens*) est en fait un sous-arbrisseau persistant, formant un dôme aplati de feuillage vert foncé. Strict et de bon goût. En mai, les fleurs surgissent, d'un blanc d'autant plus éclatant qu'il ressort sur le feuillage sombre. Exactement au moment où les tulipes passent le relais aux iris qui se réveillent. Le tout culmine à 25 cm. La variété 'Snow Flake' est strictement comparable à l'espèce type.

Iberis

COMMENT Plantez en toute saison et de préférence en septembre-octobre, de façon à profiter d'une première floraison au printemps suivant. Bêchez soigneusement pour extirper les racines de mauvaises herbes vivaces, chiendent et bouton d'or entre autres, qui sont très énervants à enlever ensuite. Écartez les plants de 25 cm en tous sens.

Passez un coup de cisaille juste après la floraison, pour étoffer les touffes.

Les bordures d'ibéris peuvent rester en place de nombreuses années. De temps à autre, éparpillez un peu de compost au cœur des touffes pour permettre aux tiges de s'enraciner sur leur base.

La division peut se pratiquer en septembre, avec replantation immédiate des éclats de préférence déjà munis de racines.

AVEC QUI Les ibéris sont d'excellents compagnons des tulipes tardives, les fleurs de lys et 'Angélique' en particulier ; et des iris, dont la patate n'est pas un modèle de beauté. Disposez également les ibéris au premier plan des rosiers nains, en intercalant quelques touffes de sédums 'Autumn Joy'.

Pour rompre l'uniformité d'une bordure d'ibéris, plantez quelques lavandes 'Munstead' ou, pour rester vert sur vert, des buis en boule ou en cône.

IF

Noblesse. S'il fallait trouver la qualité dominante des ifs, ce serait certainement ce terme qui conviendrait le mieux. La nuance sombre de son feuillage confère à l'if une présence indéniable, funèbre diront certains, qui confondent l'usage avec la nature profonde. Ce n'est pas parce que les ifs ont remplacé les cyprès dans les cimetières du nord de la Loire, qu'il faut les associer forcément à l'idée de l'Au-delà, car c'est plutôt la permanence et la solidité qu'il faudrait évoquer : les ifs centenaires ne se comptent plus, et ils figurent au livre des records végétaux, en particulier ces ifs millénaires qui bordent encore les anciennes voies romaines du Limousin. Et quel tempérament docile, acceptant les coups de cisaille répétés, comme aucun autre persistant, sans oublier la pollution et les sols médiocres. Voilà pourquoi il mérite de retrouver le chemin des best-sellers, offrant une alternative de qualité aux adorateurs du thuya, qui se lamentent devant la « maladie ».

LEQUEL L'if commun (*Taxus baccata*) est le roi des jardins à la française. Adore être taillé mais peut aussi garnir le couvert des grands arbres, pour fermer la vue sur les voisins, même pendant l'hiver. Excellent fond pour des floraisons printanières souvent un peu perdues. Il existe aussi en version panachée d'or, mais du coup c'est trop, à la limite de l'artificiel et vite lassant.

L'if d'Irlande est une variante colonnaire, d'une rare noblesse. Vitesse de croissance désespérante au début. Il finit cependant par atteindre 4 à 5 mètres en vingt ans. Carrément sublime en alignement, de part et d'autre d'une allée.

COMMENT Un sol ordinaire, même calcaire, du moment qu'il est sain en hiver et relativement profond. Les racines charnues de l'if forment en priorité une sorte de pieuvre superficielle qui colonise tout l'espace disponible. Soleil ou mi-ombre, voire ombre dense, peu importe. Les ifs se ressèment souvent dans les bosquets les plus ombragés, là où les oiseaux ont lâché les graines après avoir dégusté l'arille rouge et sucrée qui les entoure.

Vous aurez l'impression que le pépiniériste s'est trompé d'un zéro en lisant le prix affiché sur l'étiquette. Mais c'est compter sans la lenteur désespérante des ifs dans leur premier âge. Cinq à six ans sont nécessaires pour dépasser 80 cm de haut. Leur silhouette est souvent un peu gauche, ce qui ne doit pas vous effrayer outre mesure. Mettez en place en toute saison, octobre et avril étant des moments privilégiés, comme pour tous les persistants. Et ne lésinez ni sur les amendements (un demi-seau d'Or brun par pied à la plantation), ni sur l'arrosage.

Taxus baccata

On attendra la reprise assurée, c'est-à-dire deux ou trois ans, avant de tailler, en avril de préférence. Mais les ifs peuvent bien pousser très longtemps sans la moindre taille. Dès que le sécateur agit, il renforce la densité des branches. Des bourgeons peuvent même repercer sur le tronc, ce qui est pratique quand on songe à rafraîchir une haie abandonnée depuis dix ou vingt ans. Plutôt que de l'arracher, tentez la mise à zéro, par une taille de printemps associée à un régime d'arrosages copieux, et un abondant paillage au Mulcao.

Le petit truc qui change tout : paillez en fin de printemps, avec des tontes de gazon ou du compost, sur 10 cm d'épaisseur.

Par ailleurs, pour que vos ifs grandissent vite, ne commencez à tailler la flèche que quand ils auront atteint la taille souhaitée. Ce qui ne vous empêche pas de les tondre sur les côtés pour qu'ils s'étoffent, bien au contraire.

AVEC QUI Le feuillage sombre des ifs va bien avec tout. À noter l'effet spectaculaire des plantes vivaces assez hautes en plantations importantes devant un écran d'ifs, pas forcément taillés au millimètre : des cardons, des macleayas, des thalictrums ; mais aussi des petits arbustes comme les abutilons ou les fuchsias magellanica à feuillage panaché.

Les ifs sont irremplaçables pour renforcer l'effet éclatant des couleurs d'automne : cotinus, érables du Japon, nyssas et hamamélis prendront un éclat unique si des ifs se coulent entre eux.

Des haies mélangées d'ifs et de buis sont superbes, car on joue sur des tonalités de verts différentes. Choisissez des buis à feuilles assez grosses, et vigoureux, pour que le mariage dure longtemps.

Les ifs d'Irlande peuvent accueillir des plantes grimpantes graciles dans leur ramure. Une guirlande de capucine canari, ou encore une clématite *viticella* fera merveille en été.

IGNAME

À ne pas confondre avec la patate douce. Ce légume racine très cultivé sous les Tropiques produit une liane filiforme. En terrain chaud et léger, on peut l'acclimater, histoire de couvrir une pergola. Mais ne comptez pas sur une récolte plantureuse, ni sur une extase culinaire.

IMMORTELLE

Oubliez une fois pour toutes les bouquets naphtalinés et poussiéreux qui ornaient le buffet de tante Louisette, et rejoignez le Front de Libération des Immortelles, dont le programme est radical : redonner à ces fleurs leur liberté de mouvement. Non seulement elles le méritent, mais votre jardin y gagnera une ambiance précieuse et spontanée à la fois. Tout cela avec une fleur que tout le monde pense guindée, quel paradoxe !

LAQUELLE Les immortelles à bractées sont les plus connues de toutes. Elles fournissent le plus gros bataillon des fleurs séchées puis replacées sur des tiges de bambous pour orner les bouquets d'hiver d'un autre âge.

Par une sorte de perversion typiquement horticole, on s'est acharné en plus à sélectionner les coloris cuivrés, franchement pas appétissants, alors qu'il existe des blanches sublimes, des crème à se rouler par terre de bonheur, des roses nacrées de plaisir et des rouges, foncées à se damner.

Reste que si vous semez les mélanges du commerce, vous retomberez sur les coloris les plus tristes de la création, souvent dominants.

Une seule solution : réclamer au tenancier du rayon graines de fleurs qu'il commande, spécialement pour vous, des sélections chez Royalfleur.

Cela ne vous ruinera pas et vous serez fourni pour des années car ces paquets de professionnels sont dodus comme des lérots en début d'hiver. Le mélange pastel intitulé 'Drakkar' est un ravissement (1,2 m). Mais vous aurez du mal à choisir ensuite entre les 12 autres tonalités proposées pour la 'Monstrueuse double'.

Tant que vous y êtes, repérez aussi, chez le même fournisseur, les *Accroclinium roseum* (ou *Helipterum*) qui forment des petits buissons de 40 cm de haut, bien nets et couverts de fleurs en papier crépon. Le rouge à centre noir est particulièrement somptueux.

Guère plus haute, l'immortelle 'Lumina' est disponible en mélange, où dominent le carmin, le violet tendre et le blanc. Quand elle pousse en bandes, librement, cette immortelle est carrément sublime, évoquant la steppe balayée par le vent. L'effet dure deux bons mois.

Évitez l'ammobium car il vieillit mal, et fait vite « petite chose négligée ».

COMMENT Contrairement à une idée reçue, les immortelles n'ont pas un naturel de chameau. Une terre plutôt riche et assez fraîche en été a leur préférence. Il leur faut également du plein soleil. Semez directement en place, début mai, quand la terre est réchauffée. Vous pouvez aussi semer un peu plus tôt sous châssis et ensuite jusqu'en juin, en plaque alvéolée, et mettre en place les jeunes plants, en les espaçant de 25 cm sur les lignes.

Les petites immortelles, accroclinium et xeranthemum 'Lumina', seront semées à la volée, sans avoir la main lourde, sur une terre finement préparée, à la mi-mai. Éparpillez des tontes de gazon sèches sur quelques millimètres d'épaisseur, et arrosez chaque matin. La levée demande une petite semaine, et la floraison démarre en juillet pour se prolonger jusqu'à la fin du mois d'août.

AVEC QUI Dans la plupart des cas, les grandes immortelles sont confinées au potager, où elles sont le plus heureuses, car dans les massifs leur silhouette toute en pattes détonne quelque peu.

Un rang d'immortelle 'Drakkar' couleur pastel entre les choux et les haricots verts est carrément superbe.

Le mariage des immortelles 'Lumina', des nigelles de Damas et de l'orge à crinière est craquantissime.

IMPATIENS

Rares sont les fleurs annuelles qui apprécient l'ombre, au point que l'arrivée de l'impatiens des sultans, en provenance directe du sud de l'Afrique, a déclenché l'enthousiasme de nos aïeux, qui ont tout de suite vu en elle la rivale des bégonias tubéreux et des fuchsias.

Impatiens

Pourvu qu'on lui accorde la terre riche et les arrosages fréquents qu'elle apprécie, cette belle tropicale nous gratifie d'une floraison non stop, sa faculté d'expulser ses graines sitôt formées n'étant certainement pas pour rien dans cette capacité. Cela lui a valu son surnom d'impatiente.

LAQUELLE Recherchez du plant bien développé, avec des feuilles saines, quelle que soit la variété (Accent est une des meilleures séries). Les graines des hybrides F1 coûtant fort cher, ne tentez le semis que si vous êtes sûr de vous, car le jeu n'en vaut pas toujours la chandelle. C'est surtout le cas pour les variétés doubles (2 F pièce !) qui ne font d'ailleurs pas grand effet en massif. Les impatiens dites de Nouvelle-Guinée affichent des feuillages panachés, et des fleurs plus grandes que les impatiens africaines. Après une période de folie, on s'en est un peu lassé. À tester cependant en massif pour leur feuillage justement, mais craignez comme la peste celles à fleurs orange fluo.

Une tout autre impatiens provient de

l'Himalaya : l'*Impatiens roylei* atteint près de 2 m, et épanouit une quantité de fleurs roses rappelant celles des balsamines, comme des trompettes évasées, roses ou blanches, à odeur de prune. On s'échange les graines ou les plants entre amateurs, et une fois qu'on en a cultivé, il y en aura toujours au jardin. Assez spectaculaire en groupes.
Autre asiatique, l'*I. balfouri* joue les gentilles envahisseuses. Elle prolifère dans les coins frais et les fossés. Récoltez quelques pieds et installez-les à mi-ombre. Eux aussi se ressèmeront allégrement. Fleurs bicolores blanches et mauves (50 cm).
COMMENT Un sol toujours un peu humide. Ombre, mi-ombre, sans subir le soleil de l'après-midi.
On trouve couramment du plant à partir de mars. Attendez donc le mois de mai, vous le paierez moins cher, et il n'y aura pas de risque qu'une gelée vienne tout détruire. Le semis est possible au chaud, en avril. Épandez les graines sans les recouvrir du tout, car elles ont besoin de lumière pour lever. Maintenez une humidité régulière en pulvérisant de l'eau souvent. Couvrez avec une plaque de verre pour obtenir une ambiance confinée. Premier repiquage un mois plus tard, tous les 5 cm, puis mise en place définitive fin mai. Ne vous inquiétez pas si le plant paraît petit, il grandira vite et s'étalera. Vous espacerez les plants de 20 cm, soit une main largement ouverte. Terre enrichie en humus.
Ce sont surtout les arrosages qui font la différence, en particulier dans le cas des jardinières ou des pots. Quotidiens, voire bi-quotidiens pendant la canicule, ils seront additionnés d'un peu d'engrais soluble (une formule pour Pélargonium par exemple), tous les quinze jours.
Le petit truc qui change tout : pincez le plant au moment de la plantation, pour le forcer à se ramifier.
AVEC QUI Les impatiens blanches sont utiles pour éclairer les bordures ombragées, et partout où il faut une tache claire.
En jardinière, les impatiens jouent les couvre-sol au pied de grands arbustes, camélias ou abélias par exemple. Bon effet avec les fuchsias, qui aiment l'ombre comme elles.
La grande *Impatiens roylei* fera merveille en bouche-trou parmi des plantations d'arbustes, mais attention à la concurrence exercée vis-à-vis de ces derniers. Paillez le sol pour tempérer ses besoins.

INCARVILLÉE

Non, mille fois non, l'incarvillée ne chasse pas les taupes, comme s'escriment à le faire croire des margoulins de Floralies, qui affichent une taupe se tenant le cœur à deux pattes, dans un dernier râle assez peu crédible, pour faire espérer que des émanations mystérieuses issues de cette grosse carotte blanche suffisent à tuer la bête. Comme le vendeur vous conseille d'en installer tous les 50 cm, vous voyez d'ici le résultat.
D'autant que l'incarvillée a déjà fort à faire avec les pucerons noirs qui la dévorent, et que sa floraison ne dure pas plus de dix jours, avant d'annoncer le déclin du feuillage luimême. Il devrait exister des lois sur la vente libre des incarvillées...

Indigène

Une plante est dite indigène quand elle est originaire de la contrée où se trouve le jardin. Remarquez, on est forcément indigène de quelque part...

INDIGOTIER

Une des nombreuses plantes qui ont été employées autrefois pour fournir le bleu indigo. Quand il s'appelle *Indigofera heterantha*, il s'agit d'un bel arbuste de 2 à 3 m d'envergure, étalé, au feuillage léger. Il se couvre en été de centaines de fleurs de papillon rose malvacé.
Aussi étrangement rare, l'*Indigofera kirilowii* fleurit plus tôt, dès le mois de mai, en rose brillant. À adopter au soleil, dans un jardin sauvage et décontracté, dans la zone de la vigne.

Inflorescence

Regroupement de plusieurs fleurs. Cela peut être une cyme, une ombelle, un capitule, un épi, une grappe... un bouquet tout fait en quelque sorte.

INULA

Quitte à jouer avec des plantes à peine apprivoisées, adoptez l'*Inula magnifica*, une bonne grosse bête qui dépasse 1,5 m et produit en été ses soleils jaunes.

Inula magnifica

Très rustique, elle s'adapte dans n'importe quel sol. Installez-la en compagnie de macleayas et de grands rudbeckias, prévoyez de la place pour chacune des partenaires, et oubliez le tout pour consacrer vos soins à des plantes plus exigeantes.

IPHÉION

Une fleur bulbeuse de printemps caractéristique des vieux jardins soignés puis oubliés. Elle y prolifère en formant des touffes impressionnantes. Les fleurs aux six pétales bleu lilas affichent une naïveté attendrissante (20 cm). Vision apaisante.
Plantez l'iphéion dans un sol profond, conservant un peu de fraîcheur l'été. En climat froid, un paillage de feuilles mortes est prudent à l'approche de l'hiver.

IPOMÉE

Difficile de résister à l'assemblage de force et de gentillesse de l'ipomée. Sa vigueur est indéniable, faisant immédiatement penser aux liserons, mais comme rien ne résiste à l'hiver, on est tranquille. Le feuillage en cœur meuble l'espace disponible, et sert d'écrin aux trompettes, dont on peut suivre le déploiement avec fascination chaque matin. Précautionneuse, Madame replie sa soie vers le soir, mais nul ne songerait à lui en faire le reproche. Mieux qu'un faire-valoir, la signature des jardiniers poètes.

LAQUELLE L'ipomée tricolore ne l'est pas toujours puisqu'elle existe en version unie : bleu ciel, blanc et même rouge. C'est alors la fameuse 'Scarlet O'Hara', au superbe feuillage, mais qui manifeste comme le personnage du roman un tempérament souvent capricieux : parfois elle ne fleurit pas du tout !

Le volubilis est tout bonnement *Ipomoea purpurea*, la plus facile à vivre des ipomées. Oubliez la mythique 'Fleur de lune', qui n'en fait qu'à sa tête et a franchement besoin de beaucoup de chaleur pour s'épanouir. L'*Ipomoea quamoclit* offre le charmant spectacle de son feuillage plumeux, émaillé de corolles rouge ponceau.

La souriante Christine Verneuil (Santonine) propose une variété vivace dénommée 'Edith Piaf' : ses corolles s'épanouissent bleu opale, et sont marquées d'une étoile rose violacée. Elle n'est vivace que dans les régions à climat doux.

De plus en plus souvent, vous tomberez sur une drôle de plante au feuillage pourpre en forme de fer de lance. Elle constitue des touffes retombantes et ne fleurit pas. Il s'agit tout simplement d'une patate douce, autrement dit une *Ipomoea batatas*, et son nom est 'Blackie'. Comme elle ne dépasse pas 30 cm de haut, on peut la faire pousser dans les massifs pour créer des contrastes de couleur audacieux, ou encore dans les jardinières. En la dépotant en fin d'été, vous serez surpris de la quantité de patates qui seront nées sous terre (disponible chez Thierry Simier, par exemple).

Ipomée quamoclit

COMMENT Les ipomées apprécient les emplacements ensoleillés, mais de préférence abrités du grand vent et du soleil de l'après-midi. Une terre riche et profonde leur permettra de démontrer leur vigueur. Semez les ipomées assez tard, pas avant le début mai. Faites tremper les graines une nuit, puis grattez leur peau coriace avant de les poser sur le terreau des godets. Installez au chaud. La levée est alors très rapide. Au bout de trois semaines, mettez en place au pied du grillage, du treillage ou des tuteurs. Paillez en juin, et arrosez plutôt peu souvent mais copieusement, à la fraîche.

L'ipomée 'Blackie' s'achète en godet au printemps. Plantez en mai, au soleil, et arrosez régulièrement. En octobre, retirez les patates et conservez-les dans un coin de la véranda, comme des dahlias.

AVEC QUI Les ipomées sont tellement vigoureuses qu'il vaut mieux leur réserver toute la place.

Au potager, faites-les pousser sur un treillis à béton, pour créer un peu d'intimité.

L'ipomée 'Blackie' fera merveille aux côtés des coléus panachés, des cannas nains, des choux de Toscane et des cléomes violets, dans des compositions exotiquement folles.

IRIS

Ce n'est absolument pas par snobisme que j'affiche une certaine réticence vis-à-vis des iris, mais à la suite de nombreux essais qui se sont soldés par des résultats aléatoires : touffes peu vigoureuses ; hampes florales démesurées et sujettes à s'abattre au premier orage ; fleurs géantes, certes, aux coloris somptueux, je n'en disconviens pas, mais tellement difficiles à associer aux autres fleurs. Et ce feuillage ingrat, si prompt à montrer les premiers symptômes du dessèchement, quand il ne disparaît pas sous le chiendent. Les nains ne sont pas logés à meilleure enseigne. La solution ? Il y en a deux : mettre tous les iris ensemble, dans une sorte de grande bordure que l'on aura soigneusement désherbée. Et n'aller les voir qu'au moment de leur splendeur, pour se gorger de leur indéniable beauté. En faire des bouquets, des photos, des aquarelles. Ensuite, une haie de grands cosmos les cachera au regard...

L'autre solution : planter des variétés anciennes, aux fleurs certes moins grandes, mais au feuillage solide et quasi persistant, comme les iris violets et pourpres des campagnes.

LEQUEL Il y a plus que l'embarras du choix dans les catalogues de spécialistes, comme Bourdillon, Anfosso Iris de Thau ou Cayeux. Repérez les variétés ayant décroché des médailles, aux noms souvent américains car ce sont les grands obtenteurs en

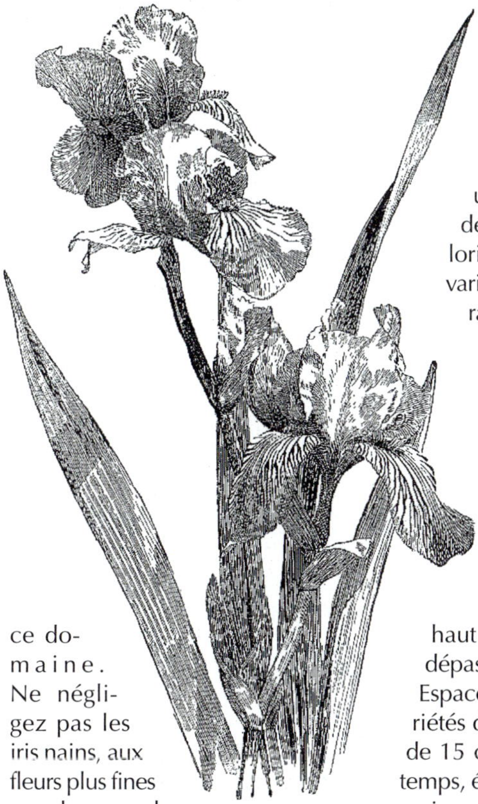

ce domaine. Ne négligez pas les iris nains, aux fleurs plus fines que les grands iris, ravissantes également en bouquets. Un bon conseil : allez visiter les jardins d'exposition des spécialistes (ou Bagatelle), au mois de mai. Non seulement c'est une splendeur, mais vous pouvez aller fixer votre choix. Quelques coups de cœur personnels : 'Bubbling Over', féminissime froufrou lilas pâle ; 'Sapphire Hills', bleu azur solide ; 'Virginia Squire', bleu azur profond, classique et trapu (60 cm).

Les iris de Hollande n'ont rien à voir avec les précédents. Ce sont des plantes franchement bulbeuses, assez capricieuses.

L'iris d'Alger (*Iris unguicularis*) forme des touffes foisonnantes, et fleurit très tôt, parfois dès janvier, en bleu violet. Installez-le dans un coin douillet, en plein soleil.

L'iris de Sibérie (*I. sibirica*) forme des touffes denses et fines à la fois, s'il trouve un sol frais. Extra en bord de pièce d'eau.

COMMENT Un sol pas si pauvre que cela, car les hybrides modernes sont relativement exigeants à cet égard. D'ailleurs, les iris n'aiment guère revenir tout de suite après eux-mêmes, preuve qu'ils épuisent le sol en certains éléments. Du soleil, au moins pendant une demi-journée, le matin de préférence car certains coloris s'abîment vite. Les vieilles variétés poussent en sol pauvre : rappelez-vous les fameux iris des toits de chaume...

Commandez les rhizomes en fin d'été, pour les planter en septembre. De la sorte, ils s'enracinent tout de suite, et donnent des fleurs dès le printemps suivant. Étalez les racines de part et d'autre, en les laissant intactes. Le haut des rhizomes doit à peine dépasser du sol.

Espacez-les de 25 cm, pour les variétés de grand développement, et de 15 cm pour les nains. Au printemps, éparpillez une poignée d'engrais complet par mètre carré.

Épandez des appâts anti-limaces au printemps. Tous les deux ou trois ans, en août, procédez à la division des touffes, en séparant les bouts de rhizomes munis d'une touffe de feuilles. Replantez tout de suite, dans un autre coin du jardin.

Le petit truc qui change tout : éliminez les fleurs fanées, qui ont tendance à pourrir vilainement puis à donner naissance à des capsules de graines énormes. Désherbez au moins une fois par an, en juillet.

AVEC QUI Les grands iris se mélangent très bien entre eux, et le jardin qui leur est réservé à Bagatelle, dans le bois de Boulogne, le prouve amplement. Une simple bordure de buis ou de germandrées suffit à caler le tout.

Les iris nains peuvent former des bordures sympathiques, mais associez-les à des sédums pourpres ou encore à des acaenas pour que le spectacle ne soit pas trop triste en été.

Les gauras accompagnent avec bonheur les grands iris, et les relaient après la floraison de ces derniers. Un fond d'armoises 'Powis Castle' assure également un arrière-plan de qualité.

ISATIS

Tel est le joli nom du pastel (*Isatis tinctoria*), une plante bisannuelle qui adopte le même cycle que les choux : une rosette de feuilles la première année et une explosion de fleurs jaune anisé au printemps (1,5 m). S'il se plaît, il se ressème gentiment, sans gêner le moins du monde. Et rustique avec ça : les plus beaux exemplaires que j'ai vus trônaient à Villeneuve-d'Ascq, près de Lille.

ITEA

Vous ne verrez pas souvent proposer cet arbuste nord-américain (*Itea virginica*), et c'est tant mieux car voilà une déception de moins : il ne pousse pas, chipote longtemps, avant de décéder un bel été. Dommage, car la description, la floraison en grappes blanches odorantes au printemps et le feuillage automnal doré font saliver. Il semble apprécier tout spécialement un climat continental, aux saisons marquées, avec un vrai hiver et un été chaud mais arrosé, comme dans sa Virginie natale. Peut-être dans les Vosges, par exemple.

Il existe un autre itéa, persistant et chinois celui-là (*Itea illicifolia*), encore plus capricieux.

Isolé

Un arbre planté en isolé s'ennuie. La nature ne procède pas ainsi. Compris ?

JABOROSA

Une curieuse plante vivace couvre-sol au feuillage quelconque, cousine de la pomme de terre, et qui s'étend par des rhizomes souterrains. Les fleurs blanches, assez grandes, se succèdent de juin à août. Pas de quoi se réveiller la nuit. En plus, si on ne marque pas son emplacement, c'est typiquement le genre de plante que l'on bine impitoyablement au printemps.

JACINTHE

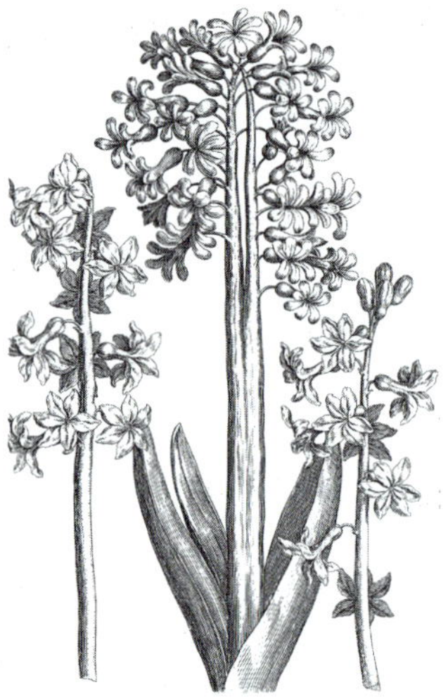

La jacinthe séduit avant tout par son parfum, moelleux et lénifiant. Mais pourquoi nier le graphisme des fleurs réparties en grappe dense, leur texture cireuse et la qualité des coloris améliorés par des générations de peintres-horticulteurs hollandais. Certes, c'est une piètre fleur de jardin, souvent dégénérée dès la deuxième année puis carrément inexistante, mais sa sensualité d'odalisque impose le pardon.

LAQUELLE Laissez-vous guider par vos envies de couleurs, le parfum est toujours présent. Les jacinthes à fleurs doubles ne sont pas si ridicules que cela ('Fleur de châtaignier', par exemple, rose tendrement nuancé). En revanche, on peut raisonnablement douter du bien-fondé des jacinthes couleur crevette, qui semblent vraiment en plastique. De même, les jacinthes multiflores coûtent cher pour un intérêt discutable. Les jacinthes des bois sont à rechercher sous le nom compliqué de *Hyacinthoides hispanica* (ou *Scilla campanulata*, car les catalogues ne sont pas d'accord entre eux). Un trésor pour les sous-bois, en grandes nappes bleu violacé.

COMMENT Plantez les bulbes de jacinthe de septembre à novembre en les enterrant de 15 cm au moins et en les espaçant de 20 cm. Une bonne terre, si besoin allégée avec du sable, et une exposition ensoleillée seront parfaites.

En jardinière, enterrez un peu moins et employez du bon terreau. Toujours au plein soleil et à l'abri quand il gèle très fort car la jacinthe en pot peut geler alors qu'elle résiste bien dans le jardin. Récupérer les potées de jacinthes que l'on vous a offertes est un sport de jardinier avaricieux qui se termine quasi-immanquablement par un échec absolu. Seules quelques feuilles surgiront, comme pour vous narguer.

AVEC QUI Les jacinthes des bois adorent la compagnie des pervenches, des épimédiums et des narcisses botaniques. Au jardin, les jacinthes de Hollande font toujours un peu déplacées. Autant les caler avec des tulipes blanches et du myosotis.

JASMIN

Un grand capricieux quand il se mêle d'être parfumé : il poussera dans tous les sens, en fleurissant épisodiquement, et succombera à un froid plus pervers que la moyenne. En prenant un trachelospermum, on a nettement plus de chance de profiter d'un parfum enivrant.

Le jasmin nudiflore est rustique et florifère. En plus, il épanouit ses corolles en plein hiver. Mais quelle silhouette broussailleuse ! Et puis, un jasmin sans parfum est forcément décevant. Les jardiniers du grand Sud disposent de quantité de jasmins excitants comme tout. Veinards...

JOUBARBE

Les sempervivums ne charment les jardiniers que lorsqu'ils ont encore des culottes courtes, et rêvent devant ces curieux artichauts ; et, à l'opposé, quand ils ont du mal à se baisser, ce qui tombe mal puisque justement les joubarbes sont du genre ras du sol. Si, au hasard d'une fête des plantes, vous arrivez à passer devant le stand de Patrick Nicolas sans craquer, franchement vous avez un caddie à la place du cœur. Adoptez les joubarbes dans votre rocaille, en plein soleil, sur un muret tout neuf ou encore en pots rigolos comme tout. On peut les oublier allégrement, elles adorent ça. Des forces de la nature.

JULIENNE

Aussi incroyable que cela puisse paraître, les juliennes des dames ont longtemps figuré parmi les plantes dédaignées des amateurs, oubliées des catalogues, des livres et des articles de la presse spécialisée. Aujourd'hui encore, malgré la vogue des « jardins de cottage », c'est souvent par échange de plants ou de graines, entre voisins ou passionnés, que l'on se procure les premiers plants.

Heureusement, une fois que la julienne est installée, cette vigoureuse campagnarde ne demande la permission à personne pour former des groupes plantureux, qui se métamorphosent en nuages mauves ou blancs de la mi-mai à la fin juin. Et quel parfum suave et délicieux...

LAQUELLE On ne trouve la julienne des dames (*Hesperis matronalis*) qu'en deux couleurs : la mauve ou la blanche. Il existe une forme double blanche, bien chère pour un piètre effet de masse.

Sa cousine, la julienne de Mahon, est une petite fleur annuelle qui n'a qu'un mérite, fleurir vite. Mais elle ressemble fortement à une mauvaise herbe, ou à une giroflée ratée.

COMMENT Une terre ordinaire, et quelques heures de soleil par jour suffisent amplement.

Procurez-vous des plants chez des voisins ou des amis, et installez-les en septembre-octobre. On peut encore repiquer au début du printemps. Le semis a lieu en mai, puis repiquage en place en septembre. Mais

les juliennes se ressèment souvent spontanément. Il suffit alors de prendre les plants excédentaires, pour les installer où bon vous semble.
Malgré leur taille élancée, les juliennes tiennent droit sans tuteur. Éliminez simplement les plants trop serrés.
Le petit truc qui change tout : coupez les hampes florales fanées, en laissant cependant quelques-unes mûrir leurs graines. Vous les couperez une fois sèches, et froisserez les gousses allongées pour éparpiller les graines dans les coins du jardin un peu dégarnis, en milieu d'été. Puis laissez faire la nature. Spectacle garanti.
AVEC QUI Les juliennes s'associent bien avec les roses anciennes, qu'elles soient pourpres, jaunes ou roses.

Julienne des dames

En grands groupes, elles sont utiles pour former un effet de masse doux au fond du jardin. Installez-les également dans les intervalles entre les arbustes nouvellement plantés. Elles auront tout l'espace à leur disposition en été.
En mélange avec d'autres plantes champêtres, comme les campanules à feuilles de pêcher blanches, les centaurées des montagnes blanches et les alchémilles. Évitez la proximité des rouges et des bleus purs, qui claquent à côté de son mauve.

KAKI

On s'imagine souvent que le kaki ne réussit que dans le Midi, or j'en connais en plein Paris de gigantesques, qui croulent sous les fruits chaque année. Celui du Fleuriste d'Auteuil est un vrai arbre. Les fruits gros comme des tomates alourdissent les branches à l'écorce très noire, longtemps après la chute des feuilles. Celles-ci sont longues et comme laquées, elles passent à l'acajou en octobre avant de tomber tout d'un coup. Les fruits ne sont alors que jaune nankin, puis passent à l'orange, et on les cueille juste avant les gelées, pour les garder à la maison et les savourer jusqu'à Noël, un peu fripés et exquis.
Le kaki est longtemps un petit buisson rond, qui se met à fruits dès la deuxième année de la plantation, mais il atteint 10 m de haut en 15 ans, et davantage si on le cultive sur tige, avec un cimier ample, à la manière des magnolias.
LEQUEL Une variété à fruits mous, comme 'Muscat' ou encore 'Fuji', appelé aussi kaki pomme, qui peut se manger sans attendre qu'il soit devenu blet. À noter que les Japonais les pèlent, puis les laissent à l'air libre quelques semaines avant de les déguster. Le kaki de Virginie est plus petit et très astringent, mais peut rester sur l'arbre jusqu'en décembre. Il culmine à 10 m, avec des branches élégamment arquées. Belle écorce qui s'écaille avec le temps.
COMMENT Les kakis apprécient n'importe quelle bonne terre de jardin, y compris calcaire, et le plein soleil. Plantez un scion dans un trou de plantation de 30 cm de côté, rempli de deux pelletées d'Or brun, additionnées d'une poignée de poudre de corne et recouvertes d'une pelletée de terre fine.
Attention, les racines sont peu nombreuses et cassantes. Prenez-en le plus grand soin. Comblez les vides avec le même mélange, et arrosez copieusement. Plantez de novembre à mars.
On peut appuyer le kaki contre un mur bien exposé, en le plantant à 50 cm du pied du mur, ce qui favorise la maturation des fruits.
Pas de maladies, pas de parasites. Éclaircissez juste la ramure si elle devient trop enchevêtrée, ce qui arrive surtout les premières années.
AVEC QUI Tout seul car sa silhouette est vraiment distinguée, avec l'appoint de quelques nandinas et d'hydrangéas.

KALIMERIS

À adopter sans plus attendre : ce fabuleux substitut des asters forme en un rien de temps un nuage de fleurs blanches à peine teinté de lilas très délavé (*Kalimeris incisa*, 80 cm).
Divisez la souche au printemps et replantez immédiatement, la floraison sera au rendez-vous en même temps que les rosiers anciens qu'il accompagne divinement.
'Shogun' est une nouveauté panachée de crème, pas forcément recommandable car moins vigoureuse.

KALMIA

Comme si les rhododendrons ne suffisaient pas, dans le registre gros arbuste immuable à la lourdeur désespérante, le kalmia vient ajouter son grain de poivre. Il doit être superbe chez lui, dans l'est des États-Unis, en compagnie des paviers et des cornouillers. Mais ailleurs, que de déceptions…
Il existe cependant une allée de kalmias somptueux dans un grand parc du Limousin. La vraie question : êtes-vous prêt à patienter un siècle ?

KIRENGESHOMA

Cette plante vivace japonaise appartient à la même famille que les hydrangéas. Sachant cela, on se doute qu'il lui faudra un emplacement plutôt frais, à mi-ombre, avec une belle terre noire.
Effectivement, c'est à toutes ces conditions que vous la verrez au mieux de sa forme, avec un superbe feuillage découpé un peu comme celui d'un érable, et des fleurs charnues jaune tendre en fin d'été (1,2 m). Mais si l'une de ces conditions vient à manquer, bonjour tristesse…
On lui évitera tout particulièrement le soleil brûlant de l'après-midi, sans oublier la morsure des limaces. En ville, elle réussit souvent mieux.

KITAIBELIA

Une sorte de grande mauve vivace dressée, capable de dépasser la taille humaine en sol riche, où elle devient folle, et qui fleurit en juillet-août, en blanc. Chic, se dit-on.
Hélas, la floraison est bien maigre par rapport à l'encombrement de la plante, et les pétales épars ressemblent à un sourire d'édenté.
Une brave lavatère 'Barnsley' vous donnera plus de satisfaction.

KNAUTIA

Imaginez une scabieuse vivace un peu plus grande que la moyenne (70 à 90 cm) et très légère, portant ses petites têtes rondes grenat foncé au bout de tiges si fines qu'on ne les distingue pas de prime abord.
Le tout se balancera avec une grâce infinie parmi des graminées (pennisetum ou *Carex buchananii*, par exemple), des kalimeris et des gauras, de juillet à septembre. Il en faudra évidemment une dizaine de sujets pour commencer à obtenir un certain effet.
Elle se complaît très bien en sol calcaire. Du coup, on se dit qu'elle serait admirable en compagnie des plantes de la garrigue : lavande, dorycnium, romarin rampant, hysope, thyms divers, ciste et origan. Essayez, et vous m'en direz des nouvelles.

KNIPHOFIA

Hiératiques, les kniphofias ne laissent personne indifférent. Cela commence avec leur nom en forme d'éternuement, parce que nous ne prononçons pas correctement : il faudrait dire knip-hofia, puisque M. Kniphof était Hollandais. Certains apprécient leur stature et leurs épis orangés ou jaunes, culminant parfois à hauteur d'homme. Les autres détestent leur manie de passer du jaune à l'orange avant de faner misérablement, et leurs feuilles rubanées, un peu brouillonnes, qui sèchent par gros paquets.
Ce ne sont pas des plantes faciles à marier aux autres, et pourquoi le tenter d'ailleurs ? Faites-en des bordures hautes, le long d'une allée de bonnes proportions, ou créez carrément un paysage à leur mesure comme nous vous l'indiquons plus loin.

Kniphofia

LEQUEL Le plus répandu est *Kniphofia uvaria*, qui atteint 1,20 m de haut. On trouve quelques hybrides, comme 'Alcazar', rouge corail ; 'Clair de lune' ou 'Sunnningdale Yellow' (60 cm celui-là), deux beaux jaunes ; ou 'Maid of Orléans', crème teinté de rose. 'Safran Vogel' vous offrira une nuance safran chaude et douce à la fois, dans un format moyen (50 cm). Même hauteur pour 'Jenny Bloom', rose teinté de crème. Vous trouverez dans le catalogue de Jean-Pierre Jolivot (Jardins d'en face) une dizaine de variétés excitantes, dont 'Green jade', aux fleurs d'un vert intense.

COMMENT Contrairement à ce que leur aspect de grands oiseaux du désert laisse à penser, les kniphofias aiment les sols restant frais en été, surtout durant leur floraison. En hiver, régime sec au niveau des racines, ce que l'on obtiendra en serrant les feuilles avec une ficelle, puis en recouvrant d'un film plastique. Mais le mieux consiste à drainer avant la plantation. Placez au soleil, à une exposition abritée des vents froids. Le kniphofia est particulièrement heureux sous le climat breton.
Plantez au printemps, en espaçant de 30 cm environ, en tous sens. On peut également semer à la même époque, repiquer une première fois, et mettre en place le printemps suivant après avoir abrité les jeunes plants pendant le premier hiver. Cela permet d'obtenir, à bon compte, quantité de plants aux coloris changeants… avec une forte dominante de bicolores jaune-orange.
Rabattez les feuilles du tiers de leur hauteur en fin mars, pour laisser de la place aux nouvelles feuilles et aux hampes florales. Renouvelez l'opération fin août, pour que les souches restent nettes.
Le petit truc qui change tout : divisez les touffes tous les trois ans, car elles se gênent rapidement. On pratique cette opération au printemps, début avril par exemple.

AVEC QUI En grandes bordures devant des dahlias à grosses fleurs. Somptueux de juin à octobre.
En mélange avec des plantes originaires des mêmes contrées, c'est-à-dire du sud de l'Afrique : agapanthes, fuchsias du Cap (*Phygelius capensis*), jacinthes du Cap (*Galtonia*), et même des lobélias rouges. Plantez tout ce beau monde par groupes irréguliers d'au moins un mètre carré, en laissant de l'air entre eux pour disposer des graminées, miscanthus ou fétuques glauques par exemple. Installez des eucomis sur un emplacement en pente, et tracez une sor-

te de chemin garni de sable qui serpente entre toutes ces beautés.
Pour ménager la surprise, cachez au regard derrière une palissade de brande. Une sorte de jardin sauvage riche en couleurs pour une maison de vacances au bord de la mer.
Essayez également en ponctuation parmi des graminées, des gauras et des achillées aux couleurs de terre cuite pour accompagner les kniphofias abricot ou crème.

KOCHIA

Une armée de bonnets d'ours surgira du jardin une fois que vous aurez semé et repiqué le kochia. Cette plante annuelle tout en feuilles fines est souvent l'apanage des arrière-grands-mères, qui se souviennent de leur enfance à la ferme. Autrefois, le kochia était utilisé pour fabriquer des balais rustiques. Au jardin, il peut ponctuer un massif de plantes vivaces un peu jeune, ou encore simuler une haie. Selon que les pluies d'été seront ou non au rendez-vous, le résultat se traînera à 50 cm ou grimpera à près de 2 m. Semez de la graine fraîche, aux alentours de la fin avril, quand la terre est déjà chaude.

KOLKWITZIA

Prenez votre souffle avant d'énoncer ce nom si vous jouez au Scrabble, et attendez-vous à devoir argumenter longtemps pour convaincre tout le monde qu'il s'agit bien d'un arbuste, d'ailleurs très joli. Outre son impressionnante série de consonnes rares, le kolkwitzia possède en effet une silhouette racée et élégante, due à ses rameaux joliment arqués, et des fleurs en petites trompettes d'un rose craquant, égayé par une touche de jaune. Feuillage neutre et rusticité assurée complètent le portrait de ce chinois, découvert tardivement et pas encore intégré dans les jardins, alors qu'il s'agit d'un des sujets de gloire du printemps.

LEQUEL On trouve surtout une variété, dénommée 'Pink Cloud' (Nuage rose). Hauteur 2 m environ, sur autant de large. On en raffole en Allemagne, preuve de sa rusticité.

COMMENT Un sol ordinaire, même calcaire. Au moins une demi-journée de soleil.
Gringalet dans sa jeunesse, le kolkwitzia fait piètre figure en conteneur. Ne vous étonnez pas s'il ne présente que deux ou trois branches. Il s'étoffera en quelques années, et ne fera que grandir en beauté avec le temps, ce qui n'est pas le cas de nombreux arbustes plus pétillants dans leur jeunesse, comme les genêts. On plante en toute saison, en laissant 1 m entre les touffes, s'il s'agit d'une plantation en groupes.

Kolkwitzia amabilis

Arrosez pendant le premier été. Par la suite, un simple paillage en fin de printemps suffit à lui assurer un sol quelque peu frais, et la protection contre les mauvaises herbes. Taillez en juillet, pour enlever le bois mort et les branches vieilles, à l'écorce se détachant par lambeaux. Conservez précieusement les tiges nouvelles, très vigoureuses, qui finiront par ployer sous les fleurs. Ce ne sont nullement des arbustes gourmands.
Le petit truc qui change tout : prélevez des boutures en fin juillet, des extrémités de tiges de l'année, à l'écorce encore rouge, et enterrez-les à mi-hauteur dans un mélange de sable et de terreau.
L'enracinement se produit pendant l'hiver, sous abri. Mise en place dans un coin du potager, et élevage pendant deux ans. Ensuite, on peut les intégrer au jardin... ou les offrir.

AVEC QUI Le kolkwitzia est un des arbustes qui se marie le mieux aux fleurs vivaces, nombreuses à fleurir en mai-juin. Entourez-le de digitales, de lupins, de pivoines ou d'iris, et plantez des alchémilles à ses pieds. Vous pouvez également profiter de l'ombre douce des kolkwitzias adultes pour installer dessous des fuchsias en pots, qui fleuriront tout l'été et une bonne partie de l'automne.
Le mélange des kolkwitzias et des orangers du Mexique ou choisyas est payant, car le feuillage vert de ces derniers renforce le rose des kolkwitzias. Même effet auprès de buis en boules régulières.
Les jardiniers raffinés tenteront également le mélange bambous et kolkwitzias, avec des nandinas et un érable du Japon à proximité. Sérénité et bonheur garantis.

LAGERSTROMIA

Courant dans le Sud-Ouest, en particulier autour de Bergerac où se tiennent les pépinières Desmartis, introducteurs et sélectionneurs spécialistes, ce petit arbre chinois joue les lilas d'été, dans les roses et les rouges carminés. Contrairement à ce qui est souvent pratiqué, laissez-le libre, sans le rabattre, pour dégager plusieurs troncs qui deviendront magnifiques avec le temps.

Lacinié

Un feuillage lacinié est plus fin que d'ordinaire. C'est génétique mais pas grave. En général, assez artificiel, parfois gracieux. À vous de juger...

LAITUE

On devrait plutôt parler de la galaxie des Laitues, tant elles sont incroyablement variées : depuis des siècles, les jardiniers et les maraîchers ont fait des prouesses pour créer, à partir de quelques mauvaises herbes au suc âcre, des batavias, des romaines, des laitues pommées, avec à l'intérieur de chaque catégorie toute une gamme de couleurs et de formes de feuillage. Actuellement, la tendance est aux batavias presque aussi charnues que des romaines, avec un feuillage découpé, et aux laitues peu pommées mais très frisées, du style Italienne permanentée, comme la 'Lollo Rossa', très tape-à-l'œil mais sans aucun goût sinon celui du papier crépon.

COMMENT N'importe quelle bonne terre de jardin, à mi-ombre éventuellement en été, mais surtout au soleil, comme tous les légumes.

De janvier à mars, semez des laitues de printemps en pépinière, sous châssis ou dans une caissette de tourbe blonde.

De mars à septembre, semez directement en pleine terre, dans un sillon large de 10 cm. Semez le plus clair possible, ce qui est facile. Recouvrez les graines d'un peu de gazon fraîchement coupé, sur 1 cm à peine, et arrosez copieusement juste après.

Comme les récoltes ne durent qu'un mois environ, entre la première et la dernière d'une série, vous avez intérêt à faire des petits semis renouvelés toutes les trois semaines.

On trouve des plants toute l'année au marché, par barquettes de 12, de préférence, à la fois pour la qualité de la reprise et pour le nombre, quand on n'est que deux à table. Mais s'il y en a plus, donnez à la voisine, elle sera tellement contente.

Éclaircissez les semis quand ils ont quatre feuilles, en ne laissant qu'un pied tous les 20 cm, et plantez le surplus au même intervalle, vous échelonnerez ainsi les récoltes sur plus d'un mois et demi, car les laitues repiquées poussent moins vite que les semis directs, mais grossissent davantage, et pomment mieux.

L'ennemi numéro un des laitues est la limace, petite et grande, et son compère l'escargot. Tous sont capables de ravager l'ensemble d'une plantation en l'espace d'une nuit. Sitôt les graines semées et arrosées, répandez des granulés.

La deuxième menace prend la forme d'un ver gris répugnant, la larve de la noctuelle, papillon tout aussi terne. Chaque matin, vous retrouverez un plant bizarrement fané alors que vous avez arrosé la veille. Creusez tout de suite pour déterrer l'intruse.

AVEC QUI Les laitues sont bien entre elles, et vous pouvez composer de vrais tableaux en jouant des couleurs et des formes différentes.

Repiquez aussi des laitues entre les légumes de grand développement qui mettent du temps à s'installer, comme les choux, les poirées, les rhubarbes ou les cardons.

LE SYSTÈME LAITUE

En panachant les variétés, on peut récolter des laitues pratiquement toute l'année. Les laitues dites d'hiver se sèment en fin d'été (septembre), et se mangent de mars à mai, un hiver en fait légèrement décalé.

Alors que les laitues de printemps se divisent en deux familles, une très

hâtive qui se sème au chaud dès février, et se mange en mai avant de monter vite à graine, l'autre plus lente qui lui succède avant de passer le relais aux laitues d'été, charnues à souhait et lentes à monter.

Dès le mois de juillet, on reprend les variétés de printemps, avant de songer à nouveau à l'hiver, et la boucle est bouclée.

À RÉCOLTER CHAQUE SAISON

DÉBUT DE PRINTEMPS : Laitues pommées 'Florian', 'Gotte jaune d'or'. Romaines de printemps : 'Blonde maraîchère',' Chicon des Charentes'.

FIN DE PRINTEMPS : Laitues 'Reine de mai', 'Divina'.

Batavias 'Dorée de printemps', 'Rouge grenobloise', 'Reine des glaces', 'Canasta', 'Laura'.

PLEIN ÉTÉ : Laitues 'Kagraner Sommer', 'Sucrine', 'Mantilia', 'Têtue de Nîmes', 'Craquerelle du Midi', 'Pavane'.

Laitue à couper : 'Cressonnette du Maroc'.

Batavias résistantes à la chaleur : 'Kristia', 'Masaïda'.

Laitues romaines d'été : 'Pomme en terre', 'Little Leprechaun'.

AUTOMNE : Reprendre à nouveau les laitues de fin printemps.

SORTIE DE L'HIVER : Laitues pommées 'Brune d'hiver', 'Pasquier', 'de Trémont' (brunes) ; 'Merveille d'hiver', 'de Verrières' (vertes).

Romaine 'Verte maraîchère', 'Rouge d'hiver'.

LAMIUM

Que planter à l'ombre ? Cette question lancinante revient régulièrement entre jardiniers, et chacun de se lamenter sur le piètre choix à sa disposition : lierre, pachysandra, pervenche... pas de quoi se réveiller la nuit. Ajoutez les lamiums, et la situation s'éclaircit un peu. Grâce à ce couvre-sol, vous apportez de la lumière aux recoins ombragés du jardin, car leurs feuilles se marquent d'argent, tandis que la floraison s'épanouit en blanc, rose ou jaune selon les variétés. Hauteur : 20 cm, étalement variable. Rusticité assurée.

LEQUEL Le *Lamium galeobdolon* 'Florentinum' enchante par son feuillage panaché de vert sombre et d'argent, qui persiste en hiver. Fleurs jaune citron, au printemps. Très proche, 'Silver Carpet' est plus modéré dans ses expansions. Les lamiers tachés (*Lamium maculatum*) constituent une vraie tribu où pullulent les couvre-sol de qualité.

Parmi eux, 'Pink Pewter' ravira les amoureux du rose : ses hampes florales hautes de 15 cm sont mises en valeur par un feuillage taché d'argent. Il mettra admirablement en valeur vos hortensias roses ou blancs. 'Shell Pink' est vert tendre rayé d'argent, et ses fleurs sont d'un rose plus soutenu que chez 'Pink Pewter'. Il s'accommode bien du soleil pas trop brûlant, et peut ainsi accompagner des géraniums vivaces.

'Beacon Silver' et 'White Nancy' sont deux autres variétés réputées, aux panachures différentes. Fleurs magenta pour le premier, blanches pour le second. En revanche, méfiance vis-à-vis du lamier doré (*Lamium maculatum* 'Aureum') qui crame au moindre coup de soleil. À la rigueur en jardinière sur une terrasse ombragée mais on est souvent à la limite du mauvais goût avec lui. Une lysimaque dorée semble mieux appropriée.

Dans les assortiments pour jardinière, on vous proposera 'Golden Anniversary', panaché de jaune d'or. Laissez-vous tenter même si ses fleurs roses sont un peu tristes car sa draperie dégringolera avec élégance.

COMMENT Tout sol, même pauvre. Ombre et mi-ombre, mais surtout pas le soleil de l'après-midi.

Un peu d'humus est le bienvenu cependant, surtout autour des pieds nouvellement installés. Plantez les godets en automne ou au printemps, dans une terre bêchée et nettoyée de toutes les mauvaises herbes vivaces. Le rôle de couvre-sol et cache-misère des lamiums n'est effectif qu'au bout d'un an. Arrosez pendant le premier été, plutôt copieusement que souvent. Paillez en juin, avec du terreau de feuilles encore grossier.

On se contente de rechausser les touffes au sortir de l'hiver, en épandant un peu de terreau à la volée. Coupez les tiges vagabondes, qui ont tendance à envahir tout l'espace à leur disposition, y compris les allées. Le petit truc qui change tout : taillez à la cisaille le feuillage en été, il se renouvellera pour le second printemps qui démarre en septembre, après un bon arrosage et l'un des orages classiques de la mi-août.

Lamium maculatum

AVEC QUI Les lamiers sont parfaits en compagnie des fougères mâles et des hostas. Mi-ombre, bien sûr.

Jetez de grands tapis de lamiers sous des magnolias à floraison printanière. Si vous avez créé de vastes étendues de lamiers, et trouvez cela plutôt ennuyeux, ponctuez avec des touffes de carex bronze, de bambous nains ou encore des pulmonaires au feuillage argenté, surtout pas panaché puisqu'on est déjà dans ce registre.

LANTANA

Tout irait bien si cette plante venue des tropiques n'avait pas retrouvé son ennemi juré, l'aleurode. De fait, bien des jaunissements suspects sont dus à ces insectes minuscules qui pullulent dès le mois de juillet, volettent des abutilons aux fuchsias en passant par la plupart des plantes de nos terrasses.

Lantana camara

De plus, certains coloris de lantanas sont à la limite du mauvais goût, autant être prévenu. Le lantana blanc est souvent insignifiant.

En revanche, il existe un lantana à feuillage panaché de jaune et floraison du même tonneau qui est une pure réjouissance de l'œil, et avec cela résistant au soleil, ce qui n'est généralement pas le cas des plantes panachées. On peut le disposer dans un grand pot, en compagnie d'acidanthéras qui viendront pulvériser leur parfum d'ambre solaire en pleine canicule.

LASERPITIUM

Cette appellation assez technologique s'applique à une plante vivace de la famille des carottes. Les fleurs en ombelles blanches se pavanent à 60 ou 90 cm du sol, et le feuillage ciselé ajoute à la beauté.

On a encore du mal à dénicher cette plante, mais nous sommes quelques-uns à parier qu'elle figurera un jour en bonne place dans les jardins du futur, adeptes du laisser-aller et de la décontraction.

LAURIER-ROSE

C'est un peu du Midi qui s'invite au jardin avec les lauriers-roses (*Nerium oleander*). Dans les régions ensoleillées au climat doux, on peut en faire des haies, jusqu'au milieu des autoroutes niçoises, italiennes et portugaises, où ils fleurissent malgré les rafales continuelles. Ailleurs, il peut vivre longtemps en grands pots.

LEQUEL Le choix de variétés ne manque pas : les spécialistes comme Filippi, Daubas, Pellizzaro ou Jean-Marie Rey en proposent des dizaines. Voyez la courte sélection ci-dessous.

COMMENT Dans la région méditerranéenne, le laurier-rose supporte aisément jusqu'à -7 à -8 °C, et on le voit en fleurs tard en automne. Il se plaît dans les terres profondes, argileuses et surtout irriguées, et cela d'autant plus que l'exposition est plus chaude. Hors de cette région, il peut encore passer l'hiver dehors, à condition que le littoral ne soit pas loin, ou que l'on profite du micro-climat d'une grande ville comme Paris et la proche banlieue, où les gelées sont rares. La protection d'un mur exposé en plein sud et une couverture de feuilles mortes, destinée à abriter le pied du froid, sont les bienvenues. Partout ailleurs, il lui faut un abri en hiver, une véranda ou un garage éclairé, et on le cultivera en caisses de bois, façon grand siècle, ou bien dans des ex-grands bidons d'huile façon récupération. C'est le côté « bidonville » du laurier-rose.
Achetez un laurier-rose en conteneur, en avril-mai et installez-le dans un pot plus grand de 10 à 15 cm, rempli d'un mélange à part égale de terre de jardin et de terreau.

Nerium oleander

Rempotez-le tous les deux ans, et donnez-lui de copieux arrosages en été, ce que peu de personnes croient, en imaginant que feuillage coriace signifie plante du désert. En pleine terre, il se passe mieux d'arrosage, et une poignée d'engrais chaque printemps lui suffit largement.
En pot, Pépère devient gourmand : plus vous lui en donnez, plus il en veut. Il adore les engrais retard, du type Osmocote.
Les cochenilles sont les bêtes noires du laurier-rose. Elles sucent la sève et provoquent des pullulations de fumagine, un champignon à aspect de suie qui vous mettra sur la trace de l'ennemi à combattre. Des pulvérisations répétées d'insecticides à base d'huile blanche vous en débarrasseront. Les jardiniers patients préféreront les déloger avec un coton-tige imbibé d'eau savonneuse, en insistant tout au long des nervures.
En été, l'araignée grise pullule, donnant au feuillage un aspect plombé. Plan d'action : avant tout, bassinages préalables du feuillage à l'eau pure, et deux traitements à quinze jours d'intervalle avec un acaricide (spécialité pour conifères, par exemple).

AVEC QUI Il vaut mieux cultiver le laurier-rose tout seul dans son pot ou son bac, car il est trop vorace. Non loin de là, installez des tabacs et des belles-de-nuit, pour des soirées inoubliables passées à siroter du muscat en parlant de tout et de rien.

LAURIERS-ROSES AU PARFUM

Dans les rouges à fleurs simples : 'Émile Sahut' et 'Hardy Red', 'Italia', 'JR' ; parmi les doubles : 'Géant des Batailles', un des plus parfumés, rouge foncé rayé de blanc ; 'Tamouré'.
Dans les roses à fleurs simples : 'Émilie', 'Hardy Pink', 'Magali', rose lilas, 'Margaritha' et 'Rosita' ; parmi les doubles : 'Louis Pouget', rose foncé, un régal ; 'Roseum plenum', rose abricot foncé, 'Provence', rose saumoné.
Dans les blancs à fleurs simples : 'Alsace' et 'Mont Blanc' ; 'Sœur Agnès' est double et son parfum enivrant.
Dans les jaunes, seul 'Luteum plenum', le double, est très parfumé.
Quelques variétés naines, ou à port compact, qui prennent moins de place sur les terrasses : 'Minouche', rose très lumineux ; 'Isabelle', blanc simple ; 'Maravanne', rouge simple foncé ; 'Petite Pink', rose simple clair et 'Petite Salmon', saumon simple. Parmi les doubles, 'Rosée du Ventoux', rose magenta ; et 'Ville de Carpentras', rose abricot, sont aussi compacts.

LAURIER-CERISE

On a beaucoup planté le laurier du Caucase en haie, sans tenir compte de son encombrement adulte (souvent 6 à 7 m en tous sens), d'où des séances de taille qui ressemblent plus à de l'équarrissage qu'à de la chirurgie. Adoptez-le pour ce qu'il est, un beau petit arbre rondouillard, au feuillage persistant magnifiquement lustré et à la floraison printanière brumeuse.

Son cousin du Portugal (*Prunus lusitanica*) est réputé plus rustique. Son feuillage moins ample ressemble plus à celui du laurier-sauce. Isolé, c'est un arbuste de grande classe et de belle prestance, un vrai point de mire.

LAURIER-SAUCE

Ce petit arbre à l'écorce sombre, aux feuilles allongées, gracieusement ondulées sur le bord, résiste en fait à des hivers assez méchants, jusqu'à -10 °C, et supporte si bien la taille qu'on l'a souvent martyrisé en boule ou en cône, dans des caissons sortis pendant la belle saison devant les châteaux. Il viendra ponctuer avec noblesse le potager, ou encadrer le perron de la terrasse.

Laurus nobilis

COMMENT Sol sain et profond, même ordinaire. Soleil et abri contre les vents froids.

On trouve des jeunes lauriers non seulement parmi les arbustes, mais également dans les étalages de plantes aromatiques. Ne pas oublier qu'il s'agit d'un grand arbuste, et non d'une touffe de thym ! On l'installe à deux mètres de tout arbre. Plantez de préférence au printemps, à la sortie des grandes gelées.

Taillez en mai, pour modeler sa silhouette. Le laurier fleurit habituellement à cette saison, mais ce n'est guère spectaculaire, et l'on n'y perd rien en le manucurant.

Le petit truc qui change tout : si vous cultivez le laurier en bac, arrosez régulièrement ; et ajoutez deux poignées de corne torréfiée sur le dessus de la terre, en avril. Rentrez-le à l'abri en novembre, dans un garage ou une véranda à peine chauffée.

AVEC QUI Des myrtes, des romarins et des lavandes, pour reconstituer un coin de garrigue plein de parfums résineux. Tout un poème…

LAVANDE

Un jardin sans lavande est un peu orphelin. Difficile d'imaginer la vie de tous les jours sans sa présence familière, sa silhouette ronde hérissée d'épis parfumés, de juin à septembre, et son feuillage gris persistant qui, même en hiver, marque le paysage. Passer la main négligemment dans ce feuillage est un plaisir infiniment renouvelé.

Et quelle résistance face aux aléas de la météo… et à la négligence d'un jardinier désinvolte !

LAQUELLE La lavande papillon (*Lavandula stoechas* 'Pedunculata') est la plus précoce de toutes. Sa floraison, dès le mois de mai, se caractérise par une houppe de bractées violacées, très odorantes. Lui succède la lavande 'Hidcote', violet foncé dès le mois de juin. Elle est très compacte, et ne passe jamais inaperçue.

La lavande hollandaise ('Dutch') possède un feuillage large, assez bleuté. Fleurie de fin juillet à septembre, elle fait partie des plus rustiques.

'Grosso' est un hybride, le fameux lavandin, qui offre un feuillage large et une vigueur impressionnante. Floraison très abondante en juin-juillet, violet foncé. Une vraie carte postale !

Mais, au fond, notre préférée reste la lavande vraie, la lavande fine qui remplissait les petits sachets des armoires familiales.

Ses fleurs bleu-violet, perchées sur des épis élancés, marquent le sommet de l'été, de la flânerie et d'un certain art de vivre.

Si vous rencontrez le Jardin des Lavandes sur une fête des plantes, nul doute que vous succomberez à leur gentillesse et à la qualité de leurs lavandes de toutes les nuances.

COMMENT Un sol ordinaire, même maigre. Du soleil à foison.

Les lavandes sont parfois proposées en racines nues, dans le Midi, et elles reprennent avec assez de bonne volonté si l'on n'a pas trop attendu. Sinon, et pour des quantités raisonnables, contentez-vous des lavandes en godet vendues dans le commerce. Plantez en septembre ou au printemps, en laissant 40 cm entre chaque pied.

Taillez à deux reprises : en avril, juste pour régulariser la forme ; en août, après la floraison, pour enlever les épis fanés et réduire la végétation d'un tiers. On prendra garde à ne pas couper sur du vieux bois, car les bourgeons ne repercent pas si bas.

Le petit truc qui change tout : prélevez des extrémités de pousses, en août-septembre, et enterrez-les de moitié dans un mélange de sable et de terreau. L'enracinement a lieu pendant l'hiver, sous l'abri d'un châssis ou d'un tunnel. Mise en place en avril-mai.

AVEC QUI Rien de plus beau qu'une petite haie de lavandes taillées en dômes aplatis, le long d'un potager, ou autour d'un carré de plantes aromatiques. À portée de main.

Lavande

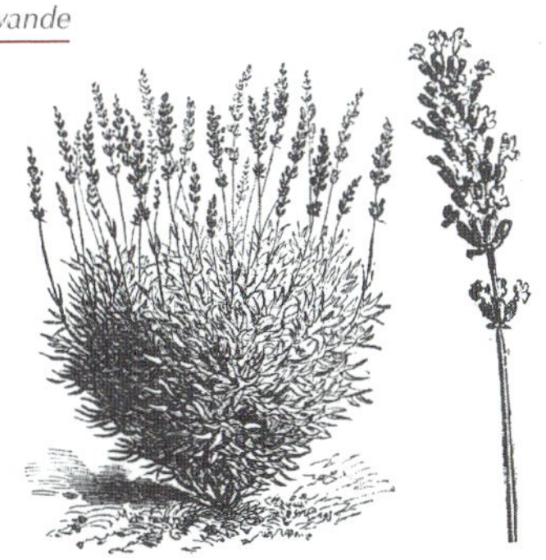

Pour un jardin peu arrosé, composez le mélange suivant : lavande, absinthe, genêt des Balkans (*Genista lydia*), hysope, pérovskia, amandier nain (*Prunus tenella*), sauge officinale, santoline, germandrée et quelques berbéris pourpres nains, le tout sur un tapis de thyms divers et de serpolets.

Les lavandes se marient bien avec les roses modernes, en prolongeant leur période de floraison jusqu'en été, avant la remontée de septembre.

Simple et de bon goût : des lavandes et des anthémis blanches et jaune tendre ('Sauce Hollandaise' par exemple).

Ajoutez encore des santolines et quelques dorycniums, pour rester dans une note doucement argentée.

LAVATÈRE

S'il fallait choisir une seule plante pour un jardin de vacances, ce serait certainement la lavatère arbustive. Une vraie aubaine que cette mauve montée en chantilly, avec juste ce qu'il faut de feuillage pour servir d'écrin aux corolles naïvement dessinées et comme peintes à la main. Et avec cela, facile à vivre et s'adaptant à tout. La version annuelle en paraît presque compliquée...

LAQUELLE En premier, parce que c'est par elle que tout a commencé, la lavatère d'Hyères, *Lavatera olbia* 'Rosea'. Une belle masse de près de 2 m d'envergure, poussant à toute allure, et qui charme presque autant par son feuillage velouté que par ses fleurs d'un rose net et franc.

Depuis une dizaine d'années, on s'est évertué à nous proposer des variantes, comme la blanche 'Ice Cool', pas toujours rustique, ou la vineuse 'Burgundy Wine', trop triste.

La seule qui en vaille la peine est 'Barnsley', aussi vigoureuse qu'Olbia, et tellement attendrissante avec ses corolles blanches avivées par un accroche-cœur rouge tendre, le tout virant au rose tendre.

Lavatère annuelle

Parmi les lavatères annuelles, retenez que les variétés hautes (90 cm) sont plus à leur aise au sud de la Loire : 'Tanagra', rose carmin, ou 'Loveliness', rose tendre. Tandis que les plus basses (60 cm), comme 'Silver Cup', rose vif ; et 'Mont Blanc', immaculé, sont à leur mieux sous des climats plus frais.

COMMENT Choisissez un emplacement ensoleillé pour la lavatère arbustive, originaire du bord de mer varois. Un sol quelconque, même assez maigre, mais profond et sain pour que ses racines pivotantes aillent chercher la fraîcheur en sous-sol.

Mettez en place au printemps, à partir de la mi-mars, en n'oubliant surtout pas que la plante adulte occupera un mètre carré au sol dans quelques mois, et le double l'année suivante.

Paillez en juin et arrosez peu souvent mais copieusement. Une fois la floraison passée, rabattez les tiges de la moitié de leur hauteur, et vous profiterez d'un rappel.

Au printemps suivant, coupez tout au ras du sol pour favoriser l'émission de jeunes rameaux vigoureux. Cela peut paraître cruel mais c'est au contraire le meilleur moyen de faire durer le pied de lavatère.

En général, au bout de quelques années, il dégénère mystérieusement. D'ici là, vous aurez multiplié les boutures, en plein été, dans le sable, et n'éprouverez aucun regret.

La lavatère annuelle se sème en avril, soit directement en place soit en plaque alvéolée pour la repiquer au bout d'un mois. Tuteurez discrètement les variétés hautes avec des rameaux de noisetier.

AVEC QUI Les lavatères arbustives constituent des haies charmantes, seules ou associées à des groupes de fenouil bronze, des armoises 'Powis Castle', et des crambés *cordifolia*. Entourez d'ancolies bleues et de digitales sur le côté ombragé ; de coquelourdes et de népétas sur le côté ensoleillé, et prenez un abonnement pour la plage.

LEPTOSPERMUM

Arbuste australien curieux, au feuillage fin, vert foncé. La floraison, rouge chez 'Winter Cheer', blanche et rose chez 'Martinii', garnit les rameaux en été. Pour climat maritime. Ailleurs, en bac sur la terrasse, à traiter comme le laurier-rose.

LESPEDEZA

Vous rêverez de cet arbuste après en avoir vu des exemplaires superbes sur un talus d'espaces verts quelconque, et votre essai au jardin se révélera pitoyable : deux grandes tiges interminables finissant par une petite grappinette de fleurs d'un rose violacé larmoyant. Encore un arbuste qui doit être utilisé en grandes masses pour faire vraiment de l'effet. Avec un peu de persévérance, vous toucherez au but.

LEUCOPHYLLA

Un nom bien compliqué qui vient remplacer celui de Calocephalus, en renseignant un peu mieux sur l'aspect de la bête : *leuco*, blanc ; *phylla*, feuille. Cette plante australienne présente en effet un feuillage très fin d'un gris velouté si clair que l'on en est presque ébloui. La floraison s'avère en revanche complètement insignifiante. On s'amusera donc à l'installer dans les potées, en compagnie de lobélias, de scaevola ou d'anagallis, et plus généralement de fleurs aux coloris vifs mais manquant un peu de présence. Le tout sera servi en plein soleil et arrosé régulièrement.

LEUCOTHOE

Honte à celui qui a créé et mis sur le marché le *Leucothoe fontanesiana* 'Rainbow', au feuillage panaché de crème, de jaune et de rose. Franchement artificiel : est-ce que vous aimeriez un sandwich rosbif – glace à la vanille nappée de crème Chantilly au poivre vert ? Du coup, on a envie de mettre dans le même sac tous les leucothoés : pas si vite, 'Scarletta' mérite qu'on s'y arrête, pour la beauté de son feuillage persistant, lustré et teinté de bronze. Une présence certaine pour réveiller le premier plan de massifs d'arbustes de terre de bruyère qui bayent tout l'été. Ou encore pour donner du tonus à une plantation de bambous, en compagnie d'aucubas verts et de nandinas. Le Japon n'est pas loin... En ville, dans un petit jardin précieux, ce leucothoé fera merveille à côté du kirengeshoma, du cœur de Marie rose et de quelques fougères ciselées.

Si vous dénichez *L. davisiana*, craquez : ses grappes blanches émettent une incroyable senteur de clou de girofle. Allez donc l'admirer au jardin botanique de Limoges.

LEWISIA

Une photo de ses corolles en gros plan vous aura fait craquer devant tant de modelé et de nuancé : une vraie leçon d'aquarelle ! Mais limitez-vous à la culture en pot, car les lewisias sont des petits bijoux à contempler de près au moment de leur floraison, puis à oublier (façon de parler) dans un coin de châssis.

LEYCESTERIA

Cet arbuste requiert une certaine configuration de l'esprit, un mélange de confiance envers la nature et de résistance au conformisme ambiant. Pourquoi ? Parce que sa silhouette semble dépouillée, au point qu'il vous posera des problèmes d'intégration tant que vous n'aurez pas saisi son esprit, fait de générosité tranquille : directement issu des fourrés himalayens, le leycesteria remplit là-bas le même rôle écologique que nos aubépines ou cormiers. Ses baies noires, au goût de caramel oublié, sont appréciées des oiseaux qui le propagent allégrement. Et là où il germe et se développe, il sera impeccable. Une fois que vous l'aurez compris, vous serez aptes à vivre ensemble. L'arbuste de la totale acceptation, en quelque sorte...

LEQUEL Le seul, l'unique *Leycesteria formosa*, dont le nom ne signifie nullement qu'il vient de Formose, mais qu'il est beau, tout simplement. Il nous vient des contreforts de l'Himalaya, côté indien. Son nom rend hommage à William Leycester, *chief justice* au Bengale au début du XIXe siècle, et passionné d'horticulture comme tout bon Anglais.

Leycesteria formosa

Cet arbuste produit des cannes, un peu comme le corète du Japon, mais plus charnues et moins hautes (1,8 m à 2 m en sol riche). D'un vert olive vif, elles portent des feuilles vert foncé et se terminent en août par des grappes de fleurs blanches, peu impressionnantes mais qui présentent l'originalité de continuer à s'épanouir alors que les baies noires sont déjà en formation. Le tout se balance comme des pendeloques précieuses.

COMMENT Plantez le leycesteria en toute saison, et en début d'automne de préférence. En juin, paillez et arrosez durant la canicule. Le plein soleil ne le gêne pas s'il peut trouver de la fraîcheur en profondeur. Laissez-lui de l'espace pour déployer ses tiges dans toutes les directions. Chaque printemps, coupez les tiges au ras du sol, sans remords, car il va en produire des toutes neuves, bien plus belles que si elles restaient en place. Cette coupe à ras doit probablement remplacer la dent du yack ou d'une quelconque chèvre tibétaine.

Les oiseaux se régalent des baies et propagent le leycesteria à leur gré, ce dont tout le monde se ravit.

AVEC QUI Associez le leycesteria aux spirées 'Gold Flame' et aux bergénias. Vous pouvez également le marier aux bambous et aux anémones du Japon qui fleurissent en même temps que lui.

Les hellébores d'Orient adorent se prélasser sous son ombre douce, en été. Testez un couvre-sol coriace comme les épimédiums ou les lamiers panachés. Et puis, surtout, respectez le leycesteria spontané, même s'il pousse dans un coin du potager, puisque c'est votre karma à tous les deux !

LIATRIS

La même nostalgique nuance de violet s'étend sur les liatris 'Kobold' et les agératums, mais ici l'impact est désastreux car la hampe florale, raide comme un passe-lacet, se déplume au fur et à mesure de la floraison, en commençant par le haut. Cette dernière originalité ne vous empêchera pas de le bannir du jardin, y compris pour les bouquets qu'il n'améliore guère.

Seul, peut-être, un liatris botanique, *Liatris pycnostachya*, mérite une rémission car on le dit plus naturel d'aspect, dans un fouillis d'échinacéas et de monardes... à condition qu'il pleuve.

Liane

Se dit d'une plante grimpante quand elle prend le dessus sur tout ce qui pousse à côté. Un rosier-liane comme 'Wedding Day' ne connaît pas le vertige. Rien à voir avec beaucoup de rosiers dits climbings, qui se contentent de 3 m.

LIBERTIA

Une plante encore peu répandue mais intéressante pour son feuillage persistant aussi fin que celui des iris de Sibérie, et sa floraison blanche en fin de printemps. Le tout atteint entre 50 et 70 cm d'envergure (*Libertia formosa*).

Pour les jardins profitant d'un climat maritime. Même si tout paraît ratiboisé par le froid, on ne s'inquiète pas trop.

COMMENT Vraiment peu de chose : un sol quelconque, riche en humus si l'on veut s'en donner la peine. Ombre ou mi-ombre, voire plein soleil mais pas pour les variétés à feuillage doré.

Vous trouverez le lierre vendu en conteneur, dressé sur des bambous, et généralement attaché avec de multiples liens de plastique vert qu'il faudra défaire un à un pour rendre sa liberté à chaque tige. Démêlez également les racines qui sont souvent très enchevêtrées. Plantez en toute saison, en enterrant une partie de la base des tiges, sur 10 cm, pour que de nouvelles racines démarrent. Attachez les tiges sur leur futur support. Elles s'y accrocheront ensuite toutes seules par leurs propres racines adventices.

Par souci de propreté, on peut tailler, en mars-avril, pour laisser de la place aux nouvelles feuilles. Sur une grande façade, taillez également les tiges pour qu'elles ne vagabondent pas dans les gouttières ou sous les tuiles, qu'elles soulèvent vite.

Le petit truc qui change tout : si vous disposez des lierres à petites feuilles

LIERRE

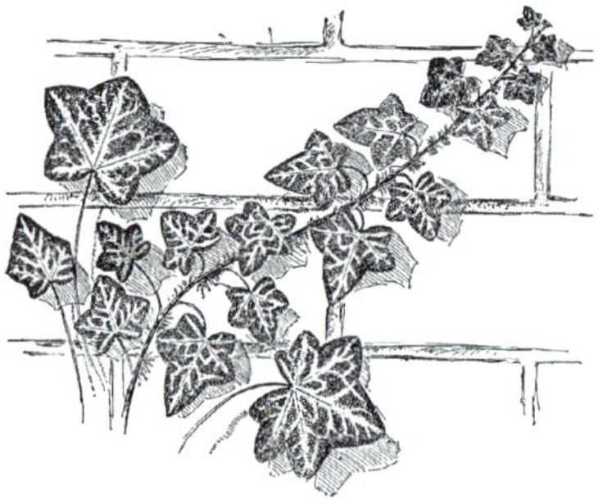

On pourrait très bien imaginer un jardin qui ne serait constitué que de lierres : loin de répandre une impression d'ennui et de tristesse, il s'en dégagerait un air d'éternité, de grandeur. Ce serait de surcroît une excellente occasion de vérifier l'adage selon lequel les verts sont essentiels dans un jardin. Et que de verts différents nous offrent les lierres : foncés et presque noirs, ou au contraire dorées et translucides ; panachés finement ou par larges coups de pinceaux ; ponctuées de baies noires ou jaunes selon les variétés...

Ajoutez le jeu avec la lumière sur les feuilles crispées, dentelées ou larges comme des assiettes. Et terminez par les emplois, si divers : en couvre-sol, en grande draperie sur un mur ou une façade ingrate, et même en petites haies avec les formes arborescentes. Et pourquoi pas en topiaire, en laissant pousser un lierre à feuilles fines (comme 'Needle Point') sur une armature en grillage. Décidément, vivent les lierres !

VARIANTES DU LIERRE COMMUN

Le lierre commun, celui des bois, finit par grimper à 20 m de haut le long d'un chêne. Fleurs insignifiantes en septembre, appréciées des abeilles, et suivies de baies noires très prisées des oiseaux, qui procèdent ainsi largement à une propagation généralisée.

Excellent couvre-sol également, surtout sa forme irlandaise (Hedera helix Hibernica). Résiste à la pollution et aux embruns. Il en existe quantité de variétés, au feuillage diversement panaché et dessiné : 'Buttercup', le meilleur des lierres dorés, pour le soleil tamisé ; 'Glacier', marqué de touches de vert clair et bordé d'un vert encore plus pâle ; 'Elegantissima', aux feuilles panachées et bordées de blanc crème, et striées de rose en automne ; 'Eva', demi-nain aux rameaux fins, petites feuilles marginées de crème ; 'Ivalace', aux délicates feuilles gaufrées et crispées ; 'Sagittifolia', très finement découpé ; 'Oro di Bogliasco', aux feuilles panachées de jaune vif, à bordure verte ; 'Shamrock', qui évoque un trèfle ; 'Zorgvlied', aux feuilles à reflets argentés, formant une masse compacte...

LIERRES ORIGINAUX

Parmi les lierres à larges feuilles, signalons le fameux 'Gloire de Marengo', originaire des Canaries, et capable de grimper à 10 m de haut, cachant tout sous ses feuilles peu découpées, très grandes et marginées de blanc crème sur fond vert foncé. Il craint les fortes gelées.

Le lierre du Caucase (*H. colchica*) est encore plus vigoureux, et pousse plus vite. Ses très grandes feuilles sont vertes dans l'espèce-type, et panachées de jaune sur le bord ou au cœur, selon les variétés ('Sulphur Heart').

Tous ces lierres, et bien d'autres, vous les découvrirez dans le catalogue et la pépinière de Patrick Nicolas, dont la gentillesse est sans égale. Je gage qu'il saura vous vanter 'Parsley Crested', qui fait dans la dentelle ; ou 'Little Diamond', qui forme un petit buisson panaché d'argent.

Enfin, rappelons que le lierre en arbre (*Hedera helix* 'Arborescens') n'est nullement une espèce particulière, mais tout simplement la forme adulte du lierre sauvage, qui forme des tiges et devient dressé à partir du moment où il produit des fleurs et des fruits. Les feuilles subissent également une métamorphose, devenant allongées au lieu de présenter des lobes triangulaires caractéristiques.

Une fois bouturée, cette partie du lierre peut mener une vie indépendante, et servir par exemple à créer des haies très originales.

Il existe également une variante panachée de jaune.

dans des bacs, au pied de grands arbustes, laissez-les au moins deux ans en place pour obtenir un bel effet.
AVEC QUI On a l'habitude de laisser le lierre pousser tranquillement à son aise, et c'est vrai qu'il fait vite le ménage, accaparant toute la terre à sa disposition. Mais mélangez au moins les différentes variétés, de façon à obtenir des camaïeux de vert, de jaune et de blanc.
En couvre-sol à l'ombre, le lierre forme des tapis magnifiques. Là encore, variez les plaisirs avec les formes à petites feuilles panachées. Disposez également des touffes de bulbes printaniers, qui ressortiront bien sur cette masse de feuillage : perce-neige, jacinthes des bois...
Essayez un tapis de lierre doré 'Buttercup' sous l'ombrage de sureaux dorés.
'Glacier' sera superbe en compagnie de sarcoccocas vert sombre, au pied de camélias 'Donation' roses.
'Goldheart' servira d'écrin sur un mur pour la floraison hivernale des mahonias.
'Gloire de Marengo' peut abriter une clématite *tangutica*, véritable sourire estival.

LIGULARIA

Une grosse bête qui n'est à son aise que si l'équivalent du Mississipi coule à ses pieds. Sinon, elle fanera à la moindre vague de chaleur.
Dommage car le feuillage crénelé, au revers pourpre, ne manque pas d'allure. 'Desdemona' et 'The Rocket' explosent à plus d'un mètre de haut, en répandant une senteur anisée agréable.

LILAS

On aime les lilas pour un regain d'enfance, un souvenir de mai, à courir dans la fine brume pour se hausser du bout des pieds afin de s'emparer du plus beau bouquet qui soit pour Mamie. On y enfouit le museau, on se régale du sucre et de la vanille, on se navre de pourpre et de mauve... et puis on oublie dans un vase sur le buffet, avant de jeter au tas de compost. Triste destin ? Pas tant que cela puisque chaque génération redécouvre les lilas, et qu'il s'en plante toujours autant. Et cela alors qu'il s'agit d'un arbuste au feuillage plutôt banal, fleurissant pendant un laps de temps relativement court, à un moment où le jardin croule sous les fleurs. Mais c'est ainsi, grâce au lilas, les jardins se peuplent d'enfance retrouvée.

COMMENT Le lilas se contente d'une terre ordinaire, même calcaire, mais demande au moins une demi-journée de soleil pour fleurir correctement sinon il file en hauteur. Plantez en toute saison et en automne-hiver de préférence, en aménageant un trou triple de la taille du conteneur ou de la motte. Prévoyez qu'un lilas heureux de vivre atteint en peu d'années près de 4 m de haut et presque autant de large.
Taillez pendant la floraison en faisant systématiquement des grands bouquets. Tous les dix ans, en février, coupez court pour reformer la silhouette, même si vous perdez la floraison de l'année.
Supprimez sans pitié les drageons qui naissent autour du pied car ils n'apportent rien de bon.
AVEC QUI Dans une haie, plantez le lilas près d'un persistant comme le laurier-tin, le buis, l'if, ou de son cousin semi-persistant, le troène de Californie.
Dans un groupe, plantez-le près d'arbustes persistants taillés en topiaire (houx, if, buis...), et de cornouillers panachés, pour le contraste.

LILAS SIMPLES

Parmi les lilas simples, votez pour les classiques 'Souvenir de Louis Spath', rouge pourpre ; 'Mme Francisque Morel', au rose deutzia léger, ultra parfumé ; 'Charles X', mauve ; et 'Sensation', pourpre bordé de blanc, assez original.
Tâtez aussi des lilas que créa l'adorable M. Bellion, aux pépinières Minier. Très aristocratiques dans leurs appellations ('Princesse Sturdza', 'Comtesse d'Harcourt', 'Prince Wolkonsky'), ils sont d'un naturel simple, et de belle vigueur.

LILAS DOUBLES

Les lilas doubles font des grappes plus fournies, mais pas toujours avantageuses car on a du mal à les faire tenir en bouquet. Par ailleurs, la pluie les abîme très vite.
Néanmoins, il est de bon ton de craquer pour 'Mme Lemoine' ou 'Jeanne d'Arc', blanc pur ; 'Mme B. Buchner', 'Belle de Nancy' et 'Paul Thirion', bleu violet ; 'Katherine Havemeyer', le plus bleu de tous ; 'Président Grévy', lilas pourpre ; 'Mrs Edward Harding' et 'Charles Joly', lilas mauve.

LILAS BOTANIQUES

Parmi les lilas botaniques, une place d'honneur pour *Syringa afghanica*, aux petites feuilles et bouquets roses en avril, tout en légèreté ; le lilas de Hongrie, 'Josikae', qui fleurit en juin, dans un beau violet pur ; et surtout le *Syringa microphylla* 'Superba', qui ne dépasse pas 1,5 m et trouve donc sa place dans les petits jardins où sa floraison rose tendre enchante, de mai à la fin de l'été, par vagues.

LIMNANTHE

Une fleur annuelle assez ras du sol, aux fleurs blanches à cœur jaune, d'où leur surnom d'œuf au plat. Semez-la sans trop y croire, dans un coin frais de votre jardin, et laissez-la se ressemer à sa guise.

LIN

Si la fille aux cheveux de lin rappelle la nuance blond cendré et le toucher soyeux du lin fraîchement roui, c'est aux bleus que nous dédierons ces lignes, sans oublier le rouge si particulier du lin du Maroc. Tous partagent une silhouette de mannequin, d'une gracilité qui ne doit pas faire se méprendre sur leur ténacité. Suspendues à 40 cm de hauteur sur des tiges invisibles, les fleurs ont toujours l'air de tournoyer, comme des ballerines ukrainiennes. On en sera d'autant plus marri de ne pas les retrouver fidèles au rendez-vous l'année suivante, car les souches ont tendance à dégénérer très vite.

Linum perenne

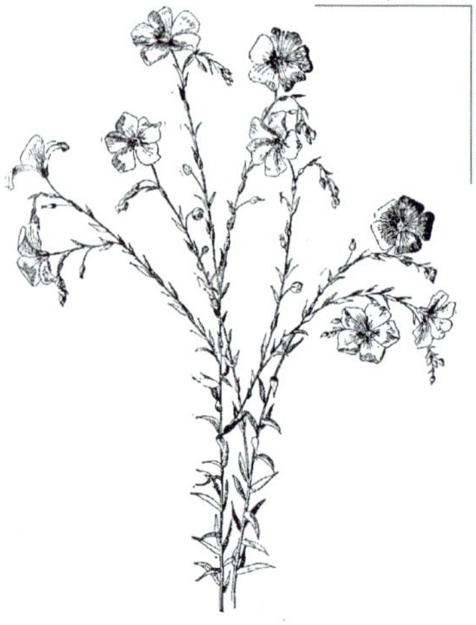

LEQUEL Parmi les lins vivaces, le beau bleu est le plus craquant. *Linum perenne* forme des touffes bien dressées, vaporeuses à souhait avec leurs fleurs naïves, d'un bleu d'azur pur, en juin-juillet. Un vrai satin. Il existe assez de fleurs blanches ailleurs pour se passer de la forme 'Alba'.
Le lin annuel à fleurs rouge carmin n'est pas toujours évident à réussir. Sa forme récente 'Bright Eyes', blanche à cœur rouge foncé, est plus accessible. Elle fleurit pendant un bon mois, à 40 cm de hauteur, sur un feuillage infiniment léger.
COMMENT Un sol sain, bien drainé en hiver. Du soleil ou au moins de l'air autour : les lins sont originaires des steppes, et n'aiment guère le couvert des arbres.
En godets, les lins vivaces ne ressemblent pas à grand-chose. Comme il en faut beaucoup pour obtenir un certain effet, nous vous recommandons le semis, réalisé en mai dans un coin de châssis libéré par les légumes de printemps. Repiquez un mois après la levée, à 10 cm d'écartement en tous sens. Mettez en place en septembre, après avoir bêché profondément. Repiquez en groupes de dix ou douze, plantés à 20 cm les uns des autres, et séparés par des plages d'un mètre, dans lesquels vous installerez des plantes compagnes. Épandez ensuite un lit de sable grossier, épais de 5 cm, sur toute la plantation.
Le petit truc qui change tout : récoltez vos graines sur les lins annuels, car c'est le meilleur moyen de pouvoir en donner partout autour de vous.
Les lins annuels se sèment directement en place, en mai, et subiront simplement un éclaircissage pour ne laisser qu'un plant tous les 10 cm.
Au sortir de l'hiver, il faut remplacer les sujets qui ont disparu. Quelques arrosages à partir de juin, pour soutenir la floraison.
AVEC QUI Le lin vivace, planté comme nous l'indiquons, voisinera admirablement avec les œillets mignardises à fleurs simples, les *Aster amellus*, les campanules à feuilles de pêcher, blanches ou bleues, les hélianthèmes jaunes ou roses, les iris nains, les pulsatilles et les potentilles blanches, sans oublier les érodiums, les carex et les fétuques. Chaque printemps, renouvelez la couverture de sable, qui sert de paillage et facilite le désherbage.
Le lin annuel se marie bien avec les nigelles, les camomilles, les chrysanthèmes annuels et les lavatères. En groupes parmi les roses remontantes, il apporte une touche de naturel.

LINAIRE

Si l'expression déjeuner de soleil avait besoin d'être illustrée par une fleur, nul doute que la linaire du Maroc serait en bonne place. 'Bouquet de Fée' est le nom du mélange, la plus somptueuse et chamarrée présentation de coloris qui soit donnée d'admirer parmi les fleurs annuelles : cela va du rose de satin indien au jaune tendre en passant par des mauves sensuels et des rouge Baiser. Hélas, le tout s'épanouit au niveau des mollets, obligeant à s'accroupir pour en profiter, et le rideau se baisse trois semaines après la générale. Astucieuse, la marque Royalfleur glisse la linaire parmi des dizaines d'autres fleurs dans son mélange de fleurs naines, ce qui permet de jouer la complémentarité. Quant aux linaires vivaces, du type 'Canon Went' (mauve tendre, 60 cm), on voudrait bien craquer mais elles sont vivaces comme un nuage au Sahara.

LIQUIDAMBAR

Attendez encore un peu, et il y en aura partout, d'un lotissement à un autre. Or, cet arbre ne prend pas toujours des couleurs fastueuses à l'automne, comme dans les catalogues. Le spectacle dépend du temps, du sol et du sujet planté, mais cela, personne ne vous le dira. De plus, la silhouette très particulière attire immanquablement le regard, pas vraiment ce que l'on demande à un arbre qui doit avant tout assurer l'ossature du jardin en s'y fondant.

LIRIOPE

Juste pour me faire plaisir, accueillez un pied de cette plante japonaise dans votre jardin, à l'aplomb d'un grand arbre. Elle fleurira en juillet-août, en grappes qui ressemblent de loin aux muscaris printaniers, dans la même nuance violette. Voilà, c'est tout, j'ai un peu honte, mais je vous assure que le feuillage persistant marque tranquillement le territoire.

LIS

Sortez les trompettes de la renommée, semble dire le lis, tout fier de sa citation biblique où il est fait allusion à sa robe que nul n'a besoin de décorer pour qu'elle rivalise avec du Christian Lacroix (c'est moins explicite dans le texte mais soyons « tendance », que diantre). En fait, on a des doutes sur la fleur ainsi évoquée. Le lis de la Vierge est certes ravissant dans son surplis immaculé mais tout se gâche quand on contemple les tiges déjà à moitié fanées. On est alors tenté de se précipiter sur les lis de catalogue, où le pire côtoie le presque bon. Essayons d'y voir plus clair, et de réfléchir ensemble au meilleur emploi de telles vedettes dans nos jardins. Pas si simple…

COMMENT Au risque de vous étonner, je recommande fortement la culture du lis en pot, et uniquement en pot. La pleine terre ordinaire ne semble pas leur plaire outre mesure, à moins qu'on ait éventré des sacs de terreau au préalable.

Dans un grand pot de 35 cm de diamètre, vous pouvez installer 5 ou 6 bulbes, achetés tôt au printemps car ils vieillissent mal en pochette. Enterrez-les de 15 cm environ, dans le terreau le plus riche que vous puissiez trouver. Plantez en même temps une jolie fougère, quelques helxines ou encore une chevelure d'ange (*Stepa tenuissima*). Arrosez chaque semaine, et guettez l'apparition des boutons à fleurs puis leur éclosion. Et quand le spectacle est terminé, rangez le tout dans un coin du jardin pour récupérer les bulbes mûrs, en automne. Le semis de lis royal fleurit au bout de trois ans, à condition de l'abriter du froid pendant le premier hiver.

Le petit truc qui change tout : dès que vous apercevez un joli insecte orange vif, écrasez-le et cherchez son conjoint qui n'est pas loin. Le criocère du lis vous dévore un lis entier en un rien de temps, lui et sa répugnante progéniture sous la forme de larves dissimulées sous leurs crottes !

AVEC QUI Si vous persistez à vouloir planter des lis dans le jardin, glissez-les à mi-ombre parmi les fougères ou les géraniums vivaces, de façon qu'un joli feuillage vienne cacher la fin du spectacle. Le lis de la Vierge se cultive en bordure compacte, au potager, pour qu'il y profite du soleil. On videra sur lui les fonds de théière, comme en Angleterre.

LIS BLANCS ET ASIATIQUES

En premier, on serait tenté de succomber au lis de la Vierge (*Lilium candidum*), même en oubliant qu'il entre en repos au moment même où sa floraison explose. Mais c'est devenu un lis cher et capricieux.

Si vous avez la chance d'en posséder une belle touffe, considérez-la comme la prunelle de vos yeux, et ne vous avisez pas de la diviser sans bonne raison.

Laissons de côté les lis martagons, petits bijoux de montagne à réserver aux régions de climat

frais en été, comme dans leurs alpages d'origine. Restent les lis asiatiques et les hybrides. Rien à redire sur le lis royal (*Lilium regale*) si ce n'est que son parfum est tellement étourdissant qu'on en vient à apprécier ses éclipses en cours de journée. Il est blanc veiné de pourpre à l'extérieur, et blanc pur chez la variété 'Alba' (80 cm). 'African Queen' est déjà plus limite, avec son jaune fortement teinté de havane ; et 'Pink Perfection', carrément désolant dans le registre du rose décapotable années cinquante.

LIS DE FANTAISIE

On pousse encore d'un cran la sophistication avec les lis orientaux, hybrides du *Lilium speciosum*. 'Casa Blanca' offre une immense trompette largement ouverte, blanc pur, et un parfum force 5. Le lis 'La Meije' n'est jamais malade et se multiplie à foison. L'un des plus faciles à cultiver, avec un regret : qu'il ne soit pas plus parfumé (moralité, le jardinier n'est jamais content !).

On peut céder au charme de 'Le Rêve', rose tendre suffusé de blanc, mais on restera fermement opposé aux lis striés comme 'Starfighter', 'Montréal' ou 'Star Gazer', et même 'Garden Party', souvent proposé en potées fleuries pour la fête des mères : on a l'impression que les fleurs sont déjà enrubannées d'or. Amusant sur le coin de la table, mais dans un jardin… Et que dire des lis hybrides aux fleurs dressées, sinon que la crudité de leurs coloris détonne trop au jardin. Même leurs noms sont ridicules : 'Lollipop', 'Cancun' ou 'Monte Negro'. Pourquoi pas Polystyrène pendant qu'on y est ?

LITHOSPERMUM

Une plante vivace rampante aux fleurs estivales d'un bleu azur incroyable chez la variété 'Heavenly Blue'. Elle drageonne comme une folle, façon fraisier sauvage, mais uniquement en ambiance un peu ombragée et terrain frais.

Pas du tout une colonisatrice de talus écrasé de soleil. Bien dommage parce qu'à l'ombre, le bleu, ça ne se voit guère...

LOBÉLIA

Les lobélias ne font pas les choses à moitié : confiez-leur le bleu et le rouge, et ils en déclineront toutes les nuances, avec une prédilection pour la couleur pure. Le soleil le plus cru ne les affadira pas, et ceux qui auront admiré les champs de culture de lobélias bleus pour les graines, en Anjou, savent de quoi je parle : l'intensité de ces tapis bleu-violet est telle que l'on est obligé de cligner des yeux. La pellicule des appareils photos s'affole, et l'on se prend à s'inquiéter si des avions passent au-dessus de votre tête : et si, par hasard, le pilote voulait voir de plus près cet océan miniature... Même constat avec les rouges mexicains, qui font l'effet d'un piment que l'on aurait croqué par mégarde dans un chili con carne.

Lobelia erinus

LEQUEL Les lobélias annuels bleus (*L. erinus*) sont rarement dénommés. 'Saphir' offre des cascades somptueuses, bleu vif. Existe également en blanc, mais moins spectaculaire. 'Crystal Palace' est un classique, formant un tapis de 15 cm de haut, d'un bleu violet rendu plus dense encore par le feuillage foncé. En fleurs de juillet à septembre.

Lobelia fulgens

Le *Lobelia fulgens* 'Queen Victoria' étonne toujours par ses fleurs rouge ponceau, sur des tiges elles-mêmes laquées de rouge brun. Hauteur : près d'un mètre. Si le semis vous tente, la sélection 'Compliment' donne lieu à bien des émotions, les coloris variant du bleu violet au rouge écarlate, en passant toute une série de roses plus ou moins magenta. Ils fleuriront dès la première année, si le semis a lieu en février, au chaud.

Le *Lobelia syphilitica* souffre de son nom. C'est cependant une très honorable plante vivace, plus rustique que l'écarlate. Fleurs bleu tendre, en fin d'été et en automne, époque où les floraisons de qualité ne se bousculent pas, hormis les asters.

COMMENT Sol riche en humus et frais. Soleil de préférence.

Les lobélias bleus annuels peuvent être semés, mais la finesse des graines et la chaleur dont elles ont besoin pour lever rendent cet élevage un peu compliqué. On les trouve en clayettes dès le mois d'avril, et jusqu'en juin. Les sujets plus importants élevés en pots individuels sont souvent des variétés cascades. Plantez en mai, dehors ou en jardinière, tous les 15 cm, pour obtenir un effet de masse. Arrosez ensuite régulièrement.

Les lobélias vivaces sont disponibles en godets, au printemps. Plantez en avril-mai, quand les gelées matinales sont passées. Distance de plantation : 30 cm environ en tous sens.

On paillera les petits lobélias bleus avec de la tourbe, sur une épaisseur de 3 à 5 cm, et les grands rouges avec du compost maison, à demi-décomposé.

À l'approche des gelées, en novembre, arrachez les touffes de lobélias vivaces, et rentrez-les à l'abri sous un châssis. Vous les sortirez en avril-mai, et en profiterez pour les diviser. En pot, il faut les arroser chaque soir.

Le petit truc qui change tout : arrosez tous les quinze jours avec de l'engrais soluble (formule géranium). Supprimez les hampes florales fanées chez les lobélias vivaces.

AVEC QUI Les lobélias annuels bleu-violet font merveille pour ponctuer une bordure basse d'alysses maritimes blanches, ou encore au pied de fuchsias rose pâle ou blancs.

Les lobélias cascades bleu pâle dégringoleront sous des tabacs blancs odorants ou encore mélangés avec des pétunias jaune crème, si subtils. Osez également le mélange avec des pélargoniums, mais seulement après avoir testé le mariage des couleurs sur un échantillon.

Quelques taches de lobélias bleus donneront du tonus à une grande étendue d'oreilles d'ours argentées. Les lobélias mexicains rouge vif seront parfaits dans un coin frais et ensoleillé, en compagnie d'hibiscus à grandes fleurs et de bananiers. Tout ce petit monde sera mis en place en mai, et copieusement arrosé tout l'été.

Bel effet des lobélias 'Queen Victoria' parmi des hémérocalles roses, et des ligulaires à feuillage pourpre, comme 'Desdemona', en sol frais. Le tout sur fond de feuillage vert, comme celui des spirées *arguta*.

Le *Lobelia syphilitica* sera parfait en compagnie des *Lysimachia clethroides*, des renouées (*Polygonum campanulatum* et *amplexicaule* 'Atropurpureum'), des astilbes de Chine ainsi que des eupatoires, dans une harmonie en tons mineurs qui vous accueillera fidèlement à votre retour des grandes vacances.

Un choc subtil sera réservé en disposant quelques touffes de lobélia 'Queen Victoria' au milieu de verveines de Patagonie (*V. bonariensis*). Moins risqué sera le mélange dans une foule de gauras, qui risqueront cependant de s'affaler sous les apports d'eau rendus nécessaires par la présence des lobélias.

LONICÉRA

Sous ce nom, se regroupent les chèvrefeuilles arbustifs. Ils permettent de créer des haies strictes et rapides à monter, ou encore des topiaires amusants. Vous trouverez chez eux des couvre-sol sérieux, qui méritent mieux que les bords d'autoroute.

Lonicera tatarica

LEQUEL Des lonicéras caducs d'origine sibérienne rendent service par leur robustesse et leur floraison rouge ou rose : *Lonicera tatarica* 'Hack's Red' est le plus répandu (3 m, fleurs rose pourpre en avril). À glisser éventuellement dans une haie champêtre. Un petit mot sur le *L. pileata*, arbuste persistant étalé qui ne dépasse guère 80 cm de haut. Taillé deux ou trois fois dans l'année, il permet de constituer des masses ondulantes d'un vert sombre. Exactement ce qui convient pour caler des groupes de plantes vivaces généreuses comme les phlomis ou les acanthes.

On a peine à imaginer que le *Lonicera nitida* était pratiquement inconnu il y a trente ans, tellement il est devenu commun dans les jardins. Cet arbuste dense, aux petites feuilles ovales lustrées, émet des rameaux arqués (2 à 3 m, mais souvent moins une fois taillé). Quelques coups de cisailles le figeront en une forme nette. Résistant à la pollution, il s'adapte à tout, même à l'ombre assez dense. Seul petit problème : les grandes gelées que nous rencontrons tous les dix ans le ratiboisent. Mais il n'en repart que mieux car la souche reste en vie.

La variété 'Baggesen's Gold' rencontre un certain succès pour son feuillage doré. Elle est plus à son aise à l'abri du soleil brûlant de l'après-midi.

Le *Lonicera fragrantissima* est un petit arbuste un peu échevelé et fouillasson (2 m). Feuillage caduc banal. Ses fleurs, écloses de janvier à avril, sentent la fleur d'oranger à plein nez. Si vous avez de la place, pourquoi pas, mais alors pas trop loin de la terrasse, au soleil. Le *L. purpusii* lui ressemble à s'y méprendre.

COMMENT Il suffit de planter les lonicéras arbustifs de septembre à mai, dans un coin de terre bêchée et à peine amendée d'un peu de compost si on en dispose. La sobriété leur convient, et ils ne craignent pas le calcaire.

Taillez dès la première année, en juin, puis en septembre.

AVEC QUI On emploie surtout le nitida pour des petites haies uniformes, mais 'Baggesen's Gold' peut parfaitement figurer dans les massifs de plantes vivaces, parmi les chardons bleus, les achillées couleur terre cuite, les marguerites.

Le *Lonicera fragrantissima* sera parfait en compagnie des forsythias, des bambous et des cognassiers du Japon, dans une haie libre à peine régularisée par quelques coups de sécateur en juin.

LOTIER

Sous le nom de *Lotus berthelotii*, vous trouverez un lotier aux amusantes fleurs rouge vif, en forme de bec de perroquet, qui surgissent surtout en mai-juin.

Appréciez-le surtout pour son feuillage à feuillage argenté, très fin, qui se balancera en dehors d'un gros pot de terre cuite, au soleil. Plutôt que de le rentrer au chaud en hiver, rachetez des jeunes plants au printemps. Il existe une variante à fleurs jaunes (*Lotus sessilifolius*), qui paraît moins florifère.

Ces lotiers seront à leur aise dans des grands pots remplis de terreau assez riche. Soignez le drainage car vous serez amenés à arroser souvent.

LOTUS

Autrement dit *Nelumbo nucifera*. Un nymphéa géant, magique quand il se déploie dans un grand étang. Car tout est imposant chez lui, depuis les feuilles rondes comme des boucliers jusqu'aux boutons à fleurs qui s'échappent de l'eau pour adresser une prière au soleil.

À adopter si l'on a de la place, à l'ouest d'une ligne Nantes/Nice. Au parc floral de la Cour d'Aron, en Vendée, il est tout bonnement sublime.

LUNAIRE

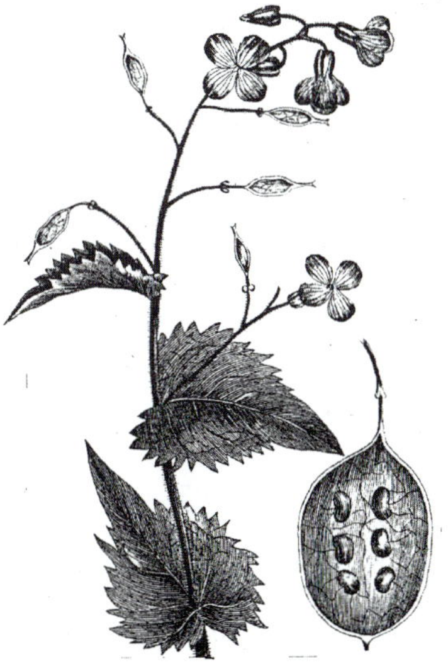

Une fleur bisannuelle un peu passée de mode. Ses fruits ronds amusent par leur paroi centrale nacrée. On la surnomme monnaie du pape, monnoyère ou paire de lunettes. Plantez-la une année, en septembre, et laissez-la se ressemer à sa guise, souvent dans des emplacements assez ombragés.

LUPIN

Difficile de ne pas s'attendrir devant les lupins, une des fleurs vivaces les plus vendues. Pour autant, on en voit rarement de beaux exemplaires dans les jardins : la présence de calcaire dans le sol, les virées ravageuses des limaces et la venue brutale de la chaleur expliquent la plupart des ratés. Sans oublier que le godet n'est vraiment pas adapté pour une plante aux racines puissantes. Alors, semez-le. Et faites confiance au lupin arbustif, qui supporte mieux le calcaire et le plein soleil.

LEQUEL En graines, vous trouverez surtout un mélange de grands lupins, les hybrides de Russel, fastueux épis de 60 cm de haut, culminant au double. Les coloris sont chatoyants mais on ne peut pas dire que leur mélange soit un modèle de beauté. Essayez de dénicher les coloris séparés. Les séries 'Galaxie' ou 'Midinette' sont plus basses, sans que cela offre un intérêt réel (50 cm). En godet, vous retrouverez ces hybrides de Russel mais cette fois-ci par coloris séparés, avec des noms médiévaux comme 'La Châtelaine', rose et blanc ; 'les Pages', carmin vif ; ou encore 'Le Chandelier', jaune vif. Les plus solides sont encore les bleus, comme 'Le Gentilhomme'.

Le lupin arbustif forme des masses flottantes de feuillage argenté, couvert d'épis de fleurs bleues ou blanches selon les variétés. Il culmine à 1,5 m, et vit en moyenne deux ou trois ans.

Signalons enfin le lupin annuel, souvent décevant car fleurissant peu de temps sur des tiges manquant de tenue. Mais l'avenir s'éclaircit car le lupin du Texas fait son entrée dans les terrains d'essai : belle masse d'un vert cru et fleurs jaunes tout l'été. Guettez son arrivée dans les rayons de graines.

COMMENT Donnez aux lupins une terre profonde, riche en humus, sans trop de calcaire actif, et le plein soleil.

Semez comme des petits pois, en mars ou avril, à raison de trois graines par poquet, espacés de 50 cm. Ne laissez que le plus beau plant. Éparpillez des granulés antilimaces. Paillez en juillet avec des tontes de gazon. La floraison peut survenir dès septembre, mais sera surtout magnifique au printemps suivant.

Plantez les godets en automne de préférence, pour une floraison dès le mois de mai. Coupez les hampes de fleurs fanées pour éviter la formation des graines et favoriser la remontée en septembre. Mais celle-ci n'aura lieu que si vous coupez aussi le feuillage et arrosez deux ou trois fois en plein été.

Au même moment, vous pouvez mettre en place le lupin arbustif, ou encore au printemps. En quelques mois, il aura triplé de volume.

AVEC QUI Les lupins vivaces sont particulièrement beaux tout seuls, en grands massifs qui deviennent malheureusement tragiques durant l'été. Cachez-les alors derrière des asters 'Lady in Black'.

Les lupins peuvent se glisser dans les massifs de plantes vivaces, pavots d'Orient et marguerites, non loin des rosiers. Typical cottage !

Les lupins arbustifs sont superbes en mélange avec les lavatères 'Barnsley', les armoises 'Powis Castle' et les phlomis.

LYSICHITON

Un arum impressionnant par ses cornets jaune d'or ou blancs, surgis de la vase au printemps. Le tout dépasse 50 cm, puis se développe le feuillage, formant une immense salade romaine de 1 m de haut. Impossible de ne pas le remarquer ! Une plante pour bord de ruisseau ou pièce d'eau déjà imposante, mais en réfléchissant bien à l'effet particulièrement artificiel : avec le lysichiton, Disney n'est pas loin…

LYSIMAQUE

Une plante au naturel sauvage, plein de robustesse, que vous adopterez en toute connaissance de cause, c'est-à-dire pour de nombreuses années.

LAQUELLE Au ras du sol, la lysimaque nummulaire (*Lysimachia nummularia*) forme un tapis de feuilles arrondies, d'un vert cru chez l'espèce de type, tournant au jaune vert chez 'Aurea', nettement plus décorative même si les fleurs jaunes ne se détachent plus sur le fond. Le tout donne un couvre-sol sympathique pour la mi-ombre.

Lysimachia punctata

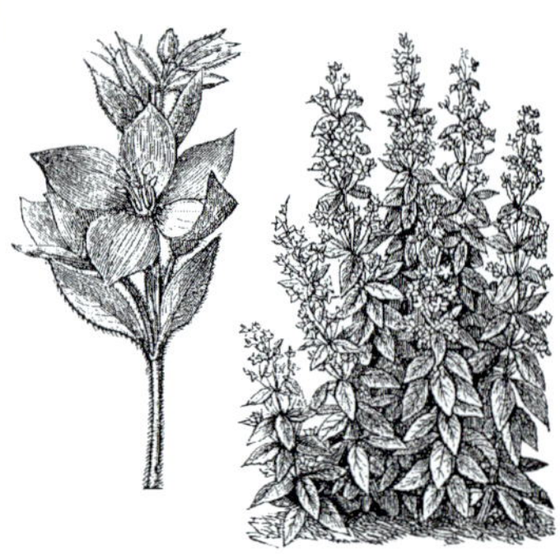

La lysimaque ponctuée (*L. punctata*) est la version compacte de la lysimaque des fossés. Les tiges serrées et denses se couvrent de fleurs jaune pur en mai-juin, juste au moment où les rosiers explosent (80 cm). Superbement rustique.

On ne peut pas en dire autant de la grande lysimaque en épis (*L. clethroides*, 1 m), tout bonnement parce qu'elle a besoin d'un sol frais et souffre pendant la canicule au point de faner chaque après-midi. Juste au moment où s'épanouissent les épis de fleurs blanches curieusement coudés, de juillet à septembre.

Une nouvelle venue est en train de créer l'événement : la lysimaque pourpre (*L. ciliata* 'Firecracker'). Elle forme de belles touffes hautes de

80 cm, avec un feuillage d'un rouge sombre mettant en valeur les fleurs jaunes. Spectaculaire, d'autant qu'on a peu de plantes vivaces à feuillage sombre.

COMMENT Plantez les godets en automne ou au printemps, en les espaçant de 30 cm, car toutes s'étalent allégrement. Paillez en juin les grandes lysimaques avec des tontes de gazon. Tous les deux ou trois ans, vous pouvez diviser les touffes en fin d'été ou en mars.

AVEC QUI La lysimaque dorée se faufilera au jardin entre les fougères, et s'accordera à une foule de plantes pour les jardinières exposées à mi-ombre : lobélia, impatiens, anthémis...

La lysimaque ponctuée sera parfaite au-devant de rosiers rose tendre, blancs ou jaunes, parmi des cératostigmas et des géraniums vivaces blancs. Disposez quelques gauras pour alléger le tout, et une armoise 'Powis Castle' pour apporter l'argent à côté de l'or de ses fleurs.

La lysimaque 'Firecraker' est extra en compagnie des sarriettes dorées, des ancolies bleues, des euphorbes et des alchémilles.

Employez la lysimaque en épis pour animer des bosquets d'arbustes encore jeunes, en sol frais.

LYTHRUM

La salicaire met du tonus dans les fossés et au bord des mares, ses épis rouge pourpre surgissant en foule de juin à la fin août (jusqu'à 1,5 m). Il lui faut impérativement un sol frais, mais pas forcément les pieds dans l'eau.

MÂCHE

Une salade ? Certes, mais surtout une mauvaise herbe que nos ancêtres allaient cueillir dans les champs, trois mois après la moisson. Elle a conservé de cette origine un tempérament fugueur qui lui fait dédaigner les sols ameublis et riches de nos potagers, pour leur préférer le sentier dur com-

Mâche

me de la corne. Semez-la en fin juillet, après la récolte des petits pois, sans préparer le sol le moins du monde. Au contraire, piétinez-le. Puis arrosez et oubliez. Les rosettes seront fidèles au rendez-vous en octobre, puis quelques-unes fleuriront au printemps, et vous aurez des mâches toute votre vie. Le mélange du myosotis sauvage et de la mâche en fleur est tout bonnement un régal, car la mâche reprend en bleu gris le même effet de brouillard du myosotis. Donnez la préférence aux mâches rustiques, à petite rosette d'un vert foncé : la 'Coquille de Louviers', par exemple, ou encore la 'Ronde Verte' à cœur plein si vous la trouvez trop coriace.

MACLEAYA

Peu de plantes vivaces affichent une telle présence : imaginez des touffes de 1,80 à 2,50 m, des tiges grosses comme un bras d'enfant, se moquant des tuteurs, et propulsant à ces hauteurs un panache de fleurs minuscules, d'une nuance indéfinissable, entre le jaune crème, le beige et le vert doré. Exactement ce dont vous rêvez pour former un écran, devant lequel pourront se détacher toutes les autres fleurs, mises en valeur par le feuillage vert bleuté à revers argenté. Et tant pis si rien ne transparaît de ce spectacle en hiver. Vous profiterez alors à plein des perspectives offertes sur la campagne environnante, et laisserez le soleil glisser ses rayons bienfaisants dans le jardin.

LEQUEL *Macleaya cordata* atteint plus de deux mètres, et fleurit en plein été. 'Coral Plume' est moins encombrant, se contentant de la taille humaine. Fleurs rose cuivré délicat.

COMMENT Un sol profond, de façon que les racines aillent chercher leur subsistance commodément. Soleil ou mi-ombre.

En godet, les macleayas se contentent de produire une maigre tige. On plantera en septembre de préférence ; ou au printemps, après avoir bien bêché et apporté une dose copieuse de compost ou de fumier. Distance entre les plants : 40 cm.

Renouvelez le paillage chaque printemps, avec du compost maison. Cela évitera la venue des mauvaises herbes, qui ne supportent guère de toute façon la concurrence avec les macleayas.

Le petit truc qui change tout : tous les trois ans, vous pouvez récupérer des rhizomes, en coupant dans les touffes, avec une bêche affûtée, en avril. Ne vous inquiétez pas des pieds-mères, ils se reconstituent dans l'année.

Macleaya cordata

AVEC QUI Les macleayas sont assez spectaculaires pour vivre seuls. Bon effet cependant avec des arbustes à floraison plumeuse, comme les cotinus, qu'ils soient pourpres ou verts.

'Coral Plume' fera un fond subtil pour les hémérocalles orange brique, parmi un nuage de gypsophiles et d'armoises, avec des thalictrums jaunes ou roses.

En sol frais, des phlox vivaces s'épanouiront en toute tranquillité à leur ombre discrète.

MAGNOLIA

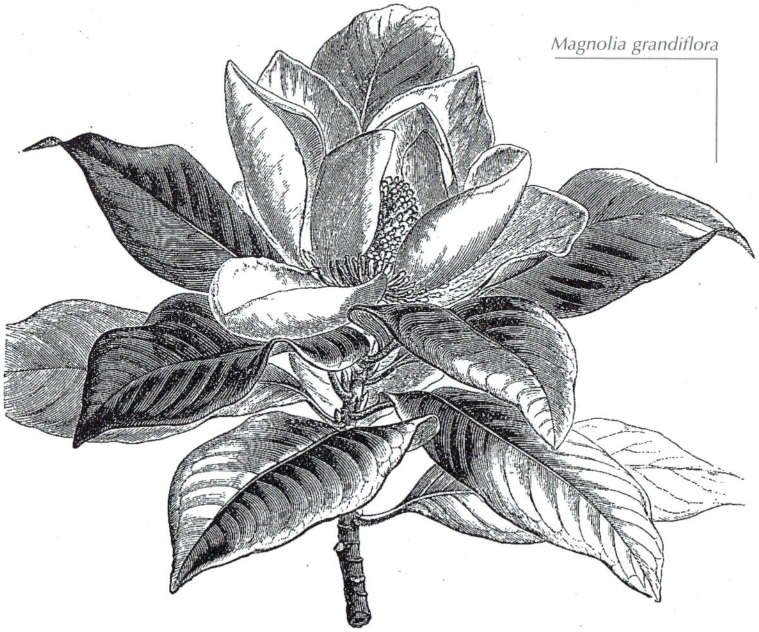

Magnolia grandiflora

Et si, une fois pour toutes, on se mettait à considérer les magnolias pour ce qu'ils sont, de grands arbustes ou des petits arbres, et non le sujet obligé de pièces montées horticoles. Leur floraison est suffisamment spectaculaire pour ne pas en rajouter, et elle se détache finalement mieux dans un océan de verdure que sur un fond de gazon tondu bien net. Libérez les magnolias !

COMMENT Les magnolias apprécient une bonne terre riche et profonde, neutre, et la mi-ombre. Contrairement à l'opinion commune, ce ne sont pas des plantes de terre de bruyère, car ils sont bien trop gourmands pour s'en contenter.

LES MAGNOLIAS DU PRINTEMPS

Les plus charmants des magnolias sont probablement les précoces, des arbustes de 3 m environ, à bois fin et enchevêtré : le magnolia étoilé (*M. kobus stellata*) est le premier à fleurir en larges étoiles affalées, blanches et semi-doubles chez 'Water Lily', rosées chez 'Rosea', en mars. En mars-avril, dégustez l'hybride *M. loebneri* 'Leonard Messel', aux grandes fleurs étoilées rose-mauve tendre. Tous fleurissent avant l'apparition des feuilles, leurs boutons gris et veloutés étant déjà fort attirants en janvier.

Leur succèdent les vedettes du genre, parfois lassants de beauté, le bien connu *Magnolia soulangeana* aux fleurs en tulipes, dont l'impact est vite brouillé par l'apparition des jeunes feuilles, dont le teint pâle s'accorde mal avec leur

carnation. Pas plus de quinze jours d'extase, en avril. Il en existe un très large choix de variétés : le blanc pur illumine 'Alba superba', précoce et florifère. 'Nigra' est triste à pleurer avec ses tulipes rouge pourpre. 'Susan' n'est guère plus dégourdi et fleurit malheureusement beaucoup. En revanche, 'Brozzoni' est un ravissement rose tendre, avec l'intérieur des coupes blanc cireux. Il se déguste en fin de saison, en mai.

En fouinant dans les pépinières de collection, chez Adeline par exemple, vous dénicherez les grands magnolias chinois, à la stature de petit arbre. Le défilé commence en avril avec *M. denudata*, le yulan planté près des temples bouddistes. Ses fleurs blanches se détachent sur les rameaux dénudés (6 à 8 m). Un mois plus tard, le *Magnolia sieboldii* joue la tendresse avec ses grosses corolles en pomme de douche, d'un blanc crème (6 m). Exactement ce qui convient pour abriter du soleil trop vif une collection de pivoines de Chine.

MAGNOLIA GÉANTS

Venu d'Amérique du Nord, le Magnolia tripetala monte à 10 m, et surprend par ses feuilles grandes comme des violons altos. Les fleurs blanc crème très parfumées s'épanouissent en mai-juin.

Tout à fait à part de ces magnolias à feuillage caduc, le *Magnolia grandiflora* forme un petit arbre en prenant son temps. Il est assez rustique pour prospérer en val de Loire et même en Île de France, une fois les premières années passées avec succès. Les feuilles coriaces comme du cuir, à revers havane, sont déjà très décoratives. La floraison estivale s'échelonne de juin à septembre : d'immenses plats d'un blanc de parchemin ancien, ornés d'un toupet d'étamines brun rouge. Le parfum, mélange de citron et de fruits exotiques, se déguste en fermant les yeux, et flotte dans le jardin au gré des brises chaudes. 'Exmouth' est réputé fleurir très jeune.

On parle beaucoup des hybrides 'Gresham' et des 'Cambellii' néo-zélandais. À ma grande honte, je n'en ai encore jamais admiré. Leurs fleurs atteindraient 30 cm de diamètre, dans des tons roses plus ou moins vifs. On les dit plus adaptés aux climats doux, du genre littoral atlantique. Prudence ailleurs…

Certains supportent même un peu de calcaire dans le sol. D'après Hillier, les plus tolérants sont : *M. acuminata, cordata, delavayi, kobus*, et *loebneri.*
Les débuts sont lents en général, mais tout s'arrange ensuite. Soignez la plantation en leur procurant un grand trou (1 m de diamètre et 40 cm de profondeur), et comblez avec de la terre enrichie en Or brun. La meilleure époque pour planter est l'automne pour les magnolias caducs, et le printemps pour le persistant.
Paillez généreusement en juin, avec des tontes de gazon, et arrosez peu souvent mais copieusement durant les deux premiers étés.
AVEC QUI Oubliez le rond de terre nue cerné par le gazon. Jetez au loin les fleurs bulbeuses, et contentez-vous de poser vos magnolias printaniers sur un tapis d'épimédiums ou de pervenches bleues. Quelques fougères ajouteront la verdeur insolente de leurs jeunes frondes.
Le magnolia grandiflora mérite un coin dégagé, en plein soleil et pas trop loin de la maison. Vos petits enfants prendront leur petit-déjeuner sous son ombrage, et allumeront leurs feux de cheminée avec ses pignes et ses feuilles sèches.

MAHONIAS FAUX HOUX

Le mahonia à feuilles de houx (*M. aquifolium*) est le plus connu, avec sa floraison débutant parfois en février, d'un jaune pur, à odeur vaguement écœurante, suivie de baies bleu violet en automne. Le feuillage, vert brillant, se teinte de pourpre à l'approche de l'hiver.
Dans la sélection 'Apollo', qui ne dépasse pas 1 m, ce feuillage est plus développé, et garnit bien la masse, tandis que 'Undulata' prend des couleurs hivernales soutenues, sans se tacher vilainement. Plus vigoureux que le précédent (2 m), mais hélas ! tout aussi lent à pousser.

MAHONIAS JAPONAIS

Les mahonias japonais font une percée sur le marché. On apprécie leur floraison jaune primevère carrément hivernale (parfois éclose dès novembre), en grands parapluies étalés en bout de branche, et toujours parfumée. Mais c'est leur silhouette intrigante qui fait le plus d'effet tout au long de l'année, avec quelques troncs non ramifiés formant comme un candélabre, portant de larges feuilles dégagées et disposées par étages.
Le *Mahonia media* 'Charity' est le plus apprécié, d'autant qu'il fait partie des plus rustiques. Hauteur 3 m, et autant d'envergure… mais seulement au bout de dix ans.

MAHONIA

Du piquant, une présence certaine, une floraison précoce et lumineuse, telles sont les qualités des mahonias. S'y ajoutent une robustesse indéniable, et une propension à vivre à l'ombre des grands arbres qui en fait un rival des houx. Même armure coriace et acérée, d'ailleurs. On sera donc avisé de disposer le mahonia plutôt en fond de massif, et relativement à l'écart des allées principales. Avec cependant un accès pour venir humer, en plein décembre, la senteur de muguet des plus parfumés d'entre eux.
COMMENT Peu importe, du moment qu'il est sain en hiver, c'est-à-dire non gorgé d'eau. Supporte le calcaire. Exposition indifférente, la floraison étant simplement plus importante sur la face tournée vers le soleil. Les débuts sont bien raides : le mahonia n'a guère qu'une tige au stade conteneur. On n'en réservera pas moins un mètre en tous sens pour son futur développement. Plantation possible toute l'année, avec une préférence pour septembre-octobre et mars-avril.
Bien arroser durant le premier été.
Il n'y a pas besoin de tailler, les fleurs apparaissant en extrémité de branche. Pas de parasite embarrassant, hormis l'oïdium, un champignon qui blanchit parfois les feuilles. Mais rien de grave.
Le petit truc qui change tout : paillez chaque année au pied des mahonias, au printemps, avec du compost maison. Munissez-vous de gants si vous souhaitez planter des bulbes dans cette zone, car les feuilles tombées au sol restent agressives.

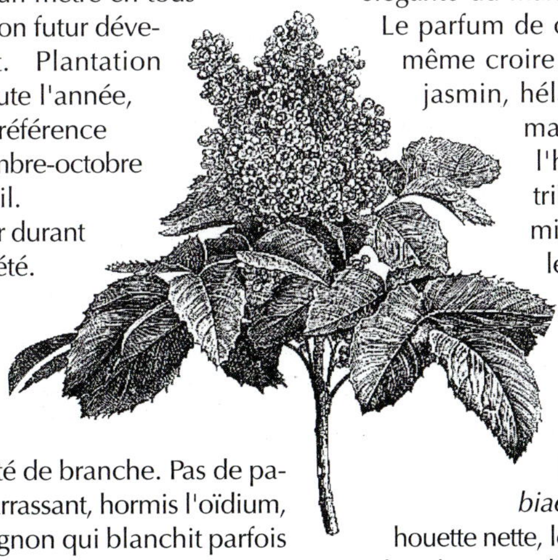

AVEC QUI Les *Mahonia aquifolium* se marient bien avec les hellébores de Corse ou fétides, avec quelques touffes de narcisses pour animer le tout. Jaune sur jaune.
Ailleurs, associez la fantaisie débridée du jasmin nudiflore et la raideur élégante du mahonia 'Charity'. Le parfum de ce dernier fera même croire que le pauvre jasmin, hélas inodore, ne manque pas à l'honneur de sa tribu. Le tout sera mis en valeur par le tapis uniforme et bien dense que constitue en peu de temps la plus que coriace *Euphorbia robbiae*. Avec leur silhouette nette, les mahonias calent la masse brouillonne des rosiers rugueux, 'Roseraie de l'Haÿ' ou 'Blanc double de Coubert' par exemple. Disposez en premier plan un ourlet d'oreilles d'ours, de tellimas ou d'anaphalis.
Jouez une symphonie printanière tout en jaune, en entrecroisant *Mahonia aquifolium*, forsythias et corètes du Japon, et en bordant le tout avec des épimédiums et des narcisses.

Maïs

Ne craignez rien, il ne s'agit pas de transformer votre jardin en petit coin de Beauce ou des Landes, mais d'examiner si la réussite du maïs sucré est à portée de main. Oui, si vous comprenez les besoins spécifiques de cette plante… et surtout si vous aimez le déguster. Car pas de secret : ici comme souvent au potager, c'est l'estomac qui décide des petits soins qui changent tout.

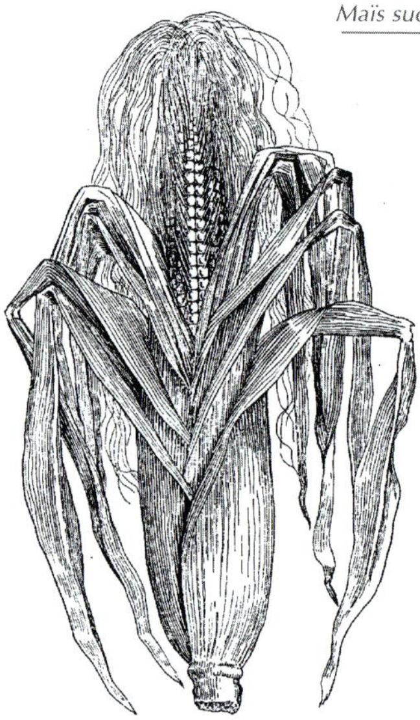
Maïs sucré

LEQUEL Chaque marque propose ses hybrides F1, ni meilleurs ni pires les uns que les autres ('Épi d'or', chez Vilmorin ; 'Topsun', chez Caillard). En fait, on a l'impression qu'ils sont moulés en plastique. Allez dénicher le catalogue de Dominique Guillet (Kokopelli) qui fait venir des États-Unis des variétés autrement plus rigolotes. Ainsi le traditionnel et assez imposant 'Country Gentleman' (2 m et des épis blancs bizarrement garnis) ; 'Golden Bantham', le seul, l'unique, ancêtre des hybrides mais toujours apprécié pour la saveur sucrée de ses grains jaunes ; ou l'immense 'Stowell's', qui dépasse 3 m de haut et vous régalera de ses grains blancs sucrés.
Pour le coup d'œil uniquement, en vue de composer des bouquets secs surprenants, recherchez activement le maïs 'Arlequin', aux gros épis multicolores, et le maïs fraise, aux petits épis coniques d'un rouge évocateur. Plus rare encore mais pour peu de temps, le maïs japonais, dont les feuilles sont striées de rose et de blanc, jettera une note d'exotisme parmi les fleurs annuelles.
COMMENT Le maïs est heureux au soleil, dans une terre riche et profonde où ses puissantes racines vont chercher la fraîcheur en profondeur. Semez-le en fin avril ou début mai, en disposant 3 ou 4 grains dans des poquets profonds de 5 cm, espacés de 40 cm en tous sens, de façon à former un carré ou un rectangle plutôt qu'une ligne. La fécondation sera ensuite bien meilleure. La germination demande trois semaines, laps de temps pendant lequel on arrosera de temps à autre et surtout on protégera de la dent des limaces, qui dédaignent ensuite les tiges coriaces du maïs adulte. Un voile de forçage sera le bienvenu si le fond de l'air est frais.
Paillez en juin avec des tontes de gazon, et arrosez copieusement pendant la canicule et surtout au moment où surgissent les fleurs, mâles en toupet terminal, et femelles nichées à l'aisselle des dernières feuilles.
Guettez ensuite le grossissement des panouilles. Quand elles ne gonflent plus, ouvrez-en une délicatement pour détecter si les grains sont bien formés mais encore laiteux. Il ne faut surtout pas attendre trop sinon ils deviennent pâteux et perdent leur succulence. C'est un peu comme les œufs mollets.
Un précepte américain dit que l'on ne doit cueillir le maïs sucré que lorsque l'on entend l'eau bouillir dans la casserole. Une façon imagée d'insister sur la fragilité des grains. L'épi, une fois dégagé de ses multiples enveloppes, sera plongé dans l'eau bouillante et salée, ou encore passé à la vapeur quelques minutes à peine. Nappez de beurre et rongez en vous brûlant les gencives et les bouts des doigts car cela participe de ce plaisir unique en son genre. On peut aussi griller la panouille entière sur le barbecue pendant 5 à 6 minutes.
AVEC QUI Amusez-vous à faire pousser le maïs en compagnie du potiron et des haricots grimpants, les trois sœurs des Indiens Peaux-Rouges. Ce sera plus pour mieux occuper le terrain que pour faire profiter le maïs de l'azote capturé par le haricot, ce qui ne peut se produire qu'après la mort de ce dernier, et la désintégration dans le sol des glomérules où vivent les bactéries capables de ce prodige.
Mais, le plus souvent, on se contentera de faire pousser le maïs tout seul, un peu à part des autres légumes, car c'est un vorace doublé d'un pourvoyeur d'ombre.

Malope

C'est la grande sœur des lavatères annuelles, qui a conservé un aspect plus spontané. Dépassant allégrement 1 m de haut, elle épanouit pendant un bon mois ses corolles simples, d'un rouge pourpre souvent marqué d'une touche plus foncée à la base des pétales. Ce spectacle fera votre joie en juillet-août, mais gare à la déprime ensuite.
Pour éviter cela, associez-la à des cléomes, des dahlias blancs ou rose tendre, des zinnias 'Envy' et des ricins sanguins. Vous obtiendrez ainsi un tapis magique à la fois tendre et généreux.
Un simple semis en avril suffit à obtenir les plants que vous mettrez en place un mois plus tard. Attention, les racines sont fragiles : ne secouez pas les mottes.
Pour le reste, rien à remarquer de particulier, si ce n'est qu'un tuteurage sera le bienvenu, surtout en terre riche, car il suffit d'un orage violent pour abattre ces plantes à la base fragile. À noter également qu'une maladie brutale peut faire dépérir brutalement un plant en pleine fleur. Arrachez immédiatement. Cette petite faiblesse ne fait que renforcer la valeur de notre conseil : mélangez la malope avec d'autres fleurs pour limiter les risques.

MARGUERITE

Que de chemin parcouru entre la marguerite des prés, ou celle des Pyrénées qui a servi à toutes les sélections, et l'ample et généreuse dame qui trône dans tous les jardins, qu'ils soient précieux ou campagnards. Des plantes vraiment vivaces, solides, dont les capitules semblent tout naturellement dédiés aux amoureux.

Chrysanthemum leucanthemum

COMMENT Les marguerites apprécient un sol sain et profond. Du soleil, au moins pendant la matinée.
Les marguerites sont tellement vigoureuses qu'elles sont vite à l'étroit dans les conteneurs. D'ailleurs les producteurs seraient plus avisés de les proposer en éclats de touffes, durant l'hiver. Mais rassurez-vous, le godet reprendra bien, à condition de démêler l'écheveau des racines et de bien étaler ces dernières dans toutes les directions. Comme souvent avec les plantes vivaces, il est préférable de les installer dans un coin du potager, pour la première année, puis de procéder à une installation définitive en massif.
Apportez un paillage substantiel en mai. Donnez un soutien aux touffes des variétés géantes en disposant des rameaux de noisetier solidement fichés en terre. Ils disparaîtront ensuite dans le feuillage.
Vous pouvez semer la marguerite Prieuré en mai, la repiquer une première fois au potager comme de la salade, puis la mettre en place définitivement en octobre ou en mars.
Le petit truc qui change tout : tous les trois ans, divisez les touffes et replantez les éclats à un autre endroit du jardin. Remarquez cependant que des touffes de marguerites bien nourries peuvent rester en place plus d'une décennie.
Il suffit de répandre du compost au cœur des touffes en mars, quand la végétation redémarre.
AVEC QUI Utilisez les marguerites en grandes masses moutonnantes et splendides, leur feuillage d'un vert dense suffisant à mettre en valeur les fleurs. À la rigueur, placez des lupins arbustifs de part et d'autre, ou encore des grandes graminées en arrière-plan.
'Reine de mai' est superbe en groupes entre des rosiers anciens à peine taillés, sur un tapis d'oreilles d'ours. Ajoutez une touche de bleu avec les sauges de Lubbeck.
Vous pouvez aussi en faire la base d'une pelouse fleurie sauvage. Pour cela, installez dès l'automne, dans des trous espacés de 1 à 2 m et dispersés dans l'herbe, les plantes suivantes : marguerite, achillée millefeuille, campanule glomerata, sauge des prés, sanguisorbe. Ne tondez plus, et passez la débroussailleuse en début août, quand toutes ces plantes auront grainé. Semez à la volée au même moment du sainfoin et du trèfle violet. Chaque année, des semis spontanés viendront agrémenter cette pelouse rustique. Mais attention : ne vous lancez dans cette aventure que si vous disposez d'espace car ces herbes hautes ne sont belles qu'en masse.

JOLIES MARGUERITES

Le *Chrysanthemum leucanthemum* n'est autre que la marguerite de nos prés, dont 'Reine de mai' est une amélioration à plus grosses fleurs.
Hauteur : 40 cm, floraison mai-juin.
Les marguerites à grandes fleurs (*Leucanthemum maximum*) s'épanouissent un mois plus tard, et durent tout l'été si l'on prend soin d'apporter quelques copieux arrosages pendant la canicule. Cela leur rappellera les orages réguliers de leurs Pyrénées natales. Les variétés sont aussi nombreuses que les pétales d'une marguerite, parfois double ('Wirral Supreme'), ou encore ébouriffées ('Priesterkragen', 'Beauté Nivelloise' et 'Clairette'). Et si l'on restait dans le simple, pour conserver le caractère de cette fleur bon enfant ? C'est vers 'Elegance Anversoise' ou 'Petite Princesse d'Argent' que nous tournerons nos regards, la seconde, avec ses 40 cm de hauteur, ayant l'avantage de se tenir droite sans tuteurs.
'Prieuré' est une sélection de Royalfleur, la première marguerite à fleurs doubles qui soit fidèle de semis (70 cm).

MARJOLAINE

Sujet de confusion, la marjolaine est tout simplement la version la plus méditerranéenne de l'origan. Elle n'est guère rustique et réclame un coin bien chaud pour développer ses hampes florales curieuses, aux fleurs dissimulées sous des sortes de coquilles engoncées les unes dans les autres pour former des pelotes. Parfum puissant, un brin suffit pour un plat entier de fèves ou de haricots demi-secs.
Une fois sèches et réduites en poudre, les feuilles relèveront une pizza ou un plat de lasagnes. On installera un pied ou deux en avril, quitte à les cultiver en pot, sur le rebord de la fenêtre de la cuisine.

MARRONNIER

D'accord, vous n'avez pas la place, ni forcément l'envie, d'héberger chez vous un marronnier, avec son feuillage roussi dès le mois d'août, et ses milliers de petites masses d'armes qui dégringolent partout. Au passage, c'est oublier un peu vite que les feuilles restent vertes dès que l'on s'écarte de l'ambiance méphitique de nos rues : les marronniers de village sont souvent magnifiques, quand les élagueurs n'ont pas décidé de les sculpter à la tronçonneuse. Mais la chute des marrons est décourageante, d'où le choix du marronnier de Briot, du nom d'un responsable du parc de Versailles, au siècle dernier, qui repéra cet arbre aux qualités exceptionnelles.

LEQUEL *Aesculus carnea* 'Briotii', est le nom latin de ce marronnier de Briot. Imaginez un arbre rond et pas trop imposant (8 m au lieu du triple chez les marronniers blancs), aux feuilles vert foncé brillant, prenant une couleur automnale du plus beau jaune, et surtout portant des grappes de fleurs doubles d'un rouge carmin délicieux. On croirait voir des jacinthes accrochées sur l'arbre, une bonne semaine après les marronniers classiques, soit début mai. Et la bonne surprise : aucun marron par terre, puisque cet hybride est stérile.

Le pavier blanc (*Aesculus parviflora*) est un tout autre marronnier, un arbuste, en fait, originaire du sud-est des États-Unis. Il drageonne comme un framboisier, et finit par former de vrais bosquets à lui seul, les rejets culminant tous à hauteur d'homme environ, avec une floraison estivale en chandelles légères, blanches, à chaque extrémité, en juillet. Belle coloration automnale, toute dorée.

COMMENT Un sol sain et profond. Se moque du calcaire. Soleil mais pas brûlant, éviter le plein sud devant une façade.

Achetez cet arbre en hiver, à partir de novembre. On le trouve déjà greffé. Plantez dans un coin de terre bêchée à bonne profondeur, et enrichie avec une brouette de fumier bien décomposé ou de compost. Arrosez copieusement plutôt que souvent. On paillera autour du pied chaque printemps.

Le petit truc qui change tout : taillez uniquement si une branche est mal placée, ou si la cime est disproportionnée.

Aesculus parviflora

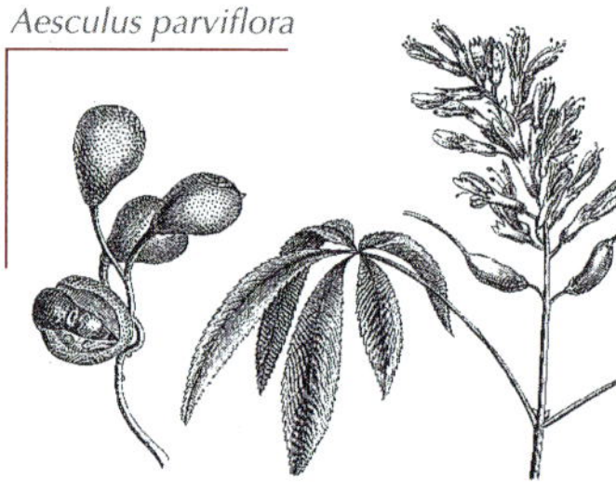

AVEC QUI Le marronnier de Briot constitue une pièce de collection, à disposer non loin de la maison (à 8 m cependant), pour ombrager une future salle de repos.

Le pavier blanc est superbe en isolé, à condition de lui laisser dix ans pour s'installer dans toute sa gloire. Excellent fond de massif pour jardin un peu sauvage, avec des amélanchiers et des buddléias et, en premier plan, des spirées naines 'Gold Flame' ponctuées avec des rues au feuillage glauque.

Massif

Comme son nom l'indique, souvent roboratif. Caractérise un espace préparé en vue d'implanter des arbres et des arbustes, voire des plantes vivaces. Peut tourner à la tombe de chien.

Matière organique

Tout ce qui vient du vivant, et qui doit être recyclé par le compost. Car c'est de l'humus en perspective. Toute plante malade doit être avant tout considérée comme une source potentielle de matière organique. Mieux vaut un rosier ainsi recyclé qu'un rogaton traité tous les quinze jours.

Mauvaise (herbe)

Ce qui pousse sans demander la permission. Pas toujours aussi mauvais qu'on veut bien le penser, mais si la compétition est engagée avec des plantes ornementales ou des légumes, il vaut mieux l'éliminer. Désherber doit devenir un plaisir.

MAUVE

La mauve musquée (*Malva moschata*) serait plus précieuse si elle se tenait mieux debout.

La mauve d'Alger (*M. sylvestris* 'Mauritiana') est une vraie fausse annuelle capable de se ressemer en abondance, passant l'hiver à l'état de rosette.

En juin, elle fleurit avec une belle générosité, en pourpre veiné de noir, mais est parfois grignotée par des insectes au point d'y perdre toute élégance.

MECONOPSIS

Fastueux pavots de l'Himalaya, aux fleurs bleues ou couleur prune. Chaque plantation équivaut à envoyer une invitation aux limaces. Par ailleurs, une ambiance fraîche et humide en été est indispensable à leur bonne santé : on ne bronze guère à l'ombre des méconopsis.

Le petit méconopsis jaune (*M. cambrica*, 40 cm) est beaucoup plus facile à acclimater, et se ressème allégrement parmi les fougères et dans le gravier de la cour.

Mélange

Des graines de fleurs en mélange sont l'équivalent de la loterie : soit c'est superbe et exactement comme sur la photo, soit une couleur domine outrageusement, et on a l'impression d'avoir été floué. Les clayettes de plants de fleurs en couleurs mélangées sont trop souvent une offense au bon goût : la fête à Neuneu, alors que l'on pourrait imaginer des camaïeux, tellement plus agréables à la rétine.

MELIANTHUS

On nous a assuré, mordicus, que cette plante originaire du Mexique était beaucoup plus rustique qu'on ne le pense. Eh bien, tous les essais ont échoué, et nous attendons toujours l'effet magnifique du feuillage palmé d'un glauque si subtil en photo. Peut-être en Bretagne ou au pays Basque, mais pourquoi faut-il donc déménager pour une plante ?

MÉLISSE

Verte, la mélisse sent bon le citron et envahit le potager l'air de rien, en se ressemant avec persévérance. Panachée de jaune, elle ajoute une touche de lumière. Adoptez-la sans remords car on en vient vite à bout quand elle exagère. On peut constituer de superbes petites haies de mélisse, en récupérant les jeunes plants nés un peu partout autour des pieds mères. Mettez en place au printemps, et buttez les touffes en juin. N'hésitez pas à tailler à deux ou trois reprises pour renforcer les masses.

MELON

Réputé autant par le parfum de sa chair que par ses caprices, le melon est l'aristocrate du potager, à qui l'on réserve les meilleurs soins. Erreur : vous en obtiendrez plus en le traitant à la dure, à condition de respecter quelques données de base.

LEQUEL Oubliez les variétés anciennes, trop irrégulières, et abandonnez les melons jaunes ou verts aux amateurs de pastèques. Le vrai melon est charentais. Les hybrides F1 sont le nec plus ultra, en particulier 'Alpha', 'Delta' et 'Talma'. De purs sucres !

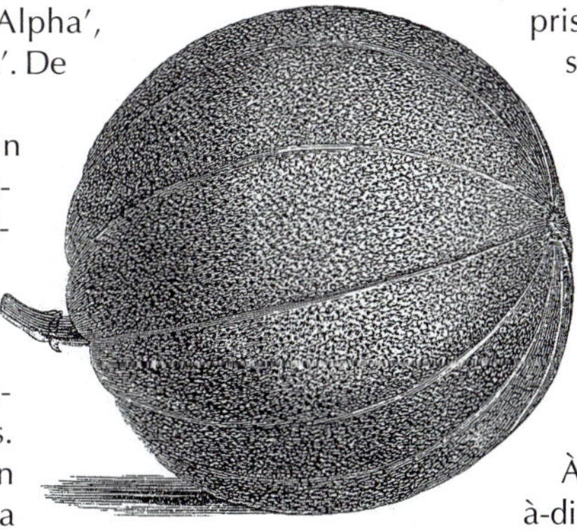

COMMENT Un sol chaud et profond, pas forcément très riche, sinon le melon poussera seulement en feuilles. C'est souvent en forçant sur la quantité de fumier que l'on rate sa culture, en croyant bien faire. Du soleil, sans aucune limitation.

Semez tard, pas avant le 1er mai, mais au chaud, dans la maison, derrière une fenêtre exposée au sud. Trois graines par pot de 7 cm, rempli de terreau. La levée a lieu en une semaine, puis on ne garde que le plant le mieux venu.

En même temps que l'on a semé, on va bêcher la future planche à melon, 1,20 m de large sur autant de mètres que vous souhaitez planter de pieds de melons. Apportez un peu d'Or brun, mais pas trop (un seau pour 5 m de long), surtout pas de fumier frais.

Bêchez à 30 cm au moins, si vous le pouvez à double profondeur aux futurs emplacements de plantation, en veillant à ne pas mélanger terres du dessus et du dessous. Puis égalisez au crochet, et posez un film plastique transparent, maintenu avec des pierres ou des planches.

Vous planterez fin mai en marquant des incisions dans ce plastique, tous les mètres, et en logeant le plant dans des petites cuvettes, profondes de 10 cm. Arrosage, puis protection contre les limaces. Le film plastique installé trois semaines avant le plant a pour but de réchauffer le sol en profondeur. Vous le constaterez d'ailleurs en plongeant la main au moment de la plantation : c'est tout tiède, et le melon adore cette ambiance. Complétez le dispositif avec une cloche à melon ou un autre film plastique posé sur des arceaux, dans la région parisienne.

Après une phase de reprise qui dure deux semaines, la végétation reprend son cours, finissant par envahir tout l'espace à sa disposition. Vous aurez arrosé une fois par semaine environ.

À ce moment, c'est-à-dire à la fin juin ou en juillet selon le climat de la région et la chaleur de l'été, les fleurs se présentent, les mâles d'abord, puis les femelles, moins visibles.

Les variétés modernes supportent très bien de ne pas être taillées du tout. Vous couperez simplement les rameaux trop baladeurs qui encombrent les passages.

Quand les fruits ont la taille d'une balle de tennis, posez-les sur une tommette pour les isoler du sol. Continuez les arrosages, qui doivent être réguliers plutôt que copieux, puis stoppez-les quand les fruits cessent de grossir. La maturité se remarque au léger jaunissement de la face ensoleillée, à des craquelures près du pédoncule, et à l'apparition de fourmis attirées par le suc.

AVEC QUI On laissera le melon vivre sa vie sans aucun ombrage gênant alentour. Autrefois, on conseillait d'écarter les concombres pour éviter des pollinisations croisées, mais cela semble plus du domaine de l'idée reçue que de la réalité objective.

MENTHE

Le meilleur et le pire, comme dans la fable. Ne mettez jamais une menthe dans un emplacement stratégique d'où elle peut lancer ses rhizomes dans toutes les directions, sinon les plantes voisines vont souffrir. Certains préconisent de les faire pousser en pots, mais alors sur une soucoupe car l'eau est leur péché mignon en été.

Menthe poivrée

La gamme des frères Bureau est impressionnante : on y trouve des menthes vertes ou panachées, avec des senteurs poivrées ou évoquant la bergamote… et même la menthe !

MILLEPERTUIS

Si la vogue du millepertuis rampant marque à jamais les jardins créés dans les années soixante-dix, l'heure de son déclin a sonné à partir des grandes gelées de 1985 et 1987, qui ont laminé leurs tapis, déjà écornés par une maladie insidieuse. Et puis tout ce jaune, c'était suspect pour les beaux esprits, qui taxaient de vulgarité cette couleur solaire. Quinze ans plus tard, nos regards se tournent à nouveau vers les millepertuis car leur vitalité tous terrains évince bien des concurrents moins solides. Avec eux, posséder un jardin de vacances, qui n'exclut pas la chaise longue, devient possible.

LEQUEL L'*Hypericum calycinum* est le fameux couvre-sol préconisé dans les années soixante-dix. Encore très utile pour les talus, mais évitez la masse uniforme.

Parmi les millepertuis arbustifs, 'Albury Purple' est remarquable par ses jeunes pousses rouge sombre, devenant pourpre ensuite, et sa floraison jaune au cœur de l'été. 'Hidcote' est une valeur sûre, formant un dôme de taille humaine, mais très compact, que l'on ne taillera pas au printemps. Les fleurs d'un jaune pur sont parmi les plus grandes du genre, et se succèdent de juillet à octobre (1,7 m en sol riche).

'Elstead' ne dépasse guère 1 m de haut. Ses fleurs jaunes sont suivies par des fruits nombreux, d'un rouge lumineux.

L'*Hypericum prolificum* ne ressemble pas du tout aux précédents : il forme une boule quasi parfaite et légère, étincelant en fin d'été grâce aux fleurs, dont on distingue surtout les étamines, en houppettes ocre jaune.

Évitez comme la peste les millepertuis panachés, comme *H. moserianum* 'Tricolor' ou 'Gladys Brabazon', non seulement hideux, mais peu rustiques.

Hypericum calycinum

COMMENT Un sol ordinaire, et une exposition ensoleillée, quoiqu'un léger ombrage nuise plus à la floraison qu'à la végétation, qui reste vigoureuse.

Si le millepertuis rampant reste l'apanage des stands de plantes vivaces, et donc des godets, vous trouverez les autres millepertuis parmi les arbustes en conteneur. Procurez-vous de belles touffes, et veillez à ce que les racines ne forment pas un feutrage trop dense, qu'il vous faudra lacérer avant la plantation. Celle-ci a lieu en septembre ou en mars-avril. Le mois de février est une période critique, et des millepertuis qui auraient parfaitement résisté une fois adultes peuvent succomber à des gelées à peine moyennes quand ils sont encore en conteneur.

En avril, taillez court pour obtenir une nouvelle végétation dense. Paillez chaque fin de printemps pour vous éviter des corvées d'arrosages.

AVEC QUI 'Elstead' sera parfait en groupes de trois à sept, devant des troènes dorés, en compagnie de potentilles orange ou jaunes ('Tangerine' ou 'Elizabeth'), avec des sternbergias pointant leurs fleurs de crocus jaunes dès le mois de septembre.

'Hidcote' peut former de vraies petites haies pour séparer une partie du jardin du reste, en souplesse. Mélangez-le à des buddléias globosa et des rosiers paysages jaunes, comme 'Clos Fleuri jaune'. Beau mariage également avec des bambous nains et des millepertuis 'Hidcote', en avant-scène devant un groupe de grands arbustes, forsythias et seringats au repos en été.

'Albury Purple' sera parfait en compagnie de spirées 'Gold Flame' et de boltonias. Là encore, jouez les groupes plutôt que l'échantillonnage.

MIMOSA

Achetez des bouquets en hiver, tant que vous voudrez, ça sent bon et un rayon de soleil en cette saison est toujours bienvenu. Pour le reste, votre jardin peut s'en passer, surtout si vous jardinez au nord de la Garonne et en deçà de Valence. Les chanceux du Midi et du littoral atlantique tâteront de sa culture, en sol acide, mais s'apercevront vite que le mimosa est un vorace qui fait le ménage autour de lui. En pot, abrité sous la véranda, le mimosa peut être essayé plus au nord, mais un seul oubli d'arrosage et adieu l'ami…

MIMULUS

À moins d'être cerné par un cordon sanitaire antilimace, le mimulus est destiné à finir dans leur estomac. Pour le reste, une plante plus à son aise dans une jardinière à mi-ombre qu'au jardin.

MINA

Une extraordinaire plante grimpante annuelle, proche des ipomées, mais qui fleurit en grappes de petits pétards rouge orangé et jaunes. Essayez-la et vous passerez l'été dans l'allégresse. Le petit conseil : grattez l'écorce des graines avant de les semer, en mai, au soleil.

Mixed-border

La bordure à l'anglaise, un savant fouillis de plantes vivaces et annuelles, pimenté de bulbeuses et d'arbustes. Une explosion de couleurs pendant de nombreux mois, mais à quel prix : il faut pratiquement doubler les plantations pour être sûr du résultat. Et une mixed-border ratée fait plutôt mixed-b... Au fait, vous aimez le pudding ?

MOLÈNE

Réjouissez-vous si les bouillons blancs colonisent votre jardin. Derrière ce nom amusant se cache une plante indigène bisannuelle, formant la première année une rosette de feuilles du plus beau gris, si douces à caresser, et partant en fusées dès la fin du printemps, pour finir par culminer à plus de deux mètres, avec une chandelle souvent unique, parsemée de fleurs jaunes. Chacune ne dure guère plus d'une journée mais elles se succéderont par centaines le long de cette tige interminable. Le spectacle, initié en mai, sera encore de qualité en octobre, la hampe prenant des inclinaisons improbables. Et sans que vous vous en soyez aperçu, des centaines de graines se seront éparpillées et auront germé, parmi lesquelles la sélection naturelle ne laissera que quelques sujets admirables.

Verbascum thapsus

LEQUEL La molène bouillon blanc (*Verbascum thapsus*) dépasse les deux mètres de haut. Anormalement rare dans le commerce qui ne sait apparemment pas où la classer. Le *Verbascum bombyciferum* 'Polarsummer' est jaune d'or et un peu moins haut. L'hybride 'Pink Domino' ne dépasse pas 90 cm de hauteur fleurit sur des hampes ramifiées, en rose pourpre, de juin à août.

COMMENT Un sol léger, sableux, aide à la propagation en profondeur de la racine pivotante. Ancrage force 8 garanti. Du soleil.
Si vous ne disposez pas déjà de cette merveille, repérez des pieds en fleurs dans la campagne, et prélevez des graines que vous éparpillerez en plein été, puis laissez faire la nature. On se contente d'éliminer les mauvaises herbes concurrentes, qui cèdent la place d'ailleurs devant les feuilles de la rosette basale, parfois grandes comme des violons.
Le petit truc qui change tout : coupez les hampes florales fanées des molènes hybrides roses, pour permettre aux touffes de se constituer des réserves pour l'hiver suivant.

AVEC QUI Le bouillon blanc sera parfait devant des sureaux dorés, en compagnie de troènes panachés et sur un tapis de camomilles au feuillage blond.
'Pink Domino' pétillera en compagnie de sauges sclarées.

MONARDE

De l'eau, de l'eau, sinon elle fane immanquablement, en pleine floraison. Dommage, parce que les fleurs sont d'un beau rouge, mais ce qui se passe ensuite n'est pas très esthétique. Plus à son aise dans le coin des simples, près du robinet.

MONOPSIS

Une plante de la famille des campanules, qui ne fait pas encore parler d'elle mais ses petites fleurs évoquant le lobélia, en jaune brillant, savent faire chanter les jardinières : moins étouffant que le bidens et plus fiable que le pourpier.

MORINA

Un faux chardon qui s'apparente aux scabieuses. Pas beaucoup de présence, et si long à s'installer que quelqu'un trouvera bien le moyen de la biner en croyant avoir affaire à un vrai chardon. Dommage, car son feuillage sent l'essence de Néroli.

Mosaïculture

L'équivalent de la mixed-border, en plus structuré. Amusant quand il s'agit d'écrire Bienvenue ou Attention au chien. Pour le reste, un peu daté et réservé aux municipalités de tous bords.

MUFLIER

J'adore, surtout après une culture sur deux ans : semis en août-septembre, passage de l'hiver sous châssis, puis plantation au printemps. Ne pas tenter une année de plus, la rouille viendra à bout de tous les pieds.
Le brave 'Tom Pouce' est une valeur sûre. 'Terracotta' (Royalfleur) offre un mélange subtil de cuivre et d'orangé, tout en finesse.

MUGUET

Le muguet signe les jardins installés depuis longtemps, où leur masse dense et sombre forme des tapis sous les grands arbustes ou les arbres. Il faut souvent persévérer et l'installer à plusieurs emplacements avant de trouver le bon. À vous alors les petites clochettes, si parfumées que l'on ne saurait s'en passer. Mais gare aux baies rouges, si tentantes pour les petites mains : elles sont ultra-toxiques.

COMMENT Sol riche en humus et un peu frais, tel qu'on le trouve au pied des arbres installés depuis longtemps. Voyez large, et achetez des lots de griffes, c'est le nom donné aux rhizomes munis de racines, sans doute à cause des yeux pointus qui évoquent des griffes de chien. Elles coûtent nettement moins cher que les potées fleuries. Plantez le plus tôt possible en automne, à 15 cm de distance, en enterrant à peine la pointe de la griffe, mais en étalant les racines au contraire.

Rajoutez une couche de terreau de feuilles en septembre. Laissez les feuilles mortes sur place en automne.

AVEC QUI En tapis, le muguet forme un couvre-sol idéal au pied des arbustes printaniers, *Viburnum bodnantense* ou *Daphne odora* par exemple, mais également camélias ou cognassiers du japon.

Pour garnir un sous-bois, alternez les touffes de muguet avec des coussins d'anémones des bois, aspérules, hépatiques, lamiums, pulmonaires, petites pervenches et bugles. Laissez tout ce beau monde trouver sa vitesse de croisière. N'oubliez pas de disposer des épimédiums et des buis nains, pour donner du nerf à l'ensemble, avec des silhouettes nettes émergeant de ce patchwork.

MYOSOTIS

Un jardin sans myosotis est une insulte à la poésie romantique, au symbolisme et au farniente réunis. Nous ne vous parlons pas des myosotis domestiqués, vilaines touffettes carénées pour accompagner les tulipes dans les massifs publics. Ce qui conduit le plus souvent à des hiatus de couleurs tels qu'ils détraquent jusqu'aux nerfs des chauffeurs routiers contournant ces ronds-points du haut de leurs cabines.

Myosotis sylvatica

Quel besoin aussi de nanifier les plantes, de leur enlever tout charme, comme si le vert cru du feuillage n'était pas justement de la nuance capable de porter le bleu à son paroxysme de tendresse. Et que dire des myosotis roses, façon combinaison nylon, ou des blancs pleurnichards... Fiez-vous au bleu du myosotis sauvage, celui qui se ressèmera où bon lui semble, perdant au fil des ans son apprêt de fleur domestiquée pour retrouver une bonhomie suave quand il fleurit au potager, et la grâce d'une sylphide près des arbustes en fleurs.

LEQUEL Achetez une sélection bleue comme 'Ultramarine' ou 'Indigo', d'un beau bleu profond. Dès la deuxième année, vos myosotis retourneront au type, un peu plus grand (25 cm). Floraison d'avril à juin, avec un arrêt brutal dès les premières grandes chaleurs car l'enracinement est superficiel.

Le myosotis des marais (*M. palustris*) est vivace, et fleurit en plein été dans les fossés et les bords de mare.

COMMENT Un sol riche ordinaire, de préférence contenant un peu d'humus. Soleil ou mi-ombre. Le manque de soleil le fait pousser plus haut et fleurir plus tard.

Semez en juin-juillet, en caissettes à poisson, ou directement dans un coin du potager. Recouvrez avec un peu de terreau, et une feuille de papier journal pendant une semaine, tout en maintenant humide. Repiquez en place en septembre, à 15 cm d'intervalle.

Si vous récupérez des semis spontanés, mettez-les en place en automne ou de bonne heure au printemps, car si on l'arrache avec une belle motte de terre, le myosotis reprend même en fleur, à condition d'arroser copieusement.

Le petit truc qui change tout : quand les touffes commencent à se dessécher, c'est signe que les graines sont mûres. Prenez-les et secouez-les au-dessus des coins de terrain que vous souhaitez voir fleuris l'année prochaine. Puis laissez faire la nature. Le jardin en mouvement...

AVEC QUI Il est rare que le myosotis ne soit pas joli là où il a décidé de se ressemer, ce qui n'est pas le cas des associations recherchées avec les tulipes, les primevères ou les pensées.

Jetez des tapis de myosotis entre les fougères mâles et les fuchsias rustiques, dans un coin demi-ombragé. Le myosotis des marais pousse bien entre les joncs et les calthas.

MÛRE

Une mûre c'est toujours une mûre, c'est-à-dire un fruit un peu sec et noir, qui tache et sent la fourmi. Pas étonnant : celles-ci sont souvent à pied d'œuvre. Pour le reste, une plante envahissante au possible, qui déçoit toujours quand on voit la lenteur avec laquelle le panier se remplit. Et les gelées ont finalement bien peu d'amateurs. Limitez-vous à la 'Loganberry', croisement avec la framboise, qui est à la fois très productive et succulente en gelées.

Muscari

Le feuillage du muscari ressemble tellement à de l'herbe que l'on ne sait plus très bien au bout d'un moment qui est qui. Floraison d'une rare rapidité, et ceux qui en confectionnent des rivières, comme à Keukenhof en Hollande, devraient payer une taxe pour le bleu vif et bête. Le muscari blanc s'abîme vite.

Muscari armeniacum

Restent le muscari bicolore, bleu pourpre à la base et indigo au sommet (*M. latifolium*), et le muscari plumeux (*M. plumosum*), aux épis mauves ébouriffés. Deux petits amusements pour jardinier revenu de tout, qui les enfouira parmi les violettes cornues lilas.

Musqué

Un parfum musqué rappelle celui du clou de girofle, de la giroflée et de l'œillet. C'est chaud et épicé : rose muscate ou raisin muscat, par exemple.

Myrte

Plante légendaire, qui fournissait ses brins fleuris aux mariages princiers. Pour le reste, un bon arbuste bas, persistant, à fleurs blanches parfumées. 'Tarentina' est une forme compacte tout à fait adaptée à la vie en bac, sur une terrasse ensoleillée.

Myrtille

Le saviez-vous, les pilotes de la RAF avaient coutume de prendre du sirop de myrtilles avant les vols de nuit. La raison ? Ces petites baies violettes contiennent des vitamines qui facilitent la reconstitution du pigment rétinien, et donc la vision nocturne. Bon à savoir si vous devez faire une grande migration sur l'autoroute... Ce n'est pas le seul moyen qu'ait trouvé le myrtillier pour attirer notre attention : ce petit buisson, qui ne dépasse guère 1,80 m, rivalise avec certains des plus beaux arbustes au moment de sa floraison, des bouquets de clochettes roses, translucides, dont la floraison dure une semaine. Elles cèdent la place à des baies, d'abord vertes, puis violettes, qui sont délicieuses à croquer, encore tièdes de la chaleur accumulée pendant le jour, ou encore en une foule de desserts, à moins que vous ne préfériez les confitures. Et le festival n'est pas terminé puisqu'à l'approche des grands froids, le feuillage se teinte de pourpre et d'or. À découvrir sans attendre.

Laquelle Surtout travaillés aux USA, à partir d'espèces à gros fruits, les myrtilliers n'ont pas grand-chose à voir avec l'airelle de nos montagnes. On a un peu perdu en goût ce que l'on a gagné en quantité, et en facilité de culture. Achetez au moins deux variétés, en pensant à la pollinisation croisée, nécessaire pour obtenir des fruits. 'Berkeley', 'Blue Crop', 'Blue Ray', 'Grover'... sont quelques noms que vous retrouverez au fil des catalogues (Ribanjou est le grand spécialiste).

Comment Un sol acide, très acide même. N'oubliez pas que le myrtillier appartient à la même famille que les rhododendrons. Les jeunes sujets sont proposés en godets ou en conteneur. Cultivez-les en grand conteneur-poubelle d'une vingtaine de litres, plein de tourbe pure. De la sorte, vous ne risquez plus de contamination par le calcaire du sous-sol, et le myrtillier peut vivre trois ans dans ce genre de bacs sans demander un rempotage. Apportez un demi-seau d'Or brun chaque printemps pour nourrir les racines.

Le myrtillier supporte la mi-ombre mais les fruits sont nettement meilleurs au soleil.

Aucune taille n'est requise. Le port des arbustes change beaucoup selon les variétés. Ne pas s'en étonner.

Arrosez régulièrement, surtout à l'approche de la floraison et jusqu'à la récolte. Si vous devez vous absenter, disposez une toile d'ombrage au-dessus des arbustes, cela limitera leur transpiration.

Avec qui Disposez vos myrtilliers en pots non loin de la terrasse pour penser à les arroser. Il est risqué de les planter avec les rhododendrons car on oublie souvent de s'en occuper en dehors de la période de floraison.

Nandina

Cet arbuste chinois persistant commence à trouver sa place dans nos jardins. Le grand *Nandina domestica* ressemble assez à un bambou, mais dont le feuillage coriace serait ramifié horizontalement. Il adopte ainsi une silhouette en V, portant à 1,2 m les fleurs blanches en été suivies par des fruits qui persistent longtemps. Le tout donne un ensemble sage et structurant. Exactement ce qui convient pour animer une scène consacrée aux vrais bambous, aux azalées caduques et aux berbéris persistants, plutôt à mi-ombre.

Nandina domestica

Le nandina nain 'Fire Power' (50 cm) forme une boule de feuillage martelé changeant de couleur au fil des saisons. Bon élément pour un premier plan de massif ou en grand pot.

Nanifié

Qualifie ce qui reste d'une plante une fois que les horticulteurs s'en sont occupés. De vrais jivaros : ils adorent les réduire, par la sélection génétique et l'emploi de produits chimiques. On concentre l'effet, et les fleurs peuvent enfin cacher le feuillage. Généralement les plantes en deviennent hideuses. À proscrire.

Narcisse

Si la légende de Narcisse vous tire des larmes, jusqu'au moment où vous prenez conscience que c'est tout simplement l'histoire d'un play-boy grec parfaitement insignifiant, l'effet d'une bande de narcisses au jardin est tout sauf attristant. Merci le jaune !

Comment Les narcisses apprécient les sols frais et le soleil, mais pratiquement toutes les terres de jardin leur conviennent, et comme les arbres sont généralement dépourvus de feuilles au moment où ils poussent, ils arrivent à prospérer même à l'ombre.

Plantez-les assez tôt, dès septembre, car s'il vous arrive de déterrer par

Narcisses à grand effet

Les narcisses se ressemblent tous et cependant on y trouve matière à collection. Affaire de précocité, de hauteur, mais aussi de forme de fleur : il existe des unis et des zonés ; des simples et des doubles, façon chiffon abandonné. Enfin, la gamme de couleurs explore avec minutie le jaune, sans oublier une incursion vers le rose, l'orange et le blanc, bien entendu.

Sachant cela, va-t-on se livrer à une acquisition massive, qui contribue à la joie puis à l'ennui, ou procéder à des actes compulsifs, transformant le jardin en Floralies de sous-préfecture ?

Les deux, car à quoi se censurer, surtout pour une fleur qui ne fait de l'effet que pendant quinze jours et disparaît tout l'été.

Pour constituer une vraie tache de narcisses, il faut planter un sac de 100 bulbes, voire le double ou le triple. Restez dans le registre du narcisse trompette : pas forcément jaune d'or comme 'Dutch Master', valeur sûre cependant, qui fleurit en même temps que le forsythia ; mais plus acidulé comme 'Spellbinder', jaune tendre lavé de blanc, ou carrément blanc pur comme 'Mount Hood', un jeunot de 1937. Pour éviter de tomber dans l'ennui pur, glissez dans cette nappe quelques pochettes d'autres narcisses trompettes : 'Majesty', blanc et jaune parmi 'Mount Hood' ; 'Fortissimo', à trompette orange vif parmi 'Dutch Master'. Conservez la nette dominance d'une variété par rapport aux autres. Une idée facile à mettre en œuvre consiste à planter des centaines de narcisses en disposant les couleurs de façon qu'ils soient de plus en plus clairs au fur et à mesure que l'on s'éloigne.

Narcisses originaux

La deuxième série de grands narcisses concerne ceux qui présentent un œil : issus du narcisse des poètes, ils en ont conservé une floraison plus tardive de quinze jours, et un parfum envoûtant. C'est bien le cas chez 'Actaea', qui apprécie les sols frais, mais est souvent picoré par les oiseaux.

'Professeur Einstein' vous contemple d'un œil orangé. 'Polar Ice' reste blanc sur blanc : la grande classe. Encore cher, 'Sinopel' s'orne d'un œil vert intrigant.

Mais les plus adorables de tous les narcisses sont sans conteste les botaniques et les courts sur pattes. 'Tête-à-tête' est probablement le plus répandu : chaque tige porte deux fleurs jaune pur à 20 cm de hauteur.

'Thalia' joue le blanc pur, à peine égayé par la touche de jaune tendre des étamines (25 cm). Il s'épanouit tard. S'il n'y avait qu'un narcisse à planter dans un jardin, ce serait celui-là, non loin d'un cerisier.

'Minnow' est franchement blanc et jaune, et sent très bon.

Les narcisses à fleurs d'orchidée, ceux à corolles doubles ('Golden Ducat' ou 'Rip van Winkle'), les narcisses à trompette rose ont leur place au potager pour les bouquets. Au jardin, ils ont un côté Disney difficile à digérer.

mégarde des narcisses au mois d'août, vous verrez que leurs racines ont déjà commencé à se développer. De plus, toutes les variétés sont encore disponibles.
Enterrez les bulbes à 15 cm, en les espaçant d'autant pour un effet rapide, ou de 20 cm pour être tranquille au moins pendant cinq ans. Il faut une douzaine de narcisses pour créer une tache à peu près visible, mais 50 sont nécessaires pour un vrai impact.
Le feuillage se développe en même temps que la floraison et surtout juste après. C'est un moment clé, où il convient d'arroser si le mois de mai est sec. Sinon, on laisse tranquille jusqu'à ce que la floraison s'amoindrisse à cause de la densité de la plantation. Profitez d'un été pour déterrer les bulbes en excès et replanter ailleurs, mais ceci n'est pas de tout repos.

AVEC QUI Les narcisses sont beaux entre eux. On peut tenter le mariage des narcisses tête à tête et des scilles de Sibérie bleues, à raison de 50 narcisses pour 100 scilles.
Les narcisses sont particulièrement beaux au potager, près des salades d'hiver et des fèves. Mais indiquez bien au petit dernier que les poireaux sont ailleurs, car le feuillage du narcisse est toxique. Des masses de narcisses Actaea non loin de poiriers en fuseau, et c'est l'éternel printemps.

NAVET

Mauvais film et excellent légume, le navet mérite une place au potager car sa chair est alors exquise, à des années-lumière des coriaces du marché. On ne le réussit pas toujours bien au printemps, alors que la culture de fin d'été est un enchantement.

Navet de Croissy

LEQUEL Le navet de Nancy, à collet rose, est une valeur sûre. Le navet jaune 'Boule d'or' surprend par la vivacité de son coloris, mais sa chair serrée est un ravissement en cuisine. Adoptez également le navet de Croissy aussi à son aise en automne qu'au printemps. Une racine allongée, d'un blanc ivoire.
COMMENT Tentez un semis en mars, sous voile de forçage, mais sans grande conviction car une année sur deux, il fait vite trop chaud pour que la racine se forme. En août, dès qu'un coin de potager se libère, après l'arrachage des premiers haricots verts par exemple, semez les navets à la volée, grattez avec le râteau pour enfouir les graines, puis arrosez régulièrement, cinq minutes chaque matin. La levée est généreuse, et dès les premières pluies d'automne, les racines gonflent à toute allure. Récoltez de la fin septembre à décembre. Ensuite, le froid et les limaces font des ravages. Il vaut mieux tout récolter, couper les feuilles et stocker dans le sable, ou au moins tout couvrir avec des feuilles mortes.
AVEC QUI Le navet a besoin d'espace pour prospérer. Repiquez des laitues d'hiver de part et d'autre, mais à bonne distance.

NÉFLIER

Après le navet, la nèfle, c'est-à-dire pas grand-chose, en argot. Pourtant, les oiseaux se régalent de ses petites pommes blettes au goût de marmelade oubliée sur le feu.
Quant au néflier du Japon, c'est un petit arbre au magnifique feuillage persistant, pour la zone de la vigne et même à Paris, où il dépasse un premier étage. Après une floraison automnale à senteur d'aubépine, ses nèfles mûrissent en juin.

NEILLIA

Cet arbuste chinois fait partie de ceux qui vont trouver leur place dans nos jardins, profitant du goût pour la décontraction. Le port est élégant, avec des cannes s'arquant en souplesse. Le feuillage vert brillant est joliment découpé. Le tout culmine à 2 m, en quelques années. Les fleurs roses apparaissent en mai-juin, en grappes légères.
Pas de quoi se réveiller la nuit, certes, mais exactement le compagnon dont ont besoin des arbustes plus rondouillards, comme le choisya ou les berbéris persistants.
Ajoutez des bambous nains, des aucubas verts et des corètes, et glissez à leur pied des nandinas nains et des épimédiums.

NEMESIA

Même combat que pour le mimulus, avec un facteur aggravant : la floraison dure moins de quinze jours. Les coloris sont souvent très raffinés, dans les abricots et les roses.
Quant à la némésia 'Milky Way', d'un blanc laiteux, elle n'a sa place qu'en pot, surveillée de près. Alors, elle peut exprimer sa capacité à fleurir de juin à octobre.
Christine Verneuil (Santonine) propose également 'Lilac Blue', en grappes mauve bleuté ; *N. denticulata*, rose tendre adorable ; et *N. fruticans*, rose lilacé (30 cm pour toutes).

Népéta

Pourquoi faire la fine bouche vis-à-vis du népéta, alors qu'il s'agit d'une des meilleures plantes vivaces à floraison estivale ? Certes, il a tendance à s'affaisser, mais un peu de souplesse est-il condamnable ou le jardin doit-il se tenir raide comme un régiment ? Adoptez-le en vous moquant du qu'en-dira-t-on.

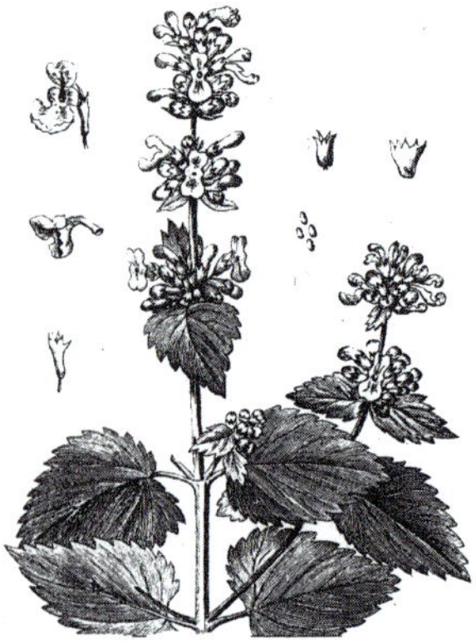

LEQUEL Le plus fameux, à juste titre, est le grand 'Six Hills Giant', feuillage gris vert et nuage de fleurs bleu tendre, un lavande à peine délavé. Il culmine à 70 cm, mais se contente souvent de la moitié une fois que les tiges se sont affaissées. Pour une bordure basse plus nette, adoptez 'Walker's Low', pour le même accord entre le feuillage argenté et les fleurs bleu tendre. 'Dawn to Dusk' est plus dressé, donnant un peu l'impression d'un petit arbuste. Ses fleurs sont plus petites et tendent vers le rose.
Goûtez aussi au charme des népétas botaniques, restés tels que la nature les répand dans la garrigue, comme *Nepeta camphorata*, parfumé au camphre, qui fleurit en blanc nuancé de pourpre (60 cm) ; *Nepeta nuda*, mauve clair (60 cm) ; ou encore *Nepeta parnassica*, le géant du genre, poussant à 1,3 m ses fleurs bleu pourpré.
Un peu à part, le népéta de Sibérie a donné naissance à la fameuse variété 'Souvenir d'André Chaudron', aux fleurs bleu nuit nettement plus grandes que chez les autres népétas. On perd un peu l'effet de masse et surtout la douceur du feuillage argenté pour un retour au vert franc.

COMMENT Le népéta se moque de la richesse du sol du moment qu'il peut y plonger ses racines profondément. C'est encore la meilleure garantie d'une totale économie d'eau. Plantez en début d'automne, ou attendez mars, ce qui est le plus sûr en terrain lourd. Le plein soleil est indispensable.
Distancez les godets de 50 cm car chaque touffe atteindra cette taille en une saison.
Tous les trois ans, au printemps, arrachez les touffes et divisez-les pour replanter les éclats tout de suite, à un autre emplacement.
Certains disposent des rameaux de noisetier pour conforter les tiges du népéta, mais il se répand avec grâce, alors à quoi bon… d'autant que de nouvelles tiges apparaissent au cœur des touffes, et fleurissent en septembre.

AVEC QUI Le népéta constitue des bordures pleines de charme au long des massifs ou des allées. Associez-le aussi à l'alchémille, au coréopsis verticillé, à l'origan et au calamintha, ton sur ton. Si vous créez des grandes masses de népétas, ponctuez-les avec quelques touches de jaune (œnothère par exemple) ou de rouge assourdi (coquelourde), voire de blanc (cosmos 'Purity'). Quelques touches seulement…

Nérine

Superbe en bouquet, c'est incontestable. Pour le reste, une plante bulbeuse au rythme de végétation assez imprévisible, qui occupe mal le terrain. En pot, dans un coin de la véranda, ou au pied d'un mur exposé plein sud, peut-être.

Nierembergia

Une sorte de pétunia en miniature, bleu violet ou blanc, qui serait bien précieux en jardinière s'il ne détestait pas tant les oublis d'arrosage. Pour un balcon exposé au nord, peut-être.

Nigelle

Love in a mist, l'amour dans un brouillard, tel est le surnom que donnent à cette jolie fleur les Anglais, décidément bien inspirés. Ils ajoutent parfois « Devil in a bush », un démon dans un buisson, en référence aux fruits gentiment cornus qui émergent du feuillage une fois la floraison passée, alors que Vilmorin y voyait prosaïquement une marmite renversée… Les vieilles appellations françaises font référence également à la finesse des feuilles : cheveux de Vénus ou herbe à l'araignée. On aura compris l'intérêt primordial de ce coussin vaporeux à souhait, qui met si bien en valeur les fleurs naïves, quelques rangs de pétales autour d'un cœur vert proéminent. Le tout fleurit pendant un long mois, en début d'été, dans les bleus les plus attendrissants qui soient, le blanc et le rose (assez rare) complétant la gamme.

Nigelle de Damas

LAQUELLE La nigelle de Damas est la plus connue. Elle existe en sélection blanche ou bleu foncé ('Miss Jekyll', qui n'a rien à voir avec un certain 'Mister Hyde' : c'était une excellente paysagiste anglaise du siècle dernier, qui a révolutionné l'art du jardin outre-Manche). Toutes culminent à 50 cm de hauteur. 'Mulberry Rose' présente des fleurs blanches à l'éclosion, qui deviennent ensuite rose carmin, comme certaines clématites. 'Shorty' est une nouveauté qui ne dépasse pas 15 cm de haut. La nigelle d'Espagne est plus élancée, ses fleurs sont d'un bleu pourpré et elles cèdent la place à des fruits curieux, en étoiles à 10 ou 12 branches, très appréciées pour les bouquets secs de l'hiver. Une autre nigelle est utilisée également pour ses fruits, qui succèdent à des fleurs jaunes (*Nigella orientalis* 'Transformer', chez Baumaux).

COMMENT Un sol ordinaire, et même pas trop riche. Soleil ou mi-ombre.

On peut semer les graines au printemps, mais il est préférable de procéder à ce semis en septembre-octobre, directement en place. Les jeunes plantules passent l'hiver tranquillement, et se développent d'un seul coup au printemps.

Une fois la floraison passée, récoltez les graines et semez partout dans le jardin. C'est encore ce genre de semis qui donne les meilleurs résultats. On arrosera pendant la floraison pour la prolonger un peu.

Le petit truc qui change tout : récupérez des semis spontanés en février et placez-les où bon vous semble, en essayant de prendre une petite motte à chaque fois. S'il y a plusieurs plants ensemble, ne les séparez pas car l'effet sera plus naturel.

AVEC QUI C'est typiquement le genre de fleur à utiliser en grandes masses mouvantes et spontanées. Laissez les semis naturels se développer comme bon leur semble, vous ne ferez jamais aussi bien qu'eux. Les nigelles peuvent ainsi former des ourlets pleins de charme au pied des clématites ou des rosiers grimpants anciens, ou encore se mêler aux camomilles. Cultivez en ligne au potager les variétés dont les capsules servent aux bouquets secs.

Nœud

Renflement de la tige correspondant à l'insertion d'une feuille ou d'un bourgeon. On coupe à 1 cm au-dessus d'un nœud quand on taille proprement. Quand on prépare des boutures, on coupe au contraire à 1 cm en dessous d'un nœud.

NOISETIER

Avec le noisetier, le naturel entre au jardin, sous la forme d'un gros arbuste rond, aux feuilles veloutées. Les tiges partent directement du sol, formant des touffes compactes. Les noisettes ne sont pas toujours au rendez-vous, mais qui s'en plaindrait car le noisetier apporte bien plus, l'assurance d'une intégration au paysage. C'est pourquoi on sera vigilant dans l'emploi du noisetier pourpre.

LEQUEL Pour récolter plus sûrement des noisettes, il faut combiner des variétés qui fleurissent en même temps pour favoriser la fécondation croisée. Chez les précoces, associez 'Fertile de Coutard' et 'Ronde du Piémont'. Plus tard, 'Merveille de Boswiller' et 'Bergeri' ou 'Corabel', deux nouveautés produisant de grosses noisettes.

Le noisetier pourpre (*Corylus maxima* 'Purpurea') forme une masse de 4 m d'envergure, avec un feuillage tout d'abord pourpre vif puis plus atténué. Les noisettes sont délicieuses.

On adore ou l'on déteste le noisetier tortueux (*C. avellana* 'Contorta'), qui ne dépasse guère 3 m et n'en finit pas d'entortiller ses rameaux dans tous les sens. L'hiver, examiné par transparence, il enchante au moment où les chatons mâles se balancent au soleil.

Peu planté, le noisetier de Byzance est un vrai arbre à port pyramidal (15 m), s'accommodant de tous les sols et de la sécheresse.

COMMENT Plantez en automne et durant l'hiver. Démêlez les racines qui contournent le conteneur avant de mettre en place dans un coin de terre bêchée sur 1 m de diamètre et 40 cm de profondeur. Pour créer une haie, plantez tous les 2 m. En isolé, prévoyez 3 m autour de chaque noisetier, pour qu'il respire et laisse respirer ses voisins.

Les premières années, paillez en juin avec des tontes de gazon et arrosez, peu souvent mais copieusement, pendant la canicule.

Dès la quatrième année, supprimez en hiver les rameaux du centre les plus anciens. Cela donnera de l'air et favorisera le renouvellement par les jeunes rameaux de la périphérie qu'on laissera intactes.

AVEC QUI En couple pour donner des noisettes, ou éparpillé parmi les arbres de Judée, lilas, aubépines et cytises, dans une haie rustique et champêtre.

NOLANA

Une plante prostrée d'origine chilienne qui adore la chaleur mais ne supporte pas la sécheresse. Vous y comprenez quelque chose ? En pot, à la rigueur, pour profiter des clochettes bleues et blanches.

NOTOFAGUS

Le hêtre de l'hémisphère sud, particulièrement beau sous un climat maritime, depuis la Normandie jusqu'au pays Basque. Une silhouette étrange, teintée d'orange en automne.

NOYER

Un arbre, un vrai, avec un tronc qui s'habille d'argent à maturité, des feuilles à l'ombrage aussi coriace que leur limbe, des fruits bien connus qui tachent les mains. Un grand arbre, qui pousse bien plus vite que sa réputation. A-t-il sa place au jardin ? Incontestablement s'il est déjà installé : un noyer se respecte, surtout s'il a dépassé les 30 ans car, comme un culturiste émérite, il prend alors une allure superbe.

Si vous décidez de l'installer, prenez en compte le fait qu'il occupera à lui seul un cercle de 6 à 10 m de diamètre. Plantez en hiver, après avoir défoncé le sol sur 50 cm. Puis laissez tranquille, en arrosant simplement durant deux étés. La première récolte sérieuse interviendra au bout de dix ans. 'Franquette', 'Mayette' et 'Parisienne' sont trois bonnes variétés. À l'aplomb des branches, vous pourrez installer quelques pivoines, des buis, des euphorbes et des narcisses et pas grand-chose d'autre, étant donné la compétition.

NYMPHÉA

Ne croyez pas qu'il faille disposer d'un grand étang, d'un pont japonais et d'une barque à fond plat pour profiter de la beauté singulière de ces roses d'eau, fleurs mystiques posées sur un feuillage cuirassé. En choisissant des variétés à petit développement, vous pouvez en profiter dans un demi-tonneau, sur votre terrasse. Effet de surprise garanti.

LEQUEL Il existe de nombreux hybrides, que vous pouvez admirer aux établissements Latour-Marliac, au Temple-sur-Lot. Les nains sont précieux car ils peuvent se développer dans un bassin de moins d'un mètre de diamètre de côté : 'Helvola' est l'un des plus sympathiques, avec ses fleurs jaunes et ses feuilles tachées de pourpre. 'Pygmaea Alba' (blanc), 'Froebelli' (rouge carmin) et 'Berit Strawn' (rose saumon) sont tout aussi compacts.

COMMENT Un sol riche et surtout une épaisseur de 30 cm d'eau environ. Soleil toute la journée.

On se procure des plants en fin de printemps, car le démarrage de la végétation des plantes aquatiques est souvent tardif. Plantez aussitôt, en disposant les masses de racines dans un pot, avec une terre compacte autour. Entourez avec un filet à mailles fines, et posez au fond de votre bassin ou de votre tonneau.

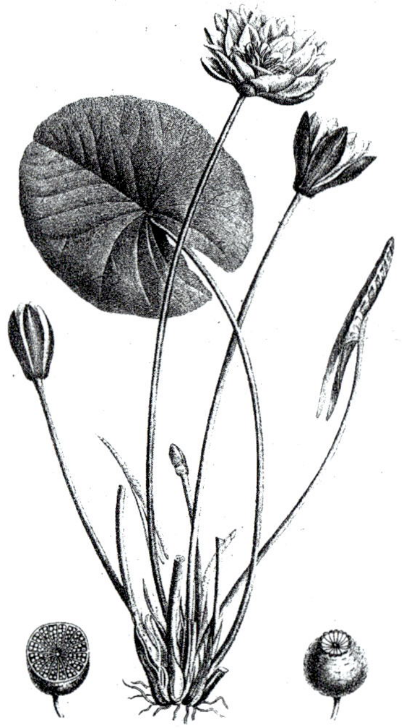

On se contente d'admirer et de rajouter de l'eau en fonction de l'évaporation.

Le petit truc qui change tout : parfois des pucerons noirs ou des escargots d'eau font des dégâts, mais c'est rarement grave. Et pensez à toute la faune utile qui vit dans l'eau...

AVEC QUI Dans un demi-tonneau classique, vous pouvez disposer un nymphéa et une touffe d'iris d'eau. Dans un vrai bassin, les nymphéas font merveille avec d'autres plantes aquatiques comme les aponogétons, les butomes et les pontédérias. Ne pas oublier le rôle essentiel tenu par les plantes oxygénantes, situées sous l'eau, et qui conservent sa pureté, tout en servant de pâture à toute une faune aquatique, tellement magique quand on l'observe de près.

NYSSA

Rien à dire : deux essais de plantation ont conduit à des échecs. Mais peut-être ne faut-il pas regretter, car le cadre ne se prêtait pas forcément à cet arbre d'exception, réputé pour ses couleurs d'automne.

ŒILLET

Vieille connaissance : on le retrouve sur les peintures de la Renaissance, en bouquets un peu compassés nichés aux pieds de la sainte Vierge. L'éclatant œillet de Manet, celui de la révolution portugaise, ou celui des comédiennes, et alors il porte malheur. L'œillet mignardise des reportages de jardin anglais et celui de la réalité, pas toujours aussi aguichant. L'œillet au parfum de clou de girofle et celui qui lui ressemble en tout point mais paraît moulé dans le plastique et a perdu toute senteur. Regardons-y de près...

LEQUEL L'œillet mignardise remporte tous les suffrages. On se contentera d'une belle sélection de simples, dits d'Ecosse (graines Royalfleur), ou encore, mais seulement après examen minutieux, de ceux qu'une voisine compatissante vous cédera, suite à vos innombrables compliments sur sa bordure si nette. Les œillets mignardises du commerce sont bizarres, arborent des appellations anglaises de bon aloi mais déçoivent souvent en produisant des touffes maigres, avec des fleurs trop grosses qui viennent tutoyer le sol, comme diraient les commentateurs sportifs. Quitte à rechercher des grosses fleurs, autant mettre en place des œillets des fleuristes, mais sans enthousiasme excessif, en les cantonnant au potager puisque, de toute façon, on les emploiera surtout pour les bouquets. 'Chabaud', 'Marguerite' et 'Enfant de Nice' sont des variantes plus ou moins monstrueuses. La gamme des coloris est vaste, et n'exclut même pas le jaune, tendre il est vrai, dieu merci.

L'œillet des poètes fait bande à part : un bouquet parfait, épanoui sur des tiges solides, en mai, en accompagnement des premières roses. Celui-là, on en raffole, même s'il ne dure que deux ans.

COMMENT Semez les œillets en début août, et mettez-les en place à l'automne, moment où vous pouvez repiquer aussi les godets du commerce ou les rejets de la voisine. En climat froid et sol lourd, qu'ils n'aiment pas, une plantation de printemps est préférable. Les œillets de fleuristes iront directement au potager, en ligne, pour être abrités l'hiver sous un tunnel, ensuite tuteurés, arrosés et récoltés régulièrement.

AVEC QUI L'œillet de poète est beau tout seul ou associé à des giroflées mauves et blanches. Le vrai œillet mignardise de bordure forme des belles masses que l'on ponctuera de buis taillés en cônes ou encore de sauges officinales pourpres. Coupez les fleurs fanées de temps à autre pour prolonger la floraison, mais ce n'est pas une sinécure.

ŒILLET D'INDE

Orange, brun, jaune citron, mandarine ou pamplemousse, les œillets d'Inde adorent se déguiser en habits d'agrumes. Des couleurs chaudes qui supportent, impavides, les rayons écrasants du soleil à son zénith. Pas vraiment dans les demi-teintes, mais exactement ce qu'il faut pour souligner une bordure, ou constituer un trait de couleur dans l'océan de verdure d'un potager plantureux. Et quelle senteur particulière...

LEQUEL Les variétés à fleurs doubles, comme des petits pompons, manquent singulièrement de naturel. Nous leur préférons de loin celles à fleurs simples, comme Espana mix, la série de 'Disco' ou 'Red Marietta'. Tous forment des coussins de 25 cm de haut, fleuris tout l'été.

'High Dune' est une variété restée très proche de l'œillet d'Inde originel, tel qu'il pousse au Mexique. Il s'épanouit jusqu'à 50 cm de haut, et ses fleurs simples rouge brun souligné de jaune ne craignent pas la pluie.

Sous le nom de tagète, on trouve des œillets d'Inde à petites fleurs simples, formant des coussins étalés incroyablement florifères. 'Gnom', 'Ornament', 'Starfire' ou 'Tangerine' gem offrent une belle palette de coloris chauds. À noter que leurs racines empoisonnent les nématodes, des vers du sol qui compliquent la vie des légumes. On recommande donc le semis en lignes au potager, de façon à assainir ce dernier progressivement.

COMMENT Sol ordinaire, même médiocre, et le plus de soleil possible.

On trouve du plant couramment à partir du mois d'avril, mais le choix est nettement plus large si l'on achète des graines. Et comme elles sont grosses et manipulables sans problème, que leur germination est aisée, autant ne pas se gêner. On sème dans un bac à poisson rempli de terreau, en distançant les graines de 5 cm, puis mise en place en mai, à 15 cm de distance en tous sens. Il est aussi possible de semer directement en place, en attendant la mi-mai. Éclaircissez pour ne laisser qu'un plant tous les 15 cm.

Au début, protégez des limaces qui adorent croquer les jeunes plants. Par la suite, cette menace s'estompe.

Le petit truc qui change tout : pincez les premières fleurs du plant que vous achetez, de façon à favoriser l'enracinement en priorité. À l'occasion des arrosages hebdomadaires et copieux, enlevez les capitules fanés.

Tagetes signata

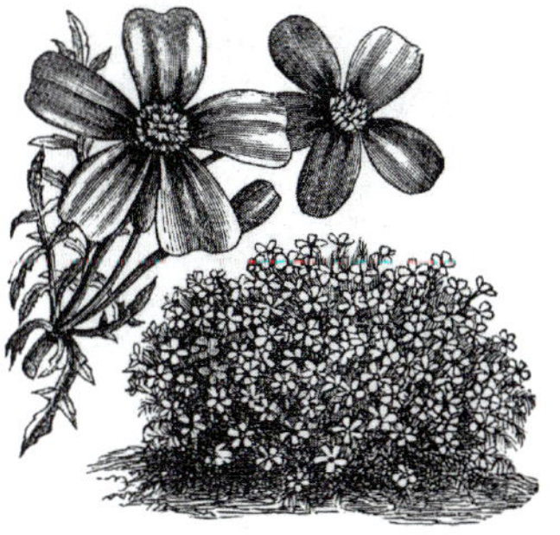

La floraison est considérablement prolongée par ce simple geste. Et tant mieux si vous aimez l'odeur spéciale des œillets d'Inde, ce qui n'est pas du goût de tout le monde.

AVEC QUI Des plantes à feuillage argenté, comme les cinéraires maritimes, les armoises, les santolines ou les hélichrysums. Évitez comme la peste les mariages hauts en couleur avec les lobélias bleus, les sauges rouges ou les agératums, ou alors c'est une farce que vous faites à vos voisins.

En bordure basse, les œillets d'Inde et les tagètes font merveille en groupes, avec quelques kochias, des dahlias rouges et des cosmos sulphureus pour interrompre leur moutonnement, et des ricins en arrière-plan. Ils sont très beaux en bordure devant un massif de dahlias jaunes, orange ou mordorés. Quelques lignes d'œillets d'Inde au potager, et c'est la joie tout l'été, sans oublier que leurs racines font le ménage...

Œilleton

Dans le cas de l'artichaut, se dit d'un rejet détaché d'un pied adulte… et destiné dans la plupart des cas à finir sous la dent des limaces.

ŒNANTHE

Une fausse carotte venue d'Extrême-Orient pour la variété Œnanthe javanica Flamingo, qui fait l'événement en ce moment pour son feuillage teinté de rose et de vert. Elle apprécie les sols et les ambiances fraîches, en couvrant bien le sol (30 cm). Pourquoi pas en compagnie de gillenias et de fougères, comme le préconise Jean Le Bret dans son Clos du Coudray. Ou encore en compagnie de primevères asiatiques et d'eupatoires Chocolat, associées à des iris de Sibérie. Mais en n'oubliant pas que l'on est dans le registre du jardinage soigné, quasi manucuré.

ŒNOTHÈRE

Les fleurs d'œnothères pétillent avec tant d'allégresse qu'on leur pardonne un tempérament volontiers fugueur. Des adeptes du semis libre, du « j'apparais et je disparais ». La fantaisie étant une des qualités fondamentales du jardinier, il aurait mauvaise grâce à leur en vouloir, mais ne mettra pas trop d'espoir en elles.

COMMENT Les œnothères vivaces sont mises en place au printemps de préférence. Au soleil et en terre ordinaire, même maigre. Les œnothères annuelles sont semées en mars-avril, soit directement en place soit dans une terrine et repiquées au bout d'un mois, en les espaçant de 25 cm.

AVEC QUI On peut se contenter de parsemer les massifs d'autres plantes avec quelques pieds d'œnothères, qui ajouteront leur touche de naturel dans un océan de bleu, de blanc et même de rose. Le mariage avec les feuillages argentés est somptueux : népéta, sauge officinale, santoline… Et pourquoi pas parmi les graminées, l'orge à crinière et le *Stipa tenuifolia* entre autres, à déguster en sirotant des longs drinks, les doigts de pied en éventail. Vous éprouverez autant de satisfaction, avec la même éco-

Œnothera speciosa

Œnothera biennis

LES BELLES ŒNOTHÈRES JAUNES

On cultive le jaune avec l'*Oenothera odorata* 'Sulphurea', qui fleurit en juillet-août, le soir et jusqu'au matin, en jaune acidulé se fanant dans des nuances d'abricot (80 cm, mais souvent moins car elle s'étale). Une des plus aptes au semis spontané.
L'*O. tetragona* est plus dressée, ses tiges coriaces portant un feuillage vert bleuté qui met bien en valeur les grandes fleurs jaune vif. 'African Sun' est une sélection touffue, que vous pouvez planter en jardinière avec du lobélia cascade. On descend au ras du sol avec l'*O. missouriensis*, aux immenses fleurs jaune citron, jamais très nombreuses. Elle sera parfaite en haut d'un muret, en plein soleil.

LES SAUVAGINES

On est plus clairement dans le registre de la bonne mauvaise herbe avec l'*Oenothera biennis*, qui produit la première année une rosette solidement incrustée dans le sol avant de propulser une tige impavide à près de 1,5 m, garnie tout au long de fleurs d'un jaune absolument pur. Elle enchante chaque soir avec l'ouverture de nouveaux reposoirs à papillons, parfumés à la fleur d'oranger, mais son intention secrète est l'envahissement du jardin : des milliers de graines sont produites à cet effet et jailliront le moment venu dans toutes les directions, quand éclateront les fruits.
Heureusement, la détection des rosettes et leur arrachage n'est pas trop compliqué, mais vous êtes prévenu.
On se complaît dans le rose avec l'*Oenothera speciosa* : un rose changeant, passant du cuisse de Nymphe au presque blanc. Tant de tendresse s'associe à un tempérament d'intrépide, car la belle peut tout aussi bien s'afficher parmi les fleurs annuelles, en fleurissant dès l'été après un semis de mars, et parmi les vivaces, même si elle gèle couramment jusqu'au ras du sol. Ses rhizomes assurent sa pérennité et sa progression tous azimuts.
En revanche, un peu de circonspection vis-à-vis de 'Sunset Boulevard', certes abricot et même terre cuite mais trop dégingandée à mon goût.

nomie d'énergie, en associant les œnothères blanches avec des coréopsis verticillés, des boltonias, et des érigerons *karvinskianus*.

Quelques penstemons blancs ou rose tendre ajoutent une note de tendresse. Le tout en plein soleil.

L'œnothère du Missouri adore la compagnie des euphorbes rampantes ou dressées, des népétas, du cératostigma et des sternbergias. Elle est aussi une bonne camarade pour la valériane blanche, mais surtout pas la carmin. Essayez également le mariage avec les asphodélines.

OIGNON

À quoi bon cultiver des oignons, puisqu'ils sont vendus moins de 3 F le kilo, se gausseront les esprits supérieurs. Mais les vrais jardiniers gourmets savent que les oignons blancs du jardin sont incomparables pour accompagner petits pois et jeunes carottes, comme dans la publicité. Et que leurs grands frères jaune paille ou rouges n'ont jamais au jardin l'âcreté des oignons calibrés du commerce, produits avec force désherbants, et qui pourrissent et se vident sans crier gare.

LEQUEL L'oignon blanc se plante en automne et se récolte au printemps. Les anciennes variétés parisiennes cèdent la place à l'oignon blanc d'Italie, plus gros et tout aussi bon.

Comme plus personne ne sème les oignons, vous suivrez le mouvement en plantant des bulbes des variétés proposées, qui sont généralement classiques et bonnes : 'Jaune paille des vertus', 'Rouge de Brunswick' ou 'Jaune d'Auxonne'. Si vous avez la chance de vous promener sur les marchés des Cévennes, débusquez les variétés locales, qui produisent la fameuse Cèbe, aussi bonne en vert qu'une fois mûre.

COMMENT Plantez les oignons blancs en septembre ou octobre, en terre saine, pas enrichie en fumier récemment. Les autres oignons sont mis en place à partir de février et jusqu'en avril, sur des lignes jumelles, espacées de 15 cm, en laissant chaque bulbe à la même distance de ses voisins sur sa ligne. À maturité, tout le monde se rejoindra. En général, on n'a pas besoin d'arroser, sauf si le temps est au sec en mai. Soignez le désherbage, à la main bien sûr, car l'oignon pousse tout en hauteur et s'avère peu combatif.

On récolte les oignons blancs quand ils sont encore en végétation pour assaisonner les premières salades ; ou les bulbes encore tendres, avec les petits pois et les fèves. Et les jaunes encore en feuille pour les salades de tomate. Une fois secs, ils se conservent tout l'automne, mais on en manque généralement bien avant, car les conserves de sauce tomate en consomment des quantités astronomiques.

AVEC QUI Les laitues, les radis mais en fait l'oignon peut s'intercaler dans beaucoup de cultures à qui il fait peu d'ombre. Le tout est de se souvenir ensuite qu'on l'a planté là, au moment de la récolte !

Seuls les accros du bio croient encore que l'odeur de l'oignon chasse la mouche de la carotte et inversement. Il en faut plus pour décourager cette petite mouche : un voile fin est encore la meilleure protection. Quant à la mouche de l'oignon, elle est heureusement rare dans les potagers qui ont su conserver un entourage de mauvaises herbes, base de départ de nombreux prédateurs. Et cela, ce n'est pas du pipeau !

OMPHALODES

Un myosotis vivace assez bas et nettement moins envahissant. Ses touffes sont peu compactes et s'ornent de fleurs d'un bleu variable comme souvent dans la famille des Borraginacées. La variété 'Starry Eyes' est un petit bijou bleu pâle à cœur blanc. Sublime en gros plan. Un sol frais est requis, de préférence, mais on peut aussi tester l'omphalodes en situation plus sèche, à mi-ombre, en compagnie de pulmonaires et de narcisses botaniques.

ONOPORDUM

On l'appelle le chardon des ânes, et j'ai bien l'impression de l'avoir été en l'accueillant une année. Il est raide comme un horse-guard, mais version armure métallique. Ça pique de partout, et ça se ressème allégrement. Une peste, oui !

OPHIOPOGON

De deux choses, l'une : ou cette petite plante de la famille des Liliacées reste invisible, et c'est tant mieux. Ou bien elle prospère, au prix de quels soins (sol frais, argileux, sans calcaire, et patience), et comme son feuillage est bien sombre, on aura l'impression que vous concourez au festival des jardins de Chaumont dans la catégorie La métaphysique n'est plus ce qu'elle était… En pot, peut-être, que l'on mettra à l'abri en hiver.

ORCHIDÉE

On laissera tranquilles les orchidées sauvages pour se rabattre sur le blétilla, une japonaise facile à acclimater à mi-ombre, en terre caillouteuse mais fraîche en profondeur. Elle fleurit en mi-juin, rose brillant (40 cm). Une simple couverture de feuilles mortes assure la protection durant l'hiver.

OREILLE D'OURS

Un faux dur si doux à caresser, ou un faux tendre qui s'installe sans égard pour les voisins, l'oreille d'ours est un peu des deux, selon les cas et le temps de cohabitation entre le jardinier et ce couvre-sol. Il n'est pas impossible que vous passiez par des moments de lassitude et d'enthousiasme successifs.

LEQUEL L'espèce type (*Stachys lanata*) est injustement méprisée parce qu'elle fleurit, un comble quand on peut examiner de près les tiges redressées qui portent les fleurs formant des boules de coton chez 'Cotton Boll'. Mais justement, elles s'écartent du sol, un crime pour un couvre-sol !

Les variétés stériles profitent donc d'une prime : c'est le cas de 'Silver Carpet', recommandée pour son aspect net (20 cm) ; ou de *S. byzantina* 'Big Ears', autrement dit grandes oreilles, ce qui correspond bien à cette plante aux feuilles longues de 30 cm.

Ne croyez pas que l'argent soit la seule nuance de leur costume, car il existe une variété au feuillage jaune acidulé : 'Primerose Heron', réputée moins envahissante que les autres.

Un peu à part, les bétoines (*Stachys officinalis*) sont directement issues de nos bords de chemin, et ont été à peine sélectionnées pour donner des variétés à plus grandes fleurs : 'Rosea', aux épis roses bien dressés ; 'Superba', rose pourpré. Floraison en juin-juillet (50 cm).

COMMENT Plantez les oreilles d'ours et les bétoines pratiquement en toute saison, avec une préférence pour septembre et mars. Un coin de terre ameublie, pas forcément enrichie, leur suffit, au soleil ou à mi-ombre, mais pas sous des grands arbres. Un plant triple de volume en un an, s'étendant dans tous les sens, mais certaines parties anciennes peuvent disparaître.

On les nettoie au printemps, et on en profite pour éparpiller du compost très mur ou un mélange de terre et de sable sur cette partie du tapis, de façon que de nouveaux rejets s'y enracinent bien vite.

Si une voisine vous en propose, récupérez des rejets en septembre, et installez-les tout de suite, en enterrant à peine la base des tiges, mais en étalant les racines.

AVEC QUI L'oreille d'ours constitue un premier plan idéal pour les massifs de rosiers mélangés aux fleurs vivaces. Elle peut déborder sur le dallage sans gêner car un simple coup de cisaille y mettra bon ordre. Les bétoines seront parfaites au pied d'arbustes encore jeunes, mélangées aux ancolies et aux fétuques bleues.

ORIGAN

En quelques années, l'origan s'est taillé une place de choix en jouant sur deux tableaux : la qualité du feuillage, qui peut supporter le soleil même quand il est panaché ou doré ; la bonne tenue des fleurs, qui attendent le plein été pour s'épanouir. Ajoutons la senteur puissamment aromatique du feuillage, et l'on comprend mieux l'engouement actuel pour cette plante issue de la garrigue.

LEQUEL L'origan vulgaire de nos prés un peu secs a toujours sa place au potager, dans le carré des simples, et dans les endroits sauvages du jardin. Il ne déçoit jamais. Mais le jardinier est ce qu'il est, et il ne peut rester insensible aux variétés qui sortent de l'ordinaire.

Chez l'origan, on demeure dans le registre du solide. Le feuillage se teinte de doré chez 'Thumbles Variety', qui fleurit en blanc en été. 'Country Cream' est panaché de crème, sans paraître maladif.

Côté fleur, on dispose de nuances allant du blanc au pourpre. Signalons 'Herrenhausen', fleurissant tard, en août, dans une nuance pourpre très foncé ; et 'Heideturn', d'un rose bien net (60 cm tous deux).

Un peu à part, 'Kent Beauty' présente un feuillage vert bleuté et des fleurs roses entourées de bractées très décoratives. Extra en pot (25 cm).

COMMENT Les origans apprécient les sols sains et légers, et une exposition aérée. Installez-les au printemps, dès que la température se dégourdit.

Écartez les touffes de 40 cm en tous sens, car elles s'étalent vite. Une fois la floraison passée, coupez au ras du sol, un nouveau feuillage apparaîtra, et même une nouvelle floraison, avec un peu de chance.

Mais laissez quelques tiges monter à graine pour favoriser les semis spontanés, surtout parmi le gravier.

À vous de juger ensuite si elles ont leur place là, mais le résultat est souvent ravissant.

AVEC QUI Pour des massifs en plein soleil qui vous épargnent la facture d'eau, associez les origans et les lavandes, les sédums aizoon, les sauges officinales, et les germandrées.

ORME

Vous avez entendu parler de la maladie des ormes, ou graphiose ? Alors ne vous acharnez pas. L'orme 'Résista' est effectivement résistant, mais il n'a pas grand-chose à voir avec l'orme de vos souvenirs : c'est un grand arbuste touffu, à plusieurs troncs ramifiés, et non un arbre classique comme l'orme qui ombrageait nos mails. Il n'en demeure pas moins intéressant pour des haies bocagères, seul ou en mélange.

OSEILLE

Plante indispensable, et pourtant seulement complémentaire, car on ne la consomme guère qu'au printemps et à l'automne. En effet, elle devient très acide durant les périodes de chaleur.

Cette plante vivace au feuillage quasi persistant est excellente en bordure de plate-bande, mais pas le long d'une allée en gazon, car vous aurez du mal à nettoyer les feuilles sur lesquelles se seront collés des brins d'herbe.

LAQUELLE Outre la classique oseille de Belleville, l'oseille-épinard ou patience, aux grandes feuilles de 40 cm de long, moins acides mais vite coriaces.

Attention, cette dernière fleurit et monte promptement à graine, menaçant le jardinier étourdi d'une nouvelle mauvaise herbe aussi tenace que l'oseille sauvage.

COMMENT N'importe quelle bonne terre de jardin, de préférence à mi-ombre. Avec une petite préférence pour les sols lourds et frais, dans lesquels elle se montre moins acide qu'au sec.

Achetez un petit godet au printemps ou à l'automne, ou bien faites-vous donner quelques éclats par un voisin, car c'est un cadeau qu'on offre facilement. Ne lésinez pas sur le terreau (deux poignées par pied), et arrosez copieusement à la plantation. Pour avoir toujours sous la main de l'oseille tendre et pas trop acide, coupez-la régulièrement, afin d'encourager l'apparition de jeunes pousses. Chaque printemps, distribuez un peu de compost en surface, ou bien enrichissez les arrosages avec du purin d'ortie de mars à mai.

AVEC QUI L'oseille est parfaite en bordure du carré de plantes aromatiques ou, encore, d'une planche du potager. Mais méfiance : elle sert de repaire aux limaces...

OSMANTHE

Cet arbuste, qui ressemble beaucoup de prime abord à un houx, peuple les romans chinois, anciens comme modernes, les amoureux en mobylette venant se cacher sous sa ramure. Difficile de faire la même chose avec les sujets rabougris qui ne se décident pas à démarrer dans la plupart des jardins. En plus, son excellence peut succomber brutalement, sans crier gare.

Un peu à part, l'*Osmanthus burckwoodii* est plus vigoureux et permet de créer des topiaires bien nets ou des haies basses persistantes. Il fleurit en mai, et parfume alors tout le jardin.

OSTEOSPERMUM

Cette marguerite australe a bien des qualités. Fleurissant sous le soleil le plus intraitable, elle offre ces coloris étincelants qui seuls supportent cette insolation sans devenir des papiers peints délavés. Et son feuillage possède une senteur spéciale que nous sommes quelques-uns à apprécier.

LEQUEL Le choix a explosé en quelques années. Les horticulteurs danois s'en sont fait une spécialité : deux firmes, Sorensens et Larsen, sont à l'origine des meilleurs hybrides récents, la série des 'Cape Daisy' et des 'Sunny'.

La gamme s'est élargie au blanc pur ('Giant'), au rose tendre ('Hopleys'), au jaune tendre ('Buttermilk'), mais le pourpre plus ou moins vif reste la couleur dominante : 'Langtrees' ou 'Stardust'.

À noter 'Pink Whirls' et ses pétales curieusement resserrés au milieu, ce qui donne beaucoup de légèreté aux inflorescences.

COMMENT Une terre saine et légère, et surtout du soleil à foison sinon les fleurs ne se forment pas, ou restent fermées. Pour terrasses orientées plein sud et ouest par exemple. Les ostéospermums s'achètent en godets. On les mettra en place en mai, dans des pots assez grands (30 cm), et surtout bien drainés, garnis de terreau mélangé de terre ordinaire et d'un tiers de tourbe.

On arrosera une à deux fois par semaine. Supprimez les fleurs fanées pour favoriser l'apparition de nouveaux boutons.

Mais, malgré tous vos bons soins, il n'est pas rare d'observer une éclipse de la floraison en plein été, et une reprise en septembre.

AVEC QUI En pots, les ostéospermums sont tellement vigoureux qu'ils étouffent les bonnes volontés autour d'eux. Des hélichrysums au feuillage argenté se glisseront néanmoins dans leur ramure.

OXALIS

Une mauvaise herbe reste une mauvaise herbe, et seul le vrai trèfle à quatre feuilles, trouvé sans qu'on l'ait cherché, est efficace. Méfiance donc à l'encontre des oxalis... jusqu'au jour où l'on tombe sur la collection de Christine Verneuil (Santonine) et où l'on comprend que c'est en pot que les oxalis sont sensationnels.
L'un des plus surprenants est le brésilien *Oxalis triangularis*, au feuillage pourpre, admirable à mi-ombre. Iron Cross présente des feuilles marquées d'une tache brun rouge à la base de chacun des autres folioles. Dégustez également 'Nelson', une carpette teintée de bronze, surmontée de fleurs blanches doubles. Chez 'Ione Hecker', les fleurs en trompette bleu pourpre surmontent un feuillage vert bleuté. Tous ces oxalis sont éclatants de beauté dans des pots de terre cuite plus bas que larges, en terreau mélangé au sable.
À l'approche de l'hiver, on rentre dans la véranda et l'on arrose au minimum. Si tout disparaît, pas d'inquiétude : au printemps, des nouvelles pousses surgiront.

PACHYSANDRA

Peut-être serez-vous de prime abord insensible au charme des pachysandras. C'est avec l'âge, et la sagesse en bandoulière, que vous considérerez d'un nouvel œil ce qui vous paraissait la plante la plus ennuyeuse que la Création ait posée sur la Terre. Son côté préfet en visite officielle ne sied ni aux jardins sauvages ni aux scènes échevelées. Il y a de la componction dans le pachysandra, une sorte de satisfaction rentrée.
LEQUEL Le *Pachysandra terminalis* envahit tout l'espace disponible avec ses rhizomes charnus. Développement lent mais assuré. Il existe en version panachée de blanc, qui ne manque pas d'élégance, mais fait encore plus artificiel ; et en version plus basse, 'Green Carpet', extra pour l'ombre dense.
COMMENT Originaire des sous-bois japonais, où il remplace le lierre et le buis, le pachysandra aime les sols riches en humus, comme celui formé par la chute des feuilles, et une exposition ombragée voire carrément sombre. Au soleil, son feuillage jaunit, il se tasse et se recroqueville.
Peu cher car facile à multiplier, le pachysandra mérite d'être acheté en grande quantité chez un spécialiste de plantes vivaces qui vous consentira sûrement un prix de gros. On plante en toutes saisons, en évitant simplement les grands gels et la canicule, ce qui va de soi. Distance de plantation : 25 cm.
Arrosez régulièrement et copieusement pendant le premier été. Apportez un paillage de terreau de feuille au printemps.
Le petit truc qui change tout : si votre plantation manque de densité, rabattez tout à zéro un beau matin d'avril, et recouvrez de trois centimètres de terreau. Arrosez copieusement, tout sera magnifique dès l'été.
AVEC QUI Les pachysandras forment des tapis au pied des grands arbres, là où rien d'autre que le lierre ne peut pousser. En bordure, disposez des pulmonaires, des taches de tiarellas, et ponctuez avec des digitales qui fleuriront malgré l'ombre.

PANAIS

Nos aïeules n'auraient jamais oublié de jeter un panais dans leur pot-au-feu, histoire de parfumer le bouillon. La texture un peu crayeuse de sa chair dispensait de le déguster. Mais c'était oublier que le même panais, une sorte de grosse carotte blanche, peut aussi se consommer râpé avec une sauce rémoulade, ou frit en beignets, à moins que vous ne le préfériez en chips, passés rapidement à la friture et séchés dans du papier absorbant. Un légume de terroir qui surprend toujours.

Panais demi-long et rond

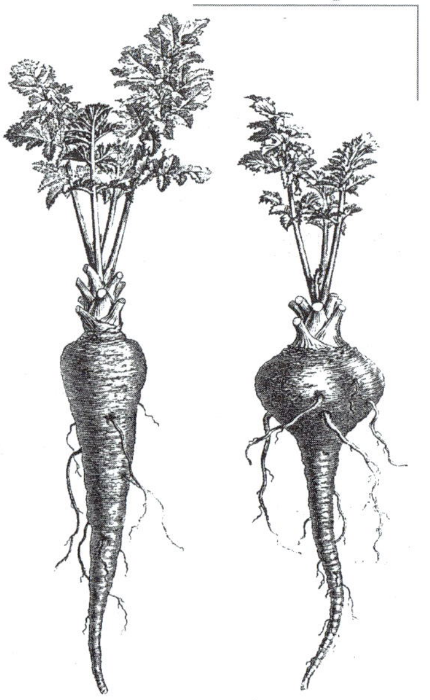

LEQUEL Jusque-là, seul le panais demi-long de Guernesey régnait sur le marché, avec ses belles carottes blanches de 25 cm. Mais est sorti récemment un hybride F1 à la racine plus fine et très allongée, de grande qualité gustative. Essayez donc 'Javelin' pour vous faire une opinion. La preuve que même des légumes séculaires peuvent profiter d'une cure de jouvence.
COMMENT Une bonne terre profonde car les racines dépassent souvent les 30 cm. Au soleil.
On sème le panais en avril-mai, en recouvrant les graines avec un doigt de terreau ou de terre fine. Attention, si les graines ne sont pas de l'année, elles peuvent refuser de germer. Un mois après la levée, on éclaircira pour ne laisser qu'un plant tous les 15 cm, sur des lignes espacées de 30 cm. Un rang de 5 m suffit à la consommation d'une famille moyenne.
On binera de part et d'autre du rang, pour tenir le sol propre. Le feuillage du panais n'a rien à voir avec la finesse de la carotte : large et étalé, il fait bien vite le ménage, sans douceur.

AVEC QUI Il faut beaucoup d'air aux panais, mais une culture intercalaire de laitues romaines est possible au moment du semis.

Paillis (paillage)

Couche de matériau organique (fumier, compost, paille, vieux foin) ou synthétique (matière plastique noire, que l'on proscrira en pensant aux inévitables déchets qui s'en suivront) destinée à couvrir le sol pour empêcher la levée des mauvaises herbes, et bloquer l'évaporation de l'eau au maximum. Le paillis ne sera pas mis en place trop tôt au printemps pour enfermer le froid dans le sol : la mi-mai est un moment parfait.

Panaché

Il n'y a pas forcément de la chlorophylle pour tout le monde : les feuilles montrent alors des zones blanches ou crème. C'est parfois joli, souvent maladif et rarement bien utilisé. Une plante à feuillage panaché supporte mal le soleil brûlant de l'après-midi.

PÂQUERETTE

Un gazon sans pâquerettes est triste à mourir, n'en déplaise aux amateurs de velours vert impeccable. Qu'y pouvons-nous si cette tenace au col de dentelle a décidé de se plaire là où nous souhaiterions un tapis d'émeraude ? D'ailleurs, c'est avec infiniment de plaisir que nous l'accueillons également dans nos massifs, ou encore dans des bordures pleines de spontanéité. Le premier vrai sourire de l'année mérite bien cet hommage.

LAQUELLE La pomponnette, aux fleurs bien doubles, reste la plus charmante. Les variétés à fleurs géantes et floues, comme 'Habanera' ou 'Monstrueuse de Chevreuse' sont un peu passées de mode. Eh bien, tant mieux !

COMMENT Le minimum syndical : un peu de terre, même médiocre et un soupçon de soleil. Vraiment peu. La pâquerette pousse spontanément dans nos pelouses sans nous demander l'autorisation. Il en va tout autrement quand on décide de l'implanter : les graines fines doivent être semées en fin de printemps, les plantules repiquées une première fois à 5 cm d'écartement, et la mise en place aura lieu d'octobre à février, quand une accalmie du temps le permet. On écartera de 15 cm à peine pour obtenir un effet naturel, la pâquerette n'aimant guère la vie solitaire. S'il s'agit de variétés à grosses fleurs, éliminez les capitules fanés pour prolonger la floraison.
Le petit truc qui change tout : si un coloris rare est apparu et vous plaît particulièrement, il faudra le multiplier en séparant des éclats de touffes. Mais gare aux pucerons en été.

AVEC QUI C'est encore entre elles que les pâquerettes sont le plus jolies. Plantez-les au pied des framboisiers et des cassissiers, sous les pivoines et entre les touffes des belles hostas, au repos jusqu'en avril.

PARROTIA

Un petit arbre originaire des abords de la mer Noire, côté Caucase. Il faudrait pouvoir le planter puis l'oublier un siècle car il devient littéralement sublime avec le temps, ses branches tortueuses se greffant spontanément les unes sur les autres, comme on peut le voir dans l'ancien arboretum Vilmorin, à Verrières. Et le feuillage devient flamboyant chaque automne. Mais dieu que l'adolescence est longue et difficile, car la reprise n'est pas gagnée d'avance.

PASSIFLORE

La passiflore bleue est envahissante, produisant un mètre cube de feuillage pour trois petites fleurs en fin d'été. Les plus belles sont exotiques, et nettement plus à leur aise dans une véranda que dehors. Pas de chance...

Pastel

Par abus de langage désigne une teinte pâle, délavée, mais en fait les crayons-pastels peuvent être très vifs également. Au jardin, on est passé par une période d'adoration des ambiances pastel, qui s'estompe (façon de parler) : les tons vifs et purs reviennent en force. Est-ce dû au changement de siècle ?

PAULOWNIA

Ce bel arbre poétique fait chanter les rues et les squares parisiens au mois de mai, quand les clochettes mauves s'épanouissent puis tombent en pluie sensuelle. Le feuillage qui s'étale ensuite prend la forme et la taille d'éventails exotiques. Le tout contribue à assurer une silhouette originale, franchement bizarre dans un jardin campagnard : le paulownia a une vocation urbaine affichée. Le couper chaque printemps pour obtenir des cannes garnies de feuilles encore plus grandes est non seulement cruel mais révoltant. Toujours plus grand, à quoi bon ?

PAVOT

Difficile de résister à la tentation des pavots, qu'ils soient annuels ou vivaces, mais on n'oubliera pas que la tenue dans le temps n'est pas leur fort. À déguster puis à oublier, sans trop s'accrocher.

COMMENT Tous les pavots apprécient les sols riches et ameublis, en plein soleil. Semez les pavots annuels en août ou septembre, directement à la volée en place (ce qui est préférable), ou en godets qui seront hivernés sous châssis puis mis en place en février. Les semis spontanés ultérieurs reviennent souvent au type, d'un mauve tristounet.

On peut semer les pavots d'Orient, en particulier 'Princesse Louise', si l'on veut produire des dizaines de plants à bon compte. Le semis sera pratiqué en mai, et les plants repiqués en octobre. À la même époque, on installera des godets achetés dans le commerce. Le feuillage se développe un peu avant l'hiver puis d'un seul coup dès les beaux jours. On ne s'inquiétera pas de sa disparition dès le début de l'été, tout à fait naturelle. Une fois installé, le pavot d'Orient, surtout rouge, est incroyablement vivace. Même si vous l'arrachez, il reviendra, par bouturage des racines charnues. Seule l'ombre grandissante des arbres le chasse définitivement. Semez le pavot nudicaule en fin d'été pour le voir fleurir au printemps, mais si vous l'avez oublié, dépêchez-vous de le faire en mars, à raison de trois ou quatre graines par godet, que vous mettrez en place fin avril, à 20 cm les uns des autres.

AVEC QUI Les pavots somnifères ne sont jamais aussi beaux qu'au potager, en rang, sur fond de laitues et de petits pois. Surveillez ensuite les semis spontanés. Les pavots d'Orient seront heureux en compagnie des œillets de poètes, des tellimas ou des alchémilles. Pourquoi pas aussi avec des euphorbes assez grandes, qui cacheront l'éclipse estivale. On peut aussi planter des sternbergias parmi les pavots d'Orient, car ce crocus jaune a un rythme de vie complémentaire de celui du pavot d'Orient. Dispersez les pavots nudicaules parmi les tulipes, les scilles et les camassias, associés aux oreilles d'ours et aux grands myosotis.

PAVOTS ANNUELS

Le pavot somnifère ornait de nombreux jardins fermiers, sans y voir une quelconque allusion à des usages stupéfiants : la beauté charnue et la générosité de ces pavots est seule en cause. Ils ont moins droit d'entrée dans nos jardins improvisés car leur rythme de vie réclame un semis avant l'hiver, une pratique hors d'âge désormais. Il existe en version échevelée ('Fluffy Ruffles'), ou tout bonnement pompon très double, à fleur de pivoine : 'Frosted Salmon' est rose saumon ; 'White Cloud', d'un blanc immaculé. Baumaux propose un pavot noir, mais son effet est funèbre. On pourrait imaginer semer des rangs ou des carrés juxtaposés, mais pour quinze jours de bonheur, cela vaut-il la peine d'immobiliser tant de place, et un mélange n'est-il pas suffisant ? Le pavot nudicaule ou pavot d'Islande est un ravissement comparable aux coquelicots.
Ses corolles orange tendre, blanches ou jaune primevère se dégustent en contre-jour. La sélection 'Party Fun' est très réussie (50 cm).

PAVOTS VIVACES

Même réflexion vis-à-vis du pavot d'Orient vivace : chaque touffe occupe 50 cm en tous sens, si ce n'est plus. Jouer l'effet de masse serait ici bien risqué d'autant que le feuillage se dessèche dès la mi-juillet. Pour une fois, on éparpillera parmi d'autres plantes plus durables. Les fleurs sont rouge orangé chez le type ; orange à cœur noir chez 'Marcus Perry' ; blanc à cœur noir pour 'Perry's White' ; ou offrent des pétales frangés chez 'Picotee'. Mais tout cela ne vaut pas 'Princesse Louise', rose saumoné, le plus tendre qu'il soit donné de rencontrer. En plus, il est fidèle de semis (graines Royalfleur).
Ces pavots culminent à 90 cm. Méfiance à l'encontre du réputé plus nain 'Pizzi-cato' car le mélange est exagérément rouge.

PÊCHER

Qui d'entre nous n'a pas fait la différence entre une pêche de vigne achetée sur un petit étal du Midi et les gros fruits insipides habituels. Plus peut-être que chez les autres fruits, le stade de la récolte est primordial chez les pêches, et tout se joue pendant la dernière semaine. Ce qui rend d'autant plus désirable la culture des pêchers dans le jardin. Hélas, ce n'est vraiment pas une sinécure, car ce petit arbre est sensible à un quarteron de maladies redoutables ; et la conduite de sa taille effraie le jardinier qui, comme moi, ne comprend rien aux schémas des ouvrages spécialisés.

LEQUEL Chaque variété de pêcher ou de nectarinier est appelée à donner des fruits pendant deux à trois semaines au maximum. On comprend mieux pourquoi il est bon de disposer de quelques variétés aux époques de maturité échelonnées. La plus belle sélection de pêchers figure au catalogue de Christophe Delay, qui saura bien vous conseiller. On complétera, pour le nord de la Seine, avec la série proposée par Eric Dumont : 'Veloutée de Champagne', 'Madame Girerd', 'Belle Bausse' ou 'Bonouvrier'.

Parmi les précoces, choisissez 'Charles Ingouf', 'Springtime', 'Amsden', 'Nérine' (obtention INRA qui supporte les climats froids).
En saison, c'est-à-dire en août : 'Précoce de Hale', 'Reine des Vergers', 'Redwing', 'Robin'.
Et pour finir, en septembre : 'Fayette' et 'Téton de Vénus'.
Parmi les nectarines, à la peau de soie : 'Fuzalode', 'Nectared 6' et 'Silver Lode'. Mais gare à la cloque, encore plus redoutable chez les nectariniers.

COMMENT Un sol sain, pas forcément très riche. Une exposition ensoleillée et abritée des vents froids. Au nord de la Seine, on recherchera l'abri d'un mur exposé est ou sud. Notez que l'arbre par lui-même est rustique, mais sa floraison précoce est sensible aux gelées printanières. Jamais de pêcher après un autre pêcher car le sol est littéralement empoisonné par des toxines émises par les racines.
Achetez des scions, c'est-à-dire des arbres d'un an, qui n'ont qu'une tige. Ils reprennent bien, et s'installent tout de suite dans votre terre.
Choisissez-les greffés sur pêcher franc, qui est vigoureux, mais ne supporte pas le calcaire, au-delà du pH 8. L'amandier permet de repousser cette limite.
En sol humide, on choisira le prunier Damas, mais il pose des problèmes d'incompatibilité avec les nectarines, et a tendance à drageonner.
On plante tôt durant l'hiver, du 15 novembre au 15 janvier car les racines se développent même à basse température, et la reprise est ainsi meilleure si le printemps est anormalement sec.
La taille consiste à éliminer à la plantation la plupart des rameaux secondaires (appelés anticipés) et à rabattre le scion à 80 cm de hauteur. Trois ou quatre branches charpentières vont naître de cette taille. On les choisira bien réparties dans toutes les directions. La forme ainsi obtenue est un gobelet. Ces charpentières porteront des rameaux répartis de part et d'autre comme des arêtes de poisson. En avril, on éliminera celles qui sont dirigées vers le bas, et le bois mort, pour constamment revenir sur des rameaux situés plus près des branches principales, et donc mieux nourris.
Jamais taillé, le pêcher devient très touffu, et les nombreux fruits ont du mal à mûrir. Si l'arbre est cultivé en espalier le long d'un mur, on cherchera à occuper l'espace au mieux, en palissant au fur et à mesure les rameaux qui ont tendance à s'écarter.
Le petit truc qui change tout : c'est la lutte contre la cloque qui fait la différence. On désigne sous ce nom une maladie due à un champignon provoquant le recroquevillement du feuillage, qui se tortille, devient épais et tombe prématurément, d'où un affaiblissement de l'arbre qui doit former une nouvelle génération de feuilles. Il n'existe pas de traitement curatif. Aussi, vous devrez impérativement traiter dès la première année, surtout si le printemps s'annonce froid et pluvieux.

On traitera au moment où les bourgeons floraux commencent à grossir, à deux reprises séparées par quinze jours. Le produit utilisé sera la bouillie bordelaise classique dans un premier temps puis, dès que les pétales et les jeunes feuilles pointent, un produit moins agressif comme l'oxyde de cuivre (Vilmorin cloque du pêcher). À noter que ce produit est utile également contre la tavelure du pommier et du poirier.
Les jardiniers bio renforceront leurs arbres en pulvérisant au printemps un mélange de purin de prêle et de lait d'argile.
Dès que la chaleur débarque, la cloque s'atténue sans qu'il soit nécessaire d'intervenir, ce qui explique pourquoi le feuillage des pêchers est généralement sain en été.

AVEC QUI Sous le couvert discret des pêchers, on peut très bien installer des pivoines de Chine.
Cultivez également des fraisiers au pied des pêchers, mais en respectant un cercle d'un mètre autour du tronc, que vous paillerez chaque printemps.
Si vos pêchers sont palissés en espalier, disposez des ciboulettes en bordure.

PÉLARGONIUM

Face à la vogue déferlante des géraniums vivaces, on aurait pu croire que les pélargos auraient flanché, pas du tout : il s'en plante plus que jamais. Cherchez donc une fleur aussi efficace, variée et tolérante... Pas la peine de faire la fine bouche, même s'il n'est pas question de transformer la maison en carte postale alsacienne. D'ailleurs, même dans les croustillants villages quatre fleurs on a compris le message : désormais le géranium lierre ou zonal partage la vedette avec d'autres fleurs et même du feuillage décoratif. Quasiment une révolution !

Pélargonium zonal

LEQUEL C'est vraiment une affaire de goût : chacun peut trouver matière à s'émouvoir devant un feuillage curieusement zoné, des fleurs doubles comme des petites roses, des lierres simples et florifères en diable, des odorants qui vous font chavirer dans la menthe et le citron... Les collectionneurs seront assidus aux stands et catalogues de Tourly, Sirven-Fournet ou Bureau.

Mes chouchous du moment sont les géraniums lierres doubles aux coloris veloutés ; le géranium zonal 'Jardin des Plantes', rouge orangé insurpassé pour les massifs ensoleillés ; la série des 'Unique', de vrais buissons d'un mètre d'envergure en une saison, avec feuillage odorant et floraison spectaculaire de surcroît. Ils se moquent de la sécheresse comme d'une guigne. Goûtez aux effets de feuillages de 'Mistress Mappin', vert bordé de blanc, ou de l'extravagante 'Mrs Strang', qui se maquille au brun, vert, rouge et jaune, pas moins ! Les 'Stella' présentent un curieux feuillage palmé et lobé, et des coloris toujours vifs et tendres à la fois. Extra en pots individuels, en particulier le blanc 'Stella Arctic'.

Quelques 'Crocodiles', des lierres au feuillage curieusement veiné de jaune, ajouteront une touche d'originalité dans les potées retombantes. Enfin, adoptez des pélargoniums odorants à deux fins, beau feuillage et senteur garantie, comme 'Chocolate', velours vert à centre foncé, senteur d'After Eight ; et l'incomparable 'Grey Lady Plymouth', dentelé vert clair bordé de blanc, à senteur de menthe poivrée et jolie floraison rose par-dessus le marché. Mais nous le répétons : cette liste épouvantablement ascétique a pour seul but de vous mettre sur la piste de variétés auxquelles vous ne songeriez peut-être pas : laissez-vous guider par vos envies du moment !

COMMENT Tout le monde sait que les pélargoniums apprécient le soleil, pas forcément toute la journée d'ailleurs, et la vie en pot, à condition de donner un substrat riche, à base de terreau contenant un peu d'argile de préférence. Prévoyez grand : une jardinière d'au moins 25 cm de profondeur et de largeur, des pots de 28 à 35 cm de diamètre sont une bénédiction quand la chaleur survient, car il y a assez d'eau pour tenir un jour ou deux.

Mettez en place de la mi-avril à la fin mai selon le climat de votre région. Des géraniums plantés en février ou mars sont de pauvres orphelins jetés dans la rue. Laissez donc le temps travailler pour vous et ne vous hâtez pas, surtout si vous plantez en massif !

Le point clé pour réussir les géraniums en pot concerne l'arrosage : tous les trois jours est une bonne moyenne, à moduler selon la météo. On passera à une fois par semaine par temps gris et froid, et à une fois par jour pendant la canicule. Vous avez bien lu : UNE FOIS PAR JOUR. Corollaire évident : toute cette eau va diluer les éléments nutritifs. Vous ajouterez de l'engrais à l'eau une fois tous les dix jours, donc un arrosage sur trois. Profitez-en pour enlever les fleurs fanées, vos doigts seront tout parfumés ensuite.

À l'approche de l'hiver, deux tactiques : la première consiste à tout déporter massivement dans une resserre hors-gel, un coin de véranda ou une serre froide, voire un garage vitré. On tient à peine en survie avec un minimum d'arrosages. Au printemps, on ressort progressivement, avec un taux de succès variable.

La seconde tactique consiste à oublier ses géraniums... qui gèlent d'un coup. L'hivernage est simplifié et l'on peut repartir au printemps avec des tas de nouveautés. Entre ces deux extrêmes, il y a place pour une réponse modulée qui consiste à conserver uniquement ce que l'on a le plus aimé, en particulier les zonaux qui deviennent de vraies sculptures avec le temps.

Enfin, les jardiniers de la zone de l'oranger et les Parisiens seront souvent bien avisés de tout laisser dehors, quitte à poser une feuille de plastique pendant les quelques nuits de grand froid. Au printemps, on rabat et tout repart avec vigueur, mais c'est risqué avec les odorants, les plus fragiles de tous.

AVEC QUI Associez les géraniums à massif et les anthémis, les verveines rugueuses et les basilics pourpres. Vous pouvez ajouter des mufliers rouges, des capucines naines 'Impératrice des Indes', des tabacs 'Apple Blossom' et des zinnias 'White Star' ou 'Envy'.

En jardinières ou en pots, les géraniums lierres simples sont des compagnons agréables pour les lobélias 'Saphir' et les verveines roses. Installez des géraniums zonaux dans des grands pots, par trois, ou encore noyés dans un nuage d'asparagus ou d'hélichrysum argenté.

Les pélargoniums odorants à feuillage assez fin peuvent accueillir des bulbes d'été, comme le tigridias ou les acidanthéras. Quand ces derniers fleurissent, en août, quels accords parfumés !

PENSÉE

Très contrastées les pensées du jour : celles qui ornent les ronds-points de nos cités ne donnent aucune envie de les accueillir au jardin. Ces pauvres pochettes colorées abandonnées sur des touffes dix fois trop espacées sont l'expression attristée d'une plante dénaturée par nos soins. Nulle part il n'est écrit que la pensée sauvage pousse dans de telles conditions. C'est une sauvageonne de décombres, des pieds de falaises ravinés, des bords de chemin gentiment caillouteux. L'herbe folle est sa meilleure compagne, et jamais de la vie les primevères, abonnées aux sous-bois frais, ou les lointaines tulipes. Vidons les lieux !

Néanmoins, je respecte ceux et surtout celles qui craquent devant un petit masque chiffonné, voire même ondulé, et garni de nuances inconnues depuis que le velours frappé a quitté les étals des vendeurs de tissu. Mais dégustez-les de près, en pot, et non au jardin, sinon l'effet brocante est assuré.

Pour plus de naturel, reportez-vous à l'article Violette, je vous prie.

LAQUELLE Privilégiez les pensées à fleurs moyennes, qui tiennent mieux sous la pluie, phénomène météorologique courant au printemps. Les pensées noires sont un amusement de grand gamin : peu de fleurs sont aussi peu visibles.

Les séries à fleurs pastel, comme 'Watercolors' ou 'Antique Shades' sont un régal : harcelez votre horticulteur jusqu'à ce qu'il les adopte en lieu et place des horribles pensées à macules noires.

Tant que vous y êtes, réclamez des pensées rouge acajou, des crème, des orange pur et des lavande, pour élargir votre palette. Ces coloris rares ne sont proposés par aucune autre fleur si tôt en saison.

COMMENT Réussir son semis relève de l'exploit puisqu'il faut le pratiquer en plein été, quand la canicule s'acharne. Achetez du plant en octobre pour le mettre en place tout de suite, ou encore en mars. Veillez à ce qu'il soit bien feuillu et vigoureux.

Plantez le tout au soleil, en terre riche mais pas forcément dans le terreau, sauf en pot. Espacez de 15 à 20 cm, au maximum. Souvent, on a d'excellents résultats en recouvrant la terre de gravier menu, qui préserve la base de la pourriture et assure un meilleur ancrage aux tiges fines.

AVEC QUI Répétons-le, les pensées sont des fleurs primesautières. Mariez-les aux œillets mignardises bien denses, aux oreilles d'ours, aux fétuques bleues... et aux laitues d'hiver. En pot, cultivez-les seules, comme des pièces de collection.

PENSTEMON

Comme on aimerait que les penstemons soient plus franchement rustiques, car même s'il leur arrive de traverser l'hiver, ce n'est pas toujours sans encombre. Ceci dit, ils sont capables de quadrupler de volume en une saison. C'est pourquoi nous vous incitons à les adopter au printemps, et à les cultiver en grands pots, où ils sont souvent plus à leur aise qu'en pleine terre, hormis dans la façade ouest de notre pays, dont le climat maritime leur va bien au teint (belle liste chez Jean-Pierre Jolivot, Les jardins d'en Face ; et chez Ellébore).

LEQUEL Il y a des merveilles parmi les penstemons botaniques, mais l'aide d'un connaisseur est requise pour s'y retrouver : Jean-Lous Latil (pépinières Lewisia) a la plus belle collection française, et il connaît admirablement leur zone d'origine, souvent nord-américaine.

Les penstemons hybrides s'achètent comme des géraniums, au coup de cœur. En adoptant ceux-ci, vous ne serez pas déçu : 'Evelyn', rose tendre ; 'White Bedder', blanc pur ressortant sur le feuillage vert ; 'Snow Storm', blanc pur ; 'Thorn', crème et rose ; 'Hidcote Pink', rose saumoné, en grappes légères, extra en massif. Attention aux pourpres et rouge grenat, souvent très tristes.

COMMENT Procurez-vous des plants au printemps et installez-les dès le mois d'avril. À l'approche de l'hiver, abritez-les sous un matelas de feuilles mortes. Par précaution, bouturez en août vos préférés, et hivernez-les dans un coin de serre ou de véranda.

AVEC QUI En climat doux (Bretagne et littoral atlantique), plantez les penstemons en pleine terre, en les séparant par des fuchsias rustiques panachés, et posez devant une carpette de renouée (*Polygonum affine* 'Darjeeling Red').

PERCE-NEIGE

Les perce-neige fleuriraient trois mois plus tard, personne ne leur prêterait la moindre attention. Mais que ces petites clochettes se donnent la peine de pointer en pleins frimas, et nous voici extasiés devant elles. L'effet sera d'autant plus réussi qu'il se produira en masse, comme pour beaucoup de petits bulbes.

LEQUEL Il existe certes quelques variétés, à fleurs doubles par exemple, mais l'espèce-type est bien suffisante. Sous le nom de nivéole, on trouve le *Leucojum vernum*, qui ressemble à un perce-neige géant (25 cm au lieu de 15 !), en fleurs en février-mars. La nivéole d'été (*L. aestivum*) continue le spectacle en mai-juin, à 40 cm de hauteur. Aime les terrains frais et même le bord de l'eau.
COMMENT Une bonne terre noire et riche en humus, de préférence à mi-ombre. Le couvert des grands arbres caducs convient.
Plantez les bulbes en automne, à 5 cm de profondeur. N'hésitez pas à acheter cinquante bulbes par an pendant deux ou trois ans, afin de constituer de vraies taches.
Respectez les semis spontanés qui ressemblent à de l'herbe fine.
Le petit truc qui change tout : si vous souhaitez diviser de vieilles touffes, faites-le juste après la floraison, quand le feuillage est encore vert. Séparez les divers éléments, et replantez-les tout de suite à 10 cm les uns des autres.
AVEC QUI Les perce-neige font merveille en sous-bois, en petits groupes parmi les bugles, les pervenches et les cyclamens.
Perce-neige et hellébores vont bien ensemble, en grande jardinière, sur une terrasse de ville. Vous pouvez ajouter des iris histrions pour la finesse de leurs corolles.

PERSIL

De loin l'herbe aromatique la plus consommée, le persil figure dans la plupart des jardins, soulignant par là même l'acharnement du jardinier. Car réussir le semis n'est pas toujours évident, et les trucs, plus ou moins avérés, rempliraient des ouvrages entiers.
LEQUEL Le persil simple est plus goûteux que le frisé, toujours très décoratif mais qui rappelle un peu trop l'étal du tripier. Le 'Géant d'Italie' culmine à 50 cm de haut, et il est très parfumé.
COMMENT Un sol riche, comme celui de tout potager qui se respecte. Soleil et mi-ombre.
Semez au printemps, à la mi-avril, et surtout en fin août, ces deux périodes permettant d'alimenter la cuisine pendant la belle saison et une bonne partie de l'hiver.

Mais, à la limite, toute période est bonne, hormis la canicule et les grands froids. De toute façon, les graines mettent trois semaines à germer : elles ont la peau dure...
Facilitez cette levée en maintenant la zone de semis dans un état d'humidité régulière. Des arrosages matin et soir, une couverture avec un voile de forçage ou une simple toile de sac (marchandise en voie de disparition pure et simple, hélas !) conviennent tout à fait.
Disposez également des appâts antilimaces, qui dissuaderont les attaques nocturnes. Ces semis auront lieu directement en place, en lignes, qui sont plus faciles à désherber.
Éclaircissez le semis s'il est trop dense, de façon à laisser 10 cm entre les plants. Des binages décroûteront la terre autour des rangs.
Le petit truc qui change tout : arrosez copieusement plutôt que souvent, en ajoutant du purin d'ortie dilué à l'eau d'arrosage.
AVEC QUI Le persil est un bon compagnon pour les tomates et les betteraves. Respectez cependant les écartements pour que la lumière pénètre entre les rangs.

PERNETTYA

Ce petit arbuste pousse la fantaisie jusqu'à s'orner de fruits en boule tellement disproportionnés que l'on croirait les machins que les fleuristes accrochent encore dans les cactus. Parfois, la nature a de ces fantaisies !

PEROVSKIA

Affaire controversée : on dit le pérovskia sobre au possible, mais il adore vivre dans un sol riche ; résistant à la sécheresse, mais l'eau lui fait plaisir. Est-on vraiment face à un arbuste coriace pour jardin de perpétuel vacancier, ou devant un lambin à problèmes ? La seule solution pour vous faire une idée : adoptez-le une année, en achetant un conteneur au printemps pour le mettre en place en plein soleil. Si tout se passe bien, c'est-à-dire s'il se transforme en nuage bleu tendre l'été suivant, persistez et plantez-en d'autres, à côté d'anémones du Japon blanches, par exemple. Sinon, améliorez le terrain ou cherchez du côté des céanothes d'été, tout bien pesé...

PETASITES

L'héliotrope d'hiver peut fasciner, avec ses fleurs roses parfumées à la vanille, en début d'année, suivies par des feuilles imposantes. Mais attention, c'est un envahisseur de premier ordre, surtout en sol riche et humide. Prenez-y garde, rien ne l'arrête, et la partie n'est pas égale.

PERVENCHE

Une plante de sous-bois frais, qui constitue des tapis pas toujours ras-du-sol ni sans danger : se prendre les pieds dans ses stolons revient à s'étaler d'un bloc parmi les feuilles mortes. Utile partout où l'on n'a pas besoin d'aller et venir.
La pervenche de Madagascar apporte un peu de diversité pour les jardinières en fin d'été. Elle s'achète en mai, et se cultive comme une impatiens.

Vinca major

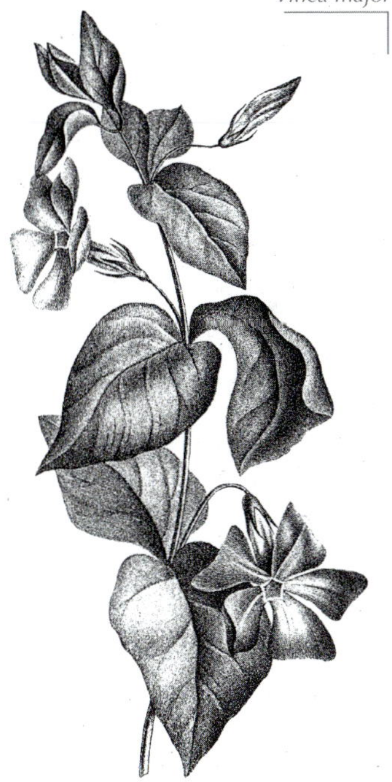

LAQUELLE La grande pervenche n'a peur de rien : ses fleurs en étoiles, bleu intense chez 'Hirsuta', s'ouvrent pendant une longue période au printemps, émaillant le feuillage persistant, vernissé (40 cm).
Il existe une version panachée de crème (*Vinca major* 'Variegata'), très lumineuse en sous-bois, entre les arbustes.
La petite pervenche offre un aspect plus net car elle est plus ramifiée que la précédente. Il existe une superbe version panachée d'argent (*Vinca minor* 'Argenteovariegata'). Elle pousse nettement plus lentement. 'La Grave' est une variété à feuillage uni et fleurs assez grandes, bleu lavande (15 cm). Il existe même une (fort rare) pervenche double.
COMMENT Installez les pervenches en automne de préférence. Un sol riche en humus, restant un peu frais en été, et une exposition à l'abri du soleil de l'après-midi sont parfaits. Rappelez-vous qu'il s'agit de plantes de clairières. Distancez les plants de 40 cm. Dès la deuxième année, le tapis sera bien garni.
AVEC QUI Les pervenches se couleront parmi les buis-boules, les épimédiums en touffes denses, les groupes de digitales et de thalictrums, sans oublier leurs vieilles copines : les fougères.

PÉ-TSAÏ

Réussir les pé-tsaï tient de la compétition sportive, catégorie patinage artistique. Un loupé, et c'est fini. Ce chou a été sélectionné au fil des siècles par les paysans chinois, de façon à s'intercaler entre deux cultures de riz. Objectif, compléter la gamme des légumes, sans prendre trop de place. Tout l'inverse de nos braves choux, qui occupent le potager pendant plusieurs mois d'affilée. Souvenez-vous de ces différences essentielles lors de votre premier essai, et la réussite est au bout.
LEQUEL Franchement, tous les pé-tsaï se ressemblent beaucoup ('Spectrum', chez Vilmorin : 'Tip-Top', chez Caillard).
L'important, c'est la culture effectuée sans à-coups. Le pak-choï se cultive de la même façon. Chez lui, ce sont les bases des feuilles qui sont hypertrophiées, un peu comme chez la poirée. Un légume exquis une fois braisé avec des dés de poitrine fumée, comme les endives.
COMMENT Un sol ultra riche, bien émietté, et tenu frais par des arrosages fréquents.
On sème le pé-tsaï en fin août-septembre, en général juste après une culture de pommes de terre ou d'oignons. La terre demande juste à être bêchée, les mottes cassées tout de suite car elles ont tendance à devenir dures comme de la brique en cette saison. Si c'est le cas, on arrosera à fond, la veille du bêchage. Puis, on ajoutera un seau d'Or brun pour cinq mètres linéaires. Le semis sera effectué dans une petite rigole, et les graines recouvertes avec un doigt de terreau. Puis arrosages journaliers et assez doux, réalisés avec l'arrosoir et sa pomme fine. Le but : maintenir la fraîcheur dans les cinq premiers centimètres du sol. Des appâts anti-limaces protégeront les jeunes plants, qui semblent les attirer de toutes les directions. Ça leur passera !
La culture ne dure guère plus de six à huit semaines, et elle alternera les arrosages et les apports de purin d'ortie dilué. On éclaircira le semis une première fois pour ne laisser qu'un plant tous les 15 cm, puis à nouveau en retirant un plant sur deux. Ces premières récoltes finiront dans le saladier. Les pé-tsaï adultes ont la forme et le volume d'une grosse laitue romaine, mais leurs feuilles sont beaucoup plus tendres. On peut les couper en fines lanières, pour les manger crues, en salade, ou les faire cuire à la vapeur quelques minutes pour les accompagner de tranches très fines de gésier d'oie confit.

Pé-tsaï

Le petit truc qui change tout : protégez les pé-tsaï des attaques des limaces tout au long de la culture. Entourez le rang avec des cordons de cendres de bois sèches.
AVEC QUI Écartez les pé-tsaï de tous les autres choux car les altises, ou puces de terre, iront des uns aux autres pour perforer les plantules. De plus, les pé-tsaï ont besoin d'air et n'aiment guère la concurrence de grands légumes situés trop près.

PÉTUNIA

L'arrivée du Surfinia, qui n'est qu'un pétunia amélioré par des chercheurs japonais, a redonné un air de jeunesse à cette plante parfois méprisée car associée aux sempiternels balcons fleuris cramoisis. Hélas, pourquoi a-t-il fallu que ce retour en grâce se fasse sous le signe du pourpre le plus agressif jamais apparu sur une fleur, de ce genre de couleur impossible à associer avec quoi que ce soit.

D'où la nostalgie des Roses du ciel, des cascades tendres comme des tableaux de Renoir. Pour les retrouver, il suffit de recourir au semis. Compliqué ? Prenez-le donc comme un challenge, et vous verrez que c'est excitant comme tout.

LEQUEL Parmi les variétés classiques : 'Rose du ciel' nous fait encore craquer. Mais il faut dire que les hybrides F1 ont beaucoup d'avantages. Privilégiez ceux à fleurs moyennes, moins sensibles à la pluie.

Question couleur, on trouve de tout, depuis le blanc pur jusqu'au bleu nuit, ce dernier étant souvent associé à un parfum pénétrant. À noter le jaune pâle de 'California Girl', une variété de grande classe, quoique parfois capricieuse.

En revanche, le chamois clair de 'Terracotta' n'est pas bien excitant, d'autant que les corolles restent fermées la plupart du temps.

Parmi les surfinias, donnez la préférence aux fleurs pas trop grandes, et évitez le rouge pourpre. Il existe maintenant des blancs à cœur rose ou bleuté ravissant.

Parmi les bonnes nouveautés, saluons 'Marco Polo', un pétunia double mais pas écœurant, d'un rose franc sans être saturé, souple sans devenir une dégringolade.

COMMENT Un sol profond et chaud, tenu frais en été. Du soleil, mais celui du matin suffit à assurer une honnête floraison.

On achète couramment les plants en clayettes, au mois d'avril ou mai. Recherchez des plants au feuillage bien sain, d'un vert cru, et rejetez ceux un peu jaunissants, qui ont souffert. Plantez tout de suite, dans un coin abrité des derniers froids.

Un terreau de bonne qualité, auquel vous ajouterez un tiers de tourbe, sera parfait pour les jardinières.

Prévoyez un plant tous les 20 cm. Pincez la première fleur de façon à concentrer les forces sur les racines.

Le semis se fait selon deux méthodes. À la « retraité » : deux mois plus tôt, début mars, dispersez les graines, une sorte de poussière fine, à la surface du terreau, dans une petite terrine, ou tout simplement l'un de ces emballages de pâtisserie industrielle, coques transparentes avec couvercle amovible. Refermez ce dernier après un arrosage au vaporisateur. Vous n'aurez pas recouvert les graines. La levée a lieu en une semaine, si vous avez posé cette terrine sur un radiateur, devant une fenêtre exposée plein sud.

Le plant doit être repiqué une première fois un mois plus tard, quand il n'a encore que deux feuilles. On le saisira gentiment par l'une d'entre elles pour les distancer tous les 5 cm, toujours dans des terrines placées au chaud. Le plant prend rapidement de la vigueur, arrosages à l'engrais à l'appui. Courant mai, il est de taille à être mis en place dehors.

Entre temps, vous l'aurez habitué à la vie au grand air, en sortant les terrines pour les placer sous un simple châssis froid, ou dehors sur le bord de la fenêtre.

Deuxième méthode, plus expresse : semez début mai, en clayette dehors, sous une simple plaque de verre. Ces semis de la dernière minute rattrapent souvent les autres dès le mois de juin, et sans causer autant d'embarras. Une fois en place, les pétunias ne demandent que des arrosages réguliers, avec un peu d'engrais soluble « Géraniums », tous les quinze jours. Jusqu'à deux arrosages par jour pendant la canicule.

Le petit truc qui change tout : plus peut-être que pour toute autre fleur, les pétunias apprécient que l'on enlève les fleurs fanées, de façon à supprimer les capsules de graines en formation.

Effectuez cette opération de propreté à l'occasion des arrosages. Étant stériles, les surfinias produisent moins de graines, et offrent une floraison prolongée, d'où leur succès.

AVEC QUI Les pétunias bleus seront parfaits en compagnie des hélichrysums argentés ou panachés. Ou encore entourés d'un ourlet d'alysses maritimes blanches, ou de quelques diascias rose tendre.

Le jaune pâle 'California Girl' peut former des masses impressionnantes, si l'on installe trois plants dans un grand pot de 30 cm de diamètre et autant de hauteur, avec un sanvitalia au milieu.

Les pétunias blancs à fleurs moyennes adoreront vivre parmi les orges à crinière ou les pennisetums.

Les surfinias forment des cascades interminables, mais on oublie qu'ils peuvent également servir à la décoration des massifs, comme plantes couvre-sol. Associez-les alors à des cosmos 'Purity' ou 'Dazzler', des lavatères roses et des lins 'Bright Eyes'.

PEUCEDANUM

Une de ces ombellifères qui vont trouver une place dans les jardins de demain, tranquillement, parce qu'un feuillage aussi découpé est un ravissement. Elle atteint allégrement 1,5 m à 2 m. La floraison jaune tendre a lieu en été, de juillet à octobre.
Selon les espèces, la souche meurt après la floraison, comme l'angélique (c'est le cas de *Peucedanum verticillare*) ou elle reste en vie pour longtemps (*P. asiaticum*). Chez *Peucedanum ostruthium* 'Daphnis', le feuillage est panaché de blanc.

PEUPLIER

Vite, vite semble murmurer le peuplier qui s'agite dans la brise. Les peupliers poussent à toute allure et droit. Certains d'entre eux sentent bon quand le temps est à la pluie : *P. balsamifera*. Originaire de l'Amérique du Nord, ce peuplier atteint 30 m de haut en poussant très vite dans un premier temps avant de se calmer. Son écorce grise se crevasse avec l'âge. Les gros bourgeons sont couverts d'une résine jaune et fortement odorante. À l'automne, les feuilles deviennent jaune d'or.
Le peuplier blanc de Hollande (*P. alba*) est remarquable quand volettent ses feuilles au revers blanc.
Les pépinières forestières disposent de clones adaptés à chaque situation, donnant du bon bois en peu de temps (pépinières Lemonnier, près d'Alençon par exemple ; ou Robin, à Gap).

PHELLODENDRON

Cet arbre de taille moyenne (10 à 15 m) est surtout remarquable pour son écorce liégeuse argentée et son feuillage devenant jaune d'or en automne. Et la floraison blanche enchante par son parfum en juillet par son parfum. Il pousse vite, supporte la pollution et convient pour ombrager un petit jardin.

PHLOMIS

Peu de plantes vivaces occupent si bien l'espace que les phlomis, avec cet air vaguement méditerranéen qui met du soleil même pendant l'hiver. On se réjouira de leur présence tranquille, qui permet de caler une composition, de justifier le détour d'une allée, ou encore de servir de fond à des fleurs ravissantes mais fugaces.

LEQUEL *Phlomis fruticosa* est le plus répandu, et il faut bien avouer qu'il fait beaucoup d'effet avec son feuillage argenté et ses tiges hautes de plus d'un mètre et demi, et portant des étages de fleurs jaunes rappelant celles des sauges. D'ailleurs, on le surnomme souvent sauge de Jérusalem. Si l'on coupe les fleurs sitôt fanées, il demeure un beau buisson compact. Plus le sol est maigre, plus son feuillage est argenté.
Le phlomis de Russel (*P. russeliana*) est bien plus net, même si ses feuilles sont moins argentées. Imaginez une grosse touffe de feuilles en cœur au niveau du sol, mais formant un nid de 40 cm de hauteur, assez ordonné, et des hampes florales d'un mètre, portant des fleurs jaune pâle, qui cèdent la place à des sortes de pelotes d'épingles, très décoratives le reste du temps. C'est mon préféré, que j'accommode à toutes les sauces.
Le phlomis de Samos (*P. samia*) est semblable, en pourpre tendre.
P. herba-venti reprend cette nuance en la tirant vers le lilas.
Jean-Pierre Jolivot présente une belle collection de phlomis.

COMMENT Une terre profonde, même si elle est médiocre. Du soleil de préférence mais une demi-journée suffit souvent. Les espèces à feuillage gris sont plus exigeantes.
On mettra en place les godets soit en début d'automne soit à la sortie de l'hiver. Pensez au futur encombrement des touffes, qui font souvent un mètre de diamètre. Pendant la première année, des petites fleurs annuelles peuvent servir à combler ce vide, au pied levé.
Par la suite, on se contentera de nettoyer les touffes des tiges de l'année précédente, en mars-avril.
Le petit truc qui change tout : paillez en juin, pour ne plus avoir besoin d'arroser de tout l'été.

AVEC QUI Le *Phlomis fruticosa* peut accompagner d'autres plantes méditerranéennes comme les cistes, les lavandes et les oreilles d'ours, dans un coin de terre un peu sèche et bien ensoleillée.
Alternez également sauges de Jérusalem et armoises 'Powis Castle' sur un muret, avec quelques yuccas pour suggérer l'exotisme torride.
Le phlomis de Russel est parfait en isolé, à l'angle d'un massif par exemple. Il peut combler des vides dans une plantation de rosiers paysage jaunes. Associez-le également aux népétas, aux grands sédums spectabile et aux gauras. Le tout entouré par une bordure basse de germandrées. Ponctuez avec des groupes d'asphodélines pour donner du nerf, et n'oubliez pas quelques acanthes, à mi-ombre.

PHLOX

Une série d'étés pluvieux a permis aux phlox vivaces de se refaire une santé. Ces capricieux demandent des conditions précises pour prospérer. Et ne croyez pas diminuer la difficulté en vous rabattant sur les phlox annuels, car leur germination n'est pas de tout repos. Alors pourquoi s'embêter avec eux ? Parce qu'ils sont la fraîcheur incarnée, et signent les jardins heureux. Voilà tout !

Phlox subulata

LEQUEL Les phlox vivaces se divisent en deux grandes catégories : les printaniers qui poussent en carpettes, surnommés phlox mousses pour leur feuillage en écailles pointues. Le plus mignon est 'Candy Stripe', aux fleurs roses striées de blanc (20 cm).

De leur côté, les phlox d'été attirent l'œil avec leurs grandes boules portées par des tiges raides comme des bambous. On appréciera la résistance aux maladies de 'Rosa Pastel', rose nacré tendre comme tout ; 'Miss Lingard', blanc pur ; 'Alpha', rose puissamment parfumé ; 'Omega', blanc à œil rose, élancé et parfumé lui aussi ; 'Kirchefurst', rouge cardinal, très costaud et spectaculaire, même si sa couleur détone un peu. Tous atteignent 70 à 90 cm.

Entre ces deux grands types de phlox vivaces, le *Phlox divaricata* hésite tant qu'on ne sait pas trop bien quoi en faire : 'Chattahoochee' et 'Clouds of Perfume' connaissent un certain succès pour leurs fleurs bleues parfumées, façon plumbago, mais il est rare de les conserver plus d'un an (30 cm). C'était bien la peine…

Parmi les phlox annuels, ne vous compliquez pas l'existence : de multiples essais m'ont amené à sélectionner le phlox of Sheep (Thompson & Morgan), mélange de tons pastel délicieusement parfumés (30 cm) et le nain 'Twinkle' (en graines chez Baumaux), pour ses corolles étoilées (20 cm). Les autres germent quand ils en ont envie…

COMMENT Plantez les phlox nains en automne, dans la rocaille, en bordure ou en jardinière, en terre saine et légère. Au printemps, éparpillez une poignée de compost mûr sur la touffe, et passez la main pour faire pénétrer. C'est du nanan !

Plantez les grands phlox au printemps, dans une terre riche, profonde, restant fraîche en été, et à l'abri du soleil brûlant de l'après-midi. Paillez en juin avec des tontes de gazon et arrosez peu souvent mais copieusement pendant la canicule. Coupez les fleurs fanées pour favoriser l'apparition de nouveaux bouquets. Les touffes peuvent rester en place une dizaine d'années à condition d'ajouter du compost en surface chaque printemps. Si les tiges se recroquevillent en fin de printemps, c'est le signal de l'attaque de vers minuscules, les nématodes. Pas grand-chose à faire sinon couper très court, brûler et arroser avec du purin d'ortie dilué pour exciter l'apparition de nouvelles tiges saines.

Phlox paniculata

Semez les phlox annuels en avril, soit directement en place, soit en godet ou plaque alvéolée. Mettez en place un mois plus tard, au soleil, en bonne terre ameublie. Espacez les plants de 20 cm.

AVEC QUI Les phlox vivaces nains sont heureux en compagnie des violettes cornues, des ibéris, des choux frisés pourpres et des campanules des murailles. Une rocaille de rêve.

Phlox de Drummond

Les grands phlox adoreront la compagnie des anémones du Japon, des lavatères arbustives et des phlomis. Pourquoi pas aussi des graminées, miscanthus et pennisetums.

Ou encore des rudbeckias et des asters (*A. divaricatus* en particulier), comme dans les prairies humides d'Amérique du Nord, d'où viennent ces grands phlox.

Les phlox annuels sont beaux entre eux, tant les couleurs des mélanges se fondent bien, ou encore avec des linaires, des buglosses du Cap, des clarkias et du réséda. Un peu déjeuner de soleil, tout cela, mais qu'importe !

PHOTINIA

Entre gelée tardive et feu bactérien, cet arbuste a eu du mal à se frayer un chemin. Les espaces verts l'adoptent, en le taillant méchamment ce qui l'oblige à produire en abondance un feuillage de plastique rouge, surtout chez 'Red Robin'. Laissez pousser tranquille ou abstenez-vous.

À l'occasion jetez un coup d'œil sur le plus rare *Photinia serrulata*, petit arbre de 5 à 7 m, aux feuilles persistantes rouge vif à leur naissance. Floraison blanche intéressante en mai. Comme 'Red Robin', il supporte bien le calcaire, ce qui n'est pas le cas de leur rival le piéris.

Phuopsis

Une curieuse odeur de fauve ou de fritillaire vous enveloppera dès que vous frôlerez cette plante vivace tapissante, voire même sans-gêne. Appelée encore parfois *Crucianella*, elle apprécie les sols frais. Les fleurs vieux rose se succèdent de mai à octobre. Un couvre-sol parfois ratiboisé par un hiver froid, mais qui redémarre en général sans scrupule.

Phygelius

Le fuchsia du Cap, qui n'a pas grand-chose à voir avec les vrais fuchsias, mériterait plus d'attention, étant donné sa longue période de floraison rouge brique, si son feuillage ne prenait pas tant de place. C'est cependant en taches imposantes qu'il fait le plus d'effet, par exemple pour occuper le fond d'un fossé. Rabattu chaque printemps, il se reconstitue et occupe l'espace jusqu'aux gelées, haut la main. La variété 'Yellow Trumpett' offre des fleurs tubulées jaune tendre (70 cm). Par précaution, on plantera au printemps.

Physalis

Quoique le coqueret comestible soit follement à la mode chez les amateurs de légumes sauvages, sans doute lassés de manger des bonnes choses, nous avons décidé délibérément de vous parler de l'autre, l'amour en cage, uniquement pour le bonheur de ses petits lampions de papier orange qui accompagnent si bien les asters en plein délire. Parce que, franchement, le physalis comestible n'est ni beau ni bon. L'autre se contente de rien et se propage comme on aime, par voisinage, par amitié, d'un brin de racine avec trois feuilles. Ses deux défauts majeurs : il est envahissant comme une mauvaise herbe, et ses racines blanches et charnues ressemblent à s'y méprendre à celles du gros liseron blanc, avec lequel, hélas ! il cohabite un peu trop souvent. Vous vivrez ce dilemme chaque hiver en bêchant le massif qui l'accueille, car il disparaît de la surface du sol de décembre à avril. En juillet, il pousse ses épis de jolies étoiles blanches à 50-60 cm du sol, et commence à être vraiment beau en août, quand ses lampions verts et gonflés à bloc commencent à dorer. Il le reste jusqu'en décembre, quand les escargots ou de mystérieuses bactéries l'ajourent d'un réseau diaphane qui laisse voir la cerise centrale, d'un beau vermillon. C'est aussi à ce moment qu'il s'affaisse sur les plantes voisines, et prend une allure carrément désordonnée. On en fait alors des bouquets superbes avec la monnaie du pape et les hortensias, dans des vases en cristal rose, ou simplement en le posant sur des lampes modernes dont il adoucit le graphisme.

Physalis peruviana

Lequel Outre le type, de 60 à 80 cm de haut selon les provenances, il existe un modèle agrandi, 'Gigantea', qui culmine à 1 m. Disponible chez Michel Lumen, à Bergerac. L'alkégenge du Pérou (*P. peruviana*) offre des baies comestibles. À dénicher chez les frères Bureau, à Savennières.

Comment N'importe quel sol, à mi-ombre ou au soleil, peu importe. Une petite bouture ou un plant installé de septembre à mars, dans un carré de terre bêchée, à 30 cm des plantes voisines.

Glissez quelques brindilles de noisetier au cœur des touffes, en juin, pour les étayer.

Avec qui Des fleurs de fin d'été et d'automne, comme les anémones du Japon, les asters, les chrysanthèmes, l'hémérocalle fauve, la lavatère arbustive, les phlox et le doux feuillage gris des oreilles d'ours. Les hortensias roses et l'*Ampelopsis brevipedunculata*. Bleu turquoise et orange pur vibrent en une association radieuse.

Des narcisses, qui cohabitent très bien avec ses racines souterraines, et couvrent le sol à la saison où le physalis a disparu.

Physocarpus

Un petit cousin des groseilliers et des spirées, surtout connu dans sa version dorée, 'Dart's Gold'. Mais on oublie trop souvent de dire qu'il grille au soleil brûlant de l'après-midi, et qu'il vieillit mal si l'on oublie de le tailler de temps à autre, en juillet. Rabattez d'office les nouvelles tiges d'un tiers pour renforcer la silhouette, et tout ira bien.

Physostegia

Une plante vivace gag, dont les fleurs paraissent montées sur rotules. Mais on n'observera cette curiosité que si l'on accorde à la plante du temps, entre trois et cinq ans, de l'eau tout l'été et des apports de terreau copieux. C'est trop pour moi…

Phytolacca

Le genre de plante spontanée qui étonne, réjouit puis fait peur : une plantule minuscule pousse à vue d'œil et devient, en été, un petit arbuste. Déjà spectaculaire !

Les fleurs assez ternes donnent naissance à des baies particulièrement salissantes qui iront porter les graines ailleurs (merci les oiseaux). On n'en finit pas, et c'est bien de la place gâchée. Semez plutôt des ricins sanguins à la place.

PIED-D'ALOUETTE

À ceux qui s'étonneront de ne pas voir figurer les delphiniums en place d'honneur dans ma sélection, je répondrai qu'il y a suffisamment de façons de nourrir les limaces sans leur donner cette friandise supplémentaire. J'accorde en revanche mon indulgence plénière aux pieds-d'alouette, ces versions annuelles ou bisannuelles des delphiniums. Mauvaises herbes des moissons biologiques et antiques, les dauphinelles ont toujours ému la fermière par leur bleu d'émail inimitable. Un bleu de référence qui chatouille la rétine.

LEQUEL L'Impérial offre toute une gamme de bleus et même des roses (quelle idée !). Hauteur : 90 cm environ. 'Frosted Skies' (les cieux givrés en traduction littérale) présente des fleurs blanches bordées de bleu. Ravissantissime. 'Blue Cloud' (Nuage bleu, chez Royalfleur) est celui qui ressemble le plus à la dauphinelle des champs. Ses fleurs semblent flotter dans l'air.

COMMENT Un sol ordinaire, maigre de préférence. Du soleil.

Le mieux consiste à semer en automne, à la volée, sans compter. Mais cela suppose d'avoir récolté ses propres graines l'été précédent. On commencera donc sagement par un semis de printemps, en mars, soit en lignes au potager, soit dans un massif adossé à un mur plein sud et un peu éloigné de la maison. Les graines, à peine recouvertes d'un centimètre de terre fine ou de terreau, mettent dix jours à lever. Puis le feuillage apparaît, fin comme celui des carottes. On dispose des appâts anti-limaces pour limiter les dégâts, et on laisse les fleurs former des graines. Celles-ci sont récoltées à pleine maturité, mais avant que les capsules allongées ne s'ouvrent par la soudure du côté. En septembre, on bêche un coin de terre spacieux et dégagé de l'ombrage des arbres. Les graines sont alors répandues à la volée, et recouvertes d'un centimètre de terreau. Battez gentiment du plat du râteau. Arrosez tous les jours.

Une fois apparu, le plant est laissé à lui-même pendant l'hiver. Au printemps, toute cette masse de feuillage brumeux prend de l'ampleur, les hampes florales s'allongent, les boutons se développent et vous obtenez l'une des visions les plus ravissantes qui soient, un massif de pieds d'alouette comme autrefois, devant les fermes aux crépis burinés par le temps. Posez votre fauteuil, sortez le chevalet et prenez-vous un instant pour Monet. Excusez du peu !

Pensez simplement à toujours récupérer des graines juste après.

Le petit truc qui change tout : Si les touffes sont vraiment trop denses, on peut les éclaircir, mais jamais au carré comme dans des massifs de ville.

AVEC QUI C'est encore entre eux que les pieds-d'alouettes sont le plus beaux. Mais pourquoi ne retrouveriez-vous pas une association naturelle, en disposant quelques grains de blé ou d'avoine dans votre carré consacré aux pieds-d'alouette. Vous aurez compris que de tels massifs ne sont concevables qu'à la campagne, là où l'on dispose de place. Après l'apogée de la floraison et la récolte des graines, en juillet, on peut bêcher la terre, l'amender copieusement car ce sont des mauvaises herbes voraces, et semer des alysses maritimes pour occuper l'espace jusqu'aux gelées.

PIERIS

Extrêmement raffiné mais un peu trop fragile à mon goût. Cet arbuste de terre de bruyère n'aime ni le calcaire, ni la sécheresse, ni l'excès de soleil, ni l'ombre forte. Et en plus, il perd des branches entières en pleine floraison, sans raison.

Cependant, les piéris nains à feuillage panaché sont curieusement plus costauds et pratiques pour animer et donner de l'ampleur aux jardinières hivernales ('Little Heath Variegata' par exemple). Quand ils seront trop à l'étroit en pot, replantez-les dans un coin du jardin, à mi-ombre, et entourez-les d'heuchéras et de lierres à petites feuilles.

PIN

Il y a les grands pins, ceux des forêts et des cartes postales du Midi, les pins ennuyeux à mourir comme le noir d'Autriche, et les petits pins rigolos comme *Pinus strobus* 'Nana' ou 'Sea Urchin', tout en rondeur et si doux à caresser. Le meilleur spécialiste français est la pépinière des Laurains, près de Troyes : un choix étourdissant !

PITTOSPORUM

Quoique plus rustique qu'on ne pense habituellement, — il réussit bien près de Paris —, le pittosporum est un bon gros père au feuillage coriace et à la floraison blanc crème très odorante en mai. Le hic ? Sa sensibilité à la cochenille, qui pullule littéralement dessus, semblant le préférer au fusain.

PIVOINE

Les souvenirs d'enfance s'accrochent au jupon des pivoines, et justifient qu'on leur consacre une place d'honneur au jardin alors qu'elles fleurissent relativement peu de temps et offrent ensuite un feuillage banal, tout du moins pour celles de Chine. Mais qui peut résister à leur ampleur satinée, à leurs coloris émouvants, qui ont tenté les plus grands peintres, chinois, japonais ou impressionnistes. Un jour ou l'autre, vous céderez sous leur charme, alors pourquoi pas tout de suite…

COMMENT Choisissez un emplacement aéré, recevant le soleil abondamment le matin et le soir, et si possible un peu ombragé l'après-midi surtout en été.
Une terre profonde, riche en humus, convient tout à fait, même si elle contient un peu de calcaire.
Plantez en automne ou au printemps, et même en fleurs si elle est en conteneur. Enterrez de 5 cm le point de greffe des pivoines arbustives, et arrangez-vous pour que les bourgeons des pivoines herbacées soient à fleur de terre.
Laissez un mètre autour de votre pivoine arbustive, et espacez les herbacées de 50 cm : l'air doit circuler. Arrosez plutôt peu mais copieusement durant le premier été. Coupez le feuillage des herbacées en novembre, et brûlez-le. Les pivoines peuvent rester en place pendant des décennies. Pensez simplement à les nourrir par un apport de compost mûr, sur une épaisseur de 5 cm, en avril. On n'a aucune raison valable de tailler les pivoines arbustives.
AVEC QUI L'alchémille, le buis, les spirées et les asters complètent bien les pivoines. Tendresse et force.

PIVOINES ARBUSTIVES

Les pivoines arbustives commencent le défilé, dès le mois d'avril. Imaginez de gros buissons d'un à deux mètres d'envergure, carrément somptueux au bout de quelques décennies. Les fleurs d'une rare amplitude sont parfois si lourdes qu'elles pendent. Les simples sont les plus charmantes, et résistent mieux à la pluie que les doubles. Les coloris oscillent du blanc au mauve et au pourpre presque noir, avec une amplitude extrême dans les tons intermédiaires, un peu comme les roses anciennes dont elles sont un prélude. Attention, les pivoines arbustives pas chères sont achetées en Chine, et vendues sans aucune garantie de la couleur. Pour un achat raisonné, adressez-vous à la Pivoine bleue ou chez le grand spécialiste français, Rivière. Leurs stands printaniers sont une splendeur aux grandes fêtes des plantes. Vous pouvez admirer sa collection dans la Drôme ou encore au parc de la Tête d'Or à Lyon ou à Bagatelle, dans le bois de Boulogne. Y craquer par exemple devant 'Helène Martin', pivoine arbustive blanche à nuances d'opaline, parfumée à la fleur d'oranger et habillée d'un élégant feuillage.

PIVOINES BOTANIQUES

Les pivoines herbacées disparaissent à la vue en hiver et ressurgissent au printemps à partir d'une souche aux grosses racines charnues.
Les premières sont les pivoines officinales (*Paeonia officinalis*), issues des pivoines des éboulis alpins : des surprenantes fleurs d'un rouge intense, parfois doubles (60 cm).
La pivoine plume (*Paeonia tenuifolia*) offre un amusant feuillage fin en fourreau serré tout au long des tiges. Les touffes d'une dizaine d'années sont superbes. Floraison rouge vif « goutte de sang », en mai. L'hybride 'Early Scout' est un substitut très honnête, au même rouge puissant sur fond de feuillage fin.

PIVOINES DE CHINE

Les championnes sont sans conteste les pivoines de Chine (*Paeonia lactiflora*). Leur défilé dure de la mi-mai à la fin-juin, mais chaque variété n'est à son mieux que durant quinze jours.
Quelques valeurs sûres : 'Duchesse de Nemours', blanche à peine teintée de crème au cœur ; 'Festiva Maxima', blanche parsemée de touches rouge grenat ; 'Monsieur Jules Elie', rose tendre ; 'Sarah Bernhardt', frangé sur le bord ; 'Albert Crousse', rose tendre ; 'Kansas', rouge pourpre.
Mais, là encore, faites votre choix en allant les admirer en vrai, c'est irremplaçable. Les pivoines japonaises sont généralement simples avec une touffe d'étamines proéminentes.
Pour changer un peu, goûtez au charme des pivoines hybrides américaines : 'Magnolia Flower', au vieux rose exceptionnel ; 'Ray Charles', très florifère, rouge et parfumée ; 'John Arward', marron presque noir.

Planche

Rectangle large de 1,20 m à 1,50 m, dans lequel on installe les légumes, au jardin potager dit à la française. Ceux qui plantent partout, sautillent probablement pour biner et récolter…

PLATYCODON

Une campanule à la grosse racine charnue et pleine de lait. Les fleurs devraient gonfler en ballon avant de s'ouvrir. Mais comme on a biné quatorze fois depuis le printemps, cela fait belle lurette que la souche a disparu. Les jeunes tiges sont en effet assez peu évocatrices. Remords.

PLECTRANTHUS

Des généreux à feuillage décoratif particulièrement précieux pour orner les jardinières l'été : ils n'ont pas leur pareil pour alléger la silhouette des pélargoniums ou des scaevolas. Verveines et impatiens adorent leur compagnie. Mais ne leur limitez pas les arrosages et les apports d'engrais, ils ont bon entonnoir !

Plomber

Revient à tasser la terre affinée au râteau sur un semis, en plaçant une planche sur le sillon, et en appuyant. Indispensable pour les carottes par exemple.

POIREAU

Faire le poireau au jardin ne signifie nullement perdre son temps ou guetter les nuages, mais plutôt créer un moment de beauté de potager, lieu décidément bien pourvu. Alignés ou disposés en carré, les poireaux jaillissent de la terre noire avec un tel optimisme qu'on se dit que l'hiver n'a qu'à bien se tenir. Certains le trouvent si beau qu'ils l'installent également parmi les fleurs, un rang qu'il occupe sans déchoir. Alors, vive le poireau !

LEQUEL Le poireau 'Jaune gros du Poitou' est spécialement adapté aux premiers semis et repiquages de l'année, et donc à une récolte à partir de la mi-juillet. La vraie question est : a-t-on envie de poireau en plein été ? Mais qu'il est beau, avec son immense feuillage torsadé. Et des poireaux sauce pistou constituent une excellente entrée. Pour l'automne et l'hiver, le poireau de Genevilliers, de Carentan ou de Mézières sont parfaits. Une mention à part pour le 'Bleu de Solaize' au superbe feuillage bleuté, réputé le plus résistant au froid. Enfin, un mauvais point pour les vendeurs de plants qui indiquent rarement la variété.

COMMENT Semer en mars ou avril est toujours possible, mais il faut ensuite patienter deux mois pour avoir du plant bon à repiquer. Celui-ci est disponible facilement, à partir du mois de mai, et coûte peu. Prévoyez un cent pour une famille à petit appétit et le double pour des végétariens convaincus. Repiquez le plant après l'avoir paré, c'est-à-dire coupé les racines à 3 cm de long, et le feuillage de moitié. Le terrain aura été bêché et soigneusement enrichi de vieux compost.
Disposez les poireaux tous les 15 cm sur des rangs espacés de 30 cm, en les enterrant jusqu'à l'endroit où les feuilles commencent à diverger. Arrosez au goulot chacun d'eux. Paillez le sol pendant l'été et continuez les arrosages : vous serez surpris de voir combien les poireaux grossissent subitement à l'arrivée des pluies d'automne.

AVEC QUI Près des carottes et des navets, mais pas parce que cela chasse la mouche : vous aurez sous la main la base de votre pot-au-feu. Si vous alternez des rangs de poireaux et de cosmos blancs 'Purity', votre potager sera très chic. À la fin de l'hiver, épargnez quelques poireaux pour les laisser fleurir, en juin : cela vaut bien des alliums décoratifs.
Un automne, amusez-vous à repiquer du plant de 'Bleu de Solaize' en septembre dans un massif libre, puis à intercaler des pensées jaune crème ou blanche, des pâquerettes blanches, des tulipes fleur de lys blanches 'White Triumphator' : l'effet sera étonnant en avril…

POIRÉE

Ce légume, appelé aussi bette ou blette selon les régions, tend à disparaître de nos assiettes. On le regrettera plus ou moins vivement selon que l'on apprécie ou non la sauce blanche et les gratins. En revanche, tout le monde sera d'accord pour plébisciter sa beauté, qu'il s'agisse de la poirée verte, une dame imposante de 70 cm de haut à large côte d'ivoire, ou les versions colorées connues depuis le Moyen Âge.
Quand elle est rouge, on a envie de la mélanger aux tabacs pourpres, aux sauges 'Lady in Red', aux cosmos 'Dazzler' et aux ricins, pour des tapis de fleurs somptueux. Jaune ou orange comme chez 'Bright Lights', elle étincellera parmi les roses d'Inde, les rudbeckias annuels, les cosmos 'Lady Bird', avec l'appoint de quelques dahlias blancs. On sème les graines en mars pour repiquer en mai, ou l'on achète directement les plants, encore relativement rares, pour les variétés colorées.

POIRIER

On a beaucoup de peine à imaginer la passion qui entourait les poires au siècle dernier. Ce n'était que compétitions entre les obtenteurs de tous les pays, les Belges battant les Français d'une courte tête.
Pour preuve : les meilleures poires restent encore celles sélectionnées à cette époque, et l'on n'a pas d'exemple de fruits où les techniques modernes aient aussi peu bouleversé le paysage.
Regrettons simplement au passage que l'on n'ait pas simplifié leur culture car obtenir des poires excellentes reste du domaine du luxe.

COMMENT Le poirier se satisfait

DÉLICES DE POIRES

'Sucrée de Montluçon', à cultiver greffé sur franc, en arbre. Fruits assez gros, turbiné, mûr en octobre-novembre. Résiste assez bien à la tavelure.
'Clapp's favourite', à cultiver en forme libre. Mûre dès le mois d'août, elle rivalise avec la 'Williams'. Ne pas la conserver trop longtemps car elle blettit. Assez résistante à la tavelure.
'Beurré Hardy', à gros fruits, chair blanche juteuse et parfumée. Arbre très vigoureux et fertile. Il faut laisser intacte les branches raides qui se couvrent de coursonnes dès la deuxième année. Après deux ou trois ans de production, on coupera à la naissance pour laisser une autre branche verticale prendre le relais.
'Louise Bonne d'Avranches', très fertile, à cultiver greffée sur franc. Mûre en septembre-octobre, d'une rare qualité.
'Doyenné du Comice', la meilleure de toutes mais l'une des plus capricieuses. À planter greffé sur cognassier, et ne presque pas tailler pour laisser la végétation se calmer d'elle-même. Mûre en octobre-novembre.
'Curé', poire très grosse, excellente une fois cuite. Arbre vigoureux.

des terres profondes, mais le cognassier, porte-greffe sur lequel il est habituellement greffé, ne supporte pas le calcaire. De toute façon, le poirier n'aime guère les sols arides et secs. Exposition ensoleillée ou tout du moins dégagée.
Si l'on aime la difficulté, rien n'interdit de commencer par un tout jeune arbre, un scion d'un an, quitte à perdre ensuite bien des années pour lui donner forme. Ou acheter tout de suite une quenouille ou un double U déjà largement entamé. La première forme désigne un arbre ramifié en volume tandis que la deuxième concerne un arbre aplati sur une face, dont les branches se divisent une première fois, puis une deuxième, d'où le nom de double U. Tandis que la première est autonome, la seconde requiert un palissage, soit contre un mur, soit sur une armature de fils de fer tendus sur des piquets. Si cet assemblage vous paraît compliqué, encore qu'il puisse former une haie de grand style, contentez-vous de la quenouille ou du gobelet, plus naturels.
Si vous souhaitez un vrai arbre, procurez-vous une variété poussante, comme la poire de Curé, greffée sur poirier franc. Au bout de vingt ans, vous serez devant un arbre en pain de sucre déjà bien avancé, mais qui fera encore l'admiration de vos petits enfants cinquante ans plus tard.
La taille est un véritable casse-tête si l'on se plonge dans les manuels d'arboriculture. Retenez basiquement que les fruits succèdent aux fleurs (jusque-là, ça va ?).
Ces dernières naissent à partir de bourgeons à fleurs, qui sont la forme évoluée du bourgeon à feuille. L'évolution de cette structure requiert plusieurs années. Ce sont donc tout naturellement les bourgeons anciens, vieux de trois ans, qui fleurissent et sont intéressants.

En revanche, les yeux à feuilles ne font que du bois, dont l'arbre a besoin pour vivre, mais qui ne nous intéresse guère. Le but de la taille consiste à limiter la perte de sève vers ces bourgeons à bois pour la diriger vers les futurs fruits, portés par des ramifications latérales appelées coursonnes. Ces dernières seront simplifiées quand elles sont ramifiées, et on cherchera à les rapprocher le plus possible des branches charpentières pour qu'elles soient bien alimentées. C'est la fameuse taille à trois yeux. Si cette opération vous panique, pratiquez l'arcure, qui consiste à ployer les brindilles secondaires grêles, sans les couper. On les rabat vers le sol ou on leur fait carrément faire un tour puis on les attache. Les bourgeons situés sur les coudes se transforment rapidement en bourgeons à fleurs. Une fois ceux-ci enclenchés, on peut alors couper juste au dessus : le cycle de production est entamé.

Toutes ces considérations ne remplacent pas les conseils d'un arboriculteur ou d'un vieux de la vieille, qui se fera un plaisir de venir tailler vos arbres. Regardez bien comment il procède, et écoutez-le s'il vous dit que la 'Williams' se taille sévèrement, comme la 'Conférence', alors qu'on laisse beaucoup de bois à la 'Beurré Hardy'. Si vos poiriers sont palissés, la taille consiste surtout à rabattre les ramifications qui ne doivent pas s'écarter du mur ou de l'axe des espaliers.
Les grands poiriers greffés sur franc sont soumis à un simple élagage tous les cinq ans. Pour la forme.
Le petit truc qui change tout : traitez préventivement contre la tavelure, avec la bouillie bordelaise à la chute des feuilles et au grossissement des bourgeons, en mars ; puis avec des produits moins agressifs (à base d'oxyde de cuivre), à la cadence d'au moins une fois au printemps et deux fois en été.
AVEC QUI On évitera de planter quoi que ce soit au pied des poiriers greffés sur cognassier car ce porte-greffe n'affiche pas une grande vigueur et souffrirait de la concurrence. L'herbe est à proscrire en particulier. On paillera plutôt avec du compost chaque fin de printemps.

Pois

Cultiver ses propres petits pois est un acte hautement poétique, qui permet de hérisser le potager de multiples barricades, le tout en prévision d'une récolte pourtant maigre. Mais qu'importe, on se régale d'avance à leur bien réelle succulence, et il n'est meilleur moment de l'année que celui où mijotent les premiers petits pois. Un concentré de printemps...

LEQUEL Oubliez définitivement les petits pois aux balles lisses et farineuses. Les ridés, uniquement les ridés ! Avec deux variétés phares : le 'Merveille de Kelvedon' chez les nains, et le 'Téléphone à rames' chez les grimpants.
Pour changer un peu, goûtez aux petits pois mangetout, qui se dégustent entiers, avec la gousse, quand elle est encore toute jeunette : une noix de beurre dans la poêle, trois minutes et quel régal ! Le plus amusant est le 'Carouby de Maussane', aux fleurs violettes et gousses arquées impressionnantes. Le plus charnu est 'Sugar Luv', un américain de bonne venue que nous propose Caillard. Tous les deux requièrent des rames, comme tous les petits pois, y compris les nains d'ailleurs.
COMMENT Le petit pois est exigeant : bonne terre meuble, maximum de soleil, mais le potager n'est-il pas ainsi ? Pas de fumier frais sinon il devient fou. Semez tôt, dès fin février dans le Sud, et en mars plus au nord, car il faut impérativement que le petit pois ait bouclé sa culture avant les chaleurs, qu'il déteste. Semez en lignes largement espacées (50 à 60 cm), en disposant les grains tous les 2 cm environ. Le sillon sera profond de 5 cm. Recouvrez d'un doigt de terre fine. Disposez une protection contre les oiseaux, et éparpillez des appâts antilimaces.
Dès que les tiges ont plus de 15 cm, buttez-les à la binette, ce qui n'a rien d'agressif puisque cela consiste à rattrouper un peu de terre fine pour conforter leur base.
Puis disposez des tuteurs : des brindilles de noisetier sont parfaites pour les nains. Pour les plus grands, 'Téléphone' et 'Carouby', les treillis à béton coupés en deux sont parfaits : ils font alors 2,40 m de long sur 1,60 m de haut. Attachez-les à des piquets à tomate. Les petits pois s'accrochent tout seuls avec leurs vrilles. Vous serez surpris de constater la vigueur des variétés à rames qui démarrent tout à fait comme les autres puis semblent fonctionner au turbo : les tiges charnues prennent le diamètre d'un crayon et se propulsent à fond de train tandis que s'épanouissent les fleurs à l'aisselle des grandes feuilles.
Récoltez les gousses des petits pois gourmands quand on y distingue à peine les grains, et les autres quand elles cessent d'enfler et sont bien pleines. Objectif tendresse.
AVEC QUI Le petit pois déteste la concurrence et a besoin de lumière. On ne repiquera des laitues qu'à 30 cm de ses pieds.

Pois carré

Ou *Tetragonolobus*. Une drôle de légumineuse qui fait penser à un petit pois rampant. Il fleurit en rouge et donne naissance à des gousses à section carrée. Cueillies encore vertes, elles sont délicieuses passées à la poêle avec un peu de beurre. Un régal de fin jardinier.

Pois de senteur

Les pois de senteur cultivent le paradoxe : cette fleur de luxe chez les fleuristes adore les jardins de campagne. Elle peut sentir délicieusement bon, si les sélectionneurs ne s'y sont pas trop intéressés, et il lui faut cependant une bonne dose de fumier pour parvenir à cette apothéose. Sa culture ne requiert aucun instrument compliqué, et néanmoins bien peu de jardiniers parviennent à en tirer le meilleur parti. C'est l'une des plus belles fleurs qui soient... et la plante qui les porte est vilaine au possible. Voyons comment concilier tous ces contraires.

LEQUEL Inutile de le cacher : les sélections anglaises sont infiniment plus raffinées que les nôtres. Profitez donc d'un voyage de l'autre côté du Channel pour vous en procurer, ou dénichez un revendeur de graines Thompson & Morgan. Vous trouverez des pois de senteur dénommés et vendus par couleurs, des variétés anciennes plus petites mais délicieusement parfumées, des grandes voilettes vaporeuses et romantiques. 'Antique Fantasy' tient le premier rang pour le parfum, de même que 'Matacana', un bleu violet resté très proche des tout premiers pois de senteur, ce qui explique l'intensité de son parfum de violette. Autres motifs de séduction : 'Maggie May', bleu ciel et blanc ; 'White Supreme', joliment décrit chez Thompson & Morgan comme étant de la nuance du duvet de cygne ; 'Cream South-bourne', couleur crème. Une autre grande marque anglaise, Unwin, propose un mélange de pois de senteur striés, bicolores, mouchetés et parfumés parfaitement irrésistibles ('Unwin's Stripped', distribué par Baumaux).

Les pois de senteurs nains ou demi-nains ne sont que des ersatz, plus proches de la mauvaise herbe que de la fleur de prestige que vous escomptez.

COMMENT Un sol de première qualité est nécessaire. Encore un sujet d'étonnement si l'on considère que le pois de senteur fait partie des Fabacées (ex-Légumineuses), une famille qui nous a plutôt habitués à vivre à la dure. Mais cela fait bien longtemps que la fleurette des chemins siciliens a pris des goûts de luxe, et impossible de revenir en arrière. Donnez-lui le meilleur emplacement du potager, et bêchez à double profondeur, sans mélanger les qualités de terre. Apportez au passage une brouette de fumier très mûr pour cinq mètres linéaires. Tout cela sera effectué un mois avant la plantation, qui a lieu en mars.

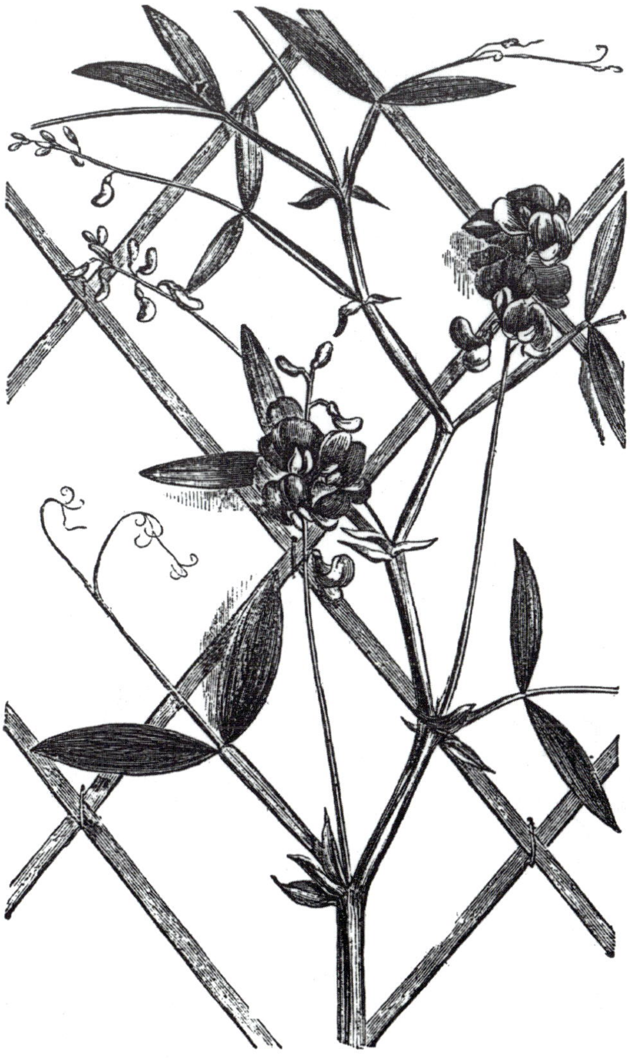

Le semis est fait en décembre ou janvier, sous châssis ou dans un grand tunnel froid. On répartira les graines dans des pots individuels ou des terrines à poisson, en laissant 5 cm entre elles. Un jeu d'enfant : ce sont de grosses graines. La levée demande un mois environ. Le plant est mis en place, en ligne, à 15 cm de distance, en veillant à ne pas abîmer les racines, déjà impressionnantes.

On arrosera tout de suite, puis on épandra des appâts anti-limaces ou un cordon de cendres sèches. Le même jour, on pose les piquets qui soutiendront la future armature.

Étant grimpant, le pois de senteur a en effet besoin d'un support : au choix, ce peut être du treillis à béton, à grande maille de 12 cm, coupé en deux dans sa plus grande dimension, de façon à obtenir des panneaux de 2,40 m de long sur 1,60 m de haut. Ou encore du filet à ramer pour haricot, qui sera tendu à partir d'une armature formée de liteaux de sapin horizontaux assujettis par des petites cornières à des piquets du même bois, hauts de 1,60 m.

Cela peut paraître disproportionné, mais le pois de senteur bien nourri atteint facilement ces hauteurs et, comme par hasard, les plus belles fleurs sont toujours en tête.

Guidez les tiges frêles vers ce support, puis attachez-les régulièrement avec du raphia. Au passage, enlevez les vrilles, qui ne servent à rien. Arrosez copieusement, chaque semaine, et cela même s'il pleut un peu. Apportez également de l'engrais soluble (formule Géraniums), tous les quinze jours. Les jardiniers bio compenseront par des arrosages au purin d'ortie.

La floraison a lieu quand les plants ont un mètre de haut environ. Les premières fleurs surgissent à hauteur de genou, puis elles suivront la croissance jusqu'à atteindre le faîte de la plante un mois plus tard, en mai, qui sonne l'heure de gloire des pois de senteur.

Le petit truc qui change tout : plus vous cueillez, plus il y a de fleurs. Le fait de laisser ne serait-ce qu'une gousse sur un plant le fait jaunir, puis mourir en un rien de temps. Désolation.

AVEC QUI Vous aurez facilement compris que rien ne doit rivaliser avec les pois de senteur. Il y va de la beauté de vos bouquets, et de votre renommée.

Poison

Beaucoup de plantes, même très communes, sont toxiques, en partie ou totalement : les baies du chèvrefeuille des bois ou de l'if sont bien tentantes pour des petites mains. En fait, peu d'empoisonnements sont relevés chaque année, bien moins que ceux provenant de produits d'entretien stockés dans la cuisine. La raison tient probablement au fait que la toxicité s'accompagne souvent d'un goût âcre ou déplaisant qui alerte et dissuade.

POIVRON

Avec le réchauffement de la planète, réussir ses poivrons sera bientôt aussi aisé à Tourcoing qu'à Bayonne. C'est déjà en fait le cas si l'on recourt à un abri plastique. Le poivron est un légume satisfaisant à regarder, avec sa silhouette carrée, ses feuilles amples, d'un beau vert, ses fleurs blanches nichées tout près du tronc, ses fruits allongés ou trapus. On sent qu'on est dans le registre du sérieux.

LEQUEL Le 'Doux long des Landes' produit assez tôt des fruits allongés, à la chair fine et pas piquante pour deux sous.

Plus charnus, les hybrides F1 ressemblent point pour point aux poivrons du commerce, verts puis rouges : 'Esterel' ou 'Clovis' sont deux bons choix. Le jaune de 'Zarco' vous amusera peut-être. Mais si vous cherchez vraiment de l'originalité, direction Kokopelli et son catalogue de bizarreries : poivrons et piments s'y partagent trois grandes pages. Classés selon la virulence de leur chair, ils offrent une palette de formes et de couleurs incroyables.

COMMENT Comme il faut environ 11 semaines aux poivrons pour mûrir, et en tenant compte que la germination demande 3 semaines, on comprend qu'il faut semer fin mars pour récolter en août. Semez au chaud, sur une terrine posée sur la tablette d'un radiateur. Arrosez à l'eau tiède, et patientez. Les débuts sont lents, et la plantule n'est bonne à repiquer en godet qu'au bout d'un mois et demi. Acclimatez ensuite progressivement, en aérant le tunnel où vivent vos plants.

Vous trouverez facilement du plant dans le commerce, souvent des hybrides. Ne vous précipitez pas car le plant de mai est moins cher que celui d'avril. Moins habitué à vivre au chaud, il souffrira moins du stress en arrivant chez vous. Mettez en place à la mi-mai, quand le sol est bien chaud. Les poivrons adoreront un coin de terre riche recevant le maximum de soleil. Ils produisent de telles racines qu'on sera bien avisé en bêchant à 40 cm de profondeur, histoire qu'elles y puisent la fraîcheur en pleine canicule.

N'exagérez pas avec les engrais, y compris organiques, ni avec le fumier sinon le poivron produit des feuilles de laitue et oublie de fleurir. Espacez les plants de 60 cm pour que l'air et la lumière circulent. Vous pourrez repiquer des laitues en attendant qu'ils occupent l'espace disponible. Paillez au compost à partir de la mi-juin : vous nourrirez les racines superficielles et limiterez l'évaporation de l'eau.

Le plus important pour réussir les poivrons concerne la température du sol : entre 18 et 25 °C, c'est parfait. D'où l'intérêt de poser un film plastique transparent à même le sol deux semaines avant de repiquer. Au nord de la Loire, on sera bien avisé de compléter ce dispositif avec un tunnel plastique au moins durant mai et juin. Mais pas de vie confinée : il faut aérer chaque jour pour permettre aux abeilles de polliniser les fleurs. Car sans graines pas de fruits harmonieux : ils resteront petits et tout biscornus.

Le premier poivron est le plus long à attendre. Ensuite, tout s'accélère, et vous serez surpris de la récolte en septembre. N'attendez pas forcément que les poivrons passent au rouge car ce processus de mûrissement prend presque autant de temps que la croissance initiale du fruit, sans changer quoi que ce soit à la saveur. Comme chez les tomates, le rougissement se prolonge après la récolte, pendant une semaine.

Si vous avez la chance de disposer d'un grand tunnel, le poivron partagera l'espace avec les tomates et les aubergines, et vous croulerez sous les récoltes avec trois pieds seulement, qu'il vous faudra sûrement tuteurer car ils dépasseront la taille humaine.

Poivron des Landes

AVEC QUI Le poivron adore vivre tranquille, bien au chaud. Éloignez tout ce qui peut faire de l'ombre. On peut très bien cultiver un pied de poivron dans un grand pot de 30 cm de diamètre et autant de haut, rempli de bon terreau. Plantez trois pétunias blancs autour, qui dégringoleront allégrement.

POMME DE TERRE

Déguster ses pommes de terre fraîchement cueillies est un des plus grands privilèges concédés par le jardin potager. Légume roi, apprécié de tous, ce tubercule acquiert ses lettres de noblesse quand il peut être épluché en le caressant du doigt. Il s'est à peine écoulé une demi-heure entre le moment où il poussait au bout de tiges souterraines et celui où votre cocotte l'accueille, en compagnie de petits lardons et d'oignons blancs au tendre épiderme. Et même si vous ne vous appelez pas Robuchon,

SACRÉES PATATES !

Parmi les précoces, 'Sirtema' a notre préférence sur la fameuse 'Belle de Fontenay', pas toujours aussi ferme qu'on le prétend. 'Delikatessen' ou 'Amandine' sont deux charmantes variétés nouvelles au goût de noisette. En saison, la nouvelle 'Charlotte' est sympathique, mais rien ne vaut la 'Ratte', aux tubercules allongés qui lui ont valu le surnom de saucisse. Elle produit peu ? C'est à voir, surtout si vous avez procédé à une plantation très espacée : 60 cm au moins entre les plants sur le rang, et 70 cm entre ces derniers. De la sorte, chaque pied a son espace vital, et vous pouvez butter sur 40 cm de hauteur. La 'Ratte' a conservé un tempérament de sauvageonne, elle déteste la contrainte. Vous serez alors surpris du nombre de tubercules que vous pourrez ramasser à chaque pied, et de la grosseur de certains. Or, chez cette variété miraculeuse, la grosseur n'exclut nullement la qualité. Sublime en pomme vapeur, en salade, en purée et même en frites si l'on veut s'en donner la peine.
La 'Roseval' termine la saison avec ses tubercules d'un rose parme appétissant. Chair ferme, exceptionnelle en pommes vapeur.
À côté de ces variétés typées, il existe une foule de nouveautés qui se ressemblent beaucoup : le plus souvent lisses à souhait, d'une forme idéale, faciles à éplucher, un vrai plaisir. Aussi bonnes en purée que sautées, c'est-à-dire jamais parfaites ni décevantes. Quelques noms : 'Samba', 'Pompadour', 'Manon', 'Mona Lisa'... Sortent un peu du lot 'Noisette', effectivement excellente préparée en pommes noisettes, petits dés rissolés dans le beurre et saupoudrés de persil ; et 'Resista', qui se moque du mildiou comme d'une guigne. Un peu farineux mais d'un rendement impressionnant, et sans recours au moindre traitement. Les amateurs d'exotisme se régaleront de la 'King Edward', une anglaise jaune aux yeux roses, excellente à la vapeur.

vous ferez alors un festin unique en son genre. Pourquoi se priver ?
COMMENT Une terre moelleuse et enrichie de fumier bien décomposé ou de compost-maison plaira aux pommes de terre. Celles qui poussent là où l'on a fait un grand feu de bois sont toujours exquises. Retenez la leçon, et répandez des cendres de cheminée avant la plantation. Toujours au plein soleil.
Achetez du plant en clayette, en mars, et stockez-le dans une pièce fraîche et éclairée. Les germes doivent être trapus, et non étiolés. Plantez dès la fin mars et en avril, en disposant un tubercule au fond de petites cuvettes profondes de 15 cm et espacées de 40 cm, sur des rangs eux-mêmes écartés de 50 cm. Recouvrez avec quelques centimètres de terre puis, si la terre est très lourde et le jardinier soigneux, posez un voile de forçage, qui évite à la terre de se tasser sous les pluies. Les feuilles naissent quinze jours plus tard. Buttez une première fois en ramenant la terre des côtés de la cuvette vers le plant. Puis à nouveau un mois plus tard, cette fois-ci en creusant de part et d'autre, pour que les buttes fassent 25 cm de haut. De la sorte, on est sûr que les nouvelles pommes de terre ne sortiront pas du sol, ce qui les fait verdir. À cette occasion, on peut pailler avec du compost.

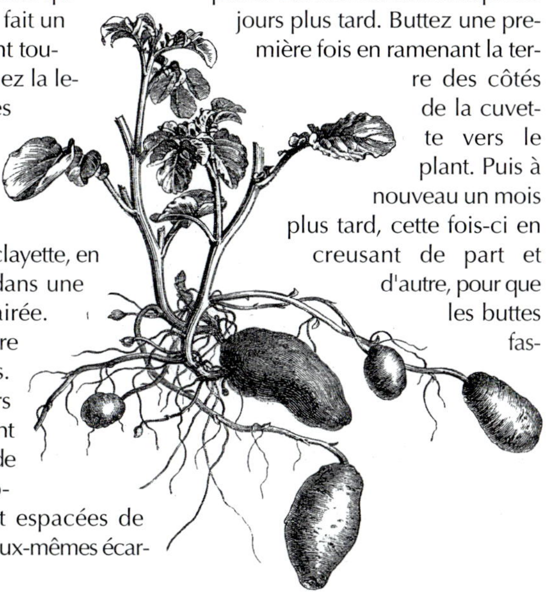

En général, la pomme de terre se contente des pluies normales de printemps. Cependant, des variétés tardives, comme la 'Roseval', se trouvent bien d'arrosages copieux en juillet, au moment de la floraison.
Le petit truc qui change tout : la récolte a lieu quand le feuillage jaunit. On creuse avec une bêche, en se tenant un peu écarté de la ligne de plantation pour ne pas transpercer trop de tubercules au passage.
AVEC QUI Plutôt que de les cultiver en grandes planches, alternez les rangs de pommes de terre avec des haricots verts nains.

POLÉMOINE

Pendant longtemps, on n'a eu que la polémoine vivace bleue à se mettre sous l'œil : un bleu mauve un peu fade chez 'Lambrook Mauve', en fleur en mai (40 cm).
Il a fallu attendre les années quatre-vingt-dix pour qu'apparaisse une variété à feuillage panaché de crème, 'Brise d'Anjou', repérée par les frères Prouteau, horticulteurs angevins spécialisés dans les plantes vivaces. Est-ce l'âge, mais je trouve que c'est une pure merveille car le feuillage tourbillonnant n'est nullement maladif comme souvent quand apparaît une panachure.
Cependant, on sera aux petits soins en lui consacrant une terre riche en humus, à mi-ombre. En grand pot, elle sera carrément sublime en compagnie d'un iris panaché et d'un fraisier rose 'Pink Panda'.

Pollen

Cette poussière jaune issue des fleurs fait éternuer les uns, et tache le nez des jardiniers curieux, sniffeurs de lis. C'est tout bonnement la semence mâle qui ira féconder les pistils.

POMMIER

Est-il bien raisonnable de perdre de la place avec un pommier alors que les pommes abondent sur les marchés, douze mois sur douze ? Mais rien n'est comparable avec une bonne pomme, mûre à point, que vous croquez, encore saisie par la rosée du petit matin. Les arômes subtils qui enveloppent vos gencives avec le suc presque mousseux sont si fugaces que la moindre tentative de conservation les voit disparaître. Et manquer le moment féerique de la floraison du pommier revient à tourner le dos au plus beau spectacle printanier : on peut aimer les magnolias, adorer les rhododendrons, être fou de lilas, rien n'égale cette émouvante offrande de rose et de blanc, ces bouquets de trolls posés sur une collerette de jeunes feuilles encore toutes veloutées d'argent.

UN PANIER DE POMMES

Parmi les pommes de fin d'été, mûres dès la deuxième quinzaine d'août, signalons 'Desbarestivale', remarquable par sa beauté, son croquant et l'incroyable richesse de son suc. D'ailleurs, les oiseaux ne s'y trompent pas et vous voleront les plus belles.
L'automne voit débarquer la 'Signe Tillisch', une magnifique pomme suisse vantée à juste titre par le spécialiste champenois Eric Dumont. Une belle pomme un peu plate, d'un joli jaune. La 'Sans Pareille de Peasgood' est subtilement fruitée, prélude à la meilleure de toutes, la 'Reine des Reinettes', toujours exquise au jardin. Sa peau striée de rouge est une invitation à plonger dans les souvenirs d'enfance.
En début d'hiver, avec le froid qui s'installe, arrive le peloton des vedettes : 'Bénédictin', énorme et croquante à souhait, produite généreusement par un arbre rarement malade ; 'Golden', dont on ne se lasse pas, et tellement docile ;

'Reinette du Canada', blanche ou grise, cette dernière étant souvent plus musquée ; 'Cox's Orange', jamais très grosse mais extraordinairement parfumée ; 'Belle Fleur Jaune', une Golden d'avant la Golden ; et la sublime mais capricieuse 'Calville', qui mérite d'être enveloppée dans un pochon de papier pour développer son suc incomparable à l'abri du soleil, de la grêle et des prédateurs.
Ce tour d'horizon, forcément rapide, se termine avec les pommes de garde : outre la reinette 'Clochard', à la chair serrée et acidulée, une mention d'honneur pour la reinette de Caux, celle du Mans, effectivement nettement meilleure dans cette région ; la 'De Lestre', très appréciée en Limousin et Périgord ; la 'Melrose', un peu triste dans son habit rouge sombre mais tellement fruitée.
Appartiennent à cette catégorie la moderne 'Tentation', création Delbard de très grande qualité ; et 'Elstar', une obtention hollandaise largement appréciée dans le commerce mais dont on a curieusement beaucoup de mal à dénicher des plants.

Certes, l'arbre lui-même est parfois ingrat, mais admirez dans le potager de Saint-Jean-de-Beauregard le spectacle des cordons alignés, des palmettes cousues aux vieux murs, et vous changerez peut-être d'avis sur les succédanés de saules qui sont tellement à la mode actuellement en matière de cloisonnement de l'espace. Et puis, tout bonnement, imaginez quelques pommiers adultes, c'est-à-dire trentenaires, au milieu d'un pré, et que l'on soit dans le Limousin, l'Artois, le pays Basque ou le pays d'Auge, c'est toute la France rurale qui ressurgit. Nostalgie ? Un joli dicton proclame que l'on plante un arbre pour soi et pour les autres. C'est particulièrement vrai pour le pommier…

LEQUEL Chaque région a ses pommes locales, heureusement préservées grâce aux efforts des associations comme les Croqueurs de pommes, ou encore les conservatoires comme celui de Villeneuve-d'Ascq, dans le Nord. Par ailleurs, les obtenteurs mettent sur le marché des nouvelles variétés qui sont loin d'être toutes insipides : c'est souvent la culture dopée à outrance et une récolte prématurée qui les privent de toute saveur. Ainsi, une 'Golden' de jardin est excellente, et les nombreuses pommes hybrides qui en découlent méritent une place au jardin, même si l'on peut parfois leur reprocher un parfum de banane trop prononcé.
Dans votre choix, la date de la récolte est primordiale, car une pomme ne se conserve pas plus d'un mois ou deux sans local particulier, à moins qu'il s'agisse d'une de ces vieilles variétés réputées pour leur bonne garde : reinette 'Clochard' ou reinette du Mans. La moderne 'Chanteclerc' a hérité de ce caractère.
La sélection ci-dessus n'est qu'un tout petit choix, et une visite à une fête des vieux fruits, à l'automne, vous ouvrira des horizons nouveaux. Une seule limite : la taille de votre jardin, à moins que vous ne soyez un as du surgreffage, histoire de coller trois ou quatre variétés par arbre.
Un petit mot enfin sur les pommiers d'ornement : 'Evereste' est intéressant pour ses petites pommes rutilantes, et son port buissonnant. Il devient un joli petit arbre touffu, rose de plaisir au printemps puis rutilant à l'automne quand ses petites pommes mûrissent. Ni les maladies, ni le froid n'atteignent ces dernières. On peut en faire des gelées, mais

après un travail de bénédictin. 'Evereste' est précieux pour faciliter la pollinisation des autres pommiers. C'est pour cela qu'il fut créé, à une époque où l'Inra était poète.

COMMENT Si vous avez déjà des pommiers dans votre jardin, soignez-les comme la prunelle de vos yeux : pas de taille drastique, mais un nettoyage soigneux pour éliminer les branches chancreuses. Un traitement à la bouillie bordelaise en novembre et un autre en mars.

À la rigueur, blanchissez le tronc, à l'ancienne, car ce badigeonnage semble écarter une foule d'insectes. Même malingres, les pommiers peuvent résister longtemps, et de leur silhouette amaigrie émane une beauté singulière, comme un Giacometti égaré.

Si vous souhaitez planter de nouveaux pommiers, déterminez tout d'abord leur forme, qui dépend de l'espace disponible, de votre patience et de votre appétit. Grâce à une gamme complète de porte-greffe, le pommier est capable de former un vrai arbre, un grand arbuste ou un cordon de rien du tout. Mais pour cela, il faut impérativement vous adresser à un pépiniériste spécialiste qui connaît encore les porte-greffe. Parfois, on a aussi la chance de tomber sur un revendeur amoureux des arbres fruitiers, une perle rare.

Trois porte-greffe dominent le marché : le M 9 pour les formes basses (cordon et palmette), à tuteurer impérativement ; le M 106 pour tout ce qui poussera jusqu'à 5 m (fuseau, quenouille, arbre en forme libre) ; et le franc, autrement dit le pommier issu de semis, pour les arbres demi-tige et tige. Ce choix est surtout crucial si vous achetez des scions, c'est-à-dire des tout jeunes arbres, en vue de les former vous-même, un passe-temps de sage bouddhiste.

Dans la plupart des cas, on achète des arbres déjà formés, et le pépiniériste a choisi pour vous le porte-greffe le mieux adapté. Il n'empêche que la mention du porte-greffe sur l'étiquette est une garantie de sérieux.

Le pommier apprécie les terres riches, mais peut se contenter d'un sol tout à fait ordinaire, si l'on prend la précaution de l'ameublir jusqu'à 40 cm et d'enrichir la terre extraite du trou avec de l'Or brun ou du vieux compost. Prévoyez un trou d'au moins 80 cm de diamètre pour étaler les racines sans contrainte.

Enterrez la base jusqu'à 10 cm en dessous du point de greffe, qui se remarque au renflement sur le tronc. Tuteurez dès la plantation pour être tranquille ensuite. Durant les premières années, tenez le sol désherbé autour du pied, quitte à poser à plat des cartons d'emballage récupérés, que vous recouvrirez de tontes de gazon, pour le coup d'œil. Arrosez peu souvent mais copieusement, en particulier en août.

Surveillez les attaques de pucerons sur les jeunes pousses, fréquentes en mai et juin.

Une poignée ou deux d'engrais organique complet chaque printemps assureront une croissance harmonieuse, sans dopage excessif : les arbres fruitiers sont plus gourmets que boulimiques.

À lire les traités qui lui sont consacrés, la taille est un morceau de bravoure. Contentez-vous de continuer la forme en respectant les rameaux qui la prolongent, et taillez à 10 cm de long les rameaux latéraux, dès le mois de juillet.

Cette taille en vert est rapide, et produit des arbres plus compacts. Elle sera complétée, éventuellement, par une taille d'hiver, mais bien souvent on peut s'en passer.

Sur un pommier formé sur tronc, la priorité revient à la sélection de quelques grandes branches charpentières, sur lesquelles se développeront les autres. La taille se limite alors à un élagage, réalisé tous les deux ans, et qui consiste à supprimer les rameaux maladifs, ceux situés au cœur de l'arbre, ne recevant jamais le soleil, et ceux qui retombent, souvent arqués par une précédente récolte plantureuse. Là encore, rien ne vaut une démonstration réalisée par un pépère du coin.

AVEC QUI Les cordons et palmettes peuvent être accompagnés de fraisiers et de buis boules, plantés à 50 cm du pied pour éviter la concurrence.

À bonne distance encore des quenouilles et des fuseaux, installez des pivoines, des lis de la Madone, des campanules à feuilles de pêcher, des asters et des iris, une profusion d'œillets mignardises et d'anémones du Japon, façon jardin de curé. Mais pas la peine de sonner la cloche à matines, quand même…

POTENTILLE

Avec leur double palette, les herbacées d'un côté, à grandes fleurs aux coloris tranchés, ressemblant de loin à des fraisiers ; et les arbustives, plus douces et au port de bonnet d'ours, les potentilles sont capables de nous tirer d'affaire bien des fois. On appréciera leur côté bon enfant, et la qualité de leur feuillage. Elles savent se faire oublier s'il le faut.

COMMENT Un sol ordinaire, assez profond. Soleil au moins pendant une demi-journée. Les potentilles orangées n'aiment pas le soleil de l'après-midi, qui affadit les couleurs. On trouve les potentilles herbacées parmi les godets de plantes vivaces, et les arbustives en conteneurs plus importants, parmi les arbustes. Les racines ont souvent déjà fait plus d'un tour dans leur motte. Mettez tout ce beau monde à son aise lors de la plantation, qui se déroule en automne ou au printemps, indifféremment. Écartez les herbacées de 25 cm, et les arbustives de 40 cm. Un arrosage copieux tassera gentiment la terre autour des racines. Pratiquez un petit nettoyage à la sortie de l'hiver, en mars.

Le petit truc qui change tout : on peut tailler ces potentilles si elles prennent une forme un peu dégingandée, mais c'est rarement le cas.

AVEC QUI Les potentilles herbacées à fleurs relativement grandes feront merveille dans les bordures un peu strictes qui encadrent une allée menant au potager, en compagnie des ciboulettes, des armoises et des hélianthèmes cramoisis ou orange.

Les potentilles arbustives calent bien les angles des massifs. Elles rutilent devant des feuillages plus argentés que le leur, comme celui des oreilles d'ours ou des cinéraires maritimes. Leur forme globuleuse convient pour mettre en valeur le fouillis des giroflées ravenelles au printemps, ou encore l'insouciance des violettes cornues. Beau contraste avec les fétuques bleues, en premier plan devant des céanothes d'été. Potentilles et carex jouent une partition pleine de naturel.

POTENTILLES HERBACÉES

Les potentilles herbacées forment une rosette au niveau du sol, puis envoient des hampes de 40 cm de hauteur, avec des grandes fleurs en feu d'artifice. On remarquera 'Monsieur Rouillard', double rouge avec un liseré jaune ; 'William Rollison' (50 cm), orange foncé à cœur jaune d'or ; 'Miss Willmott' (50 cm), rose carminé nuancé de cerise au cœur. L'une des plus belles, mais curieusement rare, demeure la *Potentilla atrosanguinea,* une afghane aux fleurs rouge vif mises en valeur par le feuillage argenté (60 cm). Une mention particulière pour les potentilles créées par Victor Lemoine, et retrouvées par Monique Chevry (Le jardin d'Adoué) : 'Vésuve', semi-double rouge foncé bordé de jaune ; 'Volcan', rouge velouté ; et 'Etna', rouge foncé, à feuillage argenté. De pures merveilles, parfois un peu délicates à associer, mais un entourage d'oreilles d'ours calmera leur feu. Les potentilles plus petites, *P. alba, argentea* ou *megalantha,* font merveille sur les murets et les talus de sol graveleux, ou dans les interstices des dallages. Parmi les raretés, citons *P. hoopwoodiana,* rose tendre à cœur fraise, dénichée chez Ellébore, vendue au compte-goutte à cause de la difficulté de sa multiplication.

POTENTILLES ARBUSTIVES

Parmi les nombreuses potentilles arbustives, les plus sympathiques sont 'Elizabeth', grande classique jaune d'or ; 'Pretty Polly', rose saumon ; 'Princess', encore plus tendre, un vrai rêve ! ; 'Tilford Cream', blanc crème ; et 'Abbotswood', blanc pur. Les oranges et rouges, 'Tangerine' et 'Red Ace', sont assez difficiles à utiliser au jardin car leur coloris manque de naturel. Toutes ces potentilles culminent à 1 m, voire moins.

POTIRON

Ce légume fruit hors du commun évoque immanquablement la Terre ou le ventre de la femme enceinte, bref des trucs tellement forts que même les plus gamins redeviennent sérieux à leur contact.

Paradoxalement, il faut une bonne dose de légèreté pour se coltiner leur culture en oubliant qu'elle va immobiliser beaucoup de place et aboutir à des tombereaux de machins encombrants et pas toujours éblouissants en cuisine, à moins d'épuiser les réserves de crème et de gruyère. Mais qu'importe, le potager s'ennuie sans ces derniers de la classe qui paressent dans leur coin, prenant le tas de compost pour un radiateur providentiel.

Dans le lot, il y a le fameux potimarron, et rien que pour sa chair imperceptiblement farineuse, on fera une exception, ouvrant ainsi la brèche à des séries d'essais sans fin, car il y a des centaines de potirons.

Les nombreux maniaques du genre, cucurbitophiles émérites comme Victor Renaud ou Patrick Saint-Aubun, vous jureront que chacun est différent, autant que les cinq doigts de la main, d'ailleurs posée sur le cœur. Je vous avais prévenus : le potiron rend sentimental !

Comment Le plus sûr consiste à semer au chaud, à la mi-avril, quelques pépins dans des godets remplis de terreau. Trois semaines plus tard, ne conservez que le plus beau plant dans chaque godet, et acclimatez dehors sous un tunnel ou une cloche en plastique. Au bout de dix jours, plantez dans un grand trou bêché jusqu'à 40 cm de profondeur, dont vous aurez amélioré la terre avec un seau du meilleur compost ou de fumier bien noir. Le tout est aplani puis creusé en cratère. C'est au fond de cette caldeira, à 10 cm en creux, que vous installerez le plant. Posez une cloche par-dessus, et n'oubliez pas les granulés anti-limaces. Deux semaines plus tard, quand le turbo est enclenché, supprimez toute protection, paillez sans mollir au compost, même encore grossier, et vous laissez courir. Quand les potirons se forment, posez une tuile plate dessous, mais dans la plupart des cas, ils se débrouillent bien tout seuls. Parfois, les premiers potirons installés boudent un peu, s'il fait froid en fin mai, mais tout se rétablit ensuite. Néanmoins, retenez que l'on peut encore planter en tout début juin avec une chance de succès, mais à condition que la culture se déroule ensuite sans à-coups. Pensez surtout aux arrosages pendant les grandes chaleurs.

Récoltez vers la mi-octobre, en évitant surtout de les choquer, car un potiron blessé est un potiron foutu.

Un coin de garage ou de cave suffit pour les conserver longtemps, sur un épais lit de paille fraîche.

Avec qui Les potirons sont des sans-gêne un peu balourds qui n'arrêtent pas de vadrouiller. Gare à leurs divagations !

Calez-les avec deux rangs de maïs ou une ligne de haricots grimpants, pour bien marquer leur territoire, et coupez tout ce qui dépasse.

En général, on a bien autre chose à faire en août, ce qui revient à leur donner les clés du royaume.

POTIRONS CLASSIQUES

Des classiques bien de chez nous (enfin, façon de parler car les potirons sont d'origine américaine) : le Rouge vif d'Étampes, côtelé, d'un orange incroyable, qui se conserve jusqu'en décembre ; le potiron vert Olive se conserve très longtemps, facilement 6 mois, sous la forme d'un ballon de rugby de 4 à 5 kg, à peau verte. Sa chair jaune se bonifie en cours de conservation.

Le Giraumon galeux d'Eysines, un nom peu flatteur pour un petit potiron recouvert d'excroissances, à la chair sucrée très appréciée en potages.

Abordons maintenant les potirons « étrangers », en commençant par le Bleu de Hongrie, plus ardoisé que bleu d'ailleurs, à la chair sucrée, parfois farineuse. Le 'Hubbard Golden Delicious' est une sélection américaine d'un potiron en forme de cœur, à peau lisse, rouge orangé. Sa chair très fine, d'un bel orange, est riche en vitamines, et couramment employée dans les purées de bébé. Les fruits ne sont pas inhumains (2 à 7 kg). Bonne productivité (2 à 4 fruits par pied) et excellente conservation, jusqu'à 6 mois.

POTIMARRONS

Mais il y a surtout les potimarrons, ces grosses poires à la peau si dure, dont la chair orangée permet de confectionner des potages sublimes, une fois qu'on a réussi à les découper sans se démettre l'épaule.

'Red Kury' est rouge foncé, presque couleur brique, et offre l'avantage de produire des fruits portion de ménage, de 2 kg environ, ce qui est parfait pour quatre personnes. 'Kabosha' est vert sombre dehors et orange vif dedans. Excellent aussi bien en potage qu'en gratin. Une recette de potage au potimarron vous intéresse-t-elle ? Commencez par faire suer deux oignons émincés dans un peu de beurre. Pendant ce temps, découpez le potimarron (à la hachette si besoin est, mais gare à vous), enlevez les graines, et retirez l'écorce coriace au couteau économe. C'est le plus dur dans l'affaire. Coupez en gros morceaux que vous faites revenir deux minutes dans les oignons. Puis recouvrez tout juste avec de l'eau bouillante ou, mieux, du bouillon de volaille ou de légumes. Salez au gros sel, couvrez. En quelques minutes, la chair s'est délitée. Passez alors au moulin à légumes, et remettez sur feu doux pour ajouter la crème, généreusement, une pincée de muscade ou de curry selon votre goût. Poivrez juste avant de servir, accompagné de pain grillé frotté d'ail.

Pourpier

Dans certains jardins, le pourpier est une vraie mauvaise herbe qui se ressème partout. Le feuillage du pourpier sauvage est plus menu et plus vert que celui de la variété cultivée, mais tous les deux ajoutent dans les salades composées un drôle de croquant sous la dent… accompagné d'une absence totale de saveur. On le récolte en coupant les pointes des pousses, avant que les plantes ne fleurissent.

N'importe quelle terre de jardin lui convient, au soleil de préférence. Semez d'avril à juillet, d'une main légère, car la graine est fine comme de la poussière. Vous pouvez ou non éclaircir les plants : en n'en laissant qu'un seul tous les 20 cm, ils deviennent énormes, tandis que, serrés les uns contre les autres, ils restent grêles et leur feuillage est moins charnu.

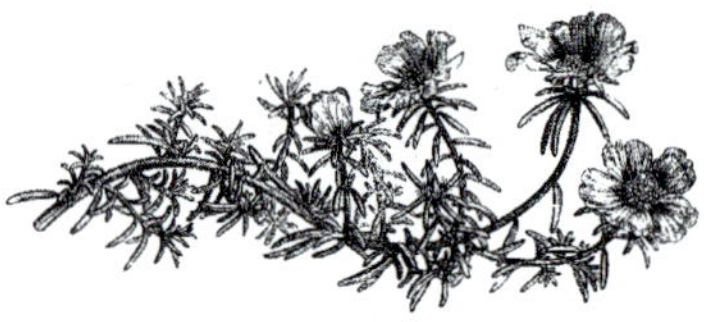

Le pourpier est un des rares genres qui comprennent à la fois des espèces comestibles et d'autres décoratives. Le pourpier à grandes fleurs est une jolie plante succulente rampante qui ouvre ses corolles dès que le soleil se pointe… et les referme au moindre nuage. Contrariant !
D'autant plus qu'il adore être bien arrosé, ce dont on ne se douterait pas. Pensez-y si vous l'adoptez en panier suspendu…

Primevère

Contrairement à ce que les étals normalisés des jardineries laissent penser, il y a autre chose dans la vie que les primevères réunies en barquettes, sans le moindre respect pour l'harmonie des couleurs. Que des ras du sol, des compactes à fleurs parfois si énormes qu'elles donnent l'impression de sortir d'un dessin animé de chez Disney. En plus, elles sont si peu rustiques que les conserver d'une année sur l'autre est problématique. Bien acheter requiert de

Primevères indigènes

Les primevères acaules fournissent le gros peloton des primevères de jardin. Ultra compactes, tellement qu'on a parfois l'impression qu'elles veulent rentrer sous terre. On se laissera tenter par certains coloris pastel, nuancés ou cernés d'or.
Les primevères *elatior* offrent des bouquets surélevés sur de courtes tiges. En rouge velouté, elles sont superbes. Leur floraison dure un bon mois, en mars-avril.
Le coucou des prés (*P. officinalis*), jaune vif en avril, et la petite primevère acaule jaune clair, des sous-bois de février-mars, s'acclimatent au jardin selon leur bon plaisir, parfois très bien sans y être invitées, et parfois très mal après une plantation soignée, c'est-à-dire de préférence en début septembre… quand leur feuillage a quasi disparu, ce qui rend leur quête plus difficile. Dans mon jardin, une autre primevère sauvage d'un mauve très tendre prolifère même sous l'ombre des cerisiers.
Les primevères auricules sont bien à part : originaires de nos montagnes, elles se reconnaissent au premier coup d'œil car elles sont poudrées d'une pruine qui nimbe également les tiges, avec un curieux feuillage lisse. Il existe une étonnante gamme de variétés qui combinent tous les bruns, du chamois au chocolat, tous les mauves jusqu'aux plus sombres violets, le gris, le vert, les crème, les bleus, généralement par deux tons en contraste, l'un bordant le cœur ou la corolle, l'autre colorant le reste des pétales. À déguster dans le jardin de conte de fées de Monique et Thierry Dronet, dans les Vosges. Elles sentent souvent la fleur d'oranger. En pot, elles sont d'une élégance rare. 'Gold Laced', par exemple, qui était la préférée des mineurs gallois.

Primevères asiatiques

Les primevères asiatiques sont plus tardives. On les surnomme fort joliment primevères candélabres, ce qui leur va bien car elles fleurissent effectivement en étages successifs. Seuls les spécialistes distinguent les primevères *japonica* des chinoises comme *beesiana* ou *bulleyana*. Elles pétillent en rose tendre, jaune acidulé, orange suave. La primevère du Tibet (*Primula florindae*) est une version géante de la primevère officinale, haute de 60-70 cm, qui porte son bouquet de fleurs jaune clair souplement inclinées, en haut d'une tige unique. Elle embaume les soirées de la fin juin. Mais cette assoiffée a besoin de beaucoup d'humidité pendant l'été, point commun qu'elle partage avec ses consœurs asiatiques. Le plus simple consiste certainement à la planter en conteneur de 25 à 30 cm de diamètre, dans du terreau pur, puis à la poser sur une soucoupe que l'on maintiendra remplie d'eau tout l'été. Luxuriant !
L'impressionnante primevère ballon (*Primula denticulata*) épate par ses bouquets de fleurs rose carmin ou blanc pur, portées par de fortes tiges à 40 cm, en avril. Un trésor pour les coins ombragés, humides en été, pas trop en hiver, riches en humus… et assortis d'un jardinier aux petits soins.

privilégier la qualité du feuillage à l'éclat de la floraison. Et, surtout, on ira jeter un coup d'œil sur les autres primevères, les vraies vivaces qui fleurissent plus haut et jusqu'au cœur de l'été.

Primevère auricule

COMMENT Sans être très exigeantes, les primevères apprécient un sol plutôt frais, riche et, pour certaines, neutre ou acide ; et la mi-ombre.
Mettez en place à l'automne de préférence ou en début de printemps. Les primevères asiatiques souffrant souvent des étés secs, pensez à les arroser régulièrement. Tous les trois ans, divisez les souches juste après la floraison.

PROSTANTHERA

Un cousin du romarin, à feuillage fin, odorant, formant des touffes denses persistantes, parsemées de fleurs blanches en fin de printemps. Pour jardin de littoral ou terrasse protégée, en plein soleil.

PRUNELLA

Ne cherchez pas pourquoi on surnomme Brunelle cette plante couvre-sol pour coin mi-ombragé, aux épis de fleurs roses ou bleu clair, de juillet à septembre. Curieusement oubliée alors que l'on accorde beaucoup d'intérêt aux géraniums vivaces. Et si l'on associait les deux, justement… Mais pour éviter de tomber dans un registre trop sinistre, on veillera à glisser quelques hostas dorées.

PRUNIER

Existe-t-il faveur plus exquise en ce monde qu'une prune confite par le soleil, une reine-claude à la chair de miel qui fond dans la bouche. Pour goûter à ce plaisir rare, il faut installer un prunier dans votre jardin, puis un second, car les pruniers vivent en couples. Et attendre, parfois longtemps car peu d'arbres fruitiers sont aussi velléitaires, réussissant à merveille chez l'un, et faisant le désespoir du voisin. Question de tempérament, probablement. À noter cependant que, dans les sols pas trop riches, la récolte commence souvent dès la troisième année.
LEQUEL La reine-claude dorée est exquise, souvent considérée comme la meilleure des prunes. Maturité en août. Arbre très robuste et fertile. À associer à 'Reine-Claude d'Oullins' ou mirabelle de Nancy.

'Reine-Claude d'Oullins' est un peu plus précoce que la précédente, à gros fruits, jaune verdâtre teinté de rose. Autofertile et excellente pollinisatrice.
'Mirabelle de Nancy', ou grosse mirabelle, aux fruits moyens, à chair jaune, juteuse et parfumée. Gagne à être pollinisée par 'Reine-Claude dorée'. Mûre en fin août, début septembre. Attention, certaines sélections sont très peu généreuses.
'Sainte-Catherine', à fruits moyens, jaune doré pruiné lilacé ; chair fondante, juteuse et parfumée. Excellente en confitures et en pruneaux.
En septembre, dégustez la 'Quetsche d'Alsace', la plus connue et la plus appréciée des prunes allongées. Excellente en confitures. Arbre vigoureux et autofertile. Fin septembre.

COMMENT Il est possible de réussir le prunier dans pratiquement tous les sols, sauf en terre trop compacte ou trop sèche. Les terres argileuses de coteaux donnent d'excellents résultats. Au soleil.
Plantez en hiver, d'octobre à mars, en donnant la préférence à des petites formes qui s'adapteront plus vite à votre jardin. Préparez le sol en bêchant un cercle d'un mètre de diamètre. Laissez 5 m de libre en tous sens car le prunier est un assez grand arbre.
En général, on laisse les arbres prendre une forme naturelle. Les fleurs naissent en abondance mais, répétons-le, il faut qu'une autre variété soit présente non loin de là pour assurer une pollinisation correcte.
On se contente de nettoyer l'arbre des branches mortes, par une sorte d'élagage modéré.
Le petit truc qui change tout : pendant les premiers étés, disposez un paillage épais de 10 cm autour du pied. Cela évitera la concurrence des mauvaises herbes.
AVEC QUI Le prunier demande beaucoup d'espace et d'air. On peut cependant constituer des haies champêtres à base de pruniers, en choisissant par exemple les mirabelliers, qui se reproduisent bien par semis, et drageonnent assez facilement. On plantera les jeunes arbres en lignes, à 0,70 m les uns des autres, puis on les rabattra à 20 cm environ, pour les faire ramifier dès la base et obtenir un enchevêtrement convenable. Chaque année, on laissera la haie pousser de 20 cm, en rabattant les tiges vigoureuses.

PSEUDOCYDONIA

Un cousin du cognassier du Japon, en chinois et en plus grand. Un petit arbre de 4 à 6 m de haut, encore fort rare, et il y a de quoi le regretter : les fleurs roses surgissent en mars, suivies de coings énormes mais non comestibles. L'écorce se desquame comme les platanes et les tiges se soudent souvent les unes aux autres par simple contact. Souvent le feuillage rougit en automne. Pas mal, non ? Alors, cherchez-le (chez Adeline en particulier) !

PTELEA

L'orme de Samarie est un bel arbuste aux fleurs jaunes, en début d'été, aussi parfumées que celles du chèvrefeuille, et qui donnent ensuite des grappes de fruits ailés (4 à 5 m).

Quand on les froisse, il s'en émane une senteur étrange, rappelant la bière. La version à feuillage doré (*Ptelea trifoliata* 'Aurea') est remarquable de luminosité. Adoptez-la pour éclairer un coin à l'ombre l'après-midi.

PTEROCARYA

Un grand noyer américain prodigieux de vigueur, capable de pousser d'un mètre par an. Ses feuilles amples évoquent celles du frêne. Les pendeloques de fruits étonnent par leur longueur, jusqu'à 50 cm.
Ce bel arbre pousse assez vite en sol profond et frais. Tout à fait rustique, mais prévoyez de la place (20 m en tous sens et autant de haut).

PULMONAIRE

C'est toujours avec grand plaisir que l'on voit naître le nouveau feuillage des pulmonaires au printemps. Souvent ponctuées ou badigeonnées d'argent, les feuilles en forme de grande langue constituent des touffes vigoureuses, juste avant que surgissent les fleurs, en mars-avril.

Elles prennent l'aspect de clochettes un peu timides, regardant le sol, mais d'une couleur si douce qu'on met un certain temps pour s'apercevoir que certaines sont rouges ou roses tandis que les plus âgées sont violettes, presque bleues. Un raffinement réservé à la famille des Borraginacées.
Bonne couvre-sol pour l'ombre, mais parfois un peu décevant si l'été est prématurément chaud et sec, car elle entre alors en dormance.
LAQUELLE 'Mrs Moon' enchante par son feuillage maculé d'argent. Hauteur 25 cm sur autant de large. 'Sissinghurst White' est belle pratiquement toute l'année, et déjà en fin d'hiver, quand les fleurs pointent, dès février. Elles feront ensuite un superbe bouquet blanc pur. À la fin du mois de mai, coupez tout le feuillage au ras du sol, une nouvelle rosette tachetée d'argent recouvrira bientôt le sol, jusqu'à la prochaine floraison de fin d'hiver. 'Majesté' est une obtention française (merci M. Hennebelle) au feuillage entièrement argenté.
COMMENT Un sol riche en humus, et une exposition ombragée. Plantez de septembre à mars, en disposant les godets tous les 25 cm, pour obtenir un effet couvre-sol. Des appâts antilimaces éviteront des dégâts massifs et précoces.
Chaque printemps, apportez un paillage à base de fumier bien décomposé ou de compost maison.
Le petit truc qui change tout : si les touffes deviennent blanches en été, c'est le signal d'une attaque d'oïdium. Ne cherchez pas à lutter, et coupez le feuillage au ras du sol. Arrosez à fond, et un nouveau apparaîtra bientôt, intact et luxuriant.
AVEC QUI Des tiarellas, aux couleurs cuivrées en automne. Des hellébores, des violettes et des géraniums *macrorrhizum*.
En touffes ponctuant un tapis de pervenches à petites fleurs rouges ou panachées de blanc.
En premier plan, devant des astilbes de Chine ou des digitales.

Purin

Le vrai est issu des tas de fumier, nauséabond et rapidement toxique pour la nappe phréatique. On peut en fabriquer une version sympathique en faisant macérer durant une semaine des tiges d'ortie ou de consoude dans de l'eau, dans un seau en plastique. On dilue cinq à dix fois avant d'arroser. Puant mais efficace, car très riche en azote.

PYRACANTHA

Son nom latin sonne comme un avertissement : « Attention, piquants furieux », et il a fait une jolie carrière chez les amateurs d'auto-défense de tous poils. Si l'on peut dire, car ce serait plutôt contre les chats et les chiens que certains amis de la nature en ont légèrement abusé, défigurant ainsi de nombreux jardins qui auraient pu passer inaperçus sans cette vibrante touche d'orange. Parce que bien sûr, les fanas préfèrent l'orange. L'orange qui crie « Danger ! »

sur les chantiers et « Ne m'écrasez pas » sur l'autoroute. Forcément. Alors que le jaune est si mignon.
Venons-en au fait. En haie, il est affreux, et plus affreux encore libre que taillé, mais taillez-le sec et palissez-le légèrement pour le lancer à l'assaut d'une façade ingrate, et vous nous en direz des nouvelles. En dix ans, vous ne verrez même plus que le toit est en tôles derrière l'épais mur de verdure, un vert brillant, clair et persistant, submergé, deux fois l'an, de fleurs neigeuses en mai puis de baies en avalanche de juillet à janvier.
LEQUEL Du jaune ! C'est tellement plus beau ('Soleil d'Or','Renaudor'), ou de l'orange doux ('Cadange'). En tout cas, des variétés résistantes à la tavelure et au feu bactérien.
COMMENT N'importe quel sol, mais du soleil en priorité. Soignez-les autant que pour n'importe quel arbuste : un trou de plantation de 30 cm de côté au fond duquel on jette deux pelletées de fumier mûr et une poignée de corne en poudre.
Une taille sévère chaque printemps, en mars. Plus une poignée d'engrais organique complet tout autour chaque printemps, suivie d'un bon arrosage.

AVEC QUI Un tapis de misère jaune (sédum âcre), de *Brunnera macrophylla* dont la floraison bleue coïncidera avec celle des pyracanthas, ou de géranium *macrorrhyzum* d'un vert changeant.
Une frise de *Rudbeckia laciniata* ou 'Goldquelle' pour jouer sur les jaunes, de cosmos roses ou dorés, d'amarantes queue de renard ou bien une bordurette de *Tellima grandiflora*, nette et bien verte.

PYRÈTHRE

On oubliera sans regrets le pyrèthre rose, une sorte de marguerite colorée de mauve incertain et de rouge triste, qui lambine même dans le terreau pur, souffre dès la première sécheresse, et attire immanquablement les pucerons noirs.
En revanche, un petit encouragement pour le pyrèthre 'Plume d'argent' (appelé plus correctement *Tanacetum ptarmicaeflorum*), une tanaisie au feuillage découpé comme de la dentelle, d'un argent presque blanc. Plus aérien que la cinéraire. On peut le mélanger aux verveines rugueuses ou aux sauges farineuses bleues.
Enfin, un flot de tendresse vis-à-vis du pyrèthre mousse, une sorte de camomille joliment dorée, haute de 20 cm, qu'il faut impérativement extraire des mosaïcultures classiques pour l'associer au basilic pourpre, au tabac 'Apple Blossom', à l'œnothère rose, avec l'appoint du zinnia 'White Star' pour la fin de l'été.

RADIS

Réussir ses radis est à la portée de tous, à condition de connaître leur petit secret. Sinon, bonjour les radis minces et tordus, ou encore piquants au point de vous enflammer le palais aussi efficacement que du piment.
LEQUEL Pour le printemps, il y a les radis ronds, les demi-longs, les rouges unis, les rouges et blancs, les blancs unis. Les variétés fixées et les hybrides. Tout cela a approximativement la même saveur. Alors on choisira selon sa préférence esthétique… et son porte-monnaie car les hybrides F1 coûtent trois fois plus cher. Astucieuses, les marques grainières en mettent moins dans les paquets, ce qui maintient leur prix dans la même tranche. Comme il y a toujours trop de graines dans les paquets, on ne s'en émouvra guère.
À partir de juin, on sèmera des radis d'été, plus gros et résistants à la chaleur, comme le 'Wurzburg', la 'Chandelle de Glace', blanche, ou celle de feu, rouge vif, qui atteignent 20 cm de longueur. En août, on reprend les radis de printemps, tout en semant des radis d'hivers, 'Rose de Chine' et surtout radis noirs, qui dépassent 25 cm et se conservent tout l'hiver.

Les radis japonais sont blancs, immenses, généralement croquants et de saveur douce. On les sème en été.
COMMENT Les radis apprécient une terre riche en humus, et restant toujours fraîche. Le plus simple serait d'éventrer les sacs de terreau pour semer directement dedans. Heureusement, il y a le vieux compost qui peut remplacer le terreau. Recouvrez les graines de radis demi-longs d'un centimètre de terreau, et laissez les ronds à fleur de terre. Sinon vous n'aurez que des fils. Arrosez chaque matin. Voilà le vrai secret pour des radis tendres et pas trop brûlants.
Même conseil pour les radis d'été et d'hiver.
Le deuxième secret concerne la densité : les radis ne doivent pas vivre serrés sinon seul le feuillage se développe. Ayez la main légère en semant : une pincée suffit pour un mètre de rayon. Cela vous donnera deux belles bottes. Semez à nouveau, aussi peu et de façon aussi étalée, dix jours plus tard… et ainsi de suite pour en croquer régulièrement.
Dès que les premières feuilles apparaissent, éliminez les plants en excédent de façon à laisser 5 m pour chaque petit radis et 15 cm pour les gros radis d'été, voire 20 cm pour les radis noirs d'hiver.
AVEC QUI On peut semer les radis en petits carrés alternés avec des laitues, mais en veillant à ce que chacun ait de l'espace.

Rabattre

Coupez tout jusqu'au sol. Voilà qui calme les nerfs, et permet à une plante gelée ou ayant eu un coup de soif de repartir. L'effet est spectaculaire sur les plantes vivaces qui explosent en mai-juin et ont tendance à se reposer ensuite. Les rabattre favorise la formation d'un nouveau feuillage et l'apparition d'une floraison en septembre. Parlez-en aux géraniums vivaces, ils adorent !

Rechausser

Si un arbuste ou une plante vivace ont été plantés trop superficiellement, la terre s'affaisse en dégageant la base des racines. On rechausse alors en buttant. Plutôt sympathique comme résultat, surtout si l'on peaufine avec un petit édredon de compost grossier, sur 5 cm d'épaisseur.

REHMANNIA

Une plante d'aspect exotique mais relativement rustique, aux grosses clochettes roses, façon bignones, souvent marquées de jaune dans la gorge, portées sur des hampes de 50 cm de haut, et flottant au-dessus d'un feuillage rugueux, vert foncé, pendant une longue période, de juin à octobre si l'on prend soin d'éliminer les fleurs fanées (parfois dès la fin mars à Bordeaux).
On plantera dans un coin abrité, en sol sain et léger. On peut tester pour s'amuser.

REINE-MARGUERITE

Étonnantes reines-marguerites : venues de la lointaine Chine dès le XVIIe siècle, elles ont connu une première heure de gloire du temps de Marie-Antoinette, probablement pour la naïve tendresse qui émanait de leurs capitules simples. À la mode à nouveau un siècle plus tard mais, cette fois-là, ce sont les variétés doubles, à fleurs de chrysanthème ou de zinnia, qui furent au cœur de cette vénération. Tous les jardins accueillaient cette annuelle, jusqu'aux massifs luxueux des grands parcs, où elle était disposée au dernier moment, ses racines très denses permettant ce tour de force de créer une bordure fleurie en une nuit.

Reine-marguerite simple

Mais c'est encore dans les petits jardins champêtres qu'elle se sentait le plus à son aise, en bandes mouvantes de coloris savamment mélangés, avec ce soupçon de tristesse qui va si bien à son teint, et préfigure déjà le déclin de l'été. Fleur de la Fête-Dieu, elle émaillait aussi les jardins de curé.
Le temps a passé, et d'autres belles sont venues l'éclipser. La maladie, une sorte de pourriture du pied particulièrement retorse, a fait le reste : les reines-marguerites ont disparu des catalogues, on ne les vend plus guère par coloris séparés, ce qui prédispose à l'abus du bleu triste dans les mélanges du commerce. Bref, toutes les raisons sont réunies pour le grand saut dans l'oubli.
Mais c'est compter sans les remords, les attendrissements de l'âge mûr, qui font se retourner vers ces fleurs de nostalgie : elles sont si belles au potager…
LAQUELLE Même si les catalogues ne sont que des listes appauvries par rapport à ce qui s'éditait il y a seulement vingt ans, on peut trouver un certain choix. La reine-marguerite à fleur simple est encore très appréciée. Celles à fleurs rayonnantes sont très légères voire échevelées, comme 'Plume d'autruche'. Les Pompons rivalisent avec les dahlias du même nom, montrant souvent un cœur blanc ravissant.
Les naines ou demi-naines résistent en général très bien à la maladie, et forment des bordures délicieuses, que l'on épluchera régulièrement pour enlever les fleurs fanées. Un coup de cœur spécial pour la toute nouvelle 'Opus', une tasse de crème chantilly saupoudrée de sucre rose. Bien résistante à la maladie et fondante en bouquets (Royalfleur).
COMMENT Exigeante, la reine-marguerite apprécie hautement une bonne terre, assez fraîche en été ; et beaucoup de soleil.
On sème en avril, simplement en répandant les graines à même le terreau d'une caisse à poisson. Un voile de forçage protégera la levée, qui demande environ une semaine. On repiquera au bout d'un mois, en écartant les plants de 10 cm. Puis, mise en place définitive en fin mai, en laissant 20 cm entre les pieds, qui seront prélevés avec une forte motte de racines. Paillez.
On arrosera une fois par semaine, plutôt copieusement. Un apport d'engrais soluble (formule Géraniums) entretiendra la végétation, juste au début de la formation des boutons à fleurs.
Le petit truc qui change tout : pincez les tiges à mi-hauteur quand elles font 40 cm de haut. Ce conseil est surtout valable pour les grandes variétés. Elles seront plus ramifiées, et moins sujettes à se coucher sous l'effet des rafales d'orage.
AVEC QUI Les reines-marguerites sont à leur mieux en ligne au potager, entre les choux et les haricots, ou encore en bordure sous des cordons de pommiers.
Mais il est bon de disposer de réserve, pour combler le vide créé par une plante qui vous fait défaut subitement. Heureusement, même sur le point de fleurir, le plant reprend très bien, avec l'appoint de quelques arrosages.

Remontant

Ce terme trompeur n'indique pas forcément que la plante grimpe, loin de là : un rosier est remontant quand il monte à fleur à nouveau, après un premier épanouissement. Les rosiers modernes disposent de cet important avantage sur bien des anciens, mais l'oïdium et les taches noires annulent souvent cette possibilité. Un rosier grimpant peut être non remontant, et un nain parfaitement remontant. Les iris remontants ne le font que quand ça leur plaît, par exemple en Charente si l'été finit dans la chaleur. La glycine et le choisya remontent souvent furtivement en septembre, sans que cela nuise à leur future floraison printanière.

RENONCULE

Curieusement oubliée par les jardiniers, cette fleur pimpante et joufflue fait toujours carrière chez les fleuristes, où elle concurrence l'anémone dans le registre fleur de soie froufroutante, avec des coloris chatoyants, qui se propulsent même vers des orangés très suaves.

La renoncule mériterait un petit regain d'attention au jardin, pour ses coloris pimpants de bonbons acidulés et sa longue floraison, durant tout le mois d'avril et une moitié de mai, mais la réussir dehors n'est pas donné à tous les jardiniers, ceux du quart Sud-Est bénéficiant d'une rente climatique. En revanche, elle réussit bien en pots, à condition de les abriter sous un tunnel.

LAQUELLE Si possible des 'Friandine', une sélection de l'Inra très vigoureuse, très fournie, aux fleurs particulièrement pleines et brillamment colorées, qu'on trouve maintenant en jardinerie.

COMMENT Une bonne terre de jardin, fraîche (pensez au bouton d'or, c'est aussi une renoncule !), et du soleil au moins pendant la moitié de la journée. En pots, préparez un mélange consistant, à base de terre de jardin et de terreau universel, si possible contenant de l'argile.

Achetez des griffes dès septembre. Si elles vous paraissent toutes sèches, ne craignez rien, mais faites-les tremper une nuit dans un bol rempli d'eau, avant de les planter à 15 cm les unes des autres, à 3 dans un pot de 25 cm de diamètre.

Renoncule

Les pousses n'apparaîtront qu'au printemps suivant, puis se développeront à toute vitesse pendant le mois de mars, pour fleurir en avril.

Arrosez avec un engrais pour plantes fleuries, chaque semaine à partir de l'apparition des pousses, et jusqu'à ce que le feuillage fane. Vous pouvez alors arracher les griffes, et les stocker au sec pendant l'été, ou bien les laisser en place.

Dehors, dans le Midi, plantez dans un coin ensoleillé, en sol sableux.

AVEC QUI En pots, les renoncules sont fort jolies derrière des auricules et des pensées miniatures, et constituent des petites scènes gaies et raffinées, à contempler depuis son fauteuil en osier préféré. Pour esthète…

En pleine terre, dans la zone de l'olivier, associez-les aux freesias et aux ornithogales, puis semez des alysses maritimes blanches pour l'été.

Repiquage

Un régal pour les vrais jardiniers, puisqu'il s'agit de prendre délicatement une plantule ou un plant déjà développé pour l'installer dans un endroit d'attente, pour qu'il forcisse, ou à demeure. Se pratique le soir à la fraîche, et c'est tellement la fête que ça s'arrose toujours ensuite (les jardiniers n'en ratent décidément pas une !).

RÉSÉDA

Nos aïeules adoraient son parfum mielleux. On le cultivait alors par milliers en pot pour orner les balcons des grandes cocottes. Pfut, évaporé le parfum, anéantie la senteur, désintégrée l'émotion. Tout cela parce qu'on a recherché des fleurs plus grandes. À quoi bon !

Tentez quand même de le semer, en mars, une bonne surprise peut toujours arriver… On le retrouve par touches dans le mélange Fleurs basses de Royalfleur.

Rhizome

C'est la « patate » de l'iris, le tubercule de la pomme de terre, le macaroni du chiendent. Bref, c'est souterrain et envahissant. Botaniquement parlant, le rhizome est une tige, et porte des bourgeons, contrairement à la racine tubérisée des dahlias, où seule la base des anciennes tiges porte les bourgeons. Si vous tranchez méchamment le dahlia, cela ne vous donnera rien de plus, alors que, soumis à la même torture, le chiendent se régalera.

RENOUÉE

La réputation des renouées inquiète : des envahisseuses, des indomptables, des coriaces, des frénétiques, bref des féroces ! Du coup, on ne les essaie même pas, et on campe sur ce on-dit. Pour certaines, le doute n'est pas permis ; pour d'autres, le procès en réhabilitation avance.

Polygonum amplexicaule

COMMENT Plantez les renouées en début d'automne ou en mars-avril, dans un coin de terre fraîche, à l'ombre l'après-midi durant les jours brûlants de l'été. Désherbez soigneusement et paillez à partir de juin avec des tontes de gazon.

AVEC QUI Associez les renouées avec des plantes qui apprécient les mêmes conditions : hostas, fougères, mais aussi thalictrums, astilbes, astrances, rodgersias et folles graminées (stipa, carex panaché et miscanthus). Un tapis de 'Darjeeling Red' se faufilera entre des grosses touffes de *Sedum spectabile*. Ajoutez quelques gauras pour le charme.
Les bistortes s'associent bien avec le géranium d'Arménie, la sanguisorbe et la polémoine.

QUELQUES RENOUÉES

Commençons par les renouées tapissantes, couvre-sol : *Polygonum affine* 'Darjeeling Red' est une himalayenne à feuilles persistantes, vertes marquées de brun puis rousses en hiver. Les épis se dressent à 30 cm, en blanc passant au rouge vif de mai à juillet. Pour sol franchement détrempé.
Le *Polygonum campanulatum* épanouit une floraison en clochettes blanches puis d'un rose tendre, d'août à octobre. Dans un terrain frais, et à l'abri du soleil de l'après-midi, l'effet est spectaculaire : un seul pied produit un buisson de 60 cm d'envergure en une saison.
La bistorte (*P. bistorta* 'Superbum') atteint la même hauteur et s'étend assez voracement. Un peu raide avec ses épis rosés dressés sur des hampes solides.
Tout en finesse, le *P. filiforme* présente un adorable feuillage en forme de cœur, et s'orne d'épis très longs et très fins, rouge corail, à partir du mois d'août. Un des plus raffinés !
Le *P. amplexicaule* 'Speciosum' attend la fin du printemps pour démarrer puis former un tapis compact, d'où émergent les épis fins de fleurs rouge rubis, de juillet à la Toussaint (1,2 m).
Toujours vêtu de blanc, et nettement plus haut (2 m), le *Polygonum polystachyum* compose des panaches magnifiques en fin d'été et en automne, alors qu'il ne démarre qu'en mai. Extra avec des grandes graminées, des miscanthus par exemple.

RHODODENDRON

Paradoxe : les rhododendrons figurent parmi les arbustes les plus demandés, et ceci malgré un prix de vente non négligeable… et en même temps, on en voit rarement de beaux exemplaires dans les jardins. Et quand c'est le cas, le moment de splendeur qui accompagne la floraison a du mal à faire oublier les onze mois pendant lesquels un feuillage ennuyeux encombre le jardin. Cet arbuste fait penser à ces enfants prodiges dont on attend qu'ils jouent Paganini entre deux yaourts, mais auxquels il est interdit de grandir. Les rhodos c'est pareil : on s'exclame devant leur rondeur disparaissant sous les fleurs, et personne ne fait en sorte de les laisser prendre de la hauteur, ce qu'ils feront avec le temps et, surtout, s'ils rencontrent les conditions de vie qu'ils apprécient. Allez faire un tour à Varengeville, au parc des Moutiers, pour voir à quoi ressemble un bois de rhododendrons : hauts de plus de 15 mètres, ils forment un ensemble d'une incroyable beauté, à flanc de vallon. Au moment de la floraison, on ne peut que rester ébahi devant ce spectacle. Et les troncs tortueux qui filent vers la lumière ajoutent encore à la beauté de l'ensemble. Conditions de culture idéales et patience (ces rhododendrons datent du début du siècle) ont fait l'essentiel.
Alors, un bon conseil : à moins que votre jardin ne s'y prête, accueillez plutôt les nains, en bacs ou dans un coin de la terrasse. Cela vous évitera bien des brouettages de terre de bruyère…

LEQUEL Il y a l'embarras du choix parmi les hybrides à grosses fleurs. Tout est affaire de goût.
Les rhodos hybrides *yakushimanum* ('Arabella', dans les roses ; 'Dusty Miller', rose saumon ; 'Polaris', blanc et beige) remportent un certain succès à cause de leur feuillage à revers argenté et leurs fleurs aux coloris changeants, passant à une couleur plus pâle ou plus vive avec le temps.
Les hybrides *williamsianum* ('Lynda', rose vif ; 'Moonshine Bright', jaune lumineux ; 'Tibet', rose finissant blanc) ressemblent à des dames en crinoline papotant autour d'une tasse de thé. Ils vous joueront l'air des clochettes, dans des coloris nacrés et changeants.
Parmi les rhodos nains, la vedette incontestée est 'Elizabeth', dont le rouge est aussi difficile à porter que les chapeaux de la reine. Je lui préfère mille fois 'Bow Bells', aux clochettes rose clair.

COMMENT En fait, et contrairement à ce que l'on pourrait penser, les rhododendrons aiment le calcaire, tellement qu'ils s'en intoxiquent. Histoire de les sevrer, on les plantera donc dans une terre acide, riche en humus. Pas forcément très profonde, car la plupart des racines restent dans les 30 premiers centimètres.

Mi-ombre de préférence, l'ombre dense portant préjudice à la floraison. Le soleil vif fait tourner certaines couleurs.

Regardez bien les rhodos avant de les acheter. Des sujets denses, ramifiés, sont le signe d'une culture soignée où le pépiniériste a pratiqué des tailles régulières. Un beau feuillage vert sombre est nécessaire. On peut planter toute l'année, hormis pendant la grande canicule et le froid intense. Arrosages réguliers pendant la première année.

Si l'on a planté en bac, avec un mélange de terre de bruyère et de tourbe, on arrosera copieusement chaque semaine, de mars à septembre.

Il faut souvent arroser à deux reprises pour bien humecter ces mélanges terreux qui laissent filtrer l'eau sans s'imprégner.

En pleine terre, les arrosages seront copieux pendant la floraison et juste après, puis plus modérés en août, au moment où se forment les boutons de l'année suivante.

Le petit truc qui change tout : apportez trois poignées d'Or brun par pied. La floraison sera somptueuse, et le feuillage restera bien vert.

AVEC QUI Les rhododendrons seront mis en valeur par un nid d'hostas et de pulmonaires. Disposez également des bambous pour alléger leur silhouette.

RHUBARBE

Oubliez les rhubarbes chinoises purement décoratives et concentrez vos efforts sur la vraie, la grosse rhubarbe des potagers de ferme. Leur feuillage, d'un vert sombre rare, ample et riche, et leur belle silhouette opulente est un régal pour le regard avant de l'être dans l'assiette en compote ou crumble. Après quelques années de patience, à vous les récoltes généreuses de tiges à la saveur acidulée, qui sentent si bon quand on les pèle pour en faire des tartes. Un peu lambine à s'installer, la rhubarbe forme en l'espace de quatre ans d'amples souches d'un mètre de large qui fleurissent en gros épis crème. Mais attention, la floraison s'épanouit au détriment de la végétation, et si vous voulez une belle rhubarbe pendant l'été, mieux vaut couper ces hampes à ras vers la mi-mai pour l'empêcher de fleurir.

COMMENT Exigeante, la rhubarbe revendique une terre riche et profonde, fraîche, voire lourde. Au soleil si l'eau ne manque pas, sinon à l'ombre l'après-midi. Un climat continental ou montagnard à saisons marquées, ou encore nuancé de tendances maritimes, lui plaît mieux que le cagnard du Midi, où elle est tristounette.

Bêchez très soigneusement un carré d'un mètre de côté, en retirant toutes les racines de vivaces, car le liseron et le chiendent sont deux compagnons très difficiles à éliminer ensuite. Creusez au centre un trou de 30 cm de côté, jetez au fond une poignée d'engrais organique complet et un seau de vieux compost. Placez le plant de rhubarbe sur ce matelas, comblez avec un mélange de terreau et de terre de jardin, arrosez copieusement.

Chaque automne, répandez un tapis de 5 cm d'épaisseur de fumier mûr ou de compost. Tenez le sol propre et meuble, en paillant à nouveau généreusement chaque printemps. Récoltez en mai, puis en juillet, en arrosant le plant à chaque fois copieusement après la récolte, avec un tiers de purin d'ortie dans l'arrosoir pour relancer la végétation.

AVEC QUI La rhubarbe a suffisamment de présence pour vivre seule. D'ailleurs, elle fait beaucoup d'ombre. À la rigueur, et à plus d'un mètre de ses touffes, installez des pivoines, des hémérocalles ou des phlomis. Une haie de lavatères arbustives aidera à l'ombrager l'après-midi. Les narcisses sont également de bons compagnons pour la rhubarbe, qu'ils ne gênent pas dans sa croissance.

ROBINIER

On aime le robinier pour les mêmes raisons que le bouleau : sa légèreté, sa grâce, son allure d'éternel adolescent. Et l'on découvre sur le tard qu'il s'agit d'un arbre bourré de qualités, capable de déchaîner les passions. Le sol le plus pauvre lui convient, à condition qu'il ne soit pas calcaire. Sa croissance a quelque chose de miraculeux : dès la première année, le plant atteint 1 m de haut, et il continuera de pousser à la même cadence pendant trente ans, avant de former une sorte de table, et de s'étaler en tous sens. Il s'agit d'un arbre élégant, d'un vert gai et jamais terni par la poussière, qui semble n'avoir pas de prise sur lui.
Le plus grand cadeau que pouvait nous faire le robinier, après son bois, nerveux et imputrescible, reste sa floraison, en juin. D'un seul coup, l'arbre devient vivant, comme s'il abritait une ruche géante, ce qui est presque le cas tant les abeilles adorent visiter ces fleurs. Elles en sucent le nectar, dont elles font un miel réputé.

COMMENT Un sol médiocre, voire pauvre, et peu profond. Du soleil, de préférence. La mi-ombre pour le robinier doré, plus délicat.
Achetez des robiniers tout jeunes, proposés à racines nues, en hiver. Plantez-les dès la livraison ou l'achat. Arrosez copieusement durant le premier été. Pas de taille ni de tuteur.
Le petit truc qui change tout : supprimez sans pitié les drageons ou gourmands qui risquent de tout envahir. Et gare aux épines !
AVEC QUI Le robinier 'Casque Rouge' peut figurer dans une haie mélangée, avec des arbres de Judée, des lilas et des prunus à feuilles pourpres.
Le robinier 'Frisia' émergera d'une masse de feuilles vertes.
Il suffit d'en planter quelques-uns au fond du jardin pour obtenir une scène tendre durant toute la belle saison.

ROBINIERS DE CHOIX

Ce genre comprend une vingtaine d'espèces, toutes originaires d'Amérique du Nord. Celles à fleurs roses méritent votre attention. Longtemps, les pépiniéristes ont confondu sous le nom d'acacia rose deux espèces, *R. hispida* et *R. boyntonii*, ce dernier paraissant le plus cultivé. Il s'agit d'un grand arbuste de trois mètres d'envergure, aux jeunes tiges dépourvues d'épines mais recouvertes d'un duvet très dense. Les fleurs, évoquant celles des graines de pois de senteur, naissent en petits groupes de six à douze, à l'aisselle des feuilles largement déployées. En mai-juin, elles se succèdent sans donner naissance à d'affreux fruits, comme l'arbre de Judée. Leur couleur est tout simplement ravissante, d'un rose suffusé de pourpre, ni vulgaire ni banal car charnu et fragile à la fois. Hélas, le *Robinia boyntonii* partage avec le faux acacia le défaut de présenter un bois très cassant. Ne croyez pas que les branches se brisent en plein milieu, comme par dépit, mais elles se détachent du tronc avec lequel elles forment un angle très aigu. Et nul besoin de tempête pour cela : un corbeau dodu, ou même votre simple passage suffit à détacher net des branches importantes. Comme il est greffé sur robinier, le résultat est bien souvent que le joli acacia rose planté une année se transforme dix ans plus tard en un banal robinier blanc.
Le remède est simple : il suffit d'exploiter le côté délicat de l'acacia rose en le palissant dès son plus jeune âge sur une structure.
Le robinier 'Casque Rouge' est rose carmin en fait. Grand arbre à croissance rapide, à floraison massive en fin mai, début juin.
Nettement moins cassant que les autres, il a traversé la grande tempête sans perdre un rameau dans mon jardin.
Le *Robinia pseudoacacia* 'Frisia' est réputé pour son feuillage jaune d'or, très lumineux.

RODGERSIA

Si vous disposez d'un coin frais, voire détrempé en été, où ferait bien un beau feuillage ample comme celui du marronnier, surmonté d'épis de fleurs rose virant au rouge rubis, adoptez le *Rodgersia pinnata*. Effet exotique garanti. Le feuillage d'Iris Bronze est nuancé de rouge métallique au printemps, et fleurit en crème. Oubliez-les si votre jardin est tant soit peu sec et écrasé de soleil.

ROMARIN

Le hasard alphabétique fait côtoyer les extrêmes. Après le rodgersia, le romarin ; après l'humide, le sec ; après l'ample, le maigre. Le provençal rendra service là où le chinois cède le terrain. Avec le parfum en plus, un souffle de bonne humeur et d'esprit délié. Le romarin a sa place aussi bien dans le coin des simples, en petite haie au potager, que dans la rocaille ou non loin des rosiers, et même en bac ou belle poterie sur la terrasse.
À l'état naturel, le romarin atteint la taille humaine, sans dépasser 1,5 m de large, mais il est souvent plus trapu. Son feuillage persistant est vert luisant au dessus, blanchâtre en dessous. Les fleurs mauve clair surgissent

au printemps, de mars à mai, à l'aisselle des rameaux de l'année précédente. Malheureusement, le romarin passe par une période un peu décevante juste après. Raison de plus pour le tailler, histoire de l'obliger à rester dense et bien garni à la base.

Lequel Il existe de nombreuses variétés du romarin officinal : 'Prostratus' est rampant, voire retombant, avec des fleurs d'un bleu plus foncé que chez le type.

Il résiste bien aux hivers moyens pourvu qu'il pousse en sol sain et en plein soleil (50 cm).

'Majorcan Pink' est un cran plus haut, et fleurit en rose.

'Miss Jessops's Upright' monte à plus d'un mètre et est réputé l'un des plus résistants au froid, jusqu'à – 20 °C assure Thierry Denis depuis son rude Morvan. Une colonne compacte, parfaite en petite haie.

Comment Plantez le romarin au printemps de préférence, en sol sain, en plein soleil. Si la terre est riche, il poussera plus vite, mais sait se contenter de terrains maigres. Une plante pionnière parfaite pour les jardins bouleversés par des travaux.

On paillera en juin, histoire de se passer de tout arrosage ensuite. Passez la cisaille en juillet pour régulariser la végétation.

Avec qui Les autres plantes aromatiques de la garrigue : sarriette, origan, sauge officinale, thyms… Il sera ravi de rencontrer les santolines, les œillets mignardises et les armoises.

Glissez quelques dorycniums, des buglosses, des gauras et des asphodélines. En grand pot, mariez le romarin et les diascias ou les penstemons roses.

Romneya

Le mythique pavot en arbre n'en fait qu'à sa tête : parfois, il prolifère ; le plus souvent, il dégénère. Vous aimez le quitte ou double ?

Rose d'Inde

Une fois de plus, voici l'exemple d'une fleur travaillée par l'homme, abîmée aurions-nous envie d'ajouter. Grande, très grande à l'origine, et d'un orange safran pur, elle a perdu la moitié de sa hauteur et acquis un jaune citron qui fait grincer des dents. Et si cela continue, elle finira par croiser dans sa descente vertigineuse les œillets d'Inde. En passant, elle aura définitivement perdu toute dignité, sous le prétexte qu'on profitera de sa floraison dès le début de l'été.

Comme si le fait que la rose d'Inde attende patiemment le mois d'août pour nous charmer était vraiment insupportable !

Laquelle Laissez les naines aux amateurs de poufs, et portez votre choix sur les grandes : 'Doubloon', jaune clair ; 'Double Eagle', orange pur ; ou 'Golden Jubilee', jaune d'or. Hauteur moyenne : 80 cm. 'Vanilla' est la meilleure rose d'Inde blanche disponible à ce jour (40 cm). Plutôt qu'immaculée, elle est crémeuse ou éburnéenne, un qualificatif difficile à placer dans la conversation, et qui signifie pareille à l'ivoire.

Comment Un sol riche à souhait, et tenu frais en été. Du soleil, à foison, pour cette mexicaine.

On trouve du plant, mais seulement des variétés hybrides quelque peu trafiquées, quand en plus on ne les a pas traitées avec un nanifiant. Étonnez-vous après cela que le plant reste trapu, et ne donne pas de grandes masses comme il le devrait…

On sèmera donc soi-même, en avril, dans des caisses à poissons remplies du meilleur terreau. Une simple vitre assurera un effet de serre. Levée en quinze jours.

On laissera un plant tous les 5 cm, puis premier repiquage à 10 cm dans un châssis. Fin mai, prélevez les plants avec une belle motte de racines, et installez tous les 25 cm. Quelques appâts anti-limaces éviteront des ravages meurtriers.

On arrosera copieusement et régulièrement durant tout l'été. Pour économiser une partie de ces arrosages, un épais paillage à base de fumier bien décomposé sera mis en place dès le début du mois de juin.

Le petit truc qui change tout : pincez le jeune plant à mi-hauteur quand il atteint 40 cm. Il sera plus ramifié.

Avec qui Les roses d'Inde sont parfaites au potager, en compagnie des tomates, mais à bon écartement quand même (50 cm).

Vous pouvez également les disposer en bordures avec des feuillages argentés, comme celui des cinéraires. Bon mélange avec les kochias.

Enfin, pour un été flamboyant, lancez-vous dans les harmonies chaudes : tithonias 'Torch', *Cosmos sulphureus*, roses d'Inde et œillets d'Inde en premier plan. Surtout, n'oubliez pas les lunettes de soleil…

Rose trémière

Entre nous, vous aimez les grands bâtons dépourvus de feuilles, ponctuées de quelques pompons rose crevette ou lie-de-vin ? Alors les roses trémières classiques vous raviront.

Sinon, essayez en priorité celles à fleurs simples, en croisant les doigts pour que la maladie ne s'en mêle pas…

À noter que les semis spontanés ultérieurs sont souvent plus sains. Allez donc y comprendre quelque chose…

ROSIER

L'expression « embarras du choix » semble avoir été imaginée pour cerner l'état d'esprit du jardinier face aux catalogues de rosiéristes ou devant les étals tant soit peu conséquents : comment choisir dans un genre qui compte des centaines d'espèces botaniques, et quelque dix mille variétés en circulation ? En privilégiant la robustesse pour s'épargner les séances de pulvérisation obsessionnelles, lassantes pour le jardinier et traumatisantes pour la nature.

Au fil des années, à la suite de multiples essais, la sempiternelle querelle entre rosiers anciens et modernes me semble surfaite : il y a surtout des rosiers à problèmes et des tranquilles, et cela sans considération pour leur état civil et l'âge du capitaine. Avec une constance : le rosier n'est pas un arbuste très élégant, et n'en déplaise à ses adorateurs, la rose n'excuse pas la raideur et la silhouette dégingandée, voire le feuillage caduc en été.

Rose mousseuse

Le romantisme et le parfum ne justifient pas la langueur et le laisser-aller. Mes listes contiennent des valeurs sûres, avec bien entendu des incohérences, des coups de cœur impardonnables, mais réduits au minimum. Pour ne pas être taxé de passéisme, j'ai testé les dernières obtentions françaises, dont certaines s'annoncent comme très prometteuses, avec un je-ne-sais-quoi de rose d'antan à la sauce remontante. Quant aux noms, Honoré de Balzac, Magie d'Orient ou Souvenir de Marcel Proust, ils redeviennent plaisants… et mémorisables.

Globalement, mes rosiers préférés restent les grimpants, toujours merveilleux pour structurer un jardin, habiller les façades en un rien de temps et se glisser dans les haies, en particulier les rosiers-lianes si exubérants.

Autre préférence : les beaux buissons amples, qui restent jolis même une fois défleuris et contribuent également à donner de l'étoffe aux massifs. Les séries Clos fleuri (Delbard), en particulier le jaune, à la nuance suffusée de rose et pâlissant avec le temps ; Meillandécor (Meilland) et les fameux Emera et Rush méritent le coup d'œil. Avec eux, l'entretien se réduit à un simple coup de cisailles de temps à autre. Peu d'arbustes peuvent leur être alors comparés.

ROSIERS ANCIENS

Parmi les rosiers buissons à floraison remontante, les rosiers MUSCATS sont à mes yeux les mieux dotés : silhouette souple, floraison abondante de juin à octobre, et surtout parfum suave. 'Cornélia' et 'Félicia' vous feront aimer le rose, qui les habille sans mièvrerie. Le premier est le plus résistant aux maladies. Le second y cède parfois, mais sans gravité.

Le blanc rosé est réservé à 'Pénélope' ou à 'Trier'. Le jaune à 'Buff Beauty', qui affiche moins de vigueur et doit être préservé du soleil de l'après-midi. Tous ces rosiers offrent une profusion de fleurs pompons en gros bouquets, nimbé d'un parfum d'œillet enivrant. Le beau 'Kathleen', qui devient grimpant si on l'appuie à une barrière, donne une folie de bouquets pyramidaux d'églantines, d'abord ocre rose puis blanches.

Je craque délibérément pour les rosiers BOURBON à grosses fleurs roses : 'Mme Ernest Calvat', 'Kathleen Harrop', rose clair ; 'Mme Isaac Péreire', rose vif à amarante, un des plus parfumés qui soient, mais pas toujours en grande forme ; 'Mrs John Laing', le 4 étoiles du parfum, d'un rose affiché, à arquer pour obtenir plus de tiges secondaires ; 'Zéphirine Drouhin', rose solférino, malgré sa sensibilité au blanc et au marsonia, plutôt variable car il y a des années où il en est indemne. Tous les Bourbon ont un parfum splendide, ample comme une cantate de Bach.

On retrouve cette persuasion chez 'Heritage', un rosier de Mr Austin aux belles fleurs globuleuses rose tendre ou chez 'Comtesse de Ségur', une création Delbard, dont les lourdes fleurs se penchent avec nostalgie, ce qui ne m'a jamais paru un défaut.

Ne passez pas à côté d'un rosier NOISETTE imbattable, 'Blush Noisette', au parfum de giroflée, si nonchalamment ployé sous une avalanche de pompons rosés, de juillet à décembre. Il pousse même à mi-ombre, et joue les mini-grimpants jusqu'à 3 m.

Un petit tour du côté des rosiers GALLIQUES et des Damas, ou apparentés (j'ai renoncé à jouer les champions de la nomenclature) : 'Versicolor', un grand buisson à fleurs rouge clair et éclaboussées de blanc, semi-doubles ; le 'Centfeuilles', aux corolles rondes, lourdes, d'un rose argentée, assez tardives.

ROSIERS GRIMPANTS

Goûtons surtout aux rosiers grimpants remontants anciens comme 'Mme Jules Bouché', une grosse rose ivoire et rosée au cœur ; le 'Desprez à fleurs jaunes', jaune ocré clair à rose, en pompons ; 'Alister Stella Grey', jaune clair transparent, en bouquets de pompons plats avec petit cœur brodé ; 'Ena Harkness', énorme, avec des pétales roulottés en pointe, rouge sang ; 'Crimson Glory', globuleuse, sublime mais seulement en terre riche, et parfois maladive.
On monte d'un cran avec les rosiers-lianes exubérants, qui se hissent à 10 ou 20 m. Ils sont non remontants, mais gentiment parfumés et, pour les simples, offrent un rappel en automne, quand ils s'illuminent de centaines de petits fruits rouges, orange ou jaune d'or.
En double, on appréciera l'incomparable 'Ghislaine de Féligonde', ocre puis crème ; 'Seagull' et 'Kifsgate', deux beaux blancs. Parmi les blancs à fleurs simples ,'Toby Tristram', qui finit rosé, et l'adorable 'Bobbie James', avec son friselis de pétales autour du cœur, et sa vigueur jamais mise en défaut. Et surtout le plus intrépide de tous, 'Wedding Day', d'abord ocre, puis blanc, enfin rose vineux. Il est quasiment persistant.
Parmi les rosiers grimpants modernes, j'aime beaucoup les suivants : 'Baronne de Rothschild', pourpre, très parfumée ; 'Belle de Londres', rose saumoné, très parfumée, au feuillage sain ; 'Chrysler Imperial', rouge cramoisi ; 'Clair Matin', rose vif ; 'Haendel', rose vif à cœur blanc carné, feuillage sain ;
'Mme Pierre S. du Pont', un des bons rosiers jaunes grimpants à grosses fleurs ;
'Nuage parfumé', le même parfum que la variété buisson ;
'Pierre de Ronsard', en forme de rose ancienne, très double, toujours plus à son aise en exposition bien chaude ;
'Pink Cloud', encore aujourd'hui, et de loin, le meilleur rose vif.

PLANTATION Les rosiers sont heureux dans une bonne terre genre terre à blé, l'idéal pour ce gourmand. Avec toujours beaucoup de soleil.
Soignez la préparation : creusez un trou de plantation deux fois plus large et profond que les racines, et améliorez la terre extraite avec un demi-seau d'Or brun et une poignée d'engrais organique complet. Étalez bien les racines sur un dôme de cette terre fine enrichie, au besoin coupez au sécateur celles qui sont abîmées. Enterrez jusqu'au point de greffe. Arrosez. Comptez 1 m d'écart entre les buissons, 2 m entre les grimpants, et 5 m entre les lianes.
Les rosiers sont toujours vendus prétaillés, mais il n'est pas interdit de rafraîchir les plaies : des tiges de 15 à 20 cm n'en feront plus que 10 à 15. Elles portent quelques bourgeons qui vont se développer en tiges vigoureuses. Le but est d'obtenir une forme en chandelier bien évasé, avec des branches réparties dans toutes les directions. Observez la disposition des bourgeons, et coupez juste au-dessus de bourgeons pointés vers l'extérieur, c'est encore le meilleur moyen pour favoriser cette formation aérée.

TAILLE Après la première floraison, veillez à bien nettoyer les fleurs fanées, en coupant la tige qui les porte à une vingtaine de centimètres en dessous. Ne laissez pas la végétation s'emballer sous le prétexte que vous souhaitez des roses à hauteur de nez. L'essentiel se passe près du point de greffe, donc au ras du sol : plus les tiges naîtront près de ce point, plus vigoureuses elles seront, et donc plus florifères. En rabattant régulièrement les branches, vous préservez cette zone vitale, alors que les bourgeons situés au bas des tiges ont tendance à perdre leur vigueur en quelques années. Le dégarnissement est alors irréversible.

Rose gallique

Rose Bourbon

Les années suivantes, le but de la taille de printemps est essentiellement de supprimer en priorité les rameaux malades ou malingres ; d'éliminer les ramifications fines ou mal placées qui font de l'ombre et ne porteront pas de fleurs ; d'obliger les bourgeons situés à la base des rameaux à produire des nouvelles tiges en rabattant à 30 cm au-dessus d'eux, en moyenne ; de limiter le nombre de tiges à 3 ou 5, au maximum.
Taillez dès le mois de février, et tout au long de mars, en évitant les périodes de froid intense. Le fait que la végétation ait déjà démarré ne doit pas vous inquiéter. Taillez en faisant une coupe en biseau, à 5 mm au-dessus d'un bourgeon, petit renflement situé à l'aisselle d'une ancienne feuille, que l'on reconnaît à la trace laissée sur la tige, dépourvue d'épines à cet endroit.
Chez les rosiers en massif, priorité à la régularité. Les rosiers à floraison groupée, les polyanthas et floribundas, servent souvent à décorer des massifs, en appoint avec des plantes vivaces. Leur taille reprend les ob-

ROSIERS BUISSONS MODERNES

Pour des massifs éblouissants : 'Alba Meillandecor', très florifère ; 'Amber Queen', un coloris ambre unique en son genre ; 'Bonica', vieux rose, résistant aux maladies ; 'Bouquet Vanilla', églantine romantique rose nacré ; 'Centenaire de Lourdes', à fleurs demi-doubles ; 'Concorde', rose orangé à fond jaune, extra avec du kaliméris ; 'Denise Grey', une profusion en rose clair ; 'Ferdy', énorme bouquet vivant, spectaculaire quand il est greffé sur tige pour pleureur ; 'Galaxy', blanc rosé comme de la crème fouettée, remarquable au jardin ; 'Heidelinde', rose un soupçon malvacé, au parfum musqué ; 'Lavender Dream', un parfum fruité ; 'Lili Marleen', pour les amateurs de rouge foncé velouté ; 'Nuage parfumé', rouge corail, extrêmement parfumé, ou pour être moins ennuyé par les maladies, 'Parfum d'Armor', son descendant créé par ce diable de Michel Adam ; 'Pimprenelle', simple, jaune tendre, gai et lumineux ; 'Rosy la Sevillana', rose carmin à longue floraison ; 'Rosy Cushion', églantine blanche et rose tendre. Sain, bel effet de masse, senteur d'œillet ; 'Swany', à petites fleurs doubles, blanc neige rampant ; 'The Fairy', fleurissant tard, rose carné, très résistant aux maladies ; 'Triolet', rose crème, au parfum aussi capiteux que 'Papa Meilland' ; 'Vent d'été' ; aux nombreuses fleurs rose azalée, feuillage vert brillant ; 'Westerland', orange, toujours sain.

jectifs précédents : éliminez les rameaux faibles ou âgés, souvent dispersés de façon anarchique ; rabattez les rameaux épargnés, en laissant 15 à 20 cm de tige (soit la longueur approximative du sécateur) ; coupez juste au-dessus d'un bourgeon tourné vers l'extérieur.

Les rosiers non remontants sont essentiellement des variétés anciennes, roses galliques ou centfeuilles, ou encore des rosiers dits botaniques, c'est-à-dire encore tels qu'on les trouve dans la nature. Leur floraison très abondante a lieu en mai-juin, et cache le feuillage. Mais ensuite, mis à part des fruits décoratifs, rien à attendre. Une différence essentielle avec les rosiers modernes : chez eux, les fleurs sont produites sur les ramifications nées sur le bois de l'année précédente. Une taille en mars supprime donc la floraison à venir.

Conséquence importante : la taille des rosiers non remontants a lieu en juillet, juste après la floraison. Elle s'applique à tous ces rosiers, qu'ils soient grimpants ou arbustes. Coupez tout d'abord les rameaux malades, porteurs de pucerons ou dont les feuilles sont tachetées ou recroquevillées. Éliminez au ras de leur départ les rameaux de plus de deux ans. On les reconnaît à leur écorce brun foncé et crevassée, alors que les jeunes rameaux sont verts. Ces derniers sont laissés intacts. Brûlez tous ces rameaux extraits car ils sont porteurs de germes de maladies. Apportez un peu d'engrais, et arrosez pour soutenir la croissance des nouvelles tiges qui fleuriront l'année prochaine. C'est donc plus un élagage ou un nettoyage qu'une taille proprement dite, puisque tous les rameaux épargnés sont laissés intacts.

Si vos rosiers grimpants ne fleurissent qu'une fois dans l'année, reportez-vous au cas précédent : nettoyez leur végétation après la floraison, en juillet-août. Il faut souvent dépalisser les tiges jusque-là attachées.

Les rosiers très vigoureux, dits rosiers-lianes ('Wedding Day', *helenae*, 'Kifsgate') peuvent être laissés à eux-mêmes et repris seulement un an sur deux, mais on se retrouve alors face à une masse de rameaux incroyable.

Les rosiers qui fleurissent plusieurs fois, on les dit remontants, auront surtout droit à une taille de nettoyage. Après la première floraison, on supprime les fleurs fanées et une partie des rameaux qui les portent, pour revenir sur une jeune pousse en développement, qui fleurira quelques semaines plus tard. On taille à nouveau et ainsi de suite. En revanche, on épargne totalement les tiges vigoureuses, surtout si elles partent directement du pied. Ce sont les futures charpentières qui renouvelleront toute la ramure. Attention, elles sont cassantes comme du verre. Au printemps, vous supprimerez les tiges les plus anciennes, mal placées et moins florifères pour laisser de l'espace à ces nouvelles venues. Essayez de les courber légèrement pour qu'elles portent des fleurs tout au long du dernier tiers, plutôt que quelques fleurs en bout de branche.

ENTRETIEN Faut-il traiter ? Comme André Eve, je m'abstiens, mais pour d'autres raisons. Lui déclare qu'en ne traitant pas on renforce naturellement le rosier. Moi, je pense que, de toute façon, un rosier perpétuellement malade n'a pas sa place dans mon jardin. Je l'arrache purement et simplement, et je le brûle avant de l'oublier très vite. Cruel ? À vous de juger. Je sais que je peux l'admirer dans une roseraie, où les jardiniers font les pulvérisations à ma place. La satisfaction sans les inconvénients ! Et dans le cas des rosiers maladifs, possession n'est vraiment pas jouissance…

GROSSES ROSES MODERNES

Quelques valeurs sûres : 'Abbaye de Cluny', orange abricot, à forme de rose ancienne ; 'Auguste Renoir', somptueux froufrou rose Bengale, parfumé ; 'Baronne de Rothschild', pourpre, très parfumée ; 'Chrysler Imperial', sensible aux maladies mais très parfumée ; 'Double Delight', crème ourlé de rouge, au parfum pénétrant ; 'Grand siècle', rose carminé ; 'Jardins de Bagatalle', très romantique ; 'O sole Mio', jaune pur ; 'Prima Ballerina', rose vif ; 'Sissi', pour sa couleur unique, lilas ; 'Rose de Rennes', saine, vigoureuse, parfumée, classique ; 'Sutter's Gold', une des rares roses jaunes parfumées, avec la très remarquée 'Souvenir de Marcel Proust', que nous devons au talent du regretté « Papy » Delbard, un froufrou de soie façon marquise, d'une lourdeur de liaison dangereuse. Subtilissime ; 'The Mc Cartney Rose', rose vif, très parfumée ; 'Thérèse de Lisieux', très beau blanc ; 'Yves Piaget', à la forme de rose ancienne.

ENGRAIS Chaque printemps, répandez une grosse poignée de granulés d'engrais complet au pied des buissons et des grimpants (c'est inutile avec les lianes), et surtout n'oubliez pas l'arrosage durant les deux premiers étés.

AVEC QUI Le gros problème avec les rosiers consiste à cacher leur base disgracieuse. Les meilleures plantes compagnes pour cet usage sont les rues, les armoises 'Powis Castle' (mais attention au développement de ces dernières), les *Geranium macrorrhizum*, les campanules naines et les œillets mignardises.

Les lavandes s'associent bien avec de nombreux rosiers, à vous de veiller à l'accord des couleurs : évitez les rosiers orange et rouge vermillon à côté d'elles.

Les rosiers buissons peuvent se glisser dans les massifs de fleurs, pour leur donner de la hauteur, ou bien être alternés avec des arbres fruitiers pas trop grands ou encore jeunes, en guise de clôture informelle, par exemple.

'Clos fleuri' rose ou blanc, ou encore 'Meillandécor Alba' et 'Rush' seront parfaits avec des lavatères arbustives, chacun placé à un bon mètre de son voisin.

Les rosiers grimpants sont au mieux sur les murs, simplement palissés à la diable, ou sur des treillages en bois, plutôt que sur les armatures du commerce, trop étriquées. Plantez non loin de là des clématites à petites fleurs assez vigoureuses, des montana pour démarrer la saison, et ensuite des 'Prince Charles' ou des *viticella*. Gare aux chèvrefeuilles, trop envahissants.

Les rosiers-lianes sont des cache-misère efficaces pour tout ce qui est garage, hangar, grillage, voire haie de thuyas, bref tout ce qui est gros, moche mais utile.

Pour éviter de les approcher de trop près, ce qui conduit à des meurtrissures cuisantes, disposez des kolkwitzias et des weigelas tout autour de leur pied, toujours à un mètre.

Vu en Dordogne, chez une excellente jardinière trop occupée pour mettre des plantes à souci : des capucines toutes bêtes, au pied de rosiers 'Queen Elizabeth', conduits un peu hauts, comme ces derniers ont toujours tendance à faire. Simple et de bon goût.

LES PRÉFÉRÉS DU PATRON

Voici mes chouchous du moment : 'Golden Jet', ultra sain, à la végétation trapue. Roses jaune primevère pâlissant, aussi ravissantes en groupe que dans un massif de plantes vivaces. Une senteur juvénile de matin printanier.
'Ballerina', sain, couvert d'églantines à pourtour rose soutenu et cœur blanc, à senteur d'œillet. Extra en petite haie fleurie ou parmi des armoises 'Powis Castle'.
'Neige d'été', couvre-sol coriace, insensible aux maladies, blanc cassé, à senteur de magnolia.
'Rody', couvre-sol sain, au feuillage vernissé, fleurs rose chair de cerise, un satin ! Petite senteur de banane.
'Rush' : avec lui, on range le pulvérisateur et on admire les églantines juste picotées par la pluie. Végétation royale (2 m en tous sens).
'New Year', couleur chair de melon un peu saumoné. Feuillage sain. Senteur verte. À associer à l'heuchéra 'Palace Purple'. Tient à la pluie.
'Penthouse', mieux que Queen Elizabeth, rose procelaine, gracieux et tellement moins raide.
'White Surprise', un tissu extra, au cœur d'étamines ravissant.
'Alphonse Daudet', aux bouquets ocre trempés dans l'essence de clou de girofle ;
'Colette', hélas inodore mais si tendrement dessiné et tellement sain.
'Conrad Ferdinand Meyer', le parfum du café de ma tante, à Oran, avant l'heure du pastis, lâcha mon ami photographe Pierre Fernandes, quand il la découvrit en ma compagnie à la roseraie de l'Haÿ-les-Roses. Un rosier plus intéressant en gros arbuste qu'en grimpant.
'Alida Lovett', souple, jolie, racée, à la fine senteur citronnée, extra avec des clématites.
'Sourire d'Orchidée', bel arbuste libre ou sur tige, ce qui est plus rare. Une jeune fille pleine de vie.
Et parmi ceux qui font encore de l'effet en octobre, suite à une visite tardive à la roseraie de Bagatelle : 'Baronne de Rothschild', au parfum sublime ; 'Paul Ricard', un peu raide mais sentant effectivement l'anis ; 'Charles Aznavour', des roses à dix pétales rose tendre et blanc, très sain ; 'Tino Rossi', extrêmement parfumé, ce qui fait pardonner la fleur un peu molle d'un rose banal, et la sensibilité à l'oïdium.

RUBUS

Autrement dit les ronces. Drôle d'idée que d'accueillir des ronces au jardin, alors qu'on a tant de mal à s'en débarrasser parfois ! Oui mais tout change s'il s'agit de ronces décoratives, des sortes de grands framboisiers avec un bois argenté...

LAQUELLE Soyez sélectif : *Rubus ulmifolia* 'Bellidiflorus' est amusante avec ses pompons roses très doubles. Elle ne dépasse pas 60 cm. *Rubus thibetanus* est la plus belle des ronces à bois d'argent : ses cannes souples dépassent 2 m de haut et s'ornent d'un feuillage au revers blanc, dont la découpure rappelle celle des fougères.

'Tridel Beneden' est un gros arbuste raide puis arqué, aux fleurs blanches rappelant une églantine en mai-juin. En taillant juste après, pour supprimer les vieilles branches de l'intérieur et rabattre d'un tiers les autres, on obtient généralement une deuxième floraison en été (1,5 m).

COMMENT Installez ces ronces à mi-ombre, en sol riche en humus. Elles mettront parfois un an ou deux avant de s'installer. Chaque automne, déversez des feuilles mortes à leur pied. La taille rappelle celle des framboisiers : juste après la floraison, supprimez les vieilles cannes ou les rameaux dont l'écorce se pèle. Il faut aérer les touffes pour favoriser l'apparition de nouvelles tiges saines.

AVEC QUI Les ronces décoratives sont un des ingrédients des haies champêtres sophistiquées : elles y apprécient la compagnie des fusains d'Europe, des sureaux, des cornouillers et des aubépines. À leur pied, installez des fougères, des ancolies et des pulmonaires.

RUDBECKIA

Un jardin de paresseux abonné à sa chaise longue tout l'été sera rempli de rudbeckias, l'alliance des rayons de soleil et des doigts de pieds en éventail. Mais gageons que bien des visiteurs envieront la vivacité de cette fleur solaire, et la facilité avec laquelle le rudbeckia met en valeur les autres plantes. Sa palette de jaunes, loin de lasser, rend optimiste, probablement grâce à l'œil noir qui orne le cœur des corolles.

Rudbeckia hirta

LEQUEL Avec les rudbeckias, on a vraiment l'embarras du choix. Pas trop pour les couleurs, puisque le jaune est exclusif, mais pour le format et le mode de vie.

Les rudbeckias vivaces meublent vite l'espace imparti. On les choisira courts sur patte comme *Rudbeckia fulgida* 'Goldsturm', aux pétales fins, jaune à cœur noir, en fleur du début août jusqu'en octobre (70 cm) ; ou 'Golquelle', à la végétation compacte (80 cm), aux tiges terminées par des fleurs pleines, d'un jaune citronné. Ou juste un peu plus grands comme *R. subtomentosa* (1,3 m), toujours solide au poste ; ou encore *R. triloba*, aux impeccables petites fleurs rondes, si nombreuses et répétées, de juillet à octobre, que parfois les touffes en meurent d'épuisement (1,2 m). Et même carrément très grand comme le *R. nitida* 'Autumn Glory', qui culmine à 1,5 m, avec des fleurs d'un attendrissant jaune primevère. À toute épreuve.

Les rudbeckias annuels sont une bénédiction pour le jardinier économe qui fleurira tout son jardin avec un seul paquet de graines, ou pour le retardataire qui les achètera en plants en mai pour se payer un été doré sur tranche. On évitera le tout nouveau Toto, trop bas de caisse, pour rester fidèle à 'Indian Summer' (60 cm) aux grosses fleurs jaune d'or à œil noir ; 'Goldilocks', aux fleurs doubles d'un jaune orangé, parfois un peu lourdes d'aspect (60 cm) ; et 'Marmelade', excellent compromis de hauteur et de générosité, jaune à cœur noir (50 cm). Guettez avec impatience l'arrivée d'un nouveau rudbeckia havane foncé, admiré dans un terrain d'essai : on dirait vraiment le nounours de notre enfance, posé sur un coussin de velours vert.

COMMENT Plantez les rudbeckias vivaces soit en début d'automne, soit en mars. Une terre riche, profonde et restant fraîche en été est l'idéal pour eux, mais ils se contentent de moins à condition de pailler en abondance pour nourrir les racines.

Parfois, la floraison est si abondante que les touffes s'épuisent. Conservez un plant en réserve au potager, que vous couperez presque à ras en fin août. Si l'hiver est rude pour ses frères, vous pourrez l'éclater en une foule de rejets qui fleuriront dès l'été suivant. Encore un excellent conseil déniché dans le catalogue de Thierry Denis (Le jardin du Morvan).

Rudbeckia triloba

Semez les rudbeckias annuels en début avril, sous châssis. La germination n'est pas un modèle de rapidité, et le développement des premières feuilles mettra votre patience à rude épreuve. Mais ensuite, la végétation s'emballe littéralement. Mettez en place à la mi-mai. Paillez en juin, et coupez régulièrement les fleurs fanées, ce qui contribue beaucoup à l'allongement de la période de floraison. Parfois, en sol riche, la végétation devient un peu folle, et un tuteurage s'avère alors nécessaire, à la mi-août, avec des rameaux de noisetier. Facile comme bonjour.

AVEC QUI Les rudbeckias vivaces sont d'excellents compagnons des asters, des héléniums, soleils vivaces et anémones du Japon, avec un tapis d'oreilles d'ours juste devant. Mais c'est encore avec les graminées qu'ils explosent littéralement, retrouvant leur naturel de fleurs des grandes prairies nord-américaines. Mariez-les aux pennisetums, et vous m'en direz des nouvelles.

Les rudbeckias annuels sont ravis de faire un bout de massif avec les amarantes, les célosies orangées, les choux décoratifs, les œillets d'Inde, les œnothères roses, mais il y a encore la queue dehors : fenouil bronze, cannas, dahlias et agastaches seraient bien aise de rentrer dans la danse. À vous de jouer !

RUE

Mise à part leur odeur particulière, qui s'accompagne parfois de réactions allergiques chez certaines personnes (dont moi !), rien à redire sur les rues. Ce nom court et banal correspond à une plante vivace, en fait un petit arbuste, qui forme des touffes hautes de 50 cm, et largement plus étalées, remarquables par leur feuillage vert bleuté, glauque comme disent les botanistes patentés. Exactement ce qui convient pour ses fleurs jaune verdâtre, par ailleurs peu spectaculaires. Mais surtout pratique pour mettre en valeur les roses, et quantité d'autres fleurs. Une forme ronde qui fait des petites haies bien nettes.

LAQUELLE La rue ordinaire (*Ruta graveolens*) est déjà superbe. La variété anglaise 'Jackman's Blue' est gris métal, avec des feuilles plus fines. Elle ne ménage pas son effet.

COMMENT Une terre ordinaire, même médiocre fera le feuillage plus bleu encore. Et surtout bien drainé pour l'hiver. Soleil ou mi-ombre. On trouve les rues dans les choix de plantes vivaces ou officinales. Le godet sera bien fourni. Les racines en faisant souvent le tour, on les démêlera soigneusement pour les étaler dans le trou de plantation. Distance : 30 cm en tous sens. Un premier arrosage copieux tasse la terre autour des racines.

Ruta graveolens

On se contente de tailler court une année sur deux, en mars, pour régulariser la silhouette parfois trop ouverte, ou encore juste au moment de la floraison, si vous n'aimez pas ces inflorescences vert chartreuse. Attention, portez des gants et une chemise à manches longues !

Prélevez des boutures en fin d'été, enterrez-les à mi-hauteur dans un mélange de sable et de terreau. Reprise assurée pendant l'hiver, puis repiquage dans un coin du potager, avant de mettre en place en automne.

Le petit truc qui change tout : paillez le sol juste avant l'été, ce qui vous évitera de devoir arroser ensuite.

Rusticité

Caractérise la capacité d'une plante à résister aux gelées ordinaires du lieu. Mais une plante rustique n'est pas forcément vigoureuse, et vice versa.

AVEC QUI Sans exagérer, on pourrait dire que les rues vont bien avec tout. Ainsi, rues et fenouils pourpres, constituent une bordure baroque et sage à la fois.

Des rues à peine taillées composent un premier plan de qualité, devant une collection d'iris de toutes les couleurs, et font diversion en été.

Des coussins de rues largement espacés peuvent accueillir des plantes vivaces légères dans les interstices : gypsophile et statice par exemple, ou des scabieuses du Caucase.

Les rues font merveille en avant de rosiers à fleurs roses ou blanches, voire jaunes. Éviter les rouges crus.

SAGINE

Une carpette carpettissime. Pour dallage lilliputien et autres arrangements à la petite semaine, qui mettent les nerfs à rude épreuve : « Jojo, n'abîme pas la sagine en marchant sur le dallage japonais ! »

SANGUISORBE

Pas encore bien connues ni très répandues dans les jardins, les sanguisorbes feront leur apparition sans trop tarder, à condition que les étés continuent d'être bien arrosés car ce sont des plantes assez exigeantes. Robustes mais un peu soiffardes sur les bords, en bonnes plantes de prés gras qu'elles sont, à l'origine. En leur offrant une terre profonde, on les rend plus solides.

Sylvie et Patrick Quibel (Le jardin Plume) et Jean-Pierre Jolivot (Les Jardins d'en face) rivalisent par leurs gammes.

Essayez *Sanguisorba tenuifolia* 'Albiflora' pour vous faire une opinion : les touffes dépassent allégrement 1,5 m, les curieux épis blancs se recourbant avec élégance comme autant de traînées de feu d'artifice. Et rappelons que la pimprenelle est une sanguisorbe : son feuillage vert bleuté un peu coriace libère sous la dent une curieuse saveur de concombre ou de brou de noix.

SANTOLINE

Bizarrerie de la nature : les santolines font le régal des jardiniers en toutes saisons, y compris au cœur de l'hiver, mais déçoivent seulement au moment de la floraison. Là où tant de plantes jouent leur va-tout avec allégresse, les santolines laissent s'effondrer des paquets denses de fleurs jaunes à l'odeur entêtante et nauséabonde. À croire qu'une bête est venue finir son existence dans le jardin. Supprimez donc sans remords cette tache à leur palmarès. Car il est difficile de trouver par ailleurs des bordures plus subtilement argentées, lumineuses et tendres à la fois. Sages et robustes en même temps.

Santoline

LAQUELLE La *Santolina chamaecyparissus* présente un feuillage fin, gris d'argent, qui lui a valu le surnom de lavande-coton en Angleterre. La santoline de Naples (*S. neapolitanum*) est plus fine d'aspect, mais tout aussi argentée. Plus vigoureuse, elle débordera largement des bordures. Employée en isolé, elle permet de ponctuer le jardin. Contraste assuré avec la santoline verte (*S. virens*), aussi sombre que du buis. Même effet de verdure insensible aux pires chaleurs avec la santoline à feuille de romarin (*S. rosmarinifolia* 'Primrose Gem'). L'été, quand tout devient paillasson, on est content de la trouver fidèle au poste.

COMMENT Le minimum vital lui suffit : un peu de terre caillouteuse. Plein soleil, sinon elle finit molle.

Les santolines sont proposées en godets. Plantation en septembre et surtout en mars-avril, tous les 30 cm, pour obtenir un effet dès la première année. Désherbage au début. On taillera en été, pour supprimer la floraison.

Le petit truc qui change tout : les boutures faites en août, piquées à mi-hauteur dans le sable, reprennent sans difficulté. Vous aurez ainsi de quoi créer des bordures entières, à bon compte.

AVEC QUI Des bordures de santolines sont parfaites au pied des cordons de pommiers, autour d'un jardin de plantes aromatiques, en ourlet d'un massif de rosiers, mélangées à des sauges vivaces, des géraniums et des népétas.

Les santolines s'associent bien avec les lavandes, les armoises, les sauges officinales et les romarins, pour des massifs de plein soleil, en talus escarpé par exemple. Ponctuez avec des amandiers nains (*Prunus tenella*), pour leurs fleurs roses au printemps.

SANVITALIA

Une petite fleur annuelle qui paraît grêle et se révèle un des meilleurs couvre-sol qui soient. Sur le feuillage vert foncé, les marguerites jaune d'œuf ou orangées à cœur noir semblent disposées comme un motif de tapisserie minutieuse.

Extra pour le premier plan des massifs, pour une bordure basse ou encore en potées, d'où elle débordera. Essayez de dénicher la variété 'Cuzco' pour le contraste entre les fleurs jaune et les tiges brun rouge.

SAPIN

Oh, combien de jardins qui sont partis joyeux se dorer au soleil, et puis sont devenus des puits d'ombre tragique ! Un Noël a suffi quand d'un seul mouvement, l'on a voulu planter le beau sapin des fêtes.

Halte à la sensiblerie : les sapins de Noël ont été cultivés exprès pour décorer nos intérieurs, et vous n'êtes nullement responsable d'une quelconque déforestation. C'est un grand arbre qui a besoin de place. Oubliez-le, d'autant que sa silhouette n'est pas un modèle de grâce, et que le vert de ses aiguilles est carrément tristounet. C'est bien la peine…

Rabattez-vous sur l'*Abies concolor*, au feuillage gris bleuté, en forme de pain de sucre (20 m quand même) ; ou dégustez le sapin de Corée (*Abies koreana*), qui offre très jeune ses cônes violets amusants au possible. À mélanger à des bambous.

SAPONAIRE

Drôle de plante : soit elle imite le basilic en adoptant un arôme puissant et tapisse alors la rocaille, même dans le calcaire (*Saponaria ocymoides*, 15 cm, fleurs rose carmin en juin-juillet). Soit elle prend plus de hauteur (60 cm), et peut remplacer le savon : il suffit de se frotter les mains avec des feuilles de la saponaire officinale (*S. officinalis*) pour faire naître une mousse verte qui laisse les mains toutes douces.

Accueillez sa forme à fleurs doubles, à la senteur sucrée, et placez-la en grandes masses dans un coin du jardin assez frais, en sol riche. La floraison dure de juin à août.

SARCOCOCCA

Ce petit arbuste japonais est un cousin du buis, avec un feuillage persistant plus allongé, et surtout une floraison hivernale incroyablement parfumée. Comme il prend peu de place, à peine 1 m en dix ans, on peut le glisser près de la maison, et profiter ainsi de son offrande odorante. Un sol frais et une exposition mi-ombragée lui suffisent. Il peut vivre longtemps en grand pot.

SARRASIN

Excellent en farine pour les crêpes ou en flocons pour le petit-déjeuner. Précieux également au jardin car le sarrasin est un engrais vert dynamique, que l'on sème en avril pour l'enfouir en juillet. On peut détourner une partie de cette végétation pour alimenter le compost ou pailler les tomates. Tout profit !

SARRIETTE

Quelques pieds de sarriette dans le coin des simples, bien au chaud et au soleil, et vous aurez de quoi parfumer vos currys d'agneau et les viandes grillées. Un brin de sarriette et votre sauce tomate prend l'accent, votre pizza parle italien, et vos haricots se digèrent en silence.
La sarriette des montagnes (*Satureja montana*) fleurit en blanc et ne dépasse pas 15 cm de haut en conservant son feuillage tout l'hiver.
Satureja alternipilosa s'étale plus vite, garnissant les dallages en un rien de temps, même en terre pauvre et caillouteuse. Une belle échappée.

SAUGE

On peut raisonnablement parler de la planète Sauge, sans exagérer le moins du monde. Dans un premier temps, soyez modéré dans vos élans, testez-les, puis lancez-vous éventuellement dans la collectionnite (après avoir admiré les miss réunies par Pierre Jourdan, à la Foux, ou encore les beaux sujets de Bernard Bureau ou Jean-Pierre Jolivot), cela ne vous plongera pas dans un quotidien fait d'arrosages intempestifs.
COMMENT Les sauges apprécient le soleil, et un sol sain. S'il est riche, tant mieux, sinon elles s'adaptent et sentent encore plus fort. La sauge *uliginosa* apprécie un sol plus frais. Mettez-les en place au printemps de préférence, hormis la sauge sclarée qui sera plus belle si vous l'installez dès le mois de septembre.

SAUGES ANNUELLES

Le défilé commence par les sauges annuelles : oubliez la sauge rouge, qui est devenue tellement naine qu'elle en a perdu toute envie de vivre. Et son rouge est trop percutant.
La *Salvia horminum* serait un ravissement tant ses bractées colorées sont décoratives, mais semis capricieux.
Les plus intéressantes sont la sauge 'Lady in Red', une sélection de la sauge coccinée, qui culmine à 50 cm et produit des dizaines de fleurs d'un rouge piquant ; et surtout les sauges farineuses, ainsi appelées à cause du velours argenté qui garnit les tiges.
Adoptez 'Épi bleu', qui finit à 70 cm, et fait de l'effet pendant tout l'été sans défaillir.
La *Salvia patens* est très belle en photo, le bleu gentiane de ses fleurs vous faisant de l'œil, mais elle est relativement insignifiante une fois au jardin, à cause du feuillage d'un vert gazon.
Une mention particulière pour la sauge sclarée qui n'est ni annuelle ni vivace mais bisannuelle : elle forme une rosette de feuilles la première année puis envoie en juin ses hampes florales vers le ciel, garnies de fleurs et de bractées vieux rose (1 m).
Dès que vous la frôlez, un incroyable parfum vous entoure, tenace, mi-agréable mi-déplaisant : certains le comparent à un vestaire mal tenu !

SAUGES VIVACES

On se confiera aux sauges officinales, argentée dans l'espèce type ; à feuillage plus imposant chez 'Bergartten', absolument remarquable ; ou encore teinté de pourpre chez 'Purpurea' ou de crème chez 'Icterina'.
De bonnes grosses plantes qui s'étalent sans façon et dépassent 50 cm en tous sens.

Les sauges allemandes ('Lubecca', 'Nuit de mai', 'Ostfriesland') renforcent la beauté des rosiers par leur bleu violet (50 à 70 cm). En les rabattant après la floraison, on obtient un aimable regain en septembre.

GRANDES SAUGES

J'adore la *Salvia greigii*, rose tendre, orange doux ou pêche (50 cm), et surtout la *S. microphylla* (ex-*grahamii*), pour ses petites fleurs rouge coccinelle, qui se succèdent de juin aux gelées. Son feuillage sent délicieusement bon (80 cm).
S. rutilans n'est autre que la fameuse sauge ananas, qui évoque en fait tout autant les fruits exotiques ou… une pomme Golden bien mûre.
Enfin, un petit mot pour vanter la sauge des marais (*Salvia uliginosa*), qui attend le mois d'août pour sortir ses fleurs d'un bleu azur. Difficile de ne pas la remarquer car elle dépasse 1,5 m.

Vous sèmerez les sauges annuelles dès le mois de mars, au chaud, pour les repiquer en mai. On trouve du plant au même moment. Amusez-vous à bouturer les sauges arbustives en août, en enterrant les boutures dans un mélange de sable et de tourbe. Abritez du froid pendant l'hiver.
AVEC QUI Les sauges officinales se marient à merveille avec les rosiers anciens ou modernes, en compagnie des armoises 'Powis Castle' et des santolines. La sauge sclarée peut constituer des massifs somptueux, associée aux lavatères arbustives. La sauge *microphylla* est adorable en gros pots, avec des hélichrysums argentés. Les sauges farineuses seront remarquables avec des zinnias blancs et verts, des cosmos 'Purity', des tabacs 'Apple Blossom' et des verveines rugueuses.

SAULE

Qui se serait douté il y a seulement dix ans que le saule connaîtrait une telle vogue, sous le nom d'osier il est vrai. Les palissades et treillages divers réalisés au festival de Chaumont-sur-Loire ont littéralement lancé la mode des plessis d'osier. Pas si évident que cela à réussir. Et puis que gagne-t-on à copier sans imagination ? Heureusement, cela a permis de redécouvrir les osiers, ces saules de campagne, au moment même où ils disparaissent des fossés, nivelés et nettoyés à mort.

COMMENT Les saules apprécient les sols riches en humus et frais, mais pas forcément tout le temps détrempés, bien au contraire. On note qu'ils sont capables de s'adapter à des conditions bien plus ingrates, mais leur croissance s'en ressent. Le soleil est leur ami.

Plantez en automne et au cours de l'hiver, en tenant compte du futur encombrement sinon vous serez condamné au sécateur, tant le saule pousse vite et généreusement.

GRANDS SAULES

Le saule pleureur (*Salix erythroflexuosa*) est un arbre de première grandeur, à la silhouette inimitable, alliant force et souplesse. N'oubliez pas son format à l'âge adulte (15 m en tous sens).

Le saule blanc pousse à toute allure et enchante par la rapidité de sa croissance et son feuillage argenté, culminant à 15 ou 20 m, un peu moins chez 'Sericea' et de façon plus dressée chez 'Liempde' (30 m). Des variétés comme 'Britzensis', 'Vitellina', offrent des jeunes bois colorés en orange ou jaune. En taillant court chaque printemps, on obtient des touffes denses spectaculaires.

Le saule marsault (*Salix caprea*) enchante par ses chatons mâles très décoratifs en février. Il attire et nourrit les abeilles. Un arbre de 8 m de haut, à rameaux brun rouge. Évitez sa forme pleureuse greffée de si vilaine façon en haut d'une canne.

PETITS SAULES

Parmi les osiers, *Salix purpurea* et *viminalis* sont les plus répandus, le premier tendant vers le rouge, le second vers le jaune. Ce sont des arbustes faciles à tenir à taille humaine, en les taillant chaque printemps.

Je ne suis pas fou des saules laineux. Je me méfie du saule des coyotes (*Salix exigua*), un peu grêle. Et je me tiens prudemment à l'écart du saule 'Hakuro Nishiki', rose crevette et blanc, qui grille même sous le soleil brûlant de Lille.

En revanche, je n'ai pas de mots assez flatteurs pour le saule à feuille de romarin (*Salix rosmarinifolia*) petit arbuste de 2 m d'envergure, aux feuilles étroites, coriaces, vert argenté au revers. Bon, d'accord, on en a beaucoup planté en bord d'autoroute mais n'est-ce pas la preuve de sa solidité… Si les chatons vous font craquer, optez pour le *Salix gracilistyla*, qui prodigue l'argent sur des chatons puis sur ses feuilles. Un arbuste plutôt étalé que haut.

Paillez en juin avec des tontes de gazon et arrosez copieusement durant les premiers étés. Par la suite, les racines profondes assureront son alimentation. Si vous souhaitez renforcer les silhouettes, ou exciter la formation de jeunes rameaux très colorés, taillez en mars, après la chute des chatons et juste avant le départ de la nouvelle végétation.

AVEC QUI La plupart des saules sont parfaits en haies champêtres, seuls ou mélangés à des fusains d'Europe, des églantiers et des aulnes. En peu d'années, vous aurez donné une limite à votre territoire ou caché une vue désagréable. Le grand saule pleureur sera mis en valeur par la présence, à 7 m de son pied, de lauriers-cerise laissés libres. Le contraste des feuillages et des silhouettes sera puissant et tranquille en même temps. Deux belles étoffes !

SAVONNIER

Prenez votre temps et habituez-vous à son nom anguleux, que l'on prononcera keulreutéria. Car il en vaut la peine, et ceux qui l'on déjà accueilli dans leur jardin sont ses plus fidèles admirateurs.

Le savonnier, appelé ainsi depuis son introduction au XVIIe siècle, mériterait un meilleur surnom : « pluie d'or », par exemple, car c'est exactement l'effet qu'il produit en plein cœur de l'été, quand ses fleurs innombrables, et aussi délicates que des orchidées, s'épanouissent en bouquets immenses et infiniment légers à la fois.

Il y a suffisamment peu d'arbres qui fleurissent si tard en saison, pour que l'on apprécie ce spectacle. L'arbre lui-même est attrayant : sa ramure ne peut s'empêcher de se tortiller avec le temps, alors que les jeunes pousses sont bien raides. Le feuillage, qui naît tardivement au printemps, et permet à une foule de plantes de prospérer à son ombre légère, est composé de feuilles découpées, assez vastes au demeurant. Elles deviennent jaune tendre en automne, juste avant de tomber. Quant aux fleurs, elles cèdent la place à des fruits curieux, sortes de grands amours en cage parcheminés, contenant une ou plusieurs graines luisantes. Avec cela, un port qui convient à la plupart des jardins, puisqu'il ne dépasse pas 8 à 10 m de hauteur, et autant de large.

LEQUEL On ne trouve guère que le *Koelreuteria paniculata*, qui est le plus rustique. Floraison jaune en juillet-août.

COMMENT Une terre ordinaire, assez profonde, même un peu sèche. Soleil, de préférence.

Le savonnier sort d'une période d'oubli, et on le retrouve en conteneur, présentation qu'il n'apprécie guère. Il forme en effet une racine pivotante qui a tendance à tourner indéfiniment au fond du conteneur. Dans ce cas, n'hésitez pas à la trancher, car sinon vous hériterez d'un arbre peu poussant. Le mieux serait de trouver des plants d'un ou deux ans, vendus à racines nues en hiver, mais c'est rarissime. Ou de récupérer du jeune plant à l'aplomb d'un arbre adulte, car les semis spontanés sont légion. On tuteurera les premières années en situation ventée, mais il est tout à fait normal que le tronc ne soit pas droit. Cela fait partie du charme de cet arbre libertaire.

Le petit truc qui change tout : récupérez des graines au pied d'un arbre adulte, en automne, disposez-les dans du sable puis semez. La levée a lieu au printemps. Croissance étonnamment rapide.

AVEC QUI Le koelreuteria est originaire de Chine. Il sera parfaitement à son aise entouré de pittosporums, nandinas et de bambous.

Associez également sa floraison jaune avec le bleu des céanothes d'été, des cératostigmas ou encore avec le pourpre du feuillage de certains cotinus. Tonique !

Créez un bosquet exotique composé de koelreutérias, mélangés à des paulownias, des camélias sasanqua et du xanthocerras à feuille de sorbier, un de ses cousins…

SAXIFRAGE

Avec les sédums et les sempervivums, ou joubarbes, les saxifrages constituent le groupe des 3 S, redoutable morceau de bravoure de certains catalogues, qui annoncent des dizaines de variétés. Pour faire simple, il existe effectivement une foule de saxifrages pour rocailles, coussins mignons et plus ou moins tenaces. Découvrez-les au hasard de vos balades en jardinerie ou, mieux encore, chez ces spécialistes des plantes de rocailles, comme Jean Poligné en Bretagne et Patrick Nicolas à Meudon, qui sont capables de débiter leurs noms latins à toute allure. Nous nous contenterons de vous conseiller les saxifrages mousses (*S. arendsii*), et les désespoirs des peintres (*S. umbrosa*), ainsi surnommés parce que leurs fleurs minuscules défient l'hyper-réalisme. À vous les bordures tendres, et les effets de brumes roses au détour d'une allée.

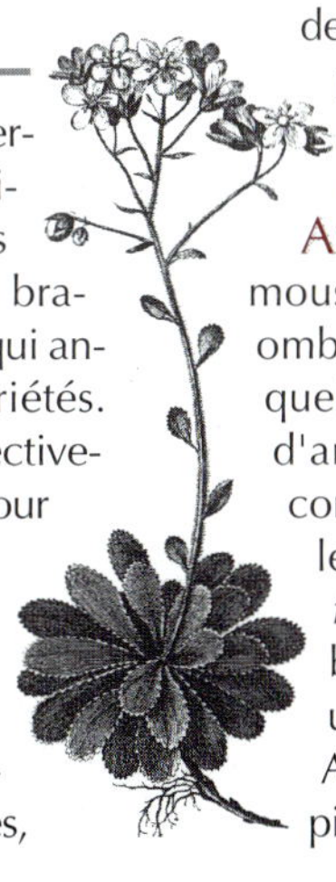

LEQUEL La saxifrage mousse (*S. arendsii*) forme des coussins de dentelle vert tendre, de 15 cm de hauteur, disparaissant sous les fleurs d'avril à juin. Blanc, rose ('Gaiety'), et rouge triste ('Ware's Crimson') sont disponibles.

La saxifrage *fortunei*, au feuillage brillant, ample et magnifiquement coloré à l'automne, quand elle fleurit en grands épis lâches d'étoiles blanches 40 cm).

COMMENT Un sol relativement frais est nécessaire au bien-être de ces saxifrages. Exposition ensoleillée, hors du soleil de l'après-midi.

Les saxifrages sont présentées en godets. Tirez légèrement sur la rosette de feuilles, pour vérifier qu'elle est solidement ancrée. On plante en toute saison sans grand risque.

On redonnera de la fraîcheur à la plantation en arrachant tous les quatre ou cinq ans, pour récupérer des rejets, et refaire une plantation en sol neuf. Excellent pour le moral.

Le petit truc qui change tout : détachez des rosettes en été, et bouturez-les dans un mélange de sable et de terreau. Mise en place au printemps suivant, après un hivernage sous châssis froid ou voile de forçage.

AVEC QUI La saxifrage-mousse fait merveille à mi-ombre, en tapis parsemé de quelques hostas panachées d'argent par exemple. Joli contraste de feuillages avec les bergénias. La saxifrage *fortunei* peut former des bordures ravissantes, dans un jardin un peu ombragé. Absolument craquante au pied des anémones du Japon.

SCABIEUSE

Ce début de siècle voit les scabieuses revenir au premier plan, comme si on ne pouvait plus désormais se passer de leurs fleurs en pelotes d'épingles, sagement disposées sur une collerette plissée, dans des nuances bleu lavande et surtout pourpre grenat littéralement fascinantes. Un vrai regain de tendresse.

Scabieuse annuelle

LAQUELLE Commencez par les scabieuses du Caucase, qui forment des touffes de 60 à 80 cm d'envergure selon la richesse du terrain. Les fleurs sont typiques et se succèdent pendant une longue période, de juin à septembre, par vagues successives. Elles sont blanches chez 'Miss Willmott', bleu lavande tendre chez 'Clive Greaves', et d'un bleu plus soutenu chez 'Stafa' ou 'Fama'.
Aux États-Unis, 'Butterfly Blue' a été élue la plante vivace de l'an 2000. elle n'arrête pas de fleurir de juin aux gelées, dans un bleu lilas plein de charme. Superbe en pot et au pied des rosiers (30 cm).
On s'échappe vers le sauvage avec la scabieuse jaune, *Scabiosa ochroleuca*, au feuillage vert grisâtre d'une grande légèreté. Les fleurs jaune très pâle se succèdent de juin aux gelées (50 à 80 cm).
C'est du nougat avec des graminées (*Stipa tenuifolia,* par exemple).
Un beau jour de printemps, semez de la scabieuse annuelle (*S. atropurpurea*), et dégustez en été ses fleurs aux coloris attendrissants, portées haut par des tiges minces comme un fil (80 cm). Certes, elle a tendance à s'effondrer mais quelques rameaux de noisetier y remédieront. Une sélection rouge grenat présente le bon goût de se ressemer allégrement. Vous la trouverez sous le nom de 'Chile Black' ou 'Crimson Cushion'.
COMMENT Mettez en place les scabieuses vivaces en début d'automne ou en mars, en sol sain, assez riche et profond, dans un coin qui reçoit le soleil au moins pendant la demi-journée. Plantez des groupes de trois ou cinq, pour obtenir un effet de masse, en espaçant les godets de 30 cm.
Paillez en juin, et arrosez de temps à autre, si besoin est. Supprimez les fleurs fanées pour favoriser l'apparition de nouvelles. Tous les trois ans, divisez les touffes, au printemps de préférence.
Semez les scabieuses annuelles en mars, soit directement en place, à la volée ou en ligne, si c'est au potager, ou en godets que vous mettrez en place un mois plus tard, en espaçant de 25 cm en tous sens. Tuteurez préventivement en juillet, et coupez les fleurs fanées une fois par semaine.
AVEC QUI Les scabieuses du Caucase sont d'efficaces compagnes des rosiers, associées aux sauges officinales, aux lis de la Madone et aux grands sédums 'Autumn Joy'. En avant la musique !
Les scabieuses annuelles seront superbes associées à de l'orge à crinière et des xéranthemums, immortelles blanches et lilas.

SCAEVOLA

Depuis une décennie, on s'est accoutumé à cette plante reine des suspensions bien arrosées. Son bleu teinté de violet mérite qu'on s'y arrête.

Scarifier

Opération qui consiste à pratiquer une incision sur une graine à épiderme dur, comme celle des ipomées ou les pois de senteur. L'eau peut ainsi mieux imbiber les germes.

Cultivé en pleine terre, le scaevola s'étale en tous sens. Associez-le à des feuillages argentés comme l'armoise 'Powis Castle' ou la plante curry (*Helichrysum*). On peut aussi l'adosser à des sauges farineuses ou des statices 'Forever' bleus.
Essayez de dénicher le scaevola 'Blue Wonder', au bleu pas trop fade, et mettez-le en place en mai, quand la terre est chaude. Paillez en juin et arrosez régulièrement pendant la canicule. Si certaines tiges se dessèchent brutalement, coupez-les nettement à la première occasion.

SCEAU DE SALOMON

Hiératique quand il a eu le temps de former une belle touffe, à mi-ombre, le sceau de Salomon (*Polygonatum multiflorum*) est un cousin du muguet : ses tiges arquées se garnissent de clochettes blanches, se balançant à l'aisselle des feuilles. En sol frais et riche en humus, le tout culmine gentiment à 70 cm.
Mais il faut préventivement marquer l'emplacement sinon vous viendrez immanquablement le biner en hiver. Et cela, le sceau de Salomon ne l'aime pas du tout !

SCHIZOSTYLIS

On n'a pas tant de fleurs rutilantes pour régaler la rétine en début d'automne. Le schizostylis se remarque de loin avec ses hampes hautes de 60 cm, garnies de corolles rouge laqué ou rose saumoné, chez 'Sunrise' ou 'November Cheer'. D'excellentes fleurs à bouquets au demeurant.
On installera le schizostylis dans un coin abrité du froid, en sol profond, assez frais l'été, mais restant sain en hiver. Le climat maritime lui va bien au teint, d'autant que sa rusticité n'est pas exceptionnelle.
Là où il se plaît, le lis des Caffres (un surnom qui souligne son origine sud-africaine) forme rapidement des touffes impressionnantes, que l'on divisera au printemps.

SCILLE

Vous cherchez des jacinthes des bois ? Introuvable, alors autant se rabattre sur la scille à deux feuilles (*S. bifolia*) qui se naturalise admirablement à l'ombre des arbres et des arbustes. Ses épis portent les fleurs d'un seul côté, des étoiles d'un bleu nuancé de pourpre et éclairé de blanc. La scille de Sibérie (*Scilla sibirica*) adopte un bleu gentiane percutant quand elle est disposée en masses (hauteur 15 cm). La scille campanulée est plus haute et tardive, produisant en mai ses fleurs bleu tendre en même temps que les dernières tulipes. Toutes ces scilles apprécient les sols riches en humus et l'ambiance des sous-bois clairs.

SEDUM

Mettons de côté les sédums nains, du genre poivre de muraille, précieux pour leur résistance à tous les mauvais traitements, et de ce fait capables de s'installer dans les pires conditions. Et passons tout de suite aux sédums d'automne, dont on ne sait trop ce qu'il faut admirer le plus, du feuillage épais ou des fleurs cramoisies ou rose ancien.

Les papillons ne s'y trompent pas, et adorent butiner ces dômes de velours, en composant un ballet à la chorégraphie de rêve.

COMMENT Un sol profond, même médiocre, leur convient. Plein soleil. Achetez et plantez les godets au printemps, les grandes gelées passées. Une fois installés, ces grands sédums sont tout à fait rustiques. Disposez-les en groupes, en espaçant de 40 cm car ils s'étalent vite.

Question entretien, rien à dire, sinon qu'il convient de renouveler les touffes au bout de quelques années, quand elles s'affaiblissent, et deviennent ternes et moins fleuries.

On arrache les touffes au printemps, pour séparer des éclats au couteau et replanter immédiatement.

C'est une plante tous terrains, qui pousse parfois comme une mauvaise herbe dans les vignes. Vous pouvez donc en tapisser un talus même écrasé de soleil, à condition que le sol soit ameubli.

SÉDUMS NAINS

Parmi les sédums nains, impossible de passer à côté de 'Weihenstephaner Gold' sans le repérer pour son feuillage ultra-tapissant, couvert d'étoiles jaune d'or de mai à juillet.

Le *Sedum cauticolum* 'Lidakense' joue le rouge carmin en fin d'été, mais le feuillage vert bleuté aura déjà bien occupé le terrain auparavant.

Extra en compagnie de thyms laineux et de *Stipa tenuifolia*.

Le *S. kamtschaticum* panaché est une chance pour les rocailles et les bordures, car son feuillage bordé de crème est sagement distingué (10 cm).

En plus menu et argenté, le *S. spathuliflium* 'Cape Blanco' enchante dans un grand pot assez bas tant ses touffes sont denses.

GRANDS SÉDUMS

Parmi les grands sédums, 'Autumn Joy' (= 'Herbstfreude') porte bien son nom, car ses fleurs vert tendre, puis rose et enfin rouge cuivré sont parfaites en cette saison pour caler les massifs d'asters, voués au bleu et au violet. Feuillage solide et se tenant bien. Hauteur : 60 cm.

Le *Sedum spectabile* fleurit à la même époque, en rose clair. Existe également en rose carmin, 'Brilliant', et en pourpre foncé. Superbe en compagnie de la fougère persistante *Blechnum spicant*.

Le *Sedum telephium* 'Atropurpureum' offre des fleurs en ombelles aplaties, d'un rose sombre tournant au chocolat. Une nuance rare.

Très proche de lui, 'Ruprechtii' constitue des touffes très compactes de feuillage vert bleuté bordé de rouge, avec des tiges solides. Floraison automnale couleur crème (60 cm).

En quelques années, 'Matrona' s'est propulsé au premier rang pour son feuillage vert bleuté et ses tiges solidement dressées, portant les inflorescences plates rose foncé en août et septembre. Superbe en potée, associé par exemple à un népéta et un hélianthème blanc. Même succès prévisible pour 'Frosty Morn', au feuillage bordé de blanc.

Sedum telephium

Le petit truc qui change tout : désherbez soigneusement la première année, car le chiendent infiltré dans les touffes adultes devient indestructible.

AVEC QUI Les grands sédums font merveille en groupes compacts, séparés par des armoises argentées, des sauges ou des lavandes.

Spécial paresseux : faites contraster les sédums pourpres avec les thyms serpolets et les sauges officinales.

Les sédums sont vraiment impeccables avec les graminées pas trop hautes (*Pennisetum orientale*), et les asters demi-nains.

Avec astuce, vous aurez planté des pavots d'Orient derrière, en deuxième plan, pour leur floraison printanière. Ils sont au repos au moment où les sédums fleurissent.

N'oubliez pas de glisser des gauras pour alléger la masse des grands sédums, un peu lourde.

Séquoia

Il y a fort à parier que ceux qui plantent un séquoia dans leur jardin n'en ont jamais vu des sujets adultes, fiers de l'être et plongeant leur lotissement de banlieue dans l'ombre, en menaçant les maisons alentours à chaque tempête. Certes, il est souple et ploie sous les rafales, mais que d'angoisses en perspective !

Seringat

Quand flotte dans l'air du soir l'insinuante odeur des seringats, on peut être certain que le printemps a triomphé du froid. Un jardin sans seringat est triste, il lui manque une touche de blanc, mais cela n'est pas le plus grave, c'est ce parfum de jeunesse, de corps vigoureux et de santé qu'il regrette le plus. Alors passez outre les allusions blessantes au feuillage plus que banal, au port raide et quelconque, et trouvez un emplacement sous le vent, capable d'embaumer tout le voisinage. Les anges vous remercieront.

Philadelphus coronarius

LEQUEL Les seringats à fleurs simples sont les plus charmants de tous, et les plus parfumés de surcroît. Le seringat des jardins (*Philadelphus coronarius*) est suavissime ; il en existe une forme à feuillage doré ('Aureus') superbe à mi-ombre.
'Beauclerk' présente un cœur rose, de même que 'Belle Étoile', au parfum délicieux. C'est une création des Lemoine, des pépiniéristes établis à Nancy, et qui furent les plus grands obtenteurs d'arbustes du début du siècle.
'Manteau d'hermine', 'Avalanche' ou 'Coupe d'argent' sont issus de leurs mains magiques. Pour les petits jardins, 'Silver Showers' (= 'Silberregen') constitue un bon choix, car il ne dépasse pas un mètre d'envergure. Floraison en mai-juin, comme les autres seringats.

COMMENT N'importe quel sol convient, même calcaire au possible. Bien sûr, si les conditions sont meilleures, la croissance sera au rendez-vous. Soleil ou mi-ombre. Pas bien glorieux, le jeune seringat, qui ressemble à un sauvageon tiré d'une haie de campagne. Achetez-le en conteneur car la reprise à racines nues est parfois étonnamment aléatoire. Plantez en toute saison, de préférence en automne ou au printemps.
N'oubliez pas l'encombrement final de cet arbuste, de 1 à 2 m de haut et de large, selon les variétés. Mais rassurez-vous, il se taille très bien, même court, et ne vous en voudra pas.
Nettoyez le buisson en enlevant les brindilles sèches, juste après la floraison en mai-juin.
On peut de la sorte obtenir une forme assez nette et dense. Mais conservez intacts les rameaux vigoureux qui renouvelleront la charpente.
Le petit truc qui change tout : un paillage en mai assure une croissance harmonieuse.

AVEC QUI 'Belle Étoile' est assez vigoureux pour former un écran de qualité, en arrière-plan d'autres arbustes, des hydrangéas et les spirées par exemple, ou de plantes vivaces hautes, comme les macléayas et les thalictrums.
Le seringat doré sera parfait juste devant des sureaux dorés, avec quelques troènes panachés taillés en boules, sur un tapis de fraises des Alpes à fruits jaunes.
Les seringats nains peuvent prendre place dans les plates-bandes de fleurs vivaces, en deuxième plan, par exemple derrière des pavots d'Orient, qui fleuriront en même temps qu'eux.

Sidalcea

Une des rares plantes vivaces où la variété blanche est plus solide que l'espèce type. Mais pas renversant de toute façon. Un plant de lavatère 'Mont Blanc' fait plus d'effet et coûte moins cher.

Silène

En version naine, une bonne plante pour les jardinières, histoire de changer le paysage au printemps. Mais on regretterait presque en contemplant ensuite le rose incertain. Un phlox mousse correspondra sûrement mieux à votre sensibilité.

Sillon

C'est bien droit, de préférence profond et large de 10 cm environ, et tracé à la binette pour servir de lit aux futures semences. Pas de beau sillon sans cordon tendu entre deux piquets. Du jardinage à la papa, du genre un peu maniaque mais pas dépressif.

Sisyrinchium

Il y a deux types de bermudiennes, joli surnom de cette plante vivace à courte durée de vie (trois ans).
On vous propose une version bleue (*S. montanum = bermudianum*) et une autre, blanc crème (*S. striatum*), nettement plus grande : 50 cm au lieu de 25 cm. Deux petites cousines des iris, à fleurs en étoiles, impeccables pour garnir un dallage en plein soleil. Se ressème allégrement. On appréciera sans se prendre la tête.

SKIMMIA

Un arbuste pas trop grand (1,20 m, en dôme aplati), à feuillage coriace et persistant, intéressant pour ses boutons à fleurs déjà présents en automne, qui s'ouvrent au printemps en répandant une senteur de muguet. Mais parfois des rameaux entiers se dessèchent sans raison.

On en usera en ville, dans les jardins un peu précieux et ombragés, en les mélangeant aux aucubas verts, aux bambous et aux piéris. La vie en grands bacs ne lui déplaît pas.

SOLEIL

Une fleur symbole à elle seule, pour la forme de ses capitules au cœur bombé entouré de rayons souvent flammés. Le tout se propulse à plus de trois mètres ou se contente du tiers, selon les variétés et la richesse du sol. Sublime au potager et, pour les soleils vivaces, en fond de jardin.

LEQUEL Parmi les soleils annuels, autrement dits les tournesols (nom impropre car ils ne se tournent absolument pas vers l'astre solaire), difficile de ne pas craquer devant 'Beauté d'Automne', qui mélange des coloris de feu sur des grandes fleurs (2 m de haut) ; et pour 'Ours en peluche' ('Teddy Bear'), qui est tellement double qu'il ressemble vraiment à un pompon géant, tout frisotté et d'un jaune d'œuf parfait. Il ne dépasse pas 1 m, ce qui est relativement peu pour un soleil. L'oiseau rare… Les amateurs de coloris brun tournant au pourpre tomberont sous le charme de 'Velvet Queen', le plus foncé des soleils, qui culmine à 1,6 m. Parmi les variétés de petite taille à fleurs simples et nombreuses, 'Music Box' est le plus intéressant, avec ses capitules variant du jaune clair au plus foncé, sur une plante ne dépassant pas 80 cm à 1 m. 'Floristan' est plus tourné vers le brun, et monte jusqu'à 1,2 m.

Ne confiez votre jardin qu'aux soleils vivaces non envahissants, comme 'Lemon Queen', jaune pâle acidulé (1,8 à 2 m, de la fin juillet à octobre) ; ou 'Soleil d'Or', moins grand (1,3 m) et à son aise en août. En revanche, méfiance vis-à-vis des *Helianthus rigidus*, envahissants au possible et vite lassants.

COMMENT Semez les soleils annuels fin avril ou début mai, quand la terre est réchauffée, en poquets comme des haricots, écartés de 30 cm en tous sens. Vous pouvez aussi semer en godet, à raison de deux ou trois graines, et repiquer à la mi-mai. N'oubliez pas les appâts antilimaces sinon les ravages seront éprouvants. Paillez en juin et arrosez pendant les chaleurs et la floraison, peu souvent mais copieusement. Par précaution, tuteurez les soleils géants car ils ont une assise sensible en sol meuble.

Plantez les soleils vivaces au printemps, dans une terre meuble et enrichie en compost. Écartez-les de 50 cm au moins car les touffes grandissent à toute allure. Divisez-les tous les trois ans, toujours au printemps.

AVEC QUI Les soleils annuels sont beaux entre eux, en grandes bandes décontractées, au bout du potager par exemple, juste devant des dahlias à bouquets.

Les soleils vivaces sont au mieux avec des graminées (penniseteum et miscanthus), et des rudbeckias vivaces.

SOLIDAGO

On rencontre souvent les verges d'or dans les terrains vagues et au bord des rivières, surgissant au mois d'août dans l'herbe haute, par grandes brassées de hampes couvertes de menues fleurs jaunes qui lui ont valu son surnom. Cette sacrée plante vivace se plaît partout, au point de devenir envahissante. Mais c'est l'alliée des paresseux, et de ceux qui trouvent que l'été est fait pour lire et bavarder, et non arroser et désherber.

COMMENT N'importe quel sol, au soleil ou à mi-ombre. Avec une préférence pour les sols frais, où il a tendance à devenir envahissant.

Achetez des plants de solidago en automne ou au printemps, chez un spécialiste en vivaces, et installez-les à 50 cm de distance dans la terre meuble, sans trop de façons.

On peut aussi très bien la multiplier en tirant de simples tiges un peu enracinées : elles fleuriront dans l'année, et formeront de belles souches dès l'année suivante.

Tous les trois ans, cernez les souches pour les empêcher de tout envahir.

LEQUEL 'Mimosa', très proche de la plante sauvage, 1 m ; 'Shorty', 1,50 m aux fleurs en éventail, plus tardive. Mais même le plus banal des solidagos, celui qui se ressème librement, peut devenir plus civilisé si vous le taillez à deux reprises en juin et août, pour renforcer sa présence. Supprimez les feuilles abîmées par le blanc ou oïdium.

AVEC QUI Des œnothères et des soleils vivaces pour vivre un été ensoleillé de vrai paresseux, avec un buisson ardent à fruits jaunes en guise de fond.

Une lavatère arbustive, des armoises et des sauges pour une harmonie en douceur.

SORBIER

Tout un groupe d'arbres sympathiques parce que pas trop grands, à feuillage léger, floraison estivale en grappes, et fruits décoratifs en automne. Ils ont été mis à l'écart pour cause de sensibilité au feu bactérien.

Sorbus domestica

À redécouvrir sans attendre : *Sorbus aria*, pour son feuillage argenté au revers, et ses fruits orangés (8 à 12 m) ; le sorbier des oiseleurs (*Sorbus aucuparia*), un peu raide habituellement mais intéressant pour ses grappes de fruits dont se régalent les oiseaux.

Le cormier (*Sorbus domestica*), au magnifique feuillage divisé, fleurissant en mai juin pour donner ensuite des fruits brun violet (15 à 20 m). Ou encore l'alisier (*Sorbus torminalis*) pour ses feuilles élégantes devenant rouge orangé à l'automne, écrin de feu pour les fruits rouges à la saveur acidulée.

'Joseph Rock' forme une pyramide très dense, constellée de perles orangées. Il résiste au calcaire et aux maladies classiques du sorbier.

Même dans un tout petit jardin, il y a place pour un *Sorbus vilmorinii*, petit arbre devenant rouge orangé à l'automne, ce qui fait vibrer les fruits rose foncé passant au blanc teinté de rose (4 à 6 m). Une pure merveille...

Souche

La base d'un arbuste très ramifié ou d'une plante vivace. Quand elle paraît trop mélangée aux mauvaises herbes, on arrache et on divise. Tout part de la souche.

SOUCI

Un nom bien mal trouvé pour une fleur vraiment sans histoires, qui ne présente qu'un seul inconvénient : son cycle de végétation est un peu décalé par rapport aux autres annuelles, et le pic de floraison a lieu en juin. Les grosses chaleurs déclenchent des attaques d'oïdium carabinées. Utilisez le souci pour ce qu'il sait faire : apporter une touche de couleur assez tôt. Planté début avril, il est fleuri un mois plus tard. Quand il disparaît, il cède volontiers la place à d'autres fleurs : rudbeckias, roses d'Inde ou zinnias.

LEQUEL 'Prince Indien' offre des fleurs assez hautes (60 cm) d'un orange foncé avivé par le revers des pétales acajou. Le bel 'Ollioules', jaune ou orange à cœur vert, est somptueux en bouquet.

COMMENT Semez le souci en septembre, ce qu'il fait d'ailleurs spontanément les années suivantes, ou en mars-avril, directement à demeure ou en godet, pour mettre en place le plus tôt possible. Le souci apprécie un sol ordinaire, plutôt léger. Supprimez les fleurs fanées pour prolonger la floraison, mais celle-ci ne résiste pas aux premières chaleurs. Extirpez alors les pieds, et plantez autre chose à la place.

Calendula officinalis

AVEC QUI Les soucis seront à leur aise dans le gravier, les bordures, en association avec les alysses, les bleuets ou les ibéris. Au sud de la Loire, essayez une fois de le semer en même temps que du blé, en octobre. Il redeviendra ce qu'il était à l'origine, une fleur de moisson toute en hauteur.

SPIRÉE

Une sacrée tribu que celle des spirées ! Des arbustes trapus en général, avec un naturel tenace, et une propension à fleurir en masse qui en fait l'un des plus beaux ornements du jardin. Ajoutez à cela un feuillage fin, qui prend parfois des couleurs subtiles, et vous comprendrez mieux pourquoi je n'hésite pas à les conseiller dans de multiples associations, en particulier avec les plantes vivaces, dont elles partagent le tempérament touffu.

Spiraea prunifolia

COMMENT Même si elles sont capables de survivre en sol médiocre et peu épais, les spirées seront plus belles si vous améliorez la terre avant la plantation, en incorporant du compost maison. Mais ce n'est vraiment pas indispensable dans la plupart des cas. Soleil ou mi-ombre, en particulier pour les espèces à feuillage doré, qui peinent un peu au soleil de l'après-midi.

On se procure généralement les spirées en conteneur, à moins qu'il s'agisse de boutures offertes par un voisin. Souvent les mottes de racines sont très denses, formant un feutrage incroyable, qu'il sera bon d'écorner avec un couteau pour laisser libre cours aux futures vraies racines d'ancrage. Cette opération est plutôt conseillée en automne qu'en pleine végétation, où cette amputation déclenche un contre-coup. Mieux vaut donc planter d'octobre à mars. Espacez les sujets de 30 à 80 cm selon leur encombrement final.

Spiraea bumalda

On paillera en juin pour s'éviter des corvées d'arrosages. La taille est conseillée pour régulariser la végétation. Elle consiste à supprimer les rameaux anciens, devenus secs et brun noir, et qui encombrent les touffes. On taille en mars les espèces fleurissant l'été, comme les spirées *bumalda* et *japonica* ; et, juste après leur floraison, les espèces printanières, pour laisser de la place aux nouvelles tiges, à la croissance spectaculaire.

Le petit truc qui change tout : on peut bouturer les spirées en été, mais il est plus simple d'éclater les touffes avec une bêche bien tranchante, en novembre.

AVEC QUI 'Goldflame' sera parfaite en bordure de grand massif, taillée pour former un dôme de moins d'un mètre. Disposez derrière des hellébores de Corse et des tulipes à fleurs de lis blanches, pour une scène de printemps pleine de gaieté. Excellent mariage également avec les hémérocalles, en particulier jaunes, cuivre ou orange.

Les spirées printanières blanches font merveille avec les cassis-fleurs, les lilas et les kolkwitzias, dans des grands bosquets un peu flous qui finissent le jardin. À tailler après la floraison, mais avec souplesse et pas forcément tous les ans.

Le bouquet de la mariée peut être calé contre un mur, qui va asseoir sa silhouette et lui donner du coffre.

SPIRÉES PRINTANIÈRES

Deux spirées chinoises immaculées vont commencer le défilé : la spirée de Thunberg (*S. thunbergii*), et celle de Van Houtte (*S. vanhouttei*), dont les noms saluent des grands découvreurs et introducteurs de plantes du siècle dernier. Floraison blanche en avril-mai, parfois même mars pour la première ; développement important, jusqu'à trois mètres en tous sens, belle forme souple, et même des couleurs automnales intéressantes, du moins pour la première.

La seconde offre en été un feuillage un peu bleuté, qui sert d'écrin aux autres plantes.

La spirée à feuille de bouleau (*Spiraea betulifolia*) forme une grosse boule d'un mètre d'envergure, surmontée d'un nuage de fleurs blanches réunies en bouquets serrés, donnant vraiment une impression d'ouate. Romantique à souhait en juin, et pas embêtante le reste de l'année, avec même l'appoint de couleurs d'automne intéressantes.

'Goldflame' (*S. bumalda* 'Goldflame') est une des plus belles parmi les spirées à floraison estivale, mais ce n'est guère pour ses bouquets aplatis et d'un rose triste que je vous la conseille. Son feuillage, jaune cuivre à la naissance puis teinté de vert et de rouille, est une splendeur, donnant de la luminosité aux massifs et permettant de subtils mariages de couleurs. Un rafraîchissage à la mi-août permet d'obtenir un nouveau feuillage pour tout l'automne.

LE BOUQUET DE LA MARIÉE

Le bouquet de la mariée (*S. prunifolia* 'Plena') fait partie de ces plantes, comme le corète du Japon, dont on a connu la version à fleurs doubles avant l'espèce type, d'ailleurs nettement moins intéressante.

Imaginez un arbuste assez érigé, n'hésitons pas à dire raide, atteignant la taille humaine sans devenir très large.

Il se couvre de fleurs très doubles, comme des petites roses pompons blanches, en avril-mai.

Et comme si ce n'était pas suffisant, les feuilles prennent des couleurs automnales somptueuses, parmi les plus raffinées dans le monde des arbustes.

Voilà qui permet de passer sur la silhouette dégingandée et la rareté, qui semble liée à des difficultés de multiplication. Une ancienne vedette des jardins de curé qui ne demande qu'à rentrer en grâce.

BELLES SPIRÉES BASSES

La spirée Grefsheim (*S. cinerea* 'Grefsheim') fleurit dès le mois d'avril, fontaine immaculée surgissant du sol tout au long de rameaux arqués d'une rare élégance.

Exactement l'écrin dont vos tulipes et vos fleurs printanières vont raffoler.

Grande discrétion le reste de l'année.

La spirée 'Little Princess' (*S. japonica* 'Little Princess') forme des larges coussins, qui disparaissent sous les fleurs de juin à septembre. D'un rose d'abord vif, puis tendre comme les tissus anciens un peu passés au soleil. Une excellente plante pour des premiers plans de massifs, qu'elle calera avec aisance.

La spirée 'Shirobana' mélange le blanc et le rose dans ses touffes. À tailler en souplesse pour limiter la hauteur à 1 m sans pousser la caricature jusqu'à la boule façon square désabusé.

Faites pousser une clématite à petites fleurs, *tangutica* ou *viticella*, dans sa ramure dégagée.

Le port souple et légèrement pleureur de 'Grefsheim' sera bien mis en valeur sur un muret, avec des genêts de Lydie en premier plan, et un monde de petits bulbes à surveiller : scilles au printemps, et cyclamens en automne. La spirée à feuilles de bouleau ponctuera de sa forme nette les massifs de plantes couvre-sol à mi-ombre. Bel effet de contraste avec les pervenches, les sarcococcas et les buis.

STAPHYLEA

Des arbustes venus de la Chine centrale, aux panicules blancs ou roses en avril, suivis de curieuses capsules translucides très décoratives. Comme ils ne dépassent pas 5 à 6 m d'envergure, ils ont leur place même dans les petits jardins. *Staphylea colchica* est le plus intéressant (4 à 5 m).

STEPHANANDRA

Un petit arbuste japonais (2 m), pas assez connu ni répandu dans le commerce : ses rameaux arqués slalooment en zig-zag, et portent d'élégantes feuilles découpées, qui tournent au jaune orangé en automne. La floraison de fin de printemps ajoute un moment émouvant, en épis nuageux. Sans fausse note.
Goûtez au *Stephanandra tanakae* et vous m'en donnerez des nouvelles. Il fera merveille à mi-ombre, en compagnie de fougères et d'hostas.

STERNBERGIA

Imaginez un crocus jaune qui choisirait septembre pour propulser ses gobelets à 20 cm de hauteur, avant de relâcher un feuillage en rubans fins qui persiste jusqu'en avril. Ce drôle de cycle inversé en fait le partenaire idéal pour les pavots d'Orient par exemple. En peu d'années, la colonie s'étend et personne ne saurait lui en vouloir, bien au contraire.

STYRAX

Méfiez-vous de ces arbustes ou petits arbres, si tentants quand on les découvre par exemple dans le jardin extraordinaire de M. Maymou, pépiniériste d'exception à Bayonne. Un port aérien, des feuilles menues ou immenses et presque rondes pour *Styrax obassia*, des clochettes blanches, des couleurs dorées en automne… n'en jetez plus !
Hélas, il faut une combinaison de sol et de climat assez rare pour que les styrax donnent le meilleur d'eux-mêmes. Petites natures…

SUMAC

Des petits arbustes à la silhouette en candélabre, portant en bout de rameau des chandelles de velours couleur amarante. Certes, le feuillage prend des nuances écarlates à l'automne, et il est parfois découpé comme des rinceaux Louis XV.
Mais justement, je trouve que le sumac en fait trop : il a un je-ne-sais-quoi de prétentieux qui m'indispose. Et méfiez-vous des drageons particulièrement insidieux du *Rhus typhina*, vous ne vous en débarrasserez pas facilement…

SUREAU

On oublie souvent les qualités des sureaux, pour râler seulement contre leur manie incessante qui consiste à se ressemer dans tous les coins.
Si leur feuillage ne sent pas toujours très bon, les fleurs répandent un doux parfum mielleux, en plein cœur du mois de juin.
Et quelle générosité : imaginez des bouquets grands comme des capelines de cocotte demi-monde !

LEQUEL Le sureau du Canada (*Sambucus canadensis* 'Maxima') étonne toujours par ses très grandes ombelles blanches, épanouies de mai à juillet, et qui ressortent bien sur le feuillage d'un vert cru.

Sambucus nigra

Le sureau noir de nos haies champêtres existe également en version dorée (*S. nigra* 'Aurea'), et pourpre (*S. nigra* 'Purpurea'), l'une comme l'autre très décorative. On peut, selon les goûts, conserver ou non les fleurs, ou privilégier le feuillage. Ne pas hésiter à tailler en été, pour rabattre un peu la végétation.
Laissez de côté les sureaux laciniés, qui sont de pauvres petits êtres, ainsi que le trop spectaculaire 'Sutherland' (= *S. racemosa* 'Plumosa Aurea'), qui fait vraiment plante trafiquée. De vrais coups fourrés !
COMMENT Le minimum leur suffit, un peu de terre profonde, même calcaire. Soleil ou mi-ombre.
Rarement proposés dans le commerce, les sureaux sont disponibles chez les pépiniéristes du cru (voir Ribanjou ou Fruits de saison), et vendus à racines nues, donc seulement en hiver. La raison ? Leur enracinement vigoureux se satisfait mal de la vie en conteneur. N'achetez que des sujets vendus en grands conteneurs, si vous ne pouvez faire autrement, et vérifiez que les racines n'ont pas fait dix fois le tour. On plante à 2 m de tout arbuste voisin.

Paillez copieusement en fin de printemps, et oubliez vos sureaux.
Le petit truc qui change tout : après la floraison, vous pouvez éliminer les bouquets fanés, de façon à réduire la formation de fruits.
Cette légère taille a pour effet d'exciter l'apparition d'un nouveau feuillage, ce qui est intéressant dans le cas des sureaux dorés.
On peut également tailler en mars, à 30 cm de hauteur, tous les sureaux, pour les forcer à donner un feuillage énorme. Mais que d'artifice !
AVEC QUI Les sureaux dorés seront parfaits en arrière-plan de troènes panachés laissés libres ou à peine taillés en dômes, avec quelques camomilles et des molènes pour donner de la hauteur. Idéal pour éclairer une zone ombragée par de grands arbres.
Un seul sureau pourpre suffit à donner de la puissance à une haie champêtre, à condition de le noyer dans les lilas et les arbres de Judée, avec des rosiers paysages 'Rush' ou 'Sourire d'Orchidée'.
On peut également l'associer avec le grand rosier *moyesii*, aux feuilles fines et aux fleurs couleur brique, qui dépasse les trois mètres de haut, et se glissera dans la ramure du sureau. Deux forces de la nature.
Le sureau du Canada sera parfait en compagnie des macléayas, qui ont à peu près la même hauteur mais plus de sveltesse.

SYMPHORINE

Nos aïeux nous ont dégoûtés des symphorines à force d'en planter dans les coins les plus déshérités, pour remplir à toute force les vides des grands parcs.
Mais je vous assure qu'une haie de ces arbustes bien taillés en rond est jolie toute l'année. Les oiseaux nichent dedans et le hérisson s'y terre. Par ailleurs, avec un brin de rien du tout, on peut la bouturer ou la marcotter. Alors, au diable les préjugés !
Les baies blanches ou roses décorent très honorablement la ramure en hiver. Profitez-en pleinement.

TABAC

En quelques années, ce paria est devenu un classique grâce à ses atouts, une floraison massive et un air bon enfant. Ajoutez le parfum et vous comprendrez pourquoi on ne saurait se passer de lui désormais. Mais gare aux variétés ras du sol, avilies par la sélection à outrance.

Nicotiana sylvestris

LEQUEL Le tabac existe en deux formats bien différents : les hybrides les plus répandus occupent le créneau de 40 à 80 cm. La forme de la fleur, simple comme un dessin d'enfant, permet à la couleur de jouer le premier rôle. On se régale avec des nuances rares : des rouges cramoisis saturés, chez 'Nicky' rouge, un vert acide unique en son genre chez 'Lime Green' (50 cm tous les deux). Le blanc pur éclate chez *Nicotiana alata* 'Grandiflora', qui sent vraiment très bon le soir, au moment où les fleurs s'ouvrent complètement. Le chouchou du moment est 'Apple Blossom', au rose modulé, clair de face et plus foncé sur l'extérieur de la jupe (30 cm).
Ces tabacs hybrides démarrent tôt, dès le mois de juin, et assurent toute la première partie de l'été.
Les grands tabacs surgissent à ce moment précis, et emballent la fin de la belle saison. Le feuillage opulent de *Nicotiana sylvestris* est un peu encombrant, mais il met bien en valeur les fleurs portées haut, à plus de 1,5 m. Pour la fantaisie, essayez également le tabac bleu, *Nicotiana glauca*, au feuillage lisse et vert bleuté, qui fleurit en jaune acidulé, et devient vivace si l'hiver est clément.
COMMENT Semez les graines fines en mars, au chaud, puis repiquez en godet avant de mettre en place en mai, quand la terre est déjà chaude. Ou procurez-vous du plant à ce moment et repiquez, les petits tabacs tous les 20 cm, les grands en les écartant de 40 cm. Paillez en juin, et arrosez copieusement ces derniers. Malgré leur taille impressionnante, ils n'ont pas besoin de tuteur.
AVEC QUI Le tabac sylvestre sera à l'aise avec des valeurs sûres comme les cosmos, les anémones du Japon, les rudbeckias, la belle-de-nuit, l'amarante queue de renard et, en bordure, les oreilles d'ours.
Les tabacs hybrides et les choux font bon ménage au potager, à 40 cm les uns des autres. Vous pouvez aussi les marier aux alysses maritimes, aux statices et aux agératums.
Le tabac vert est sublime avec les pétunias blancs et l'orge à crinière. Le tabac blanc appréciera la compagnie des gauras et des mélisses à feuillage doré. Suavissime.

TELLIMA

Attention, cette plante apparemment modeste est probablement une des futures vedettes des jardins décontractés de demain : feuillage sympathique, floraison légère, le tout à l'ombre, même sous des grands arbres. Alors retenez vite des godets chez Véronique et Jacques Détriché (La Grange aux vivaces) : ils proposent *Tellima grandiflora* 'Purpurea', au feuillage devenant rouge pourpre en hiver ; et 'Delphine', au jeune feuillage doré, une découverte d'un grand pépiniériste, M. Hennebelle, à Boubers-sur-Canche.

Terre de bruyère

Un mythe, créé au XIXe siècle, pour les horticulteurs de Paris dont la terre était trop calcaire pour permettre d'acclimater des nouvelles plantes exigeantes. Aujourd'hui, on vend sous ce nom un mélange de tourbes et de décapages de forêts, sans grand intérêt. Un bon terreau de feuilles convient mieux. Seules les plantes détestant le calcaire (rhodos et azalées, mais aussi hortensias ou camélias) requièrent des terres franchement acides, dans lesquelles on ajoutera simplement de la tourbe blonde.

Terreau

À l'origine, le résultat de la décomposition du fumier ou des feuilles mortes entassées. Noir et friable. Aujourd'hui largement remplacé par des mélanges à base de tourbe et de tas de trucs organiques, comme les boues de fossés. Si vous avez déniché un bon terreau, qui a fait de l'effet dans vos jardinières, réclamez-le à votre fournisseur car la valse des marques est redoutable.

THALIA

Derrière ce joli nom, se cache une plante aquatique surprenante pour son feuillage semblable à celui des strelitzias, et ses fleurs pourpres en épis, un peu comme le buddléia (2,5 m). Floraison de fin d'été. Pour la moitié ouest et sud de la France. À abriter du froid.

THALICTRUM

Les hellénistes retrouvent dans l'étymologie du mot thalictrum une idée de puissance, et le moins qu'on puisse dire, c'est que pour une fois les botanistes ont eu la main heureuse, car peu de plantes vivaces produisent un tel effet au printemps, quand démarre la végétation. En une poignée de semaines, ce qui n'était que rosettes de feuilles et petits bourgeons se transforme en une masse avantageuse de feuillage glauque, hissant à hauteur d'homme des grands plumets jaunes ou pourpres. Regrettons simplement que le bon sens populaire ne se soit pas approprié cette appellation savante pour en faire un joli petit nom, celui de pigamon, qui traîne dans la littérature, étant décidément un peu pataud pour une telle plante. La plume au vent serait assez appropriée.

LEQUEL Le thalictrum à feuille d'ancolie (*T. aquilegifolium*) atteint 1 m de haut, et pousse le mimétisme avec les ancolies jusqu'au moment de la floraison, où ses plumets duveteux d'un rose lilacé permettent de le distinguer enfin, sur ce feuillage glauque d'une rare finesse. Sitôt fané, il se ressème partout, et tout le feuillage s'abîme. On le mettra donc en second plan pour ne pas avoir de grands vides sous les yeux, et on le rabattra sans façon.

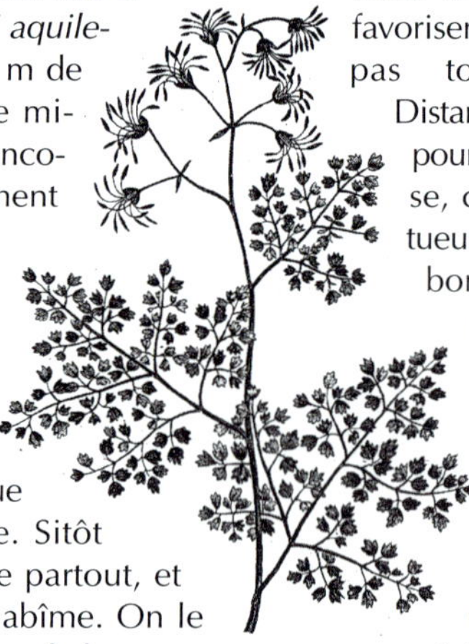

Le thalictrum jaune (*T. flavum*) en étonne plus d'un par ses tiges solides, dépassant allégrement 1,80 m, pour s'épanouir en panaches d'un jaune acidulé. Feuillage glauque d'une belle qualité. Si on coupe les fleurs une fois la floraison passée, on préserve la beauté des feuilles.

Tout à fait différent des précédents, le thalictrum de Delavay rappelle la mémoire d'un père missionnaire français parti herboriser et prêcher la bonne parole en Chine, au siècle dernier. Ce thalictrum chinois est bien plus tardif, puisqu'il épanouit des fleurs en juillet-août, au lieu de le faire en juin. Des vraies fleurs alors que les autres ne disposent en fait que de toupets d'étamines. Chez lui, les minuscules coupelles mauves parsèment des bouquets ramifiés comme ceux de la gypsophile. Mais, ici, la plante atteint couramment 1,50 m de haut, d'où un spectacle d'une grâce infinie. Malheureusement, ce thalictrum est un peu plus souffreteux que les autres, et on ne manque pas de l'éborgner au printemps, ses frêles pousses cassant comme du verre. Il existe une forme double, mais je n'ai jamais compris l'intérêt qu'on lui porte.

COMMENT Un sol profond et riche en humus leur rappellera les clairières ou les prairies humides de leur origine. Soleil et mi-ombre.

On se procurera les thalictrums en automne de préférence pour les installer dès que possible, ce qui favorisera la première floraison, pas toujours somptueuse. Distance de plantation 30 cm, pour obtenir un effet de masse, car cette plante majestueuse ne prend guère d'embonpoint. Marquez l'emplacement de la plantation avec des petits bambous, car tout disparaît pendant l'hiver, et l'on est souvent tenté de biner les jeunes pousses au printemps.

On peut aussi les semer en juin-juillet, en pépinière sous ombrière, et les repiquer au printemps suivant. Mais trouver les graines ne sera pas évident : peut-être par l'intermédiaire d'une bourse d'échanges, ou encore en adhérant à la SNHF pour profiter des échanges de graines organisés par la section Plantes vivaces...

Question entretien, on se contente d'enlever les hampes sèches en hiver, pour faire place nette. Pas besoin de tuteur, hormis en zone ventée et pour les plus hauts (*T. flavum*).

Le petit truc qui change tout : on ramassera les semis spontanés qui ne manquent pas, surtout pour le thalictrum à feuille d'ancolie. Replantez-les dans tous les recoins un peu ombragés, en fond de massif.

AVEC QUI Le thalictrum à feuilles d'ancolie sera parfait derrière ces dernières, surtout si elles arborent des coloris clairs, en compagnie de jacinthes des bois et de sceaux de Salomon. Joli contraste également avec les méconopsis jaunes (*M. cam-*

brica), les seuls acceptables dans un jardin ordinaire.
Le thalictrum jaune surgira au sein de rosiers muscats, en compagnie de spirées 'Goldflame'. Effet de camaïeu à rechercher parmi les feuillages glauques des rues, euphorbes et fétuques bleues.
Le thalictrum de Delavay est sublime, associé aux fuchsias rustiques panachés (comme 'Versicolor'). Une scène à disposer dans un coin de jardin abrité du soleil de l'après-midi. On glissera peut-être un tuteur si tout a tendance à s'effondrer, et on entourera d'astilbes chinoises. Quelques tricyrtis pétilleront non loin de là. Ces fleurs étranges surgissent tard en saison, en septembre.

THERMOPSIS

Un vrai faux lupin vivace, bien plus pratique à installer au jardin que l'authentique, car résistant au calcaire et peu attirant pour la gent gastéropode. On dégustera les fleurs jaunes en été, d'autant qu'elles sont mises en valeur par le feuillage vert bleuté. Mettez en place au printemps.

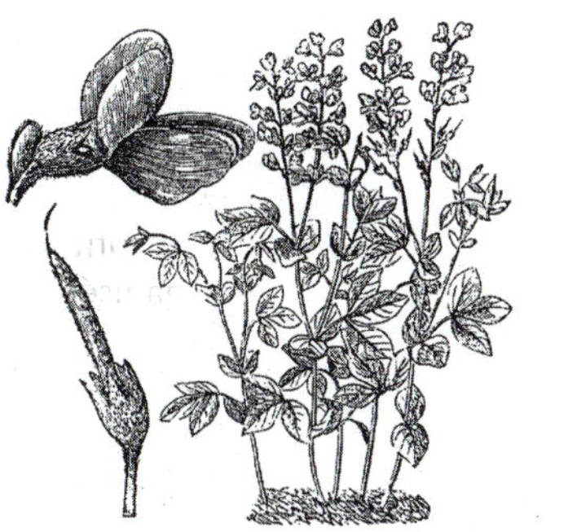

Jean-Louis Latil (Lewisia) propose cette beauté et quelques autres comme *T. lupinoides*.

THUNBERGIA

Une gentille liane qui donnera instantanément à votre terrasse un air exotique. Est-ce dû à ses fleurs à œil noir, d'une nuance rare, qualifiée de jaune nankin (*T. alata*) ? Ou à son exubérance qui ne semble pas connaître de limites…

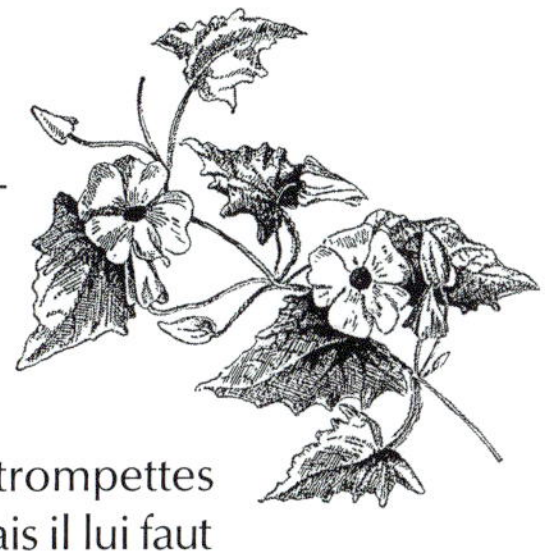

Sa cousine *T. gibbsonii* est encore plus épatante, avec ses trompettes orange, mais il lui faut le soleil de la façade atlantique ou du Midi pour prospérer. J'en ai vu de superbes exemplaires dans un petit port de pêche face à Arcachon.

THUYA

Trop, c'est trop. Alors, même si le thuya est un arbre fantastique quand on le laisse vivre en liberté, on s'en passera dans les haies, car non seulement il lasse, mais il devient de plus en plus sensible à une foule de parasites. Une charmille et surtout une haie mélangée seront plus amusantes que cette muraille anonyme.

THYM

Indispensable dans le carré de plantes aromatiques, pour donner du tonus aux sauces tomate et au pot-au-feu. Irremplaçable dans les dallages, les jardinières en pierre et les rocailles, pour son feuillage laineux. Meilleur que le buis pour créer des haies basses au potager, car il n'héberge pas les limaçons. Pour chacun de ces emplois, il y a des thyms spécialisés.

LEQUEL Le thym ordinaire est déjà fort sympathique mais on craquera devant sa version dense, *Thymus vulgaris* 'Compactus', qui se développe en boule serrée, de 25 cm d'envergure. Une bordure toute trouvée.
Les thyms panachés joignent le parfum et l'attrait esthétique, et cela tout au long de l'année puisqu'ils sont persistants. Signalons *T. citriodorus* 'Bertram Anderson', tout doré ; 'Golden King', un élégant panaché d'or et de vert ; 'Doone Valley', doré l'hiver et lilas l'été quand il disparaît sous les fleurs. Déjà argent et crème habituellement, 'Silver Queen' pousse l'élégance jusqu'à se teinter de rose tendre sous la morsure du froid.
Le thym serpolet, *T. serpyllum*, et le thym laineux, *T. lanuginosus*, sont de formidables couvre-sol pour le plein soleil, le premier en vert tendre et mauve, le second en bouclette argentée et rose doux. Pas plus de 5 cm pour les deux, et une croissance de start-up qui transforme un godet en un plat à tarte en une saison.

COMMENT Mettez en place les thyms en septembre ou en mars-avril, ce qui sera préférable dans les régions à climat rude. Un sol quelconque voire pauvre et sec lui convient, mais il réclame le plein soleil : on n'est pas un fils de garrigue pour rien !
Après la floraison, passez la cisaille pour remettre de l'ordre. En mars, saupoudrez les touffes avec une poignée de sable que vous faites entrer en caressant. La division de touffe est facile, en août de préférence avec replantation immédiate. On récupère facilement des marcottes déjà enracinées, ce qui évite d'avoir à remuer une belle touffe installée.
Le petit truc qui change tout : même si, par la suite, la vigueur du thym épargne tout travail, un désherbage minutieux est nécessaire la première année.

Thym serpolet

AVEC QUI Glissez le thym entre les ibéris, les lavandes, le romarin et les buis, dans un coin très conceptuel et éloigné de tout arrosage.
Les thyms et serpolets sont de divins sujets de collection en grands pots un peu plats. À l'occasion, ils y mettront en valeur des petits bulbes fugaces comme les iris histrions.

TIARELLA

Que planter dans un recoin ombragé et sec ? À cette question lancinante, une réponse immédiate : des tiarellas. Cette plante nord-américaine a la robustesse des mauvaises herbes, et la grâce des matins de mai, quand ses fleurs en panaches infiniment légers s'épanouissent au-dessus d'un feuillage joliment dessiné, avec souvent des nervures brun violet soulignées comme dans les anciennes gravures botaniques. Et de surcroît, elle prend de jolies couleurs automnales, dans toutes les nuances cuivrées.

Tiarella cordifolia

LAQUELLE La *Tiarella cordifolia* est vigoureuse, et forme rapidement un tapis de feuilles couvrant bien le sol. Floraison blanche, en avril-mai. Hauteur 20 cm.

La *T. wherryi* reste groupée car elle ne produit pas de rhizomes. Son feuillage prend une nuance vert émeraude, avec une macule brune à la base. Fleurs blanches légèrement teintées de rose, en mai, persistant plusieurs semaines. Un peu plus haute que la précédente (35 cm).

Tout un peloton de nouveautés déferle actuellement : 'Ninja', aux feuilles noires à bordure vert clair ; 'Pink Bouquet', lavée de pourpre, à fleurs rose clair ; 'Skeleton Key', plus basse et toute mignonne (20 cm). À déguster chez Véronique et Jacques Détriché (La Grange aux vivaces).

COMMENT Un sol riche en humus, peu calcaire et toujours un peu frais, est ce qui convient le mieux. Mais même si les conditions sont plus difficiles, les tiarellas s'accrocheront. Ombre et mi-ombre.

On trouve les tiarellas en godets, à planter en automne ou au printemps. À écarter de 25 cm en tous sens. Désherber durant la première année. On paillera au printemps pour s'affranchir de tout entretien par la suite. Les touffes peuvent rester longtemps sans avoir besoin d'être divisées.

Si elles fanent trop souvent, déplacez-les pour les mettre plus à l'ombre l'après-midi.

Le petit truc qui change tout : si vous souhaitez augmenter votre cheptel, récupérez des stolons, ou gourmands, qui s'échappent des touffes vers l'extérieur. À faire au printemps par exemple. Un petit stage au potager, sous ombrière, les renforcera avant la mise en place définitive.

AVEC QUI Les tiarellas formeront des bordures et des tapis au pied des grands arbustes et des arbres. Accompagnez-les avec des ancolies, des pulmonaires, des pervenches, des violettes et des lamiums, en ponctuant le tout avec des thalictrums et des buis panachés, pour réveiller leur côté plan-plan.

TIGRIDIA

Une fleur bulbeuse au graphisme amusant mais vraiment trop peu durable, même si les corolles tachetées se renouvellent pendant trois semaines. Essayez une année pour divertir les enfants qui plongeront leur regard dans celui du tigre peint sur les pétales. Mais alors, autant planter les bulbes au potager, en plein soleil, au pied d'un concombre par exemple. Une jolie diversion.

TILLEUL

L'arbre encensoir du jardin quand il épanouit ses fleurs en juin. Mais aussi le réservoir de glu noire quand les pucerons se mettent de la partie. Fouinez un peu pour trouver le *Tilia henryana*, aux grandes feuilles duveteuses dentelées tout en finesse, qui fleurit en septembre.

TOLMIEA

Surnommée la poule et ses poussins à cause des plantules qui naissent au creux des feuilles adultes. Tachetée de jaune crème chez 'Taff's Gold', elle mérite de quitter le buffet pour meubler le pied des arbustes, près de la maison. Patiotissime.

TOMATE

La tomate est un légume drôle, gai, pimpant, léger, charmant et généreux. Elle enchante nos plats de l'été, se rappelle à notre souvenir en hiver dans les coulis mis en conserve, et signe le talent du jardinier. Le potager lui doit sa beauté opulente du mois d'août, les tuteurs enfin cachés par le feuillage rugueux à la senteur si particulière.

LAQUELLE Nostalgique, gardez une place pour la 'Marmande', toute côtelée, ou encore la 'Saint-Pierre', grosse et assez précoce. Mais goûtez également aux hybrides, comme 'Agora', 'Boa', 'Dona' (Vilmorin) ou 'Prisca', 'Lucy' et 'Delfine' (Caillard) remarquables par leurs fruits charnus bien réguliers, à la saveur bien équilibrée. Ces hybrides très productifs résistent à de nombreuses maladies.

Gardez de la place pour les tomates à petits fruits dont la plus exquise est l'hybride 'Sweet 100' (Caillard), qui finit par former un buisson à hauteur d'homme, et la trop rare 'Gardener's Delight' (Délice du jardinier), aux fruits un peu plus gros, très charnus, et à la peau fine, ce qui n'est pas le cas de toutes les tomates-cerises. Une production record de surcroît.

Une fois ce schéma de base adopté, amusez-vous chaque année, et testez des variétés anciennes, des olivettes rigolotes comme tout, des jaunes et des orangées, des poires et des cœurs de bœuf. Il y a vraiment l'embarras du choix dans les catalogues spécialisés (Biaugerme, la Ferme de Sainte Marthe, Kokopelli), et en plant chez Bureau et au Corti. J'ai bien aimé 'Oaxacan', un peu aplatie, côtelée, à senteur de rose ; 'Ivory Egg', en forme d'œuf, jaune ivoire ; 'Evergreen', une tomate verte très suave ; la tomate jaune à farcir, comparable à un poivron de la même nuance, que l'on farcira pour servir crue.

COMMENT Pour obtenir le meilleur des tomates, une terre profonde, bêchée à 30 cm, et amendée avec du fumier bien décomposé ou du compost maison, est requise. On ajoutera une petite poignée par pied d'engrais complet, juste avant la plantation. Exposition ensoleillée du matin au soir.

Bien sûr, on trouve du plant tout fait, en clayettes pas chères du tout. Mais trouverez-vous l'hybride que vous souhaitez ? Et l'élevage du jeune plant est si facile que vous ratez des épisodes excitants.

À la mi-mars, récupérez un emballage de pâtisserie industrielle, bien transparent, et remplissez-le avec du terreau. Avec le doigt, marquez des petits trous d'un centimètre de profondeur, espacés de 5 cm, au carré. Une graine dans chaque trou, recouverte d'un peu de terreau.

Arrosez gentiment et placez sur un radiateur, près d'une fenêtre exposée plein sud. La levée demande dix jours environ. Arrosez de temps à autre, et ouvrez le couvercle des emballages pendant la journée. En général, une vingtaine de plants suffisent pour une famille.

Vous repiquerez un mois après le semis, en disposant chaque plantule dans un pot individuel de 7 à 8 cm, toujours rempli de bon terreau. Enfoncez le plant jusqu'aux premières feuilles ou cotylédons. L'étiquette individuelle doit suivre.

On continuera d'héberger à la maison, en disposant une feuille d'aluminium derrière pour renvoyer les rayons du soleil sur la face cachée, ce qui évite d'avoir du plant tout étiolé d'un côté.

Le moment critique arrive souvent à la fin avril ou au début mai, quand il faut habituer progressivement le plant à la vie au grand air. Trouvez une place sous un châssis ou un tunnel. Écartez les plants de façon que la lumière les baigne de tous côtés. Fermez pendant la nuit, et ouvrez largement si le temps est au beau fixe, mais pas trop tôt le matin car la température peut être frisquette. Si le plant devient un peu violet, c'est signe qu'il a froid. En général, tout revient dans l'ordre au bout de quelques jours. Le plant atteint 25 cm de haut, et montre les premières fleurs en boutons. Le moment est venu d'installer à demeure.

C'est le cas également si vous achetez votre plant tout fait, faute de temps. Nous sommes à la fin avril (patientez quinze jours plus tard au nord de la Seine), et la terre est déjà un peu réchauffée.

Creusez des trous de 25 cm de profondeur, et posez le plant délicatement, en le couchant un peu. Rabattez la terre fine dessus. Arrosez. Enfoncez tout de suite le tuteur, qui sera un tasseau de sapin de 4 cm de côté, et long de plus de 1,80 m, ou encore des tuteurs spiralés qui évitent d'avoir à attacher, la tige passant au centre des spirales. N'oubliez pas les étiquettes qui permettent de comparer les variétés entre elles. Des appâts anti-limaces éviteront des attaques sournoises. Si les matins sont encore frais, un voile de forçage donnera quelques degrés de mieux.

Tuteurez au fur et à mesure de la croissance. En général, on profite de cette opération hebdomadaire pour enlever les gourmands, c'est-à-dire les tiges secondaires naissant à l'aisselle de chaque feuille. Si cette opération est négligée, la végétation est buissonnante, et les fruits mûrissent tardivement. Seules les tomates à petits fruits peuvent être laissées à leur guise, mais il n'est cependant pas mauvais d'enlever quelques gourmands par-ci par-là.

Les arrosages seront copieux et hebdomadaires, plutôt que quotidiens et légers.

Un paillage épais de 5 cm, à base de compost-maison ou de fumier mûr, aura pour effet de modérer l'évaporation et de maintenir le sol en bon état. Les premières tomates sont mûres à la mi-juillet.

Le petit truc qui change tout : plutôt que de traiter avec de la bouillie bordelaise, qui macule le feuillage, utilisez de l'acétate de cuivre. Ce produit évite les attaques de mildiou, et provoque un effet euphorisant sur le feuillage (disponible chez Magellan).

AVEC QUI La tomate aime la compagnie du basilic et de l'aneth. Pour le reste, on la laissera tranquille car il lui faut beaucoup de soleil. Disposez-la en rangs, en plantant à 70 cm de distance. Les tomates-cerises à grand développement peuvent être conduites sur du filet à ramer, jusqu'à 1,60 m de haut, puis on coupe tout ce qui dépasse, en entrelaçant les gourmands inférieurs dans le filet. De la sorte, la production est phénoménale, et l'on obtient une sorte de haie à mi-hauteur, qui cache le reste du potager aux regards.

TRACHELOSPERMUM

Un faux jasmin plus gracieux que le vrai car à feuillage persistant coriace et floraison abondante, en mai-juin. Palissez-le sur une façade exposée plein sud, sous le climat de la vigne. Ailleurs, une véranda et un gros pot sont nécessaires. Le trachélospermum figure parmi les dix meilleures plantes grimpantes.
Deux espèces sont proposées : *T. jasminoides*, le plus rustique ; et *T. asiaticum*, qui résiste fort honorablement et peut aussi bien garnir un talus qu'un treillage. Existe aussi en version panachée assez élégante, ma foi.

TRADESCANTIA

Misère, misère, aurait dit Coluche. Au jardin, cela donne une touffe de feuillage effilé et des fleurs en tricorne bleu violet, rose mauve ou blanc. Parfait à mi-ombre, là où l'eau ne manque pas.

TRICYRTIS

Curieuse plante vivace japonaise qui apprécie la mi-ombre dégagée et les sols riches en humus. Les fleurs naissent en septembre, étonnantes étoiles crispées et tachetées, blanc et pourpre (*T. hirta*, 80 cm).

TRILLIUM

Un bulbe rare, cher et capricieux. Monsieur ne s'est toujours pas fait à l'idée que votre jardin n'est pas un sous-bois frais niché en Amérique du Nord, d'où il est originaire.
Dommage parce qu'on aimerait qu'il soit plus envahissant avec son gracieux feuillage à trois lobes et ses fleurs blanches ou rouges à trois pétales étalés.

TROÈNE

Mal aimé, voire carrément haï, le troène n'a toujours pas compris d'où lui venait cette aversion partagée par les amateurs de jardins un peu snobs, qui font leurs courses aux fêtes des plantes en se contentant de lorgner la longueur des étiquettes.

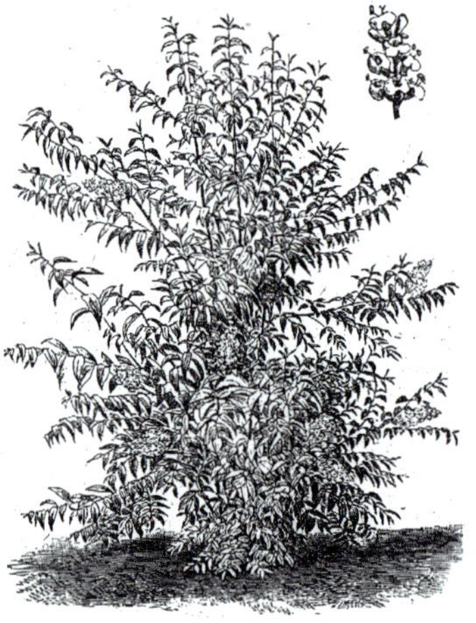

Fermez les yeux, et rappelez-vous : ce n'est plus tout à fait le printemps, et pas encore l'été ; dans les rues de banlieue assoupies par le soleil de juin, les chats se glissent entre les barreaux des grilles, faisant vibrer les branches des arbustes.
Une senteur mêlant le miel et l'aubépine se répand au passage, flottant dans l'air. Pour beaucoup, elle évoque les dernières semaines d'école, quand les programmes s'effilochent, ou encore les débuts incertains de ces vacances tant rêvées. Un vrai parfum de nostalgie, qui se marie avec l'évocation des années 50 et 60, véritable âge d'or du troène. Qu'il s'en est planté alors, en haies autour des pavillons, en alignements près des grands ensembles, même le long des premières autoroutes !
S'ils ont excité le talent topiaire de quelques jardiniers, bien vite ces troènes ont fait figure de déshérités, mal taillés, jamais soignés, jamais arrosés. Dans ces conditions, il n'était pas difficile de leur opposer les thuyas, toujours verts, ou même les pyracanthas ou les cotonéasters, qui ont des fruits jolis, au moins... Et comme les jardiniers ne font pas les choses à moitié, ils ont banni dans la foulée tout le genre *Ligustrum* de leurs commandes, oubliant les services rendus, les jolies haies poussées en un rien de temps, et ce parfum envoûtant quand des branches non taillées se permettent de fleurir, se prenant, l'espace d'une semaine, pour un petit lilas.
Mais nous sommes prêts à parier que ce purgatoire est en train de s'achever, car les troènes partagent avec quelques autres arbustes des qualités si précieuses que l'on ne saurait se passer de leur présence. Amis jardiniers qui recherchez des arbustes à feuillage élégant, faciles à mettre en forme, rigoureusement increvables et multipliables comme à plaisir, ceci vous intéressera.
Quant aux autres, qu'ils attendent que leurs derniers essais d'arbustes époustouflants aient fini au tas de compost pour tourner leur regard vers nos braves troènes, ces Cendrillon des jardins.

COMMENT Les besoins se résument à vraiment peu de chose : un sol ordinaire, voire médiocre, du moment qu'il offre un peu de profondeur aux racines. Soleil ou mi-ombre.
Achetez vos troènes directement à la pépinière, en hiver. Ces arbustes supportent très bien l'arrachage à racines nues, du moment qu'on ne laisse pas ces dernières se dessécher. Enterrez le point de départ sous 20 cm, de façon à favoriser l'apparition de racines vigoureuses tout au long de ce bois. Les touffes seront

ainsi automatiquement ramifiées dès la base. Coupez les branches à mi-hauteur en mars.

Paillez et arrosez copieusement pendant le premier été. Les deux premières années, et toujours pour qu'elle se ramifie, n'hésitez pas à tailler votre haie de troènes à mi-hauteur, sinon elle double de volume chaque année, sans se renforcer. Ensuite, taillez à deux reprises, en mai et en septembre. Mais on peut laisser les troènes fleurir et les tailler juste après, avec souplesse.

Le petit truc qui change tout : ne laissez pas monter la haie trop vite, sinon elle se dégarnira du bas. En concédant 15 cm de plus chaque année, vous faites bien. Et donnez du « fruit » à la haie : comme un vieux mur, elle doit présenter des faces inclinées, autrement dit être plus étroite de la tête que du pied.

AVEC QUI Les troènes sont des concurrents redoutables pour les autres plantes, car leurs racines superficielles sont à l'affût de la moindre goutte d'eau, et de tout ce qui peut nourrir leur croissance vertigineuse. Laissez-leur un mètre pour s'exprimer.

Ils seront parfaits en fond de massif, ou parmi d'autres arbustes dans des haies libres et champêtres : les fusains d'Europe, les grands deutzias et les spirées se marient bien avec les troènes vulgaires.

Les troènes dorés ou panachés peuvent éclairer des scènes à mi-ombre, par exemple devant des sureaux dorés, et en compagnie de spirées 'Goldflame' et de fraisiers à petits fruits. Des juliennes des jardins et des camomilles seront laissées libres de se ressemer dans cet écrin.

TROÈNE COMMUN ET VARIANTES

Le défilé commence avec le *Ligustrum vulgare*, le troène commun que l'on trouve spontanément dans les haies champêtres et les clairières. Pouvant atteindre trois mètres, il fleurit en juin et juillet. De nombreuses variantes sont apparues : fruits blancs ou jaunes au lieu d'être pourpres, presque noirs ; ou encore panachure jaune, et même une variété au feuillage plus persistant, originaire d'Italie. La persistance des troènes est un sujet de grande controverse : que l'hiver soit rude, se traîne en longueur ou soit parcouru de grandes tempêtes, et la majorité du feuillage des troènes se fera caduque. Les Danois ont cependant sélectionné une forme, mise au commerce par les pépinières Minier en 1976, et qui présente l'avantage de garder ses feuilles jusqu'à l'apparition des nouvelles, au printemps. Son nom : 'Atrovirens Select'.

TROÈNES ASIATIQUES

Le troène de Chine (*L. chinense*), au feuillage semi-persistant, présente une floraison blanche assez gracieuse. Le Japon n'est pas en reste avec le *L. japonicum*, qui fit sensation au siècle dernier, lors de son introduction, à cause de son feuillage beaucoup plus persistant que les autres troènes. Il fleurit plus tard, de juillet à septembre, et supporte aussi bien les terrains médiocres. Il existe en version dorée, et la floraison blanche en disparaît presque devant tant d'éclat. Excellent pour relever une exposition demi-ombragée.

Restons dans cet archipel pour admirer le troène de Californie (*L. ovalifolium*), si mal nommé puisqu'il est également originaire du Japon. Son acclimatation de l'autre côté du Pacifique a justifié ce surnom. Il a largement remplacé le troène vulgaire pour son feuillage semi-persistant, et sa rapidité de croissance.

Il supporte admirablement le calcaire et peut constituer des haies strictes ou au contraire libres.

Une sélection à feuillage panaché d'or fait partie des arbustes les plus élégants qui soient, car le bois assez souple permet de le tailler au minimum pour obtenir des boules du plus bel effet. En le plantant en masses devant un fond de sureaux dorés, en compagnie de soleils vivaces, on obtiendra une scène chaleureuse et douce à la fois. Par sa résistance à la pollution, il constitue un arbuste de qualité pour les jardins urbains, qu'il égaiera de mars à novembre.

Le *Ligustrum vicaryi* serait un hybride entre le troène commun et celui de Californie à feuilles dorées. Il présente des feuilles relativement petites et un port en boule qui demande un minimum de taille pour rester élégant. Sa nuance dorée persiste même à l'ombre d'un noyer.

TROÈNE CORIACE ET GÉANT

Chez le *L. japonicum* 'Rotundifolium' (ou 'Coriaceum'), les feuilles carrément persistantes sont épaisses, coriaces et d'un vert foncé. On peut lui reprocher un port parfois dégingandé, mais sûrement pas de passer inaperçu. Vous serez bien avisé d'en acheter une paire, pour disposer de part et d'autre d'un escalier.

Le *L. lucidum* est le plus grand de tous puisqu'il culmine à 20 m dans ses forêts chinoises natales, et a déjà atteint 14 m en Angleterre.

Plus un arbre qu'un arbuste, mais son encombrement relativement réduit et son feuillage persistant, large comme celui du lilas et brillant, devraient lui valoir plus de succès dans les villes. Carrément superbe dans sa version panachée, moins encombrante d'ailleurs.

Tous fleurissent blanc en juin-juillet, si on les laisse pousser en liberté.

Tourbe

Une vraie éponge naturelle, obtenue par la décomposition au fil des siècles des mousses. Pas nutritif pour un sou mais améliorant du sol assez exceptionnel. Par souci écologique, on essaiera de limiter sa consommation au strict minimum, d'autant que des substituts existent.

Tubéreuse

S'il y avait un championnat de parfum, la tubéreuse serait hors concours. Cette belle mexicaine n'est pas un premier prix de beauté : feuillage banal, et hampe de fleurs blanches, à la texture cireuse. Mais la senteur est carrément époustouflante. Hélas, il lui faut une terre extra et beaucoup de chaleur, sans compter qu'après la floraison, madame se repose pendant plusieurs années. On se contentera de la humer chez les fleuristes de luxe.

Tubercule

Parties de rhizomes (ou de racine, mais c'est plus impropre) renflée et gorgée de réserve : pomme de terre, patate douce, mais aussi bégonia ou dahlia. Autrefois, on disait bégonia tuberculeux. Moi, je trouve cela justifié quand je contemple certains coloris pas franchement francs du collier.

Tulipe

Elle vous énerve la tulipe, parce qu'elle est trop belle, lissée et manucurée comme une princesse. Alors, vous décidez de la bannir. Peine perdue, dès l'automne suivant, elle vous fait de l'œil dans ses pochettes outrageusement colorées ou au détour d'un catalogue, et c'est reparti. Quand on est accro à la tulipe, c'est pour la vie…

COMMENT Les tulipes apprécient une bonne terre de jardin, enrichie de compost et beaucoup de soleil. Achetez des bulbes sains, ce qui n'est pas toujours facile à voir dans les sachets : ils doivent présenter une pellicule havane et satinée qui laisse apercevoir un bulbe d'un ivoire impeccable. Plantez à 15 cm en tous sens, par douzaine au moins pour faire de belles taches de couleurs, dans une terre enrichie d'une poignée d'engrais complet au mètre carré. Enfoncez bien les oignons à 15 cm sous terre, pour le moins.

Les tulipes réussissent aussi en pots, dans un mélange à part égal de terre de jardin et de terreau universel, mais il faut les choisir grands, au moins 25 cm de diamètre, et les planter serré à 5 cm d'intervalle. Les petites, comme Général de Wet, les doubles et les botaniques réussissent bien ainsi.

Coupez les fleurs fanées pour les empêcher de monter à graine, et arrosez-les à l'engrais liquide, pour qu'elles accumulent un maximum d'énergie pour refleurir, car de nouveaux bulbes sont en formation. Arrachez les plus belles sitôt leur feuillage fané, pour les stocker au sec pendant l'été, sinon elles dégénèrent, voire disparaissent tout simplement : les campagnols et les petites limaces noires les aiment bien.

TULIPES CLASSIQUES

Dès MARS, le festival commence avec 'Purissima', une grande blanche d'abord verte, puis crème, très seyante avec les jacinthes bleues en fleurs à cette époque ; sa camarade 'Yellow Purissima', lavis de jaune et blanc plus doux que 'Candela' ; 'Sweetheart', sorbet vanille porté à 40 cm par une forte tige. Bel effet de masse. 'Général de Wet', jaune indien suffusé de rouge, menue et parfumée ; 'Chaperon rouge', une courte sur patte au drôle de feuillage criblé de brun, amusante en jardinière. Rigolotes aussi les tulipes doubles précoces, si lourdes qu'elles courbent leurs tiges, adorables le matin quand elles sont perlées de rosée : la rouge 'Carlton', la rose 'Queen of Marvel' et surtout la jaune 'Monte Carlo' ou 'Orange Princess', jaune orangé strié de vert (30 cm). 'Monsella' offre un régal de jaune strié de rouge, agrémenté d'un léger parfum (25 cm). Le mélange, baptisé 'Murillo' est amusant.

En AVRIL, le rose se décline en des nuances exquises, du très clair comme 'Douglas Bader' ou 'Menton' (extra en mélange avec la blanche 'Maureen') jusqu'à l'acidulé, comme celui de 'Pink Impression', rose argenté avec une touche de carmin sur les joues : grande classe, un peu froide, comme les magnolias qu'elle accompagne justement. 'Apricot Beauty' varie du rose tendre au saumoné, tout comme 'Portofino', à la rare élégance. Goûtez au rouge sensuel de 'Parade', plus chatoyant que celui de 'Renown'. Ou encore à celui, vermillon en dedans et argenté à l'extérieur, de 'Big Chief', une merveille en bouquet. Le jaune doré ombré d'acajou de 'Grainetier Baumaux', et le bronze orangé d'Orange Wonder, associée à la sombre 'Queen of Night', réconcilieront les plus hostiles aux tulipes : fort, chaud et réjouissant, même les jours de pluie et de ciel plombé. 'Ad Rem', un bel œuf orangé, chaud et intime à la fois, dont on ne peut détacher son regard (ni son nez car elle est parfumée).

En MAI, les amateurs de tulipes doubles assortiront leur série de précoces avec des tardives, comme l'incomparable 'Mount Tacoma', aux corolles de magnolia blanches avec quelques éclats verts ; 'Angélique', populaire mais si efficace en bouquet.

TULIPES FANTAISIE

Les esthètes au cœur bien accroché se risqueront aux 'Rembrandt', ces tulipes folles aux panachures bizarres qui rendirent fous les tulipomanes des siècles passés. On ne les trouve qu'en mélange, avec un résultat jamais garanti. 'Ville de Nice' rappelle leur fantaisie, en formant une petite pelote étonnante, rouge et blanche, au feuillage bordé de crème, très mignonne en jardinière et étonnamment vivace, alors qu'en général les tulipes jaspées ne durent guère plus de deux saisons. Avec les tulipes à fleurs de lis, se clôture la ronde des tulipes d'avril, sur une note élégantissime. Grandes et sveltes, elles dessinent de longues corolles aux pointes évasées, et sont remarquablement vivaces. La jaune 'West Point', la blanche 'White Triomphator', la rose vif 'China Pink', à la fois si belle en transparence et très coriace, presque du chiendent, et la blanche flammée de rouge 'Marylin' sont des fidèles. En mai, vient aussi le tour des plus folles, les 'Perroquet', froncées, plissées, énormes, pas très hautes. Nourrissez-les bien, et même cultivez-les au potager. Les plus fabuleuses sont bicolores, éclaboussant de vert des oranges exquis ('Professeur Röntgen', énorme et intense) et un rose crémeux ('Fantasy'). Certaines, comme la jaune 'Texas Gold', ou la blanche 'White Parrot', s'épanouissent d'abord dans un vert très tendre. La « noire » Black Parrot est une pure merveille.

AVEC QUI Une bordure d'oreille d'ours fait chanter les orangées et les noires, surtout si on y ajoute la fabuleuse perroquet rose, Fantasy. Le feuillage vert et acajou des épimédiums, le vert tendre des tellimas, le vert bronze du désespoir du peintre, et les gris des armoises vont également bien aux tulipes.
Les roux et les pourpres des giroflées ravenelles sont superbes avec les tulipes noires. Les verts dorés des euphorbes et le vert clair de l'hellébore de Corse magnifient encore les tulipes perroquet orange.

TULIPIER

Un grand arbre qui a fait sa vedette en osant s'écrouler au bout de deux siècles alors qu'il aurait été planté par Marie-Antoinette elle-même. Je lui reproche surtout d'être raide comme une tour de guet. Certes, il prend de belles couleurs d'automne, mais est-il le seul ? Quant à ses fleurs, elles n'apparaissent qu'au bout de quinze à vingt ans, généralement si haut que leur crinoline se confond avec le feuillage.

Tunnel

Abri constitué en général d'arceaux en tube et recouverts de plastique. Plutôt hideux, donc à cacher derrière un treillage garni de plantes grimpantes, mais très efficace pour héberger les semis délicats... et occuper pendant les jours de pluie. La tanière du patron.

VALÉRIANE

On n'a jamais trop de valérianes, et nous ne connaissons personne qui se soit plaint de leur propension à se ressemer allégrement. Elles le font avec tant de bonne grâce, choisissant les endroits les plus incongrus, ceux où l'on n'aurait jamais osé installer quoi que ce soit, que l'on se demande si la nature n'en profite pas pour distiller une leçon de jardinage décontracté. Comme elles sont vivaces, c'est pain bénit...

LAQUELLE La valériane des jardins (*Centranthus ruber*) ne doit pas être confondue avec la valériane officinale, peu décorative.
Elle existe en rouge, rose carmin et en blanc, fidèle de semis. Le feuillage glauque constitue des touffes de 50 à 60 cm.

COMMENT Besoins limités, presque rien, un filon de terre entre les rochers, du soleil. Mais les valérianes sauront vous remercier si vous leur consacrez de la bonne terre.
On peut les semer au printemps, et les mettre en place en automne, mais c'est tellement plus simple d'acheter quelques plants en godets, de les installer, et de laisser faire la nature, qui procédera au semis dans les meilleures conditions, vous laissant simplement le plaisir d'arracher des plantules pour les disposer là où vous le souhaitez, en laissant le reste sur place. Distancer de 30 cm.
On se contente d'arroser le premier été. Parfois les touffes vieillissent mal, et il faut tout renouveler au bout de trois ans.
Le petit truc qui change tout : on coupera presque au ras du sol une fois la floraison passée. Cela évite la formation de graines intempestives et un nouveau feuillage apparaît, qui sera impeccable en fin d'été et tout l'automne.

Centranthus ruber

AVEC QUI Les valérianes vont bien avec tout, surtout les blanches, leur feuillage glauque assurant une transition en douceur. Retenez cependant l'effet subtil produit par leur association avec les roses anciennes, en bordures larges et dociles, entrecoupées par des groupes d'acanthes, d'anaphalis, de népétas ou de grands sédums.Elles cerneront en douceur des hémérocalles hybrides aux tons pastel. Et pourquoi pas aussi pour cacher les iris à la vue, une fois leur explosion printanière passée...

VERNONIA

Cette fleur de l'Arkansas n'est pas encore très répandue : imaginez un aster rouge pourpre, raide mais n'ayant pas besoin de tuteur, à feuillage sain. Bof ? Alors ajoutez qu'il dépasse 1,80 m. Si votre terre est profonde et reste fraîche, adoptez-le en compagnie des grands miscanthus.

VÉRONIQUE

En climat frais uniquement (Normandie, Bretagne et Nord) sinon l'oïdium sera son compagnon fidèle. Dommage parce que les épis ne manquent pas de charme, et un peu de bleu ou de pourpre en été, voilà qui calme le feu des marguerites jaunes.

La *Veronica gentianoides* a sa place toute trouvée en rocaille, pour ses épis bleu pâle en mai (40 cm).

VERONICASTRUM

Non, ce n'est pas un hybride de la véronique avec un château fort, mais une fort jolie plante vivace haute de 1,50 m, d'une rare élégance avec ses épis effilés en nuage rose ancien ou bleu lavande, épanouis en juillet-août et qui durent longtemps. En sol profond et riche uniquement.

VERVEINE

Exactement le genre de fleur qui convient en cette saison un peu creuse qui s'étend entre l'apogée des hydrangeas et celui des asters. Voici ce qui a valu tant de succès à la verveine de Patagonie (*Verbena bonariensis*, ce qui signifie littéralement de Buenos-Aires), avec sa silhouette inimitable de plante squelette, aux tiges tellement fines qu'elles se brouillent au premier regard, portant haut ces petites boules pourpres ou lavande selon l'heure du jour. C'est le meilleur représentant d'une catégorie de verveines qui remporte actuellement beaucoup de suffrages : les demi-sauvages ou les demi-domestiquées, selon le point de vue adopté. Avec les verveines *rigida* et *tenera*, voici un trio de plantes rustiques dans le Midi, et capables de résister quelques années ailleurs. Et gardez les verveines annuelles, les plus brillantes, pour orner vos jardinières. L'été sera chatoyant !

COMMENT Un sol nutritif et restant assez frais, sinon elles attrapent l'oïdium. Du soleil à foison.

On se procurera la plupart des verveines en plant, au printemps, ce qui dispense de les hiverner. Vous pouvez même attendre le mois de mai, le plant sera moins cher, et les verveines poussent à toute allure,

VERVEINES RUSTIQUES

La plus courte, et en même temps la plus rustique, est la verveine gentille (*Verbena tenera*), plutôt une sorte d'arbrisseau se ramifiant en tous sens, et ne dépassant guère 20 cm. En s'enracinant, elle retient le sol, un tempérament apprécié quand il s'agit de décorer un talus.

L'espèce-type offre des fleurs rose violacé, mais une variété sensiblement plus solide, 'Mahonetii', présente des raies blanches disposées en étoiles. Un grand tapis de cette verveine permet d'obtenir une tache de couleur en plein été, sans se ruiner en arrosage si l'on jardine dans le Midi. Ces deux verveines se multiplient de boutures, à faire en automne, que l'on hivernera à l'abri pour les mettre en place courant avril.

On monte d'un cran avec la verveine rugueuse (*V. rigida* = *V. venosa*). En fleur de juin à octobre, elle est plus dressée, sans dépasser néanmoins 40 cm. Ses fleurs, réunies en ombelles d'abord plates puis allongées en épis, arborent un violet bleuâtre puissant ou bleu tendre chez 'Polaris'.

Plantez la grande *V. bonariensis* et elle se ressèmera ensuite tout le temps, pour votre plus grand plaisir. Elle dépasse 1,50 m mais reste d'une grande légèreté. Fleurs violettes de juillet à octobre.

VERVEINES CASCADES

Les verveines les plus connues sont certainement les annuelles, que l'on sème au printemps pour une floraison estivale. Autrefois, on distinguait celles à grandes inflorescences, aux larges bouquets bombés, les panachées et striées, dites italiennes, et celles à fleurs d'auricule, où chaque corolle présente un œil central blanc.

Depuis une dizaine d'années, les obtenteurs ont travaillé à nouveau les verveines annuelles ce qui nous a valu de nombreuses races aux coloris très vifs, quasi-électriques.

Quelques vedettes : 'Silver Perlana', violet tendre; 'Scarletta', rouge incendiaire, bien retombante; 'Red Charmena', rouge cramoisi, parfumée ; les 'Tapien', rose et mauve, bien retombante en panier suspendu. Peu de fleurs annuelles basses offrent des coloris aussi somptueux, des rouges veloutés comme du Rubens, des roses de bonbons anglais, des mauves et des pourpres comme si un concile se tenait là, en miniature. Contentez-vous d'héberger ces verveines dans vos jardinières, ou autour des arbustes que vous cultivez dans de grands bacs.

'Peaches & Cream' a été primée par le concours international Fleuroselect, et finit par former une cascade couverte de fleurs, pendant tout l'été.

Une guirlande inédite de fleurs aux coloris variables, allant de l'abricot au jaune pâle.

une fois que le beau temps est de la partie.
D'ailleurs, on ne cherche pas tellement la précocité, sachant que ce sont des fleurs d'arrière-saison. Espacez les verveines annuelles de 20 cm, et les grandes d'à peine plus pour obtenir un effet de masse.

Le semis est possible, mais vraiment capricieux. Certaines variétés lèvent cependant mieux que d'autres. Ainsi la toute nouvelle Peaches & Cream est assez velléitaire. Un semis effectué au chaud, en début du mois d'avril, est souvent couronné de succès. Repiquez une fois en bac à poisson rempli de terreau, et mettez en place fin mai.
Une fois plantées, les verveines ne demandent que des arrosages réguliers, accompagnés d'engrais soluble pour donner du pep à la végétation.
À l'approche de l'hiver, vous pouvez tenter d'hiverner sur place les verveines les plus rustiques, après les avoir rabattues en novembre, et avoir posé une cloche de maraîcher sur les touffes.
Le petit truc qui change tout : un paillage copieux de fumier bien mûr épargne bien des arrosages.
AVEC QUI On a trop souvent desservi les verveines rugueuses en les associant au jaune acidulé des œillets d'Inde. Testez plutôt des feuillages argentés, comme celui des armoises ou des cinéraires, ou encore un simple ourlet d'alysse maritime blanche. Autrefois, des jardiniers intrépides en faisaient de pleines corbeilles, avec l'appoint de pélargoniums à feuilles panachées. Plus sobrement, on peut les associer aux acanthes et aux gauras.
Les verveines de Patagonie font merveille au milieu des rudbeckias, qu'elles dominent du haut de leur 1,80 m. Mais il en faut beaucoup. Heureusement, c'est une adepte du semis spontané et il n'est pas rare que de vraies colonies prennent possession du jardin. Associée aux cléomes blancs, elle est tout bonnement divine.
Les verveines semi-rustiques peuvent constituer des tapis impressionnants sur des talus exposés plein sud. Pour varier le plaisir, plantez des pélargoniums par places, des Unique par exemple, qui finissent par former de vrais buissons.

VIGNE

Une treille, et la moindre bicoque se fait logis de seigneur. Jean-Jacques Rousseau n'aurait pas souhaité mieux pour abriter ses rêveries. Mais on peut également l'abriter sous une véranda, pour goûter aux cépages tardifs, ou encore habiller de ses sarments une palissade improvisée autour du verger. Ce sont les merles qui vont être contents…
COMMENT Plantez la vigne au soleil, dans une terre défoncée à 50 cm, plutôt légère et calcaire. Plantez en hiver ou au printemps. Tuteurez dès la première année. Pour la taille, faites-vous conseiller par un vieux du pays, sinon vous serez tenté d'en laisser trop. Ensachez les grappes si vous ne souhaitez pas les voir dévorer par les oiseaux et les guêpes. Pulvérisez de la bouillie bordelaise à deux ou trois reprises. Les variétés Inra comme 'Exalta', 'Ribol', 'Aladin' ou 'Amandin' sont relativement résistantes et permettent de se passer de ces traitements.
AVEC QUI La vigne est une vorace qui n'admet pas la concurrence. Mais si vous installez des tulipes rouges à ses pieds, elle ne vous en voudra pas.

BONNES TREILLES

Pour rire, commençons par une vigne d'ornement, la vigne de Coignet, une japonaise aux feuilles grandes comme des feuilles de lotus, qui prend des couleurs d'automne somptueuses. Attention, après un départ parfois laborieux, elle est très vigoureuse (7 m).
Pour du bon raisin blanc, retenez par ordre de précocité :
'Amandin', précoce et résistant aux maladies ;
'Ora', riche en sucre ;
le 'Chasselas doré', dit de Fontainebleau, pour la finesse de sa peau ;
le 'Chasselas Muscat', un régal plein de saveur ;
'Exalta', un raisin blanc remarquable par la beauté de ses grappes aux grains pratiquement dépourvus de pépins. Sa pulpe croquante est délicieusement musquée, mais sans aller jusqu'à l'écœurement. Aussi beau que bon, ce raisin est le préféré des enfants. Il résiste très correctement à la pourriture. Enfin le 'Dattier de Beyrouth', à cultiver sous verre.
Côté raisin noir, adoptez, toujours par ordre d'entrée en scène :
'Aladin', résistant aux maladies mais manquant un peu de musc ;
le 'Muscat gris', qui produit une quantité remarquable de grappes pas très imposantes aux grains d'un joli rose. Plus précoce que le 'Muscat de Hambourg', il convient mieux dans les régions climatiquement limite, et est tout aussi fruité, long en bouche et sucré ;
'Alphonse Lavallée' et 'Ribol', qui se valent mais manquent de fruité par rapport au 'Muscat de Hambourg', mûr vers le 15 octobre à Agen.
Toutes ces variétés, et bien d'autres, se trouvent dans le catalogue de Pascal Gentié (Jardivigne) le grand spécialiste français.

VIGNE VIERGE

Une belle envahisseuse, capable de métamorphoser un vilain hangar en grotte de conte de fées. Mais attention, car elle est capable de s'infiltrer dans le mastic des fenêtres et sous les tuiles. Limitez son développement en hauteur si elle occupe la façade de la maison. Les vignes vierges s'accrochent toutes seules grâce à leurs ventouses. Ne négligez pas l'effet assombrissant de leur feuillage par rapport à un crépi clair.

Parthenocissus quinquefolia

LAQUELLE Toutes les vignes vierges prennent de somptueuses couleurs automnales. À commencer par l'exubérante *Parthenocissus quinquefolia*, aux belles feuilles à cinq doigts. Elle s'accroche mal aux murs lisses, mais se tortille vivement autour des treillages et grillages.

En choisissant *Parthenocissus henryana*, vous profiterez de la panachure des feuilles même en été, qui souligne les nervures.

Adoptez également *Parthenocissus tricuspidata* 'Purpurea', à l'ample feuillage devenant pourpre en automne. La mignonne 'Lowii' ne dépasse pas 2,5 m et déploie à mi-ombre son feuillage élégant. Elle garnira un coin de rocaille comme le tronc d'un vieil arbre, tel un plaid écossais.

COMMENT Besoins simples : une terre ordinaire, assez profonde, et une exposition lui permettant de recevoir le soleil pendant la moitié de la journée. Plantez de novembre à mars, en écartant le pied du mur d'au moins 40 cm. La première année, dirigez les nouvelles tiges vers le mur, et collez-les éventuellement avec du ruban adhésif. Par la suite, laissez-la se débrouiller.

Au bout de quelques années, si la taille est nécessaire, pratiquez-la en mars et en juillet, mais en prenant la précaution de porter un masque qui vous protégera de la poussière irritante qui se dépose sur les feuilles.

AVEC QUI Laissez la vigne vierge toute seule : c'est une compagne trop vigoureuse.

VIOLETTE

La violette est la réincarnation du rouge-gorge : même présence surprenante et bienvenue, même modestie d'apparence, même plaisir à les retrouver au sortir de l'hiver.

LAQUELLE Avec son feuillage pourpre qui met en valeur ses fleurs bleu lumineux, la *Viola labradorica* est un des meilleurs couvre-sol pour la mi-ombre, foisonnant autour des hostas et des grandes fougères.

Les grandes vedettes du genre sont les violettes cornues, et surtout leurs hybrides, des pensées en miniature, avec autant de diversité dans les coloris que leurs grandes sœurs, et une capacité à fleurir longtemps qui épate. Ces violas coûtent un peu plus cher, mais on s'y retrouve. Les coloris de sorbet sont délicieux, avec des citrons d'aquarelle mouillée, des lilas tendres à faire fondre un dictateur, des violets à peine brûlés sur le bord des pétales. Quant aux bicolores, avec leurs yeux bigles ou leurs voilettes mauves sur un visage chiffonné, elles sont tout bonnement craquantes.

Les adeptes de collection se précipiteront sur le catalogue de Monique et Thierry Dronet (Le jardin de Cottage) : près de 20 violettes hybrides multipliées de bouture, comme des bibelots victoriens. Parmi elles, repérez la toute simple 'Clementina', blanche avec un tout petit cœur jaune, qui sera si belle avec une potentille 'Monsieur Rouillard'.

COMMENT On peut semer les violettes, mais le plus simple consiste à

se procurer des plantes pour les mettre en place, d'octobre à mars.
AVEC QUI Un pied de violette cornue suffit à faire de l'effet dans un pot de terre cuite. Mariez-les aux salades, poireaux, choux frisés pour des massifs mi-légumes, mi-fleurs. Dans vos jardinières, plantez-les parmi les carex panachés ou bronze, les lamiums panachés, les jeunes skimmias pour créer de vraies scènes intéressantes de novembre à avril.
À mi-ombre, associez les *Viola labradorica* et les bugles, les hellébores et les anémones sylvies.

VIORNE

Laurier-tin

Les viornes peuvent dire merci aux derniers étés pluvieux qui leur ont enfin permis de donner le meilleur d'elles-mêmes. Ces arbustes apprécient en effet une certaine fraîcheur, qui alimente leur ample feuillage. En les choisissant, pensez en premier lieu à leur silhouette, et seulement ensuite à la floraison. Laissez-vous guider par ce pépiniériste passionné et passionnant qu'est Maurice Laurent.
COMMENT Installez les viornes à l'abri du soleil brûlant de l'après-midi, qu'elles n'apprécient pas. Une terre ordinaire, si possible riche en humus, c'est-à-dire bien noire, plaira à leurs racines.
Plantez en toute saison les sujets élevés en conteneur, et de préférence d'octobre à mars. La taille est inutile, hormis pour renforcer la silhouette pendant la jeunesse.

BELLES VIORNES

Précieuses comme des meubles de prix, les viornes japonaises ont leur place dans les jardins de ville, près de la maison ou de la terrasse, ou encore parmi d'autres arbustes originaires des mêmes contrées.
Les plus appréciées sont les *Viburnum plicatum* qui offrent de multiples formes, aux branches souvent étagées, qui font penser à des rameaux de cèdre couverts de neige au moment de la floraison en mai.
'Mariesii', 'Lanarth' et 'Shasta' sont les plus typiques.
'Watanabe' est plus dressé, et refleurit par petites vagues successives jusqu'en automne. Ces viornes atteignent 2 m d'envergure en quelques années.
Ronds, les lauriers-tins sont des arbustes précieux dans le Midi, d'où ils sont originaires, mais aussi jusqu'en Île de France pour créer des haies pas trop hautes, fleuries en février-mars, et parfois bien plus tôt. Un simple passage de cisailles suffit à les contrôler en douceur.
'Gwenllian' et 'Eve Price' sont deux formes plus compactes (2 m quand même).
Bien des viornes présentent une silhouette raide, qui prédispose à les glisser parmi d'autres arbustes : c'est le cas de *Viburnum sargentii* 'Onondaga', aux fleurs roses en bouquets plats évoquant certains hydrangéas et belles couleurs d'automne, comme chez *Viburnum lentago* 'Pink Beauty' (3 m). Même raideur chez *V. bodnantense* ou *farreri*, très justement réputés pour leur floraison hivernale au parfum de jacinthe (3 m). Noyez-les dans une haie foisonnante.
Et gardez une place près d'une allée pour *V. carmesii* 'Aurora', qui prend la forme d'un gros hortensia, et enchante par l'incroyable parfum de ses fleurs blanc rosé en avril-mai.
Enfin, pour son côté jardin de curé, n'oubliez pas la boule-de-neige, *V. opulus* 'Roseum', même si elle attire immanquablement les pucerons noirs. Calez-la dans un coin du jardin, près d'un mur, en compagnie de lilas mauves, et relisez Proust…

Boule-de-neige

AVEC QUI Les viornes japonaises seront nichées parmi des bambous pas trop haut, avec à leur pied des hostas à feuillage bleuté, des fougères et des épimédiums. Les autres viornes seront noyées dans les weigelas, les kolkwitzias et les deutzias.
La boule-de-neige sera magique dans une haie champêtre, qui lui permet de tutoyer le noisetier pourpre, le seringat et même l'aubépine et le houx si les oiseaux en ont ainsi décidé.

Bref, rien que des arbustes faciles à vivre, qui assureront à eux tous une transition délicieuse vers la campagne environnante. C'est cela, l'esprit des viornes !

Vivace

Se dit glorieusement d'une plante qui devrait durer plusieurs années. Les tiges peuvent disparaître en hiver, mais par contrat elles doivent reparaître chaque printemps. Malheureusement, les limaces en décident parfois autrement, surtout la première année. Une plante vivace est souvent rustique mais pas toujours, et en général vigoureuse une fois qu'elle est bien installée, mais là encore les déceptions sont nombreuses. On se fera une raison.

Waldsteinia

Un faux fraisier à fleurs jaunes et beau feuillage persistant. Excellent couvre-sol pour les coins de jardins ombragés par des grands arbres caducs, en compagnie d'hostas, de digitales et de fougères. Essayez le waldsteinia aussi au pied de rosiers à fleurs blanches ou jaunes.

Weigela

Le plus grand mal qu'on ait fait aux weigelias a été de leur enlever leur deuxième i qui faisait tout leur charme. Du coup, ce nom sonne platement, aussi lourd dans la bouche que l'est l'insupportable 'Bristol Fairy' dans un jardin.

Plutôt que de légiférer à tort et à travers sur les appellations, les botanistes devraient se réunir pour demander solennellement que l'on cesse de promouvoir des plantes affichant des coloris aussi ingrats.

Rouge rubis, mon œil ! C'est un rouge triste, éteint comme des fauteuils de cinéma d'avant-guerre. Impossible à marier avec quoi que ce soit, et par ailleurs tellement vu, ce weigela ayant décroché les suffrages des services espaces verts dès qu'il s'agit de meubler un rond-point.

Étonnez-vous après cela que ces pauvres arbustes, affligés d'un nom rebutant et terminant immanquablement les catalogues, soient en réalité si mal utilisés. Alors qu'il existe des valeurs sûres, des sujets sympathiques aux multiples attraits. Le procès en réhabilitation des weigelas mérite d'être ouvert.

LEQUEL 'Abel Carrière' enchante les amateurs de rose vif. Variété assez ramassée (moins d'un mètre de haut). 'Candida' fleurit blanc et conserve son feuillage tard en saison. Le *Weigela florida* 'Variegata' offre une panachure argentée du plus bel effet, qui met en valeur les fleurs rose tendre. Un arbuste ravissant au printemps, et peu encombrant de surcroît. Il est bien plus subtil que le *W. kosteriana* 'Variegata', panaché de jaune. Évitez les weigelas pourpres qui sont tristes à mourir, et d'ailleurs chichiteux.

Les chercheurs de l'INRA ont mis au point des nouvelles variétés qui apportent une réelle innovation. C'est le cas de 'Carnaval', aux fleurs rouges, puis roses ou blanches, sur le même rameau.

COMMENT L'idéal serait un sol assez riche, profond et retenant la fraîcheur en été sans devenir trop humide en hiver. Mais, à vrai dire, n'importe quel terrain ordinaire lui suffit. Soleil de préférence, au moins pendant une demi-journée. Supporte bien la pollution.

Le weigela est un des arbustes qui apprécient le plus la vie en conteneur. On en trouve toute l'année, et rien n'interdit d'effectuer la plantation à tout moment, à condition de bien suivre les arrosages. Réservez au moins 1 m en tous sens autour de lui.

Un bon paillage au printemps épargne les arrosages et les corvées de désherbage. Juste avant de l'épandre, jetez une poignée d'engrais complet (formule Potager) pour accompagner le développement.

Le petit truc qui change tout : la taille permet d'éclaircir la silhouette. Elle consiste à supprimer au ras de leur naissance les vieux rameaux, reconnaissables à leur écorce qui part en lambeaux.

On laisse intacts tous les autres rameaux, y compris et surtout les jeunes tiges vigoureuses, même si elles paraissent un peu raides. Avec le poids des fleurs, elles prendront une jolie arcure.

AVEC QUI Les weigelas se marient bien avec les kolkwitzias et les deutzias pour des massifs entièrement composés d'arbustes, que l'on complétera avec des hémérocalles bien florifères, des asters et des spirées 'Goldflame' pour varier les plaisirs, et un vaste tapis d'ajugas pourpres à leur pied.

Les weigelas panachés sont admirablement mis en valeur parmi un tapis d'armoises 'Powis Castle', non loin de céanothes d'été au bleu céleste. Sans fausse note.

Plantez des boltonias, ces grands asters tardifs blancs parmi des weigelas à couleurs automnales, avec l'appoint de quelques hydrangéas à feuilles de chêne.

Xanthocerras

Un petit arbuste rare et léger, à la floraison printanière évoquant un peu celle du marronnier mais à hauteur d'homme plutôt qu'en haut de l'échelle. Si vous le trouvez, adoptez-le, il le mérite. Placez-le au soleil, en sol léger, non loin de bambous nains et de nandinas. Ni parasites ni taille particulière. On laisse vivre.

YUCCA

Complètement incongru dans un jardin de campagne, le yucca vous emmène vers d'autres cieux. Beaucoup plus rustique qu'il ne le paraît, il fleurit quand ça lui chante, parfois dès juillet, d'autres années en octobre, mais toujours en hampes solidement dressées à près de deux mètres, fières de leurs mouchoirs couleur ivoire.

Les feuilles en épée vert bouteille forment des rosettes nettes et hérissées. Est-ce pour cela qu'on voit souvent les yuccas en bordure de jardin, tournés vers la rue ? Une bien curieuse conception de l'accueil !

ZAUSCHNERIA

Le fuchsia de Californie aurait tous nos suffrages pour ses fines corolles rouge orangé en fin d'été, mais hélas son feuillage velours argenté commence à se dégrader juste à ce moment-là. Testez-le dans un muret plein sud. La sélection 'Dublin' conserverait un beau feuillage plus tard (à dénicher chez Michel Lumen).

ZINNIA

Seuls les jardiniers ayant conservé leur cœur d'enfant succombent au charme pétulant des zinnias. Avec eux, la demi-mesure n'est pas de rigueur. C'est tout ou rien : les coloris pastel ne leur vont pas bien au teint, hormis le blanc, et si le soleil n'est pas de la partie, ils deviendront des choses pitoyables, vulgaires assemblages de papier crépon posés sur un feuillage ennuyeux. Mais que la canicule s'installe vraiment et, seuls parmi les autres fleurs alanguies, les zinnias hisseront leurs pavois multicolores.

LEQUEL Rien ne vous fait peur ? Alors les zinnias géants à fleurs de dahlias sont pour vous : plus d'un mètre de fantaisie créole. On trouve également dans les bons catalogues des variétés vendues par couleurs. Le blanc 'Purity' et le vert chartreuse 'Envy' sont tout spécialement enchanteurs (hauteur : 70 cm).

Les zinnias nains manquent parfois d'élégance, surtout quand ils adoptent des panachures bariolées. Tournez plutôt vos regards vers des zinnias mexicains restés très proches de la fleur originelle : 'Star White' forme des jolis coussins denses hauts de 30 cm sur autant de large, ponctués de centaines d'adorables fleurs blanches à cœur jaune. Exactement ce que vous recherchez pour border vos massifs d'été. 'Profusion Orange' est un régal plein de bonne humeur, dans une nuance safrane à faire damner un moine tibétain (graines Royalfleur).

COMMENT Soignez-les, ils vous le rendront au centuple. Terre riche et fraîche en profondeur ; exposition très ensoleillée.

Semez en fin avril, dans une caissette à poisson remplie de bon terreau, et disposez une plaque de verre pour concentrer la chaleur. La levée demande quinze jours. Repiquez ensuite à 10 cm de distance dans un coin de châssis, puis mettez en place définitivement à la fin du mois de mai, à 20 cm de distance pour les nains, et 30 cm pour les grands.

Les plants du commerce correspondent souvent à des variétés hideuses, aux coloris particulièrement vilains, quand, de surcroît, un traitement nanifiant ne leur enlève pas toute envie ultérieure de pousser.

Une fois en place, les zinnias apprécieront des arrosages hebdomadaires copieux, réalisés au pied et non sur le feuillage, le soir de préférence. Ajoutez une dose d'engrais soluble ou du purin d'ortie tous les quinze jours. Doublez la cadence des arrosages quand le thermomètre dépasse les 25 °C.

Le petit truc qui change tout : paillez, on ne le dira jamais assez. Des zinnias paillés avec du compost maison, des tontes de gazon ou du fumier mûr, sauront se montrer reconnaissants.

AVEC QUI 'Purity' et 'Envy' s'intercalent avec bonheur dans tous les massifs de fleurs annuelles d'été, que ce soit avec les lavatères 'Mont Blanc', les cosmos ou les tabacs blancs.

Repiquez une ligne de grands zinnias au potager, pour disposer de fleurs coupées pour vos bouquets.

'Star White' sera parfait en potées basses et pour border des massifs, dans des harmonies orangées et cuivrées. Une ligne au milieu des tomates donnera de la couleur au potager. D'excellents compagnons également des verveines rugueuses.

COMMENT BIEN ACHETER

Même si vous devenez l'as du semis ou la reine du bouturage, il faudra bien que vous vous procuriez des graines et des pieds mères. Comme je ne connais pas de plus grand plaisir que de flâner dans une pépinière bien tenue ou une jardinerie remplie de promesses, voici une occasion de joindre l'utile à l'agréable. Acheter des plantes, c'est comme faire son marché : il faut tourner beaucoup, ouvrir l'œil, tâter, soupeser, gratter du doigt pour voir si c'est frais en dessous, examiner les jours d'arrivée et les dates de péremption des sachets de graines, discuter avec les vendeurs l'air de rien, bref agir en consommateur avisé. Le fameux rapport qualité-prix n'existe que dans la tête des responsables de marketing, parce que pour moi comme pour vous, la qualité, c'est la qualité. Essayez une fois des tulipes de calibre supérieur, la différence saute aux yeux, pour un surcoût minime. Mais, pour autant, ne cédez pas au charme discutable d'une vendeuse déguisée en hollandaise, qui va vous refiler des énormes Madame Lefeber, prenant ainsi la place des adorables West Point de vos rêves. Cette remarque est surtout valable pour les arbres, qui ne sont pas des achats de fantaisie mais au contraire mûrement réfléchis. Privilégiez la qualité sur la hauteur : mieux vaut acheter un arbre sain et bien proportionné, avec une motte avantageuse, plutôt qu'un gringalet pourvu de trois branches, sur un bout de tige qui ploie au moindre vent.

Accueil Si les graineteries et les pépinières gardent tout leur charme pour les amateurs éclairés qui trouvent là des interlocuteurs avertis avec lesquels papoter entre connaisseurs, il faut bien savoir s'y retrouver pour amorcer la conversation. Les pépiniéristes partagent en effet avec les garagistes la manie de tourner le dos dès votre arrivée, filant au bout du champ avant que vous ayez pu ouvrir la bouche. Selon mes multiples expériences en ce domaine, la persévérance s'avère payante, car une fois la conversation entamée, elle ne cessera qu'au moment où vous aurez, enfin, tourné la clé de la voiture. Et si vous avez un diesel, tant mieux pour vous car cela signifiera un paragraphe supplémentaire, et généralement passionnant.

Ces conseils seront toujours bons à suivre quand ils concernent le mode de culture et les conditions à respecter. Un peu moins parfois quand ils se mêlent de décréter que telle plante est sublime, et celle-là quelconque. Les pépiniéristes ont une âme de collectionneur, et éprouvent souvent une sorte d'attraction irrésistible pour des plantes ingrates, difficiles à acclimater ou à domestiquer, généralement à l'opposé de ce que vous recherchez pour votre tranquillité. Et n'oubliez pas que leurs couleurs chéries ne sont pas forcément les vôtres.

L'achat en solo, face à la plante dans une jauge de jardinerie, requiert un sens aiguisé de l'observation. Une enquête préalable vous permettra de savoir quel jour ont lieu les livraisons importantes de la semaine. Si c'est le jeudi ou le vendredi, cas courant car ainsi la marchandise est en place pour les gros achats du week-end, passez en fin de matinée le vendredi, tout sera frais et disponible en quantité. C'est particulièrement important pour les plants de fleurs annuelles et de légumes, qui ne supportent pas l'attente.

Chignon Bien que chaque catégorie de plantes ait ses caractéristiques particulières, il y a cependant des règles générales à connaître. Ainsi, les arbustes et les arbres reprennent bien mieux si on les plante entre octobre et mars, plutôt qu'à tout autre moment de l'année, et ceci même si on les achète en pots. Les racines de toutes les plantes en pots doivent présenter un réseau assez dense qui enserre la motte de terre et présente un moulage réussi du pot quand on la sort. Si le conteneur a un peu tardé, la motte sera plus compacte, prenant l'allure d'un chignon.
N'en faites pas une dépression nerveuse si vous découvrez un tel spectacle arrivé à la maison. Il suffit de prendre un solide couteau de cuisine... et d'éventrer la motte pour la libérer. Cela peut paraître cruel mais le résultat est magique. Et n'en veuillez pas au pépiniériste d'origine, car certains arbustes chignonnent quasi immanquablement, comme les hortensias.
Les branches doivent être harmonieusement réparties, ramifiées, et présenter une écorce lisse (sauf fantaisies dues à l'espèce en cause). Ne l'oubliez pas, elles sont la future charpente de l'arbre. Les feuilles doivent être saines, et surtout ne pas laisser échapper un nuage de petites mouches blanches quand on les remue, ni avoir de vilaines cochenilles collées dessous.

Point de greffe Beaucoup d'arbustes sont greffés, ce qui se remarque au bourrelet situé à quelques centimètres de la surface du sol, juste avant le départ des branches. Il doit être marqué mais pas voyant : pas de boursouflures, de fentes ou de malformations bizarres surtout, car en cas de coup de vent un peu vif, c'est là que l'arbuste risque le plus de se briser. Ce point faible doit donc être parfaitement cicatrisé. Un arbuste mal proportionné a souvent un charme particulier. Il ne ressemble pas aux autres, et si vous l'avez remarqué, c'est sûrement que vous êtes faits l'un pour l'autre.

Garantie Une garantie de reprise est souvent offerte par les jardineries et pépinières, mais il faut garder naturellement le ticket de caisse et l'étiquette correspondante, et se battre pour ne pas se voir remettre, en échange de l'arbre mort, un bon d'avoir. Il est parfois sage aussi de conserver un exemplaire de cette offre, car elle a souvent lieu lors d'une période de promotion, et il arrive qu'elle excepte justement ces plantes curieusement bradées. Il y a tant de raisons qui peuvent contribuer à la mort d'un végétal qu'en général les professionnels évitent de s'engager ainsi, préférant traiter les litiges au cas par cas en discutant avec les clients mécontents. À leur décharge, il faut reconnaître que parfois la faute nous incombe, soit qu'une indication maîtresse de la culture ait échappé à l'esprit au moment de la plantation, profondeur ou arrosage immédiat, soit par méconnaissance de la nature réelle du sol.

Catalogue La vente par correspondance présente également des risques. Pas la peine de faire la fine bouche : nous avons tous, un jour ou l'autre, craqué en feuilletant un catalogue de vente par correspondance, que ce soit pour une tulipe ou un rosier extraordinaire. Comment garder la tête froide alors que tout

ACHETER LES BULBES

Leur saison de plantation se partage en deux périodes : le printemps pour ceux qui fleurissent durant l'été, comme les achimènes, acidanthéras, bégonias, amaryllis belladona, arums, crinums, crocosmias, eucharis, eucomis, freesias, jacinthes du Cap, glaïeuls, gloriosa, hyménocalles, ismènes et lis. Et l'automne pour les crocus, fritillaires, iris bulbeux, jacinthes, narcisses et tulipes qui fleurissent au printemps.
Il est sage de les acheter en tout début de chacune de ces saisons, c'est-à-dire en février-mars pour les bulbes d'été, et en septembre pour ceux du printemps. On classe les bulbes selon leur calibre, c'est-à-dire leur circonférence : iris de Hollande 6/7, jacinthes 16/17, tulipes 12+ sont les références les plus courantes, les calibres supérieurs correspondent à une qualité extra, ce qui est réel.
Chez les narcisses et les tulipes botaniques, selon les variétés, le calibre peut varier du simple au triple : il est normal qu'un narcisse Hawera soit gros comme une noisette, tandis que Ice Follies dépasse un petit œuf.
Les bulbes doivent être frais, fermes et sains, c'est-à-dire indemnes de toute poudre bleue, trace d'un début de moisissure qui les fait carrément pourrir une fois en terre. Ce n'est pas toujours facile à vérifier quand ils sont vendus en sachets, mais si vous vous faites avoir, n'hésitez pas à les rapporter aussitôt au magasin. N'achetez pas non plus de bulbes germés façon endives, même en promotion, car cela signifie qu'ils ont déjà gaspillé une bonne partie de leurs réserves à tenter de pousser dans leur sachet. Ne tardez pas à tout planter, sinon les tulipes et les fritillaires, en particulier, se détériorent vite.

ACHETER LES ROSIERS

Les rosiers à l'automne, c'est un peu comme le beaujolais nouveau. Ne vous précipitez pas car les rosiers mis en vente si tôt ont été arrachés encore verts. Ne faites pas la tête au pépiniériste qui refuse net de vous vendre un rosier avant la mi-novembre, car c'est signe qu'il est sérieux, et attend que l'automne ait mûri le bois des rosiers à point avant de les arracher. Pour le reste, mieux vaut préférer les plants pourvus de trois ou quatre rameaux de 1 cm de diamètre partant d'un bourrelet de greffe apparent. Leur écorce doit être lisse et vert foncé. Les racines, nombreuses, doivent être fraîches. Attention, n'achetez pas de rosiers dont les racines présentent de drôles de petites pousses pâles comme des endives miniatures, c'est le signe infaillible que le rosier drageonnera, à partir de son porte-greffe, vous engageant dans une lutte incessante pour conserver le rosier que vous avez choisi, et non pas gagner un vilain églantier à sa place. La plupart des rosiers sont greffés sur *multiflora*, qui produit en vitesse de beaux sujets bien forts, mais ne convient qu'aux sols sans calcaire ou acides. Il vieillit moins bien que le même rosier greffé sur églantier, qui paraît paradoxalement plus grêle à l'achat.

ACHETER UN ARBRE FRUITIER

C'est d'abord choisir un arbre sain. Sain, c'est-à-dire certifié ou acheté dans une pépinière sérieuse, bien connue dans la région

Bien qu'importante et obligatoire, la mention du porte-greffe sur les étiquettes est rarissime, alors que le porte-greffe est un élément moteur dans la bonne santé d'un arbre et dans sa mise à fruits.

Achetez petit : un scion est un jeune arbre greffé depuis un an,

est fait, du texte aux illustrations, pour déclencher votre envie ? Retenez d'abord qu'il existe des plantes qui supportent très bien les voyages, et forment d'ailleurs le fonds des catalogues : les graines bien sûr, la plupart des bulbes, les rosiers pendant l'hiver, les iris, hémérocalles ou pivoines en fin d'été. Les mauvaises surprises sont rares, à condition de ne pas attendre le dernier moment pour commander, car il est évident que les variétés les plus recherchées partent les premières. C'est pourquoi septembre et janvier représentent des moments-clés pour envoyer les commandes.

Le grand avantage de la vente par correspondance réside dans les descriptions précises, souvent plus que les discours hésitants des vendeurs dans une jardinerie, et la clarté dans les prix. Profitez de ce dernier atout pour jouer les consommateurs avertis : en faisant la comparaison avec votre grainetier préféré, vous vous apercevrez vite qu'il est toute une catégorie de plantes ordinaires qu'il serait peu malin de faire venir de loin à prix d'or.

Frais de port

Ne négligez pas en effet les frais de port, qui ont tendance à grever sensiblement le prix des plantes vivaces à cause de la terre des godets, et celui des arbres un tant soit peu développés, à cause de la motte de racines. D'ailleurs, conscients de cette répercussion peu agréable, les grands spécialistes de ce type de vente expédient souvent des jeunes plants ; on s'y retrouve au niveau du porte-monnaie, mais il faut souvent un an pour que les touffes soient de taille à se défendre au jardin. Ce n'est guère un inconvénient quand il s'agit d'une rareté introuvable autrement, mais cela devient plus ennuyeux quand on se trouve en face d'arbustes dont on attend qu'ils cachent le voisinage à toute vitesse. D'autres spécialistes indiquent par téléphone le coût du port à envisager quand ils font appel à un transporteur, et ne donnent qu'un tarif abrégé dans leur catalogue. Il faut souvent se regrouper à plusieurs pour que les commandes atteignent la fameuse somme à partir de laquelle les marchandises sont expédiées franco. Remarquez, c'est l'occasion d'échanges fructueux par la suite, quand chacun a pu constater que les copains et copines n'ont pas si mauvais goût que cela…

Commande

Si les catalogues de vente par correspondance fascinent tant les débutants, c'est sans doute parce qu'ils semblent mettre le monde entier à portée de main. D'où parfois la tentation de passer des commandes gigantesques qui se retrouvent entassées dans un coin du jardin parce que l'on n'a pas eu le temps de préparer des emplacements de plantation dans les règles. Il faut canaliser les pulsions, de façon à obtenir le résultat souhaité : un beau jardin qui ne ressemble pas à celui du voisin.

Pour cela, il convient de pratiquer la méthode dite du remords : ne postez jamais tout de suite votre commande. Laissez-la dormir quelques jours, et relisez-la attentivement : pour obtenir un bel effet de masse avec ces tulipes, n'en faudrait-il pas 50 plutôt que 10, et le prix est alors autrement avantageux. Où planter ces dix rosiers grimpants, alors qu'on n'a la place que pour trois ? Ne vaut-il pas mieux acheter cette quantité précise, et compléter avec d'autres rosiers à planter par-devant, ou encore une série de clématites ? Acheter une douzaine de plantes vivaces à l'unité, n'est-ce-pas courir le risque d'en perdre la moitié dès la première année, par défaut de soins ou mauvaise acclimatation, alors que si vous achetez quatre lots de trois, vous serez assuré de leur réussite. À l'inverse, n'acheter chaque printemps qu'une seule variété de petits pois ou de tomates, n'est-ce pas passer à côté d'émotions gustatives uniques, que vous regretterez durant toute l'année...

Déballage Si la rédaction de la commande est un instant privilégié, que dire de la réception du paquet : nous sommes ainsi faits que l'impression de recevoir un cadeau efface instantanément le souvenir du chèque. On se précipite sur la ficelle, on jette au loin les quelques feuilles volantes sur le dessus, facture et bon de garantie pourtant précieux, pour contempler avec la joie d'un nouveau parent ces futures merveilles. Une fois que vous aurez savouré ce plaisir, reprenez vos esprits et le bon de commande du même coup, et vérifiez bien le contenu du paquet. Il y aura certainement des manques, le fournisseur doit vous indiquer s'il les a remplacés d'emblée ou si vous disposez d'un avoir.

La première formule expose à transformer votre jardin en une vitrine insolite car un phlox violet foncé n'a jamais eu la vocation de remplacer un rose tendre ! Il est donc plus prudent de mentionner : « *Pas d'échange* », au moment de la commande. L'avoir est une pratique commerciale assez discutable, qui cherche à établir un lien d'une année sur l'autre, à votre corps défendant. Ne vaudrait-il pas mieux rembourser directement les plantes non livrées, sans s'amuser à un jeu d'écritures ? La seule exception concerne les plantes vraiment rares : si l'on vous propose de réserver à votre intention un lis nouveau ou un romneya sur un nouvel arrivage, ne refusez pas, vous aurez toutes les chances d'être bien servi.

Troc Peut-être êtes-vous fauché, sentimental ou tout simplement curieux et sociable ? Dans ce cas, n'hésitez pas à vous joindre à la bande des jardiniers troqueurs. C'est une longue tradition qui a permis à des plantes complètement démodées comme le géranium de se propager en nombre incalculable de variétés uniquement par amitié. C'est comme cela aussi que les vieilles variétés locales d'arbres fruitiers et de légumes, absentes des catalogues, ont pu survivre pour connaître de nouveaux supporters.

Profitez aussi des fêtes des plantes pour non seulement dénicher des fournisseurs venus des quatre coins du département et souvent de bien plus loin. Faites provision de bons conseils et d'idées sympas pour associer les plantes les unes avec les autres. À l'occasion, vous découvrirez sûrement d'autres jardiniers férus de plantes amusantes, comme vous. Voilà qui prélude à de futurs échanges.

Internet Et Internet dans tout ça ? Le volet e-business n'est guère que de la vente par correspondance élargie. La nouveauté du média ne doit pas atténuer votre vigilance. Ce n'est pas parce que le godet d'hosta apparaît en couleur sur votre écran qu'il faut le payer le double ! Vous serez sûrement sollicité par des sites étrangers : ne faites pas fondre la carte de crédit pour autant...

gros comme un doigt, et plus ou moins ramifié selon les espèces. Vous pouvez en faire ce que vous voulez : un arbre sur une grande tige, si vous le coupez à 1,20 m du sol, sur une petite tige à 70-80 cm du sol, un cordon, un espalier. Bref, vous êtes libre, et comme il est jeune il s'adapte vite au terrain et pousse à toute vitesse, doublant en deux ans le gros arbre qui vous a coûté trois à cinq fois plus cher !

Les arbres fruitiers s'achètent de novembre à mars, si possible, de fin novembre à janvier, saison de plantation idéale. Précisez toujours la nature de votre sol, et si vous souhaitez un gros arbre adulte ou un format réduit, afin que le pépiniériste choisisse un porte-greffe adapté à vos besoins. Et si vous faites un gros achat, exigez une facture mentionnant les noms des variétés et leurs porte-greffe.

ACHETER LES PLANTES VIVACES

Vous trouverez les plantes vivaces vendues en pochettes, ce qui convient aux delphiniums, lupins, pivoines, de novembre à février, à condition qu'elles n'aient pas séjourné trop longtemps en jardinerie, car elles évoluent vite. Mais dans la plupart des cas, on les achète en godets, de 8 à 9 cm de côté en général, et parfois en conteneur d'un ou deux litres. Dans ce dernier cas, les plantes sont développées et souvent fleuries. À acheter en toute connaissance de cause : il faudra continuer les soins assidus pour que la reprise soit bonne. Sinon, grosse dépense pour petit profit.

Le meilleur moment pour acheter et planter est le mois de septembre, quand les godets sont pleins de force après l'été. Mais on attendra patiemment le mois de mars pour les plantes vivaces à floraison automnale.

ACHETER LES ARBUSTES

Les arbustes sont aujourd'hui pratiquement toujours proposés en conteneurs, ou encore en godets s'ils sont tout jeunes (présentation préférée des vendeurs par correspondance, pour des raisons de poids). Les racines sont les plus importantes : n'hésitez pas à soupeser, extraire la motte, examiner le chevelu. Puis la partie aérienne : elle sera parfois maigrelette, cela dépend de l'arbuste. Comparez alors entre deux pépiniéristes ou jardineries pour vous rendre compte.

ACHETER LES GRAINES

Pas grand-chose à dire depuis que s'est généralisée la présentation en sachets hermétiques. On ne s'énervera que devant la manie des fabricants qui consiste à disposer les dates limites sur la partie supérieure du paquet, celle que l'on arrache généralement lors du premier semis. Par précaution, vous indiquerez la date d'achat en bas, au feutre. À moins évidemment que vous n'utilisiez toutes les graines du premier coup.

ACHETER LES FLEURS ANNUELLES

Les fleurs pour jardinières et massifs sont généralement proposées en clayettes de dix ou douze plants. Il suffit d'ouvrir les yeux pour distinguer les clayettes toutes fraîches, en pleine forme, et celles qui ont attendu quelques jours, et commencent à souffrir.

Depuis une décennie, une pratique honteuse s'est répandue, celle qui consiste à nanifier chimiquement les plantes. Véritable insulte à la nature, elle revient à employer des produits qui simulent les substances de croissance naturelles, mais dans le but pervers de contrarier cette

Achetez pro

Voilà le mot magique : professionnel. Il orne généralement des produits presque réservés, entourés d'une aura ultra-technique. Mais quand il s'agit tout bonnement de terreau, et en vous adressant à votre coopérative agricole, vous aurez accès à la meilleure qualité au meilleur coût. Parce que vous pensez bien que les maraîchers ou les horticulteurs font jouer la concurrence pour réduire le coût de leurs substrats de culture. À vous d'en profiter, ce qui a son prix d'ailleurs. Le plus difficile sera en effet d'oser demander à la caissière d'une voix ferme : « Du terreau professionnel, s'il vous plaît ». Neuf fois sur dix, elle vous rétorquera qu'il n'y en a pas. Vous lui apprendrez donc avec diplomatie qu'il y en a des palettes entières derrière le hangar. Elle fera mine d'appeler Jojo ou Robert ou Jean-Luc, histoire de gagner du temps et de se donner une contenance. La queue s'allonge derrière vous. Nervosité. le Jojo (ou Robert ou...) arrive, vous regarde comme si vous étiez extraterrestre, et vous sort : quelle qualité ? Avec ou sans argile ? Pour motte ou pour rempoter ? Répondez au hasard, en ayant l'air de savourer la qualité. De toute façon, il faut être vraiment très pro pour voir une différence. Ou clouez-lui le bec en déclarant brutalement : le moins cher ! Il va bougonner une référence, déclenchant chez la caissière bien des remuements de classeurs à prix raturés, mais vous tenez le bon bout, et la surprise devant le ticket de caisse : 35 à 40 F pour un sac de 70 à 80 litres d'un terreau onctueux comme de la terre de taupinière. Cela vaut bien ce petit échange verbal qui se renouvellera hélas à chaque fois. Notez qu'il y a de fortes chances pour que Jojo (ou son clone) s'adoucisse en vous chargeant le sac dans la voiture, et vous conseille alors telle qualité, encore plus délicieuse, ou d'attendre une promotion connue de lui seul pour en prendre plus d'un coup. La coopérative vous permet de substantielles économies sur les substrats, les engrais et amendements (ah, le sac de 50 kg d'amendement calcaire à 32 F !), grillages, graines et films plastiques. C'est le dernier endroit où l'on pratique le bradage des sacs crevés, sans vous soupçonner d'en être l'auteur.

Achetez petit

Ce conseil s'adresse surtout aux jardiniers désireux de planter beaucoup d'arbres et d'arbustes, dans le but de constituer des haies ou de meubler un grand jardin. Faites comme les forestiers, et plantez petit. Il faut être président de la République, et disposer des caisses de l'État pour installer une forêt adulte (voire vieillissante) au cœur d'une bibliothèque. Dans vingt ans, on en reparlera... Soyez plus avisés et mettez en place des sujets d'un an, guère plus grands qu'une baguette. Non seulement le trou de plantation sera en proportion, c'est-à-dire minuscule, mais le prix vous laissera émerveillé, comme si votre compte en banque était déjà en euros.

Des jeunes plants ne coûtent guère plus de 10 à 15 F, et encore, en petites quantités, et dans la qualité supérieure, avec motte d'un litre anti-chignonnage. Derrière ce terme barbare n'allez pas voir une perversion capillaire d'un autre âge : ce sont tout simplement des mottes contenues dans des godets profonds et munis d'ailettes internes qui empêchent les racines de faire le tour en un vrai chignon serré. La reprise est bien meilleure.

Là encore, la vraie difficulté sera de trouver une pépinière de jeunes plants (la direction départementale de l'agriculture vous y aidera), et surtout de vaincre le barrage de la standardiste. On a aussi vite fait de se pointer pour rencontrer le patron, souvent conciliant. Mais, par pitié, simplifiez-lui l'existence, et prenez des quantités raisonnables...

Achetez solide C'est une banalité affligeante, mais elle est toujours d'actualité : la qualité se paie à l'achat mais se rembourse à l'usage. Autrement dit, un sécateur costaud qui dure vingt ans, une bêche qui ne se tord pas au premier caillou, une tondeuse qui démarre tout de suite... sont des investissements rentables. Ouvrez l'œil, soupesez, renseignez-vous auprès d'autres jardiniers, et oubliez un peu le prix. Même un banal tuyau d'arrosage mérite cet instant de réflexion car rien n'est plus énervant qu'un tuyau qui se coude à chaque virage, ou qui se perce au premier accroc.

Prévoyez Programmez vos achats. Ce conseil a de bonnes chances de rester lettre morte, et pourtant... si vous programmiez certaines modifications de votre jardin, histoire de procéder aux achats tranquillement, quel gain de temps, et quelle économie en bout de course. Car vous épargnerez les coups de cœur, pas vraiment indispensables, et qui grèvent le budget sans apporter la moindre amélioration au projet. Programmer, c'est aussi se donner la possibilité de concentrer les moyens ponctuellement : du coup, avec la même dépense annuelle, vous voyez les résultats quasi immédiatement. Et c'est bon pour le moral !
Rassurez-vous, pas question de tuer la spontanéité : en ayant rassemblé tout ce qu'il faut pour construire, vous allez au contraire libérer votre imagination une fois sur place.

Localement Utilisez les matériaux du coin. On va chercher souvent bien loin (et forcément bien cher), ce qui se trouve sur place. Ainsi, les bambous dont vous rêvez pour confectionner une tonnelle rustique vous narguent peut-être sous la forme de rameaux de noisetiers, au fond du jardin. Une touffe adulte de cet arbuste peut fournir quelques belles perches chaque année, c'est même le meilleur moyen pour qu'elle se régénère. Dans certaines régions, le châtaignier est si courant que les forestiers laissent sur place les tiges de 2 ou 3 ans en trop qui percent après un recépage. En leur demandant l'autorisation, vous récupérerez les meilleurs tuteurs qui soient, droits comme des i et surtout capables de durer trois ou quatre ans. Même astuce avec l'acacia ailleurs. Ces matériaux ne demandent souvent que la peine de se déplacer localement et de les ramasser, et ce qu'on en fait ne dépend que de votre imagination : allez donc voir au prieuré d'Orsan, dans le Cher, à quoi ressemblent les plessis, ces plates-bandes surélevées et entourées de branches entremêlées. Une sacrée leçon d'harmonie avec le milieu ambiant.

dernière : grosso modo, on réussit ainsi à diminuer la longueur des tiges entre chaque feuille, comme si on repliait un parapluie. C'est en combinant l'usage de variétés génétiquement naines et d'une pulvérisation de ces substances que l'on arrive à cette performance extravagante d'une clayette de roses d'Inde fleurie en début mai, à 15 cm de hauteur. Le simple bon sens devrait amener à se poser des questions de fond sur la nocivité de ces produits qui touchent à un mécanisme fondamental, la croissance : en tassant la partie aérienne, on réduit l'alimentation des racines qui ont du mal à pomper l'eau du sol. Du coup, il faut arroser plus souvent. Et puis, quelle insulte au symbole même de la végétation, que l'on s'attend à voir démarrer en flèche. Ici, au mieux, on stagne, on rampe, on survit.
Que faire ? Réclamer une meilleure information, parce que cela va de soi : si les clayettes étaient munies d'une étiquette indiquant le nom de la variété et sa hauteur adulte, vous sauriez que le muflier que vous achetez est déjà arrivé à terme, et n'a plus grand-chose à vous donner. À vous de juger ensuite si c'est votre genre de beauté. De leur côté, si les plants traités au nanifiant comportaient cette mention, vous seriez moins surpris de constater ensuite leur absence de réaction à vos bons soins. À vous de voir si des fleurs en plastique ne seraient pas plus valorisantes... et économiques à long terme. Ou encore, pour être positif, si l'occasion n'est pas venue de goûter à nouveau au plaisir de semer, histoire d'obtenir des plants dignes de ce nom. Cette technique n'est pas si compliquée finalement, et apporte des satisfactions incomparables.

BONNES ADRESSES

Quoique j'aie fait en sorte que la plupart des plantes citées dans cet ouvrages soient assez facilement disponibles, vous ne les trouverez pas forcément dans votre jardinerie habituelle. Voici quelques adresses pour vous aider.

ARBORETUM DE BALAINE
Arbustes rares
03460 Villeneuve-sur-Allier
Tél. 04 70.43.30.07

ADELINE
Arbres, arbustes, conifères.
18140 La Chapelle Montlinard
Tél. 02 48 79 51 51

ALISMA
Plantes aquatiques et de lieux humides, graminées. 09160 Taurignan Castet
Tél. 05 61 66 77 63

AQUATIQUE DE LA MOINE
Plantes aquatiques
Le pas nantais
44190 Gétigné
Tél. 02 40 54 74 65

AQUATIC BEZANÇON
Plantes aquatiques pour bassin, étang et rivière
La Follaine
37310 Azay sur Indre
Tél. 02 47 92 58 39

AROMATIQUES TROPICALES
Plantes aromatiques, condimentaires, odorantes et à épices, collection de plantes aromatiques tropicales.
46340 Degagnac
Tél. 05 65 41 55 81

BACHÈS
Agrumes et oliviers.
66500 Eus
Tél. 04 68 96 42 91

BAUD
Collections de figuiers, grenadiers, jujubiers.
84110 Vaison la Romaine
Tél. 04 90 36 08 46

BAUMAUX
Graines de légumes et fleurs BP 100
54062 Nancy cedex
Tél. 03 83 15 86 86

BERTRAND
Plantes vivaces et aromatiques
26300 Saint-Vincent la Commanderie
Tél. 04 75 59 80 02

BERTY (roseraie de)
Rosiers anciens
07110 Largentière
Tél. 04 75 88 30 56

BENTOGLIO
Agrumes, collection de citronniers
47110 Sainte Livrade
Tél. 05 53 01 11 01

BIAU GERME
Graines biologiques légumes et fleurs
47110 Montpezat d'Agenais

BONSAÏ PRODUCTION
Bonsaï d'arbustes méditerranéens et japonais
06650 Opio
Tél. 04 93 77 34 21

BOURDILLON
Iris, pivoines, pavots, hémérocalles
41230 Soing en Sologne
Tél. 02 54 98 76 76

BREUVART
Plantes vivaces pour terrain argileux
885 Rue Charles Chopin, 62130 Ramecourt.
Tél. 03 21 04 49 45

BROCHET-LANVIN
Vivaces et arbustes pour climat rude
51480 Nanteuil la Forêt
Tél. 03 26 59 43 39

BULBES D'OPALE
Plantes bulbeuses et tubéreuses
59285 Buysscheure
Tél. 03 28 43 04 67

BUREAU
Plantes vivaces, fuchsias, géraniums, légumes originaux
9, chemin de l'aiglerie,
49170 Savennières
Tél. 02 41 72 21 67

CACTUS ESTÉREL
Cactées et plantes grasses
83600 Bagnols en Forêt
Tél. 04 94 40 66 73

CALLENDRET
Plantes vivaces et de rocaille Lornay
74150 Rumilly
Tél. 04 50 62 15 90

CAVATORE
Collection de mimosas
83230 Bormes les Mimosas
Tél. 04 94 71 22 68

CAYEUX
Iris, hémérocalles
Poilly-lez-Gien
45501 Gien
Tél. 02 38 67 05 08

CLOS DU COUDRAY
Plantes vivaces, arbustes
Hameau du Coudray
76850 Etaimpuis
Tél. 02 35 32 92 38

CORBIER
Plantes vivaces
57 Av. René Antoune
33320 Eysines
Tél. 05 56 57 58 30

CÔTES SUD DES LANDES
Vivaces, arbustes
Route d'Urt, RD 12
40230 St-Geours de Maremme
Tél. 05 58 57 33 30

COULON
Arbres fruitiers
35 rue de la Demi-lune
61000 Alençon
Tél. 02 33 26 06 24

CRÉA'PAYSAGE
Plantes vivaces et arbustes de bord de mer, bambous, graminées.
56270 Ploemeur
Tél. 02 97 85 25 55

DAUBAS
Plantes tropicales et subtropicales, bougainvillées
34160 Saint Drezery
Tél. 04 67 86 92 36

DELAY
Arbres fruitiers en culture biologique, fruits anciens et rustiques
38780 Estrablin
Tél. 04 74 57 14 42

DELBARD
Rosiers, arbres fruitiers
16 quai de la Mégisserie
75054 Paris cedex 01
Tél. 01 44 88 80 00

DUMONT
Arbres fruitiers formés à l'ancienne
42 avenue des Martyrs de la Résistance
10800 Buchères
Tél. 03 25 41 84 87

DUPONT
Fougères
10 rue de Bellevue,
45081 Orléans cedex
Tél. 02 38 66 39 29

DUSSINE
Hortensia
Taillepied
35640 Martigné-Ferchaud
Tél. 02 99 47 80 90

ELLÉBORE
Plantes vivaces, bulbeuses, clématites, hellébores
La Chamotière
61360 St-Jouin de Blavou
Tél. 02 33 83 37 72

ESSELIN & TISSERAND
Plantes aromatiques, médicinales et odorantes
30500 Potelières
Tél. 04 66 24 82 82

F COMME FLEURS
Plantes vivaces, annuelles originales
17 rue Karquel
54370 Einville
T : 03 83 72 07 88

FILIPPI
Arbustes, plantes vivaces de terrain sec, cistes, lauriers roses
34140 Mèze
Tél. 04 67 43 88 69

FLEURS DE GASCOGNE
Pélargoniums odorants, botaniques et hybrides rares
40990 Saint Vincent de Paul
Tél. 05 58 89 91 09

FLORAMA
Graines et plantes botaniques, Dianthus, Digitalis, Eucalyptus.
64160 St Jammes
Tél. 05 59 68 38 23

FOURNIER
Vivaces, sauges
32110 Magnan
Tél. 05 62 69 01 15

FRUIT DE SAISON
Arbustes à fruits comestibles, méconnus et oubliés, Ribes, Sambucus
87440 Marval
Tél. 05 55 78 75 18

GIRAULT
Plantes vivaces
53, rue Basse Mouilllère
45100 Orléans
Tél. 02 38 66 37 86

GITTON
Graminées, plantes vivaces
5 rue du Château d'eau
45170 Montigny
Tél. 02 38 39 85 25

GOUIN HORTICULTURE
Plantes vivaces et de rocaille, Sempervivum, Sedum
24250 Domme
Tél. 05 53 28 21 88

GRANGE AUX VIVACES
Vivaces aromatiques, Heuchera, Tiarella
35150 Chanteloup
Tél. 02 99 44 02 47

GUILLOT
Roses anciennes et modernes
Chamagnieu
38460 Cremieu
Tél. 04 74 90 27 55

HENNEBELLE
Plantes vivaces et arbustes à emporter
La ferme fleurie
62270 Boubers sur Canche
Tél. 03 21 03 65 76

HODNIK
Plantes pour jardinières et véranda
Le Bourg,
45700 Saint Maurice/Fessart
Tél. 02 38 97 84 59

IRIS DE THAU
1000 taxons d'Iris germanica hybrides anciens et nouveaux
34140 Mèze
Tél. 04 67 43 59 54

ISSA
Plantes d'Afrique du Sud, Erythrina
67 avenue du Grenache
34270 Valflaunes
Tél. 04 67 55 37 43

JARDIN AQUATIQUE
Nelumbo, nénuphars, poissons de bassins, carpes Koï
83600 Bagnols en Forêt
Tél. 04 94 40 62 32

JARDIN D'ADOUE
Vivaces anciennes et de collection (obtentions lorraines)
54690 Lay Saint Christophe
Tél. 03 83 22 68 12

JARDIN D'ATHENA
Plantes vivaces
11 rue du Landreau,
44300 Nantes
Tél. 02 40 93 06 48

JARDIN DE CASTILLON
Plantes alpines
09800 Cescau
Tél. 05 61 96 84 95

JARDIN D'EAU
Plantes de lieux humides, Lobelia, Polygonum
22980 St Michel de Plélan
Tél. 02 96 27 08 43

JARDIN D'EN FACE
Vivaces et couvre-sol, Erodium, Phlomis, Euphorbia, Apiacées
35730 Pleurtuit
Tél. 02 99 46 43 31

JARDIN DE COTTAGE
Vivaces, primevères, narcisses, plantes anciennes. 88640 Granges sur Vologne
Tél. 03 29 51 47 19

JARDIN DES LAVANDES
Lavandes
Route de la lavande
84390 Sault-en-Provence
Tél. 04 90 64 10 74

JARDIN MINIATURE
Arbustes et plantes vivaces
23 chemin des Bretoux 95230 Saint Leu la Forêt
Tél. 01 39 60 91 73

JARDIN PLUME
Vivaces à grand développement, Graminées, asters…
76116 Auzouville sur Ry
Tél. 02 35 23 00 01

JARDINS D'ATHENA
Vivaces, arbustes, Malvacées : lavatères, abutilons, anémones
44300 Nantes
Tél. 02 40 93 06 48

JARDINS DE BEL AIR
Cactus, succulentes, plantes à caudex, Epiphyllum
31620 Fronton
Tél. 05 61 82 62 84

JARDINS DE LA BRANDE
Arbustes, lilas, Philadelphus
24380 Fouleix
Tél. 05 53 07 47 85

JARDIN DU MORVAN
Plantes vivaces
Savigny-Poil-Fol
58170 Luzy
Tél. 03 86 30 87 29

JARDIN EN PLUS
Sauges
La Ville Poissin
22550 Henanbihen
Tél. 02 96 50 41 77

JARDIVIGNE
Plants de raisin de table avenue d'Agen
47110 Sainte Livrade
Tél. 05 53 01 00 37

KERFANDOL
Arbustes terre de bruyère
Kerfandol-Locuon
56160 Ploerdut
Tél. 02 97 39 44 56

KOKOPELLI
Graines de fleurs et légumes originaux
Quartier Saint Martin,
07200 Aubenas
Tél. 04 75 93 53 34

L'ARC EN FLEUR
Graminées, plantes vivaces
Chemin du Viala,
34460 Saint Christol
Tél. 04 67 86 07 45

LAURENT
Arbustes, viornes
Les Granges
69560 Saint Romain en Gal
Tél. 04 74 53 03 80

LE CORTI
Fraises, Plantes aromatiques, légumes originaux
74150 Lornay
Tél. 04 50 62 18 31

LEMONNIER
Plantes vivaces, hellébore, primevère
Beaumont-le-Hareng
Tél. 02 35 33 31 37

LEPAGE
Chemin des Perrins
49130 Les-Ponts-de-Cé
Tél. 02 41 44 93 55

LEWISIA
Plantes de montagne sèche, Penstemon, Iris botaniques
05300 Lazer
Tél. 04 92 65 18 42

LUMEN
Vivaces, aromatiques bio, orchidées rustiques, plantes asiatiques
24100 Bergerac
Tél. 05 53 57 62 15

MAGELLAN
Produits et engrais bio
Z.A. des Landes
24290 La Chapelle Aubareil
Tél. 05 53 51 22 25

MAHOT
Meubles de jardin en bois de pays
49170 Saint-Augustin-des-Bois
Tél. 02 41 77 04 26

MARCENAC
Fuchsias botaniques et hybrides
46360 Saint Cernin
Tél. 05 65 31 37 14

MAYMOU
Arbustes de collection, camélias, magnolias
Chemin du moulin de Habas, 64100 Bayonne
Tél. 05 59 55 05 24

MONDE DES FOUGÈRES
Fougères et plantes d'ombre
06330 Roquefort-les-Pins
Tél. 04 93 77 63 38

NATURE ET PAYSAGE
500 espèces et variétés de plantes carnivores.
32360 Peyrusse Massas
Tél. 05 62 65 52 48

OSIÉRICULTEUR
Clôture, fascines, cabanes en osier
7 rue de la Masseliere
37190 Villaines-les-Rochers
Tél. 02 47 45 33 14

PELLIZZARO
Plantes méditerranéennes
290 chemin de Leouse
06220 Vallauris
Tél. 04 93 64 18 43

PÉPINIÈRE BOTANIQUE THOBY
Arbustes, camélias, Hydrangea, glycines, Hosta
40330 Gaujacq
Tél. 05 58 89 24 22

PÉPINIÈRES BOTANIQUES ARMORICAINES
Arbres, arbustes, collection d'Eucalyptus
22200 Guingamp
Tél. 02 96 44 46 16

PÉPINIÈRES BOTANIQUES DE LA PREILLE
Arbres, arbustes, chênes, érables
86470 Montreuil-Bonnin
Tél. 03 49 57 86 61

PÉPINIÈRES DE LA FOUX
Vivaces et arbustes méditerranéens, sauges, ancolies, jasmins
83220 Le Pradet
Tél. 04 94 75 35 45

PEPINIERE DE LA GUERINAIS
Rosiers modernes et arbres frutiers
35340 Liffré
Tél. 02 99 68 63 55

PÉPINIÈRES DE ROCHEVIEILLE
Begonia, Solanum, Buddleia, plantes méditerranéennes
07360 Fortunat
Tél. 04 75 61 49 19

PÉPINIÈRES DE VAUGINES
Vivaces, arbrisseaux de terrain sec, méditerranéen froid
84160 Vaugines
Tél. 04 90 77 13 80

PEPINIERE DE LA SAULAIE
Rosiers anciens et modernes
route d'Angers
49700 Doué la Fontaine
Tél. 02 41 59 12 03

PÉPINIÈRES DES FARGUETTES
Roses anciennes et modernes, clématites
24520 Saint Nexans
Tél. 05 53 24 37 54

PÉPINIÈRES DES LAURAINS
Conifères nains et de collection
22 route d'Etrelles
10170 Longueville sur Aube
Tél. 03 25 39 17 17

PÉPINIÈRES LA SOLDANELLE
Vivaces adaptées au sol calcaire, campanules, verveines
83170 Rougiers
Tél. 04 94 80 43 83

PÉPINIÈRES PATRICK NICOLAS
Grimpantes, plantes pour petits jardins, pour rocailles
92190 Meudon
Tél. 01 45 34 09 27

PIVOINE BLEUE
Pivoines herbacées et arbustives, plantes vivaces
Sechan Dessus
32550 Montegut
Tél. 05 62 65 63 56

PLANBESSIN
Arbustes, vivaces, géraniums, campanules, Euphorbia
14490 Castillon
Tél. 02 31 92 56 03

PLANBUISSON
Collections de bambous et de graminées
24480 Le Buisson
Tél. 05 53 22 01 03

PLANTAGENET PLANTES
Plantes vivaces pour sécheresse et sol calcaire
Argentay
49700 Les Verchers sur Layon
Tél. 02 41 38 14 62

POIROUX
Plantes vivaces et de bord de mer, Agapanthus, Osteospermum
85340 Olonne sur Mer
Tél. 02 51 95 09 61

POTAGER D'UN CURIEUX
Plants de légumes originaux
La Molière
84400 Saignon
Tél. 04 90 74 44 68

PREILLE
Arbustes et arbres de collection, chênes, érables
86470 Montreuil-Bonnin
Tél. 05 49 57 86 61

POLIGNÉ
Plantes de rocaille et de bordures, dallages, Saxifraga, Acaena
22490 Plouer-sur-Rance
Tél. 02 96 86 80 07

RAILHET
Plantes d'Afrique, d'Australie, de Nouvelle-Zélande, Protéacées, Myrtacées
31790 St-Jory
Tél. 05 61 35 59 36

REY
Plantes méditerranéennes
83250 La Londe les Maures
Tél. 04 94 05 17 87

RIBANJOU
Petits fruits
Zone horticole du Rocher Briollay
49125 Tiercé
Tél 02 41 42 65 19

ROSES ANCIENNES ANDRÉ EVE
Roses anciennes
Morailles
45302 Pithiviers Cedex
Tél. 02 38 30 01 30

ROSES D'ANTAN
Roses anciennes, Rosa alba et obtentions françaises anciennes
22200 Grâces
Tél. 02 96 44 41 10

SANTONINE
Vivaces rustiques et de climat doux, plantes pour potées
17260 Villard en Pons
Tél. 05 46 94 26 94

SARL GENILLIER
Collection de Canna, plantes aquatiques
40150 Soort Hossegor
Tél. 05 61 85 27 25

SARREIL-BARON
Plantes alpines
Les Rollands
Saint Vérand
38160 Saint Marcellin
Tél. 04 76 38 48 33

SCHRYVE JARDIN
Plantes vivaces et bulbeuses
1315 route du Steenje 59270 Bailleul
Tél. 03 28 49 27 40

SEGERS
Buis
15 Rue St-Jean
77470 Saint Fiacre
Tél. 03 60 25 71 28

SERRES DE BALLAIN
Plantes à massifs
Route de la Grange aux Cercles
91160 Ballainvilliers
Tél. 01 69 34 22 01

SIMIER
Plantes à massifs et jardinières originales
Le bout du pont
41400 Faverolles sur Cher
Tél. 02 54 32 23 60

SIMON & CO
Vivaces, Nepeta
24580 Rouffignac
Tél. 05 53 46 61 50

SPECKER
Vivaces et alpines, géraniums, phlox nains
68300 Saint Louis La Chaussée
Tél. 05 62 42 92 26

STERVINOU
Camélias, arbustes de terre de bruyère
Kerguelen
29290 Guipronvel
Tél. 02 98 07 28 00

TOURAINE NATURE
Rideau de brande
5 Allée des Genets
37170 Chambray-Les-Tours
Tél. 02 47 67 79 47

TOURLY
Pélargoniums et fuchsias
17 rue Danton, Asnières
18000 Bourges
Tél. 02 48.24.44.21.

TROPIC FLORE
Broméliacées épiphytes et terrestres, Tillandsia
65100 Lourdes
Tél. 05 62 42 92 26

VERT ÉCARLATE
Arbres et arbustes de collection, érables et conifères
38620 Saint Geoire en Valdaine
Tél. 04 76 07 59 50

Pour trouver un renseignement sur une association ou une plante :

Société nationale d'horticulture de France
84, rue de Grenelle
75007 Paris
Tél. 01 44 39 78 78

INDEX

DES PLANTES DE A A Z

En rouge figurent les pages où chaque plante est traitée plus en détail.
En noir, elle est simplement citée.

En rouge figurent les pages où chaque plante est traitée plus en détail.
En noir, elle est simplement citée.

En rouge figurent les pages où chaque plante est traitée plus en détail.
En noir, elle est simplement citée.

En rouge figurent les pages où chaque plante est traitée plus en détail.
En noir, elle est simplement citée.

En rouge figurent les pages où chaque plante est traitée plus en détail.
En noir, elle est simplement citée.

Crédit iconographique :
toutes les photos sont de l'auteur.

Maquette : La Parole errante

Achevé d'imprimer en mars 2001
Dépôt légal 1er trimestre 2001
Imprimerie France Quercy - Cahors
Imprimé en France